"十三五"国家重点图书出版规划项目

媒介融合与传媒转型丛书 / 钱晓文　孙宝国 ◎ 主编

跨学科视野中的媒介融合与传媒转型

钱晓文　著

版权所有　翻印必究

图书在版编目（CIP）数据

跨学科视野中的媒介融合与传媒转型/钱晓文著．—广州：中山大学出版社，2021.1

（媒介融合与传媒转型丛书/钱晓文，孙宝国主编）

ISBN 978-7-306-07082-1

Ⅰ．①跨… Ⅱ．①钱… Ⅲ．①传播媒介—研究—中国 Ⅳ．①G219.2

中国版本图书馆 CIP 数据核字（2020）第 254303 号

出 版 人：	王天琪
策划编辑：	邹岚萍
责任编辑：	邹岚萍
封面设计：	曾　斌
责任校对：	王延红
责任技编：	靳晓虹
出版发行：	中山大学出版社
电　　话：	编辑部 020-84111996, 84113349, 84111997, 84110779
	发行部 020-84111998, 84111981, 84111160
地　　址：	广州市新港西路 135 号
邮　　编：	510275　传　真：020-84036565
网　　址：	http://www.zsup.com.cn　E-mail: zdcbs@mail.sysu.edu.cn
印 刷 者：	佛山市浩文彩色印刷有限公司
规　　格：	787mm×1092mm　1/16　25.25 印张　523 千字
版次印次：	2021 年 1 月第 1 版　2022 年 3 月第 2 次印刷
定　　价：	70.00 元

如发现本书因印装质量影响阅读，请与出版社发行部联系调换

作者简介

钱晓文，上海师范大学影视传媒学院教授、硕士研究生导师、新闻学学科带头人，复旦大学新闻学博士，兼任国家社会科学基金评审项目专家、教育部学位中心评审专家、中国新闻史学会理事、史量才研究专业委员会理事、编辑出版学学学会理事、中国高等教育学会新闻学与传播学专业委员会理事、中国传媒经济学会理事。曾获1998年度《人民日报》奖学金。主要从事媒介融合与传媒转型、传播政治经济学、媒介史等领域的科研和教学工作。主编国家"十三五"重点图书出版规划项目"媒介融合与传媒转型丛书"；出版专著《当代传媒经营管理》等；主持国家社会科学基金一般项目"跨学科视野中的上海抗战传媒史"、上海市哲学社会科学规划课题"媒介融合时代传媒业经营模式的战略转型及路径研究"，以及其他五项省部级科研项目。在新闻传播类学术刊物上发表学术论文40多篇，其中多篇被中国人民大学复印报刊资料、《新华文摘》及其他报刊转载。

内容简介

本书以媒介融合与传媒转型现象为研究对象，以马克思主义新闻观和党的十九大精神为指导，立足于跨学科的学术视野，在总结国内外既有研究成果以及考察实践的基础上，"道"与"术"兼顾，从政治、经济、技术和社会文化等层面多维度地考察社会全面转型过程中媒介融合与传媒转型的演变轨迹、理念逻辑、实践路径以及影响，围绕传媒融合转型过程中公共性、专业性与商业化之间关系的解构与重构等重大命题，对政治经济学视野下的传媒公益化与商品化、传媒融合转型的动因、融合时代传媒新闻生产方式的转型、融合时代传媒业经营模式的创新、融合时代媒介文化的嬗变、融合时代传媒规制的创新等重要层面予以深入系统的论述，旨在提供一份媒体融合转型的学术地图，希望对当前传媒业转型的实践创新与理论研究有所裨益。

本书适合高等院校与研究机构新闻传播学及相关学科教师、研究人员、本科生与研究生，传媒业界人士，政府相关部门管理人员以及其他对传媒感兴趣的读者使用。

总　序

党的十八大以来，以习近平同志为核心的党中央着眼党和国家事业长远发展，高度重视传统媒体与新兴媒体的融合发展，作出了一系列重要的论述和部署。2014年8月18日，习近平总书记主持中央全面深化改革领导小组第四次会议，审议通过《关于推动传统媒体和新兴媒体融合发展的指导意见》，首次将媒介融合提升为国家战略。2019年1月25日，中共中央政治局就全媒体时代和媒体融合发展举行第十二次集体学习，习近平总书记在主持学习时强调，推动媒体融合发展、建设全媒体成为我们面临的一项紧迫课题；推动媒体融合向纵深发展，做大做强主流舆论，巩固全党全国人民团结奋斗的共同思想基础，为实现"两个一百年"奋斗目标、实现中华民族伟大复兴的中国梦提供了强大精神力量和舆论支持。党的十九届四中全会提出，构建以内容建设为根本、先进技术为支撑、创新管理为保障的全媒体传播体系。媒介融合是现代化进程的典型表征，不但是国家的发展战略和中国特色社会主义制度的有机组成部分，而且媒介融合与传媒转型已然成为传媒业发展的战略选择和必由之路。当下，我国传媒融合转型已进入县级融媒体建设的新阶段，媒体融合发展在取得显著成效的同时，面临的挑战和问题也不少，因而成为新闻传播业界和学界共同关注和探讨的热点与重心所在。

为贯彻落实党的十九届四中全会精神和国家发展战略，适应媒介融合与传媒转型实践的需求，促进学界相关研究的深入，推动新闻传播学科建设，上海师范大学新闻学学科点、上海师范大学广播电视与媒介融合发展研究中心和中山大学出版社，联合江苏淮阴师范学院传媒学院、东方网等单位，共同策划、组织和实施了"媒介融合与传媒转型丛书"项目。经中山大学出版社推荐申报和国家新闻出版署集中评审，2018年7月本丛书被列入"'十三五'国家重点图书、音像、电子出版物出版规划"增补项目（《国家新闻出版署关于公布国家重点出版物出版规划调整情况的通知》，国新出发〔2018〕7号）。本丛书定位为原创性学术研究，项目设计为：①理论专著。以党的十九大精神为指导，结合国家的政策发布以及新闻传播学等理论，将理论研究融入政策的宏大叙事，从跨学科的视角加强对媒体融合转型的理论探讨。②实践研究。着重研究报刊、广播电视、图书、新媒体等融合转型发展的过程、特点、战略与策略、经验与教训等，为传媒融合转型实践提供镜鉴与启示。③专题研究。针对媒体融合转型中的传媒监管、电视信息服务、对外传播等进行专门研究。总体而言，本丛书主要有以下几个特点。

第一,从丛书内容来看,它系统研究传统媒体融合转型,选题主要涉及报纸、杂志、图书、广播电视等不同介质的融合转型研究。有人可能会提出这样的疑问:媒介融合不是打破了不同媒介之间的界限而融为一体吗,为什么还要做报刊、广播电视、互联网这样的区分,难道不同媒介的融合并不相同?麦克卢汉认为,"媒介是人体的延伸"①,也就是说,媒介是人的感觉能力的复制和外化,比如,文字和印刷媒介是人的视觉能力的延伸,广播是人的听觉能力的延伸,电视是人的视觉、听觉和触觉能力的延伸,互联网则是人的中枢神经系统的延伸。就像人的视觉、听觉、嗅觉、触觉等不同感官难以相互取代一样,作为人的感官延伸的不同媒介也难以相互取代。不同媒介有不同的媒介文化,比如,图书和报刊属于以读写文化为特征的印刷文化,广播属于声音文化,电视属于图像视觉文化,而互联网则是交互文化。图书、报刊、广播、电视等不同的媒介形态形成了不同的媒介文化、发展路径,不同媒介各有优势和特长,对应不同的细分市场和受众群,其融合逻辑和实现路径虽有相同之处,却不可能完全相同。就媒介融合而言,适合《纽约时报》的未必适合CNN,适合《人民日报》的也未必适合中央电视台,通往罗马的道路并非只有一条,说的正是这个道理。媒介融合在技术上表现为"多功能一体化",并不意味着不同媒介之间的相互取代,反而是不同媒介文化的相互补充与协同发展,包括不同媒介背后的权力关系的重新调整与重塑,更重要的是,媒介融合在消融旧的边界的同时,也会形成新的边界。如果从媒介生态学来看,不同媒介各有自己的"生态位"(niche),不同媒介在长期发展过程中形成了不同的路径依赖,新技术及其范式的引入可能会打破既有媒介之间相互依赖又相互制衡的媒介生态平衡,但必须重新建立新的媒介生态平衡,否则会造成难以预料的媒介生态灾难。媒介融合(media convergence)之"融合"对应的英文是"convergence"而非"integration",或许能够从中得出这样的启示,即媒介融合既要尊重互联网思维和新闻传播的规律,更要尊重不同媒介的内在逻辑与发展规律,如此,媒体方能找到属于自己的融合转型之路。

第二,从研究性质来看,伴随着媒介融合的是社会媒介化程度越来越深,媒介研究已成为一门显学,媒介融合与传媒转型研究作为学界和业界关注的焦点与热点,属于应用型学术研究。理论研究包括基础理论研究和应用型理论研究,这两大领域各有自己的特点与价值,不存在高低优劣之分。换言之,彼此是相辅相成而不是相互取代的关系,不应厚此薄彼。如同新闻传播学一样,传媒融合转型研究具有很强的实践性特点,正在如火如荼开展的融合传播实践是理论研究的源头活水,学理研究不能脱离传媒业实践。本丛书并非纯理论研究,而是理论与实

---

① [加拿大]马歇尔·麦克卢汉:《理解媒介——论人的延伸》,何道宽译,译林出版社2019年版,第78页。

践相结合的应用型学术研究，或者说它是应用型理论创新亦可，其特色在于"道"与"术"兼顾，既有对传媒融合转型的特点、动因和规律等的理论探讨，又有对当下媒介生态环境中报刊、广播电视、图书出版、新媒体等融合转型的特点、问题、成因与策略等的深度分析。与此同时，媒介融合与传媒转型作为独立的研究对象，需要在马克思主义思想的指导下，从新闻传播学、政治经济学、文化研究、社会学等多学科进行深入研究，因为传媒融合转型融入政治、经济、社会文化、技术等整体发展之中，不是单一学科就能够窥其全貌揭其真谛的。

第三，从研究队伍来看，本丛书是由不同单位的学者主要是高校教师撰写而成的，作者队伍具有老中青相结合、业界与学界相结合等特点，其中，既有资深教授、高级编辑，也有年富力强的副教授、讲师等青年学者，绝大多数作者都有丰富的业界经验和丰厚的学养或理论素养，用现在的流行语来表达，属于双栖型或专业化复合型人才，而且都有相当的前期成果积累。由于丛书作者来自不同单位，跨地区、跨部门、跨行业，并且项目持续时间较长，为了保障丛书的质量，协调并推动项目的顺利开展，我们举办过多次小型专题研讨会，以及通过微信群等非正式的沟通渠道，就丛书的框架结构、内容编写、市场定位等相关问题进行深入研讨，对提高丛书的质量和水平颇有裨益。

感谢中山大学出版社的大力支持和帮助，特别是邹岚萍编审玉成此事，从选题策划、"十三五"国家重点图书出版规划项目的申报，一直到编辑出版，她都亲自指导、统筹和把关，做了大量的工作，功不可没。感谢兄弟单位特别是江苏淮阴师范学院传媒学院史晖院长的鼎力支持和帮助。媒介融合时代是合作与共赢的时代，独木不成林，没有学术共同体的支撑就没有这套丛书的出版。感谢为各分册撰写序言的各位专家学者，他们从专业角度对书稿进行把关，有助于提高书稿的学术质量和水平。感谢各位作者在繁忙的工作之余的辛勤努力和付出，一分耕耘一分收获，这才有了这套国家级丛书的面世。感谢读者的厚爱和不吝赐教，服务读者，满足读者和市场的深层次需求，将是我们继续前进的方向和不竭动力。

钱晓文　孙宝国
2020 年 2 月

序　言

如果从技术的维度，借用历史学"纪元"的概念来看大众传媒的历史，大众传媒迄今可谓有两个纪元了，一个是以模拟技术为符号呈现支撑的书籍、报刊、电影、电视、广播等传统媒介纪元，或称"模拟纪元"；一个则是以数字技术为符号呈现支撑的融合媒介纪元，或称"数字纪元"。作为时代课题的媒介融合与传媒转型研究，无疑就是关注这两个历史纪元重大演进过程中的状态、趋势、影响、原因……既然是两个历史纪元重大演进的过程，其状态、趋势、影响、原因等的复杂性可想而知。正如克劳斯·布鲁恩·延森在《媒介融合：网络传播、大众传播和人际传播的三重维度》一书中所言："数字计算机不仅复制了先前所有的表征与交流媒介的特征，而且将它们重新整合于一个统一的软硬件物理平台上。……数字媒介将文本、图像和声音整合于许多既有的表达类型之中，同时也产生了一些新的表达类型。而这些既有类型大多数源自大众传媒与面对面的交流，如叙述、争论、游戏等。同时，数字媒介整合了一对一、一对多以及多对多的传播形态。"①

这种从技术维度来考察的媒介融合与传媒转型尽管已带给人类诸多想象，需要上升到理论高度来解析的课题已很复杂了，但相对于要从政治、经济、文化、社会等维度来考察、研究、分析其状态、趋势、影响、原因等，似乎就显得要简单一些。因为，媒介融合与传媒转型对人类社会发展方方面面的牵动与渗透，其广度和深度实在是前所未有。

正因为如此，钱晓文教授所著的《跨学科视野中的媒介融合与传媒转型》，其学术探索的难度和勇气是显而易见的。

本著作以开阔的理论视野，在新闻传播学理论基础上，综合运用政治经济学、经济学、社会学、文化研究的理论与方法，从政治、经济、技术和社会文化等层面立体多维地考察了媒介融合与传媒转型的演变轨迹、理论逻辑、实践路径及其影响。如在对传媒融合转型实践与理论系统归纳分析的基础上，对政治经济学视野下的传媒公益化与商品化、传媒融合转型的动因、融合时代传媒新闻生产方式的转型、融合时代媒介文化的嬗变、融合时代传媒业经营模式的创新、融合时代传媒规制的创新等重要问题展开了深入系统的论述，并且不乏独到的见解，

---

① ［丹］克劳斯·布鲁恩·延森：《媒介融合：网络传播、大众传播和人际传播的三重维度》，刘君译，复旦大学出版社2012年版，第73～74页。

揭示了随着新技术的迅猛发展，媒介融合已经成为"理解媒介变化的一种新范式"[①]。媒介融合是现代化进程的典型表征和现代化工程的有机组成部分，不但是国家的发展战略，而且是中国特色社会主义建设不可分割的内容，构成国家治理和社会治理的一个重要环节，正在并将更加深刻地对社会的方方面面产生复杂的作用和影响。就传媒业而言，无论是国内还是国外，所谓"新闻业危机"或传统媒体危机已经超出传媒行业自身，需要政府、市场和社会共同努力应对与解决。本专著是深化媒介融合与传媒转型研究的力作，质量上乘，具有很高的学术价值，能对学界和业界提供有益的参考。

当然，我们也要看到，作为一个时代的课题，媒介融合与传媒转型还处在发展之中，数字科技创新还会给传媒带来何种新的可能尚难预料，诸多理论与实践课题还有待破解。钱晓文教授长期从事媒介融合、传媒经济学、媒介史等方面的教学与科研工作，具有扎实的理论功底和很强的科研能力，在媒介融合与传媒转型研究领域有丰富的学术积累，期待他在本著作的基础上不断有新的收获。

是以为序。

上海大学新闻传播学院教授、博士生导师
中国社会科学院—上海市人民政府上海研究院世界传媒研究中心执行主任
上海市社会科学创新研究基地及上海市人民政府决策咨询研究基地
吴信训工作室首席专家

2020 年 3 月

[①] 转引自曾一果：《西方媒介文化理论研究》，学习出版社 2017 年版，第 192 页。

目 录

第一章 政治经济学视野下的传媒公益化与商品化 … 1
第一节 传播与传媒面面观 … 3
一、传播及特征 … 3
二、传播的功能 … 6
三、传媒及其属性与功能 … 10
第二节 传媒的公共性、公共治理与专业性 … 19
一、"公""私"观念之辨析 … 19
二、传媒的公共性 … 22
三、传媒的公共治理 … 27
四、传媒的专业性 … 33
第三节 传媒的商品化 … 38
一、商品化理论基础 … 38
二、传媒商品化及其表现形式 … 41
第四节 传媒商品化与公益化的博弈与共生 … 47
一、公私生活领域中的博弈 … 47
二、传媒公共性、专业性与商品化的关系 … 49
第五节 传媒市场、传媒产品及其特征 … 52
一、市场与传媒市场 … 52
二、传媒产品及其供给方式 … 63

第二章 传媒融合转型实践与理论的系统考察 … 73
第一节 媒介融合研究与实践概述 … 73
一、媒介融合的源与流 … 73
二、媒介融合的内涵与功能 … 88
三、媒介融合的特征和趋势 … 96
四、媒介融合的动因 … 103
第二节 媒介融合中的传媒转型理论与实践 … 108
一、社会结构转型研究 … 108
二、产业转型相关研究 … 110

三、传媒转型相关研究综述 ·· 111
　第三节　传媒融合转型的政治经济学阐释 ································ 144
　　一、传媒融合转型的内涵 ·· 144
　　二、传媒融合转型的价值取向 ·· 146
　　三、传媒融合转型的实质 ·· 150
　第四节　传媒融合转型的研究范式与方法 ································ 165
　　一、传媒融合转型的研究范式 ·· 165
　　二、本书的主要研究方法 ·· 167

第三章　融合时代传媒新闻生产方式的转型 ································ 169
　第一节　融合新闻的理念与实践 ·· 169
　　一、新闻生产研究概述 ·· 169
　　二、融合新闻及其类型 ·· 173
　　三、新闻机构的融合——跨媒介生产 ································ 174
　　四、传播方式的融合：基于互联网的数据新闻 ·················· 182
　第二节　传媒新闻生产方式转型的主要特征 ···························· 194
　　一、从单介质生产转向跨媒介生产 ································· 194
　　二、从专业化生产转向社会协作式生产 ···························· 195
　　三、新闻生产的商品化特征日趋显著 ······························· 201
　　四、新技术与新闻专业性 ··· 205
　第三节　传媒新闻生产过程中的控制分析 ······························· 209
　　一、新闻编辑部里的社会控制 ······································· 210
　　二、组织中的传播仪式 ·· 214
　　三、新闻生产中的外在社会压力 ···································· 215
　第四节　传媒融合新闻生产的创新路径 ·································· 219
　　一、以技术创新推动新闻生产方式转型 ···························· 219
　　二、以内容创新促进价值引领和专业性 ···························· 220
　　三、协同创新：专业生产与开放式相结合 ························ 223
　　四、体制创新：公益化与商品化相结合 ···························· 224

第四章　融合时代传媒业经营模式的创新 ·································· 226
　第一节　价值链理论与经营模式创新概述 ······························· 227
　　一、价值链理论概述 ·· 227

二、传媒价值链分析 ………………………………………………… 229
　　三、经营模式研究 …………………………………………………… 232
　第二节　传媒基于价值链经营模式创新的必要性与可行性 ………… 236
　　一、传媒基于价值链经营模式创新的必要性 ……………………… 236
　　二、传媒基于价值链经营模式创新的可行性 ……………………… 243
　第三节　大数据时代的媒体平台化战略 ………………………………… 252
　　一、大数据对传媒经营模式的影响 ………………………………… 253
　　二、媒体平台化经营模式 …………………………………………… 254

第五章　融合时代媒介文化的嬗变 ………………………………… 268
　第一节　界定媒介文化 …………………………………………………… 268
　　一、什么是文化 ……………………………………………………… 268
　　二、何谓媒介文化 …………………………………………………… 270
　　三、媒介文化的主要特征 …………………………………………… 273
　　四、传媒专业性：媒介文化的特殊形式与尺度 …………………… 279
　第二节　媒介文化的功能及形成机制 …………………………………… 284
　　一、媒介文化的主要功能 …………………………………………… 285
　　二、媒介文化的形成机制 …………………………………………… 290
　第三节　新时期媒介文化的结构转型 …………………………………… 295
　　一、媒介文化相关理论基础 ………………………………………… 295
　　二、媒介文化相关形态及其特征 …………………………………… 299
　　三、媒介文化演变的主要特征 ……………………………………… 304
　　四、媒介文化中的文化领导权之争与专业性危机 ………………… 320
　第四节　新时代媒介文化创新的进路 …………………………………… 339
　　一、加强主流意识形态工作以获取文化领导权的媒体实践 ……… 340
　　二、以新闻专业性构建服务公共利益的媒介文化 ………………… 344
　　三、以"全民阅读"平衡媒介文化的视觉偏向 …………………… 346
　　四、加强媒介批评，提升公民的媒介素养，促进媒介文化的提升 …… 347

第六章　融合时代传媒规制的创新 ………………………………… 350
　第一节　传媒规制及其特征 ……………………………………………… 350
　　一、政府规制 ………………………………………………………… 350
　　二、传媒规制 ………………………………………………………… 351

三、传媒规制的特征 ……………………………………………… 353
　第二节　融合时代传媒规制创新的必要性 …………………………… 358
　　一、媒介融合对传媒规制的影响 ………………………………… 358
　　二、传媒规制存在的困境与问题 ………………………………… 362
　第三节　新时代传媒规制创新的路径选择 …………………………… 367
　　一、明确党领导下的政府与传媒业的关系，重建公共服务体系 … 368
　　二、规制目标保持多重利益的平衡 ……………………………… 370
　　三、从分业规制转向整合规制，构建融合规制主体 …………… 372
　　四、放松经济性规制，加强社会性规制 ………………………… 374
　　五、以多样化规制手段创新规制方式 …………………………… 376

参考书目 …………………………………………………………………… 381
后记 ………………………………………………………………………… 388

第一章 政治经济学视野下的传媒公益化与商品化

中国社会的全面转型已经进入关键时刻和新阶段，党的十九大标志着中国特色社会主义新时代的到来。首先，经济基础发生了深刻变化，中国特色社会主义市场经济体制业已成型且不可逆转。改革开放40多年，中国的科技生产力发展已初成体系，正在从制造大国向制造强国迈进，并一跃成为世界第二大经济体，社会生产特别是经济建设的成就举世瞩目。在世界经济危机和新技术革命影响下，我国经济从"量"的粗放式高速增长向"质"的内涵式高质量发展转变，经济发展进入结构调整期，即实施对内调整经济结构、以创新引领经济发展、对外推动"一带一路"为核心的全球化新战略。其次，上层建筑特别是意识形态领域发生了重大变化。按照经济基础决定上层建筑的历史唯物主义观点，伴随着经济基础从计划经济体制向市场经济体制的转变，上层建筑的变革尤为迫切。党的十八大以来，以习近平同志为核心的党中央反复强调道路自信、理论自信、制度自信和文化自信，坚定地走中国特色社会主义道路。通过反腐倡廉、深化改革、拨乱反正，顺应民心，加强党的领导和党的建设尤其是制度建设，回归党的初心，即为人民服务。"潮平两岸阔，风正一帆悬。"最后，社会文化领域也发生了重要变化。毋庸讳言，改革开放以来，各个领域特别是社会生活领域累积了诸多问题和矛盾。我国社会的主要矛盾已经从"人民日益增长的物质文化需要同落后的社会生产之间的矛盾"（党的十一届六中全会报告）转变为"人民日益增长的美好生活需要和不平衡不充分的发展之间的矛盾"（党的十九大报告）。人民日益增长的美好生活需要不仅是吃饱穿暖，而且包括吃好穿好行好住好，以及对"非物质"的满足，如民主、法治、公平、正义、安全、环境等。我国目前最为突出的问题就是"发展不平衡不充分"，需要逐步缩小居民收入差距，实现公共服务均等化，协调不同区域的共同发展。随着文化体制改革的深入，社会转型的重心从经济领域转向文化与传播领域，文化的商业性（作为文化产业）与公益性（作为文化事业）之间的矛盾日益凸显，并反映在政策制定、文化实践与学术争论中。

中国特色社会主义新时代对传媒业提出了新思考、新要求和新挑战。在我国，传媒作为社会主义文化事业，既是党领导下的中国特色社会主义事业的重要组成部分，又是建设中国特色社会主义事业的生力军。与此同时，互联网的崛起和普及对各行各业包括传媒业的影响既是危机亦是机遇。自20世纪80年代以来，全球信息化和数字化转型，信息和传播成为正在展开的世界地缘政治和社会文化政治斗争的核心领域。信息与传播领域的权力关系重构正在国家、市场和社会各个层面全面展开，信息与传播在国家和区域内外的地缘政治和社会文化政治变迁过程中的关键地位得到进一步强化。① 近年来，源于欧美发达国家主要是美国的媒介融合发展，在世界范围内似乎形成了沛然莫之能御之势，"山雨欲来风满楼"。我国传媒业发展既面临着新技术革命的冲击，也面临着如何深化改革的重大挑战。传媒改革在文化体制改革的框架下，以市场化和公益化为取向，从"事业单位、企业化管理"、集团化经营，发展到目前媒体的公益性与经营性"两分开"，在取得显著成效尤其是良好经济效益的同时，也出现了一些不良倾向与弊端，如，部分传统媒体唯利是图，忽视社会效益，"不讲政治"，专业性和公信力下降，以互联网为代表的新媒体沦为资本的代言人、偏离社会主义新闻事业的方向，等等，这些都亟须解决。传媒如何适应和担负起新时代赋予的新任务和历史使命，应对互联网传播革命带来的挑战，将成为转型期的传媒能否持续发展的关键所在。

在社会全面转型以及上述背景之下，媒介融合与传媒转型成为传媒业发展的战略选择和必由之路，对发展文化事业和文化产业意义重大。党的十八大以来，以习近平同志为核心的党中央把新闻舆论工作摆在重要位置，作出了加快传统媒体和新兴媒体融合发展的战略部署。2014年8月18日习近平总书记主持中央全面深化改革领导小组第四次会议，审议通过《关于推动传统媒体和新兴媒体融合发展的指导意见》，将媒介融合提升到国家战略的高度，对新形势下如何推动媒介融合发展提出了明确要求："推动传统媒体和新兴媒体融合发展，要遵循新闻传播规律和新兴媒体发展规律，强化互联网思维，坚持传统媒体和新兴媒体优势互补、一体发展，坚持以先进技术为支撑、内容建设为根本，推动传统媒体和新兴媒体在内容、渠道、平台、经营、管理等方面的深度融合，着力打造一批形态多样、手段先进、具有竞争力的新型主流媒体，建成几家拥有强大实力和传播力、公信力、影响力的新型媒体集团，形成立体多样、融合发展的现代传播体系。"这标志着媒介融合从自发阶段进入自觉自为阶段，成为全面深化改革的有机组成部分。

媒体融合正进入下半场。2019年1月25日，习近平总书记在中共中央政治局第十二次集体学习讲话中强调，推动媒体融合发展、建设全媒体成为我们面临的一项紧迫课题，要运用信息革命成果，推动媒体融合向纵深发展，巩固全党全国人民的共同思想基础，为实现"两个一百年"奋斗目标、实现中华民族伟大复兴的中国梦提供强大精神力量和舆论支持。目前，我国县级融媒体中心建设方兴未艾，从打造"一批形态多样、手段先进、具有竞争力的新型主流媒体"，到

---

① 赵月枝、张志华：《总序》，载［美］丹·席勒：《数字化衰退：信息技术与经济危机》，吴畅畅译，中国传媒大学出版社2017年版，第2页。

扎实建设"县级融媒体中心",这是将媒体融合定位为治国理政新手段的战略布局,从中央、省级到地方的媒体融合探索之路,其实是新时代社会主要矛盾解决方案和策略路径之一。① 短短几年里,我国媒体融合发展取得巨大进展,后来居上,走在了世界前列。当下传统媒体与新媒体的融合转型业已进入"深度融合,整体转型"的深水区,传统媒体如何攻坚克难,构建新型主流媒体,业界进行了诸多尝试与实践,也遭遇到不少难题。学界对此的研究见仁见智,"横看成岭侧成峰,远近高低各不同",如何理解媒介融合与传媒转型的动力机制及其社会影响,尤其是传媒融合转型过程中公共性、专业性与商品化的悖论和张力的命题意义重大,但尚未得到足够的重视,也缺乏理论研究,因此迫切需要在总结国内外既有研究成果以及实践考察的基础上"道"与"术"兼顾,突破业界视野,进行跨学科研究与理论创新。本章在厘清核心概念的基础上,拟重点探讨传媒公共性、专业性与商品化以及三者之间的关系。

第一节　传播与传媒面面观

一、传播及特征

伴随着新媒体技术的发展,我们正进入传播时代,传播学日益成为显学。信息和新技术是传播的重要因素,但不等同于传播。传播的含义究竟是什么?不同学派有不同的界定与解读。大致说来有两种:"第一种定义将传播视为一个过程,通过这个过程,A 送给 B 一个信息,并对其产生一种效果。第二种定义则将传播看作一种意义的协商与交换过程,通过这个过程,讯息、文化中人(people-in-culture)以及'真实'之间发生什么,从而使意义得以形成或使理解得以完成。"② 具体来说,传播可分为传递信息、建构意义和建构关系三个方面。

(一)传递信息

传播是从信息的产生和传递开始的,或者说传播始于主体之间诉求的表达。例如,拉斯韦尔提出的传播过程及其五个基本构成要素即"5W"模式——谁(who)、说了什么(says what)、通过什么渠道(in which channel)、对谁说(to whom)、取得了什么效果(with what effect),也就是传播者、传播内容、传播渠道、受传者和传播效果。"传递观"认为传播是信息得以在空间传递和发布的过程,以达到对距离和人的控制的目的。

---

① 詹新惠:《媒体融合进入下半场》,《青年记者》2019 年第 12 期。
② [美]约翰·费斯克等:《关键概念:传播与文化研究辞典》(第二版),李彬译,新华出版社 2003 年版,第 45~46 页。

(二) 建构意义

传播不仅仅是信息的传递，更是意义的建构与分享。詹姆斯·凯瑞认为，传播是人类通过技术（中介）共享意义的文化和社会仪式，传播的目的不仅在于通过信息的传递减少不确定性，还在于通过参与、体验以及意义共享，建构共同的文化认同。在凯瑞看来，传播并非指信息的扩散，而是指共享信仰的表征，"是一种现实得以生产（produced）、维系（maintained）、修正（repaired）和转变（transformed）的符号过程"，其意义在于对社会秩序的维系。① 就传播与意义的关系而言，传播不是意义的传递，传播的过程就是意义产生的过程，也就是说，意义是在信息传播的过程中产生的。传播既是物质的又是精神的，或者说传播具有物质性和精神性（文化性）双重属性。正如 communication 一词既指物质意义上的"交通运输""信息传递"，亦指人与人之间的精神交流，如"桃李春风一杯酒，江湖夜雨十年灯""奇文共欣赏，疑义相与析"应属人与人之间思想情感的交流与表达。

(三) 建构关系

传播的目的不仅是传递信息、建构意义，而且要建立关系，尽管这种关系可能是"想象的"，这就进入了传播的新阶段，即传播是在不断地寻求与他人建立关系，不断地寻求与他人分享，② 可见传播是一种关系的构造。传播活动涉及关系，传播关乎联系、分享和相通的理念，传播的革命是关系的革命，信息与传播革命的意义在于引起传播、文化和知识之间所有关系的变革。法国学者埃里克·麦格雷把传播现象看作一种"自然的""文化的"和"创造性的"现象，传播被看作一种规范的、伦理的、政治的活动，是权力、文化与民主之间的动态关系。③ 传播媒介即传播工具，是社会分工和传播职业化发展的产物，它对建构关系起着举足轻重的作用。由传媒引入的社会关系，例如广播与收听、写作与阅读、说与听等，始终伴随着社会关系的表达、物化和调整，正是传播建立了这些社会关系的框架、限制和含义。④

从传播与社会的关系来看，政治经济学派认为传播"是一种交换的社会过

---

① 参见詹姆斯·W.凯瑞：《作为文化的传播："媒体与社会"论文集》，华夏出版社 2005 年版，第 4～12 页。
② ［法］多米尼克·吴尔敦：《拯救传播》，刘昶、盖莲香译，中国传媒大学出版社 2012 年版，第 3 页。
③ ［法］埃里克·麦格雷：《传播理论史——一种社会学的视角》，刘芳译，中国传媒大学出版社 2009 年版，第 3～4 页。
④ 陈卫星：《传播的观念》，人民出版社 2004 年版，第 376 页。

程，其产品或是社会关系的标志，或是它的具体表现"①，它将传播置于社会政治经济文化之中，而不是使之从社会中独立出来成为"抽象的存在"，深刻地揭示出传播的社会本质特征，即传播既是社会的产物而又反作用于社会。从社会学来看，传播属于社会交往活动，交往是指"个人、社会团体、民族、国家之间的物质交往和精神传通"②，语言（口语和文字）传播的背后是人们之间以权利和责任为基础的契约（信任）关系。社会交往除了战争这种特殊形式外，主要表现形式就是社会交换。交换是人们按照一定的规则进行政治的、经济的、文化的社会互动行为。社会交换必然涉及商品交易，但不能把社会交换与商品交易混为一谈，因为交易属于社会交换的特殊形式，社会交换的内涵和外延远远超越交易，比如"投之以木桃，报之以琼瑶"这种类似礼物交换的社会交换形式，其中的物质交换蕴含着平等、尊重、认同和分享等精神需求，并非商品交易或买卖关系可比，可见传播关系并不等同于交易关系。值得一提的是哈贝马斯的交往行为理论，哈贝马斯以"公共领域"的平等交往为前提和基础，把"以符号为媒介的相互作用理解为交往行为"，认为交往行为以理解为目的和核心，语言是交往行为的媒介，并提出交往行动理论，他提出了交往行为的三大有效性要求——真实性、正确性和真诚，"修辞立其诚"，以交往理性（传播）规范和超越工具理性（权力）。③ 当然，传播属于社会交往活动，但社会交往的内容并不都是传播，以传播与行动的关系而言，传播产生行动，行动终止传播，行动是传播的目的与终结。

如果说传播在微观层面是意义建构，那么在宏观层面则涉及社会权力运作。传播活动是特定历史条件下政治、经济、社会诸种权力之间借助媒介进行博弈的场域。在传播中，权力与其说是一种本质，不如说是一种（特殊的）关系，在每一个具有生产性关系的环节中，都可能隐藏着权力关系。④ 传播政治经济学认为，资本主义制度下传播的本质是一种控制机制。各种社会权力关系，不但控制着传播资源的生产、流通与消费，而且权力精英也利用传播媒介达到控制社会和公众、维持统治秩序的目的。⑤ 传播秩序是人们建构而成的，并非自然天成、亘

---

① ［加拿大］文森特·莫斯可：《传播政治经济学》，胡正荣译，华夏出版社2000年版，第71页。

② 陈力丹：《精神交往论：马克思恩格斯的传播观》，中国人民大学出版社2008年版，第2页。

③ 参见［德］尤尔根·哈贝马斯：《交往行为理论》（第一卷），曹卫东译，上海人民出版社2004年版。

④ 陈卫星：《传播的观念》，人民出版社2004年版，第191页。

⑤ 陈世华：《传播即控制——传播政治经济学的元理论解析》，《国外社会科学》2016年第3期。

古不变的。进一步说，传播者尤其是职业传播者掌握着相当的传播权力。近代意义上的"新闻"（近代报刊）是建制化传播即职业传播的产物，也是社会分工在传播领域的体现，最为典型的职业传播是主导资本主义社会的工业化大众传播方式，雷蒙德·威廉姆斯将其特点概括为三个方面："技能即专业化，资本化和控制即制度化"①。脱胎于职业意识的"新闻专业主义"的理念和实践推动了传媒业发展的规范化和专业自主性，赋予职业传播者以合法化的传播权力，但其专业精英垄断的弊端在普通受众获得更多参与权的新媒介时代也受到了挑战与冲击。传媒从早期人类亲身传播活动中分离出来，发展为独立于人类亲身传播的专业传播工具，网络时代媒介又将重新融入人类自身活动之中。随着互联网的普及，个人传播等非制度化传播重新兴起并发展成为与专业媒体比肩的自媒体。

二、传播的功能

关于传播的功能，研究者主要从传播对社会的影响和作用角度加以探讨。如李普曼提出了"拟态环境"，拉斯韦尔和赖特提出了"四大功能"，施拉姆从政治功能、经济功能和一般社会功能三个方面对大众传播的社会功能进行总结，迈克尔·舒德森概括了新闻业服务于民主的六项功能，② 拉扎斯菲尔德和莫顿指出大众传播的负面功能③，勒纳等提出了发展传播学理论④，这些具有代表性的研究都属于效果研究，深入阐释了传播者所造成的社会影响，包括正面的和负面的影响。但传播的效果不等同于传播的功能，上述研究的不足之处是，对传播所涉及的比如谁在传播、如何传播、谁获益谁受损等根本性的问题尚未触及。

一般而言，论者关于传播与社会关系的观点可分为两大基本对立的派别，一派认为传播具有控制功能，属于悲观主义派；另一派则认为传播具有自由解放（即反控制）功能，属于乐观主义派。首先来看一看悲观主义派即控制派的主要观点。施拉姆等认为，"报刊总是带有它所属社会和政治结构的形式和色彩，特别是报刊反映一种调节个人与社会关系的社会控制的方式"⑤。哈贝马斯曾论及传播科技对传播的控制，科学技术的合理性本身也就是控制的合理性，即统治的

---

① 转引自［美］卡琳·沃尔-乔根森、托马斯·哈尼奇：《当代新闻学核心》，张小娅译，清华大学出版社2014年版，第284页。
② ［美］舒德森：《为什么民主需要不可爱的新闻界》，贺文发译，华夏出版社2010年版，第23页。
③ 袁军：《大众传播时代"媒介环境"的负面功能》，《新闻记者》2010年第5期。
④ 宫承波、艾红红：《试论勒纳的传播与发展理论》，《山东大学学报》（哲学社会科学版）2002年第6期。
⑤ ［美］威尔伯·施拉姆等：《报刊的四种理论》，中国人民大学新闻系译，新华出版社1980年版，第1～2页。

合理性。赫伯特·席勒强调传播技术作为西方发达国家特别是美国向发展中国家进行文化、意识形态和经济渗透的手段或工具,提出技术"不仅是完成文化控制的工具,而且是这种控制的体现"①。新兴的互联网传播同样具有控制功能。莱斯格对此有独到而深入的研究,他在《思想的未来》一书中根据公共资源理论以及尤查·本科勒将通信系统分成物理层、逻辑或代码层、内容层的分析框架,对互联网的三个层面做了具体分析,认为互联网并非一个完全自由的通信系统,而是自由与控制的混合系统,这是商业力量与政府力量共同作用的结果。不过,莱斯格认为互联网最初是与市场"绝缘"的公共资源,只是后来资本在政府的协助下被"商业化"了,这是对计算机及互联网技术商业化潜能的误解。事实上,互联网产生之初,就是本着"信息、技术和自由市场"的理念,或者说互联网技术本身就有商业化的可能性。

再来看一看乐观主义派即自由派的代表性观点。他们将传播看作解放的力量,也就是传播具有反控制功能。控制派把传播的本质理解为控制的观点鞭辟入里,十分深刻,但还不够。因为特定历史条件下的传播领域是一个充满了政治、经济、社会等各种力量或权力相互博弈和斗争的"场域"(布尔迪厄语),即既有控制,同时也有对控制的抵抗即反控制,具体表现为争取新闻自由、言论自由或表达自由的传播权。卓南生认为,中国近代报刊从外人出资、外人主宰到中国人出资、中国人操权,从任外人"说教"、外人诱导舆论到力图摆脱外来势力的干预与牵制,进而畅所欲言地发出自己的声音,中国近代报业史其实是一部中国人要求摆脱外国势力对传媒的控制,争取言论自由,从而表达国家民族意识的斗争史。因为传播活动是每一个人的权利,是日常生活的某种公共服务,传播权应是人人享有的权利,不应被少数人和机构所垄断。② 在自由派看来,互联网不仅是一种技术,更是一种叙事,一种类似于"变革代理人"激发的信仰的文化结构。尼葛洛庞帝和不少学者都论述过互联网和"数字一代"将会崛起,国家会走向消亡,公民会从过时的党派政治转向去数字化市场中"自然"机会,而长期拘束于躯体中的个体也得以摆脱肉体的束缚,去探索他真正感兴趣的东西,找到有共同兴趣的伙伴。③ 随着电子传媒尤其是网络的发展,出现了"电子乌托邦"的思想,这种思想建立在对新媒介某些技术特性期待的基础上,认为新的传播媒介技术必然会把人类带入一个高度自由、民主和平等的王国,这种思想由来

---

① 刘晓红:《西方传播政治经济学研究》,上海人民出版社2007年版,第140页。
② 转引自[法]多米尼克·吴尔敦:《拯救传播》,刘昶、盖莲香译,中国传媒大学出版社2012年版,第4页。
③ [美]弗雷德·特纳:《数字乌托邦:从反主流文化到赛博文化》,《引言》,张行舟等译,电子工业出版社2013年版,第5页。

已久，在大众传媒产生的初期，库利就提出过"印刷意味着民主"①。传播的社会功能总体而言主要是控制及反控制两个方面，效果研究中有关传播的四大功能以及负面功能作为控制与反控制的具体表现，皆可做如是观。必须指出的是，"控制"是中性的词汇，并不是只有负面的含义。以"控制"与"自由"的关系而论，没有一定的控制就没有自由，所谓"不以规矩，不成方圆"。

在我们的主流文化中，或者说在更广泛的社会领域，一直存在着技术统治与反技术统治两种思想，占主导地位的技术统治论认为，社会被技术与基于技术理性的政治经济文化制度、机构和权力所控制。反技术统治思想则认为，技术可以成为个人和集体自由的工具，将人们从技术统治社会中解放出来。技术统治与反技术统治这两种看似对立的思想从根本上来说又是一致的，都是以技术决定论为前提，区别只在于对技术的态度一视为宗教一视为工具而已。技术决定论有其合理性，却是不完全的或片面的。上述关于传播功能的控制派与自由派的观点，分别与技术统治和反技术统治的思想一脉相承，虽然控制派与自由派表面上是对立的，但两者从根本上看又是相通的，其共通之处在于，传播不管是具有控制的潜能还是自由解放（反控制）的潜能，其前提都是基于媒介的工具性，存在程度不等的技术决定论倾向，二者的差别仅仅在于对媒介技术工具性态度的不同，即一为悲观一为乐观而已。

哈罗德·伊尼斯认为，媒介对社会形态、社会心理都产生深远的影响，他断言："一种新媒介的长处，将导致一种新文明的产生。"② 伊尼斯认为，传播和传播媒介都有偏向，大致可分为口头传统的偏向与书面传统的偏向、时间的偏向与空间的偏向。人类传播媒介演进史是由质地较重向质地较轻、由偏向时间向偏向空间发展的历史，而且与人类文明进步阶梯相协调。伊尼斯将传播的控制功能归因于媒介本身的内在特征即媒介属性，称之为"传播的偏向"，倾向于把传播技术视为一种自主性的变化动因，属于媒介技术决定论，夸大了技术本身对社会的作用。就技术对社会的作用而言，诚如伊尼斯、麦克卢汉等技术崇拜者所说，传播技术并不是中立性的工具，新技术意味着新的生产方式、消费方式乃至生活方式，从较长的时期来看，社会引进或应用某种新技术，也就意味着社会生产方式、人们生活方式的改变，如智能手机和移动互联网的普及改变了新闻娱乐信息的生产、传播和接受方式，乃至改变了人们的工作和生活方式。但传播技术之所以能够发挥作用，与其说是来源于技术本身，不如说来自技术置身其中的政治、经济、社会文化等因素，技术的力量相对于政治、经济、社会文化的力量而言还是有限的。

---

① 转引自石磊：《新媒体概论》，中国传媒大学出版社2009年版，第61页。
② ［加拿大］哈罗德·伊尼斯：《传播的偏向》，何道宽译，中国传媒大学出版社2015年版，第34页。

第一章　政治经济学视野下的传媒公益化与商品化

综而观之，传播活动是传媒、政治、经济、社会文化之间相互建构的过程，主要表现为特定条件下不同的人、组织、社会力量基于不同诉求而进行的社会实践活动。与其说传播是事物本身的属性或功能，不如说传播是事物内在关系以及外在关系（事物与外部其他事物之间）的呈现，控制关系只是其中一种特殊的关系，并非传播关系的全部，传播的关键在于传播技术包括媒介与社会的相互作用。格雷厄姆·默多克主张抛弃技术决定论和媒介中心主义。在他看来，传播史不是一部关于机器的历史，而是一部关于新生的媒体促成权力体系重构和社会关系重组的历史。要理解这个历史过程，我们就必须避免工具主义倾向。当然，传播技术产生于特殊的权力机构之中，并且受制于特定的意图和目的；然而，一旦投入运行，它们往往会引起和原来目的不相符合的甚至相互矛盾的结果。因此，"我们最好将传播技术看作是一个不同阐释和使用之间持续斗争的场所，而不是关于控制和自由的技术。处于这些斗争中心的，是公共领域和私人领域间不断变化的界限。跟踪记录这些变化，能为我们提供一个有效的出发点去探求传播在现代性构成中所扮演的角色"①。技术决定论与社会决定论之间的论争从未停息。技术决定论者坚称技术发展是内生动力的唯一结果而不被其他因素所影响，"塑造社会来适应技术模式"；社会决定论者则强调"社会塑造技术"，"技术是中立工具，非技术动力——如社会阶层、政治权力甚至是个人性格——对它们的设计与控制具有独立影响"②。从文化研究的范畴来看，无论是技术决定社会论，还是社会决定技术论，都囿于"鸡生蛋或蛋生鸡"式的因果逻辑而不能自拔。辩证唯物主义和历史唯物主义告诉我们，世界上万事万物都是普遍联系的，又是处在运动变化之中的，所谓"蝴蝶效应""世事如棋局局新"，说的就是这个道理。不同事物之间相互影响并发生作用，而不是某事物决定另一事物，也就是说，不同事物之间是相关关系，而不是因果关系，或者说超越了因果关系，即因果律仍然有效，但不能涵盖事物之间的相关关系。以传播、技术与社会（大社会的概念，包括政治、经济、文化）之间的关系而论，说技术决定传播与社会，技术是因，传播和社会是果，固然不对；反过来说，社会决定技术和传播，社会是因，技术和传播是果，也不对。从相关关系或函数关系来看，传播、技术与社会之间互相依赖、互相关联，换言之，三者之间是相互影响、相互渗透、相互建构的关系，尽管"建构"一词带有一定的因果决定论色彩。当然，在特定的历史条件下，各因素所起的作用会有所不同，有的作用更大些，有的相对较小，并不能等量齐观。但传播、技术与社会是不可分离且不断变化的整体，如传播技术化和经

---

① ［英］格雷厄姆·默多克：《传播与现代性的构成》，赵斌译，http://ptext.nju.edu.cn/c0/af/c12242a245935/page.htm。
② ［英］安德鲁·查德威克：《互联网政治学：国家、公民与新传播技术》，任孟山译，华夏出版社2010年版，第22～23页。

济化、社会媒介化、政治经济化、经济政治化、文化科技化等,三者表面各异而内里实是相通的。

三、传媒及其属性与功能

(一) 传媒的内涵、特点及分类

1. 传媒的内涵

传媒即传播媒介,是传播的工具。如何理解媒介的内涵?在中国古汉语语境中,"媒介"一词主要有三种用法:①表示"说合婚姻的人"。如《诗经·卫风·氓》中"匪我愆期,子无良媒"之"媒"。②表示"使二者发生关系的人或事物"。③表示"居间引进""居中介绍"。随着历史的推移,第一种用法逐渐淡出,而第二、三种用法得以延续,并成为与英文"medium/media"对译的传播学专业术语。① 刘昶将英文"media"一词的含义归纳为四个层次:一是指报刊、广播、电视、电影、视频、电信等承载的文字、声音、视觉信息的符号之发送、分配或传递的技术手段(工具)。二是指经济门类或体制。如传媒产业、传媒事业等。三是指具体的机构、组织。如传媒企业(报社、电台、电视台、网站等)。四是指具体的传播内容和设备等。② 其实,中文里与"media"对应的词语除了"媒介"之外,还有"媒体"和"传媒","媒介""媒体"和"传媒"这三个常用词是可以互换的同义词,都包含了"media"所涉的新闻传播媒介、体制、机构和设备等四层意蕴,只是含义各有所偏而已,因此没有必要也难以对三者作严格而清晰的区分。媒介作为传播过程中人与人、人与物或物与物之间产生联系或发生关系的工具,既有技术属性,又有社会文化属性。我们把图书、报刊、电报、电视、电脑等视为媒介是从技术层面而言的;我们把出版社、报社、电台、电视台、网站看作传播媒介是作为社会概念而言的。概而言之,媒介有四层含义:从媒介作为技术手段来看,它指信息传递的载体、渠道、中介物、工具;从媒介作为传播机构来看,它指从事信息的采集、加工制作和传播的社会组织,因而又具有政治、经济和社会文化等三个层面的含义。

就外延或范围而言,"媒介"有广义与狭义之分。广义的媒介即"泛媒介",类似"中介"的意思。费斯克说:"广义上讲,说话、写作、姿势、表情、服饰、表演和舞蹈等,都可被视为传播的媒介。"③ 麦克卢汉提出"媒介是人体的

---

① 张邦卫:《媒介诗学:传媒视野下的文学与文学理论》,社会科学文献出版社2006年版,第126~127页。
② 刘昶:《序言:他山之石,可以为错》,载〔法〕多米尼克·吴尔敦:《拯救传播》,刘昶、盖莲香译,中国传媒大学出版社2012年版,第6页。
③ 〔英〕约翰·费斯克编撰:《关键概念:传播与文化研究辞典》(第二版),李彬译注,新华出版社2004年版,第161页。

延伸",即媒介是人的感觉能力的复制和外化,如文字和印刷媒介是人的视觉能力的延伸,广播是人的听觉能力的延伸,电视则是人的视觉、听觉和触觉能力的延伸,互联网则是人的中枢神经系统的延伸,而在移动传媒时代,手机的信息空间可以始终与个人的信息空间保持重合,将"人体的延伸"发挥到了极致。① 麦克卢汉的批评者认为,麦克卢汉的技术自然主义强调媒介技术是人的生物性的延伸,而不是人的社会性的延伸。②

丹麦学者克劳斯·布鲁恩·延森认为,媒介可分为三个维度:一是人的身体以及它在工具中的延伸,二是大众传播媒介,三是数字技术。数字技术与其他两种媒介的不同,在于它是一种元技术,它不仅具有复制先前所有交流媒介的特征,并且可以将所有媒介重新整合在一个统一的软硬件物理平台上,组合成一个人类传播的统一平台。我国学者喻国明把互联网视为"社会的操作系统"③,或有类似的寓意。质言之,媒介改变了我们对世界的认识,包括认识世界的内容和认识世界的方式,媒介决定了人类的传播方式和文化形态。人类创造并使用媒介,媒介也在塑造和改变着人类,包括我们的语言、文化乃至思维方式。

狭义的媒介属于广义媒介中特殊之种类,也就是广义媒介之特殊形式,即我们通常所说的信息传播媒介,如纸质媒介、数字媒介、电子媒介,常见的有图书、报刊、广播、电视和网络等,它们往往是新闻事业的代名词,也是现代社会影响力最大的媒介。本书探讨的是狭义的而非广义的传媒,"传媒""媒介"或"媒体"所指乃同一事物的不同方面,即侧重点不同的同一事物,本书视不同语境交替使用。

2. 传媒的分类

关于媒介的分类,按照不同标准有不同的划分,比如按照是否向社会公开传播,可分为个人交流媒介与大众传播媒介。就广义媒介而言,麦克卢汉将媒介分为冷媒介和热媒介。美国传播学家哈特在对媒介进行历时性考察的时候,把历史上依次出现的媒介系统分为示现的、再现的、机器的三类。④ 就狭义媒介而言,按照媒介形态可分为图书、报刊、广播电视、互联网等,根据本书的主题,将媒介分为传统媒体与新媒体两大类别。传统媒体与新媒体是相对而言的概念,从媒介发展的历史看,新媒体是相对于已经存在的媒介形态而言的,并且其媒介形态会随着技术革新等因素不断变化及延展,因此,广播电视出现后,相对于报刊是新媒体,而报刊则是传统媒体,但我们所界定的"传统媒体"与"新媒体"则

---

① 童晓渝、蔡信、张磊:《第五媒体原理》,人民邮电出版社2006年版,第87页。
② [美]D. J. 切特罗姆:《传播媒介与美国人的思想》,转引自郭庆光:《传播学教程》,中国人民大学出版社1999年版,第150页。
③ 喻国明:《互联网不仅是传播工具,更是社会的操作系统》,《今传媒》2015年第11期。
④ 转引自石磊:《新媒体概论》,中国传媒大学出版社2009年版,第64～65页。

有特定的内涵与外延，这就是互联网时代的传统媒体与新媒体。所谓传统媒体，是指传统的图书、报刊、广播、电视等大众传媒，其传播方式是"点对面"的大众传播。而新媒体是继报刊、广播、电视等传统媒体之后发展起来的新的媒体形态，是指利用数字技术、网络技术、移动技术，通过互联网、无线通信网、卫星等渠道以及电脑、手机、数字电视机等终端，向用户提供信息和娱乐服务的传播形态和媒体形态，新媒体突破了传统媒体的诸多限制。

从技术发展的角度看，新媒体是指基于计算机技术、通信技术和控制技术等新技术发展而来的新兴媒体形态，主要包括两类：①诞生于互联网的一种新的媒介形态，如微信、微博、博客、播客、网络杂志、视频网站等。②通过传统媒体数字化或新媒体化形成的新型媒体形态。如传统电视不是新媒体，但是电视与电脑相结合而形成的数字录像机如硬盘数字录像机系统则属于新媒体，《人民日报》的人民网、中央电视台的 CNTV 网站等均是。由于新技术的发展不断催生新的媒介形式，新媒体形态也处在不断发展与变化的过程之中。新媒体主要依托数字技术，媒介融合是其重要特征。可见，互联网时代传统媒体与新媒体之间的界限并非固定不变的，或者可以说是不确定的。需要补充的是，"新媒体"概念背后所隐含的价值观念是技术进步论或技术决定论，极而言之，"新媒体"概念作为一种意识形态修辞和文化建构，一定程度上影响了人们对新媒体现象的认知、理解与实践。

（二）传媒的双重属性

人类在创造生产工具的同时也创造了传播工具，物质生产领域与精神生产领域即上层建筑也因此分离开来，成为相对独立的活动。生产工具主要针对物质生产领域，传播工具则针对政治、宗教、文化、法律等精神领域。现代传媒（传播工具或手段）具有双重职能，既是生产力的要素，又是社会生产关系的组成部分。从政治经济学角度看，传媒既属于上层建筑，又属于经济基础，或者说兼具政治经济双重属性，既是文化事业，又是文化产业。正如英国学者默多克所述，"大众传播体系扮演了双重的角色，复制而再生产了资本主义的生产关系。大众传播体系补足了经济循环圈，资本主义的生产关系立足其上而运作；大众传播体系并且传送了式样不等的意识形态，依此资本主义的生产关系才得到正当性"[①]。

1. 传媒的意识形态属性

早在春秋时期，孔子说："《诗》可以兴，可以观，可以群，可以怨；迩之事父，远之事君；多识于鸟兽草木之名。"（《论语·阳货》）孔子对早期的传媒产品《诗经》的社会教化作用做了高度概括。现代传媒尤其是新闻报道对社会

---

① ［英］格雷厄姆·默多克：《关于西方资本主义的盲点》，载冯建三：《传媒公共性与市场》，华东师范大学出版社 2015 年版，第 50 页。

影响的程度有过之而无不及，可以"随风潜入夜，润物细无声"。传媒作为新闻事业，属于上层建筑的构成部分，具有鲜明的意识形态属性，涉及文化安全、政治安全乃至国家安全。英国社会学家汤普森论述大众传媒与意识形态的关系时指出，"意识形态被视为一种社会胶合剂，而大众传播则被看作一种涂抹胶合剂的特别有效的机制"①。传媒是阿尔都塞所谓的意识形态国家机器的组成部分。随着社会媒介化的加深，传媒塑造现实的意识形态功能将进一步增强而不是削弱。

（1）意识形态及其作用。意识形态是指"阶级社会中关乎表意（知识与意识）的社会关系"，"在文化与传播研究中，意识形态被视为对意指与话语领域内不平等的社会关系进行再生产的过程"。② 意识形态源于马克思主义。马克思和恩格斯对意识形态的本质作了深刻的揭示："每一个企图取代旧统治阶级的新阶级，为了达到自己的目的不得不把自己的利益说成是社会全体成员的共同利益，这在观念上的表达就是：赋予自己的思想以普遍性的形式，把它们描绘成唯一合乎理性的、有普遍意义的思想。"③

意识形态不仅有消极作用，更有积极的建构作用。根据汤姆森的分析，意识形态可以分为两种类型：一种是批判性的概念，批判的概念对意识形态持有负面的看法，即意识形态被视为由象征再现构成的一个系统，这些再现是误导性的、虚幻的，因此应当被批判。另一种是把意识形态视为中性概念，即意识形态是一种社会认知的形式，是社会生活的内在组成部分，不管它是被用来改造现状还是维持现状。④ 葛兰西等意识形态批评学派认为，意识形态并非单纯的虚假意识，也并非现实的幻象性再现，而是现实本身。在阿尔都塞看来，意识形态不仅是"想象性关系"，而且是"物质存在"。⑤ 毛泽东强调意识形态的改造力量（《矛盾论》），以及文化革命作为革命进程中一个基本组成部分的重要性（《新民主主义论》），他像葛兰西一样强调对意识形态工作的领导权，尤其强调对知识分子的思想改造，赋予了意识形态概念更多的政治性内涵。⑥ 对意识形态的批判只看到意识形态的消极作用，而忽视了意识形态在建构现实中的正面作用，是不可取

---

① ［英］约翰·B. 汤普森：《意识形态与现代文化》，高铦等译，译林出版社2004年版，第3页。

② ［美］约翰·费斯克等：《关键概念：传播与文化研究辞典》（第二版），李彬译，新华出版社2003年版，第128～129页。

③ 《马克思恩格斯选集》（第1卷），人民出版社2012年版，第100页。

④ 参见 J. B. Thompson, *Ideaology and Modern Culture: Critical Social Theory in the Era of Mass Communication*, Cambridge: Polity, 1990。

⑤ 参见潘知常：《新意识形态与中国传媒》，香港银河出版社2010年版，第274～275、278页。

⑥ 孟登迎：《意识形态与主体建构：阿尔都塞意识形态理论》，中国社会科学出版社2002年版，第93～94页。

的，实际上，重视和发挥意识形态的建构作用是极为重要和必要的。

（2）传媒意识形态属性的表征。从新闻生产来看，传媒并非镜子式地反映现实，而是通过构建"拟态环境"来影响人们对现实的认知与理解，直接或间接地传播价值观，从而发挥意识形态的作用。就新闻而言，"新闻不是存在于个人之外的现实，也不是事情或事件本身。在西方语境中，新闻被视为传媒对仍未发生、正在发生或现实中已发生过的问题与事件的报道。新闻是一种观念，并不等同于事件本身。此外，我们还可以把新闻看成记者及传媒机构尝试通过新闻的形式转述特定的事件及趋势，以及把握这类事件与趋势基本框架的努力。这类活动一般由在特定新闻方针指导下工作的记者承担，而这种特定的新闻方针是由特定的文化、政治、经济、伦理以及记者的参照框架决定的。记者的参照框架由许多不同因素构成，其中包括报刊的性质、新闻机构的方针、认定什么值得报道或含有特定新闻价值的方针、报刊新闻编辑室的组织形式、与其他形式的传媒竞争的程度、读者的人口统计学情况以及刊物受众对它的期望及需求等。所有这些因素又都是在诸如政治、经济、文化、技术、地理以及某国特定的传媒体制等大背景下运作的"①。

大众传媒的传播形式本身也有意识形态的作用。厄内斯特·盖尔纳对传媒如何塑造民族主义意识形态曾有深刻的见解："媒体本身这种抽象的、集中的、标准化的、一点对多面的交流方式的普遍性和重要性，自然地产生了民族主义的核心思想，而传播的具体信息包含的特殊内容却不重要。最重要的持续不断的信息，产生于媒体本身，产生于这种媒体在现代生活中具有的作用。这个核心信息就是，传播的语言和方式是重要的，只有能够理解这些信息或者具有理解能力的人，才能进入一个道德和经济的社群，而不理解或者没有理解能力的人便被排斥在外。所有这些是再清楚不过了，原因就在于，大众媒体在这种社会里起着普遍的、决定性的作用，至于具体说了什么并不重要。"② 而法兰克福学派认为，以传媒为核心的"文化工业"为意识形态统治提供了新的合法外衣，这种软化的力量变形为新的统治力量。

（3）我国传媒的意识形态属性。目前我国对传媒的意识形态属性的研究存在一种偏向，就是只将其理解为阶级性或党派性，而忽略了传媒业作为公共事业的一面。事实上，新闻和信息传播的业务和内容中关乎意识形态的方面具有公共

---

① ［美］阿诺德·S.戴比尔：《第十二章 全球新闻：全球新闻业易变、难以捉摸却最为基本的特征》，载［美］阿诺德·S.戴比尔、约翰·C.梅里尔编：《全球新闻业：重大议题与传媒体制》，郭之恩译，华夏出版社2010年版，第159～160页。

② ［英］厄内斯特·盖尔纳：《民族与民族主义》，韩红译，中央编译出版社2002年版，第166页。

第一章 政治经济学视野下的传媒公益化与商品化

事业的特征，传媒产品尤其是新闻类产品关乎意识形态的方面有公共物品的特征。① 众所周知，我国传媒属于中国特色社会主义新闻事业，是执政党治国理政的重要资源和工具，是"特殊的执政资源"②。按照马克思主义的观点，新闻传媒作为上层建筑思想意识形态的一种，不论是传统媒体还是新媒体，其首要定位是党、国家和人民的喉舌，是党和政府的舆论宣传阵地，体现了党性与人民性的高度统一，即"媒体姓党"，为人民代言，具有明显的意识形态属性。马克思曾经说过："报刊最适当的使命就是向公众介绍当前形势、研究变革的条件、讨论改良的方法、形成舆论、给共同意志指出一个正确的方向。"③ 同时，传媒也是保障人民群众基本文化权益的重要途径，是重要的公共舆论平台，具有显著的公共性。恩格斯在总结《新莱茵报》的经验时说：如果报纸只强调自己的无产阶级观点，而不承认报纸的社会性，那它就成了沙漠中的布道者。④ 我国社会主义意识形态说来话语在改革开放前后经历了从"革命"到"发展"的变迁⑤，中国特色社会主义是意识形态话语的核心表达。媒体具有舆论引导和意识形态的功能，对传播社会主义核心价值观、建设社会主义意识形态发挥着极其重要的主阵地作用。

不同于资本主义社会将媒体定位于"第四权"，我国传媒坚持为人民服务、为社会主义服务的"二为"方向，公益性显著。具体而言，大致表现在以下四个方面：第一，传媒尤其是新媒体，无论是传播新闻和信息，还是提供娱乐，都需要具有导向意识，"致君尧舜上，再使风俗淳"。转型时期的中国更需要传媒以社会主义核心价值观和新时代中国特色社会主义思想为指导来报道新闻信息、反映民意和引导舆论，包括舆论监督，为塑造社会共识、凝聚人心、推动社会主义民主与法治建设，为实现中华民族伟大复兴的"中国梦"而发挥积极的正面的作用。第二，推进全面改革进程需要凝聚社会共识，引导和形成社会共识和共同体意识，这是传媒不可推卸的责任。第三，传媒要担负起传承传统文化与美德的功能与使命，"阐旧邦以辅新命"。国家新闻出版广电总局出台了一些政策大力扶持中国文化的内容生产与传播。第四，实施传媒的国际化战略。传媒作为国家权力，在为"一带一路"鼓与呼的同时，需要"走出去"参与国际竞争，与英国 BBC、美国 CNN、日本 NHK、阿拉伯的半岛电视台等全球性媒体同台竞争，为塑造中国形象和培育国家"软实力"作出应有的贡献。

---

① 丁和根：《中国传媒制度绩效研究》，南方日报出版社 2007 年版，第 67～68 页。
② 丁柏铨：《新闻传媒：特殊的执政资源》，《江淮学刊》2007 年第 1 期。
③ 《马克思恩格斯全集》（第 43 卷），人民出版社 1972 年版，第 488 页。
④ 《马克思恩格斯全集》（中文 1 版）（第 21 卷），人民出版社 1985 年版，第 19 页。
⑤ 陈菁菁、吴学琴：《中国共产党发展进程中的话语变迁考察》，《学习与实践》2017 年第 8 期。

我国传媒的定位之所以不同于西方传媒，主要原因有两个：第一个原因是中国国情的特殊性使然。欧美国家的体制是自下而上建立的，早已完成了现代化，自由、民主、平等等价值要素作为优先选择不言而喻；而中国的体制是自上而下建立的，近代以来首先追求的目标是国家独立与民族解放，新中国成立后一直在为实现社会主义现代化而奋斗，虽然今天已经成为世界第二大经济体，但从人均GDP来看仍属于最大的发展中国家，发展因此成为我国的首要任务，用邓小平的话说，"发展才是硬道理"①。传媒应在促进经济、文化、政治和社会发展中起着重要作用，按照发展新闻学理论，传媒与政府之间应是建设性的合作关系，而不是独立并制衡政府的"第四权"，这就要求传媒在促进和扶持国家发展中发挥关键作用。第二个原因是中国传媒的政治化特色尤其是基于党性原则的"党报传统"使然。我国传媒自诞生起就有很强的政治功能，近代中国始终肩负着救亡图存的重任，近代报刊在中国的产生和发展首先是适应政治斗争的需要，报刊成为先进知识分子宣传救亡图存、救国救民的舆论工具和利器，舆论宣传成为报刊的重要功能。中国共产党成立伊始就高度重视新闻宣传工作，把办报视为党的事业的重要组成部分和生命线，认为党报不但是宣传者，而且是集体的动员者和组织者，提倡政治家办报，特别是延安整风时期形成了"全党办报"等一系列优良的党报传统。党报作为中国共产党的喉舌和舆论阵地，服务于政治斗争的需要，宣传共产主义理念和党的方针政策，开展舆论斗争，具有极强的政治宣传功能。新中国建立以来，我国新闻事业一直以马克思、恩格斯、列宁、斯大林、毛泽东思想、邓小平理论、习近平新时代中国特色社会主义思想为核心和指导。马克思最早以"喉舌"来概括报刊性质和功能。中国共产党的几代领导核心继承并发扬了革命导师关于"喉舌论"的论断。毛泽东新闻思想的核心内容之一就是党报作为党的耳目和喉舌，必须坚持鲜明的党性原则。习近平总书记2013年8月19日在全国宣传思想工作会议上强调，经济建设是党的中心工作，意识形态工作是党的一项极端重要的工作，提出"做好宣传思想工作必须全党动手"；8.19讲话可以说是新形势下"全党办报"思想的创新与发展，是我国传媒优良传统和马克思主义新闻观在新时代的最新发展和具体体现。

2. 传媒的经济基础属性

传媒不仅具有政治和社会属性，而且具有经济和产业属性。传媒作为经济基础，复制和再生产社会生产、流通、分配和消费关系，横跨生产力与生产关系两大领域。英国的一些传播政治经济学者在分析文化工业的结构时，把媒介符号意

---

① 邓小平：《在武昌、深圳、珠海、上海等地的谈话要点（节选）（一九九二年一月十八日——二月二十一日）》，《新湘评论》2014年第15期。

义的生产和流通看作广泛的社会经济过程的物质生产和交换过程的一部分。①

改革开放以来，传媒尤其是盈利性传媒不仅促进和推动了市场经济的发展，而且传媒本身作为颇具实力与影响力的企业（集团）和媒体资本，亦已发展成为市场经济中重要的经济力量，形成文化产业、信息产业的核心和国民经济的新增长点，传媒的产业属性显著。2009年9月，我国第一部文化产业专项规划《文化产业振兴规划》出台，文化产业首次晋升为国家战略性产业。传媒业不仅是文化产业的核心，而且被纳入电子信息业重点发展的领域，对我国经济发展具有重要的战略意义。随着媒介融合的深入，传媒产业化和市场化程度将进一步拓展和提升。传媒业在新技术发展的帮助下，不仅打破传媒行业内部的生产、营销与消费之间的界限，而且将打通行业之间即传媒业与其他行业乃至社会之间的"壁垒"。融合时代，传媒企业从以生产促销售转向以营销促生产，即通过更有效地管理需求包括制造被消费者认同的需求来引导生产，在规模经济和服务经济作用下创造出更高的商业价值和更多的利润。与此同时，马克思认为"资本是能够带来剩余价值的价值"②，这对媒体资本同样适用，无论是属于国有还是私营，追逐利润乃其天性。但媒体资本又有其特殊性，也就是它的意识形态属性和公益性，这就决定了传媒在逐利的同时必须承担应有的社会责任，将社会效益置于首位。

（三）传媒的功能——媒介权力

传播的功能对传媒特别是大众传媒同样适用，因为传媒的功能属于传播功能在媒介层面的具体体现，但传媒只是传播的一部分而不是全部，所以传媒的功能除了传播功能的普遍性之外还有其特殊性，这就是"媒介权力"，传媒的所谓"四力"即传播力、影响力、引导力、公信力，这正是媒介权力的体现。传媒有时成为某一时代的象征，如"五四"与《新青年》，延安与《解放日报》，新中国与《人民日报》，等等，因此传媒被称为"一种新型的权力"③。一方面，媒介权力有积极作用。比如英国的《泰晤士报》在克里米亚战争中多次揭露英国政府和军队领导人由于官僚主义而造成数万伤病员死亡的事实，从而促成当时的阿伯丁内阁的垮台、远征军总司令的撤职和红十字会的诞生。④ 另一方面，媒介权力也有负面影响。比如，2013年，美国一名13岁少女梅根因不堪网友辱骂而自

---

① 参见杨击：《传播·文化·社会——英国大众传播理论透视》，复旦大学出版社2006年版，第105～108页。
② 白永秀：《重新认识社会主义市场经济中的资本与剩余价值》，《广东商学院学报》2005年第4期。
③ ［美］阿尔君·阿帕杜莱：《全球文化经济中的断裂与差异》，陈燕谷译，载汪晖、陈燕谷主编：《文化与公共性》，生活·读书·新知三联书店1998年版，第523～524页。
④ 陈力丹：《世界新闻传播史》，上海交通大学出版社2002年版，第39页。

杀,被称为"梅根事件"。中国的"史上最毒后妈"等"人肉搜索"事件,以及媒体报道影响司法案件的判决的"舆论审判",折射出包括传统媒体和新媒体在内的传媒强大的影响个人和社会的能力。可见,媒体具有呼风唤雨甚至兴风作浪的能力,这一说法绝非虚言。媒介权力属于约瑟夫·奈所谓的"软权力"(soft power)的典型,但媒介权力并非万能的,因为传媒虽有可控制性,但并不能被完全控制,这是由传播领域的博弈与斗争所决定的。

所谓"权力",一般指个人或机构所拥有的影响其他人或机构的能力,[①] 包括影响力和能力两个方面。何谓"媒介权力"?一般认为,传媒是一种对个人或社会进行影响、操纵、支配的力量,具有使事件得以发生和影响事件怎样发生,界定问题以及对问题提供解释与论述,由此形成或塑造公共意见的种种能力。[②] 媒介权力其实是一种象征权力。布尔迪厄说:"象征性权力乃是利用字词制造事物的权力。只有当其描述是真实的时候,也就是只有在它适合这些事物的时候,描述才能够制造事物。在这个意义上,象征权力乃是神圣化或启示性的权力,是一种神圣化或揭露已经存在之事物的权力。"[③] 他在《关于电视》一书中把象征权力的滥用称为"象征(符号)暴力",如电视行业的职业眼光和内部循环所导致的同质化,还有在后现代文化中影像文化的特殊优越地位,造成了电视在新闻场中经济实力和符号表达力都占据上风,进而对其他媒介(比如印刷媒介)构成了一种暴力和压制,甚至影响到它们的生存。[④]

目前对媒介权力的研究主要集中在两个层面:一是将媒介视为一种力量,研究它对个人和社会的影响。例如经验学派的效果研究,从早期的"魔弹论"、有限效果理论、议程设置理论、沉默螺旋理论,发展到涵化理论、使用与满足理论、知沟理论等。二是考察构成和影响发挥能力的资源,反思媒介权力的存在。[⑤] 比如,传媒政治经济学研究了"媒介所有权与控制、连锁董事以及媒介工业与其他媒介、其他工业、政治经济和社会精英联合在一起的因素"[⑥]。目前对

---

① 这里是从微观层面来定义"权力"。从宏观层面看,政治经济学将权力视为控制形式和控制能力,同时是一种结构化了的资源。权力构成了一个体系,谁在社会层次体系中拥有优势地位,谁就将有权获得相应的市场位置。

② 赵红艳:《媒介权力与网络媒介权力》,《新闻知识》2012年第2期。

③ [法]皮埃尔·布尔迪厄:《社会空间与象征权力》,载包亚明主编:《后现代性与地理学的政治》,上海教育出版社2001年版,第310页。

④ 周宪:《译序》,载[法]波埃尔·布尔迪厄:《关于电视》,许钧译,南京大学出版社2011年版,第16~17页。

⑤ 王怡红:《认识西方"媒介权力"研究的历史与方法》,《新闻与传播研究》1997年第2期。

⑥ [英]奥利弗·博伊德-巴雷特、克里斯·纽博尔德:《媒介研究的进路》,汪凯、刘晓红译,新华出版社2004年版,第227页。

媒介权力的研究相对成熟，但也存在局限，最突出的问题是将传统媒体的媒介权力与网络媒介权力区别对待。新媒体权力随着新媒体的发展而崛起。根据路透社2017年度报告显示，12%的用户将社交平台视为重要新闻来源，25岁以下的年轻用户群体中，这一比例则接近25%。社交网络巨头们如何控制自己手中的媒体权力成为国外媒体领域的新议题。[①]但随着媒介融合的深入，传统媒体基本实现了互联网化，在新旧媒体业已融为一体的情况下，如何区分何为传统媒体的媒介权力？何为新媒体的媒介权力？即以媒介权力的负面典型的"网络暴力"为例，称之为"网络暴力"其实并不严谨，如果没有传统媒体的参与和推波助澜，"网络暴力"难以形成，或者说不可能产生那么大的效果。即便是谷歌、百度等新媒体搜索引擎的软件算法霸权，如果我们承认网络空间本来就是现实空间（包括传统媒体在内）的一部分，那么，搜索引擎的软件算法权力应视为媒介权力的新形式，而不是独立于传统媒体的网络媒介权力，因为搜索引擎的软件算法作为对内容重新分类、编辑、呈现和检索的新方式（区别于图书馆、报刊、广播电视等传统媒体的内容分类、编辑、呈现与检索的传统方式），其内容大多来自传统媒体，如何区分搜索引擎的权力是来自新媒介的软件算法，还是来自传统媒体的内容呢？另外一个有待研究的重要议题就是"二级传播"、议程设置、沉默螺旋等传统的大众传播理论在传统媒体与新媒体融合发展的情况下所发生的变化，这些大众传播理论在互联网条件下仍然有效，但其表现形式、运作机制有何变化、如何发生变化等尚缺乏深入的研究与探讨。

就我国而言，传媒一般具有三种权力：一是媒体作为宣传工具，具有发挥"喉舌"功能的权力，即宣传党和政府的路线、方针政策等；二是媒体作为专业媒体和大众传媒，应遵循新闻传播和大众传播的规律即专业权力；三是媒体作为营利企业，具有经济功能，即在保证社会效益的前提下追求自身经济利益的权力。由于这三重角色身份之间往往容易发生冲突，媒体需要在公共性、专业性与商业性之间寻找并保持平衡点。

第二节 传媒的公共性、公共治理与专业性

一、"公""私"观念之辨析

欲理解传媒的公共性范畴，必先从"公"与"私"的观念及公私关系的内在矛盾入手。近年来，随着全面改革的深化、反腐倡廉的推进，公与私的问题成为社会舆论关注且公众热议的话题。我们所要探讨和分析的不是道德领域的公与

[①] 唐绪军、黄楚新、彭韵佳：《中国媒体融合发展报告（2016—2017）》，中国社会科学出版社2018年版，第6页。

私，而是社会、政治、经济领域的公与私问题。比如贪腐大案中揭露出来的政治权力与商业利益的勾结，政商边界模糊的背后是围绕公有财产的明争暗斗与巧取豪夺。原属全民所有的国有企业进行股份制改造以及原属集体所有的农村土地承包制所遇到的难题，社会领域由政府提供的文化、教育、医疗保障等公共服务的市场化改革问题，日趋严重的贫富两极分化和地区发展不协调，等等，这些发展中的问题所反映的就是"人民日益增长的美好生活需要和不平衡不充分的发展之间的矛盾"，其中均涉及不同群体及其利益，主要表现为公共利益与私人利益之间的矛盾与冲突。在从"一大二公"的计划经济体制向多种所有制并存的社会主义市场经济体制转型的过程中，公私关系特别是公私不分抑或公私难分的问题尤为突出。改革开放以来，私有财产或私有权虽然从法律上得到了确认，但非公有制经济很大程度上依赖公共资源的发展，公与私之间的边界不断变化，现实中私权与公权，政府、市场与社会之间的相互关系"剪不断理还乱"，不管是理论上还是实践上，一直都未能得到有效的厘清和澄清。新的历史条件下如何区分和界定公与私的边界，比如构建"清晰的政商关系"，使各方合理合法的责权利得到法律与制度的保障，从而协调不同利益诉求的平衡，凝聚民心、达成共识，对于实现社会的成功转型、国家的可持续发展和长治久安至关重要。

何谓"公"？"公"是相对于"私"而言的，具有公平、公正、公开的意思。在前现代社会，"公"的基本含义之一是政府、朝廷或政府事务，与它相对应的"私"就是民间，"公"和"私"合起来就是政府与民间。[①] 在西方近代早期的政治思想中，"公"经常代表国家或政府。现代意义上的"公""私"概念的内涵与外延发生了很大的变化。近代以来，伴随着市场经济的发展，社会从国家强权的统治下分离出来，以资产阶级为主的市民社会逐渐形成，构成了国家与社会的二元结构。"私"开始指代一系列制度性现象：家庭生活/亲密关系；自由市场中有关生产、交换、分配和消费的经济秩序；以及市民社会中的公民的、文化的、宗教的、科学的、文艺的交往领域。[②] "公"主要指与私人领域相对的公共领域，开始有了"公共性"的内涵（下文将有详述）。杰夫·温托伯归纳了四种有关公与私的概念框架：一是自由主义—经济主义模式。把公/私区分主要看作国家管理与市场经济的区分。二是公民共和主义传统。把公共领域等同于政治共同体和公民参与，既区别于国家，也区别于市场。三是文化和社会史学家的取向，把公共领域看作流动的社交空间，强调象征表现和自我夸张。它不同于正式的社会组织结构，也不同于亲密关系和家庭生活。四是女性主义视角，把公与私

---

① 陈弱水：《中国历史上"公"的观念及其现代变形》，载许纪霖：《公共性与公民观》，江苏人民出版社2006年版，第7~8页。

② 胡泳：《重思公与私》，《北大新闻与传播评论》2013年第1期。

的区别看成家庭同更大的经济和政治秩序之间的区别。①

综而述之,"公"与"私"作为抽象概念和观念涉及诸多社会科学领域,政治学、社会学、经济学、文化学等不同学科均有研究,其内涵极为丰富,归纳起来不外乎以下几个方面:①政治学领域的公与私。一是指权力。"公权"指国家、政府和类似欧盟那样的超国家公共性组织所行使的权力,"私权"是相对于"公权"的家庭生活、市场经济等权力。二是指政治参与与批判,进一步扩大民主范围与功能。哈贝马斯提出的"公共领域"观念最为典型。"公共领域"不是指行使公共权力的公共部门,而是指一种建立在社会公私二元对立基础上的独特概念,"它诞生于成熟的资产阶级私人领域基础之上,并具有独特的批判功能"②。②经济领域也存在经济学和公共管理学所讨论的公与私。很多上市公司所有权公有,归广大股东特别是大股东;经营权私有,属于董事会任命的职业经理人及其团队。③文化价值观念包括道德领域的公与私。如中国传统的公私观更多的是道德内涵,儒家思想崇公抑私,"破私立公""立公去私",泛道德化倾向严重,体现在个人层面以及社会层面的为公或私的思想和行为。本书所讨论的公与私是指现代意义上与市场联系在一起的公与私,不包括道德领域的公与私。

公与私关系若何?一言以蔽之,错综复杂,扑朔迷离。公与私在相互排斥的同时又各以对方为前提,相互渗透,相互统一,构成了公私关系的内在矛盾和对立统一。

一方面,在一定的历史条件下,无论什么社会形态,公与私都是相互对立、相互排斥的,势同水火,如东西不能易位,黑白不能混淆,常常表现为"利己"与"利他"、公共利益与私人利益的对立。马克思在《资本论》中指出,社会化大生产与资本主义生产资料的私人占有之间的矛盾是资本主义社会难以克服的内在矛盾,"社会化大生产"代表的是"公","生产资料的私人占有"代表的是"私",这种"公"与"私"之间不可克服的内在矛盾以经常爆发的经济危机的形式表现出来。2008年爆发的金融危机从美国蔓延开来,发展成为经济危机,并从经济领域渗透到政治、社会、文化等各个领域,至今尚未止息。有研究显示,其起因是美国的次贷危机,这正是金融资本的贪婪本性所致,资本的自私自利祸及全世界。2011年的"占领华尔街"运动表达了广大民众对引发金融危机的资本势力和政治势力为私利而牺牲社会利益的强烈抗议。

另一方面,公与私是相对而言的,没有公就没有私,反之亦然,换言之,公与私是相互建构的。就西方思想而论,共和自由主义与古典自由主义对公与私的关系有不同的阐释。共和自由主义者认为先有公后有私,即公民只有在参与公共

---

① 转引自胡泳:《重思公与私》,《北大新闻与传播评论》2013年第1期。
② 王乐夫、陈干全:《公共性:公共管理研究的基础与核心》,《社会科学》2003年第4期。

政治生活中才能实现私的自由，离开了公共生活就没有私；而古典自由主义和新自由主义者则认为先有私后有公，众多的私才构成了公，私是公存在的前提条件。两派观点的共同之处在于都承认公与私是相互建构的。就像情与理不能分割一样，公与私是对立统一、无法分割的整体，现实中不存在绝对的公或私，往往不是公私两极之间的取舍，而是公私兼顾的选择。事实上，公与私的界限并非一成不变，而是不断变化、相互渗透的，孰公孰私有时甚难辨识。比如哈贝马斯的"公共领域"被视为特殊的"私领域"。媒介融合时代，公共空间的私人化与私人空间的公共化同时发生，公与私的界限越来越模糊，或者说公与私的关系面临着重构。总而言之，公私观念是社会发展的产物。最先出现的是"私"的观念，由于劳动生产力的发展，产生了私有财产，"私有"观念及私有制随着土地私有制的出现而出现。公私观念是在人类社会不断发展的过程中形成的，同时又制约着人类社会建立的各种制度、文化等，在不同时期和不同的历史条件下，公与私的内涵、外延以及二者的边界是不断变化的，现代社会中以法律形式固定下来的公权、私权等反映了公私观念及其背后公共利益与私人利益之间对立统一的关系。①

二、传媒的公共性

传媒的公共性涉及公共性理论。"公共性"来源于"公共领域"理论。在欧洲，随着国家与社会的分离以及公私范畴的变迁，一个在国家之外、与国家之间形成的某种"委托—代理"契约关系的中间领域，阿伦特称之为"公共空间"（public realm），哈贝马斯把它发展为"公共领域"（public sphere）。哈贝马斯是公共领域理论研究的集大成者，他在《公共领域的结构变迁》中指出，在17世纪末和18世纪初的巴黎和伦敦等大城市，出现了一些由贵族聚会转化而来的沙龙以及咖啡馆，这便是公共领域的雏形。公共领域最初只限于对文学艺术问题的讨论，后来逐渐扩大到政治论争。大众传播的出现，诸如小规模的报纸和独立的出版等，拓展了公共领域。虽然公共领域只限于少数有地位和受过良好教育的知识分子，但哈贝马斯发现它具有重要意义，因为在不同于公共权威和家庭等私人领域的公共领域中，通过理性讨论和争辩可以形成一种公共见解或舆论（public opinion），进而构成一种他所说的公共性原则。这一原则在资本主义社会从未完全实现，因为国家权力的扩张和其他社会组织的发展，尤其是大众传播的商业化和舆论技术的出现，限制甚至从根本上改变了公共领域的性质和特征。② 但这种

---

① 汪渊智：《理性思考公权力与私权利的关系》，《山西大学学报（哲学社会科学版）》2006年第4期。

② 周宪：《译序》，载［法］布尔迪厄：《关于电视》，许钧译，南京大学出版社2011年版，第6~7页。

早期的公共领域是建构在政府和个人构成的政治体系之中的,而现代政治体制中人民主要是由各种政党和利益集团以及结构各异的市民社会代表的。哈贝马斯在后来的著述中修正了自己的立场,放弃了早年有关公共领域20世纪再"封建化"的主观解释,试图对公共领域重新概念化,主要有两个关键的变化:一是诉诸一种对民主政体运行的更为惯常的理解,即民主政体运行的中心是政府、内政部门、司法系统、议会、政党、选举和党派竞争。二是修正了对公共领域的认识。公共领域不再被看作私人个体作为单个的公众走到一起,而是"作为一种用来交流信息和观点的网络",这种网络能够把私人世界的日常经验和政治系统联系在一起。①

哈贝马斯的公共领域理论引入中国后,学界对中国是否存在公共领域,大致形成了三种观点:存在说、不存在说和第三领域说。①存在说。如许纪霖认为,近代中国公共领域的公共空间不是咖啡馆、酒吧、沙龙,而是报纸、学会和学校,它们组成了"三位一体"的关系。在近代的一些民间报刊中,公共领域的建构得到深刻体现,如新记《大公报》的"四不主义"(不党、不私、不卖、不盲)②。俞可平从善治的角度提出,把公共领域当作国家治理的技术,即当作"器"而不是"道"来运作,进而扩大到整个社会,形成大治局面。③ 从公共行政管理理论看,公共领域是指不同于私人性质活动的公共活动,涉及公共的事务或领域,它需要具备大家共同参与的条件,要求公共机构(政府部门)进行规范或干预。④ 但这样的公共领域属于公共治理范畴,显然不是哈贝马斯所言"对国家和市场行使批判功能"的公共领域。②不存在说。如美国学者孔复礼、中国学者马敏等,认为中国近世并不曾出现足以与国家形成对抗的自治空间。③第三领域说。如美籍学者黄宗智等认为,将西方意义上的公民社会、公共领域概论应用于中国并不合适,应当超越"国家/社会"的二元模式,采用"国家/第三领域/社会"的三元模式,第三领域是指"政府与社会成员之间相互作用的空间",认为中国清末出现的是这种第三领域。⑤

哈贝马斯的公共领域理论是否适合中国,或者说中国是否存在公共领域,一直是学界争论不休、未有定论的问题。公共性作为诞生于欧美社会环境的概念,我们固然不能照搬照抄,但也不必视为洪水猛兽拒之门外,而应采取鲁迅所说的

---

① [英]詹姆斯·库兰:《对媒介和民主的再思考》,载[英]詹姆斯·库兰、[美]米切尔·古尔维奇编:《大众媒介与社会》,杨击译,华夏出版社2006年版,第130页。
② 方汉奇:《中国新闻事业通史》,中国人民大学出版社1996年版,第322页。
③ 俞可平:《推进国家治理体系和治理能力现代化》,《前线》2014年第1期。
④ 谢明:《透视"公共"的概念——"公""私"关系分析》,《国家行政学院学报》2004年第3期。
⑤ 赵红全:《公共领域研究综述》,《中共杭州市委党校学报》2004年第4期。

"拿来主义"态度,洋为中用,吸取其合理性精华,去其糟粕,服务于中国特色社会主义事业的需要。晚清的严复译介赫胥黎的《天演论》,按照中国的现实需要对为帝国主义弱肉强食辩护的社会进化论思想进行了改造,鼓吹"物竞天择、适者生存",影响和改变了几代青年特别是精英知识分子的思想与行动,这种"橘逾淮则为枳"的理论创新契合了当时中国社会救亡图存的深层次需求。① 对带有资本主义"市场原罪"的公共性,还有媒介融合、专业性等理念,都应采取类似的态度。就当代而言,把"公共领域"理论直接引用和照搬到中国显然是不合适的,但如果对"公共领域"加以合理化改造则是可行的,这就是吸收其"公共性"的合理内核。所谓公共性,"并不是指不同的个人的共同性,而是指他们的相互性,是指存在于不同的个人之间并将不同的个人联结起来的公共空间和共同价值"②。按照西方学者的论述,公共性的内涵主要有三:①公共性与公共生活密切联系,表现为公开性和参与性;②公共性与公共利益相联系,表现为公共生活中的利益共享、公益取向;③公共性的核心价值是公平正义。公共舆论是公共权力的源泉,也是公众行使监督权力的主要形式,是民主的力量。公共性是公共舆论的生成原则和公共领域的核心理念。③ "公众"是与公共性紧密相关的重要概念之一。按照法兰克福学派理论,大众已经转变为受众,他们是千人一面、相互隔绝的"原子聚合大众";英国社会学家汤普森认为,公众并没有消失,而是成为新型的公众即"经传媒的公众";法国社会学家丹尼尔·戴扬从参与意愿和行动去定义"公众",认为有了围绕公共事件的公众参与,才会有公众。④

笔者所说的"公共性"与哈贝马斯等西方学者所论述的"公共性"又有所不同,即引入了安德森"想象的共同体"理念的内涵。安德森在其名著《想象的共同体》一书中提出,所谓民族只不过是一种通过印刷媒介形成的"想象的共同体",这种"想象的共同体"以小说和报纸等印刷媒介为其形成的条件,而小说和报纸则为其形成提供了路径。就媒介与社会共同体之间的关系而言,传媒本身作为一种参与社会现实建构的力量,通过自身的力量,塑造了人们心目中的"共同体"形象,而这种"共同体"建构的方式是通过"想象"。⑤ 安德森强调普通读者读报的仪式性,他引用哲学家黑格尔的评论:报纸是现代人晨间祈祷的

---

① 钱晓文:《媒介融合时代新闻传播研究的创新》,《青年记者》2014年第16期。
② 王新生:《市民社会论》,广西人民出版社2003年版,第152页。
③ 蒋晓丽主编:《媒介文化与媒介影响研究》(下),四川大学出版社2009年版,第401页。
④ 徐贲:《传媒公众与公共事件参与》,《新闻采编》2005年第6期。
⑤ 王军峰:《从"想象"到"参与":社交媒体与场景共同体——以春节微信红包为例》,《西部学刊》2016年5月下。

代用品。安德森把读者称为"圣餐礼的参与者",他们都知道"他所奉行的仪式在同一时间正被数以千计(或数以百万计)他确信存在的其他人同样进行着,虽然他完全不认识那些人"。安德森的"共同体"与哈贝马斯的"公众"之间有着根本的不同。"共同体"趋向于暗示一种共同的情感认知,而"公众"意味着一组公共交谈的规范。安德森所检视的是社会的成员身份,而哈贝马斯关照的是对国家的批评和自有机构的形成。安德森的"想象的共同体"与自由主义无关,相反,他关心的是民族意识;而哈贝马斯的"公共领域"的成就与局限都与自由主义密切相关。安德森的著作不是将新闻看作理性的公共话语的素材,而是认为新闻为公众构建了自我、共同体和民族的特殊的影像,它暗示研究者应将新闻与其他关于人类想象的文艺归为一类,而不仅沿着民主理论的脉络来研究①。笔者赋予"公共性"以"共同体"含义,则"公共性"的功能与意义将发生微妙的变化,其作为哈贝马斯"公共领域"普遍功能的批判(国家和市场)功能,不再是"公共性"的普遍功能,而只是其特殊功能,或者说是公共性的功能之一,这样,它与公共治理功能均被纳入"公共性"的范畴而并行不悖了。

更重要的是,我们对"公共性"的理解更多的是基于社会主义市场经济条件下国家(政府)与社会(包括市场)的"和而不同"或"求同存异",而不是西方话语中国家与社会的"二元对立"。主要理由有二:一是我国实行的是以公有制为主体多种所有制共同发展的社会主义制度,国家利益、集体利益和个人利益的一致性要大于它们之间的矛盾性,这与以私有制为基础的资本主义社会中私人利益之间矛盾的不可调和有着本质的不同。二是以中国传统文化崇尚"集体主义",强调个人利益服从集体利益,不同于西方文化推崇个人自由与独立,不易形成以自由主义为基础的公民社会。莫斯可认为应该把公共的内涵界定为实行民主的一系列社会过程,也就是促进整个经济、政治、社会和文化决策过程中的平等和最大可能的参与,②此论点应更为可取。公共性作为公共领域的核心理念,并非传媒独有的属性,但媒介的传播是公共性存在的必要前提。

何谓传媒的公共性?潘忠党认为,传媒公共性是指传媒作为社会公器服务于公共利益的形成与表达的逻辑实践,它体现在三个方面:传媒的服务对象必须是公众,传媒作为公众的平台必须开放,传媒的使用和运作必须公正。传媒的公共性与其所有制无关,却和其实践息息相关,即促成公众个人之间自由、开放、公正、平等和理性的交往。而这一实践又有赖于一种宏观体制为其提供平台、服务

---

① [美]迈克尔·舒德森:《新闻社会学》,徐桂权译,华夏出版社 2010 年版,第 83～84 页。
② [加拿大]文森特·莫斯可:《传播政治经济学》,胡正荣译,华夏出版社 2000 年版,第 165 页。

和保障。① 传媒公共性的实践与公众知情权、表达权、参与权和监督权的落实密切相关，简言之，传媒公共性问题本质上是传媒的公众参与问题，或者说公众利用传媒参与公共事务问题，是自由、民主、法治价值在媒介场域的现实实现过程。② 传媒的公共性要求传媒本身以及传媒内容必须面向全社会、面向社会全体成员开放，不应排斥任何一方，应成为政府、市场、公众等社会各种力量相互依赖而又相互制约的博弈场域和平台；人们通过传媒充分沟通，求同存异，在此基础上形成共识和公共舆论，以反映和形塑公共利益，并参与社会公共治理；传媒在表达和定义公共利益时，应代表普遍利益，也就是整合各方诉求，既要凝聚共识，又要尊重不同于共识的不同声音即"异见"的表达权利；既不应以私废公，亦不能以公废私，而应公私兼顾和义利兼顾，如果公私不能兼顾，则应将公置于首位。要而言之，传媒公共性体现了社会主义民主（政治民主、经济民主和文化民主）的原则和实践，媒体与公众、市场、政府之间的关系是传媒公共性的核心所在。无论是商业媒体还是公共媒体，都存在程度不等的公共性。学界一般认为，我国传媒仍然是政治治理结构的一部分，但已经在个体和局部上承担起一定的公共领域的功能。

必须指出，西方意义上的传媒公共性是围绕私人领域展开的，旨在规范国家权力，保障私人权利不受侵害，但传媒公共性与市场或政府之间并非必然对立的关系，也就是说，传媒公共性可以借助政府来实现，也可以通过市场的力量来实现，换言之，传媒的公共性通过政府、市场等中介来实现，哈贝马斯在后期对公共领域概念的修正中对此有所阐释，中国传媒的公共性相较于西方媒体，在这方面的特点尤为明显。究其原因，在中国，或者公民利益或人民利益反映在国家层面，即社会主义制度下党和政府代表人民利益；或者公民利益或人民利益被市场所代言，比如商业媒体代表民众说话作为争取更多受众以期获得更多利润的手段。都市报可视为传媒通过市场实现公共性的当代佐证。孙玮曾对都市报如何体现公共性做了具体而深入的分析：一是描述生活方式——都市报公共性的核心内容。二是确立"私人"概念——都市报表现公共性的基础。三是营造归属感——都市报表现公共性的主要手段。四是提倡共同参与——都市报表现公共性的最直接手段。通俗报纸可以利用自身在读者中的巨大影响拓展公共性空间，作为通俗报纸中最新畅销品种的都市报在公共性方面的表现尤为突出。不过，孙玮也指出，都市报的公共性是在"有限的意义上"建构大众共享的公共空间的，其"有限"，一是指公众不具有制度方面的权利，二是指公众进入和参与这个公共

---

① 潘忠党等：《反思与展望：中国传媒改革开放三十周年笔谈》，《传播与社会学刊》2008年第6期。

② 刘振磊：《媒介融合过程中的公共性重构》，《传媒》2017年4月下。

空间要受到诸多限制,三是指这个公共空间不具有确定性。①

在实然的层面,社会观念在不断变化,公私界限也在不断变化,传媒公共性只能是历史的、动态的存在。不同时代、不同制度背景下的传媒公共性有内涵之别,也有强弱之分,同一国家的不同媒体之间公共性也有强弱之分,甚至在同一种媒体内部,由于传媒定位及新闻工作者的专业精神的差异,公共性的强弱也有差别。② 在我国,新世纪头十年关于公共性的探讨,是基于我国传媒业市场化发展过程中产生的种种利益冲突而展开的。对传媒及其从业者如何应对商业营利与服务公众的社会责任之间矛盾的理性思考,是中国新闻业改革的重点和难点。③ 汪晖认为,对传媒公共性的讨论不能局限于传播学领域,而应该与更深远的国家结构和政治运作方式联系起来,看到传媒公共性背后的权力关系,这样才能更好地理解传媒公共性的本质,他将社会生活的"去政治化"看作传媒丧失公共性的重要原因。④ 改革开放以来,我国传媒得益于国家、市场、社会等多重力量的推动,在社会话语表达和公共空间的建构中发挥了不可忽视的作用;然而,传媒同时又受这些力量的掣肘,市场绩效的趋利本质、碎片化的新闻理念、强国家传统的持续影响,致使传媒只能是离散的而非合力的、有限的而非常规的公共空间建构者。⑤

三、传媒的公共治理

(一)何谓传媒的公共治理

传媒的公共治理是传媒公共性的实现路径。传媒作为构建社会共同体的工具,其参与公共治理乃题中应有之义。何谓传媒的公共治理?媒体之于社会治理有三层含义:一是作为治理主体,积极承担媒介责任,构建通路为社会提供与政府互动的平台,为公共利益服务。比如对现代社会治理具有重要作用的应急广播体系。二是作为治理客体,因其组织失调或者使用行为不端等,成为政府的治理对象。三是作为治理的工具,成为政府舆论宣传和权力扩张的"喉舌"工具,当然也能作为社会团体实行自我管理的途径。⑥ 曾龙认为,媒体的主体功能"被

---

① 孙玮:《论都市报的公共性——以上海的都市报为例》,《新闻大学》2001年第4期。
② 许鑫:《传媒公共性:概念的解析与应用》,《国际新闻界》2011年5期。
③ 李良荣、戴苏苏:《新闻改革30年:三次学术讨论引发三次思想解放》,《新闻大学》2008年第4期。
④ 汪晖:《去政治化的政治和大众传媒的公共性》,《传播与社会学刊》2009年第8期。
⑤ 吴畅畅:《传播政治经济学视野下的微博事件(2011—2012)工作坊综述》,《新闻大学》2012年第4期。
⑥ 曾龙:《从工具到平台:新媒体社会治理功能的再思考》,http://media.people.com.cn/n1/2017/0111/c409679-29015805.html。

国家权力所笼罩",但这不等于媒体的主体功能弱化甚至不存在,事实上,恰恰相反,市场化改革确立了媒体的市场主体地位,媒体作为重要的社会治理主体在国家治理体系现代化中发挥了重要的作用。我们这里主要讨论传媒作为治理主体和治理工具两个方面,至于传媒作为治理客体则属于传媒规制的范围,在兹不赘。

传媒为什么能够参与社会治理?从媒体角度看,传媒本身具有社会管理功能。施拉姆在其著作《传播学概论》中把新闻传播的功能归纳为监视、管理、指导和娱乐四个方面。新闻传播的主体作为社会管理的主体之一,通过大众媒介发布一系列消息以形成社会舆论导向,从而影响受众的内心信念,进而对受众的思想、行为、活动进行有效管理。[①] 现实中新闻传播的社会管理功能得以体现的途径主要有三:一是政治宣传;二是经济促进;三是舆论宣传。从公共治理角度看,作为新公共管理事业的参与者,现代传媒的大发展在参与管理的过程中逐渐促进了新公共管理理论中政府职能的转变。新公共管理理论认为,现代政府的社会职责就是根据顾客的需求向顾客提供服务,这个"顾客"就是现代意义上的公民,而不再是传统的被统治阶层管理和控制的对象。社会公众在市场化的经济规则下,要求政府提供更为有效、更为透明的公共服务,在这个转变的过程中,传媒的社会监督、上下沟通职能起到了重要的作用,传媒是政府、社会、公众之间最重要的沟通渠道,对政府的执政和公共服务具有社会监督职能。因此,传媒作为现代社会公共空间的重要组成部分,它的充分发展为新公共管理的诞生和公共服务性政府职能的转变提供了推动力。而在政府职能转变的过程中,传媒在管理中的作用则体现得更为直接。首先,传媒技术的发展大大提高了政府的公共管理效率,如电子政务、网络办公等。其次,传媒的发达也改变了公共管理中管理者的竞选方式,如西方国家的总统竞选已经发展为候选人各显神通的媒体秀。最后,传媒的舆论和社会监督功能打破了传统的政府无法监管的状态,提高了公共管理的透明度,促进了公共服务型政府职能的转变。[②] 随着互联网成为社会基础架构的重要环节,媒体的社会功能进一步泛化,从新闻宣传工具扩展成为社会发展和治理的基础平台。

从社会转型的角度看,当前中国已经"处在一个从功能性改革到结构性转变的关口,处在从经济领域的现代化突进到总体现代化的关键时刻"[③]。一方面是经济的增长与繁荣,另一方面是社会分化和社会力量之间的竞争与冲突加剧,社

---

① 曾志云:《新闻传播的社会管理功能研究》,《学术探索》2008年第1期。
② 参见蒋晓丽主编:《媒介文化与媒介影响研究》(下),四川大学出版社2009年版,第194~196页。
③ 国平:《以理论自觉引导伟大实践》,http://www.chinanews.com/gn/2015/03-03/7096861.shtml。

会已经进入社会矛盾凸显期,社会改革和转型中的常见问题也开始集中显现,社会风险增加。在中国社会矛盾凸显的特殊时期,社会管理难度加大,社会管理成本提升。这一时期,媒介扩大在社会利益协调与矛盾疏导方面的功能是社会系统为维持均衡有序的运作而向媒介系统提出的要求,也是媒介系统功能伴随我国社会环境变化动态调适的必然结果。[①]

党的十九届四中全会提出,社会治理是国家治理的重要方面。20世纪90年代以来,全球范围内兴起"治理"与"协同治理"理念,传媒的公共性与这一理念相吻合,媒体在社会协同机制中扮演着公共平台的角色。媒体作为社会组织具有社会管理的功能,媒体又是公众参与社会管理的渠道。公共服务的理念、平等协商的理念和民本意识的理念,都可以借助发挥媒体的功能得以实现。社会协同管理体现了由传统政府管制向公共服务理念的转变;由政府行政指令向平等协商的理念转变;由官僚意识向民本意识的理念转变。[②] 随着国家治理体系正在由"全能型政府"向"一体多元"转变,形成党和政府主导、多元社会力量共同参与的社会公共治理体系,在这种新型治理格局中,传媒作为党和政府重要的执政资源,以其专业属性所形成的公信力、传播力、影响力、引导力,在国家政治生活和社会公共治理尤其是社会主义协商民主过程中发挥着独特的角色作用。[③]

(二)传媒公共治理的重要路径

20世纪末协商民主理论兴起,出现了从竞争性的选举民主向合作性的协商民主("共识民主")发展的态势。协商民主成为中国特色社会主义民主的重要特征。协商民主存在的条件主要有三:一是多元主体的参与;二是参与协商的各主体之间的对话是平等的;三是存在使各主体进行平等对话的平台或机制。传媒正好能够给协商民主的存在提供这些必备条件。[④] 传媒对协商民主的发展起着非常重要的作用,"譬犹水火不相能然也,而鼎在其间,水火不乱,乃和百味。"(汉·刘向《淮南子》)。"公共新闻"作为新闻改革运动,从商品性向公共性的转变,以协商民主和协商公众为核心,是传媒参与公共治理也是传媒推动协商民主发展的典范。哈斯引入哈贝马斯的协商公众概念来指导公共新闻实践,在他看来,社群主义和自由主义关于公众的理解都是不全面的,社群主义强调社群利益,但是低估了共同体内部的利益冲突,而且缺乏具体的协商机制;自由主义推

---

① 王润珏:《媒介融合的制度安排与政策选择》,社会科学文献出版社2014年版,第62页。

② 刘劲松:《嬗变与重构:转型期都市类报纸发展路径研究》,中国传媒大学出版社2014年版,第151页。

③ 胡远珍:《公共治理需媒介参与》,《中国教育报》2015年5月6日第6版。

④ 参见张瑞霆:《传媒在协商民主中的价值及运用研究》,武汉理工大学硕士学位论文,2014年,第9、11、19~20页。

崇个人价值,却忽视了公众的共同目标和协作精神。哈斯的协商公众是需要通过理性对话与协商以形成一个公共群体。① 公共新闻旨在促进协商群体的形成和发展,为此,"新闻工作者致力于一种协商民主,在协商民主中政府官员对公民负有责任,同时公民积极参与当地社区事务"②。在美国,公共新闻兴起于20世纪90年代初,强调记者和媒体不仅要报道新闻,还应引导公民积极参与,"解决问题"。公共新闻实践从选举报道起步,后来迅速扩大到与公共生活相关的各个方面,并产生了广泛的社会影响,其中一个著名的案例是《夏洛特观察者报》1993年报道一场当地居民之间与种族分裂相关的冲突。③ 在我国,由于处于转型期,社会矛盾复杂,新闻媒体在中国特色社会主义事业的建设中不是局外人,而是重要的参与者和建设者。"公共新闻"始于江苏卫视的民生新闻栏目《南京零距离》,2003年10月28日该台推出《1860新闻眼》,正式从民生新闻栏目转型为公共新闻栏目。《1860新闻眼》所倡导的"公共新闻",就是在报道基本事实的同时,还以组织者的身份介入公共事务中,发动公民讨论,组织各种活动,寻求解决问题的对策,使公共问题最终得到解决。关于"公共新闻"的界定或有争议,但公共新闻背后的理念即传媒对协商民主的重要作用已获得普遍认同与接受,关键在于如何建立传媒推动协商民主发展的有效机制。在这方面,浙江省的杭州日报报业集团(以下简称"杭报集团")做了有益的探索和尝试,这就是杭报集团2008年开始推出的"民主促民生"的系列报道。此外,"电视问政""网络问政"也发展成为传媒发挥协商民主的重要形式。随着政府职能转变与行政体制改革的不断推进,公共服务的提供主体与参与方式将逐渐多元化,而传媒积极参与社会管理正是创新公共服务的有效方式。近年来,传媒通过媒介融合有效弥补了传播方式的不足,进而能够为减少社会冲突、维持社会稳定提供条件,便于管理者与社会公众沟通,"平台化"的优势逐步形成。④

继公共新闻之后,近年来兴起的建设性新闻也是媒体参与公共治理、履行社会公共责任的有效路径。所谓建设性新闻,是指媒体着眼于解决社会问题而进行的新闻报道,其要点在于深度关注问题的解决方案以及方案是如何运作的,其特征是有着未来面向和行动导向、鼓励社会多元协作和自下而上的参与式建构、希

---

① 谢静:《序言:公共新闻与公众协商》,载〔美〕坦尼·哈斯:《公共新闻研究:理论、实践与批评》,曹进译,华夏出版社2010年版,第6页。

② 〔美〕坦尼·哈斯:《公共新闻研究:理论、实践与批评》,曹进译,华夏出版社2010年版,第4页。

③ 张伟:《转型的逻辑:传媒企业研究》,中国海洋大学出版社2007年版,第164~166页。

④ 严三九、刘锋:《我国传统媒体参与社会管理的创新路径——以上海人民广播电台〈直播990〉为例》,《当代传播》2014年第6期。

望超越传统的精英理念;建设性新闻是传统媒体在公共传播时代重塑自身社会角色的一种新闻理念和新闻实践。① 比如2016年索马里选举期间,联合国维和行动组在当地开展了建设性新闻实践,向选民宣传规范选举、女性当选议员的先例及作用,推动选举的有序展开,并间接提高了议员中的女性占比。② 新华社报道《战"疫"期间,这个"快递小哥"来了,绝对安全!》《电商忙不过来送货咋办?饭店休息员工咋办?他们一拍即合想出妙计!》,聚焦疫区居民日常生活物资运送困难的问题,分别报道了使用智能机器人配送物资的正面案例和餐饮企业"共享员工"的解决方案,提供了可广泛效仿的成功经验。③ 有研究者将建设性新闻置于公共管理的范畴,认为建设性新闻是"新公共管理"范式的一种表现,能够促成多元社会主体参与治理,也体现了新闻媒体在社会治理方面不可替代的作用。④ 长期以来,新闻的基本功能发生异化,娱乐功能凌驾于新闻告知事实的核心功能之上,新闻的公信力持续下滑,建设性新闻的重要作用就是修复"新闻"的基本功能。建设性新闻在传统的"5W1H"这一报道公式中,增加了一个"W",即"What Now"(现在怎么样了),建设性新闻是对冲突性报道和负面报道的平衡策略,是继"客观性新闻"对19世纪党派新闻的纠偏之后西方新闻范式经历的第二次转型。⑤

(三)传媒公共治理的有限性

(1)传媒作为协商民主的平台和中介,不可能直接解决公众与政府之间需要协商的具体问题。

(2)以政府与媒体的关系而论,媒体作为政府的工具参与公共治理,可能失去其应有的独立性和专业性。中央电视台于1994年开播《焦点访谈》,该栏目为国人提供政治沟通自下而上的信息管道。《焦点访谈》在"用事实说话"的过程中,被中央政府通过嘉奖、领导题词、特许令等形式吸纳了,成为"新型的行

---

① 罗昕、陈秀慧:《建设性新闻:主流媒体参与社会治理的一种路径》,《青年记者》2020年第9期;李鲤、罗欢:《建设性新闻:话语、实践与认知争议》,《当代传播》2019年第6期;殷乐、王丹蕊:《问题与解决:从"解决之道"看建设性新闻》,《青年记者》2020年3月下。

② 参见 Ciftci D, "The Application of Solutions Journalism. Strategic Communications and Public Affairs Group in Somalia", *Online Journal of Communication and Media Technologies*, 2019, 9 (3), pp. 1 – 14。

③ 罗昕、陈秀慧:《建设性新闻:主流媒体参与社会治理的一种路径》,《青年记者》2020年第9期。

④ 丁继南、韩鸿:《基于建设性新闻思想的媒介社会治理功能》,《青年记者》2019年第12期。

⑤ 史安斌、王沛楠:《建设性新闻:历史溯源、理念演进与全球实践》,《新闻记者》2019年第9期。

政治理技术手段"。正是这样的隐性身份,从根本上保证了《焦点访谈》等在地方政府、官员中的威慑力和生命力。

媒体作用特别是其舆论监督作用的发挥也受到政府部门的控制和约束。比如,2019年2月11日在西安广播电视台的《党风政风热线》直播问政节目中,西安市高陵区交通运输局局长刘鹏武回应"黑车"问题,遭主持人连发数问怒怼,引起众多网友围观和社会广泛关注。节目中主持人质问刘鹏武是否知道本地黑车猖獗的情况,刘鹏武没有正面回答,反而说还要调研,后来刘鹏武被停职处理。① 西安推出电视问政节目已有多年,由西安市纪委监委和广播电视台联合主办,包括《问政时刻》《每日聚焦》《党风政风热线》三档节目,被称为舆论监督"三剑客"。但所谓"三剑客"只着眼于鸡毛蒜皮的小事,对老百姓真正深恶痛绝的大事则避而不谈,比如轰动全国的秦岭违建别墅事件,中央高层连续六次批示都拆不了,当年为何不见西安当局问政?可见所谓电视问政往往流于形式、避重就轻、隔靴搔痒。这类问题尽管不是电视问政的普遍现象,但现象背后的原因值得警惕并应引起重视,即政府应善待媒体,保障媒体参与公共治理的权力尤其是舆论监督的权力极为重要。

(3)就传媒本身而言,作为一把双刃剑,媒体参与公共管理既有积极的一面,也有消极的一面。加上媒体自身自律管理的不到位,很容易报道一些虚假信息,从而影响公共管理的发展。媒体拥有足够的专业性、客观性和公信力是其参与公共治理的重要前提。在新公共管理体制下,当公共危机出现之时,传媒是政府化解公共危机最佳、最有效的途径,但信息的公开和传播的泛化又有可能形成新的公共危机。随着多元治理主体之间边界的模糊,如何厘清和处理好媒体与其他治理主体、利益主体之间的关系,尤其是明晰各自的责权利,做得"到位"而不"越位",这些问题亟待解决。比如"媒介舆论审判"现象的背后是媒体权力的过度扩张即"越俎代庖",超越了媒体与司法、行政等权力主体之间应有的界限,对当事方、社会包括传媒本身都造成了难以弥补的损害甚至危害,则可谓过犹不及。作为治理主体的传媒如何界定自己的角色定位,谨守分际,无疑是亟须迎接的重要挑战,历史上的《大公报》提出"论政而不参政",对今天传媒的公共治理仍有借鉴意义。

总之,凡事有利必有弊,传媒参与公共治理总的来说利大于弊。媒体作为社会的有机组成部分,不可能脱离或独立于所属社会和体制,传媒参与公共治理融入社会和体制,成为社会治理和国家(政府)治理能力的重要组成部分,这也要求传媒"必须始终坚持把社会效益放在首位、实现社会效益和经济效益

---

① 《问政节目主持人"问倒"交通局长》,《半岛晨报》2019年2月15日第A11版。

相统一"①。

四、传媒的专业性

(一) 何谓新闻专业主义

传媒的专业性与公共性密切相关,但又不能完全等同。如果说公共性是传媒的工具理性,那么专业性则侧重于媒体的主体性。

1. 新闻专业主义概念溯源

传媒的专业性,也称为新闻专业主义或媒介专业主义,源于专业主义文化。"专业主义"之"专业",有广义和狭义之分。作为一个社会学概念,广义的专业即职业,与业余相对;而狭义的专业则指具有特殊性质的特定职业阶层,如医生和律师,以区别于单纯的行业或事业。一般来说,一种职业能称得上专业,必须符合一些基本条件:必须以系统的、理论化的知识体系和专门技术为基础组织一种职业,这一职业成员必须具有实践其职业责任或义务的广阔空间,即专业自治或权力;这一职业必须强调对公众的服务,以抵制经济获利;这一职业必须建立起一种专业文化,以促进其成员的价值、规范和象征符号的共识;这一职业成员的产品必须是标准化的;对其成员来说,这一职业是值得终身奉献的。② 新闻专业主义是从狭义的"专业"概念范围内发展而来的,它是19世纪之后美国政党报纸解体、大众化报纸兴起之时在新闻同行中发展起来的一种"公共服务"的信念和文化,是"改良时代行政理性主义和专业中立主义总趋势的一个部分"③。黄旦在《传者图像:新闻专业主义的建构与消解》一书中以跨学科的学术视野,对西方新闻专业主义实践和理念的来龙去脉,特别是新闻专业主义的确立、怀疑、批判乃至修补的过程,或者说"新闻专业主义的解构与重构",进行了系统而深刻的学术分析与论述,同时阐释了新闻传播学发展的思想脉络和学术渊源,可谓新闻专业主义乃至新闻传播学研究的集大成者,理论创新无出其右。

2. 新闻专业主义的内涵

目前新闻专业主义的内容可以简单地概括为新闻报道的客观性和新闻从业者的独立性。国际新闻工作者联合会(International Federation of Journalists,IFJ)将其归纳为如下一些基本概念:真实、准确、客观、公正/公平与公共责任等④。

---

① 见2015年9月中共中央办公厅、国务院办公厅印发的《关于推动国有文化企业把社会效益放在首位、实现社会效益和经济效益相统一的指导意见》。

② 丁和根:《中国传媒制度绩效研究》,南方日报出版社2009年版,第123页。

③ 谢静:《20世纪初美国的媒介批评与新闻专业主义确立》,《新闻与传播研究》2004年第2期。

④ "Status of Journalists and journalism ethics: IFJ Principles", http://www.ifj.org/en/articles/status-of-journalist-and-journalism-ethics-ifj-principles.

国内学者认为,"新闻工作具有自己一整套独立的专业技能、行为规范和评判标准,而这些又必须通过专门的训练而获取,并为新闻从业者所共享"①。就实质而言,新闻专业主义建构了新闻传播领域权力(新闻自由)与义务(社会责任)之间的平衡,是媒体处理其与政府、企业、公众等社会其他主体之间关系的契约和基础。既有研究大多集中在专业主义的内容层面(如客观性),而对其实质鲜有关注与探讨。一方面,新闻专业主义反映了媒体人在实际新闻生产中对"专业权力"的追求,②主要表现为新闻自由,即独立于政治、经济乃至社会权力的自主权力。阿特休尔将新闻专业主义归纳为四条信念:其一,新闻媒介摆脱外界干涉,摆脱来自政府、广告商甚至是公众的干涉;其二,新闻媒介为实现"公众的知晓权"服务;其三,新闻媒介探求真理;其四,新闻媒介客观公正地报道事实。③"专业关乎权力,它们作为职业或准确地说,作为高度的权力与控制是特殊的,这种权力与控制最终用来使从业者(与专业)而非顾客(或受众)受益,正如约翰逊所言:'一种专业不是一种职业,而是控制职业的一种方法。'"④另一方面,由于专业权力对社会影响力巨大,媒体及媒体人的自主权力必须承担相应的社会责任,应遵守真实、准确、客观、公正等职业伦理,报刊的社会责任理论是其经典表述。在西方,新闻专业主义理念所追求的新闻自由与社会责任的平衡,在实践过程中受到自由主义思想,特别是商品化、市场化逻辑的制约,往往表现为新闻自由的权力大于社会责任的困境与悖论。质言之,现有新闻专业主义规范作为对19世纪党派报刊的纠偏而形成的知识建构,其内容因不同时代、不同社会或有差异,但专业主义的实质即权力与责任之平衡,则不会随时代与社会的变化而改变。

3. 新闻专业主义的功能

新闻专业主义的功能是通过新闻客观性来追求真相。新闻专业主义的价值在于:①要求媒体积极发挥信息功能与监督功能,承担起"守望者"的角色;②新闻的真实、客观、公正、全面与平衡原则是不可动摇的,提倡新闻专业主义,对推动媒体贯彻这些原则、引导记者反映社会真相、揭示社会发展趋势具有重要

---

① 祁林:《喉舌与专业主义——报纸新闻探微》,载周宪、刘康主编:《中国当代传媒文化研究》,北京大学出版社2011年版,第228页。
② 芮必峰:《描述乎?规范乎?——新闻专业主义之于我国新闻传播实践》,《新闻与传播研究》2010年第1期;芮必峰:《新闻专业主义:一种职业权力的意识形态》,《国际新闻界》2011年第12期。
③ [美] J. 赫伯特·阿特休尔:《权力的媒介》,黄煜、龚志康译,华夏出版社1989年版,第133~134页。
④ [美] 约翰·费斯克等:《关键概念:传播与文化研究辞典》(第二版),李彬译,新华出版社2004年版,第224页。

的作用;③在今天,虽然不受控制的媒体是不存在的,在大是大非面前,媒体站在"第三方"的超然立场是做不到的,但是提倡新闻专业主义可以帮助媒体提高认识,注意划清与政治集团、经济集团错误控制的界限,警惕被邪恶力量所利用。① 杰弗里·亚历山大从文化社会学角度把新闻专业主义视为新闻文化,认为新闻专业主义具有抵御政治力量的操纵和资本的腐蚀的力量。在他看来,新闻是一种带有信念的职业,而不仅是一门围着市场转的生意。根深蒂固的文化符码在报道和利润追逐间筑了一道"墙",一道拒绝亵渎的文化区隔。调查、写作和编辑制度使得新闻文化备受敬畏,在很早以前就发挥着类似宗教信仰的作用。他指出,来自行业内部和外部的反击拒绝归顺于市场和技术逻辑,坚定维护新闻专业伦理和公共道德。② 杰弗里·亚历山大的观点不乏真知灼见,尤其是对化约论的批判可谓一针见血,但他夸大了新闻作为社会文化的专业独立性和自主性,认为"新闻记者拥有与国家、市场相抗衡的自主行业组织和自我规范"。事实上,新闻专业主义作为历史的产物并非一成不变,互联网出现之前,新闻专业主义就受到质疑和挑战,更加强调主观性而不是客观性的公共新闻的兴起正是应对媒体公信力危机的重要措施。期望用新闻文化来抗衡政治经济制度对新闻业的影响是不现实的。新闻业危机作为资本主义危机的反映,是政治、经济、社会、文化的全面危机,置身资本主义社会中的新闻文化焉能独善其身?舒德森曾深刻地指出:"新闻倾向于以事件为中心,具有负面性、偶然性、技术性和官方色彩;从这个观点来看,新闻界的问题是专业主义,而非它的缺席。专业主义形成了具有自身特征的视角,并且可以认为,它强化了政治作为观赏性活动的观点。"③

(二)专业性:新闻专业主义在中国

"新闻专业主义"概念大约在1999年前后被引入中国④,对国内新闻理论和新闻实践包括当下中国的新闻场域产生了不小的影响,陆晔、潘忠党的《成名的想象:中国社会转型过程中新闻从业者的专业主义话语建构》⑤一文可为例证。虽然存在众多理性的或感性的声音,其中不乏解剖、辨析、质疑或批评,但事实

---

① 刘建明等:《新闻学概论》,中国传媒大学出版社2007年版,第330~335页。
② 周红丰、吴晓平:《重思新闻业危机:文化的力量——杰弗里·亚历山大教授的文化社会学反思》,《新闻记者》2015年第3期。
③ [美]迈克尔·舒德森:《新闻社会学》,徐桂权译,华夏出版社2010年版,第68~69页。
④ 陈力丹:《新闻的客观性——真实与客观形式的统一》,《新闻记者》1999年第9期。郭镇之:《舆论监督与西方新闻工作者的专业主义》,《国际新闻界》1999年第5期。
⑤ 陆晔、潘忠党:《成名的想象:中国社会转型过程中新闻从业者的专业主义话语建构》,《新闻学研究》(台湾)2002年第71期。

上它已成为当下新闻学话语系统中一个无需回避的组成部分。① 我国的新闻专业主义尚在构建之中,对于其内涵、特征与作用,学界的讨论言人人殊。一般而言,我国的新闻专业主义作为舶来品,一方面需要汲取欧美新闻专业主义的合理性内涵;另一方面需要与我国的语境及儒家文化传统相结合,其内涵与西方的并不完全相同,具有明显的中国特色,不妨称之为新闻专业性或专业性。从权力与责任的关系而言,我国新闻专业性的基本原则是社会责任大于新闻自由的权力,不同于西方的自由大于责任,这是马克思主义新闻观和中国特色社会主义新闻事业制度的基本要求,也是我国儒家文化传统重视集体主义的优良传统的传承和体现,即国家利益、人民利益高于一切。

1. 责任感和建设性是我国新闻专业性的核心理念

有学者指出,构建中的中国新闻专业性的核心理念应是责任感和建设性。责任感体现在两个方面:政治责任与社会责任。政治责任包括国家利益人民利益至上,新闻自由有边界,严格执行国家的新闻政策;社会责任包括坚持正确的舆论导向,坚持媒体的道德责任。建设性包括以媒体自身的透明、开放促进整个社会的透明、开放,引领社会不断走向文明进步;积极开展舆论监督,揭露错误,弘扬正气,解决问题,推动工作;成为知情权、参与权、表达权、监督权建设的平台,推动我国民主政治建设;化解社会危机,整合社会力量。②

我国新闻专业性的合法性更多地包含在导向话语之中,以获得主流话语的认同和支持,这是它区别于西方新闻专业主义的一个重要特点。我国的新闻专业性必须服务于政治性的导向话语,用官方语言表述,就是在政治正确的前提下尊重新闻传播的规律。习近平总书记指出:"新闻学作为一门科学,与政治的关系很密切。但不是说新闻可以等同于政治,不是说为了政治需要可以不要它的真实性,所以既要强调新闻工作的党性,又不可忽视新闻工作自身的规律性。"③ 我国的新闻专业性原则是:为人民服务,坚持正确的舆论导向,遵纪守法,维护新闻的真实性,发扬团结协作的精神。面对新形势新挑战新要求,必须践行党管宣传、党管意识形态、党管媒体的根本原则,坚决守卫新媒体网络舆情的安全底线,牢牢把握正确的政治方向和舆论导向。④

2. 国家制度中的传播权力

从权力的角度看,我国《宪法》第三十五条规定,公民有言论出版自由,

---

① 支庭荣:《实践新闻专业性 实现新闻公共性——基于马克思主义新闻观的视角》,《新闻与传播研究》2014 年第 4 期。

② 李彬、马学清:《中国新闻专业主义的核心理念:责任感和建设性》,《湖南科技学院学报》2011 年第 3 期。

③ 习近平:《把握好新闻工作的基点》,http://theory.people.com.cn/n/2014/1016/c389908-25846716.html。

④ 王红娟:《新媒体进阶之道:向传统媒体学操守》,《新媒体论坛》2018 年第 20 期。

这是新闻自由的宪法依据。

我国正在积极稳妥地推进民主政治建设,党的十七大提出保障人民的知情权、参与权、表达权、监督权,显示了党和政府对公民根本政治权利的重视。我国新闻工作者享有采访权、知情权、报道权、发表权、评论权、批评权、监督权等诸多权利。但是,新闻自由作为一种制度规范,必须有法可依,有章可循。在任何社会制度下,新闻自由只能是法制国家制度中的自由,有条件的自由。[①]

舆论监督成为新闻自由的中国式表述。调查性报道是新闻专业性精神的重要话语载体或体现,被视为舆论监督而取得了合法性。舆论监督是国家主流意识形态的话语用词,而调查性报道是新闻专业性话语的用词。前者注重的是建设性、禁令性和舆论引导,监督是自上而下的;而后者强调的是真相、公众和记者的主体自觉性。[②] 以《南方周末》的深度调查报道为代表的异地舆论监督成为颇具中国特色的新闻专业性模式。所谓"异地(跨地区)舆论监督",是相对于本地媒体监督而言的,指彼地媒体对发生于此地的客观事实进行的监督性报道。按照新闻专业性要求,报业是一种自治的体系,新闻记者的报道活动不受任何社会力量的干涉和约束,尤其必须对政党采取一种独立的批判态度。新闻专业性与"喉舌"之间的张力从20世纪90年代后期开始在我国出现,形成了中国社会"异地舆论监督"的奇特景观。进入20世纪90年代,一方面,我国报业的力量不断增强,通过广告经营和资本运营,报纸传媒的经济实力获得空前增长;另一方面,由于报纸的"喉舌"传统,因此也拥有相当的政治地位和政治资源。在传媒获得政治经济资源之后,某些传媒开始追求自身的文化价值乃至伦理价值,于是,新闻工作者努力践行专业精神,寻求自身职业价值的表达,成为这一特定历史时期值得关注的现象。报纸传媒的记者、编辑要体现自己的专业主义精神,在某些情况下却和政府立场有所差异。尤其是当政府和公众利益发生矛盾的时候,传媒如果站在公众那一边,新闻专业性的做法便显得困难重重,因为此时传媒发挥的不是"喉舌"功能,而是舆论监督功能。虽然管理层从来没有反对新闻传媒的舆论监督作用的发挥,但对传媒的舆论监督却有一套成体系的管理。新闻传媒管理体制中有一条规定:新闻传媒只能监督下级的政府机构,不能监督同级和上级的政府机构。由于这一规定的约束,专业主义精神便采取了"戴着镣铐跳舞"的方式,寻找某种与现行规定不相冲突的有效策略。从报纸新闻实践的发展看,一个有趣的现象是"异地(跨地区)舆论监督"。尤其是一些全国性的地方传媒

[①] 李彬、马学清:《中国新闻专业主义的核心理念:责任感和建设性》,《湖南科技学院学报》2011年第3期。

[②] 张海华:《形态变革与话语转型:1990年代央视新闻评论部生产实践》,社会科学文献出版社2018年版,第125页。

(从行政级别上看,它属于地方传媒,但是从传播影响力的角度看,它是全国传媒)经常采用这种办法,这样可以突破当地行政主管部门的干预,又起到了良好的舆论监督的作用。做异地舆论监督最为活跃的是广东传媒如《南方周末》《羊城晚报》等报纸。① 2005 年 5 月中共中央办公厅下发《关于进一步加强和改进舆论监督工作的意见》,对异地监督的范围和媒体的级别做了严格的要求和限制。

第三节　传媒的商品化

一、商品化理论基础

(一) 概述

如果说专业性、公共性以及公共治理是传媒的公益化,那么,商品化则是传媒发展的另一个重要趋势。按照马克思主义政治经济学观点,所谓商品是劳动产品的特殊形式,即用于交换的劳动产品。商品化是指市场交换过程中将使用价值转换为交换价值的过程,即决定产品价值的标准由产品满足个人与社会需求的能力转变为产品能通过市场带来些什么的过程,这个过程以多种方式延伸到传播产品、受众及劳动等社会领域。商品具有使用价值和交换价值的二重性,使用价值出自人类的需要,交换价值源于制度安排,通常以价格的形式表现出来。商业化是与商品化相关、含义相对狭窄的一个概念,它特指在受众与广告商之间创造一种关系。比如广播的商业化意味着增加广播广告,安排节目的实收,考虑如何把受众交给广告商。由于市场不仅仅包括商业化,还包括劳动的商品化,因此我们将商品化视为含义广泛的过程。

商品化是政治经济学的重要内容和出发点。霍克海默和阿多诺认为,垄断资本主义的传媒从 20 世纪初开始就成为一种文化工业。工具理性是资本主义兴起的原因之一,而资本主义的根本特征则是大量生产以使用价值依附于交换价值为特征的商品。商品可互换的原因在于它们的抽象形式使得它们在市场中是相等的。在垄断资本主义之中,作为文化工业的传媒展现了西方文明的这两种趋向——理念/理想主义和物质性/物质主义。文化工业生产商品——比如电影和广播节目——的计算法则是确保资本获得最大的回报。为了保证彼此之间的互换性,文化商品于是便"坚定不移地走雷同化的路线",这类商品的目的是娱乐大众——逗他们开心,转移他们的注意力,使得他们淡忘辛苦枯燥的工作和资本主义生产关系所带来的异化,从而令大众不再对自己的生存境况进行批判性的反思

---

① 参见祁林:《喉舌与专业主义——报纸新闻探微》,载周宪、刘康主编:《中国当代媒介文化研究》,北京大学出版社 2011 年版,第 240~242 页。

乃至反抗。霍克海默和阿多诺的理论虽然受到诸多批评，但其两大深刻洞见仍有价值：其一，将传媒内容视作商品的观点，这是市场在维持这些内容得以生产的物质条件时对它们所做的规定。其二，最终所勾勒的其实是垄断资本主义文化或上层建筑的场域；在这一场域之中，作为文化工业的传媒居于主导地位，其所提供的商品之关键功能，便是将文化/上层建筑与资本主义生产的经济/结构的场域连接起来。正是在这种社会构成中，工人和消费者被抽象成了客体，并在一种"无情的合并"中被归为一体。任何特殊性——比如由人类主体性或个体性的多样化所展现出来的——都能通过分类和概括而加以抽象化，而这种分类和概括的实施者正是由交织着工具理性的市场铁律所推动的工业——垄断组织。垄断资本主义使得特殊与一般可彼此互换，但是依照霍克海默和阿多诺的观点，这种可互换性是一种"虚假的同一"。它的一个例子便是"消费者"这一概念是如何越来越趋同于"公民"这一概念的，该趋同使得人们颇为忧虑其对自由与民主可能具有的负面意义。"新闻"被简化为"信息"以满足新闻商品化的需要也是如此。

尽管斯麦塞并不完全同意霍克海默和阿多诺的观点，但他对传媒在垄断资本主义中所扮演的角色也颇为关注，他关于垄断资本主义时代传媒的特殊商品形式乃是受众的洞见颇为重要。商业传媒的关键功能是将受众出售给广告商，作为传媒商品的受众卖力地向它们自己推销消费品及服务，并学会在政治领域中为候选人拉票。受众努力地维持着垄断资本主义的政治—经济体系。传媒提供的内容就像"免费的午餐"一般，其功能是"刺激预期的受众群体"对受众商品之生产的"胃口"（1981）。斯麦塞的理论贡献在于他基本上用一种符合政治经济学分析路径的唯物主义视角来定位和分析传媒，但他也因断定传媒所扮演的仅仅是经济角色而受到了批评。这使得加汉姆认为，斯麦塞的简化论没能认识到，经由受众商品而实现的传媒的经济角色无论对经济有多么重要，它毕竟只是"在经济上塑造大众传媒运作结构的资本之复杂循环中的一环"而已（1979）。加汉姆认为，斯麦塞的理论并无普遍性意义，而只能适用于北美的商业传媒体系。吉哈利也对斯麦塞提出了批评。对吉哈利来说，斯麦塞的问题在于他把所有的传媒形式都和生产及出售受众商品联系起来。吉哈利指出，只有以广告为依托的传媒（无线电广播、电视、报纸和杂志）才生产受众并将其出售给广告商。吉哈利和利旺特揭示了以广告为依托的传媒所生产的另一种商品，即受众的观看（收听/阅读）时间。这时间商品和受众商品并不相抵触，因为"作为市场的受众只是传媒商品的第一种构成形式，而绝不是最后一种"（1987）。尽管吉哈利和利旺特、斯麦塞、加汉姆以及法兰克福学派的观点彼此之间有着种种差异，但他们还是总结出了在市场铁律下组织并运营的传媒的独特商品形式——不管是观看力和受众，还是节目内容。①

（二）受控商品化

美国学者温可孔以新加坡为例提出了"受控商品化"理论。该理论设定的是这样一种情况，即在市场经济中，国家对媒体具有决定性的影响力将媒体作为商业的、以营利为目的的机构来进行操控。它还假设由于全球资本主义大潮中新加坡的周边局势风云变幻，新加坡政府发挥着主要的作用。②受控商品化主要有两大特征：

（1）由于受到国家直接/间接的控制，新加坡传媒的功能在理论上被认定是为国家提供意识形态服务。人民行动党国家的具体的普遍的意识形态开始为"全民意愿"服务，它构成了意识形态权实现过程的核心元素，这一过程则是通过作为人民行动党国家意识形态机器的新加坡媒体的物质性来实现的，后者是作为人民行动党国家意识形态工具的实体而实现的意识形态强权这一过程中的主要因素。而正是这个复杂的辩证过程（相对于单向的决定性）阐明了商品化控制理论中的意识形态成分。③

（2）在国家干预方式上，就资本主义中心国家而言，国家干预一般是国家对由公众成员所反映出来的关注所作出的一种回应，从一定意义上来说，这种国家干预是被动式的。新加坡作为资本主义边缘国家，其政府更为"积极主动"或至少不被动。新加坡政府经常在确立针对传媒内容的规制方针之时掌握领导权。在对传媒视听节目（或文化商品）的控制上，新加坡政府对在新加坡境内生产或流通或者境外生产在境内流通的文化商品的内容进行监控，这包括清除或禁止政府视为在政治上、意识形态上或文化上具有侵犯性的内容。新加坡政府也不用在其他方面接受传媒产业的要求以换取这样的控制。现实中的商品化一直都摆脱不了国家对市场的控制或干预，诸如国家帮助开放市场，确保市场存在一定程度的竞争，建设必要的基础设施以保证商品的有效流通，协调资本家之间的冲突，以及限制对资本主义意识形态的反抗。法国和加拿大政府还采取措施来保护本国的文化和传媒免受好莱坞电影及电视节目的统治。受控商品化似乎是资本主义的普遍性经验，而不是特殊性经验。④

---

① ［美］温可孔：《受控商品化理论》（下篇），尤杰译，载金冠军、孙绍谊、郑涵主编：《亚洲传媒发展的结构转型》，上海三联书店2009年版，第140～142页。

② ［美］温可孔：《受控商品化理论》（上篇），季晓成、钟瑾译，载金冠军、孙绍谊、郑涵主编：《亚洲传媒发展的结构转型》，上海三联书店2009年版，第116页。

③ ［美］温可孔：《受控商品化理论》（上篇），季晓成、钟瑾译，载金冠军、孙绍谊、郑涵主编：《亚洲传媒发展的结构转型》，上海三联书店2009年版，第136页。

④ ［美］温可孔：《受控商品化理论》（下篇），尤杰译，载金冠军、孙绍谊、郑涵主编：《亚洲传媒发展的结构转型》，上海三联书店2009年版，第148～150页。

从实质来看,受控商品化理论受到了马克思政治经济学观点的影响。在我国,如何处理好意识形态控制与媒体市场化的关系,亟须从理论层面得到有效阐释。传统相关理论和研究大多从国家与市场关系的角度来探讨,按照自由主义的市场观来分析,认为"党领导下的媒体市场化"或坚持社会效益基础上的媒体市场化并非市场化或市场化程度不够,包括海外学者所谓"转轨论"等,都未能切中要害;也有研究根据意识形态相关理论,彻底否定媒体市场化改革,甚至主张回归计划经济时代的传媒体制。就"党领导下的媒体市场化"而言,社会主义市场经济条件下既要加强意识形态控制,又不能以党管媒体代替媒体市场化,或者说应继续推动媒体市场化的深入发展,既有研究难以回答和解决这些关键性问题,并不完全适用,需要进行理论创新。受控商品化理论对认识和理解我国传媒市场化不乏借鉴与启示意义。基于新加坡经验的受控商品化与我国党领导下的媒体市场化有什么相同之处?又有何不同之处?造成这些异同尤其是差异的原因及背后的机制是什么?其特殊性与普适性如何?它们未来的走向或发展趋势如何?对这些论题目前还缺乏理论研究和实证分析,有待下一步的深入探究。

二、传媒商品化及其表现形式

传媒的商品化是商品化在公共领域包括传媒(传播)领域的具体表现。莫斯可对传播的商品化作了详尽的阐释①。传媒商品化有其历史发展的脉络,在世界新闻传播史的发展历程上,自古登堡发明金属活字印刷术以来,最早的报刊是宗教性宣传与世俗性教化的混合小册子,到16世纪,在资本主义萌芽的荷兰以及德意志各邦国因为商业往来与金融贸易,法兰克福等地开始出现了一些商业化报刊,刊载金融股票信息,满足并促进了工商业的流通发展。西方报刊商业化浪潮最繁荣的时期当属19世纪三四十年代的美国,当时有《太阳报》《纽约先驱论坛报》以及普利策的《世界报》、赫斯特的《纽约新闻报》等。西方报业在19世纪末20世纪初基本上进入了"报团"化和垄断时期,传媒商品化推动媒体向跨媒介、跨行业、跨国化方向发展。

(一)媒介内容的商品化

媒介内容的商品化是指传媒的内容成为商品的过程,比如报纸、期刊、图书、影视产品、唱片等作为商品出售,以及现在网上流行的"知识付费",其实质是资本将无偿的信息或知识共享转化成有偿的商品和服务,而媒介广告对促进其他行业或其他经济系统的商品化过程作用重大。政治经济学家往往以媒介的内容为起点来思考传播的商品形式,认为传媒的商品化过程涉及信息(或者是一份

---

① [加拿大] 文森特·莫斯可:《传播政治经济学》,胡正荣译,华夏出版社2000年版,第136~167页。

资料，或者是有体系的思想）如何被转化为可在市场买卖的产品。资本主义社会的新闻生产的历史由许多过程组成，其中包括商品化，也就是使讲故事的人变为出卖劳动力（即撰稿能力）赚取工资的雇佣劳动者。资本将劳动力转化为新闻稿或专栏文章，和其他文稿及广告一起组合成整套的产品。资本将这套产品在市场上出售，如果成功，就赚取剩余价值（利润），资本可以将利润用于扩充报纸的规模，或投资在其他任何可以带来更多资本的事业中。马克思主义政治经济学认为这个过程实现了剩余价值，因为资本控制了生产工具（拥有印刷机、办公室等），使资本能够从劳动者身上获取比付出的工资更多的东西。

在传播政治经济学中，学者们还试图从传播内容的商品性质和它的意义的关系角度对传播内容商品化进行研究。除了加汉姆与斯麦塞以外，绝大多数学者都将传播当作一种特殊而十分强大的商品，认为它不仅生产剩余价值，还制造了符号和形象，能够塑造人们的意识。加汉姆则指出，"媒介不仅是直接创造剩余价值的经济角色，也是间接创造剩余价值的角色，前者通过生产和交换形式，后者通过广告为其他商品生产部门工作"。① 由此，他指出了媒介商品化的两个方向，即直接生产媒介产品和运用媒介广告完成整个经济的商品化过程。

（二）受众商品化

斯麦塞（1997）认为，受众是大众媒介的主要商品。大众媒介的节目安排用来建构受众，广告商为取得受众而付钱给媒介公司，受众于是被转交给广告商。受众劳动或受众的劳动力是大众媒介的主要产品。传媒这么做的目的主要有四个：首先是"生产阅听人，并且驱动他们的心理，让他们学习如何以消费者的身份，购买市面上的财货，并且以人民的身份，支持（透过纳税与选票）军事需求的经理系统。其次，大众媒介的运作原则在于生产这样一种阅听人——他们的思维与行事，再次肯定而补强了垄断资本主义之下的意识形态（在一种政治本质实属专断的体系里，一味追求能据物为己有的个人主义）"。再次，"在于生产民意，以求支持国家机器的战略与战术目标"。最后，传媒"本身的营运要有利可图，以此，它们才能确保自身在资本主义体系内的经济重要性，并且取得无物可以匹敌的地位"。② 这种观点扩展了传媒商品化的空间，使商品化不仅包括媒介公司出版报纸、制作广播电视节目、制作电影等直接过程，而且把广告商或资本也包括进来。比如"哈利·波特"现象，伴随着小说和影视的问世，各种和"哈利·波特"有关的碟片、玩具、饰品、服装等大量出现。商品化的过程使媒介产业彻底纳入资本主义的经济体系。

---

① ［加拿大］文森特·莫斯可：《传播政治经济学》，胡正荣等译，华夏出版社2000年版，第143页。

② 斯麦塞：《传播：西方马克思主义的盲点》，冯建三译，载冯建三：《传媒公共性与市场》，华东师范大学出版社2015年版，第41页。

冯建三从经济、文化和使用时间三个维度对受众商品化的经济价值做了一个量化估计,其总量之庞大令人咋舌。例如,2008年世界各国的国民生产毛额是61兆70亿美元,大约3%(1兆9300亿美元)用于信息科技,其中,直接与受众商品之生产相关的"通信传播业"采购与使用的信息科技额度是2020亿美元。2008年的世界总广告额(受众商品赖以表达其形式的价格),以货币表达是6660亿美元。受众通过自己的劳动而配合资本将自己转化为可供资本增值的商品时,要另外自掏腰包,购买相应的平面传媒(报纸杂志),增添日新月异的消费性模拟或数字电子器材(收音机、电视机、录放机、计算机及其接口设备、各种储存器材如DVD等)与通信器材(手机等)、支付互联网使用费、按片按次或按日周月年订购特定内容(假使这些内容不被广告赞助,或广告赞助不够)。此外,他们还要支付电费才能接触或使用电子形式的图文影音等"内容"。后面这些林林总总的费用还有待精确估算,唯不但应该不致低于前者(广告),反倒应该会是其若干倍。通过网络空间所创生的虚拟物品(virtual wares)之销售额,2009年在美国估计约10亿美元,虽不大,似乎还是应该加上。①

米汉(1984)从受众收视率调查的角度,思考受众作为商品的问题。由于"交换的不是信息,也不是受众,而是收视率",因此,米汉认为关于受众的数量、组成及媒介使用模型等资料的报告才是媒介系统的主要商品。② 互联网时代还应包括"流量"。商品化必然要运用测量手段来生产商品,并且要运用监控技术来追踪生产、分配、交换和消费的过程。比如为卖给广告商而生产的广告片的长度及广告时间的总量要精确。监控的实例包括传统的商业统计、销售研究、资本的成本评估、薪金与福利研究、顾客调查以及较新的创新手法,如资料库的配对系统,它们记录每一笔信用卡和存款账户的使用情况,从中获得人口统计和态度方面的资料。这些做法都是商品化过程的一部分,因为它们生产的信息被用于商品如报纸或电视情景喜剧的生产。它们也具有控制论的性质,因为信息生产过程的结果是生产新的商品。就此而论,收视率是控制论意义上的商品,因为它们在促成商品生产的过程中也建构为商品。具体而言,收视率是电视节目商品化的重要元素,但它本身也是收视率调查业的核心产品。收视率调查服务很重要,但这并不是因为它们就是媒介商品,而是因为它们代表了媒介商品化过程的进步,也就是控制论意义上的商品的发展。

(三)劳动商品化

根据马克思政治经济学观点,商品的价值来源于人类劳动而不是资本或土地

---

① 参见冯建三:《跋:传播、文化与劳动》,载[美]丹·席勒:《传播理论史:回归劳动》,北京大学出版社2012年版,第304~317页。
② [加拿大]文森特·莫斯可:《传播政治经济学》,胡正荣等译,华夏出版社2000年版,第146页。

等生产要素。如何认识劳动这个概念,是我们理解劳动商品化的关键所在,这里涉及两个问题。

一是劳动的内涵。布里弗曼指出,劳动是由构思和执行的统一体构成的,前者包括预测、想象与设计工作的能力,后者指的是实现它的能力。在商品化的过程中,资本将构思与执行分离开来,将技术与执行任务的原始能力分离开来。一方面,资本将构思能力集中在经营管理阶层身上,这个阶层可能是资本的一部分,也可能是资本利益的代表;另一方面,资本重构劳动过程,使之与生产点上的技术与权力的分配状况相一致。① 在发展到极端后,所谓的科学经营管理实务也应用到了劳动过程中,其先驱是泰勒的科学化管理。

二是劳动的范围(外延)。丹·席勒认为"生产力劳动(productive labor,PL)"是解开劳心与劳力区别的重要钥匙。马克思主义政治经济学认定雇佣劳动才是"生产力劳动",也就是只要该劳动为资本所雇佣而投入于价值的生产并且能生产剩余,而该剩余价值为私人占有的劳动,就是PL。席勒对"生产力劳动"做了创新性拓展。他说,PL是"人的自我活动,具有兼容并蓄及整合的性质",于是,薪资劳动固然是PL,家务劳动及其他并不是为了薪资而进行的活动,乃至"休闲"时候所进行的活动都可以是PL:"观众、听众与读者(的活动)……是有偿及无偿工作的劳动。"丹·席勒扩充了创造价值的劳动的范围,从雇佣劳动延伸至非雇佣劳动领域,从生产领域延伸至流通领域甚至消费领域,比如互联网带来的生产与消费界限的消失。他界定PL的方法,很有可能已经为当下及未来的传媒走向及其研究另辟蹊径,虽然这个提法还不能说完全是新创。②

莫斯可认为,劳动商品化的研究中发现了两种与传播研究有关的过程。①传播系统和传播技术的应用扩展了所有的劳动商品化的过程,其中包括传播产业的劳动商品化。传播手段使雇主提高了灵活性和控制能力。②这是一个双重的过程,劳动是在生产货物商品和劳务商品的过程中被商品化的。传媒业劳动的商品化涉及两个方面:①媒介产业劳动过程的商品化;②受众(用户)劳动的商品化问题。就媒介产业劳动商品化而言,报纸记者的工作是运用专业技能,生产虽然实用程度高低有别、但都具有使用价值的新闻。研究认为,资本主义社会的大众媒介主要是通过生产反映资本家利益的信息,通过不断支持整个资本或特定阶级集团的利益来扩展商品生产的过程。

看一看媒介产业劳动商品化的问题。目前关于新技术对传媒业生产发生改变的研究大多着眼于传媒生产与管理业务,探讨新技术应用于媒介采编业务所发生

---

① [加拿大]文森特·莫斯可:《传播政治经济学》,胡正荣译,华夏出版社2000年版,第153页。

② 冯建三:《序》,载[美]丹·席勒:《传播理论史:回归劳动》,北京大学出版社2012年版,第6页。

的变化，如生产流程、编辑部组织结构的改变等。一些政治经济学家也对传播与信息新技术的引进进行了检验，他们探讨了新闻编辑室的劳动商品化现象，考察了新技术应用到本产业后造成的就业减少和编辑工作的调整。① 关于受众劳动商品化的研究，斯麦塞在论述"受众商品化"时已有阐释。他说，阅听人（受众）在把"他们的"时间卖给广告商之时，做了两项工作：一是替消费财货的生产者执行了很重要的营销功能；二是为劳动力的生产与再生产而工作。一般而言，我们说上层结构本身并未涉及下层结构的生产性活动，然而，大众传播媒介却"同时"身兼两任，既是上层结构的一部分，又是下层结构之生产活动的最后阶段中（引发需求以及经由购买消费财货而得到的满足）不可缺少的一环。② 近年对"用户生产内容"（UGC）的研究逐渐升温，一个重要的背景是互联网等信息技术进一步打破了生产与消费的界限。正如冯建三所说，技术形式日新月异，博客、第二人生、脸书等互联网及"社交传媒"都在争先恐后，致使"用户创造内容"的意义远远超出 20 世纪 80 年代以来的"消费者也是生产者"等概念的指涉。他认为受众商品表现为直接与间接的经济产值形式，若在 3% 或更多的世界生产毛额，应该是合理的估计。相较于形式的经济产值，受众投入实质"时间"并通过自身的阅听劳动，全神投入或漫不经心地进入有如空气与阳光的传媒（包括互联网）"环境"，其完整的意义还待阐述与辩驳。③ 数字媒体产业作为"产销者商品"的动员平台，其生产方式以及受众策略成为媒体用户"劳工化"的关键。比如脸书用户数量已超过 20 亿，占用美国移动互联网用户 22% 的时间，极大地垄断了公众注意力和广告营收，占据了互联网时代以流量为代表的稀缺资源。社交平台的内容大多依靠用户的制作、传播和分享积累起来，而这些非物质劳动往往是免费或低报酬的。④

受众劳动商品化不限于传媒领域。资本主义是一种不断把社会劳动和社会生活各领域纳入资本积累领地的扩展性秩序⑤，伴随着数字技术不断普及，"数字劳动"的普遍性与"产销合一主义"以及"弹性资本主义"的发展高度匹配。数字传播体系为资本在更大范围内动员劳动力提供了支持，工作和休闲的边界日

---

① ［加拿大］文森特·莫斯可：《传播政治经济学》，胡正荣译，华夏出版社 2000 年版，第 155 页。
② 斯麦塞：《传播：西方马克思主义的盲点》，冯建三译，载冯建三：《传媒公共性与市场》，华东师范大学出版社 2015 年版，第 21 页。
③ 参见冯建三：《跋：传播、文化与劳动》，载［美］丹·席勒：《传播理论史：回归劳动》，北京大学出版社 2012 年版，第 304～317 页。
④ 李璟：《从"数字劳工"分析脸书受众策略与效果》，《青年记者》2018 年第 36 期。
⑤ 赵月枝：《序》，载［美］丹·席勒：《信息拜物教》，邢立军等译，中国社会科学文献出版社 2008 年版，第 5 页。

渐模糊，资本主义通过"产销合一主义"将消费者纳入生产体系。数字信息技术对日常生活的殖民，催生了免费的时间日渐从属于消费的"劳动"的转化过程。"产销者"的出现反映了生产者和消费者角色的融合，导致人类的创造力彻底商品化。① 胡斯指出："无偿劳动、服务工作和商品生产之间的关联是动态的，在新技术引进等因素的影响下，三者之间的界限不断变化。资本主义的历史可以视为一段将过去在家门内无偿进行的活动逐渐卷入货币经济的历史。这个过程中，商品化必不可少，每一轮新技术的应用都创造出新的商品。新商品的出现改变了工作流程（和相关技能），不仅影响到生产这些商品的工人，也影响到使用商品的用户。"② 随着非社会劳动如家务劳动商品化，生产性劳动与非生产性劳动，以及生产与休闲之间的界限越来越模糊。

莫斯可分析说，受众劳动是在资本控制的决策体系中进行的，资本控制了生产、分配和交换的决策过程的大部分细节。资本形态多样、互相竞争，它必须积极地建构受众，正如它必须积极地建构劳动。即使它这么做了，在资本设定的社会领域的条件中，受众与劳动者还是会决定如何用自己的力量来建构自己。对受众来说，这意味着他是遵照资本想要的方式注意或收看（听）节目，还是以相反的或其他方式解释节目，或者根本不看（听）节目。对劳动过程的研究显示，人的工作反应有许多不同方式，从完全顺从到完全不工作都有可能。与一般劳动相同的还有受众的力量的行使，即使不是全部，也大致在资本利益所设定的框架内进行。资本和受众在媒介接收方面的冲突推动了商业广播的扩张，广告时间的调整、测量及监控受众活动的过程中新技术的采用、按片与按频道收费电视的引进，等等；与此相反，受众开始使用非法的卫星接收机、解码器、录放机以及使用遥控器跳过广告片等。③

值得指出的是，传媒及其产品之所以成为商品，不是因为传媒本身有商品属性，而是由商品交换关系和价值关系也就是市场经济和资本主义的生产关系所决定的。新闻成为商品是在19世纪30年代廉价报纸即商业报纸产生之后。商业报纸的兴起和发展反映了资本主义生产关系的普遍确立。我国传媒市场化的主要动力是从计划经济向社会主义市场经济体制的转型。推动传媒商品化的动因主要有三：一是资本的逐利性；二是传播和信息技术的助推；三是国家（政府）权力的推动。④ 因非本章主旨，这里就不展开了。

---

① 李璟：《从"数字劳工"分析脸书受众策略与效果》，《青年记者》2018年第36期。
② ［英］乌苏拉·胡斯：《高科技无产阶级的形成：真实世界里的虚拟工作》，任海龙译，北京大学出版社2011年版，第75页。
③ ［加拿大］文森特·莫斯可：《传播政治经济学》，胡正荣译，华夏出版社2000年版，第152～153页。
④ 参见陈昌凤：《美国传媒规制体系》，清华大学出版社2013年版，第75～77页。

第四节 传媒商品化与公益化的博弈与共生

莫斯可认为,商品化和传播的关系具有两个普遍的意义:①传播过程和传播科技对经济学中的商品化的一般过程起了推动作用。商品化过程还扩张到制度领域如公共教育、政府信息、媒介、文化和电信等,这就是延伸的商品化。商品化的过程已经延伸到了另外的空间与行为,这些空间与行为曾经是根据另一种社会逻辑即以普遍性、平等、社会参与及公民身份为基础而组织起来的,虽然缺点历历可数,却能扩大社会行动的基础;如今它们已被简化为市场逻辑,而权利被等同于市场力量。②整个社会的商品化过程渗透到传播过程与传播制度中,使这个过程中所出现的矛盾也对传播这种社会实践产生了影响。例如,自20世纪80年代以来国际上风起云涌的自由化和企业私有化趋势,对整个世界的公营与国有媒介和电信机构都造成了冲击。欧美国家代表公共利益的公共广播受到商业化的冲击而举步维艰,有的公共媒体被商业媒体收购变成了私营媒体。随着资本接管并转变先前未被商业化的社会劳动,商品化更进一步的影响必然是削弱并动摇公共领域。①

一、公私生活领域中的博弈

与商品化过程并存的是"非商品化"过程,表现为公私生活中抗拒商品化的各种形式。在私人领域中,商品化的核心替代过程是友谊的形成,在公共领域中则是公民身份的形成。原因并不复杂,现实社会是由经济、政治、社会、文化等各个不同领域构成的,不同领域有不同的价值逻辑和规范,良好的社会除了经济价值,还应有人的尊严、公平正义、政治参与等多元的价值体系,用社会主义核心价值观来表述,就是"富强、民主、文明、和谐、自由、平等、公正、法治、爱国、敬业、诚信、友善"。因此,经济逻辑不应也不能代替其他社会领域特别是公共文化领域的逻辑,而商品化过程实际上是商业逻辑对社会其他领域的渗透和侵蚀,受到社会不同形式的抵制是必然的。商品化与社会平等参与的非商品化过程相互建构、相反相成,"义利之辩"始终贯穿于国家、市场、社会等各个领域,比如消费者身份和公民身份之间的斗争无处不在。在公共生活和私人生活中,商品化与社会过程互动使社会领域内的关系被不断重构。

商品化发展至极必然走向其反面。20世纪80年代,世界各地在电信、电力、铁路、煤气、自来水等自然垄断产业中掀起了"管制改革"的浪潮,取消管制、

---

① [加拿大]文森特·莫斯可:《传播政治经济学》,胡正荣译,华夏出版社2000年版,第136~137页。

完全竞争和产权私有化成为世界各地自然垄断产业市场化改革的主导趋势。但是，20年的实践证明，除了引入适度竞争之外，旨在完全私有化、市场化的改革都是失败的。① 奥非（1984）认为，经过对经济的自由放任时期后，必然会跟随解除商品化或者说政治经济生活的"社会化"，以纠正完全依赖市场机制失败后带来的不稳定与冲突。这是发达资本主义国家的政治经济发展过程中的最新特点。解除商品化是指国家制定政策和规划来保障社会角色（包括资产阶级和劳动阶级）的经济生存，包括那些无法参与商品化或没有能力这样做的人。② 丹·席勒指出，"商品化进程并非建立在各派既得利益的共识基础上。以网络为基础的系统与服务的典型特征是破坏性，因为它们以掠夺公共产品（例如文化、教育、政府与生命的共享资源）为前提。数字资本主义的几乎每一部门不仅延续了资本对共享资源的（通常是不公正的）占有功能，更同时引发反向的社会运动与抗议行动。这一反向运动正作为另一参与者，加入当前的历史进程中"③。

随着互联网特别是移动互联网的普及，受众日常生活与网络基础设施连接在一起，产生了海量的个人数据和信息，对企业和商家具有极高的商业价值，以至于大数据被视为"新石油"。丹·席勒指出，"有了社交网络、搜索服务、移动设备、传感器阵列与数据中心的加持，一个市值数十亿美元的行业不断壮大，它旨在捕捉并分析大数据以服务于营销目的"④。这些本该受到保护的个人信息被作为"商品"出售，对公民的隐私权和民主价值造成了严重侵害。斯诺登的爆料更显示美国政府与企业沆瀣一气，对公民个人信息的监控肆无忌惮。2018年3月，脸书大量用户数据遭滥用的丑闻曝光，舆论哗然。脸书暴露的不过是大数据时代个人信息保护或隐私滥用问题的冰山一角而已，关于个人信息的争论在美国已转为一场持久战，在这场战役中，大广告商、网络运营商、互联网中介商以及媒体巨头，与民意构成对立双方。欧盟对互联网巨头实施了更严格的控制，2018年5月25日开始生效的《通用数据保护条例（GDPR）》严格规定企业取得、储存和使用个人资料的方式，违者面临巨额罚款；欧盟期待这项法规成为全球数据信息保护的"新标杆"。⑤ 英国的尼克·斯尔尼切克曾在《卫报》发表文章《探

---

① 杨培芳：《现代经济学已经失灵，新型经济学正在萌芽》，《企业家日报》2016年7月1日第9版。
② [加拿大] 文森特·莫斯可：《传播政治经济学》，胡正荣等译，华夏出版社2000年版，第157页。
③ [美] 丹·席勒：《数字化衰退：信息技术与经济危机》，吴畅畅译，中国传媒大学出版社2017年版，第251～252页。
④ [美] 丹·席勒：《数字化衰退：信息技术与经济危机》，吴畅畅译，中国传媒大学出版社2017年版，第253页。
⑤ 赵海博：《最严格的欧盟〈通用数据保护条例〉正式生效 中小互联网企业或遭惨重打击》，《文汇报》2018年5月28日第4版。

寻将谷歌、脸谱网和亚马逊国有化的必要性》,指出谷歌、脸书和亚马逊等平台公司已经具有不可撼动的经济地位,但同时它们又在不断扩张自己的商业版图。而数据资源将成为21世纪最重要的资源之一,面对每个人的信息都被平台公司掌控的现状,我们应当防微杜渐,将谷歌、脸书和亚马逊国有化,尽快将平台公司掌握在自己手中。①

二、传媒公共性、专业性与商品化的关系

传媒领域同样充满了商品化与公益化的博弈与斗争。目前学界倾向于把传媒的公共性、专业性或商品化三者割裂开来分别对待,从每个方面的研究来看,不乏深入的探讨和真知灼见,也有学者从马克思主义新闻观出发,对新闻的公共性与专业性的联系作了可贵的探索和有益的尝试,②但仍然缺乏将公共性、专业性与商品化联系起来,并从跨学科视野对三者之间的关系及其机制等进行全面而深入的融合式研究,因此,探讨传媒公共性、专业性与商品化之间的关系问题就具有极其重要的学术理论价值和实践价值。本书认为,传媒的公共性、专业化与商品化之间是对立统一关系,既彼此博弈又相互建构。就我国而言,政治上社会主义协商民主的发展和经济上市场经济的建立为实现新技术条件下传媒公共性、专业性和商品化从对立对抗走向有机统一夯实了基础。

一方面,传媒的公共性、专业性与商品化之间存在着内在矛盾与悖论。传媒公共性遭到商品化的挑战甚至侵蚀。据美联社报道,2018年3月初瑞士选民就是否应该继续每年为公共电视和其他政府支持的节目付费数百瑞士法郎进行公投,欧洲其他地区密切关注这一动向。这一投票由自由市场拥护者和其他付费批评人士发起,他们说居民不应为收看或收听的公共广电节目付费。而反对者指出,在假新闻和媒体营利时代,花一些钱确保节目质量是符合公共利益的。这一议题在全欧洲引起共鸣,其他支持收费的广播公司也受到压力。③ 在我国,媒体从计划经济时代单纯的意识形态属性发展到市场经济条件下的意识形态和商品经济双重属性,传媒的每一种属性都有各自的假设,不同属性循着不同的逻辑和规律运动,似乎有"二元分裂"之虞。

另一方面,传媒公共性、专业性与商品化之间相互建构。从世界范围来看,传媒商品化进程必然受到各种形式的抵制或抗衡,受控商品化是其理论反映与政

---

① Nick Srnicek, "We need to nationalise Google, Facebook and Amazon. Here's why, The Guardian", 2017-08-30, https://www.theguardian.com/commentisfree/2017/aug/30/nationalise-Google-Facebook-amazon-data-monopoly-platform-public-interest.

② 支庭荣:《实践新闻专业性 实现新闻公共性——基于马克思主义新闻观的视角》,《新闻与传播研究》2010年第4期。

③ 《瑞士将公投是否取消公共广电收费》,《参考消息》2018年3月5日第8版。

策回应。世界各国原有的公共广电机构并没有随私有化浪潮而消失，反而有所扩充，虽然增长幅度远逊于私有传媒。① 赵月枝认为媒体民主化共有四次浪潮，第一次媒体民主化浪潮是 20 世纪七八十年代出现的干预"世界信息与传播新秩序"（New world information and Communication Order，NWICO）的争论，属于第三世界后殖民国家争取独立与发展的副产品，最终的成果是 1980 年出台的《麦克布莱德报告》。虽然 NWICO 运动存在很多缺陷，但丝毫不损害它对 20 世纪七八十年代国际传播进行的双重批判——被西方强权控制、按照资本积累的逻辑运行——所具有的重要性。媒体民主化的第二波由 20 世纪六七十年代一场要求听到公共声音、鼓励反主流势力参与传播的社会运动所引发。这项运动挑战的主要对象是全球资本主义中心——西欧及北美的大众媒体产业日趋集中化的企业控制、霸权性的话语表达和商业性的逻辑。这些挑战根源于青少年反主流文化思潮和新社会运动，包括反越战运动、反帝国主义运动、以学生为主的新左翼运动、少数民族争取平等运动、妇女解放运动等。主流媒体忽视、贬低甚至否认反主流势力的重要性，迫使后者创立了"替代性的"或"激进的"媒体，进而构建超越或者反对企业与国家控制的独立媒体传播网络，即由下至上地推动民主化。而后数十年间，随着主流媒体的所有权日益集中在少数企业手中，使得民间社会力量采取了更多的形式来推动主流媒体呈现更为多样化和民主化的观点，如通过媒体教育和"文化干扰"来改变媒体与受众之间的关系；通过培训和公关活动使主流媒体增加进步信息内容；组织以改革国家传播政策和媒体组织结构为目的的联盟。英国始于 1979 年的"新闻与广播自由运动"和美国始于 2003 年的传播民主化网络"自由新闻"都是建立此类联盟的先例。媒体民主化的第三次浪潮发生在由第三世界独裁政体或社会主义阵营国家向自由民主资本主义或至少是形式上的民主政体转型的社会中，其间，媒体改革和政治、法律改革相结合。自苏东国家解体后，独联体各国大刀阔斧地进行改革。因此，这次浪潮有将由上至下的民主化、由上至下的民主化与由外向内的民主化相结合的特点。总体而言，在许多第三世界国家和前社会主义阵营国家，媒体改革较多地涉及自由化——对媒体管制的规范化，以及对个人与企业所享有的免受政府压制的表达权利的肯定，而较少涉及民主化——对民众自治和根据自身能力平等参与社会决策的实质性权利的强化。媒体民主化的第四波浪潮出现在互联网时代。互联网促进了致力于社会民主化和传播民主化的跨国民间社会网络的形成。作为最新的发展形式，这一波尤其值得关注。世界很多地区，反新自由主义全球化运动，或正面地说，是反其道而行之的"由下至上的全球化"运动和社会正义运动，大量采用了在新自由主

---

① ［美］查尔斯·埃德温·贝克：《媒体、市场与民主》，冯建三译，上海人民出版社 2008 年版，第 468 页。

第一章 政治经济学视野下的传媒公益化与商品化

义全球化过程中起到关键性作用的传播网络和信息技术。有效的传播策略,包括对主流媒体的运用,一直都是有影响的非政府组织如"绿色和平组织"运动计划中的重要组成部分。然而,直到近年,非政府组织才开始致力于传播过程和媒体本身的民主化。它们横跨多个领域,活动也十分多元化,有的致力于媒体教育,有的致力于媒体监测与分析,有的则着重于促进言论自由和保护记者权利,有的更是倡导与全球化传播相关的政策。① 赵月枝所说的媒体民主化主要指媒体领域的政治民主化,相当于媒体的公共性,具体而言,就是反对政治权力和经济权力对媒体的垄断,主张政府和企业之外的公民、法人等"第三方"即社会力量参与媒体改革。媒体民主化所针对的不限于商品化,但在全球化时代媒体民主化的重要内容则是反商业化或非商业化趋势。可见,20 世纪以来的媒体改革运动影响广泛且深远,媒体公共性与商品化之间的博弈呈现出螺旋式上升的辩证发展过程。此外,关于文化帝国主义或媒介帝国主义的相关论述和争论颇多,这里就不展开了。

就我国而言,传媒的公共性、专业性和商品化是整个社会转型即从计划经济体制转向社会主义市场经济体制不可分割的组成部分,成为驱动传媒业发展和结构变迁的关键动因。传媒的不同价值取向在实践中并行不悖,似乎并不冲突。从宏观上看,我国传媒体制规定,无论传媒如何改革,"党管媒体"原则不变,传媒的社会主义事业性质不能变,管理层通过传媒集团化、公益性媒体与事业性媒体"两分开"等制度安排保证了媒体的多重属性。在媒体层面,传媒通过市场化改革获得资本支持,发展传媒经济做大做强,党报党刊、电视台等媒体创办市场化媒体,经营性媒体特别是上市公司实行特殊管理股制度以保证国有控股,并将舆论宣传任务作为重要指标被纳入市场化的绩效考核体系,从而保证媒体社会效益和经济效益目标落到实处。市场经济条件下,党和政府对媒体的管理,更多地表现为政府从财政拨款转变为政府购买服务,媒体为政府提供舆论宣传等服务"新闻业改革与生产方式变化的一个主要逻辑是在不放松制度性宣传管理的前提下,放权让利,让媒介面对市场经营,以广告创收为主要利润来源。这使得大众媒介的经营管理者和新闻从业者同时面临国家和资本的双重政治力量,国家与资本力量之间错综复杂的关系直接影响着新闻界的发展走向。"②

---

① 参见赵月枝、罗伯特·哈克特:《媒体全球化与民主化:悖论、矛盾与问题》,载赵月枝:《传播与社会:政治经济与文化分析》,中国传媒大学出版社 2011 年版,第 154~157 页。

② 王维佳:《作为劳动的传播——中国新闻记者劳动状况研究》,中国传媒大学出版社 2010 年版,第 281 页。

第五节　传媒市场、传媒产品及其特征

传媒产品的生产、流通、分配和消费采取商品化传播方式还是非商品化（公益化）传播方式，各有优缺点和适应性，并无一定之规。揆诸现实，绝大多数国家往往采取商品化与非商品化相结合的混合系统，比如，欧美各国传播体制既有商业媒体，又有公共广播电视，我国则是公益性媒体与市场化媒体并存，这是由各国采取的政治经济体制所决定的。随着中国、独联体和东欧诸国向市场经济转型，世界上绝大多数国家实行的是市场经济体制，只有极少数国家如朝鲜尚未实行市场经济，非市场经济体制的国家采取非商品化传播，即将传媒完全纳入国家控制，其传播体制作为少数例外，存而不论。而在所有市场经济体制的国家，无论是资本主义市场经济，还是社会主义市场经济，传播体制都采用商品化与非商品化的混合方式。值得探讨的是，市场经济条件下传媒何以采取商品化与非商品化相结合而不是单纯的商品化传播方式呢？传媒的商品化传播方式与非商品化传播方式究竟如何配置方为最佳？解答此类问题需要从传媒市场及其特征入手。

一、市场与传媒市场

传媒产品的供给无论是商品化方式还是非商品化方式，都是在市场经济中运行，它在促进市场经济的发展和繁荣的同时，也成为市场经济的有机组成部分。这就必然涉及市场以及传媒市场的论题。

（一）对市场的再认识

1. 市场及其性质

市场是商品经济的产物。商品关系不但存在于以私有制为基础的资本主义社会，同样存在于以公有制为基础的社会主义社会。在我国社会主义初级阶段，由于多种经济成分的存在，既有占主导地位的社会主义商品生产，也存在着各种其他性质的商品生产，其原因是社会主义还存在社会分工以及生产力发展的不平衡性。此外，还有两个客观经济条件：一是社会主义公有制还存在国家所有制和集体所有制两种形式，它们内部和相互之间取得对方的产品只能通过商品交换的形式来实现。社会主义国家所有制是一种不成熟的全社会所有制，是带有集体所有制因素的全社会所有制，因此，国有经济内部必须保持商品关系。二是社会主义初级阶段还存在各种其他性质的商品生产，包括个体经济的小商品生产、私营经济的资本主义商品生产、外商独资的资本主义商品生产以及各种混合所有制的商

第一章 政治经济学视野下的传媒公益化与商品化

品生产。① 从现象上看,市场是商品交换的具体场所(空间);从实质上看,市场是商品交换关系的总和。

欲理解市场的性质,必须回到公私关系及其内在矛盾上。如何处理公私关系特别是公共利益与私人利益的矛盾和冲突?古典经济学派认为市场机制是解决公私矛盾的最佳途径。英国经济学家亚当·斯密在《国富论》一书中提出了"看不见的手"原理,认为人们追逐自身利益的行为通过市场机制的作用经常会导致公共福利的增长,其效果往往比真正想促进社会利益的行为要好得多。哈伯墨斯强调,只有通过市场的力量满足个人利益最大化的需要,才能极大地促进公共利益的发展。② 根据经济自由主义的观点,解决公私间利益冲突的诀窍就是建立市场的理念。从19世纪末叶开始,明确划分公共与私人领域的自由主义理念受到严峻挑战。公共政策逐渐渗透到了一些一直被自由主义经济学派视为私人性的领域,这种趋势几乎发生在社会生活的各个角落。20世纪初叶,以美国的杜威、英国的霍布豪斯和凯恩斯为代表的理论流派对放任主义提出了新的质疑:市场能否引发公共与私人利益的汇集?市场是否存在这样或那样的缺陷?……凯恩斯在《自由放任主义的终结》③ 一书中提到,由新知识和新智慧武装起来的国家应该对社会和经济方面的问题进行更多的干预,国家这只"看得见的手"应该在社会经济生活中发挥更为重要的作用。国家的作用主要体现在公共事务的安排及其社会问题的处理方面,其目的是解决那些在社会和经济生活中因市场作用失灵而产生的各种问题。国家干预的主张打破了传统自由主义对公与私的分界,使政府管理的触角得到了极大的延伸。④ 到了20世纪70年代,西方面对"滞胀"局面,"政府失灵",新的经济自由主义思潮取代凯恩斯主义而兴起,在政府与市场的关系上,新自由主义并不主张自由放任,而是主张政府干预下的经济自由或市场自由。

由上观之,市场是人们为解决公私利益矛盾而建构的特殊社会交换制度(交易制度)或传播制度,表现为经济过程以及由此确定的社会(权力)关系,其实质是生产力特别是社会分工发展到一定条件下的资源配置的机制,这种资源配

---

① 参见蒋学模:《政治经济学教材》(第13版),上海人民出版社2005年版,第257~259页。

② J. Habermas,"The Structural Transformation of the Public Sphere", *The development of the public sphere*, London: Polity Press, 1989.

③ 《自由放任主义的终结》最早是凯恩斯1924年11月在牛津大学的西德尼球类讲座(The Sydney Ball Lecture)上开设的一门课程,后又于1926年6月在柏林大学做了同名学术报告。1926年7月,英国霍格斯出版社以这两次讲学的内容为基础,将其整理成书出版,1931年收入凯恩斯的《劝说集》。

④ 转引自谢明:《透视"公共"的概念——"公""私"关系分析》,《国家行政学院学报》2004年第3期。

置既可以通过自由竞争的方式,也可以选择计划调节的方式来实现。所谓自由竞争就是价值规律在市场上调节生产和流通的作用机制("看不见的手"),表现为市场上商品的供求关系和价格价值关系对商品生产和商品流通的作用。所谓计划就是预先决定的比例,计划调节是指计划机构和经济杠杆等一切保证计划调节起作用的机制("看得见的手")。① 现代市场体系一般包括商品市场和生产要素市场两大部分,其中,商品市场又包括消费品市场和生产资料市场,生产要素市场又包括资本市场、产权市场、技术市场、人力资源市场、信息与中介服务市场、房地产市场等。

现代市场经济模式具体有以下四种:①美国自由市场经济模式。美国作为典型的自由竞争的市场经济国家,政府历来强调自由竞争和市场机制自发调节作用,主张经济活动按照经济规律自发运行,使资源在市场机制作用下得到优化配置。其主要特点有:市场机制是调节经济运行的基本形式;法律制约着市场经济活动;政府的干预和指导在市场经济中起着不可或缺的作用。②法国计划引导下的市场经济模式。其基本特征是国家与企业、国有经济与私营经济、计划调节与市场调节有机地结合在一起,共同发挥着调节资源配置的作用。③德国社会市场经济模式。可以概括为"市场经济+国家调节+社会保障",包含着社会和市场两大因素。社会因素强调通过提供社会保障、社会公正的社会福利政策,对经济运行进行必要的干预调解,以保障经济稳定增长和社会稳定发展。市场因素强调充分发挥市场机制在经济运行中的基础性作用,带来经济效益。④日本政府主导型市场经济模式。国家在肯定市场作用的同时,强调政府对宏观经济的调控,注重各种经济关系的协调,通过强有力的计划手段和产业政策对宏观经济运行进行引导,以达到经济发展的预期目标。现代市场经济虽然表现为多种不同的模式,但其共同的本质是"看不见的手"与"看得见的手"相结合而形成的"混合经济"。② 可见,自由竞争和计划调节是市场经济配置资源的两种手段,两者在资源配置过程中并存,相互补充和融合,并非"鱼与熊掌不可得兼"的关系。

尼古拉斯·加汉姆在《论文化工业》中提出,"把市场概念从资本主义市场模式中分离出来是至关重要的,也就是从一个给定的所有权结构中分离出来,从把劳动当作一种市场商品的特征中分离出来"。如果能够实现这种分离,那么,在消费者、分配者和制作者的关系当中,市场就大有可为,当然,必须有这样一个前提,即消费者可以以同等的资质和才能进入那个市场,所有制权力的集中得到削弱和控制或者干脆被取消。加纳姆强调,去掉植根于私人所有制或不负责任的公共所有制中间的权力,并非要去掉上述的市场化的生产、分配方式所产生的

---

① 蒋学模主编:《政治经济学教材》(第13版),上海人民出版社2005年版,第287页。
② 参见景维民等:《转型经济学》,经济管理出版社2008年版,第58~66页。

功能，不管这种功能是以个人的抑或集体的形式实施的。加纳姆进而认为，即使在资本主义的生产方式中，市场在许多历史时刻是作为一种解放的文化力量起作用的。他认为18世纪新兴资产阶级的小说和报纸的出现，以及19世纪晚期工人阶级得以享受海边的度假生活都得益于这种力量。在英国过去150年的发展过程中，文化市场代替了所有形式的贵族庇护制，这种历史"既不应该被读作是高级文化被粗俗的商业主义的摧毁，也不能被读作一种对本真的（authentic）工人阶级文化的压制"，而应该被读成"一种复杂的解放和控制的争霸辩证法（hegemonic dialectic）"。可见市场与包括传媒在内的文化之间并不像人们所想象的那样是"内在敌对的"关系。① 加纳姆对市场的看法可能过于乐观，市场并不是中性的，就英国而言，至少忽视了市场对公共广播的损害，但他将市场从资本主义制度中分离出来的观点却有其合理之处，这与市场经济既属于资本主义也属于社会主义的主张可谓殊途同归。

2. 市场的两大类型

从世界范围来看，社会主义经济和资本主义经济都离不开计划机制与竞争机制的结合和相互渗透。纯粹竞争主导而没有计划调节的市场，或者纯粹计划主导而没有竞争机制这两个极端都不存在，现实中的市场一般都是计划调节与竞争机制不同程度的混合，或倾向于计划手段，或倾向于竞争手段，二者必居其一。据此可以把市场大致分为两种类型：一种是自由竞争主导的市场，一种是计划调节主导的市场。

自由竞争主导的市场，即企业自由竞争为主导、政府介入较少的市场，如美国以"大社会，小政府"著称的自由竞争主导的市场，迄今为止并未出现市场大国家小的趋势，反而是国家与市场的规模一起壮大，甚至是一种"强大的国家"压制了社会的自我保护倾向所造就的"自由（市场）经济"。② 自由贸易离不开国家（政府）的保护和支持，"持剑经商"。如鸦片战争就是英国政府通过炮舰打开中国市场、强迫清政府进行"自由贸易"而发生的。如今在全球化过程中，国家的角色更加重要。

计划调节主导的市场，或称计划主导型市场，也就是政府介入很深的市场，比如社会主义市场经济的市场。我国经济体制从计划经济向市场经济转型，是指资源由计划配置向市场配置的转化过程，市场的作用被逐步地提升，也称为市场化改革。社会主义市场经济体制则是指一种旨在使计划与市场相互补充、充分发挥计划与市场两种手段之长的经济体制。在计划经济体制下，强调计划调节的作用，把市场调节视作服从于计划调节的辅助手段；在市场经济体制下，不仅市场

---

① 转引自杨击：《传播·文化·社会——英国大众传播理论透视》，复旦大学出版社2006年版，第109~110页。

② 冯建三：《传媒公共性与市场》，华东师范大学出版社2015年版，第90页。

的作用受到充分重视,而且把市场调节视作整个国民经济运行的基础。所谓市场经济,就是商品、劳动力以及各种要素资源通过市场来交换,与市场经济相对应的是计划经济。如果以完全竞争市场为标准,那么世界上就没有市场经济国家。无论哪个国家,都有政府的存在,有政府就必然会对市场形成干预,就不可能是完全竞争的市场。①

市场的两大类型之间并无严格的界限,历史地看,它们常常在计划主导与竞争主导之间游移。以市场化为例,市场化是指资源配置由计划主导向竞争主导转变的过程。在市场经济制度下,不同类型的商品由于不同的原因,就其实务的运作来说,市场化的程度也有相当的差别。按照政府对其干预的程度和效果,"商品"大致可以分为三类:一是干预最多的劳动力商品。人们不能轻易出国就业,很多国家对工作时数、最低工资或工作环境等高度规范。二是资本商品比较自由。资本可以在国内外自由流通,人们买卖股票没有限制。三是"一般"商品,其构成比较复杂,包括传媒产品和服务,政府干预的力度处于以上两类产品之间。其中农产品各国都有不同程度的补贴。②

3. 政府与市场的边界

从经济学角度分析,政府与市场的边界有四种模式——相互替代、相互补充、完全排斥、共同失灵。正如 G. 霍奇所言,一个纯粹的市场体系是不存在的,一个市场系统必定渗透着国家的规制和干预,干预本质上是制度性的,市场通过一张制度网发挥作用,这些制度不可避免地与国家和政府纠缠在一起。因此,无论是哪种模式的关系,政府和市场都是相互交融的,而这也导致某些情况下两者作用的边界难以划分,不管是从经济学角度抑或经济法角度,研究政府与市场的关系的目的在于资源能够得到更优化的配置、市场经济体制得到更好的贯彻,从而使经济可以稳健地运行。③

以科斯为代表的制度学派和选择学派,认为政府干预市场的前提是政府干预活动的交易费用必须低于市场活动的交易费用,否则就会导致经济运行无效,选择学派的詹姆斯·布坎南的公共选择理论主张政府干预市场的前提是市场已经长久失败,市场的暂时失灵并不需要政府的干预。而查尔斯·沃尔夫则认为政府与市场之间的关系是错综复杂的,不能一概而论,这两种选择通常是相互交替进行的。我国学者通过对西方国家政府与市场关系理论及相应的经济发展状况的分析,得出政府与市场是两种资源配置的手段,市场代表着大量的微观生活,而政

---

① 刘学智:《"非市场经济地位"已被滥用》,http://www.ce.cn/cysc/newmain/yc/jsxw/201801/09/t20180109_27650906.shtml。

② 冯建三:《传媒公共性与市场》,《前言》,华东师范大学出版社 2015 年版,第 1~2 页。

③ 刘志生:《论我国政府经济职能的定位及实现途径》,《上海经济研究》2008 年第 2 期。

府代表着宏观上的调控，两者并没有相互替代的关系，而是相辅相成的，且两者有着特定的作用范围，只有达成这种配置手段的均衡运用，才能保障经济稳健发展。①

总之，如何协调政府与市场之间关系是经济学界争论已久的话题。概括起来，经济学中关于政府经济职能的各种观点大致可以区分为以下三个模型：①"看不见的手"模型，即市场自我运行良好，无需政府干预；②"扶持之手"模型，即存在市场失灵，需要政府矫正；③"掠夺之手"模型，即政府有利用权力为自身牟利的行为，政府失灵甚于市场失灵。在现实生活中，政府往往兼具上述三种属性，关键在于如何绑缚政府的"掠夺之手"，而发挥其"扶持之手"的功能。② 我们主张"不完全政府调控"与"不完全市场调节"相结合，实际的选择应是"在不完全的市场、不完全的政府"和两者多种多样的结合。

4. 徘徊歧路的"第三种方案"

随着互联网"社会共享"的兴起，出现了要求资源配置独立于政府与市场之外的"第三种方案"。例如尤查·本科勒在《网络财富》一书中，着重论述了源自国家、市场两大传统的资源分配模式之外的第三种合作模式，他称之为"共同对等生产"。在他看来，由个人及或松散或紧密的合作者进行的非市场化、非专有化的生产，在信息、知识和文化交换中所起的作用日益加大，维基百科、开源软件和博客圈都是例子。③ 莱斯格将互联网视为公共资源，认为互联网平台应保持中立，作为整个社会"共有共创共享"的开放平台，不应被商业力量或政府所控制，反对互联网的过度商业化趋势。他认为，公共资源能够带来利益，互联网就是最好的证明。因特网孕育了一种创新的公共资源。理论上任何资源都可以是公有的，但在实践中，一个社会必须面对的问题是哪些资源应是公有的，它们的公有形式又当如何。当某种资源的自由能够带来某种利益时，我们应当关注是否有办法避免过度消费或缺乏动力的问题，而不应当将其置于政府或私人（市场）的控制之下。资源的开放和共享有利于创新，反之则会阻碍社会创新和进步。④ 美国社会学者里夫金从信息技术革命的视角直接批判了科斯的产权私有化理论，认为将公共资源私有化的主张基于频谱资源是稀缺的假设已经不成立。里夫金的观点代表了新规制经济学派的主张。他说："许多新一代学者都不认同科

---

① 姜雪梅：《论合理界定政府与市场的法律边际》，《山东行政学院学报》2018 年第 1 期。
② 景维民等：《转型经济学》，经济管理出版社 2008 年版，第 350 页。
③ 胡泳：《推荐序二：人，到底是无私的，还是自私的？》，载 [美] 尤查·本科勒：《企鹅与怪兽：互联网时代的合作、共享与创新模式》，简学译，浙江人民出版社 2013 年版，第 3 页。
④ [美] 劳伦斯·莱斯格：《思想的未来：网络时代公共知识领域的警世喻言》，李旭译，中信出版社 2004 年版，第 22～23 页。

斯的观点，他们支持第三种方案，也就是使国家通信脱离政府和市场的控制，称之为协同网络（网络中立）的新管理模式，该网络化的共有权将成为全新协同经济时代的管理机构。"①

但"第三种方案"过于理想化，理念虽佳却无法实现。里夫金指出了物联网的零边际成本规律促成协同共享的趋势，但对协同共享经济的内部机理以及运作方式的研究和描述非常模糊，尤其是他的免费理论，仍有理想乌托邦之嫌。他提出第三只"互助之手"和"网络协同治理"等概念也不具体。② 总之，在现有的政治经济体制（主要是市场经济）下资源配置的主导力量仍然是政府和市场，"第三种方案"的主张"曲高和寡"（例如美国特朗普政府宣布废除"网络中立"），只能作为政府或市场的补充与辅助而发挥作用，比如以"共享"来谋利的所谓"共享经济"、媒体的"众筹"新闻模式等，因而使之难以成为与政府、市场相抗衡的第三种资源配置机制。

（二）传媒市场、类型及特征

1. 什么是传媒市场

传媒市场就是与传媒相关的资源配置的机制。现代传媒市场体系是指传媒业领域的各类市场在相互联系和相互作用过程中所形成的市场有机整体。它由商品市场和生产要素市场构成，商品市场包括媒介消费品市场和媒介生产资料市场，生产要素市场主要包括媒介资本市场、媒介产权市场、媒介劳动力市场、媒介技术市场等。"统一、开放、竞争、有序"是现代传媒市场体系的基本特征。统一就是指市场体系在全国范围内应该采用一致的标准，按照统一的规划、制度进行组织和运作，打破行业垄断和地区分割。开放是指市场应该对内和对外开放，以促进商品和要素的自由流动。竞争是指在这一市场体系中，商品和要素的流动必须在公平竞争的环境中进行。有序则是指维持市场的正常秩序、保证公平竞争和资源的合理流动，都是以一定的法律、法规和政策等规则为依据的。③

如前所述，传媒产品较之一般商品具有特殊性，尤其是它具有传播与沟通的民主功能。传媒产品不同于一般商品主要由生产者和消费者来决定，决定传媒产品的还有政府、社会大众等利益相关者，特别是政府对传媒市场的影响甚至超过传媒生产者和消费者，因此，各国对传媒的规范远强于对制造业商品的管制。大多数国家的政府对传媒管制的方式或直接操纵，或进行广泛的监督控制。对于书报杂志、广播、电视、电影以及互联网这些效能不同的传媒，各国政府介入规范

---

① 转引自杨培芳：《现代经济学已经失灵，新型经济学正在萌芽》，《企业家日报》2016年7月1日第9版。

② 转引自杨培芳：《现代经济学已经失灵，新型经济学正在萌芽》，《企业家日报》2016年7月1日第9版。

③ 丁和根：《中国传媒制度绩效研究》，南方日报出版社2007年版，第199页。

的程度也不相同。即便是号称汇率自由、全球自由化的现在，无线广电执照的所有权人在相当自由化的美国还是受到严厉的管制，如外国人控股必须低于25%。① 挪威从1969年起，瑞典、法国和奥地利从20世纪70年代起，国家开始直接对报纸，尤其对那些提供基本的政治信息但广告收入非常有限的报纸实行补贴。这些政策旨在遏制报纸种类减少的趋势，以此增加公众对各种政治观点的接近机会。近年来，由于政府越来越笃信市场原则和经济效率的好处，补贴的幅度下降了。②

2. 传媒市场的类型及特征

我们曾把市场分为计划主导型和自由竞争主导型，这同样适用于传媒市场。传媒市场可以分为计划主导型传媒市场和自由竞争主导型传媒市场两大类型。这样划分的理由有二：①依据传媒产品的生产方式。传媒市场与传媒产品的生产方式息息相关。由于传媒"内容"是边际成本接近零的公共产品，消费者很容易就不付费而使用，因此，这就使得价格机制运作不完整，相应地就出现两类机制，作为取得财源、决定传媒内容的生产类型与水平的依据。第一大类仍在市场范畴内运作，此即传媒厂商取得营收的方式，通常是差别定价、从广告厂商或从使用者捐赠或订阅中取得。第二类则通常要经由政府介入市场的运作，也就是立法要求使用者给付（执照）费用，政府直接编列预算，或对传媒硬件（如电器制造厂商或空白DVD等）课征特别捐等。③ 这两种方式分别对应于传媒市场的两种类型——竞争主导型市场和计划主导型市场。②如果从政府对媒介市场的介入程度或者媒介产品的市场化程度来看，则主要有两大类型：一是政府介入较深、市场化程度较低的传媒市场，称为计划主导型媒介市场；二是市场自主程度较高、政府干预受限制的传媒市场，称为自由竞争主导型媒介市场。这两种传媒市场类型各有特点，其内涵及意义还是有差别的，市场化程度不等，但并无高下之分或优劣之别。

（1）计划主导型传媒市场。所谓计划主导型传媒市场，是指政府通过传媒所有权、资助和管制，对传媒市场的干预比较突出，传媒产品和服务的市场化程度相对较低，商业化与非商业化提供方式并存。计划主导型的传媒市场源于国家在社会生活中所扮演的强势角色，比如在我国，影响力渗透到社会生活的方方面面，"官本位"现象也从反面折射出政府权力对社会影响之大之深。又如欧洲的

---

① 冯建三：《传媒公共性与市场》，《前言》，华东师范大学出版社2015年版，第2~3页。
② ［美］迈克尔·舒德森：《新闻生产的社会学》，杨击、丁未译，载［英］詹姆斯·库兰、［美］米切尔·古尔维奇：《大众媒介与社会》，华夏出版社2006年版，第171页。
③ 冯建三：《译跋：科斯的论述》，载［美］贝克：《媒体、市场与民主》，上海人民出版社2008年版，第447页。

福利主义国家既承担着资助卫生保健、高等教育、交响乐队和歌剧一类文化公共机构以及政党和教会的责任,同时又承担着资助电视和在相当程度上资助报刊界的责任。在 20 世纪的大部分时间里,在欧洲,媒介首先被视为社会公共机构,其次才是私人企业。正如在欧洲人们期待国家积极斡旋劳资争端、保护民族产业一样,人们也期待它干预媒介市场,以达到从政治多元主义到提高民主生活的质量、从维护种族和谐到保护民族语言和文化等多种公益目标。[①]

最典型的应属公共广播电视制度,如英国的 BBC 等。目前英国广播电视市场公共广电和商业广电共存,以公营为主,私营为辅。BBC 是英国广播电视事业的中坚,此外还有商业电视。BBC 实行公共制度型电视传播制度,BBC 虽然是接受英国政府财政资助的公营媒体,但《皇家宪章》保障其相对于政府的独立性。根据《皇家宪章》规定,BBC 不做商业广播,不播付费节目,经费主要来自政府收转的电视机执照费,在行政和财政方面受政府和议会的制约,但是它在文件规定的范围内又有自主经营的权利和业务上的独立性。1955 年英国政府批准成立商业性的独立电视台联盟即独立广播局(Independent Broadcasting Authority,IBA),以后又批准建立私人广播电台,作为原有广播电视体制的一种补充。英国决定开放商业广播时,将独立电视局改名为独立广播局,同时管理商业电视和广播。私有的 IBA 在国家的规范下,维持了很强的公共服务色彩,亦被视为带商业广告的公共电视。

一般而言,国家参与经济的调节手段主要是国有经济与政策调节。就政府介入媒介市场的方式而言,主要有媒介所有权、资助、管制议题,以及国家作为一种信息来源和新闻的"首要定义者"。公共广播电视一直是媒介国家所有制最重要的形式。然而,许多国家还直接或通过国有企业拥有通讯社、报纸或其他与媒介有关的企业。在这里涵盖的大多数国家中,报刊津贴也一直是存在的,并扮演了重要角色。这些可以是直接的,也可以是间接的(例如降低邮费、电信费或增值税),既可以针对新闻组织,也可以针对新闻工作者个人(例如以降低税率或公共交通费用的形式)。国家以及许多国有企业也是广告主,并且通常是非常重要的广告主。对电影业的津贴也很常见。其他形式的国家干预包括:关于诽谤、侵害名誉、隐私和回应权的法律;关于仇恨言论的法律;新闻工作者专业保密法(保护秘密消息来源)和"良心法"(在其报纸的政治路线变化时保护新闻工作者);管理使用政府信息的法律;管理媒介寡占、所有权和竞争的法律;管理政治传播,特别是在大选期间政治传播的法律;关于广播电视许可证发放的法律,

---

① [美]哈林、[意]曼奇尼:《比较媒介体制》,陈娟、展江等译,中国人民大学出版社 2011 年版,第 48 页。

管理包括处理政治多元主义、语言和国内内容在内的广播电视内容的法律。①

公共媒介与公益性媒体是计划主导型市场中的主导力量。公共媒介的主要特点有：一是以公共服务为宗旨，国家通过法律法规等措施保障媒体公共性的实现。公共媒介不同于商业媒介，其最大的特征就是不以营利为目的，不受利润的驱使，旨在为社会公众服务。为此，《美国公共广播法》第二条明确规定美国公共电视属于非营利性组织，该组织虽然从事商品生产、流通和服务，但不能以营利为目的，属于民间组织。二是经济来源的特殊性。公共媒介主要通过执照费、国家财政补贴和社会捐助等形式获得资金来源。三是独立性。为保证其独立性，西方大多数国家的公共媒介从成立之初，就把非政府和非商业作为基本的原则加以规范，在制度层面设计了相对比较独立的公共法人管理制度。四是不能市场化运作。美国公共电视资产所有权属于社会全体公众，不能进行市场交易、强制兼并等，但可以在自愿的基础上合并。② 在我国，媒体为国有企业，党报等公益性媒体不能兼并收购，而公益性媒体所属的企业法人如《人民日报》所属人民网作为经营性媒体，则可以市场化运作、上市融资等，但因媒体属于全民所有，需要通过制度设计将所有权与经营权分开，股份制改造和混合所有制形式，才能进行市场化运作。即便如此，在我国，媒体市场化程度并不高，如缺乏市场退出机制，虽有少数媒体关闭，但多属于行政性计划调整行为，并非市场竞争优胜劣汰的结果。计划主导型媒介市场相较于竞争主导型媒介市场，在有些条件得到满足的前提下，垄断或独占确实比竞争更能有效地分配传媒资源与取得比较丰富的传媒内容。③

计划主导型媒介市场面临的挑战主要有二：一是如何厘清政府与市场的边界。行政主导的市场可能导致政府失灵。政府失灵是指国家对经济生活干预的过度发展，导致政策效果下降，而且产生了新的弊端。具体地说，政府从事的经济活动越多，政府的财政开支越大，就会出现所谓"大政府"和赤字财政的问题，"大政府"就会产生"政府失灵"，这是因为，首先，政府的大量决策很容易与利益集团发生矛盾，社会不同利益集团总是试图把政策变得对本集团有利，使得政策不能很好地按宏观经济运行的客观需要制定和执行。其次，"大政府"使人浮于事、效率低下、官僚主义盛行，产生很多危害。二是微观层面的商业媒体与公共媒体的分野应清晰明确，因为商业媒体以营利为宗旨，公共媒体以公共利益为目标，二者存在难以调和的矛盾。

---

① 参见［美］哈林、［意］曼奇尼：《比较媒介体制》，陈娟、展江等译，中国人民大学出版社2011年版，第41～43页。
② 罗彬：《国外公共媒介管理制度借鉴研究》，《新闻爱好者》2015年第4期。
③ 冯建三：《译跋：科斯的论述》，载［美］贝克：《媒体、市场与民主》，上海人民出版社2008年版，第461页。

(2)自由竞争主导型传媒市场。自由竞争主导型倾向于自由主义理念,政府干预受到限制,传媒主要受市场竞争力量的影响,传媒产品的提供方式以商品化方式为主,非商品化方式为辅。这类市场的传媒以商业媒体为主。所谓私有私营的商业媒体,指私人独资、合资或组成股份公司经营的媒体企业,商业媒体市场化运作,通过内生式增长和兼并收购、重组等资本运作来获得更多的利润。市场导向的商业媒体注重提高发行量、收视率,以获取更多的广告收入,节目内容丰富多彩,但也存在媚俗、暴力等倾向,甚至损害公共利益。以美国广播电视市场为例,其以私有私营的商业广播电视为主,公共广电为辅。目前美国最大的全国性商业广播电视网主要有全国广播公司(NBC)、哥伦比亚广播公司(CBS)、美国广播公司(ABC)、福克斯广播公司(FOX),它们都有直属台(直接经营)、附属台(签订合同)。商业广播电视网实力雄厚,是左右美国广播电视界的"巨人"。美国广播电视的管理长期实行私有私营体制,美国政府对广播、电视实行定期更新的许可证管理。

就国家干预程度而言,美国与欧洲之间的差异在媒介领域表现得比在社会其他领域明显,因为美国的法律传统赋予新闻自由——被理解为私人行动者摆脱国家干预的自由——以超越其他价值观的首要地位。这种差异的一个明显表现是欧洲国家通常对政治传播进行管制:许多国家禁止付费政治广告,一些国家限制选战期间的广告长度,一些国家对政治家在公共服务电视台或商业电视台出镜的时长进行控制。在美国,这些管制被法院认为是违反宪法第一修正案的。①

竞争主导型传媒市场可能带来市场的失灵问题,因此其最大的挑战是如何避免负外部性问题。市场失灵是指市场机制不能实现资源最优配置的情况。在微观经济领域,市场失灵表现为:一是不完全竞争,尤其是垄断导致的市场失灵;二是外部性导致的市场失灵;三是在公共产品的提供方面存在的市场失灵;四是在解决社会公平方面的市场失灵。

需要说明的是,传媒市场的两种类型之间的分界并非那么清晰,现实中,计划主导型市场兼有竞争主导型市场的特点,竞争主导型市场也兼有计划主导型市场的特点,动态地看,这两种类型在特定条件下能够相互转换,并非固定不变的。以我国为例,改革开放初期,传媒管制松动,媒体从政治权力中逐渐分离出来,随着市场化改革的推进,媒体不断向经济权力靠拢,传媒行业被视为"最后一个暴利行业",资本跃跃欲试,传媒市场特别是报业市场竞争激烈,各种电视娱乐节目"你方唱罢我登场",价格战频发,媒体为争夺受众和广告使尽各种手段,表现出典型的竞争主导型市场的特点。但随着政策收紧,政府加强了对传媒

---

① [美]哈林、[意]曼奇尼:《比较媒介体制》,陈娟、展江等译,中国人民大学出版社2011年版,第48页。

的控制力度，以加强舆论导向为重点，推出各种政策措施如集团化政策，对媒体从内容生产到经营管理都加强监管，尤其是规范资本对传媒业的渗透，经济权力对媒体的影响明显减弱。随着推动传统媒体与新媒体融合发展的国家战略的推出和实施，政治力量开始主导传媒业融合转型的进程，如今的传媒市场表现出显著的计划性特征。

在我国，市场制度是计划经济向市场经济转型的产物，传媒市场制度的形成带有显著的建构特征而非自发形成的，以党和政府为代表的政治权力在市场建构过程中发挥了决定性作用，如传媒规制、培育市场主体（如经营性媒体"事转企"），形塑市场结构、市场供给与需求（如政府推动"全民阅读"）等，传媒市场得到培育。1978年之后的较长时间内，我国传媒经营体制改革一直实施"事业单位，企业化管理"模式，开始建立局部的传媒市场，2003年开始进行"转轨改制"改革，传媒市场才进一步发育。[①] 实际上，改革开放以来一系列的传媒改革，从广州日报率先成立报业集团，再到浙报传媒整体上市，其背后都有"行政主导"的因素，而非市场主导的结果。[②] 与此同时，改革开放以来，资本或经济权力潜滋暗长，在资源配置从计划经济方式向市场经济方式转变的过程中，其地位和影响也越来越突出，这些都构成了传媒市场的关键特征，包括优势和局限性。

二、传媒产品及其供给方式

（一）传媒产品的特殊性

传媒产品即传媒提供的产品和服务，它与一般企业产品如汽车产品等并不相同，其特殊性表现在四个方面：公共产品属性，外部性特征，"二次售卖"模式以及受众难以在消费前评价传媒产品是否契合需求，也即受众对产品质量和价值判定延后。[③]

1. 公共产品属性

传媒产品是关乎大众、社会、文化的公共利益的公共资源，具有公共产品性质。公共产品是与私有产品相对而言的经济学概念。所谓公共产品，是指具有消费或使用上的非竞争性和受益上的非排他性的产品，如国防、安全、义务教育、公园等。社会中的有些产品是免费提供的，这些免费物品的配置方法与一般物品的配置方法不同。曼昆指出："在我们的经济中，大部分的物品是在市场中配置

---

① 吴婕：《媒介融合时代的传媒规制研究》，湖南师范大学硕士学位论文，2011年，第20页。

② 陈国权：《报业转型新战略》，新华出版社2014年版，第116页。

③ 参见［美］查尔斯·埃德温·贝克：《媒体、市场与民主》，冯建三译，上海人民出版社2008年版，第15～25页。

的，对这些物品来说，价格是引导买者与买者决策的信号。但是，当一些物品可以免费得到时，在正常情况下，经济中配置资源的市场力量就不存在了。"① 这些物品何以会被免费提供，主要原因在于这些物品在消费过程中具有特殊性质（如非排他性），很难让消费者为其付费。但也有另外一种原因，即有些时候，对一种物品来说，虽然能够根据消费者的消费行为向他们收费，但出于特定的考虑，政府还是决定向人们无偿提供这种物品或服务，如义务教育、免费医疗等，这就是人们常说的公益事业。公益事业被称为一种公共产品，是与人们从公共选择的角度看待公共产品相联系的。即使是公共物品属性较强的准公共产品，其生产组织形式也可以有两种选择：一是采取单一的政府供给的办法，二是政府和市场结合起来提供此类产品。② 从政治学角度看，公共产品也被视为公共选择范畴，"那些其供给不是由个人的市场需求而是由集体的政治选择决定的物品，即把任何由政府决定免费或以低费供给其使用者的物品和服务，看作公共物品"③。

传媒产品和服务具有非竞争性和非排他性两个特点。非竞争性是指一种产品在增加额外的消费者时，并不影响其他消费者从中获得的效用。传媒产品不会因为消费的产生而受到破坏，一个人对电视节目的消费并不影响或损害另一个消费者对相同产品的消费。非排他性是指某人在消费一种公共产品时，不论他是否付费，或者付费多少，都不能排除其他人消费这一产品。正如贝克所说，"传媒在搜集、撰述与编辑新闻时，或是在创造与制作影音娱乐内容时，必须投入大量'第一份拷贝的成本'（first-copies costs）。传媒产品具有的这个经济要件极为重要，它如同公用事业的基础设施。生产厂商投入于第一份拷贝的成本，或投入于类似的成本（如广播电视的传输支出），能够使收益的人数无穷无尽"④。传媒产品的生产成本不依赖于受众数量的多少，受众越多越好，生产成本固定，而利润却可以大大增加。

需要说明的是，说传媒产品具有公共产品性质，一般指的是传媒的内容是公共产品，而内容的载体却不是。比如报纸的内容是公共产品，但纸质报纸作为内容的载体却是私有的，也就是说，一旦花钱购买了纸质报纸，你就拥有了纸质报纸的财产权。随着技术或其他条件的改变，产品的竞争性与排他性也会发生改

---

① [美]格里高利·曼昆：《经济学原理》上册（第二版），梁小民译，生活·读书·新知三联书店2001年版，第231页。
② 邢建毅：《中国广电业整体转型：理论、路径与方法》，中国广播电视出版社2011年版，第66页。
③ [澳]休·史卓顿、莱昂内尔·奥查德：《公共物品、公共企业和公共选择》，费昭辉等译，经济科学出版社2000年版，第68页。
④ [美]查尔斯·埃德温·贝克：《媒体、市场与民主》，冯建三译，上海人民出版社2008年版，第17～18页。

变。无线广播信号，只要其频率是不受干扰的，也可被视为纯公共产品。但是在技术上能够通过加密变成排他的，就变成了准公共产品。有些物品可以称为混合物品。

2．外部性特征

传媒产品具有外部性特征。所谓外部性，按照贝克的定义，是指"不参与交易的某些人，因为交易所涉及的某些产品项之生产或使用，对于这些第三者产生了价值"①。外部性可以分为正面的外部性和负面的外部性。电视媒介作为最具影响力的大众媒介，其外部性是显而易见的。公共电视定位为社会效益优先，大量播出教育、艺术和文化等严肃类节目，给受众和社会带来正面的外部性。依靠广告或"纯"市场运作的商业电视，由于收视率充当合法的、最后的裁判，电视媒介就会把公众利益摆在一旁，商业逻辑对各个文化生产领域施加侵蚀和渗透，文化领域不得不屈服于营销工具的苛刻要求，因而产生了过多的"负外部性"。②贝克认为，诽谤法、记者特权给予报纸等印刷品的邮政津贴、直接给予公共广电服务的捐赠等许许多多传媒政策，其制定的部分原因都是要用来增加正面的或减少负面的外部性。

3．"二次售卖"模式

传媒产品的"二次售卖"模式是指传媒企业将产品卖给受众，然后又将受众卖给广告商。美国传播学者 A．B．索恩说，第一次销售的是印出来的报纸所包含的"信息"，即把每日的新闻和广告集中起来卖给受众，第二次销售的是所谓"受众"，即用报上的信息吸引和获得受众，再卖给广告商。③ 因此，传媒的客户包括受众和广告商两种，传媒以受众为顾客，又以广告主为衣食父母，这就产生了特殊的效应，同时增添了问题的复杂性。比如电视广播的"价值"是受众与广告主评价的总和——他们愿意给付的总额。如果受众与广告主的诉求一致，传媒产品只需要满足二者的诉求即可。一旦受众与广告主的利益存在矛盾，就产生了传媒产品主要满足的是受众利益还是广告主利益的问题，"顺了哥情失嫂意"，如果满足了受众的利益而引发广告主的不满，传媒有可能失去资金来源；但如果满足了广告主的利益而引发受众不满，甚至公信力危机，受众"用脚投票"，受众资源贫乏的传媒最终也会被广告商抛弃，则"二次售卖"模式将难以为继。

---

① ［美］查尔斯·埃德温·贝克：《媒体、市场与民主》，冯建三译，上海人民出版社2008年版，第19页。
② 董素青：《试析在我国推行商业电视、公共电视双轨制广播电视制度的必要性》，《新闻传播》2014年第8期。
③ 转引自钱晓文：《当代传媒经营管理》（第二版），中山大学出版社2014年版，第80页。

4. 质量和价值判定的延后性

我们购买一般的商品如衣服之类，购买之前通过试穿、反复挑选、比较，可以了解它质量的好坏，从而确定它能否满足自己的需要、是否物有所值，但购买或订阅报纸、收看电视节目等，购买之前其内容好坏，是否能满足你的需要，是否物有所值。受众对自己的需求也就是需要什么样的传媒产品和服务可能有大致的了解，比如新闻信息、娱乐、受教育和启迪，但对传媒产品能否以及在多大程度上满足自己的需求却并不清楚，也难以做出有效的评价。事实上，传媒产品也难以满足受众多种多样的需求。贝克分析说，"假设有个人想要发展'较好的'偏好、价值或外表，那么她等于是以自己的外表或偏好为赌注，却又没有办法清楚地界定另类方案以求替代原看法或原偏好。这就是说，她的偏好无法提供一个完整的标准，她没有办法据此断定她是否购买了正确的东西。她的偏好大有可能是，挑选一个情境，寓居其间，使她可望得到最佳导引——然而，这个情境是否可得，不得而知，市场采购可能吻合，也可能不吻合这个情境"。在这种情况下，"多方买主（受众加上广告主）的结合创生了多方的忠诚。影响力的走向有个趋势，会往特定方向游动——迎合力量较大的买主，如迎合具备较多知识的买主，他们比较能够掌握传媒在多大水平上服务了他们的利益。传媒迎合购买行为最敏感的买主，这类买主具备能力，知道在运用传媒时应该通过或避免哪些特定议题，如此才能取得传媒的最大服务。受众认定传媒产品具有价值的方式可说是多重的，但是他们却有不同的知识水平。传媒是否良好地执行各种角色，他们的领会有别，如此，这就创生一种情境，致使另一类买主也就是广告主得以影响内容，致使受众想要得到的内容离他们日远，受众想要的这些内容却正变成了他们最难以取得、认知的东西"。①

（二）传媒产品供给方式及其利弊

不同物品属性的产品生产的组织形式不同。对公共产品的生产来说，政府的控制程度通常较高，往往采用单一的、政府高度控制下的国有"公共企业"垄断生产；对私人物品的生产来说，一般采取在政府宏观调控下，由市场组织生产。② 传媒产品作为公共产品或准公共产品，其生产、分配方式与私有产品的提供方式并不相同。私人产品一般由私人企业来提供即可解决，而传媒产品作为公共产品由谁来提供？怎样提供最为合适？传媒产品的生产和分配方式大致有两类：一种是商品化提供方式，另一种是非商品化提供方式。

---

① 参见［美］查尔斯·埃德温·贝克：《媒体、市场与民主》，冯建三译，上海人民出版社 2008 年版，第 21～24 页。

② 邢建毅：《中国广电业整体转型：理论、路径与方法》，中国广播电视出版社 2011 年版，第 68 页。

第一章 政治经济学视野下的传媒公益化与商品化

1. 商品化提供方式

商品化提供方式,简单地说就是通过某种制度设计将作为公共产品的传媒产品"化公为私",可以解决传媒产品的过度使用和生产不足的问题。从经济学角度看,公共产品很容易出现因产权难以界定而被过度使用的"公地悲剧"。假如有一个容量有限的公共草场,允许所有人放牧,结果会如何?从公共利益出发,每个人虽然都有放牧的权利,但必须节制,才能维持良好的公共草场;但如果每个人都从自己的利益出发,都希望自己的羊多吃些,结果会导致公有草场被过度使用而衰竭,这就是"公地悲剧"的由来。传媒内容作为公共产品也存在类似的问题。传媒内容具有非竞争性和非排他性,生产出来以后,通过各种传播手段,每一个人都能便宜地使用,虽然消费者需要付出与获取内容相关的成本,但这些成本几乎可以忽略不计,任何人都可以自由地使用和消费,导致"搭便车"的人越来越多。从内容生产角度看,传媒产品的"第一份拷贝"的生产所需要的成本还是存在的,有时成本还比较高,而内容生产者难以从使用者近乎免费的消费中获得回报,甚至不能收回成本,结果是提供内容特别是有价值内容的人越来越少,传媒产品的生产动力严重不足。

著作权制度的出现是为了解决这个困境。版权制度通过赋予作品以财产权的方式,将作品的创作和传播纳入市场体系中,进而"以有益的方式安排经济活动以推动社会福利"。[①] 著作权作为一种财产权的形式,对传媒内容的商品化发挥了重要作用,即著作权制度使内容作为公共资源的使用价值转化为交换价值成为可能。著作权是专属于传播的经济范畴,其目的是"影响生产与分配,祈使智识之内容得以在最大范围内为人使用并产生价值"。著作权承认私产权的存在,目标仅在于确保这些私产权对正面价值的内容之生产"贡献"多于限制获取与运用该内容所导致的"成本"。著作权法另外设有"合理使用"条款,正是因为这个理念符合前述目标。然而,传媒内容具有公共物品性质,因此著作权私有化不可能提供完美的解决方案。对于生产不足的问题,知识产权提出了程度不等的回应方式,但它们仅提供了部分药方,并且这些药方本身又另外蕴含各自的倾斜。著作权不但有利于商业,而且偏向于特定类型的内容之生产,即著作权法的特定面向使某些形态的生产手段及某些方式的内容生产得到了优惠,并影响到谁有权使用它。这样一来,著作权优惠者是否就是社会最为珍视的内容及其生产与流通方式——是否极大化了价值——经常也就没有那么清楚了。其实,我们可以预知,假使公司必须通过市场机制而运作,却又没有充分的差别定价做法,那么这些公司所提供的这类物品的数量一定不够,这是因为这类物品具有一种非竞争的

[①] 赵启杉:《译后记》,载〔美〕迈克尔·A. 艾因霍恩:《媒体、技术和版权:经济与法律的融合》,赵启杉译,北京大学出版社2012年版,第287页。

特征，任何人使用时并不会减少他人的使用机会。有些时候，受众想要某些传媒产品，但私人公司却不愿意生产，这里是指受众愿意支付的价格高于该内容的成本，但公司还是无意提供。我们通过这些例子看到了一种情况：潜在消费者认为内容的价值大于供应这些内容的成本，但即便如此，公司仍然无法找到对应的价格，于是也就不能以获利的方式让公司与顾客就这类传媒内容产生买卖关系。因此，这类物品的另一种常见特征就是生产不足。由于要取得足够收入，借此才能抵消这类传媒产品的成本，商家的卖价就遏阻了某些人，即便这些人至少愿意以编辑价格购买这些传媒内容。①

公共产品与非公共产品之间的界限有时比较模糊，如无线电信号通过加密，这一公共产品可以变成私人产品，因此现实中纯公共产品很少，一般兼具公共产品和非公共产品的特征，被称为准公共产品。传媒产品也具有准公共产品的性质，比如有线电视收费就是将传媒产品作为准公共产品来对待。其中俱乐部型准公共产品的特点是消费上具有竞争性，但是却可以较轻易地做到排他，即对这类产品的使用可以通过收费而将不愿付费者排除在对该产品的消费之外，同时，在该产品的使用者范围之内，消费具有非竞争性，多增加一个使用者的边际成本是微不足道的。我国的电视产品经历了从纯公共产品向俱乐部型准公共产品的过渡。原来无线电视产品具有公共产品的两个基本特征即非竞争性和非排他性，但是，随着有线电视和卫星电视的出现，电视台通过光缆介质和加密技术可以向观众收取费用，拒绝为有线电视付费的人将不能收看其节目，使电视产品产生了排他性，成为俱乐部准公共产品。②詹姆斯·布坎南曾提出通过收费的方式解决俱乐部产品的供给成本问题，并通过建立俱乐部规模与消费水平、生产成本之间的关系，寻找俱乐部的最佳规模，包括最佳产品数量和最佳成员数，以及个人与俱乐部之间的最佳分配。电影院、有线电视和版权等传媒产品属于最典型的俱乐部产品。如果俱乐部规模只有1人，它就是私人产品；如果俱乐部规模为全体人，它就是公共产品。③ 俱乐部制度安排虽然可能在一定程度上降低效率，但可以激励公共产品更多地被提供，解决公共资源滥用即公地悲剧、搭便车等问题，不过，传媒产品的负外部性等问题仍不能通过竞争的市场机制加以解决。

2. 非商品化提供方式

作为公共产品的传媒产品，其在生产、流通和供给等环节选择的非商品化传播方式主要有两种：一是国家机制，即政府介入市场运作，如公共广播电视制度；二是社会机制，包括社会团体和机构提供公共服务，以及"社会共享"的

---

① 参见［美］查尔斯·埃德温·贝克：《媒体、市场与民主》，冯建三译，上海人民出版社2008年版，第25～33页。

② 何振波：《我国农村电视公共服务供给改革初探》，《新闻界》2008年第4期。

③ 张军：《布坎南的俱乐部理论述评》，《经济学动态》1988年第1期。

经济生产模式。选取非商品化方式，主要原因有二：一是商品化方式存在弊端；二是传媒产品不仅是一般商品，而且具有传播与沟通的公共功能与民主价值。

（1）政府提供模式。政府提供作为公共产品的传媒产品的主要原因是，传媒内容依靠广告或"纯"市场的运作，产生了两种效应，一是它有利于大规模公司且窄化产品类型，二是它产生过多的"负外部性"内容，提供很少的"正外部性"内容。① 因此，政府有必要介入市场的运作，以克服商品化生产方式的弊端。

欧美各国普遍在实践的基础上建立了具有本国特色的公共传播体制，其中最有代表性的是公共广播电视制度。不同于商业媒体，公共广播电视以提供公共产品、满足公众需求、服务公众为目的，不以营利为目的，不受利润的驱使，其财产权都不属私人所有。在西方，由于不同的文化背景、政治体制、经济环境等，不同国家的公共广播电视体制也存在很大差异，有的国家实行的是由政府单一垄断的公共广播电视体制，国家只有一家公共广播公司，承担着全国所有的公共广播电视服务，其经费来自国家财政拨款，如英国、加拿大、日本、瑞典等国家。在瑞典，广播电视公共体制占主导。瑞典的公共电视"瑞典广播公司"（SBC）由一个专门的基金会负责管理，基金会的董事会主席由政府任命，并需得到议会的批准，董事会成员来自全国性的一些公益组织和工商界、新闻界，但基金会并不干预节目的制作，电视台有相对的独立性。瑞典的公共电视台除了依靠收取电视执照费外，还有政府对它的运转予以的资助。由于从1995年起政府开始削减对公共电视的财政拨款，公共电视台的节目制作也被允许得到一定限度的商业资助。② 有的国家实行的是二元化的公共广播电视体系，国家有两个不同的公共广播公司，它们采取不同的经营管理方式，分别独立地承担着不同的公共服务，当然，它们的经费来源也不相同，如意大利、匈牙利、澳大利亚等国家。还有一些国家实行的是多元分营的公共广播电视体制，既有公共广播电视，也有商业广播电视，既有全国性的，也有地方性的，通过不同体制广播电视间的竞争，充分保障服务内容提供的公平性和多样性，如美国、俄罗斯、法国等国家。③

但政府提供作为公共产品的传媒产品也有局限性。首先，各级政府作为理性人，在提供公共产品的过程中会追求自身利益最大化，可能会重视有形的公共产品供给，而轻视无形的公共产品的供给；重视短期的、直接有利于绩效评估的公共产品，而不重视投资期限长的公共产品。在这种导向下，电视公共服务的供给就会出现短缺现象。其次，因为政府作为一种制度安排，作为市场中的经济主体，其自身运行同样存在交易成本问题，所以，政府提供公共产品在某种程度上

---

① 冯建三：《传媒公共性与市场》，华东师范大学出版社2015年版，第71页。
② 杨瑞明：《当代瑞典新闻传播业概观》（下），《新闻战线》1998年第5期。
③ 罗彬：《国外公共媒介管理制度借鉴研究》，《新闻爱好者》2015年第4期。

是一个政治过程，其交易成本甚至比市场制度昂贵，这表现为现实中政府的种种"政策失败"。因此，公共产品的有效供给不能依靠某种单一的政府供给模式。①

（2）社会共享模式。近年来，随着互联网的普及，"人人为我、我为人人"的"社会共享"开始流行，成为一种新的经济生产模式，其核心就是产品和服务的生产不以营利为目的，而是"共有共创共享"，如维基百科、YouTube、脸书、推特、韩国的公民新闻 Ohmynews 网站等。以维基百科为例。维基百科把一群对知识和教育怀有理想的人汇聚在一起，为一部全球性的百科全书作贡献，人们集合在一起，在不追求金钱的前提下为自身创造价值。非财务性动机在生活中到处都有。百科全书过去是付钱才能得到东西，然而维基百科并不向用户收费，也不向内容提交者支付报酬。维基的天才以及群体行动总体上出现的变化，都部分地基于以非财务性动机促成具全球性意义事件的能力。渴望成为群体的一员，在群体中与他人共享、合作、协调一致地行动，是人的基础本能。法国学者约查·本克勒在《网络的财富》一书中称群体价值的非市场化创造为"共同对策生产"，并着重分析了人们各种乐于合作而无需财务报酬的方式。维基百科是"共同对等生产"的卓越典范，它让任何想要编辑文章的人都能这么做，出于除获取报酬外的任何原因皆可。②

哈耶克说："社会的每个成员只能拥有全部知识中的一小部分。因此，对于社会上其余的大部分工作，人们都无从得知……文明之所以存在，是因为我们都能从不知道的知识中受益。文明可以帮助我们战胜个人知识的局限，方法之一是改变无知，但并不是通过掌握更多的知识，而是通过利用那些已经存在并将继续广泛分布在大众当中的知识。"③桑斯坦在《信息乌托邦：众人如何生产知识》一书中主要援用哈耶克的理论论证网络世界在聚合信息上的优越性，他说："群体和机构通常获益于广泛分散的知识和无数人拥有自己的相关少量信息的事实。对于许多组织而言，对于私人和公共机构一样，关键任务是获得和聚合人们实际持有的信息。可以采取民意测验。人们可以协商。市场可能被用于聚合偏好和信念。反映了分散创造力的分散信息可以通过维基、开放资源软件和博客提供的不同方法收集。由于互联网，拥有自己的知识的不同人能够参与创设价格、产品、服务、报告、评估和商品，这通常有益于所有人。"④ "三个臭皮匠，赛过诸葛

---

① 何振波：《我国农村电视公共服务供给改革初探》，《新闻界》2008 年第 4 期。
② ［美］克莱·舍基：《人人时代：无组织的组织力量》，胡泳、沈满琳译，浙江人民出版社 2015 年版，第 106～107 页。
③ 转引自［美］杰夫·豪：《众包——大众力量缘何推动商业未来》，牛文静译，中信出版社 2009 年版，第 103 页。
④ ［美］桑斯坦：《信息乌托邦：众人如何生产知识》，毕竞悦译，法律出版社 2008 年版，第 237～238 页。

亮",每个个体对重要事物都只拥有不完全的知识,正如每个人拥有不同的商品一样,在网络中可以模拟市场的模式,每个个体贡献自己持有的知识,从而为最终决策提供有益的信息。维基、博客预测市场这些新事物的出现,使得网民不再只是网络信息的阅读者,而且变成了网络信息的提供者。为了鼓励人们分享自己的信息,可能会有物质奖赏等激励机制,但这种激励机制并不是知识付费,它与商品化有着质的区别。

开放自由的"社会共享"模式并不意味着著作权的失效,它与著作权的许可使用并不矛盾。比如维基百科要求使用者遵循 GNU 自由文档许可证协议(GNU Free Documentation License,GFDL),允许第三方在不受约束的情况下自由修改和发布修改版本的作品。作为前提条件,也必须保证公众对第三方的作品拥有同样的自由,即自由获得、自由复制,甚至自由销售,任何人不能独占维基百科的所有权利。人人都能编辑,并不意味着可以随意编辑,维基百科对版权有严格的要求,每一个条目都必须来自书写者的原创,不仅文章不能抄袭,图像未经授权也不能使用,像 BBS 上泛滥的转帖文章是不行的,除非得到作者授权许可。① 这类似于开放源和自由软件的著作权人要求使用者必须遵守该软件的许可条款。自由软件的许可条款属于通用公共许可证,根据该许可协议,任何人都可以对软件的源代码进行修改并重新发布软件,不过该项要求的生效必须以尊重软件的著作权作为前提。如果没有著作权保护,自由软件就无法对其使用者做出这样的规定。② 一般认为,私有财产权通过持续进行的市场交换能最有效地被实施并最大化地激励生产。这种观点在专业上是狭隘的,在实际执行中也困难重重,并产生很多建立财产权分界线的策略。某些情况下,二次创新中软件封锁的实际负面影响将成为一种意外的损失,因为其很难获得先前的代码并进行创新。开源协议使得程序员得以从程序上而不是在诉讼中解决这些问题,因此,开源许可可以成为建立合作和减少交易成本的一种非常有效率的方法。然而,如果不能制止对个人所有权的剥夺,则一切都不可能发生。很难想象,如果外部没有建立清晰的保护机制,有什么开源项目能够有效地运行或者启动起来。③

不过,大规模非专业化生产以及"先出版后过滤"的传播模式既是"社会共享"的特点,也有可能成为它的缺点和局限所在。

(3) 社会组织提供模式。包括新闻机构在内的社会组织是公共产品的供给主体,社会组织在自愿提供公共服务的前提下,通过非市场、非政府的途径生产和提供公共产品。在西方,一些社会组织本着为公共服务的原则自愿生产和提供

---

① 严富昌:《维基百科的精神及其悖论》,《出版科学》2012 年第 1 期。
② [美] 劳伦斯·莱斯格:《免费文化》,王师译,中信出版社 2009 年版,第 221 页。
③ [美] 迈克尔·A.艾因霍恩:《媒体、技术和版权:经济与法律的融合》,赵启杉译,北京大学出版社 2012 年版,第 241 页。

公共产品，这在一定程度上克服并弥补了政府供给的无效率性和市场供给的无公益性，丰富了公共产品的供给模式。①

3. 混合提供方式

就信息传播来说，媒介提供的信息服务具有共享性，从而使之具备消费的非竞争性和效用的不可分性，属于公共产品之列。但是这种公共性又随着不同的经济发展阶段而发生强弱的变化。在市场化程度比较低的阶段，或者在计划经济时代，指令性、大一统的经济运作模式决定了社会化市场的需求并不强烈，也就不需要大规模的信息交流活动。加上不仅所有新闻媒介均由政府完全出资，其服务人员均属于公务员，这时信息服务自然有着无可置疑的纯公共产品属性。随着市场化程度的提高，乃至进入成熟的市场经济阶段后，整个社会的商品生产、销售、分配均离不开信息的自由流通，市场对信息的需求急剧增加。作为最便捷、最有效的社会化通信传播系统，媒介的地位也水涨船高。通过"二次售卖"，特别是"在新闻及其他信息服务中形成的传播能力和对社会大众的影响力，在一定意义上还包括从事传播的权力，在现代社会中却是一种奇货可居的商品，它可以转化为广告服务"。② 以广告服务为起点，媒介服务效用的可分性和消费的竞争性逐步向其他媒介内容渗透，越来越表现出某些私人物品的特性，信息服务也完成了由纯公共产品向准公共产品的转型。

在媒介融合时代，结合了公共提供与市场提供各自优势的混合提供可能是传媒产品提供方式的最佳选择。所谓公共提供，是指社会产品采取政府配置方式，其成本补偿是由财政收入实现的，适用于纯公共产品。所谓市场提供，是指社会产品采取市场配置的方式，其成本补偿是通过出售的方式，由产品的消费者付费来实现的，主要适用于私人产品。目前全球两大主流体制模式——公共体制和商业体制所采取的正好是提供方式的两个极端，公共提供和市场提供各自的优劣利弊也在两者身上体现得淋漓尽致。政府提供的优势在于公平，市场提供的优势在于效率，作为两种配置资源的机制和方式，各有特定的适用范围，都不是万能的，在不同的领域内会出现"政府失灵"或"市场失灵"。既然准公共产品介于纯公共产品和私人产品之间，那么公共提供和市场提供这两种提供方式的组合与平衡——混合提供自然成为准公共产品的最佳选择。混合提供不仅实现了两种配置机制的相互补充，有助于资源配置效率的提高，而且还可以通过调整其公共提供和市场提供的比重，来适应各种公共性或私人性强度不同的准公共产品。

---

① 罗彬：《国外公共媒介管理制度借鉴研究》，《新闻爱好者》2015年第4期。
② 宋建武：《论新闻媒介的双重性质》，《新闻与传播研究》1997年第1期。

第二章　传媒融合转型实践与理论的系统考察

随着科学技术的迅猛发展，媒介融合已经成为"理解媒介变化的一种新范式"（亨利·詹金斯语）和后现代社会的一个重要现象①，也是当代社会的客观现实与发展环境。媒介融合理论研究与实践几乎同步进行，发展迅速并取得了丰硕的成果。媒介融合并非概念先行，而是从实践中产生和发展起来的。媒介融合发轫于技术创新，在各种力量推动下向政治、经济、社会文化各领域延伸和拓展，其内涵和外延早已超出技术融合的范畴。与此同时，媒介融合研究以融合实践为对象，一直是业界和学界关注的焦点，总体而言，新闻传播业界对媒介融合的关注和重视程度高于学界。媒介融合并非新生事物，为什么它在互联网时代受到特别的关注和重视？是什么力量在推动媒介融合的发展？媒介融合作为意识形态话语是如何被建构的？人们对媒介融合现象的认识经历了从模糊到逐渐清晰的探索过程，或者说，媒介融合的含义在实践和理论层面有一个逐渐演化的过程，并不是一步到位的，在厘清媒介融合的内涵与特征之前，有必要对媒介融合的发展与演变的历程进行梳理和评析。

第一节　媒介融合理念与实践概述

一、媒介融合的源与流

（一）媒介融合在国外

媒介融合发源于美国，也不是什么新现象。"融合"（convergence）一词源于科学技术领域，有关通信产业中的技术融合的说法②大约在 20 世纪 70 年代末被引入新闻传播学领域。1978 年美国麻省理工学院的尼葛洛庞帝提出了"传播与资讯通信科技终将会聚合"的思想，他的核心观点是："广播电视业""计算机业"和"印刷出版业"将在数字化浪潮下呈现交叠重合的发展趋势，并认为三者的交叉处即融合处将成为成长最快、创新最多的领域。在此基础上，美国马萨诸塞州理工大学的伊锡尔·索勒·浦尔于 1983 年最早提出"媒介融合"的概念，从此"媒介融合"作为一个明确的概念进入人们的视野。浦尔在《自由的

---

① 曾一果：《西方媒介文化理论研究》，学习出版社 2017 年版，第 192 页。
② [美] 丹·席勒：《信息拜物教》，邢立军译，社会科学文献出版社 2008 年版，第156～157 页。

科技》(Technologies of Freedom) 一书中提出"各种模式的融合",他认为,"媒介融合"就是各种媒介呈现出一体化多功能的发展趋势,不过他也承认,这样的看法是一种"温和的技术决定论"。① 1994 年《圣荷塞水星报》与美国在线共同推出名为《水星中心新闻》的电子报服务时,用了一个小标题:一次媒体融合。到世纪之交,美国在线和时代华纳宣布历史性合并之际,convergence 一词已经成了电子信息传播中的常用语。② "对互联网而言,媒介融合的过程既不是初次出现,也不是互联网所独有:这些年来,许多媒介技术的飞跃发展使得原先独立的媒介产品和功能发生融合。然而,当下转变的普遍性,以及新闻学作为一个研究领域的成熟,意味着数字媒介在发展过程中始终受到广泛检视和密集审视"③。在探讨媒介融合的含义时,研究者都强调了媒介融合的技术基础,因为技术融合是媒介融合最初也是最基本的实现形式,数字化和网络化技术的出现极大地推动了媒介融合的进程。

媒介融合崛起于欧美发达国家,与规制放松密不可分。在美国,1993 年克林顿政府宣布"国家信息高速公路计划",这是一个将电话、计算机通信、传真、无线和有线广播电视、电子出版等多媒体融为一体的信息网络。1994 年该计划又发展成"全球信息高速公路计划"。1996 年美国通过新的电信法,成立美国联邦通信委员会(Federal Communications Commission,FCC)。2004 年美国国会一个委员会宣称:"融合模糊了声音、影像和数据服务的界限。"这表明融合的观念已成为政策制定的重要标准。在英国,20 世纪七八十年代以来,传媒业和电信业的政策、管理思路和监管机构都先后进行了调整,其核心是"面向融合、放松规制、激励竞争"。从 20 世纪 90 年代中期开始,美国新闻媒体、电信公司以及信息产业间的跨媒体和跨地域经营等融合实践已经很普遍,1996 年的新电信法为以上融合提供了几乎是百年一遇的扩大经营业务的好机会。西方其他国家纷纷跟进,在世界范围内形成了一股媒介融合的浪潮。1997 年欧洲委员会发表了《关于电信业、媒体业和信息技术产业融合与管制绿皮书》,这份产业融合领域内颇具影响力的文献,对传媒领域内的产业融合起到了重要的指导与推动作用,欧洲一体化和如火如荼的全球化,都是这种融合趋势的鲜明体现。此后英国、澳大利亚、加拿大以"绿皮书"为范本,提出了各自的产业融合报告或政策文件。2000 年,英国政府发表《传播的新未来》(A New Future for Communica-

---

① [美]丹·席勒:《信息拜物教》,邢立军译,社会科学文献出版社 2008 年版,第 157 页。
② 宋昭勋:《新闻传播学中 Convergence 一词溯源及内涵》,《现代传播》2006 年第 1 期。
③ [德]托斯滕·匡特、[英]简·辛格:《新闻融合和跨平台内容生产》,载[美]卡琳·沃尔-乔根森、托马斯·哈尼奇:《当代新闻学核心》,张小娅译,清华大学出版社 2014 年版,第 141 页。

tions）白皮书，表达了建立广播电视、电信行业统一独立的监管机构的目标。2003年7月17日，英国议会批准了《通信法草案》，成为英国媒介发展和媒介融合的主要法律依据。2003年12月29日，通信办公室（Ofcom）正式开始行使权力，成为英国唯一合法的电信及广电行业管制机构。2003年6月2日，美国FCC宣布放松其对报纸和电视台所有权的限制，允许同一媒体集团同时拥有一家报纸和一家电视台，为媒介融合注入了新的动力。在日本，1996年桥本内阁正式推出"行政改革"计划方案，对政府职能进行了重新定位，该方案对日本信息化时代的融合发展影响深远。2000年日本通过《IT国家基本战略》，正式决定IT立国，由此步入了国家信息化建设的快车道，"三网融合"开始全面推进。2010年3月，促进三网融合的《广播电视法修正案》提交国会审议。①

20世纪90年代以来，随着网络技术和数字化技术的迅猛发展，技术融合使得曾经彼此独立的电信、电视和计算机技术（以及相应的传播媒介）日益明显地相互交叉和依赖，并使产业、制度、经济、社会文化也出现了融合的趋势。②从20世纪90年代末到21世纪初，以2000年美国在线与时代华纳合并为标志，美国传媒之间以及传媒和电信之间发生了大规模的并购与整合，随后澳大利亚、新加坡等国家和香港地区也都在探索媒介融合的模式和路径。媒介融合极大地增强了西方媒体公司的传播能力和创收能力。传媒业与通信产业、计算机行业的融合引领了产业融合的变革，在这场变革中，传媒业是因变量也是自变量，传媒业的产业融合对其他领域的产业融合具有重要的辐射效应和参考意义。在媒介融合和全球媒介市场融合的背后，少数发达国家和它们的跨国公司能够以更多元的方式和低廉的成本向其他国家和地区倾销媒介产品。在美国，媒介融合在国家资本的推动下，借助新自由主义意识形态不断向全球扩张，具体表现为文化产业的集中化和建立统一的文化产品市场的趋势，同时也重构着世界的传播秩序。③作为产业融合的媒介融合进程仍在继续。

几乎与此同时，大批媒介融合的研究者和研究成果也随之出现。以1996年美国政府颁布新的电信法为标志，媒介融合研究呈现出前低后高的态势。托马斯·鲍德温等在《大汇流：整合媒介信息与传播》一书对美国电信法改革后的媒介融合技术、市场、政策等进行了探讨。1997年葛林斯丁和迦拿在前人研究的基础上，赋予"融合"以新的理解，即"为了适应产业增长而发生的产业边

---

① 参见王润珏：《媒介融合的制度安排与政策选择》，社会科学文献出版社2014年版，第99～103页。

② 邓建国：《媒介融合：受众注意力分化的解决之道——兼与"反媒介融合论"商榷》，《新闻记者》2010年第9期。

③ ［美］丹·席勒：《信息拜物教》，邢立军译，社会科学文献出版社2008年版，第155页。

界的收缩或消失"。同年,欧洲委员会还根据马丁·班格曼和马塞利诺·奥雷的提议,将其关于电信业、媒体业及信息技术产业相融合的概念采纳到绿皮书中,并将"融合"定义为"产业联盟和合并、技术网络平台和市场等三个角度的融合"。可见,这一时期人们已开始用更广阔的视野来认识和界定"媒介融合"。沃纳·赛佛林、小詹姆斯·坦卡德指出:"真正意义上的媒介融合,必然将消除新闻出版业、广播电视业、娱乐业、信息产业的传统行业壁垒,使众多关联产业共同整合在内容产业的旗帜之下。"①

论者多将媒介融合视为新技术带来的"发展趋势"或"某种本质",其实媒介融合发展成为葛兰西所谓的"文化霸权",是政治、经济、文化诸种力量建构的产物。历史地看,媒介融合产生并发展于工业资本主义向信息资本主义转型的过程中,推动媒介融合的重要动因首先是信息商品化。浦尔率先提出"媒介融合"的新理念有其极为复杂的政治、经济背景和动因。丹·席勒认为,要实现技术融合的可能性,必须首先保证自由化政策。融合不仅是一种搬开通信市场利润增长绊脚石的方式,而且是对那些具有压倒性政策优先权展开商业反击的切入点。有三个具体行动最为重要:①政府开始放松那些限制通信产业所有权集中和跨媒体并购的规定。②他们还准备了一根"大棒",用来对付那些把不同模式的电视广播、电信和印刷媒体分割开来的市场划分和服务限制。③推行一种支持性的理念,用它来使新政策更加合理、更加稳固。这种努力开启了对原有公共服务责任机制的批评。在政策逐渐改变的起初阶段,浦尔第一个发难。他认为,人们把融合当成了对言论自由的威胁。他说,广播和电话领域中久已存在的国家干预正在打算彻底消灭伴随数字电视时代而来的脆弱的自由。他宣称,融合给决策者出了一道无法回避、相当棘手的难题:或者坚决地伸长政府控制的触角,或者转而奔向技术自由的无穷潜力,他本人就把希望寄托在技术自由上面。媒介融合肇始于技术融合,也与科技发展、产业战略以及公共政策有关的一系列复杂变化紧密相关。②

一些批判学者认为,真正决定融合的是其背后深层次的意识形态。如德维尔认为,融合从来不只是一个科技过程或者企业行为,而是牵涉复杂和连续的社会、文化与经济等因素。他进一步分析说,融合通常以不可避免的公司化和集中化等含义流传于媒介工业,从而左右着人们对融合的期待和理解。从这个角度看,"融合也是一个新的媒体意识形态,那就是,一种促进新自由主义全球市场

---

① 参见[美]沃纳·赛佛林、小詹姆斯·坦卡德:《传播理论:起源、方法与应用》,郭镇之译,华夏出版社2001年版,第15~18页。

② 参见[美]丹·席勒:《信息拜物教》,邢立军译,社会科学文献出版社2008年版,第162~164、157页。

的思维方式"①。从传播政治经济学来看,媒介融合"从本质上说是资本主义全球体系通过传媒信息技术手段进行自我更新、自我扩张的有机表现。就影响而言,媒体融合对全球格局、社会经济和政治民生带来的并非是理所当然的、线性的、纯粹的、正面的影响。实质上,媒体融合技术虽然蕴含了促进积极的历史进步的可能性,但是在资本主义商业逻辑强大的主导下,这一历史进程更多的是优先了那些目前在全球市场体系中的占有领导地位的政治经济实体的利益,因而重塑和更新了现行的政治经济、社会结构、媒体权力等层层的保守格局……总的来说,在全球传播体系市场化、自由化和数字化的大背景下,媒体融合不仅是全球资本主义体系通过传播信息产业自我更新和自我重组的具体手段,同时也给发展策略、行业监管、资本积累、劳动关系、社会民主和大众文化带来了种种互相制衡的矛盾的影响,历史的延续性和革新性是媒体融合的双重特点"②。

进入 21 世纪以后,媒介融合的相关研究被引入发展中国家和欠发达国家,随着进入这一领域的学者数量的增加,他们的研究领域、生活背景和文化背景的差异也丰富了研究视角。同时,随着媒介融合趋势日益明朗化,融合过程中的种种影响也开始显现,媒介融合研究的重心出现了明显的转向,学者们逐渐减少了对媒介融合图景描述的宏大叙事,转而关注媒介融合对不同群体、不同国家的意义,媒介融合的价值和理性反思逐渐成为研究主题。③

(二) 媒介融合在国内

媒介融合是源于欧美语境的新闻传播学概念之一,"全媒体""跨媒体""融媒体""媒体联动""媒体融合"等都是媒介融合在中国的本土化表达。媒介融合现象是我国现代化进程的典型表征和数字化时代下的必然趋势。改革开放特别是加入世界贸易组织(WTO)以来,中国开始在市场化和全球化的浪潮中实现社会转型的加速,并日益嵌入世界现代化体系之中。在这样的一种社会语境下,当下发展得如火如荼的媒介融合现象已然成为中国现代化进程中的一种标志性景观。④那么,媒介融合是如何实现与中国社会、政治、学术的主导话语的高度语境化对接或"本土化"的呢?

媒介融合引入我国内地大约在 20 世纪 90 年代末。最初系统介绍这个概念由来和发展的是香港学者宋昭勋⑤,2005 年中国人民大学蔡雯教授首次将"融合新

---

① Dwyer Tim, *Media Convergence*, Maidenhead: Open University Press, 2010, p. 204.
② 岳洋洋:《论西方"媒体融合"的现状与启示:一种传播政治经济学视角》,《科技视界》2015 年第 17 期。
③ 王润珏:《媒介融合的制度安排与政策选择》,社会科学文献出版社 2014 年版,第 7 页。
④ 蔡骐、肖芃:《中国语境下的媒介融合》,《湖南师范大学社会科学学报》2010 年第 3 期。
⑤ 宋昭勋:《新闻传播学中 Convergence 一词溯源及内涵》,《现代传播》2006 年第 1 期。

闻"的概念和理论引入国内，此后媒介融合逐渐成为我国新闻传播研究领域的热点和焦点。"媒介融合"这个概念由学术界从美国引入，意在推动国内传媒业的改革与发展，进而被传媒业界吸纳，成为一枚闪亮的标签。随着媒体市场化改革的深化，以1996年广州日报报业集团成立为标志，传媒业进入集中化发展阶段。2001年8月中央明确提出以资本和产业为纽带组建跨地区、跨媒介的媒介集团，集中全国媒介优势，打造我国媒介的"航空母舰"。随着综合性传媒集团的出现和发展，不同媒介如何整合提上了日程。基于市场化的媒介融合理念引入中国，适应了传媒业进一步整合和媒体改革的需要，可谓恰逢其时。2014年中央全面深化改革领导小组第四次会议中更是将"媒介融合"上升为国家战略，媒介融合方兴未艾。至此，源自西方语境的媒介融合话语和实践在学术、政治、经济等各种权力的推动下成为国家战略和主流意识形态话语。

媒介融合发生于文化体制改革和新技术变革的背景之下，受到政治、经济、技术等多种力量的渗透和影响。首先是技术变革的推动。在中国这样一个发展中国家，技术要素作为社会变革的原动力，往往会带来比西方国家更为强大也更为快速的后发优势。于是，在技术条件基本成熟的基础上，网络、媒体、通信三者开始从昔日的割裂、分离状态，逐渐走向互动、整合，甚至是融合。① 其次，市场化是推动媒介融合的重要力量。媒介融合虽然是在技术进步的前提下初现雏形，却是在市场经济的洪流中发展完善的，因此，媒介融合实质上也是一种新型的经济形态。我国已经步入了市场经济的轨道，并且，这股市场化潮流如今正大张旗鼓地朝文化产业的方向蔓延。就此而言，商业导向在加速媒介融合进程的同时，也在逐步侵蚀媒体构建的公共领域。② 最后，政治权力是建构和支配媒介融合发展的主要推动力。新媒体的崛起并非自然而然发展起来的，而是政治力量推动的结果。与国外类似，我国政府高度重视互联网信息产业的发展，将其提升到国家战略层面，专门设立了信息化相关部门，并对作为国有企业的传统电信业进行彻底的市场化改造，提升社会信息化水平，为互联网信息产业包括BAT的发展和繁荣铺平了道路，新兴互联网产业的崛起也给传统产业包括传媒业带来了巨大的挑战，产业融合成为必然的趋势。2001年国家"十五"规划明确提出促进和加强"三网融合"，三网融合更多针对的是高层的企业资源合理重组，但"三网融合"进程未能一帆风顺。2013年中共中央十八届三中全会决议提出要"健全坚持正确舆论导向的体制机制……整合新闻媒体资源，推动传统媒体和新兴媒体融合发展"；2014年"媒介融合"上升为国家战略后，媒体开始了新一轮的融

---

① 许颖：《互动·整合·大融合——媒体融合的三个层次》，《国际新闻界》2006年第7期。

② 蔡骐、肖芃：《中国语境下的媒介融合》，《湖南师范大学社会科学学报》2010年第3期。

合历程。区别于"三网融合"的是，新一轮的媒介融合改革落点更为精准，操作性更强，而且战略高度更高。① 媒介融合这一概念成为加强执政党宣传思想工作的举措，客观上使"打造新型主流媒体"这一说法具有了合理性。② 全国各地都出台系列扶持政策，通过财政资金安排、文化资金资助、税收减免等途径，加大对媒介融合重点项目建设的政策支持力度。

就中宣部、原广电总局等主管部门推进媒体融合的顶层设计和规划思路来看，我国的媒介融合如果从 2014 年媒介融合元年开始，大致经历了两个重要的发展阶段，其一，2014—2016 年为媒介融合模式的整体布局阶段。在宏观方向明确、战略框架清晰的前提下，媒体根据自身实际运用互联网思维进行实际探索，推动形成了中央媒体为引领、省级媒体为骨干的融合传播布局，按照"融为一体，合而为一"的要求，探求媒介融合转型。其二，2017—2018 年为媒介融合的深度拓展阶段。2017 年 1 月 5 日，"推进媒体深度融合工作座谈会"召开，主流媒体的融合转型从初期探索进入深度攻坚的纵深推进阶段。人民日报推出"中央厨房"，中央电视台打造"智慧融媒体"，中央人民广播电台建设"中国广播云平台"，浙江日报启动"媒立方"等。③ 县级融媒体中心建设如火如荼。2017—2018 年，我国媒体融合进入了"多点突破期"，跨入了融合 3.0 时代。④ 媒介融合 3.0 时代将以人为中心，重构传播规则，形成用户、内容服务、智能终端、产业等为一体的传播生态圈，实现传统媒体与新兴媒体的互联互通。

媒介融合实践快速而又深刻的变革触发了学界的广泛关注和深入讨论。相关研究早期主要集中在"三网融合"背景下报纸、广播、电视，以及网络、手机等新媒体的终端形态的融合，如对报纸的媒介融合研究成果主要体现在经验管理策略上，针对"三网融合"的研究也很多。⑤ 有研究者注意到我国不同空间区域、不同行政级别的媒体进行的媒介融合存在典型的差异特征：中央级媒体的媒介融合走在前列。地方媒体报业集团的发展不均衡，各个地区报业集团的融合也有不同的发展策略，主要有资本运营上市、内部整合重组、全媒体转型、传统媒体与商业网站联姻等四种策略。专业媒体的媒介融合策略各有自己的特色。⑥

---

① 付晓光：《互联网思维下的媒体融合》，中国传媒大学出版社 2017 年版，第 136 页。
② 勒戈：《谁主融合：媒体融合的话语博弈》，《新闻爱好者》2016 年第 12 期。
③ 张金桐、屈秀飞：《媒体融合的演进逻辑、实践指向与展望》，《当代传播》2019 年第 3 期。
④ 北京市新闻工作者协会编：《中国媒体融合发展报告（2019）》，社会科学文献出版社 2019 年版，第 2 页。
⑤ 刘结玲：《媒介融合研究新进展综述》，《中国传媒科技》2013 年第 4 期。
⑥ 张美玲、朱姝：《我国媒介融合的发展阶段研究》，《新疆职业大学学报》2014 年第 6 期。

与国外同行关于媒介融合研究的一个重要区别,就是我国媒介融合的理论研究与业界实践紧密结合,尤其是在媒介融合上升为国家战略之后。随着近几年新传播技术的发展,媒介融合导致传媒产业新业态及新模式的出现,为推动传媒经济发展,促成传媒产业优化转型,国内掀起了对媒介融合的大讨论,媒体融合的研究角度日益拓展,包括新闻学、传播学、产业经济学等角度,从宏观到微观,全方位探讨媒介融合下产业的发展道路。① 国内有关媒介融合的研究主要围绕传统新闻业界展开,从案例入手解读媒介融合行为的研究比较多,"对策"成为研究的主要取向,具有明显的"功能主义"特征。这种研究取向构成了国内媒介融合研究的特点和局限性。国内媒介融合研究存在重"术"轻"道"的务实特点,仍然囿于媒介组织和产业自身,主要来自经验性体验和总结,于是导致讨论的语境过于狭窄、理论资源不足,只能在实务操作层面精耕细作、指点方略。②

总之,我国媒介融合研究整体上仍处于发展阶段,研究主题相对独立,相关性不够丰富,缺乏系统的研究框架。以传统大众传播媒体为主的论述主题,体现出强烈的"媒体中心"研究取向。理论研究的缺乏也是源于外在的技术与政策推力强大,内在理论支撑力量不足。或许交叉学科研究范式的构建和多学科视角的整合是未来发展的方向。③ 从政治、经济、技术和社会文化四个维度来看,国内媒介融合研究在技术、经济维度两个层面显得比较强,在社会文化、政治维度相对薄弱。此外,关于媒介融合与新闻传播教育主要是人才培养方面的研究也有很多,因非本书的主旨,从略。

(三) 媒介融合的话语建构

1. 话语分析

媒介融合已成为一种意识形态话语。根据福柯的话语理论,话语、权力和知识生产之间存在着互动关系。话语是"一个陈述的集合,它们一起运作,形成了福柯所说的一种'话语形构',而这种形构又构成了一种'规制',规定了对某主题的谈论方式,同时限制了其他主题有可能被谈论和被建构的方式。由此,话语中总包含着权力,并以此生产知识对象"④。霍尔认为,话语是指涉或建构有关某种实践特定话题的知识的方式:一组(或一种结构)观念、形象和实践,它提供了人们谈论特定话题、社会活动以及社会中制度层面的方式、知识形式,并关联特定话题、社会活动和制度层面来引导人们。话语结构规定了谈论特定主

---

① 徐紫笛:《媒体融合背景下中国传媒产业集群化发展研究》,《戏剧之家》2019年第14期。

② 黄旦、李暄:《从业态转向社会形态:媒介融合再理解》,《现代传播》2016年第1期。

③ 何雨蔚:《中国近十年媒介融合研究现状的知识图谱——基于文献计量和内容分析的双重视角》,《传媒》2018年第9期。

④ 陶东风、和磊:《文化研究》,广西师范大学出版社2006年版,第174~175页。

题和社会活动以及相关实践，何者合适与何者不合适，规定了在特定语境中什么知识是有用的、相关的和真实的等。① 从话语分析的基本观点出发，我们需要对作为一种知识或学术陈述的媒介融合及其社会权力背景、运作机制进行分析，考察媒体融合与权力之间的互助关系。媒介融合的陈述和实践代表了某种或某些权力意志，在欧美代表了西方社会的国家、资本等多种权力意志，引入中国后与本土的权力体系以及支配话语相结合，从而形成了具有现实合法性的知识形态和意识形态话语体系。

克罗图和霍伊尼斯在《运营媒体：在商业媒体与公共利益之间》一书中提出媒体的市场模型与公共领域模型。市场模型通常是媒体产业中的支配性框架，通过一个熟悉而广泛应用于衡量商业成功的经济学理念即商业利益来评价媒体产业的成功与否。从公共领域角度来看，媒体通常被定义为一个正常运作的公共领域的核心部分，它是观点、主张、见解自由进行传播的场所，不同于以经济利益衡量的传统标准，公共利益在这里扮演着媒体变化的度量衡。② 这两种框架对更好地理解媒介融合不但适用而且非常有益。媒介融合话语同样是在市场模型和公共领域模型这两个框架下进行的，前者是追求利润并将产业做大做强的市场逻辑和商业框架，我们称之为市场模式框架；后者是追求公共利益和民主的公益化框架，我们称之为公益模式框架。从相关文献来看，媒介融合话语主要有四个维度——技术维度、经济（产业）维度、政治维度和社会文化维度。其中，技术维度和经济（产业）维度属于市场模式框架，而政治维度和社会文化维度属于公益模式框架。

（1）技术维度。从技术维度研究媒介融合，主要表现为两种倾向：一是倡导媒介融合的主导话语，一是对技术主导的质疑与批判的另类话语。以人工智能技术与新闻业变革的研究为例，技术转型的主导话语以及对技术转型进行质疑的另类话语并存。

从建构性视角看，媒介融合始于技术变革，从技术维度研究媒介融合，共同特点是强调了媒介融合的技术基础和技术的驱动作用，主要着眼于传播技术手段和形式，特别是互联网新技术及其特点，包括新技术在传播领域的应用，即传播的数字化和网络化。比如，浦尔提出"多功能一体化"，约瑟夫·R. 多米尼克把融合定义为各种传播技术的混合。③ 占主导地位的技术主导媒体融合转型的观

---

① 周宪、刘康主编：《中国当代传媒文化研究》，北京大学出版社 2011 年版，第 126～127 页。
② ［美］大卫·克罗图、威廉·霍伊尼斯：《运营媒体：在商业媒体与公共利益之间》，董关鹏、金城译，清华大学出版社 2007 年版，第 13～14 页。
③ ［美］约瑟夫·多米尼克：《大众传播动力学——数字时代的媒介》（第七版），中国人民大学出版社 2003 年版，第 518 页。

点认为，新技术对传媒业（新闻业）产生了不可逆转的影响，具体表现在三个方面：①新技术颠覆了传统新闻业的商业模式和经济基础，制造了所谓的"新闻业危机"；②新技术改变了传统新闻业的实践规范并进而影响到其社会角色和功能；③新技术改变了新闻的生产方式以及新闻业和受众的关系。① "解铃还须系铃人"，新技术既是传媒业的破坏力量，同时是传媒业的"拯救者"，技术创新被视为传媒转型的主要方式。在我国，媒介融合研究沿用的基本上是上述思路与逻辑，技术创新几乎成为媒体融合转型的同义语。

从批判性视角看，对技术层面的媒介融合研究不乏批评与质疑，但不占主导地位。丹麦学者布鲁恩·延森认为，把"媒介融合"看成先前诸种不同技术正经历的无缝整合，并且逐渐融合成为共享平台的看法是不合适的，尽管此种腔调目前在研究、政策或是公共讨论中均十分流行。② 詹金斯认为媒介融合讨论局限于技术功能是把融合简单化了③。技术维度的媒介融合研究带有明显的技术决定论色彩（如"数字革命""信息革命"或"新技术革命"），隐含着对新技术的崇拜和对传统媒体（旧技术）的"歧视"，遮蔽了技术之外的政治、经济和社会文化因素。

（2）经济维度。经济维度侧重于研究媒介融合对产业结构的影响、融合背后的经济考量和市场动力，如不同媒介之间的整合与兼并。④ 从建构性视角看，倡导产业融合的观点认为，媒介融合已成型的形态是由内容融合、网络融合和终端融合这三大位于媒介产业链上的活动环节所构成的大传媒产业生产形态。伴随着技术的进步和媒介融合向纵深发展，传媒产业、通信产业、娱乐产业和家电产业等将融合汇流，最终形成融多种媒体形式于一体的数字化媒体平台。持这种观点的代表性人物有美国学者凯文·曼尼、雪莉·贝尔吉，英国传媒经济学家道尔，中国学者王菲、傅玉辉，等等。

从批判性视角看，有学者从经济学角度指出了产业融合带来的负面影响。A. Michael Noll 认为，媒介融合是一个神话，是一种被过度吹捧的幻想。我们不能陷入对融合的盲目追求中。如今的信息产业由很多部分构成，包括出版、广播、电视、电影、电信和电脑等，以前彼此界限分明，如今界限日益模糊，潜藏

---

① 陈红梅：《社会与技术共构：美国新闻业的十年危机与转型》，《新闻记者》2018年第4期。

② ［丹］克劳斯·布鲁恩·延森：《媒介融合：网络传播、大众传播和人际传播的三重维度》，刘君译，复旦大学出版社2014年版，第4页。

③ ［美］亨利·詹金斯：《融合文化：新媒体与旧媒体的冲突地带》，杜永明译，商务印书馆2012年版，第47页。

④ 尹连根、刘晓燕：《"姿态性融合"：中国报业转型的实证研究》，《新闻与传播研究》2013年第2期。

着危机,也孕育着新的机会,但并不因为媒介是数字化的就一定可以融合。将来的发展取决于多种因素的汇合,如技术、消费者需求、商业文化、政策控制财政状况。① 喻国明认为:"传媒产业集团化、规模化的发展是一把双刃剑:一方面,它可以带来规模效益的巨大好处,但同时也有它的极大风险……事实上,媒介产业链的任何一个环节如果出现灾难性的病变,整个媒介集团就会出现危机。"② 也有研究者对媒介融合的商业化取向所带来的负面影响进行了批判,如有学者通过实证研究发现我国个别地方党报等媒体存在将公信力作为营销工具的现象。③

(3) 政治维度。政治维度的研究认为政治主导的媒介融合起因于政治需求。从建构性视角看,在我国,政治权力作为社会整合的主导力量,也是社会主流话语的支配性因素,媒介融合引入中国语境后按照政治权力行使的要求进行改造或本土化是必然的和必需的。媒介融合作为传媒业发展的战略选择和必由之路,被纳入党政权力行使及其主导的现代化过程,并上升为国家战略,成为全面深化改革的重要组成部分,媒介融合研究也纳入以政治为核心的主流话语,以及以新闻传播学为代表的高等教育和学科建设的象征体系,媒介融合研究及实践呈现出工具理性的特征或工具化倾向。相关研究主要集中在对融合规制的探讨。规制的制定是为了克服与规避市场失灵和政府失灵所引起的问题而对行为主体施加的监管和规约。研究者从市场失灵视角探讨了媒介融合进程中的规制问题,具体体现为计划经济体制的行政垄断与市场经济转型中形成部分市场垄断相结合的行政性市场垄断。根据行业、区域和所有制形成的市场准入和条块化划分的利益矛盾,国家政策的支持,一方面是从国家层面推动传统媒体改制,弥补单一产权的不足;另一方面就是介入,国家介入的目的在于将新媒体纳入党和政府的宣传系统。这种以"市场化"和"资本化"拯救"主流"的路径也可能导致反向加剧的效果。④

从批判性视角看,媒介融合驱动的产业垄断导致政治民主衰落,媒介公共性正面临着新的危机。研究者认为,媒介融合的高度发展至少引起几个方面的负面后果,其一,媒介所有权的集中化导致新闻信息垄断,可能损害公共利益与新闻自由。其二,媒介融合造成数字鸿沟。媒介传播技术的发展加剧了贫富分化,扩

---

① A. Michael Noll, "The Myth of Convergence", *The International Journal on Media Management*, 2003, 5 (1), pp. 12 – 13.
② 喻国明:《传媒影响力》,南方日报出版社 2003 年版,第 385 页。
③ 王海燕、科林·斯巴克斯、黄煜:《作为市场工具的传媒公信力:新媒体技术冲击与经济下滑双重压力下中国纸媒的社会正当性困境》,《传播与社会学刊》2018 年 1 月总第 43 期。
④ 何雨蔚:《中国近十年媒介融合研究现状的知识图谱——基于文献计量和内容分析的双重视角》,《传媒》2018 年第 9 期。

大了数字鸿沟。① 技术的发展在某一阶段还会扩大社会贫富差距,损害整个社会的公平。其三,在媒介融合后的信息交互中,公共性与私人性之间的壁垒已经支离破碎,私人信息正在形成"伪公共性"传播,消减了媒介的公共性意义。其四,在公共议题评论中,戏谑、暴力、极化等现象屡见不鲜。这些问题都使得初露曙光的媒介公共性发展之路面临着重新沉寂与异化的危机。② 在国内,有学者研究媒介融合政策时,指出正当性政治、公共性政治与媒体生产机制及其培养的消费文化之间存在着矛盾关系,③ 还有学者基于政治经济学对媒体转型中的市场化弊端如媒体从业者劳动权保护的问题进行了分析和批判。④

(4)社会文化维度。社会文化维度是将媒介融合作为一种社会和文化现象的研究。亨利·詹金斯提出文化融合的理念,他认为,融合带来的是连锁反应,它"改变了技术、产业、市场、内容风格以及受众这些因素之间的关系。融合改变了媒体业运营以及媒体消费者对待新闻和娱乐的逻辑"⑤。媒介融合包括横跨多种媒体平台的内容流动、多种媒体产业之间的合作以及那些四处寻求各种娱乐体验的媒体受众的迁移行为等。⑥ 詹金斯将融合文化看作美国式民主参与的重要方式,他在《融合文化》一书中勾勒了一幅在互联网时代草根阶层积极参与的"演变中的民主图景"⑦。詹金斯虽然正确地看到"媒体业正在经历另一个范式转换","正在凸显的融合范式则假定旧媒体和新媒体将以比先前更为复杂的方式展开互动",⑧ 但他局限于媒介消费文化。詹金斯赋予消费者太多的特权地位,担当起媒介融合——"把分散的媒体内容联系起来"——的重任。他所谓的"融合文化",就是代表着这种"我们关于自身与媒体关系思维方式的一种变

---

① 黄金:《媒介融合的动因模式》,中国书籍出版社2010年版,第225页。
② 刘振磊:《媒介融合过程中的公共性重构》,《传媒》2017年4月下。
③ 王维佳:《传媒治理的市场化困境——从媒体融合政策谈起》,《新闻记者》2015年第1期。
④ 夏倩芳、李婧:《媒介转型与媒体从业者的劳动权保护》,《新闻与传播研究》2016年第3期。
⑤ [美]亨利·詹金斯:《融合文化:新媒体与旧媒体的冲突地带》,杜永明译,商务印书馆2012年版,第47页。
⑥ [美]亨利·詹金斯:《融合文化:新媒体与旧媒体的冲突地带》,杜永明译,商务印书馆2012年版,第30页。
⑦ 曾一果:《西方媒介文化理论研究》,学习出版社2017年版,第195页。
⑧ [美]亨利·詹金斯:《融合文化:新媒体与旧媒体的冲突地带》,杜永明译,商务印书馆2012年版,第33~34页。

迁"①。融合文化变成了融合化的"使用与满足"②。

从批判性视角看，一些学者从社会文化层面探讨了媒介融合引发的消极后果。媒介融合形成了对传统道德伦理观念的挑战。易趣、维基百科、社会化媒体等是新的媒介、商业和文化融合进程中的产物，都对当前人们对商业道德、交往礼仪、个人隐私等概念的理解产生了冲击，而这些典型案例还只是融合过程中诸多变化的一个缩影。随着融合进程的深入，技术和媒介将以各种形式介入社会道德理念的历史性变迁之中，这种变化可能是道德体系的分裂和碎化，也可能是新道德体系的形成，值得持续关注。③

值得一提的是有关媒介融合与新闻专业主义的研究。中国和西方发达国家都存在传统媒体的融合、转型与新闻专业主义的矛盾、纠结——是坚持新闻专业主义理想，还是与之相反？这种转型时期的矛盾、纠结是值得研究的。④ 国内关于媒介融合或新技术对新闻专业主义的影响的争论，大致有两种观点，第一种观点认为，媒介融合将消解甚至消灭新闻专业主义，以王维佳的观点最具代表性。⑤ 第二种观点认为新技术条件下新闻专业主义面临着解构与重构。有学者指出，大数据时代虽然通过改变新闻产制、传播方式和发布渠道，对新闻专业主义造成了一定程度上的冲击和消解，但在更大程度上对新闻专业主义的内涵进行了丰富和修缮，同时提出了应从政府、媒体和公众三个层面对新闻专业主义进行重构的设想。⑥ 新技术条件下如何重构新闻专业主义，仍是学界关注的重点。

综上所述，技术、经济、政治、社会文化四个维度都是围绕同一研究对象从不同层面加以探讨，或者说研究对象相同而侧重的角度有异，它们之间是相互关联而不是割裂的，难以做严格的区分，尽管不同维度之间也存在张力甚至冲突。质言之，媒介融合话语（研究）的四个维度互为前提，构成有机整体，旨在探讨传媒融合转型的技术意义、经济意义、政治意义以及社会文化意义。

---

① ［美］亨利·詹金斯：《融合文化：新媒体与旧媒体的冲突地带》，杜永明译，商务印书馆 2012 年版，第 56 页。

② 黄旦、李暄：《从业态转向社会形态：媒介融合再理解》，《现代传播》2016 年第 1 期。

③ Bruce E. Drushel, Kathleen German, *The Ethics of Emerging Media: Information, Social Norms and New Media Technology*, New York: Continuum International Publishing Group, 2011, p. 9.

④ 周茂君、李抟南：《媒介融合视域下我国传统媒体转型与制度创新研究综述》，《新闻与传播评论》2015 年第 00 期。

⑤ 王维佳：《专业主义的挽歌：理解数字化时代的新闻生产变革》，《新闻记者》2016 年第 10 期。

⑥ 周均、赵志刚：《大数据时代新闻专业主义的消解、修缮与重构》，《中国出版》2016 年第 6 期。

2. 建构逻辑

媒介融合话语作为"文化霸权",是各种权力包括新旧传播权力不断博弈和建构的结果,这一建构过程仍在继续,同时,媒介融合话语也对媒体融合转型的实践产生了很大的影响。从哲学基础来看,说媒介融合是社会建构的意识形态话语,并不意味着人们想怎么建构就怎么建构,即否定客观真实的存在,以为一切都是建构的产物和符号游戏,只是"一场游戏一场梦"而已,从而使媒介融合成为无所依凭、失去真实性的假设,甚至陷入后现代的相对主义的悖论。事实上,媒介融合作为意识形态话语的不同层面,都有其实践基础和真实参照物。按照话语理论的观点,媒介融合话语建构包含着主导话语与抵抗话语这两个对立统一的方面,这在媒介融合研究的四个维度中均有体现。一般而言,在媒介融合话语建构的过程中存在着建构性与批判性两种研究视角,作为建构性视角的话语构建,"融合论"相较于"替代论"等非融合论有更多优势与合法性,把媒介融合理解为一种媒介制度和媒介文化的新形式,使媒介融合对社会的正面价值与意义逐渐形成主导话语或文化霸权,而作为批判性视角的媒介融合对社会的负面影响表现为抵抗霸权的各种形式,即非主流的抵抗话语。主导话语对抵抗话语并非一概排斥,而是采取收编的策略,将抵抗话语从主导话语的对立面降低为主导话语的从属或附属,即"媒介融合中存在的问题以及如何解决以完善媒介融合",超越了"媒介是否融合"和"媒介能否融合"这样的论题,从而将抵抗话语纳入主导话语体系之中,并使主导话语建构为媒体融合转型的主要方面。何也?因为抵抗话语并不符合主导媒体融合转型的政治、经济和/或文化权力的需求,对主导话语来说,与其将抵抗话语视为异端邪说一概排斥,或者放任自流,不如纳入主导话语更为有利。

有关多媒体与记者关系问题争论的演变佐证了媒介融合主导话语的建构过程。媒体融合转型实践受到了一些传统媒体资深记者的抵制,莫斯可在《融合的反噬:加拿大通讯业的劳工斗争》中详细介绍了加拿大国家广播公司(CBC)与员工在公司推行融合政策后的斗争过程,描述了新闻从业人员对媒介融合的抵制行为。① 比利时、瑞士等欧陆国家实际上做得也没那么好,新闻从业人员反弹激烈,原因就是他们认为纸媒采编人员只需把报纸的报道做好即可,不应要求他们再去做音频、视频新闻;同时,本来做广播电视的记者也认为让自己从事非本职的工作,很难达到专业水准。② 平面媒体记者是否应为广播、电视、网络媒体服务,一度是媒介融合中最有争议的问题,有的学者认为这有违专业原则,会影响

---

① 参见 V. Mosco, "Convergence Bites Back: Labor Struggles in the Canadian Communication Industry", *Canadian Journal of Communication*, 2006 (31), pp. 733 – 751。

② 陈鸥帆:《媒体融合:在中欧互镜中探索前行之路——对话中国传媒大学新闻学院院长刘昶教授》,《现代视听》2017 年第 11 期。

内容的质量、报道的深度，媒体公司不应为了商业利益而牺牲读者、观众的利益。世界最大的新闻从业人员组织、代表106个国家的45万新闻从业员的国际新闻从业员联合会就对这种派同一名记者去同时为视听媒体和印刷媒体采访新闻的做法提出了严厉批评。①

随着媒介融合与传媒转型的推进和深入，多媒体记者相关讨论逐渐演变成新闻工作者在媒介融合中所面临的挑战：是"全能型"还是"专家型"？在互联网成为新闻传播的重要渠道之后，新闻工作者开始面临两种工作要求：第一是对各类传统新闻媒体的采编业务进行融汇和整合，第二是逐步掌握将新闻采集和新闻编辑甚至互动管理融为一体的操作技能，因为网络传播追求时效性、讲求互动性的特点，促使新闻采集、编辑和互动管理一体化。媒体融合发展催生了"融合新闻"，"融合新闻"在个体层面的标志是那些掌握了多种媒介技能的"超级记者"，他们掌握了全面的多媒体技能，能够同时承担文字、图片、音频、视频等报道任务，为多种不同媒体提供新闻作品。媒介融合集团对"超级记者"的需求促使新闻院校对自己的培养目标做出了调整，比如美国密苏里新闻学院尝试开设"融合"专业。② 提倡多媒体记者或全媒体记者就此成为媒介融合转型的主导话语，而"平面记者应否或能否同时为电子媒体服务"这一问题则以培养"一专多能"的复合型新闻人才作为回应被纳入主导话语之中。

3. 相关结论

媒介融合作为意识形态话语，并非自然而然发展起来的"必然趋势"，而是新技术革命条件下政治、经济、文化等诸种力量包括媒体权力建构的产物。媒介融合的话语建构充满了博弈、对立和争斗，在政治权力和市场权力的推动下，"融合论"较之"替代论"获得更多的合法性与优越性，最终成为媒介融合话语的主导层面。就研究视角而言，国内外媒介融合研究可以归纳为建构性和批判性两个方面，其中建构性视角以产业经济话语或商业主义话语为最，倾向于倡导和推动媒体融合转型发展，批判性视角则以社会文化话语为代表，侧重于传媒融合转型对公共利益和社会文化的损害或负面影响的批判性反思。国外，主要是欧美，其媒介融合研究的批判性大于建构性，这些理论研究"把媒体融合现象作为起点，着重剖析现象背后更深层次的政经、机构、政策、发展、社会关系和权力结构的本质、动因以及影响"③，而我国相关研究的建构性大于批判性。

造成这种差异的原因在于欧美与中国在国情、体制以及媒介融合发展程度上

---

① 林任君：《摸着石头过河——新加坡华文报走向"多媒体融合"》，《联合早报》（新加坡）2001年9月30日第4版。
② 参见蔡雯：《媒体融合与融合新闻》，人民出版社2012年版，第113～116页。
③ 岳洋洋：《论西方"媒体融合"的现状与启示：一种传播政治经济学视角》，《科技视界》2015年第17期。

的不同,无关政治正确或学术自由问题。在西方发达国家,产业发达,传媒市场化程度高,业已实现做大做强的目标,媒介融合比较成熟,融合方式以市场化为主,而媒介融合尤其是媒体集中化对社会带来的影响,特别是公共利益与公司利益的冲突问题凸显,引起广泛关注,但尚未找到有效的解决办法,因此,欧美的媒体融合转型研究思路侧重批判性也就是必然和必需的了。而在我国,改革开放以来建立的市场经济发展成就显著,但与欧美发达国家相比,传媒业市场化和产业化程度并不高,传媒业无论是规模还是效益都有待做大做强,媒介融合仍处于发展阶段或者说相对滞后,融合方式以行政力量推动为主,媒介融合对社会的复杂影响并未完全显现,因此,国内媒介融合研究着重于探讨传媒业如何通过媒介融合做大做强,建构性大于批判性也就不足为奇了。但这并不意味着我国的媒介融合研究不需要关注媒介融合带来的问题,恰恰相反,国内学者在推动媒介融合发展的同时,理应未雨绸缪,对媒介融合发展的社会影响更多地注入一些批判性思考,批判性研究并不是要否定媒介融合,而是从国内外媒体融合转型实践中汲取经验与教训,以利于传媒融合转型在经济效益与社会效益之间保持总体的均衡状态。从这个意义上说,他山之石可以攻玉,国外对媒介融合的批判性研究对我国媒介融合研究不无借鉴与启发意义。

二、媒介融合的内涵与功能

正如媒介有广义与狭义之分,媒介融合同样有广义与狭义的区别。陈浩文认为,媒介融合的概念具有广义和狭义两个层面的内容,狭义层面是指多种媒介形态融合在一起后产生质变,形成一种新的媒介形态;广义层面则范围很大,是一切与媒介相关要素的结合、汇集和融合,包括媒介形态、媒介功能、传播手段、所有权、组织结构等诸多要素的融合。如果说广义的媒介融合是一个从低级到高级演进的过程,那么,狭义的媒介融合则是发展的最高阶段。[①] 但王昔指出,上述关于狭义与广义的概念依然有很多不妥。其中对于同一对象,前后表述不一致。概念中显示广义的媒介融合是逐步发展的,即从低级到高级逐渐发展的结果,但是狭义的媒介融合也是从量变到质变的过程,即依然同样是从低级到高级的转变。[②] 言之有理。也就是说,这种所谓广义与狭义的媒介融合都是着眼于传媒业的融合,并无实质的不同。媒介融合或许是迄今为止意蕴最丰富而又最难把握的概念之一,就像一首流行歌所唱的:"像雾像雨又像风。"那么,应该如何界定和区分广义的媒介融合与狭义的媒介融合呢?

(一)广义的媒介融合

不妨将广义的媒介融合理解为"广义媒介"或"泛媒介"的融合。有一种

[①] 陈浩文:《再论"媒介融合"》,《紫金学术》2007年第4期。
[②] 王昔:《媒介融合的动因及利弊探讨》,《传播力研究》2018年第10期。

流行观点，即把媒介融合看作技术"无缝整合"如"多功能一体化"等，认为先前诸种不同的媒介技术逐渐融合成为共享的平台，并形成彼此相似的形态。① 麦克卢汉把广义媒介视为"人（能力）的延伸"，延森据此批驳了媒介融合的"无缝整合"观。延森提出了人类自身、大众传播和网络传播三个维度的"媒介"概念。他将研究的焦点从媒介转向传播，强调对一对一、一对多和多对多的传播活动的重新整合与重新塑造，特别是重新思考具身化传播与中介化传播之间的相互关系，并将人类纳入传播平台的范畴，认为"从历史的角度来看，媒介融合可以被理解为一种交流与传播实践跨越不同的物质技术和社会机构的开放式迁移"②，媒介融合不仅仅是技术变迁的产物，更是人类交流与传播诉求驱动下的社会实践变迁的体现。可见，媒介融合是作为技术的媒介与作为实践的传播之间的融合与重构。Boyd 和 Danah（2008）认为，媒介与技术融合带来的一个结构性变化，那就是"原来互相分割的社会交往语境和形态（比如私人与公共）模糊乃至坍塌，媒介产业的霸权地位已经不在，而另外一种形式的融合——社会融合（social convergence）悄然崛起"。正是在这个意义上，黄旦等将广义的媒介融合理解为"社会关系的结构性转变"。③

（二）狭义的媒介融合（媒体融合）

所谓狭义的媒介融合，亦称媒体融合，着眼于传媒业的融合或媒体之间的融合，也就是传统媒体与新兴媒体的融合发展。媒体融合乃广义的媒介融合的特殊形式。本书的研究对象是狭义的媒介融合而非广义的媒介融合。关于媒体融合的定义，不同的研究者从不同的角度进行了诸多探索与解读。"'融合'（convergence）这个流行词语已变成在媒介技术、市场、生产、内容和接收方面快速发展的同义词。这个术语宽泛地指先前不同的媒介技术的混合或融合，主要以数字化过程为基础，但研究议题已经超越了技术本身。新闻研究者主要聚焦在'编辑部融合'，特别是和跨媒介平台的内容生产相关的工作惯例和组织结构的变化。一个有关联、更新的研究关注点扩充了这个术语的含义，包括了在网络化、数字的环境中记者和观众角色的融合"④。蔡雯指出，随着计算机技术、互联网技术的发展，西方学者对媒介融合的研究角度日渐丰富和多元，在诸多研究角度中有

---

① ［丹］克劳斯·布鲁恩·延森：《媒介融合：网络传播、大众传播和人际传播的三重维度》，刘君译，复旦大学出版社 2014 年版，第 4 页。
② ［丹］克劳斯·布鲁恩·延森：《媒介融合：网络传播、大众传播和人际传播的三重维度》，刘君译，复旦大学出版社 2014 年版，第 17 页。
③ 黄旦、李暄：《从业态转向社会形态：媒介融合再理解》，《现代传播》2016 年第 1 期。
④ ［美］托斯滕·匡特、简·辛格：《新闻融合和跨平台内容生产》，载［美］卡琳·沃尔-乔根森、托马斯·哈尼奇：《当代新闻学核心》，张小娅译，清华大学出版社 2014 年版，第 138 页。

技术融合的角度、媒介所有权的角度、媒介文化融合的角度、媒介组织结构融合的角度、采编技能融合的角度等，相关研究的角度已经触及媒介发展相关的各个层次和角落。①蔡雯等在梳理和归纳国内外关于媒介融合的代表性观点的基础上，认为媒介融合主要包括三个层面，一是微观层面的媒介融合，即媒介产品的融合；二是中观层面的媒介融合，即媒介组织的融合，涵盖了传媒技术融合、传媒产品融合、传媒运作系统融合和传媒组织机构融合等方面；三是宏观层面的媒介融合，即媒介产业的融合。蔡雯对媒体融合的定义符合客观实际，持之有故言之成理，并获得广泛的认可，但还需要补充与完善。从媒介融合研究的四个维度来看，蔡雯对技术维度（包括新闻业务）、产业维度的揭示全面而深刻，也涉及了社会维度，但缺乏政治维度和文化维度的分析，或者说没有揭示出媒介融合的政治意义和文化意义，客观而论，这种局限性也与媒介融合发展进程的阶段性有关，不必苛求，因为蔡雯提出定义时融合实践尚未发展到政治主导阶段。

行文至此，有必要对如何理解媒体融合概念做一归纳与总结。媒体融合的内涵十分丰富，用几句话来概括未免失之过简。为了研究的便利，我们参照和综合包括蔡雯在内的诸多学者的不同观点，结合我国媒体融合的实际，从技术、经济、政治、社会文化四个维度对媒介融合的内涵与功能界说如下：

首先，从技术维度看，媒介融合作为一种新的传播模式，表现为各种各样的技术和媒介形态汇聚在一起，"多功能一体化"，即以互联网为基础的技术融合，也是媒介整合实践在互联网时代的深化和最高形态。媒介融合是相对于媒介分立而言的，传统的媒介是以分立的形式出现的，即一种媒介产品（如报纸、广播节目、电视节目等）只在一个特定的媒介产业平台及环境中生产，不同媒介产品之间不存在相同的运作条件。早在"媒介融合"概念提出之前，就已经存在媒介融合的雏形即媒介整合实践，主要表现为传媒集中化趋势——报刊、广播电视、图书出版等各种不同媒介聚合在同一传媒集团之中协同运作，以降低成本提高效率和效益，但这种协作并没有消除不同媒介之间的壁垒。信息技术和互联网的发展使媒介整合发生质的变化，数字化和网络技术使各种媒介形式融为一体成为可能。②不过，埃里克·麦格雷认为，"技术重新定义而不是抹杀了媒介间的边界。甚至可以说，技术推动了真正的电视的发明"③。

其次，从经济（产业）维度看，媒介融合是指在以数字技术、网络技术和

---

① 蔡雯：《新闻传播的变化融合了什么？——从美国新闻传播的变化谈起》，《中国记者》2005年第9期。

② 邓建国：《媒介融合：受众注意力分化的解决之道——兼与"反媒介融合论"商榷》，《新闻记者》2010年第9期。

③ ［法］埃里克·麦克雷：《传播理论史：一种社会学的视角》，刘芳译，中国传媒大学出版社2009年版，第205页。

电子通信技术为核心的科学技术的推动下，组成大媒体业的各产业组织在经济利益和社会需求的驱动下，通过合作、并购和整合等手段，实现不同媒介形态的内容融合、传播渠道融合和媒介终端融合的过程。① 随着信息技术的不断发展和互联网技术的出现，数字化技术能把文字、语音、数据和影像等不同的信息形式转化为相同的数字产品，使报纸、广播、电视、网络等媒介产业不同形式的产品和服务的差异性弱化，甚至消失，从而导致媒介产业边界的模糊，最终促使媒介之间相互融合。② 从产业融合的角度看，媒体融合是不同产业间分工的内部化③与媒体产业内部分工的外部化（"外包"）。

再次，从政治维度看，媒体融合重建现代传播体系，是国家发展和治理体系现代化的组成部分。闫晓明的分析不乏真知灼见："在我国，媒介融合是针对广播、电视、报纸等传统媒体而言的特定概念。既不是简单的受众需求，也不是完全的新技术应用，而是集社会效益、执政基础、服务人民的国家战略和改革重点于一体，是习近平总书记要求'过好互联网这一关'的必由之路。就传统主流媒体自身而言，融合是为了传统媒体的生存与发展，尤其是传统主流媒体，必须在融合中做大做强，提高传播力、影响力、引导力、公信力，巩固宣传思想舆论阵地，更好地承担起党和国家所赋予的使命和责任。"④

最后，从社会文化角度看，按照麦克卢汉"媒介是人的延伸"的观点，就像人的视觉、听觉、嗅觉、触觉等不同感官难以相互取代一样，作为人的感官延伸的不同媒介也难以相互取代。不同的媒介有不同的媒介文化，比如图书和报刊属于以读写文化为特征的印刷文化，广播属于声音文化，电视属于图像视觉文化，而互联网则是交互文化。图书、报刊、广播、电视等不同的媒介形态形成了不同媒介文化、发展路径，不同媒介各有优势和特长，对应不同的细分市场和受众群，其融合逻辑和实现路径虽有相同之处，却不可能完全相同，就媒介融合而言，适合《纽约时报》的未必适合 CNN，适合中央电视台的也未必适合《人民日报》，通往罗马的道路并非只有一条，说的正是这个道理。

媒介融合在技术上表现为"多功能一体化"，并不意味着不同媒介之间的相互取代，反而是不同媒介文化的相互补充与协同发展。"各种媒介越是聚合在一起，越是需要它们从各自的传播生态与传播理念出发，'合而不同'、相互配合

---

① 蔡雯、王学文：《角度·视野·轨迹——试析有关"媒介融合"的研究》，《国际新闻界》2009 年第 11 期。
② 许颖：《媒介融合的轨迹》，中国人民大学出版社 2011 年版，第 7 页。
③ 陈韵强、赵亚光：《中央厨房：媒体融合视域下城市广电的新闻生产体制建设》，《中国广播电视学刊》2015 年第 10 期。
④ 闫晓明：《坚持融合发展 建设新型广播》，载人民日报社编：《融合平台：中国媒体融合发展年度报告（2016—2017）》，人民日报出版社 2017 年版，第 110～111 页。

提供更加丰富多彩的媒介产品"①。如果从媒介生态学来看,不同媒介各有自己的"生态位",不同媒介在长期发展过程中形成了不同的路径依赖,新技术及其范式的引入可能会打破既有媒介之间相互依赖又相互制衡的媒介生态平衡,包括不同媒介背后的权力关系的重新调整与重塑,更重要的是,媒介融合消融了旧的边界的同时,也会形成新的边界,但必须重新建立新的媒介生态平衡,否则会造成难以预料的媒介生态灾难。媒介融合之"融合"对应的英文是"convergence"而非"integration",或许能够从中得出这样的启示,即媒介融合既要尊重互联网思维和新闻传播的规律,更要尊重不同媒介的内在逻辑与发展规律,如此媒体才能找到属于自己的融合转型之路。

综上,媒介融合具有四个方面的功能,即技术功能、经济功能、政治功能和社会文化功能。媒介融合功能对不同的主体有不同的意义,并服务于不同的目的。对资本而言,媒介融合侧重其经济功能;对政治权力来说,媒介融合更多的是其政治性功能;对社会受众来说,媒介融合意味着更多的社会与文化参与、跨媒介传播和消费等。总之,上述对媒体融合的界定不仅涵盖了"四个维度",也避免了媒体融合的"技术决定论",因为新闻业务等技术融合固然很重要,但媒介融合应属于传媒上层建筑的变化,新技术为这种变化提供了契机,而媒介融合不是由技术而是由传媒相关的政治经济社会关系所决定。媒介融合也不限于传媒业,互联网信息行业等非媒体行业属于新媒体从而纳入媒体融合的范围。

值得注意的是,有关媒介融合的内外之争实际上是传媒产业内外之争,不少研究者把媒介融合区分为传媒业以内的融合与传媒业以外(非传媒产业)的融合,各有其道理,但都属于"媒介中心论",应避免陷入媒介与社会的"二分法"。以媒介与社会的关系而言,媒介(领域)乃社会的特殊形式,"一花一世界,一叶一如来",媒介与社会的关系是特殊与一般的关系,不属于同一层次,因此并无"内""外"之别,虽然作为产业层面的媒介有"内"与"外"的区隔。从哲学认识论角度看,媒介内外二分实际上是主/客观二分在媒介研究领域的反映。现代哲学发展告诉我们,主观与客观无法分开,而是通过实践统一在一起的,包括媒介在内的物质、意识均可视为人类实践所凭藉的资源。"社会"并非媒介的环境,社会是人们基于媒介的传播实践而产生的,不可能独立于实践之外而存在,并无一个明晃晃的"社会"或自在之物(康德的outthere)等着我们去认识,就像本体论所宣称的那样。易言之,"格物致知",无实践则无"社会",实践之外我们一无所知。系统论把媒介看作社会的子系统,媒介与社会的关系犹如鱼与水或者水乳交融,其前提是承认媒介之外存在一个自足自在的社会系统(这个"社会系统"严格说来仍属于媒介大系统而非独立于媒介的社会系

---

① 张宏树:《媒介融合与新闻传播教育的知识体系重构》,《求索》2011年第6期。

统），这也是系统论未能正确理解媒介与社会关系的认识论的根源所在。当然，说社会是建构的产物，并不意味着人们想怎么建构就怎么建构，闭门造车而出门合辙，只有反复实践才能获得。但这会不会导致另一个问题：媒介即社会，社会即媒介，媒介与社会合而为一呢？答曰：否。媒介作为社会之特殊，也具有社会的普遍性特点，是普遍性与特殊性的统一。媒介是社会发展的产物，媒介既不可能脱离社会，也不可能与社会相互替代合而为一，更确切地说，媒介乃政治、经济、技术、社会文化的中介，媒介与社会之间通过人的传播实践相互建构，表现为媒介社会化与社会媒介化的过程。

正如狭义媒介是广义媒介的特殊形式，媒介融合是广义媒介融合的特殊形式。媒介融合乃政治融合、经济融合、技术融合和社会文化融合的中介，而不是独立于整个社会体系之外。从哲学角度看，媒介融合在不同领域各有其特殊形式，如在技术领域表现为技术融合，经济（商业）领域表现为产业融合，政治领域表现为政治融合如舆论整合和规制融合等，社会文化领域表现为社会文化融合，类似"月映万川"，但这并不意味着媒介融合的先在性与普适性，因为政治、经济、社会文化和技术创新的需求催生了媒介融合理念，而不是相反，虽然媒介融合理念出现后对媒介融合实践和进程产生了程度不同的影响或反作用。总之，媒介融合作为一般形式是以不同领域的具体形式或特殊形式而存在的，并不存在抽象意义上的媒介融合，即既不能把媒介融合抽象化和本质化，也不能因为媒介融合在不同领域有不同的表现形式而将不同领域的媒介融合割裂开来，以为技术融合、产业融合和社会文化融合各有不同的规律和特点，所以，说媒介融合产生和发展于一定的技术条件、政治条件、经济条件和社会文化条件可能更贴切些。从这个意义上看，媒体融合即传媒领域的融合，可以视为媒介融合在传媒业的体现和表现，应从技术、政治、经济、社会文化等不同的维度或视角加以考察和把握，不应把媒介融合割裂为传媒业内的融合与传媒业外的融合这样的"二元对立"。对目前的媒介融合研究局限于传媒产业层面这一问题，准确地来说是囿于新闻业务或者新闻传播学视野，而鲜有从政治、经济、社会、文化等多维度多学科进行理论探讨和分析。事实上，就学科研究取向而言，与国外媒介融合研究跨学科学术视野相比，国内相关研究从新闻传播学科研究得最多，而从其他学科研究得相对较少。

（三）媒体融合的类型
1. 相关研究概述

关于狭义的媒介融合类型划分的研究，主要有"六种类型说""三层次说""融合连续统一体"等，以及基于新闻生产流程的融合模式。

（1）"六种类型说"。美国西北大学教授李奇·高登在《融合一词的意义与内涵》（2003）一文中总结了媒介融合在不同传播语境下的六类含义，即媒体科技融合、媒体所有权合并、媒体战术性联合、媒体组织结构性融合、新闻采访技能融合和新闻叙事形式融合。此外,英国传播政治经济学家格汉姆·多克斯认为媒介融合有三种主要方式:传媒文化形态的融合、传播系统的融合和传媒公司所有权的融合。

(2)"三层次说"。媒介组织研究层面的主要成果有美国南佛罗里达大学 Kenneth G. Killebrew 2004 年出版的专著《管理媒介融合:记者合作的路径》(*Managing Media Convergence: Pathways to Journalistic Cooperation*),以及 2005 年美国出版的论文集《媒介组织与融合:媒介融合先驱案例研究》(*Media Organizations and Convergence: Case Studies of Media Convergence Pioneers*)。以美国新闻学会媒介研究中心主任安德鲁·纳齐森的定义为代表,"融合媒介是印刷的、音频的、视频的、互动性数字媒体组织之间的战略的、操作的、文化的联盟"。他强调的"融合媒介"是一种媒体间联盟的合作模式,更多的是指各个媒介之间战略的融合、操作的融合和文化的融合。①

(3)"融合连续统一体"。Dailey 等人将媒体开展的各种"合作"行为总结为一个"融合连续统一体"模型,该模型认为新闻融合的强度从交互推广、克隆(复制)、合作性竞争到内容共享,最后达到完全的融合。② ①"交互推广":是第一个层次也是最低层次。在这一层次上,通过使用文字及视频元素,媒体增加了合作成员的内容。②克隆:属于第二个层次,即一个合作者在少量修改的基础上重新发布合作伙伴的报道。比如一家报纸的文章在电视合作者的节目或合资拥有的门户网站上再次刊登。③"合竞":属于第三个层次。新闻市场处于既相互竞争又相互合作的阶段。在这一层次上,不同媒体的工作人员获得和共享他们正在报道的事件的信息。一个实体也可能会为自己的成员制作新闻内容,但在这一层次,常年的竞争、文化差异以及形成的互不信任限制了合作及互动的程度。④内容共享:属于第四个层次。在这个层次上,新闻机构经常地(但不总是)共享其跨媒体合作者收集的信息,并且经过组织成员的重新包装之后将其出版。⑤融合:是最高层次。在这一层次,合作者在手机和播报新闻两个方面合作,他们的共同目标是,借助不同媒介的优势、以最有效的方式来报道。在高度融合的情况下,来自不同媒介组织的新闻工作团队一起设计、报道、制作一个新闻,决定新闻的哪一部分用何种方式——印刷、广播或者数字化媒体报道,使新闻能够形成最大的影响力。团队因收集和制作某一项目而合作,然后解散。新的团队再

---

① 转引自蔡雯:《从"超级记者"到"超级团队"——西方媒体"融合新闻"的实践和理论》,《中国记者》2007 年第 1 期。

② 参见 Larry Dailey, Lori Demo, Marry Spillman, "The convergence continuum: A model for studying collaboration between media newsroom", *Atlantic Journal of communication*, 2005, 13(3), pp. 150 – 168。

因其他的项目而组建。①

（4）基于新闻生产流程的融合模式。蔡雯把媒介融合分成内容融合、渠道融合和终端融合三种②。国内研究者在此基础上将媒介融合进一步划分为内容融合、渠道融合、平台融合、经营融合、管理融合等，其中管理融合不是指经营管理，而是指如何保持正确舆论导向，坚持党管媒体原则，实现网上网下管理统一规范。

2. 媒体融合的类型划分

上述几种对媒体融合的类型划分立足于不同的视角和标准，各有其价值和意义，不存在优劣之分。同样是新闻生产方面的融合，有的称为新闻采访技能融合和新闻叙事方式融合，有的称为内容融合，也有的称为参与式新闻等。本书采纳新闻生产流程的视角和标准，将媒体融合分为四个层面，即所有权层面的媒体融合、制作层面的媒体融合以及能够影响新闻制作的播出渠道和终端这两个层级之间的平行融合，③ 其中，渠道融合与终端融合属于技术融合的范围。

（1）所有权层面的媒体融合。所有权层面的媒体融合，准确地说应该叫媒体并购、所有权集中，即通过资本整合等途径，形成拥有纸媒、广电媒体、网络媒体甚至手机媒体等多种媒体形式的媒介集团，实现各媒体在统一媒介平台下的资源共享，最大限度地占领受众市场和广告市场。它是当今新闻业在传媒组织（集团）这一层面的最高层次的融合。如美国佛罗里达坦帕市的媒介综合集团、美国俄亥俄州的新闻电讯集团，都是将各自在同一地区所拥有的报纸、广播电台、电视台和网站进行了融合。媒体所有权融合是其他媒体融合类型的有利外部条件，属于经济学、管理学范畴内的概念。

（2）制作层面的媒体融合。属于新闻生产层面的媒体融合，在美国是以新闻编辑室融合为代表的，主要是通过两种或更多媒介的互动产生新的新闻效应，属于新闻学范畴内的概念。新闻编辑室融合可进一步划分为两种：一是机构性的融合，即参与融合的单位本身都具有新闻制作能力、有完整的制作团队。二是机构与非机构的融合，例如电视与互联网、手机的融合。机构本身的制作流程不会发生大的改变，只是把后续媒体当作一个信源，也可称之为开源融合。④

（3）渠道融合。渠道融合是媒体融合的基础，即合并渠道，增强媒体信息的架构和互动性。渠道融合使媒体可以横向拓展自己的功能，例如游戏、资讯、互动社区等。

---

① ［澳］Stephen Quinn、［美］Vincent F. Filak：《媒介融合——跨媒体的写作和制作》，任锦鸾译，人民邮电出版社 2009 年版，第 20～21 页。
② 蔡雯：《媒体融合与融合新闻》，人民出版社 2012 年版，第 6 页。
③ 付晓光：《互联网思维下的媒体融合》，中国传媒大学出版社 2017 年版，第 6 页。
④ 付晓光：《互联网思维下的媒体融合》，中国传媒大学出版社 2017 年版，第 6～7 页。

（4）终端融合。终端融合是指用于接收和反馈信息的客户终端的融合，即整合新媒介技术，创建新的信息传播语法。它表现为媒介终端的功能拓展①，也就是普尔所说的"多功能一体化"。其典型莫过于苹果推出的 iPhone 和 iPad，集通信功能、信息服务的媒介功能、娱乐游戏的文化功能、身份书写的社会功能、新媒体技术的符号经济等于一身。

三、媒介融合的特征和趋势

新媒体崛起对传统媒体形成巨大挑战，随着实践的深入，人们逐渐认识到新媒体不会替代传统媒体，两者是融合发展的关系。对于新旧媒体之间的关系，大致有以下三种看法与认识：①替代说。认为新媒体较之传统媒体拥有绝对优势，可以替代传统媒体的功能。如朱光烈基于互联网被视为"信息高速公路"将全面替代传统媒体功能的判断，预测现存媒体将化为乌有，专业的新闻工作者将化为"泡沫"。②展江认为媒体融合并不存在，而理应是新媒体取代旧媒体，旧媒体退出历史舞台。③替代说在媒体转型实践中表现为传统媒体彻底转变为新媒体，如"弃报从网"，诸如美国的《新闻周刊》《西雅图邮报》《基督教科学箴言报》全面转向数字版，上海的《东方早报》、北京的《京华时报》停刊转型为新媒体，等等。②竞争说。认为新旧媒体各有优势，传统媒体重在内容，新媒体重在渠道。新世纪之后，替代论逐渐淡化，研究者立足于传统新闻媒体应对网络挑战的文章则逐渐增多，这说明研究者已经意识到这两者将会在很长一段时间内竞争共存，谁也无法取代谁。竞争说在媒体转型实践中表现为"报网互动"或"台网互动"。③融合说。也就是传统媒体与新兴媒体融合发展说。美国在线与时代华纳的世纪并购虽以失败告终，但预示了传统媒体与新媒体融合发展时代的到来。从替代到融合，学术界对新媒体与传统媒体的关系判断发生了一次重大的范式转变。④ 媒介融合争论的根本分歧是，究竟是新媒体取代传统媒体，还是新旧媒体协同共进，这关系到媒介融合的立论基础，需要从传统媒体与新媒体关系的角度对媒介融合的主要特征和发展趋势进行探讨和分析。

（一）媒介生态学视角下的媒介融合特征

传媒作为传播工具，是人们在劳动过程中创造出来的，但与生产工具的以新

---

① 付晓光：《互联网思维下的媒体融合》，中国传媒大学出版社 2017 年版，第 10 页。

② 朱光烈：《我们将化为"泡沫"——信息高速公路将给传播业带来什么?》，《北京广播学院学报》1994 年第 2 期。

③ 展江：《中国媒体的困境和出路》，http://www.21ccom.net/articles/zxft/2014/1017/114842.html。

④ 王辰瑶：《从替代到融合——新媒体与传统媒体关系研究的回顾与走向》，《浙江传媒学院学报》2009 年第 5 期。

汰旧不同,传播工具在其发展过程中有一个特点,就是新出现的媒介和旧媒介之间的关系不是相互替代,而是并存发展,比如互联网新媒体并未淘汰所谓的传统媒体,就像广播电视没有取代报刊一样。媒介生态学对此有独到而深刻的阐释。

1. 媒介生态学派相关论述

1967年麦克卢汉在与人合著的《媒介即讯息:效果一览》(*The Medium is the Massage: An Inventory of Effects*, 1967)一书中提出媒介生态学(media ecology)的概念,以环境作为特定的比喻,来帮助我们理解传播技术和媒介对文化在深度和广度方面所起的生态式的影响。一年后,美国学者波兹曼在其演讲中进一步阐述媒介生态学,并将媒介生态学定义为"媒介作为环境的研究"[①]。此后,媒介生态学[②]成为新闻传播学的一个重要研究领域而受到高度重视。

从媒介生态学的观点来看,各种媒介之间存在着一种生态关系,媒介与自然环境一样存在于一个庞大的环境系统中。杰克·富勒指出:"每一种媒介都有自身的优势与劣势,它也会将这些强加在所携带的讯息上。新媒介通常并不会消灭旧媒介,它们只是将旧媒介推到它们具有相对优势的领域。"[③] 我国学者胡泳认为,一种媒体的内容也许会转换(电视取代收音机成为讲故事的媒体之后,收音机转而专注音乐),其受众也许会发生变化(连环漫画从20世纪90年代的主流媒体变成今天的小众媒体),其社会地位可能沉浮(戏剧从一种大众化的形式变成了精英形式),但是,一旦一种媒体满足了人类的某些基本需求,它会在传播选择的更大系统内持续发挥作用。每一种旧媒体都被迫同新崛起的媒体共存,这就是融合作为一种理解过去几十年媒体变化的方式,比起数字革命的范式更有说服力的原因。旧媒体不会被取代,只是它们的功能和地位被新技术的引入给打乱了。[④]

麦克卢汉提出"技术作为技术内容"[⑤]的观念,认为旧媒介往往会作为新媒介的内容而得以继续存在,并且也只有以这种融合旧媒介形式的方式,新媒介才能补救自身的不足从而充分展示自己的魅力。他说,之前存在的媒介形式都会转变为之后出现的所谓新媒介的内容。比如,文字的内容就是之前的口语,《书林

---

① 李晓云:《媒介生态与技术垄断——尼尔·波兹曼的技术垄断批判》,《四川大学学报(哲学社会科学版)》2007年第1期。
② "media ecology"也被译为"媒介环境学",参见何道宽:《异军突起的第三学派——媒介环境学评论之一》,《深圳大学学报》2006年第6期。
③ [美]杰克·富勒:《信息时代的新闻价值观》,陈莉萍译,新华出版社1999年版,第244页。
④ 胡泳:《众声喧哗:网络时代的个人表达与公共讨论》,广西师范大学出版社2008年版,第79~80页。
⑤ [美]保罗·莱文森:《莱文森精粹》,何道宽译,中国人民大学出版社2007年版,第5页。

藻鉴》云："声不能传于异地，留于异时，于是乎文字生，文字者，所以为意与声之迹。"① 又如20世纪70年代后期出现的录像机，作为一种新媒介形式，它将电影和电视都转变为媒介内容。今天的数字技术将这一过程发挥到极致，因为计算机可以将先前所有的媒介形式转变为媒介内容，包括了打字机、传真、录音机、收音机、照相机、电视机和录像机，由此，先前分离这些媒介形式的界限变得日益模糊，新技术允许将它们全部都装载到一种单一的媒介之中，有时这单一媒介可能仅仅就是一个计算机应用软件，比如 RealPlayer 这一软件就集录音机、电视机、录像机和音乐播放器于一体。②

新媒介以旧媒介为内容并非简单的"新瓶装旧酒"。麦克卢汉指出："新媒介并不是旧媒介的增加，它永远不会停止对旧媒介的压迫，直到它为旧媒介找到新的形态和地位。"③ 按照麦克卢汉的媒介演化定律，当新媒介的新功能放大到极端时，那些旧有的媒介功能又会以全新的面貌得以重生，并作为一种补救性的措施融入进来，进而使得该媒介形式逆转为一种全新的媒介形式，从而焕发勃勃生机。④ 保罗·莱文森（也译利文森）提出"窗户理论"（也称"媒介补偿性理论"），指出媒介形态的变化是"补救性媒介进化"的结果，即每一次媒介形态的改变都是修正前一次媒介形态的缺陷。⑤ 新媒体具备了传统媒体所没有的功能，这些功能体现了新媒体对旧媒体的补救。窗户是对居室的补救，窗帘是对窗户的补救，有线电视是对传统电视覆盖不足的补救，计算机文字处理是对传统打字媒介的补救，而"互联网则成了一切媒介的媒介（补救）"⑥，成为媒介融合的最高表征。

媒介中有一部分内容是始终不受补偿性理论影响的，那就是媒介内核，它让媒介在横向和纵向的补偿之中始终具有一定的恒定性。一是纵向补偿中的恒定性。媒介补偿理论推进的媒介进化是一个纵向的自我完善过程。比如，电视的进化主要是修复画质，使画面越来越清晰，适应人的观赏习惯。从最初的机械成像到现在的高清电视，电视声音和画面的叙事方式保持着高度的稳定性。二是横向补偿中的稳定性。莱文森认为："媒介的存活就像媒介的进化一样，是一个复杂

---

① 马宗霍辑：《书林藻鉴》，商务印书馆1935年版，第54页。
② [英]尼古拉斯·盖恩、戴维·比尔：《新媒介：关键概念》，刘君、周竟男译，复旦大学出版社2015年版，第9页。
③ 秦格龙：《麦克卢汉精粹》，南京大学出版社2000年版，第418页。
④ 转引自蒋原伦主编：《媒介文化十二讲》，北京大学出版社2010年版，第124页。
⑤ [美]保罗·利文森：《软边缘：信息革命历史与未来》，熊澄宇等译，清华大学出版社2002年版，第113页。
⑥ 邵培仁：《媒介生态学——媒介作为绿色生态的研究》，中国传媒大学出版社2008年版，第40页。

的现象。不仅要看媒介复制现实和跨越时空的能力，而且要看它与其他类似的媒介相比较的性能。"① 在现代的媒体融合的环境里，媒介在纵向自我进化的同时，也会横向地学习和借鉴其他媒介的功能和特征。客观上看，媒介融合是媒介边缘不同半径的融合，而不是两个媒介核心彼此取代。② 媒介有一部分恒定性，是因为媒介有一个稳定不变的内核，这个内核是在媒介诞生之时就已经被确立了的，不管媒介的功能如何丰富和进化，都不能脱离其初始的内核，这个内核就是人类对媒介的诉求。麦克卢汉认为媒介是人的延伸。媒介在某些方面延展了人的能力，反过来说也补足了人的某种能力缺陷。媒介就是为了满足这个需求而诞生的。在媒介融合的关系中，媒介本身的进化、媒介相互补足都是可能的，但是最终不会出现脱离内核的补偿性媒介，也不会出现一种媒介完全替代另一种媒介的情况。③

2. 传统媒体与新媒体的融合与渗透

（1）传统媒体的新媒体化。传统媒体新媒体化是指传统媒体融合了新媒体的功能和特点，但本质上还是传统媒体的基因，如《纽约时报》、《人民日报》、中央电视台等构建新媒体平台。Web1.0时期，传统媒体纷纷触网开设新闻网站、开通电子版的报纸，内容融合是这一时期的主要形式。Web2.0时期，新闻博客产品和新闻网站的兴起，传统报纸和网站壁垒的打通，这一时期媒介融合的主要特征是传统媒体与新媒体在技术和平台上完美融合，交互性是融合媒体的显著特征。web3.0时期，移动互联网和社交媒体的兴起，使得一大批新媒体产品应运而生，如微博、微信、客户端等与传统媒体深度互动，这一时期传统媒体和新媒体的融合从内容、平台发展到了产业上的融合，传统媒体参与新媒体项目的开发与创业、新媒体为传统媒体提供商业平台和模式。④ "在这个号称融合与汇流的年代，传统媒体的内容同样并且也事实上通过新传媒而扩大流通，因此传统媒体设定议题的能力不变，依旧可以是主流舆论的主导"⑤。

（2）新媒体的传统媒体化。新媒体的传统媒体化是指新媒体汲取传统媒体的价值，具备了传统媒体的一些特点。不管是谷歌、脸书、亚马逊，或是如《赫

---

① [美] 保罗·莱文森：《莱文森精粹》，何道宽译，中国人民大学出版社2007年版，第38页。

② 参见付晓光：《互联网思维下的媒体融合》，中国传媒大学出版社2017年版，第116～118页。

③ 参见付晓光：《互联网思维下的媒体融合》，中国传媒大学出版社2017年版，第120～122页。

④ 张美玲、朱姝：《我国媒介融合的发展阶段研究》，《新疆职业大学学报》2014年第6期。

⑤ 冯建三：《传媒公共性与市场》，华东师范大学出版社2015年版，第66页。

芬顿邮报》这样的聚合引擎,都直接或间接采纳新闻采写模式。正如巴勃罗·博奇科夫斯基在对《纽约时报》的研究中指出的:新技术重新利用了传统新闻生产方式;数字媒体呈现了熟悉的印刷媒体报道方式,在线记者表现出与印刷媒体记者一样的把关人职业认同。简·辛厄关于记者博客的研究也证实了上述结论。"政治记者博主以高度互动和主动参与的形式广泛使用链接,主要关注其他主流媒体网站,尽管经常会发表各种意见,但大多数记者仍在坚守把关人职责。"辛厄总结新闻记者是这些博客"正规化"的一个要素,在某些方面加强和完善了传统新闻准则和惯例。即便是在那些最年轻、最常用推特的记者中,新闻专业主义是"讨论的永恒主题",他们拓展而不是背离了传统速度、准确和负责、透明准则的含义。① 电子书、kindle 的出现都是在互联网的基础上保持印刷文化特点,也就是在新媒体革新的基础上保存旧媒体的特点,创造出适合人类社会的媒介。②

(二) 发展趋势:传播秩序的再造与重构

当前传统媒体重新崛起是媒介融合的发展趋势。就传播权力而言,媒介融合反映了新旧传播权力的博弈和斗争,"不是东风压倒西风,就是西风压倒东风"。我们一直相信新媒体对传统媒体的绝对优势,双方战斗的结局似乎早已注定:新传播权力大获全胜。新媒体一路"高歌猛进",攻城略地,但这种势头很快就发生了逆转。早在 2000 年互联网泡沫破灭后,传统媒体重新崛起,这在世纪并购之后时代华纳最终压倒新媒体美国在线的胜利中可见一斑。媒介融合能够赋能,传统媒体为维护和巩固传统媒体的既得利益和主流地位,借助媒介融合战略在自身新媒体化的同时,将新传播权力纳入既有新闻传播格局,从而重新夺回主导地位。就目前来看,曾被唱衰的传统媒体在与曾被热捧的新媒体的博弈中重占上风,大有卷土重来之势,传统媒体与新媒体的权力再平衡在新技术条件下得以重构。

首先,媒介融合战略,还有欧盟通过的新版权法案、加强新媒体监管等,其意义在于建构新规则和传播新秩序。优步(Uber)曾经对传统出租车市场造成巨大冲击,一时风头无两,但在传统势力和社会舆论的压力下,各国政府开始介入对 Uber 的规管,Uber 被重新纳入传统出租车势力控制之下,对出租车市场不再构成威胁。新媒体与传统媒体的关系也经历了类似 Uber 与出租车关系的变化。互联网的崛起特别是以新兴媒介为代表的新传播权力不断发展,必然对以传统媒体为代表的既有传播权力和秩序乃至克里斯坦森所谓的"破坏性创新"构成挑战。传统媒体借助媒介融合,在吸纳新技术的同时,通过法律规制等手段,将互联网这一公共资源转变为传统媒体的互联网资源,以维护和巩固其既得市场利益

---

① 周红丰、吴晓平:《重思新闻业危机:文化的力量——杰弗里·亚历山大教授的文化社会学反思》,《新闻记者》2015 年第 3 期。
② 杜丹、马亮:《从媒介理论看媒介融合的特点》,《西部广播电视》2017 年第 11 期。

和权力。国外一些报业媒体逐渐认识到社交媒体对信息资讯的垄断,并尝试进行了一系列反垄断举措。为打破谷歌与脸书的垄断威胁,美国《纽约时报》联合《华尔街日报》母公司新闻集团、贝佐斯旗下的《华盛顿邮报》,以及美国其他报纸,向国会寻求反垄断豁免,以允许它们集体与脸书和谷歌展开谈判,从而实现权力再平衡。① 2020年6月25日,谷歌宣布将在德国、澳大利亚和巴西为使用新闻内容向新闻机构付费,不久后将把这一做法扩展到更多国家。各国也加强了对谷歌和脸书的施压,欧盟已通过修改后的著作权法,要求刊登新闻详情时,向拥有著作权的提供者支付"妥当的使用费"。②

在我国,媒介融合作为国家战略,主要目的是促进传统媒体通过融合转型为新型主流媒体,抢占网络舆论高地和话语权,形成难以撼动的主导优势。正如勒戈所说,政治层面的顶层设计,在指明媒体融合这一方向的同时,也限制了在这条道路上前进的主体和方式——不是任何媒体都可以乘这班媒体融合的快车。《关于推动传统媒体与新兴媒体融合发展的指导意见》的意义在于,通过行政手段要求目前的主流媒体(大部分是学术上所说的传统媒体)借新媒体之形提升影响力,是对传统媒体的鞭策,而不是对新媒体开启了大门。在这种传统媒体与新兴媒体政治身份不对等的情况下,新兴媒体的发展要服务于传统媒体竞争力的提升;中央所鼓励的是传统媒体通过业务拓展、资本控股的方式,成为新型主流媒体。③ 中央提出媒体融合发展的国家战略,其实是期望通过融合做大做强媒体集团,通过媒体更好地完成新闻宣传任务、引导舆论、保持社会稳定。④ 总之,行政力量通过"看得见的手",从中央到地方开展"传播力量的再平衡",强力推进传统媒体由"边缘"再次走向"中心"。

其次,与新媒体自身不断暴露出来的问题有关。近来新闻媒体关于优步(Uber)杀人、"滴滴"见血的报道,南京市政府部门要求滴滴加入政府监管平台,以及此前脸书、推特等新媒体泄露用户数据,政治势力通过互联网平台操纵选举,缺乏有效监管,等等,反映了新媒体存在问题的严峻性和紧迫性。新媒体问题多多,人们对新媒体与传统媒体的信任"此消彼长"也就不足为怪了。爱德曼公司的《2018信任度晴雨表》报告显示,社交媒体公司正在失去公众信任,而传统媒体重拾信任,只有不到1/4的英国人信任社交媒体,这可能跟社交媒体公司2017年陷入的一系列争议有关。科技巨头们发现自己被控传播假消息、为极端分子的活动提供帮助以及忽视儿童的安全。人们对社交媒体的信任已经有所

---

① 唐绪军、黄楚新、彭韵佳:《中国媒体融合发展报告(2016—2017)》,中国社会科学出版社2018年版,第5页。
② 《谷歌将向新闻媒体"付稿费"》,《参考消息》2020年6月27日第6版。
③ 勒戈:《谁主融合:媒体融合的话语博弈》,《新闻爱好者》2016年第12期。
④ 蔡雯:《媒体融合:面对国家战略布局的机遇及问题》,《当代传播》2014年第6期。

下降，原因是他们日益担心社交媒体平台的管理不够规范。调查还发现，随着公众对社交媒体的信任度下降，他们对传统媒体和纯在线媒体的支持率及信任度不断增长。在2018年的信任度调查报告中，公众对所谓传统媒体（包括广播公司和出版商在内）的信任度增长了13个百分点，达到61％。这是自2012年以来从未达到过的水平。①

传统媒体强势崛起的原因，从传播权力的角度看，詹姆斯·卡伦认为："新的传播渠道的出现影响了社会的权力结构。新媒体会导致新的权力中心的出现，从而在现存的威权结构内部引发日渐激化的紧张状态；另一方面，新媒体有时候会绕开已经建立起来的媒体传输机构，发布遭到禁止或限制的信息，通过这种方式来破坏控制社会知识的等级制度。诚然，新媒体通常是被整合到权力体系当中去的，这样一来，其所具有的打破现有的信息流动秩序的潜力就遭到了限制。"②詹姆斯·卡伦所说的新媒体是指历史上新出现的各种媒体，比如报刊时代的广播电视，但上述论断同样适用于互联网时代的新媒体。

就微观层面看，媒体融合并非总是成功的，而是充满了风险和挑战，如美国在线与时代华纳的融合转型以失败而告终，在我国，成都传媒集团、黑龙江省大庆新闻媒体相继在整合几年之后又一次分开。③ 不过，从宏观层面和长期发展来看，不同媒介之间的分合乃正常现象，说明媒体融合发展的过程是曲折而非一帆风顺的，但并不意味着媒介融合趋势的终结。从历史发展的角度看，互联网之后的媒介融合进程并不会停止，因为随着更新的技术的出现，将会产生更新的媒介，而现有的新媒介则变成了旧媒介，媒介的发展变化还在继续，新旧媒介整合的媒介融合将在更高的层次继续发展，新的融合现象呈现螺旋式上升趋势，新旧传播权力的博弈和斗争也不会终止。由于政治、经济、社会文化诸方面条件的变化，未来媒介融合的形态、内容和属性会表现出不同于现阶段的新形式和特征，可以预期的是，媒介融合将在种种关系甚至矛盾和冲突中向前推进，要实现良性发展和成功，除了新旧传播权力的再平衡以外，还需要在媒体利益、公众利益与社会利益特别是公共利益与商业利益之间，在媒体、政府、市场和社会之间，在新的媒体产业内部以及外部利益相关方之间保持适度的均衡发展。

---

① 《社交媒体暴露多重问题 调查称传统媒体重拾公众信任》，《参考消息》2018年1月24日第8版。

② [英]詹姆斯·卡伦：《媒体与权力》，史安斌、董关鹏译，清华大学出版社2006年版，第68～69页。

③ 陈国权：《全国的地市媒体都在合并，大庆的报纸广电合并后却又分了!》，"报业转型"微信公众号，2019-05-08，https://www.sohu.com/a/312849421_570245。

四、媒介融合的动因

关于媒介对社会影响的研究，大致有技术决定论与社会决定论两种视角，但媒介与社会之间的关系极为复杂，不仅是由技术或社会所决定的。从媒体角度看，传媒发展的动因不外内因与外因两大类，政治、经济、技术、社会文化等可以归为推动媒体演变的外因和环境，但这样的划分有媒介中心论之嫌，因为媒介在整个社会生态系统中不过是其中的重要成员之一，在融合时代，这一点尤为明显；而且政治、经济、社会文化等也不仅是传媒的环境，它们与媒介之间是相互建构的关系，按照社会行动网络理论（ANT）[①]，新闻媒体、政治、经济、技术、社会文化可视为媒介生态系统中不同的行动者。

媒介融合的动因则更为复杂，是政治、经济、社会文化等各种力量综合作用的结果，也就是说技术、政治、经济、社会文化诸力量与媒体相互建构，不同条件下不同行动者所处地位也不同，其中某个行动者可能占主导，共同推动着媒介融合与传媒转型发展实践。媒介融合的动因可以归纳为技术因素、政治因素、经济因素和社会文化因素等四种，它们对传媒融合转型既有保障或引导作用或推动力，同时也有抑制或约束作用。我们需要研究媒介融合与传媒转型的技术条件、政治条件、经济条件和社会文化条件及其背后的权力关系等，探讨媒介融合的动力机制和规律，以实现媒介融合服务于社会民主和国家发展的总目标。

（一）技术动因

新技术特别是数字化信息传播和互联网技术的产生和发展是媒介融合与传媒转型的先决条件。以数字化、网络化技术为支撑的技术融合是媒介融合的依据和出发点，具体可分为三个方面：①信息源融合。这是指基于数字化技术的应用，任何媒介类型的任何内容及表现形态均可转换为符码化的"0""1"来进行存储和传输，这意味着作为信息源的符码是相对一致的。②传输渠道融合。这是指基于网络化技术的普遍运用。以往不同媒介类型、不同形态信息内容的传输信道由单一性、差异化走向互动联合，从而形成具有共通性、兼容性的多媒体网络传输平台，对媒介内容进行集成和分销，如"三网融合"、物联网等。③接收终端融合。所谓媒体终端融合，是指在数字化、网络化技术的推动下，媒介消费者所使用的信息接收终端设备即信宿呈现出多种功能融于一体的特征，并"以一种开放的终端平台将信息和服务传递给使用者"。具体的终端类型如数字电视一体机、

---

① ANT 理论是法国社会学家拉图尔、卡龙和劳提出的 actor network theory（行动者网络理论）的简称。它的基本思想是，技术创新是其所在环境中所有决定性的影响因素互动的结果。具有决定性作用的因素，不管是人还是非人，统称为"行动者"。行动者彼此互动，构成一个网络，技术创新就是这个网络及其行动者互动的结果。这个网络确立后，行动者的改变会联动地改变网络和技术创新的性质。

互联网电视机、个人电脑、手持多媒体终端等。① 终端融合包括两方面的含义：一是指终端设备融合，二是指终端设备融合所带来的信息平台和服务内容的融合。②

一般而言，技术融合主要有以下四个特点：①数字化。数字化信息技术革命，也可以定义为用 0 和 1 编码来表达和传输一切信息的一场综合性技术革命。数字化信息技术将文字、图像、音乐、数据和其他信息以 0 和 1 的形式储存、压缩与更正，通过光纤或无线频谱以光速传输，具有易交换、高容量、高稳定和高清晰等特点。③ ②网络化。即互联网化，也就是原来不同形态的媒介产品传播渠道，如电信网、广电网、互联网的融合与互联互通，像"三网融合"、物联网等。③智能化。覆盖媒体内容生产（策、采、编等）、信息传输和消费（接收终端等）全部环节。在技术驱动下，当前传媒融合转型已进入智能化发展的新阶段。《人民日报》研究部编辑耿磊认为，媒体融合的下一步是迈向智能媒体，实现万物互联。智能媒体具有以下特征：技术逻辑和商业逻辑结合激发社会需求；智能媒体是一个完整的生态系统，贯穿新闻业务的采、编、发全流程；智能媒体能够实现信息与用户的高效精准匹配。④ ④标准化。在媒介融合制度安排的框架中，技术和服务标准是不可或缺的部分。技术融合中技术和服务标准的制定至关重要。⑤ 如在终端融合中，无论是终端设备的融合还是终端服务的融合，最大的问题就是标准问题。"3C 融合"的关键就在于标准的统一。各类终端之间的数据交换和兼容性问题成为"最后一公里"的关键。

（二）经济动因

媒介融合离不开经济因素或商业利益的驱动。新技术的应用离不开市场要素，从商业角度看，技术对媒体转型创新的作用主要是提高效率、降低成本、增加利润。媒体融合的关键在于资源的重新配置或资源优化配置。从媒体角度看，传统媒体的经营危机构成了传媒融合转型的重要驱动力。以互联网和移动互联网为基础的新媒体对传统媒体的生存与发展构成了挑战与冲击，传统媒体发展面临着危机和困境——媒体还在，受众走了；媒体还在，广告商走了；阵地还在，干活的走了，"春潮带雨晚来急，野渡无人舟自横。"传媒业面临着传媒发展史上从未有之大变局。在这样的背景下，传统媒体只有推进深度融合，才能走出一条

---

① 刘颖悟、汪丽：《媒介融合的概念界定与内涵解析》，《传媒》2012 年第 1 期。
② 蔡雯：《媒体融合与融合新闻》，人民出版社 2012 年版，第 6 页。
③ 喻国明等编：《传媒经济学教程》，中国人民大学出版社 2009 年版，第 250 页。
④ 杨勇、李悦、李秋霖：《中国传媒经济四十年高峰论坛暨第七届中国传媒经济年会综述》，《新闻爱好者》2019 年第 3 期。
⑤ 王润珏：《媒介融合的制度安排与政策选择》，社会科学文献出版社 2014 年版，第 189～190 页。

可持续发展的新路。

与此同时,媒介融合也是传媒企业面对新产业环境所做出的主体反应。首先,在规模经济方面,融合企业生产的媒介产品可以在更高层次上满足消费者更多元化的消费需求,这不仅使企业的供给方规模经济效应更加显著,而且为企业实现需求方规模经济创造了条件。例如,报网融合、台网融合、广播电视融合和报纸杂志融合等,信息资源以不同的形态在不同的媒体中呈现。除了注重供给方的规模经济效应,新产业环境下传媒企业对规模经济的追求还应该从改善市场的需求状况着手。比如,传媒企业可以通过产品的多样化与个性化以及服务的高质量与高附加值来扩大需求规模。其次,在范围经济方面,由于数字技术的传媒应用降低了不同企业之间的资产转换成本,扩大了资产要素的共享范围,因此,传媒融合企业对可共用资产要素的利用效率要明显高于传统媒体企业,因而能够获得更大的范围经济效应。范围经济效应的大小取决于可共用资产要素(知识、经验)共享的广度和可投入生产要素开发利用的深度。在新产业环境下,不同传媒企业的生产投入要素可以实现低成本甚至无成本转换,即相当于扩大了资产要素的共享范围。可共用资产要素能够同时用于不同媒介产品的生产,因此,它在所有资产要素中占有的比例越大,传媒企业对可投入生产要素的利用效率就越高,企业之间的融合动力也就越强。[1]

(三) 政治动因

政治因素主导的媒介融合主要特点是政府主导、改制先行,如中国、新加坡的媒介融合模式。放松规制是传媒产业融合的外部条件[2]。放松规制就是政府放松对自然垄断或其他产业的进入退出、价格等方面的行政或法律的监管,使不同的产业之间可以相互进入、渗透和竞争,从而加强市场竞争。市场缺乏活力、融合技术市场推广的难度以及政府文化软实力竞争的需要,促发了政治融合;继而,政府对产业管制放松,以行政手段推行融合技术,破除资本融合的政策壁垒,组织文化也自上而下地趋向融合,但此类融合忽略了必要的市场前提,技术改革的风险较高,产业垄断导致民主衰落,因此,政府进一步改革的决心受阻。[3]

在我国,推动传统媒体和新兴媒体融合发展,建构现代传播体系,是党中央着眼于巩固宣传思想文化阵地、壮大主流思想舆论、形成网上网下同心圆作出的重大决策和战略部署。2019年1月25日中共中央政治局就全媒体时代和媒体融合发展举行第十二次集体学习。习近平总书记强调,要运用信息革命成果,推动媒体融合向纵深发展,做大做强主流舆论,巩固全党全国人民团结奋斗的共同思

---

[1] 参见许志晖:《媒体融合的经济学分析——探寻媒体融合的动因、路径及其效应》,北京师范大学博士学位论文,2011年,第43~45页。
[2] 肖叶飞、刘祥平:《传媒产业融合的动因、路径与效应》,《现代传播》2014年第1期。
[3] 参见黄金:《媒介融合的动因模式》,中国书籍出版社2011年版,第1~3页。

想基础,为实现"两个一百年"奋斗目标、实现中华民族伟大复兴的中国梦提供强大精神力量和舆论支持。各级党委和政府要从政策、资金、人才等方面加大对媒体融合发展的支持力度。媒体融合政策的基本目标是建构作为国家治理能力以及维系舆论主导权的现代传播体系。以"三网融合"为例。在技术层面,"三网融合"已经成为可能,并且有业界付诸实践,如数字电视、手机电视业务等。然而,当这种融合潮流从技术层面进入管理制度(政治)层面时,由于牵涉不同部门、行业之间的利益而受到阻碍。"三网融合"究竟该由哪一方主导、该用哪种思想进行主导成为矛盾的焦点。如果由电信方主导,按照企业利益最大化的思维进行操作,那么政府维系多年的意识形态管理体系可能会发生动摇。因为政府高层所期待的"三网融合"是造就一个"可控可管、信息安全"的网络而不是其他,尤其是中国社会进入了矛盾冲突不断的转型期,所以,虽然电信业在业务和战略上努力朝着媒体化的方向发展,但是在这场博弈中仍然处于下风,因而广电所代表的媒体方在我国的"三网融合"发展中取得了暂时的领先。[①]

(四)社会文化动因

1. 从使用与满足理论看,社会需求主要是受众的需求成为推动媒介融合的主要动力

媒介融合背景下,受众既是接受者又是传播者,随着新技术特别是数字化和移动互联网技术的崛起和普及,受众从传统媒体转向新媒体,特别是社交媒体成为人们获取信息和娱乐的主要渠道。受众不仅能够通过新媒体尤其是社交媒体随时随地接触信息,同时可以随时随地迅速选择、传播和加工、评价和分享信息,成为互联网时代的产销者(prosumer)。亨利·詹金斯认为媒介融合不是由技术驱动的,也不是由经济驱动的,而是由参与式文化所驱动的。詹金斯承认,营利的动机可能会使得媒介机构在文化产品的创作过程中,充分地利用草根力量。但在他看来,新的传播技术、媒介机构的利益和文化转型只是全部画面的一个部分,归根结底,媒介融合来自在文化生产中积极的草根努力。[②] 詹金斯长期从事粉丝文化研究,他将草根阶层看成媒介融合的重要力量,认为媒介融合"既是一个自上而下公司推动的过程,又是一个自下而上由消费者推动的过程。公司融合与草根融合同时并存"[③]。许多时候,正是草根阶层的积极参与才推动了媒介有效地融合。

[①] 黄升民:《三网融合下的全媒体营销》,载李海容编:《泛媒时代:媒介创新与未来》,暨南大学出版社2011年版,第25页。

[②] 岳改玲:《小议新媒介时代的参与式文化研究》,《理论界》2013年第1期。

[③] [美] 亨利·詹金斯:《融合文化:新媒体和阳媒体的冲突地带》,杜水明译,商务印书馆2012年版,第50页。

2. 追求专业性

在我国，全媒体战略的提出与实践有以下的背景：①公民记者的团队成长与公民新闻生产机制的成熟，对报业新闻生产形成"圆形监狱"式的监控与制衡；②职业新闻记者角色的嬗变带来传统新闻业的职业属性的衰落；③在纸媒衰退、关注度下降的同时，如何保证负责任的公共事务报道的数量与质量；④传统新闻实践的专业规范和权威性是否能继续获得新一代受众的认可与信任；等等。报业全媒体战略转型在根本上基于这样重塑新闻的专业逻辑驱动：在保持内容生产的价值优势的基础上进行全新的内容产业体系的建构，以确立专业内容的公信力与不可替代性；借用传媒新技术（微博、SNS网络、智能手机、数字采编平台）武装记者，以优化传媒人的职业角色优势与工作方式的专业性；在开放性的社会化生产机制之内创新专业新闻的生产规范，以确保新闻的客观公正以及公共价值，报业通过这些措施来捍卫专业化新闻实践的职业属性及新闻传媒应有的社会价值。尽管当前报业全媒体新闻实践仍处于传统新闻生产的结构性制约之中，在传媒新技术环境中甚至出现专业失范，但这些弱势与困境都可以在全媒体框架下破局，进一步促成新闻传播的规则再造与范式改变。2010年12月6日，《中国新闻周刊》在其新浪官方微博上转发源自推特关于金庸逝世的假新闻，受到舆论批评，随后副总编辑及负责微博的编辑双双辞职，这个事件进一步凸显传统媒体仍未建立新媒体传播模式的新闻生产规范。①

媒介融合主要是政治力量、经济力量博弈的结果，是政府与传媒在各自利益取向下的制度选择。这就必然会出现权力与资本所形成的博弈或结盟，并形成特殊利益集团。它们的主要战场是市场化传媒这个增量，在这里，权力与资本才具有博弈或结盟的空间，这就是当下的市场意识形态，其逻辑是，通过市场化，权力借助资本继续进行并加强控制，资本在这个过程中渐渐成为传媒重组的主力，借助权力获得丰厚回报。② 而这一市场意识形态就要求主导者在二者中保持利益的均衡，在均衡中确保双赢。但这种均衡是难以确保的，因为还有另一种力量，那就是被称作弱势群体或者说是大众的力量，即载舟者，忽视这一种力量是非常危险的。这就是当下传媒转型的原生态，这个转型的时间会有多长，要看哪种力量会首先打破这个均衡。③

---

① 麦尚文：《全媒体融合模式研究》，中国人民大学出版社2012年版，第53～54页。
② 胡正荣：《媒介寻租、产业整合与媒介资本化过程》，《媒介研究》2004年第1期。
③ 张伟：《传媒转型的逻辑与使命》，《中国海洋大学学报（社会科学版）》2008年第3期。

第二节　媒介融合中的传媒转型理论与实践

媒介融合已经进入"深度融合、整体转型"的关键阶段，在这一阶段，传媒从外在的融合表现为立足自身的转型，传媒借助新技术整体转型为新型媒体。传媒转型乃媒介融合题中应有之义，传媒在融合中转型并在转型中融合，因此，我们不妨把媒介融合与传媒转型简称为传媒融合转型。

所谓"转型"，其本义是"转变"或"变换"，是对事物进行一种根本性的变革，即通过改变某事物的形态或性质使其更好地满足新的需要。"转型"原本是生物学概念，后来逐渐用来描述经济社会发展过程中经济社会形态的变化。20世纪80年代，这一概念被广泛应用到发展经济学中，用于描述发展中国家经济发展阶段和过程。20世纪90年代以后，这一概念被用于描述东欧国家经济社会体制从社会主义计划经济体制向市场经济体制转变的过程。在我国，从20世纪80年代开始，这一概念被用来描述经济体制层面的改革与发展的过程，即从计划经济体制向市场经济体制的转变。从制度经济学角度看，转型是指一个以新制度代替旧制度的过程，是实质性的改变和引入全新的制度安排。所谓体制，是指一整套政治的、经济的和文化的制度规范，转型包含政治、经济和文化这三个方面的体制的转型。从现实层面看，它们不一定同步，转型期是指转型的时间和过程。有关传媒融合转型的研究，除了前述媒介融合研究以外，最重要的就是对转型及传媒转型的研究。本书相关的转型理论研究主要涉及三个方面：一是社会结构转型的研究；二是经济转型主要是产业转型研究；三是传媒转型的相关研究，即传媒在上述背景下自身的转型的研究。

一、社会结构转型研究

社会结构转型泛指人类历史上不同时期一种社会结构向另一种社会结构的变迁，这里特指传统社会向现代社会的变迁。社会转型研究主要基于发展理论，传统—现代模式和"刺激—反应"等，以西方现代化为标准，认为社会转型是指非西方国家或者不发达国家的现代化转型，即传统社会与现代社会的对立与转化。社会结构转型不是指某些单一指标的实现，而是指一种整体的和全面的结构状态的过渡，这也就意味着，人们的价值体系、生活方式、行为方式等都会在社会转型期发生明显的变化。[①] 有关中国转型的研究路向大致都是沿着"传统—现

[①] 参见李培林：《另一只看不见的手：社会结构转型》，社会科学文献出版社2005年版，第3～7页。

代"这一模式。① 我们所研究的中国现代化转型特指从计划经济向市场经济的转型,其起始时间为1978年。改革开放以来,市场经济体制的逐步确立与完善,使传统的经济结构发生了本质性的变化,正是这种经济结构的转型引发了社会在政治、法律、文化、伦理及心理等多种结构的转型。② 实践证明,围绕经济建设这个中心进行的改革开放取得了巨大的历史性成就。1993年党的十四届三中全会确立初步建立社会主义市场经济体制。2003年党的十六届三中全会提出完善社会主义市场经济体制,开始了一个以制度建设为主题的新的历史时期。2006年1月,中共中央国务院发布《关于深化文化体制改革的若干意见》,文化体制改革进入全面推进阶段,表明从1978年开始的中国社会转型的中心从经济领域转向了文化传播领域。③ 与此同时,全球化也是中国社会转型的重要背景。周晓虹把全球化同中国转型相结合,认为这是现在讨论中国研究的两个基本纬度,两者相互交织,"无论是中国社会的宏观变动,还是中国人的社会行为的微观变动,自然都只能从全球化和社会转型的大背景中获得全面而真实的解读"。④

"社会转型"这一概念在20世纪90年代以后成为描述和解释中国改革开放以来社会结构变迁的重要理论范式和分析框架。随着从传统的计划经济体制向社会主义市场经济体制的转变,中国社会从自给、半自给的产品经济社会向社会主义市场经济社会,从农业社会向工业社会,从乡村社会向城镇社会,从封闭、半封闭社会向开放型社会,从同质的单一性社会向异质的多样性社会,从伦理型社会向法理型社会,总之,是从传统社会向有中国特色社会主义现代化社会的转型。⑤ "当代中国社会转型最重要的特征和最深刻的意义在于它把市场化、工业化与现代化和社会主义制度的改革三类重大的社会转型浓缩在了同一历史时空,从而构成了一次前所未有的社会变迁"⑥。有学者将中国社会结构转型的特点概括为:①结构转型与体制转轨同步进行。经济改革和对外开放促成各种新要素的产生和导入。②政府和市场的双重启动。从政府的作用来看,改革开放始终表现为一个倡导、宣传、试点、推广的过程。从市场作用来看,由于改革是以市场为取向的,改革直接表现为市场作用的扩大,在调节供求关系和资源配置方面,市

---

① 高全喜:《论国家利益》,载《大国之道:自由主义和民族主义》,转引自张伟:《传媒转型的逻辑与使命》,《中国海洋大学学报(社会科学版)》2008年第3期。
② 闻娱:《媒介交换网络中的新闻伦理》,中国社会科学出版社2014年版,第88～89页。
③ 赵月枝:《传播与社会:政治经济与文化分析》,中国传媒大学出版社2011年版,第263页。
④ 周晓虹:《探求全球化语境中的中国经验与中国体验》,载周晓虹:《全球化视野下的中国研究》,中国社会科学出版社2012年版,第70页。
⑤ 林默彪:《社会转型与转型社会的基本特征》,《社会主义研究》2004年第6期。
⑥ 靳江好、王郅强:《当代社会矛盾呈现五大特征》,《瞭望新闻周刊》2007年第46期。

场已逐步成为主要的力量，而且市场已不是作为个别、单一的因素介入经济社会生活，而是逐步发育成一个完整的体系。③城市化过程的双向运动。即城市的扩展辐射与农村自身城市化的双向运动。④转型进程中的非平衡。主要表现在地域上的梯度发展格局，城乡之间的二元结构，经济发展与社会发展的不平衡，等等。① 经过40多年的改革开放，中国已经进入改革的"深水区"，社会转型已经进入了"社会矛盾多发时期"②，意味着人们不能再"摸着石头过河了"。总之，新中国成立至今，中华民族已逐步从工业化、现代化过程中获得民族自信，已经到了一个要求摆脱西方、重新寻找民族认同的价值的时代，③ 但当下的中国仍处在"过去未去，未来已来"的现代化转型过程中，现代性工程尚未完成。

二、产业转型相关研究

由于20世纪90年代初开始的苏联、东欧以及中国在内的社会主义国家经济转型浪潮，引发国际学术界对转型问题的讨论，各种经济转型理论比如转型经济学纷纷涌现。我国传媒业转型就是在整个国家经济转型的大背景下进行的，因此经济转型的一些理论对研究传媒业转型具有启示意义。洪银兴等认为："这种经济转型主要涉及三个方面：①经济体制由计划经济向市场经济的转型，即市场化；②发展阶段由传统向现代转型，即现代化；③经济由封闭向开放的转型，即国际化。"④ 在经济领域，宏观层面的转型主要指经济转型；中观层面转型则主要包括区域经济转型、资源型城市转型、产业转型等；微观层面则指企业的组织结构转型、战略转型、产品转型等，而经营模式关涉宏观、中观和微观三个层面。这里集中讨论与媒介融合最相关的产业转型。

产业转型研究并没有形成成熟的理论范式。目前国内外很多学者认为产业转型最核心的内涵是产业结构转型与产业组织转型及企业转型，因此，产业结构理论、产业组织理论及企业管理理论也就成为产业转型研究最为重要的理论资源，同时，熊彼特的技术创新理论、戴维斯与诺思的制度创新理论、弗里曼的产业创新成为产业创新研究的理论基础。产业转型有其特殊内涵，主要包括以下三种认识：第一种认识强调产业结构转型，即产业的升级换代。以主导产业部门的转换为特征来表示产业结构的变化，是生产要素的替代以及在变化环境下的一种重新

---

① 陆学艺、景天魁：《转型中的中国社会》，黑龙江人民出版社1994年版，第46页。
② 汝信、陆学艺、李培林编：《社会蓝皮书：2011年中国社会形势分析与预测》，社会科学文献出版社2010年版，第1页。
③ 肖频频：《媒介变革与社会转型》，学苑出版社2015年版，第87页。
④ 洪银兴、郑江淮、孙宁华：《经济转型和转型经济理论研究——洪银兴教授访谈》，《学术月刊》2004年第6期。

组合。① 对围绕产业结构变化、调整以及为解决这些问题所制定的政策措施展开研究。第二种认识重视产业布局重构。认为产业转型是从传统产业的布局结构转向以高新技术产业为主、服务业全面发展的产业新格局，导致城市功能结构特征发生变化。第三种认识重视产业内企业组织的变化，认为产业转型在微观层面上表现为不同规模层次的企业之间协作分工，以及企业组织的空间行为变化。总之，产业转型就是产业结构、产业组织、企业组织三大方面根本性的变革过程，最终改变行业边界，形成新的产业形态。产业创新是产业转型的主要途径。1912年熊彼特在《经济发展理论》中首先提出了创新这一概念，他的"创新理论"通过分析技术新发明等创新在资本主义生产过程中的运动和应用，来说明和解释资本主义的本质特征以及产生、发展和趋于灭亡的过程，对西方经济学尤其是发展经济学产生了深远的影响，后来的技术创新理论、制度创新理论和技术扩散创新理论等都是在该创新理论的基础上提出和发展起来的。从创新的作用和本质来看，它是经济发展的重要动力，也是企业生存和发展的源泉。②

三、传媒转型相关研究综述

传媒转型是社会整体转型的组成部分和必然的产物，传媒必须适应身处其中的政治、经济、社会文化的转型及其影响并实现自身的转型。所谓传媒转型相关研究，并非狭义的传媒转型研究，而是泛指传媒体制的转变和媒体自身的转型两个方面，主要表现为数字化时代"新闻业危机"或传媒业困境及变革与应对，从这个意义上看，传媒转型相关研究主要是指国内外对新闻业危机及变革的研究。就事实而言，新闻业或传媒业的危机特别是传统媒体的困境已是不争的事实，国内外研究对此已达成共识。传媒转型相关研究集中于如何认识和理解当前的新闻业危机，即新技术条件下传媒业困境的成因是什么，新技术或媒介融合能否救赎新闻业，新闻业的出路何在，研究者从不同角度加以探讨，提出了迥然不同的见解和方案。

（一）国外传媒转型研究

从体制转型的角度看，欧美传媒一直在市场经济体制下运行，不存在传媒体制转型问题，主要是传媒监管政策的调整和变化。近年来，新自由主义推动下的管制放松，传媒监管出现从原有的公共利益导向转向商业利益导向的趋势，由此引发媒体并购潮及其对社会的复杂影响，特别是欧美的公共传媒受到商业化的冲击，促使管制放松政策又有新的调整。传媒数字化转型始于1987年美国《圣何塞信使报》触网，1994年美国之音成为第一个与互联网连接的广播电台。伴随

---

① 张建平：《澳门信息业发展与产业转型》，《广东社会科学》1999年第4期。
② 锁箭、李先军、毛剑梅：《创新驱动：我国中小企业转型的理论逻辑及路径设计》，《经济管理》2014年第9期。

着媒介融合的进程，传统媒体经历了从局部转型即部分要素的转型向全方位转型的发展过程，具体表现为媒体融合与"融合新闻"的兴起和发展。媒介融合对新闻业的影响是广泛而且深远的，相关研究内容丰富，视角多样化。国外新闻传播领域的媒介融合研究大致有"六种类型说""三层次说"和"五种模式说"，主要是围绕融合新闻而展开，前文已有详述，不赘。

随着媒介融合实践纵深展开，国外融合新闻的研究发生转向。这些新的研究趋势包括新传媒技术对新闻生产的影响、新媒体时代传统新闻业的转型与重构、融合新闻传播中的新信息观念等前沿话题。杰弗瑞·S.威尔克森等学者在《融合新闻学原理》（2011）一书中，不但在业务层面提出"融合语境下的重新设计内容"理念，同时在理论层面也第一次阐述了"融合新闻学"的学科概念以及基本原理。

西方主要发达国家的传媒业转型进程持续了大约10年，以10年来的新闻业变革为基础，在金融危机对传媒业冲击的大背景下，当下西方新闻学界的研究重点之一，是在探究融合新闻业的创新与动力机制的同时，开始审视并反思传媒业正在发生的变革对新闻业自身以及社会文化等方面的影响，在此基础上进行新闻业的重构。[①] 国外对新闻业危机大致有三种不同的界定和观点：①商业模式危机观，认为传媒业危机的根源在于媒体商业模式的失效，应对措施是数字化转型；②新闻业结构危机观，认为传媒业危机的根源在于新闻商业化本身，应对措施是去商业化；③新闻文化观，认为传媒业危机成因不在于技术和经济，而是新闻文化或新闻专业主义被削弱了，应对措施是重塑和强化新闻专业性和职业道德等。下面综合相关研究成果对欧美特别是美国新闻业危机及传媒转型的基本情况作一评述。

1. 对新闻业危机的共识

传媒业危机植根于整个社会信息环境的根本变动，超出了单纯的行业、商业或政治治理的范畴。进入新世纪之后，欧美报业的生存困境渐成这些国家新闻业界与学界的讨论重点。近年来的新闻研究英文文献普遍认为报业危机在美国和欧洲广泛存在，以美国的报业危机程度最深。[②] 一项研究发现，许多关于报业危机的报道都含有"死亡"意象。[③] 近年来，美国学者开始研究全美地方报业变化整体图景，从政治、经济、社会等各方面探讨地方新闻业衰退的原因以及地方新闻

---

① 麦尚文：《全媒体融合模式研究》，中国人民大学出版社2012年版，第11～12页。
② 参见 I. Siles, P. Boczkowski, "Making sense of the newspaper crisis: A critical assessment of existing research and an agenda for future work", *New Media and Society*, 2012, 14 (8), pp. 1375 – 1394。
③ 参见 H. I. Chyi, S. C. Lewis, N. Zheng, "A Matter of Life and Death? Examing how newspapers covered the newspaper 'crisis'", *Journalism Studies*, 2013, 13 (3), pp. 305 – 324。

减少与消失带来的深刻影响,提出了"新闻沙漠"的概念。他们有的做全局调查,有的致力于如何改善,还有的已付诸行动,着手改造新闻沙漠。在今天的英文语境下,报业仍是新闻业的代名词,众多研究者关注报业危机的实质意义在于关注新闻,警惕高质量新闻缺失可能带来的社会危害。在英语文献关于报业危机的讨论中,至少有两点共识:①新闻业没有需求的危机,人们始终需要新闻。[①]②新闻业的水准直接关系社会福祉,应对危机的目的是保护和繁荣高质量的新闻实践。也就是说,需求和目标都有共识,难的是"如何"实现。[②]

在美国,2008年金融危机及紧随而来的报纸破产、媒介机构裁员的消息,媒体各种关于新闻业危机处境的报道,以及调研机构所发布的关于新闻报道品质退化的报告,已经将"报业危机"建构成为重要而紧急的公共话题,并推动了立法机构、政府决策机构和政府要员的关注。支持这一关注的背后是传统新闻业所代表的专业价值体系与民主社会之间的关联,许多学者、媒介人士乃至政府官员都呼吁,新闻业危机需要社会干预。新闻场域中的新技术变革激发了三个圈层的行动者,第一圈层是新技术和新闻业的直接相关群体,包括传统新闻机构、新技术研发和应用企业、新闻机构和新技术的使用者;第二圈层是与新闻业有各种关联的机构和人群,主要包括公益机构、大学新闻系和具有积极行动力的个人(如慈善家、记者、编辑、议员、政府官员等);第三圈层是从传统上来说与新闻业和新技术变革并无特别关联、但是在本次新闻业危机中被调动而活跃起来的机构和群体,包括学术群体、民调机构和政府机构。[③]

2. 新闻业危机的定义和归因

菲利普·迈耶在《正在消失的报纸》一书中指出,新信息技术尤其是互联网及其对公众时间的激烈争夺,导致报纸读者的分流。约翰·帕夫利克认为,新媒体的出现及其融合导致了媒体、读者和广告主之间传统的三角关系发生变化,"媒体融合和在线传播所带来的结果是在广告主和消费者之间建立了一个直接的联系,这对传统媒体的广告收入造成了严重威胁"。[④]

[①] 参见 C. W. Anderson, "Post-industrial journalism: adapting to the present", New York: Columbia, Journalism School, 2012。

[②] 王辰瑶:《拯救报业:关键问题与可能方案——基于欧美经验的分析》,《浙江传媒学院学报》2018年10月。

[③] 陈红梅:《社会与技术共构:美国新闻业的十年危机与转型》,《新闻记者》2018年第4期。

[④] [美]约翰·帕夫利克:《新媒体技术——文化和商业前景》,周勇等译,清华大学出版社2003年版,第224~225页。

美国媒体通常将报业危机简单归因于广告流失和读者迁移，也就是归因于互联网传播技术的发展。新闻传播学者梳理历史的路径在这里产生分歧，一种观点认为追求利润最大化的商业文化从根本上制造了新闻业危机。这种观点将20世纪六七十年代奉为新闻业的"黄金时代"，认为在随后的垄断商业文化中，新闻公司为追求利润最大化而不惜牺牲新闻报道的专业品质，公众对新闻业的信心下降，独立新闻业长期以来处于衰落中。另一种观点则认为互联网技术的发展破坏了传统新闻业体系。美国报业曾经长期依赖政治补贴，只是在20世纪因为广告的交叉补贴而成为高利润行业，进而能够服务公共利益，互联网消解了报业的商业模式，却不能承担起报业的社会功能。

尽管学术界对互联网技术导致传统新闻业商业模式的衰落没有争议，但是对新闻业危机的定义和归因却有多个层面。经济和技术压力之下的新闻体系基础结构的变迁被认为是本轮新闻业危机的起因，而危机则表现在三个不同的层面：经济危机，即新闻业的收入方式的变迁；专业危机，即新闻业划定自身边界并区分于其他的能力受到挑战；信任危机，即新闻与其声称所服务的社会公众之间关系的变迁。在这三种危机中，经济危机很大程度上被整合进技术创新的话语中，相关研究致力于分析新闻业的收入新模式，并和积极行动者的行动互为呼应。专业危机关注新闻专业主义规范在新技术环境中的被偏离和被破坏，由于新闻专业主义规范通常和更广义的民主话语紧密相关，因此，相关研究致力于整合新技术环境下的新闻实践，并重新确认新闻专业的边界。信任危机是美国新闻业存在已久的问题，相关讨论时断时续，经济危机再度激活关于信任危机的讨论，并且信任危机被认为是加剧经济危机破坏性的一个重要因素。因此，学术界对新闻业危机的讨论实际上主要体现为对信任危机的反思和话语建构。[①] 竞争者挑战和市场条件改变是报业困境的外因，但更重要的还是内因，是新闻使用者对新闻提供者的深层"信任危机"导致了报业与其所服务公众的连接障碍。[②]

3. 应对新闻业危机的方式

（1）传媒数字化转型。数字化转型是媒体应对危机的主要方式。比如报业组织在数字领域投入了大量资源，采用新技术，适应新平台，开发新产品。美国纽约时报公司发布2017年第三季度财报称，数字订阅收入比上一年同期上涨46%，数字广告收入比上一年同期上涨11%，因为数字领域的强劲拉动，《纽约

[①] 陈红梅：《社会与技术共构：美国新闻业的十年危机与转型》，《新闻记者》2018年第4期。

[②] 王辰瑶：《拯救报业：关键问题与可能方案——基于欧美经验的分析》，《浙江传媒学院学报》2018年第5期。

时报》的总收入上涨6%。① 但2016年一项对欧洲六国传统媒体开发数字项目的研究发现，经过20年的创新尝试，大部分受访者认为他们所在报纸的绝大多数收入还是来源于纸质内容而非在线内容。② 依靠报纸组织过去的积淀和当下的努力，的确产生了个别较为成功的转型范例，但现有数据也表明，报纸自身的转型未能在整体上拯救报业困境。对此的回答恐怕远远超出了报业、新闻业和传媒自身的领域。从宏观讲，它关乎网络作为一种基本设施对社会交往和信息流动方式的重新架构；从微观讲，它是网络化时代每一个个体在信息获取、交流、生产方面的深刻变化。总之，结果就是，当基于网络的新新闻生态出现，单纯依靠报纸自身创新是很难在短期内解决报业危机的，尤其是，若报纸转型的方式更多来源于原有的经验，而不是对新新闻生态有深刻理解，并能创造性地加以回应，那么这样的转型就更难奏效。

（2）读者付费。这是目前欧美大多数报纸都采取的商业模式，可以分为两种类型，一种是把读者视为"用户"，采用各种付费墙、会员制等方式有偿提供新闻内容。另一种是把读者视为"合作者"，请求捐助和支持某个报纸品牌。如《卫报》主编2017年末在官网发文详述《卫报》的新闻理念，并请求读者的经济支援。目前看来，从广告为主到读者付费为主的收入来源的转变，是欧美报业普遍采取的路径。一项全球研究表明，总体上只有13%的人为在线新闻付费，但在那些新闻信任度高的北欧国家，读者直接为新闻内容付费的意愿比其他地区高得多。③ 它能否成功，除了报纸自身的创新努力外，更大程度上取决于读者。因为无论是哪种读者付费形式，存在前提都是读者对报纸组织的高信任和对报纸组织所提供新闻产品的高需求。④

（3）基金会资助。在美国、德国、英国和意大利，报刊企业采用更具创新性的形式已经有很长一段时间，非营利性的传媒企业如雨后春笋般快速崛起。最早通过成立基金会来保证自身独立性的报纸之一是英国《卫报》，《卫报》属于卫报传媒集团，所有权由斯科特信托基金掌握，该非营利性基金会成立于1936

---

① S. Ember, "New York Times Co. reports solid Digital growth as print slides", Retrieved 2018 - 01 - 01, http://www.nytimes.com/2017/11/01/hnsiness/media/new-work-times-earnings.html.

② A. Cornia, A. Sehl, R. k, Nielsen, "Digital news report 2016", London: Reuters lnstitue for the Study of Journalism, 2017.

③ N. Newman, "Digital news report 2017", London: Reuters lnstitute for the Study of Journalism, 2018.

④ 王辰瑶：《拯救报业：关键问题与可能方案——基于欧美经验的分析》，《浙江传媒学院学报》2018年第5期。

年，宗旨在于保证《卫报》永远独立。①

基金会资助是近年来在美国出现较多的一种拯救新闻业危机的方式。据统计，2005—2012 年，盖茨基金、福特基金、奈特基金等 279 家私人基金组织资助了全美 308 个非营利新闻组织和一些有营利目的的新闻机构，前者如美国最大的非营利调查性数字新闻组织 ProPublica，后者如《洛杉矶时报》。② 2013 年皮尤调查发现，全美除了 9 个州以外，其他州至少有一家非营利的新闻机构，大多数是在专业的新闻领域工作。对于慈善捐助和公益基金能否和能够在多大程度上帮助维持高品质的新闻报道，一直存在诸多争议。但是在危机中，非营利新闻机构填补了一些主流媒体留下的新闻空缺，目前一些主流大报也在发展非营利部门以支持特殊领域报道，非营利新闻机构已经成为维系美国传统新闻价值标准的一个重要组成部分。③

基金会资助对鼓励高质量新闻生产，尤其是对成本高但直接收益低的调查性新闻起到了一定的保护作用，但基金会的资助规模有限，如 2005—2009 年全美基金会一共向非营利新闻组织提供了 1.28 亿美元，而《纽约时报》一年的新闻生产费用就是 2 亿美元，④ 说明基金会资助只能是一种辅助方案，即便在基金组织非常发达的美国，它也不是主流，但是这一方案让人们看到了除了政府和新闻之外的其他社会组织、公民组织对新闻业品质的关心和参与新闻活动的意愿。⑤

（4）国家扶持。这是在欧洲部分国家实施，并在美欧多国的媒体人和研究者中引发较多讨论的一种方案。以在欧美国家中政府资助报纸最有传统的法国为例，从 20 世纪 70 年代开始，法国政府长期对包括左翼右翼在内的政治类报刊提供小额的直接资助。2008 年秋，法国政府宣布针对报业经济困难，启动一个为期 3 年的额外资助项目，包括提高报纸邮发补贴、减免税收、政府出钱给 18～24 岁的年轻人订阅新闻周报、资助报纸开发网站等，总金额为 9.46 亿美元。⑥

总的来说，国家扶持有两种基本类型，一种是直接资助特定媒体组织，另一

---

① 参见 [法] 朱莉娅·卡热：《媒体的未来——数字时代的困境与重生》，洪晖、申华明译，中信出版社 2018 年版，第 81～83、86～87 页。

② 参见 R. Benson, "Can foundations solve the journalism crisis?", *Journalism*, Aug 2017, pp. 1 – 19。

③ 陈红梅：《社会与技术共构：美国新闻业的十年危机与转型》，《新闻记者》2018 年第 4 期。

④ 参见 V. Pickard, "Can government support the press? Historicizing and internationalizing a policy approach to the journalism Crisis", *The Couamurricatiorr Review*, 2011（14）, pp. 73 – 95。

⑤ 王辰瑶：《拯救报业：关键问题与可能方案——基于欧美经验的分析》，《浙江传媒学院学报》2018 年第 5 期。

⑥ 参见 K. Benson, M. Powers, *Public media and political independence*, New York: Free Press, 2011。

种是通过税收减免、补贴消费者等方式间接扶持媒体。美国学者也提出了类似的国家扶持方案，如给美国成年公民提供每人每年 200 美元的税收抵免额度，用于订阅纸质版或网络版日报、取消所有期刊邮发费用、资助学校和社区创办自己的媒体等。① 尽管具体的实施方案在不同国家产生了一些争议，如美国、德国的媒体从业者普遍反对政府资助新闻业，法国从业者认为政府直接资助的资源分配不公产生了新的问题，但国家作为拯救报业危机的一个重要的行动者的角色却逐渐被重视，尤其是如何通过政策制定创造一个有利于新闻业发展的环境。②

（5）非营利性媒体公司治理模式。法国经济学家朱莉娅·卡热在《媒体的未来》一书中探讨了欧美媒体遭遇的发展困境和生存危机，并提出了新的治理模式——一种介于基金会和股份公司之间的"非营利性媒体公司"。针对基金会与股份公司的弊端，"非营利性媒体公司"有两个目标：一方面，为媒体引入新资本（通过税收优惠政策，取代目前复杂的出版补贴制度），规定投资不可撤回，从而稳定这些资本，以保证媒体的质量。另一方面，限制外部股东的决策权（作为交换，为其提供税收优惠），制定严格的规章制度，明确读者和员工协会在管理机构中的新地位，同时确定有利于众筹发展的法律和税收框架。在新的规章制度下，超出一定的投资水平之后，投票权与资本份额将不再挂钩；相反，小股东的投票权将会相应提高。非营利性媒体公司是一种混合模式，一方面，它通过冻结资本，保证媒体的长期融资安全；另一方面，它通过具有约束效用的规章制度限制了外部股东的决策权，赋予读者、听众、观众以及记者等重要的制衡权。③ 不过这种模式的有效性理论上可行，但尚未得到实践的检验。

总之，目前国外主要是欧美对拯救新闻传媒业并没有唯一的答案，而是从不同角度提出了不同的解决方案。

（二）国内传媒转型研究

国内媒体转型是从传媒体制改革开始的，随着我国从计划经济体制向社会主义市场经济体制转变，原有的传播体制已经不能适应社会主义市场经济和传媒业发展的需要，传播体制改革势在必行。与此同时，我国媒体尤其是传统媒体正在经历从单纯的意识形态工具向兼具政治与经济属性的媒体产业的市场化转型，并与媒介融合趋势合而为一，这一转型及其伴随的问题在世界范围内几乎没有现成经验可循，也受到研究者的普遍关注和热烈探讨。当下我国正处于深化改革的关

---

① J. Nichols, R. McChesney, "The Death and Life of Great American Newspapers", *Nation*, 2009-04-06.

② 王辰瑶：《拯救报业：关键问题与可能方案——基于欧美经验的分析》，《浙江传媒学院学报》2018 年第 5 期。

③ 参见［法］朱莉娅·卡热：《媒体的未来——数字时代的困境与重生》，洪晖、申华明译，中信出版社 2018 年版，第 76、85、86、101、111、114 页。

键阶段,"在这场改革运动中,媒体改革不被认为是一个被动变量,而是被纳入到国家社会整体改革的意识框架中,甚至媒体改革被理解是其他改革和斗争的前置条件"。①

1. 传媒体制转型研究

有学者对我国传媒制度改革的三个阶段及其特点做了这样的归纳,即1978—1991年:实践的随机摸索与体制的细微变化;1992—2002年:"双重属性"体制内空间的建构与拓展;2003—2014:"两分开"与传播体制的瓶颈。② 其实对传媒体制的三次改革很难用具体年份或具体的事件来进行阶段划分,但1978年党的十一届三中全会、1992年邓小平的南方谈话和社会主义市场经济体制的确立,以及2003年文化体制改革的启动,对传媒制度的变化起了重要作用。为了研究的便利与有效,不妨以这三个关键年份作为传媒制度改革三个阶段的分界点。除此之外,还应补充传媒体制改革最新的进展,即2014年至今的第四次改革:媒介融合战略与传媒整体转型。分述如次。

(1) 1978—1991年:事业单位、企业化管理。1978年党的十一届三中全会提出了经济体制改革的任务,在总的体制基本不变的前提下,媒体的体制在局部区域发生了渐进式的细微变化,如《人民日报》等北京八家媒体试行"事业单位、企业化管理"。传媒体制改革肇始于媒体的"事业单位、企业化管理",基本方向是产业化和市场化,到20世纪90年代初期,对媒体经营性行为的制度约束逐步放宽。1985年以后,随着新闻改革从业务的改进深入到新闻观念的转变,审视新闻工作体制的研究也逐渐趋多。在这一阶段,学者们提出的体制改革的理念虽然有些由于尚不适合国情而不具备实施的条件,但总体上从观念的层面对体制改革进行了积极而有益的探索。总体而言,这一时期中国所有的媒介在习惯上都被定位为"党和政府的喉舌",属于上层建筑的意识形态。基于这样的惯性,传播体制变革在实际上走出的步伐要远远落后于观念层面所能到达的程度。

(2) 1992—2002年:采编与经营剥离。在国内外动荡不安的政治经济局势下,1992年邓小平发表南方谈话,党的十四大召开并提出"建设社会主义市场经济体制"的发展方向,由此确立了媒体及传媒制度的发展方向。传媒业经过十余年的改革,也发生了很大的变化,媒体的政治和经济双重属性开始凸显。1993年国务院批转国家计委《关于全国第三产业发展规划基本思路》,把新闻业(报刊和广播电视)列为"文化、体育事业",同时提出要遵照社会效益和经济效益并重的原则。传媒经济属性获得正式认可的同时,逐步形成"采编与经营剥离"

---

① 谢进川:《媒体改革运动:传播政治经济学的社会实践性考察》,《国际新闻界》2010年第6期。

② 参见闻娱:《媒介交换网络中的新闻伦理》,中国社会科学出版社2014年版,第91~100页。

的媒体发展思路,随后开始了行政力量主导下的传媒集团化改革。

传媒集团化的开启以1996年广州日报报业集团的成立为标志。2001年以后,媒介产业化的进程以组建媒介集团、做大做强广电产业为标志开始启动。但这一阶段,私营、民营、外资仍不准进入报纸及电视,政策性障碍依然明显。[①] "1996年以来传媒业先后经历了两个传媒集团组建的高峰期:一是以报业集团组建为主要特征的1998—1999年;一是以广电集团组建加速、报业集团组建完成为特征的2001—2002年。需要补充的是,截至2004年底,我国已相继组建了40家报业集团、20家广电集团。2004年11月28日,中央主管部门在停批报业集团一年多后,批准贵州日报报业集团成立;12月,广电总局明确表示,以后不再批准组建事业性质的广电集团。至此,我国传媒集团化过程基本结束"[②]。媒体集团化尚未实现预期的优化资源配置的效果,2004年正部级中国广播影视集团仅存在3年就被迫撤销。[③]

这一时期的传媒业管理体制被管理层明确概括为党的领导和五种管理机制。党的领导包括:坚持党性原则;坚持以正面报道为主、掌握正确的舆论导向;党组织、党的宣传部门对新闻工作的领导。五种管理机制包括政府管理、法制管理、部门管理、社会管理和新闻单位内部机制管理。[④] 这一时期的理论界与业界也陆续出现了相当多的有关传媒体制的研究,伴随着学界和业界逐渐达成的对"事业化管理、企业化经营"这一传播体制的共识,管理层对这一既成事实也逐渐采取了从默许到肯定的明确态度。

(3) 2003—2013年:事业与产业"两分开"。传媒制度改革纳入文化体制改革的框架之下,一方面遵循与其他文化领域一致的改革目标、思路和步骤,另一方面又因为媒体属性和功能的特殊性而有所差异,即坚持"四不变原则"(在任何情况下,党和人民"喉舌"的性质不变、党管媒体不变、党管干部不变、正确的舆论导向不变)。2001年我国加入WTO,标志着整个国家的体制改革进入与国际接轨的新阶段。2003年6月全国文化体制改革试点工作会议召开,标志着文化体制改革正式启动,"事业与产业两分开"是文化体制改革的重要内容。2003年国家新闻出版总署和国务院办公厅相继颁发了《关于印发〈新闻出版改革试点工作实施方案〉的通知》《国务院办公厅关于印发文化体制改革试点中支持文化产业发展和经营性文化事业单位转制为企业的两个规定的通知》,以事业和企业两分开为核心内容的文化体制改革正式启动。此后,我国在积极推进经营性文

---

① 郭晓建:《中国传播体制改革述评》,《成都大学学报》2005年第3期。
② 王润珏:《媒介融合的制度安排与政策选择》,社会科学文献出版社2014年版,第45页。
③ 肖频频:《媒介变革与社会转型》,学苑出版社2015年版,第110页。
④ 宋克明:《我国新闻事业管理体制和报社总编辑职责》,《新闻记者》1994年第2期。

化单位转企改制,深化文化事业单位内部改革,实施政企、政事分开和管办分离方面,积累了一定的经验。2003年12月31日,国务院颁发了《文化体制改革试点中支持文化产业发展的规定》和《文化体制改革试点中经营性文化事业单位转制为企业的规定》两个重要文件,意味着我国传媒体制改革已经过渡到"培育新型市场主体、完善投融资体制"的核心发展阶段,这是一个以资本化为根本特征的重新制度化过程。①

经过2003年的报刊治理整顿,传统的四级办报模式转变为三级办报模式。2005年国家新闻出版总署重点抓了转企改制、企事分开、职能转变、上市融资等难点的突破,49家党报党刊集团实现了宣传编辑和经营业务两分开。② 与此同时,跨媒体、跨区域的合作开始尝试,如《新京报》的跨地域合作、《第一财经日报》的跨媒体动作等。但此后这种合作经营一直停滞不前,直到2008年5月12日《铁岭日报》更名为《辽沈晚报·铁岭版》,成为全国第一家省级报纸与地市级报纸跨地域进行资源整合、严格按照新闻出版法规合作出版和经营地方版的范例。③ 在文化体制改革推进过程中,出版业在产业化改革力度更大些,集团化发展和整体转制获得长足发展。同时,随着政策的开放,出版业的融资渠道进一步拓宽,民营和外资亦成为出版业的重要组成部分。④ 随着时间表的制定,传媒体制改革的力度逐渐加大,速度也越来越快。2008年,国家新闻出版总署基本确定了此后三年新闻出版改革的时间表、路线图。⑤ 2009年3月25日国家新闻出版总署推出了《关于进一步推进新闻出版体制改革的指导意见》,在很多方面都取得了重大突破。⑥ 在改革的配套措施方面,报刊退出机制全面启动。2010年1月,《报纸期刊质量综合评估办法(试行)》通过,并将辽宁、河北作为第一批开展报刊退出机制的试点省份。⑦ 2011年5月《中共中央办公厅、国务院办公厅关于深化非时政类报刊出版单位体制改革的意见》出台,标志着我国非时政类报刊转企改制正式启动,意识形态属性较强的报刊业的改革开始从以前的"增量改

---

① 周劲:《转型期中国传媒制度变迁的经济学分析——以报业改革为例》,《现代传播》2005年第1期。

② 柳斌杰:《与时俱进的中国新闻出版业》,《求是》2009年第4期。

③ 参见郭全中:《传媒业大变局》,安徽大学出版社2011年版,第192~193页。

④ 冉华、张金海、程明、李小曼:《报业数字化生存与转型研究——基于产业发展的视角》,武汉大学出版社2010年版,第369页。

⑤ 郝振省等:《2008中国传媒创新报告》,http://media.people.com.cn/GB/137684/8719089.htm。

⑥ 郭全中:《新闻体制改革的突破与趋势——解读〈关于进一步推进新闻出版体制改革的指导意见〉》,http://media daily.cn/cmyi/18/06/content/2000-06/24/conlon_5289261.htm。

⑦ 参见郭全中:《传媒业大变局》,安徽大学出版社2011年版,第136~138页。

革"思路向"存量改革"思路转变,① 影响深远。2012 年 4 月,人民网正式在上海证券交易所上市,成为在国内 A 股整体上市的第一家媒体企业。②

产权改革是传媒市场化转型和传播体制改革的核心所在。国企产权改革借鉴西方现代企业制度,采取混合所有制、所有权与经营权分开的思路和方式,传媒产权改革遵循的也是国企产权改革的逻辑。我国传媒产权一直是公有性质,第一次改革实行"事业单位、企业化管理",在保持传媒政治属性不变的前提下探索产业化道路,建立了混合型传播体制;第二次改革以"采编(资产)与经营(资产)分离"为核心,在不改变原有所有制的前提下促进传媒产业化发展和市场经营,这就是部分剥离的运作模式,即把事业性传媒集团中的经营性文化产业部分剥离出来,转变为企业法人,建立现代企业制度。这两次改革都是在产权"公有"的前提下进行的。但随着以经营资产为核心的子公司的不断发展、媒体上市融资等市场化行为日益增多,这种产权结构的不适应、不匹配日益明显。2003 年启动的文化体制改革,以"政企分开、企事分开、产权明晰、责任明确"为原则,"产权改革"首次进入我国传媒发展的进程,意味着传媒制度变迁开始了触及核心制度的深度变革。第三次改革是传媒集团在转制与扩张过程中从部分剥离到整体转制,即传媒集团内部事业法人和企业法人相对独立,这就要求公益性媒体与经营性媒体"两分开""事转企""独转股",传媒企业由国有独资转变为多元投资主体的股份制企业。

传媒公共性问题逐渐受关注。随着传媒体制市场化改革路径的逐渐成形及日趋深入,一些学者乃至作为政策制定者的政府部门也开始正视与反思当时市场化改革路径上存在的问题。事实上,传媒体制改革观念的演进正是在不断地对已有传媒体制改革予以反思的过程中形成的。只是 20 世纪八九十年代的反思集中于对传媒体制中行政型因素过多、市场化改革缺位与不足的忧虑,从而推动传媒体制改革的观念与实践朝着深化市场化的方向发展;而自 20 世纪 90 年代中后期开始,对传媒体制的反思则逐步过渡到对不断市场化的新闻媒体的社会责任缺失与公共利益边缘化的警觉,并于 21 世纪初渐具影响与规模。③ 在部分学者看来,之前的传媒体制改革虽然在一定程度上解决了权力下放与传媒机构的自主性问题,但"从 20 年前的泛政治化到今天的政治化加商业化,恰恰失落了公共利益目标"。他们将传媒体制改革的未来寄望于公共利益的导入,认为"新闻体制改

---

① 郭全中:《传媒大转型》,中山大学出版社 2013 年版,第 108 页。
② 宫海涛、陈盈娱:《从人民网上市看中国传媒"产业化"改革》,《新闻传播》2013 年第 3 期;张涛甫:《央媒"边缘突破"的话语变革》,《青年记者》2012 年第 28 期。
③ 殷琦:《1978 年以来中国传媒体制改革观念演进的过程与机制——以"市场化"为中心的考察》,《新闻与传播研究》2017 年第 2 期。

革,最终将是政治派别利益、媒体产业利益与公众利益的博弈"。① 而"如何在政治利益、经济利益和公共利益这三点之间找到一个平衡点成为制度变迁的一个最重要的问题"②。从这种反思出发,传媒体制的市场化改革推动了政治利益与经济利益的结盟,却并未为公共利益提供制度保障,导致公共利益只能游走于边缘地带,因此,下一步传媒体制改革的关键在于公众力量与公共利益的引入与体现。

(4) 2014年至今:媒介融合战略与传媒整体转型。2014年8月18日中央全面深化改革领导小组第四次会议审议通过了《关于推动传统媒体和新兴媒体融合发展的指导意见》,媒介融合上升为国家战略。自此,媒体融合由点及面、从浅入深全面展开,初步形成了以中央媒体为龙头、省级媒体为骨干的发展格局,呈现出传统媒体和新兴媒体此长彼长的良好态势。我国当前的媒介融合是在传媒市场化改革以"微观改革、增量改革和边缘改革"为主的历史路径下的自然延伸,其本质与"数字报业""报网互动""全媒体"等概念一样,都是我国传统媒体"救亡图存"的现实需求的结晶,只不过在不同的时间节点借用的概念有所不同。与以往不同的是,这种由市场力量发起的"自下而上"的边缘突破式改革,恰好遇到了当今意识形态阵地向新媒体领域扩展或转移的"自上而下"的顶层设计,于是构成了一个与西方国家截然不同的中国式媒介融合框架:这一框架的实践主体是传统媒体,其目标为重夺市场领导权;主导和推动者为行政力量,其目标是巩固和扩展意识形态舆论阵地。③

从2018年开始,在政府机构改革的大背景下,新一轮传播体制改革作为推进国家治理体系和治理能力现代化的有机组成部分,发生了重大变化,开启了媒体融合和整体转型的新篇章,表现为:①在纵向方面,2018年中央三台合并,机构改革中,中宣部对新闻出版工作统一管理,以加强党对重要舆论阵地的集中建设和管理,增强广播电视媒体整体实力和竞争力,推动广播电视媒体、新兴媒体融合发展。②在横向方面,地方的媒体融合中,改变先前条块分割的状况,开始形成新的传媒管理体制机制。2018年11月13日天津海河传媒中心正式成立,将天津日报社(天津日报报业集团)、今晚报社(今晚传媒集团)、天津广播电视台职责整合,组建天津海河传媒中心作为市委直属事业单位。④ 与此类似,

---

① 夏倩芳:《公共利益界定与广播电视规制——以美国为例》,《新闻与传播研究》2005年第1期。
② 胡正荣、李继东:《我国媒介规制变迁的制度困境及其意识形态根源》,《新闻大学》2005年第1期。
③ 曾培伦:《熊彼特创新理论视阈下的中国媒介融合路径危机》,《新闻大学》2017年第1期。
④ 《天津海河传媒中心成立,70后王奕任总裁》,http://www.lanjinger.com/news/detail?id=96313。

2018年7月，辽宁广播电视集团、辽宁报刊传媒集团分别成立，湖南进行了广播影视集团的重组。10月，吉林广播电视台成立，北京市的新京报、千龙网、北京晨报三家媒体深度整合。2019年4月28日，珠海传媒集团、珠海新闻中心挂牌成立。在中央及省级媒体基本完成融媒体建设的背景下，旨在打通"最后一公里"的县级媒体的融合发展进入加速阶段。① 习近平总书记在2018年8月21日全国宣传思想工作会议上发表重要讲话时强调，要扎实抓好县级融媒体中心建设，更好地引导群众、服务群众。中央对推进县级融媒体中心建设也进行了新的部署，这是新阶段深化文化体制改革的重大举措，也意味着推进媒体融合工作的重点从省级以上媒体延伸到基层媒体，从主干媒体拓展到支系媒体，进而推动国家全媒体体系的全面升级。

新一轮传媒体制改革的重要特征是强化传媒的公益化属性，使宣传和经营各归其位，在这一轮机构改革中，媒体的职能特别是宣传职责都得到了加强，地位普遍获得提升，这也意味着媒体需要承担更多更大的社会责任。天津市的相关改革方案明确指出，要"强化事业单位公益属性，全面清理事业单位承担的行政职能"，这一思路与此前辽宁推行的媒体融合方案相吻合。由此可见，让事业单位真正回归公益属性，已成为这一轮媒体改革的关键标准之一。为了推动传媒融合转型，提升传播力、引导力、影响力和公信力，我国传媒体制改革从"事业单位，企业化管理"发展为"事业做事业，企业做企业"，实行彻底的"两分开"。比如2018年2月12日成立的江西日报传媒集团。江西日报社作为公益二类事业法人单位，继续履行党报的新闻宣传和舆论引导职能。江西报业传媒集团公司则将按照现代企业制度的要求，主要做好产业经营，提高企业的核心竞争力，壮大综合实力，为增强党报舆论主阵地的传播力、引导力、公信力和影响力，提供强大坚实的经济支撑。② 同一天成立的江西广电传媒集团也是如此架构设计。近年来，国内区域媒体集团整合之后都成立了专门的经营性公司，实行彻底的"两分开"，以经营平台支撑新闻平台，党政部门对两个平台实施分类扶持。③ 不过，事业平台和经营平台的彻底分开虽然解决了采编权与经营权混淆不清的问题，但能否从根本上解决媒体公共性、专业性与商业性之间的平衡发展问题，目前难以定论，媒体彻底"两分开"效果如何，还有待时间观察和实践检验。

总体而言，目前学术界对改革时代我国媒体的分析一般倾向于将之视为相互

---

① 宋守山：《从内容呈现到价值连接：媒体融合新阶段的逻辑转向》，《青年记者》2019年第18期。

② 陈国权：《刚刚！江西日报传媒集团成立，有两个看点值得把握》，https://www.sohu.com/a/222353038_654813。

③ 《当报社与广电整合到一起后……》，http://chuansong.me/n/2232663652214。

交缠的执政党—国家权力与市场力量之间相互作用的产物。① 当前传媒的市场化改革没有变也不会变，"党领导下的媒体市场化"一以贯之。这种受控的市场化并非独一无二的中国现象，在具有威权主义传统的亚洲国家如韩国、日本、马来西亚、新加坡等比较普遍，又以新加坡为最，其基本策略是以商业和经济利益为根本目标，积极融入全球资本主义潮流，大力发展传媒业，推动其经济结构转型，与此同时，继续维护被控的市民社会，适度放松公共领域的管制，更多地启用一般的法律，而不是凌驾于司法和议会的治安法等，重视权威主义语境下的传媒自律，并由此将传统大众传媒制度逐步复制于网络空间，② 这与欧美基于自由主义的媒体市场化有所不同。不过，在中国，党领导下的媒体市场化并不以商业利益为根本目标，而是以社会效益为主，兼顾经济效益，而事实上，媒体往往在经济效益目标与社会效益目标之间摇摆不定。

2. 媒体转型的发展脉络

国内媒体转型与传媒体制改革是同一问题的两个方面，为了研究的便利，本书从宏观层面对传媒体制转型和从微观层面对媒体转型分别加以探讨，事实上两者是不能分开也无法分开的，媒介融合与传媒转型的关系也是如此，因此本研究中难免有交叉的地方，前文已涉及的这里就不重述了。就传媒体制改革与媒体改革的关系而言，由于传媒体制的特殊性和敏感性，传媒体制改革对媒体改革既有促进作用，又有抑制作用，相对而言，媒体改革在技术创新和市场需求的推动下往往走在传媒体制改革的前面，进而倒逼传媒体制转型。从中国传媒业发展的实际来看，许多媒介的变革最先并不来源于管理层的直接规定，而是来自媒介自身的尝试性探索，然后经过官方谨慎的筛选，在政策的制定者与媒介组织的互动过程中，将能够确认的那一部分纳入现行体制的范畴。③

改革开放以来，传媒有两次重大转型，一是市场化转型，二是数字化转型，目前媒体转型已进入市场化、数字化、公益化合而为一的新阶段，技术创新推动传媒体制创新、市场创新等是当下传媒转型的最显著特征。综合来看，媒体转型大致可分为媒体市场化转型起步阶段（1978—1994）、媒体数字化转型启动阶段（1995—1996）、媒体数字化第一次转型阶段（1997—1999）、媒介融合的全面铺开阶段（2000—2004）、报/台网互动阶段（2005—2007）、媒体整合阶段（2008—2013）和媒体深度融合整体转型阶段（2014年至今）七个阶段。为了研

---

① 黄典林：《公民权的话语建构——转型中国的新闻话语与农民工》，中国传媒大学出版社2017年版，第27页。

② 金冠军、孙绍谊、郑涵主编：《亚洲传媒发展的结构转型》，上海三联书店2009年版，第37～38页。

③ 闻娱：《媒介交换网络中的新闻伦理》，中国社会科学出版社2014年版，第91页。

究的便利，笔者给不同阶段划分了一个时间节点，但这只是一个大致的划分，并不十分严格，如市场化转型启动阶段截至 1994 年，只是因为 1995 年媒体开始了数字化，并不意味着市场化 1994 年以后就停止了，实际上媒体市场化发展一直持续至今，只是在不同阶段其地位有强弱的变化；传媒数字化转型从最初的"触网""报网/台网互动"发展到全媒体实践、"中央厨房"等，经历了从部分要素转型（业务创新）向深度融合与整体转型（全方位创新）的过程，从新旧媒体的关系大致可分为媒体上网、媒体整合和新旧媒体一体化发展几个阶段，但彼此之间的时间并无严格的界限，如媒体整合阶段的报/台网互动在传媒融合转型阶段仍然存在，只是不占主导地位而已。

（1）媒体市场化转型起步阶段（1978—1994）。媒体市场化转型自 1978 年开始启动，首先从增量开始，即从恢复媒体广告经营开始，逐步发展到存量改革。传媒市场化和产业化程度越来越深、范围愈来愈广。比如都市报作为增量改革的产物，是以"子报"的形式使其在一定程度上脱离党报的运营体系，可以相对独立地重新选择新闻产品、生产方法、市场、原料市场，开创了"市民报"的崭新领域；在组织上也进行了相应的革新，如提高了广告部的地位、自办发行队伍、重建内部激励机制等。[①]

（2）媒体数字化转型启动阶段（1995—1996），也可称为传统媒体上网阶段。传媒融合转型起步于互联网的产生和发展，并在国家信息化建设进程中持续推进。1994 年 4 月 20 日中国与国际互联网的 64K 网络信息开通，标志着我国正式加入国际互联网大家庭。1995 年《神州学人》杂志率先开通互联网业务，此后纸质媒体成为传统媒体网络化传播的先行者。1996 年是中国互联网商业化也是网络媒体快速发展的一年。我国报纸从 1996 年开始进入集中触网时期，到 1996 年底，已有《中国贸易报》《人民日报》《农民日报》《解放日报》《北京日报》《南方日报》《广州日报》《光明日报》等 30 余种报纸，以及《中国集邮》《大众摄影》等 20 余种杂志相继触网。与此同时，中央电视台、广东人民广播电台于 1996 年 12 月触网，分别成为第一个触网的电视台和电台。早期传统媒体数字化处于传统媒体网络版阶段，即将传统媒体的内容甚至报纸的排版方式都复制到互联网上，传统媒体的网络版沿袭传统的单向传播方式，缺乏特色和创新。

（3）媒体数字化第一次转型阶段（1997—1999）。此阶段是从传统媒体电子版向网络媒体的第一次转型期。传统媒体的网络发展开始突破将纸质媒体或现有

[①] 曾培伦：《熊彼特创新理论视阈下的中国媒介融合路径危机》，《新闻大学》2017 年第 1 期。

内容简单放上网的方式，主动探索互联网的特征与规律，关注用户的使用习惯、内容的丰富性和交互性，逐步尝试"数据库""电子商务""公司制""海外上市"等全新的业务领域和运作方式。1997年1月1日，国务院新闻办开通"中国互联网新闻中心"，成为我国第一个网络新媒体综合平台。同一天，《人民日报》网络版正式上线，在原来电子版的基础上，增加了多媒体手段，开始建设媒体数据库，同时还实现了传统媒体与新媒体结合的体制创新，采用的是行政机构"《人民日报》信息化管理工作领导小组"、报社部门"《人民日报》网络版编辑部"、企业实体"金报电子出版中心"三位一体的运行机制。① 1997年11月7日新华通讯社网站正式建立，定位为"全球信息总汇"。1998年12月26日中国国际广播电台主办的网站国际在线对外发布。这一时期也出现了网络媒体集成平台，如1999年1月四川新闻网正式开通，汇聚了全省106家报纸、期刊、广播、电视的内容资源，并尝试组建"网络记者"队伍。

电子商务是1999年我国互联网行业的热点，传统媒体也进行了初步的尝试。《信息产业报》从10月1日起将所有广告业务转为网上直销，创新传统媒体广告经营模式；《浙江日报》网站推出实时支付系统，方便用户直接订阅浙江日报社所出版的报纸；11月26日《北京青年报》与实华开公司合作推出ee123网上商城。

1997年是我国商业网站的初始年。这一年，民营的chinabyte、瀛海威、网易等商业网站先后开通。1998年，搜狐、腾讯、3721、新浪等相继成立。商业网站成为当时最热门的投资领域。发布新闻成为商业网站争夺用户的有效途径，但商业网站没有新闻采访权，于是大量直接转载传统媒体及其网站的新闻信息，既不注明出处，也不支付费用，引发传统媒体的不满。1999年4月16日国内23家上网新闻媒体在北京通过了《中国新闻界网络媒体公约》，成为中国媒体网上信息产权保护的开始。②

（4）媒介融合的全面铺开阶段（2000—2004）。2000年美国在线宣布与时代华纳合并。在我国，中共中央下发《国际互联网新闻宣传事业发展纲要（2000—2002年）》，第一次对网络新闻传播做出规划，意味着我国新媒体进入在国家指导下有步骤发展的时期。传统媒体与新媒体进入合作发展与创新阶段，媒体数字化转型不断加速。2000年《北京日报》、北京电视台等9家媒体共同成立千龙网，上海多家媒体联合创办东方网。这两家网站突破了传统新闻网站的"资讯提供"功能，提出了"服务衔接、电子商务拓展"的发展目标。

---

① 彭兰：《中国网络媒体第一个十年》，清华大学出版社2005年版，第44页。
② 参见王润珏：《媒介融合的制度安排与政策选择》，社会科学文献出版社2014年版，第70～73页。

第二章　传媒融合转型实践与理论的系统考察

2000年12月，国务院新闻办先后批准人民网、新华网、中国网、国际在线、中国日报网、中青网等中央级网站为我国首批重点新闻网站，千龙网、东方网、北方网、东北新闻网、浙江在线、红网、中国江西网等为全国重点地方新闻网站。2001年，新闻网站建设力度进一步加大，省、自治区及计划单列市的重点新闻网站纷纷建立，基本形成了以传统媒体资源为依托的中央、省级、市级的三级新闻网站布局。同时，国家也从制度层面对新闻网站的资本结构进行了限制。2000年中宣部明确指出，新闻网站不得融资、不得上市。因此，各级新闻网站的功能仍以新闻宣传和资讯提供为主，资金主要来源于合作的新闻单位和政府拨款。直至2009年国务院文化产业振兴规划提出，新闻网站的体制才出现松动。

广播电视系统的数字化进程是在相对独立的环境中进行的，主要工作包括台内数字化、有线电视数字化、地面无线广播电视数字化、卫星广播电视系统数字化等内容。通过上述工作，我国广播电视系统不仅逐步完成了传统业务的数字化改造，还推出了数字电视、移动多媒体广播电视（CMMB）、数字音频广播（DAB）等新媒体业务，是广播电视走向媒介融合的重要步骤。其中，有线电视网的改造与下一代有线电视网（NGB）的建设是我国"三网融合"的关键内容，对我国媒介融合的发展意义重大。[①]

在这一阶段，随着新媒体的发展，特别是新技术与广大网民群体的结合，尤其是受到资本的青睐，新媒体迅速崛起，成为影响政治、经济、社会等的重要力量，传统媒体与新媒体之间"主流—边缘"平衡很快被打破，一方面，新媒体欣欣向荣，另一方面，传统媒体呈现相对衰落，"沉舟侧畔千帆过，病树前头万木春"，媒体融合进入新旧媒体竞争/合作阶段，也即传统媒体适应新兴媒体的发展阶段。资本市场上互联网股票飙涨。2000年互联网泡沫破灭后，尤其是美国在线与时代华纳"世纪并购"的失败，促使人们反思新媒体取代论，传统媒体与新媒体融合发展论兴起。

（5）报/台网互动阶段（2005—2007）。2005年是我国报业发展的"拐点"和网络媒体的转折点，传媒数字化转型进入报/台网互动阶段。报/台网互动一般指传统媒体与新媒体之间在内容和营销领域的互动与合作，新旧媒体之间仍保留各自的特点并有实质性的区别。互联网发展进入Web2.0时代，即从门户时代进入搜索引擎时代，用户原创内容（UGC）的概念随之兴起，用户使用互联网的方式从下载为主向下载和上传并重转变，社交网络、视频分享、博客、播客等都是

---

① 王润珏：《媒介融合的制度安排与政策选择》，社会科学文献出版社2014年版，第74～75页。

UGC 的主要应用形式,也由此对媒介融合的发展产生了巨大影响。① 2008 年北京奥运会举办,传统媒体虽然还占主导地位,但网络新媒体已经跻身主流媒体的地位。②

在报网互动方面,2006 年 1 月南方日报报业传媒集团斥资 1 亿元上线以 Web2.0 为基础技术平台的奥一网。③ 2006 年报网互动风靡一时,如《杭州日报》与杭州网推出《报网 E 动》专栏,使报网互动有了一个常规化的操作平台。自 2008 年开始,全国报纸多数都开展报网互动,如在广州的报纸中,有《南方都市报》的"网眼"版、《南方日报》的《网视焦点》栏目、《新快报》的《热辣网事》等。《人民日报》2009 年启动了内部机构与职能的调整,组建了新闻协调部,地方记者站全部改为地方分社,建设公共稿库,社内各系列报和网站都能从中选用稿件。2009 年 8 月《四川日报》与四川在线的"互动战略"正式进入试运营期。《广州日报》在国内率先成立了"滚动新闻部",与大洋网一体化运作。《湖南日报》旗下网站华声在线始终坚持整合传播的营销策略,等等。④

台网互动是指新媒体和电视媒体在同一体系中操作,表现为技术上趋向一致,网络层面上可以实现互联互通,业务层面上相互渗透和交叉,在行业管制和政策方面也趋向统一。⑤ 凤凰卫视、上海文广等电视媒体利用自身资源开拓网络平台,利用强大的品牌及内容资源成为具有发展潜力的多媒体平台。这一阶段的电视台网站显得十分独立,依托互联网集成到手机和 IPTV 等新媒体,并逐渐脱离母体成为相对独立的机构,开始独立探索多媒体融合的发展之路。⑥

(6) 媒体整合阶段(2008—2013)。媒体整合也叫跨媒体整合,包括业务融合和组织结构融合。业务融合是指不同类型媒体相互借助原本归属性很强的资源以实现更好的发展,如传统媒体融入新媒介内容生产技术、传播渠道以及终端,新媒体融入传统媒体成熟内容生产能力以及业务模式等。组织结构融合是媒介所有权融合的核心,它与新闻采集与分配方式有关。

进入 2008 年,"全媒体"取代"数字化",成为传统媒体转型之道的最新理念。郑强在《烟台日报》的全媒体方阵布局实践的基础上,提出全媒体实践的

---

① 王润珏:《媒介融合的制度安排与政策选择》,社会科学文献出版社 2014 年版,第 78 页。

② 张美玲、朱姝:《我国媒介融合的发展阶段研究》,《新疆职业大学学报》2014 年 12 月第 22 卷第 6 期。

③ 《南方报业上线新媒体项目 打造虚拟城市生活》,http://www.donews.com,2006 - 12 - 28。

④ 唐绪军:《2009,传统报业与新兴媒体的融合》,载尹韵公主编:《中国新媒体发展报告(2010)》,社会科学文献出版社 2010 年版,第 35 ~ 36 页。

⑤ 雷跃捷、辛欣主编:《网络传播概论》,中国传媒大学出版社 2010 年版,第 12 页。

⑥ 高山冰:《从凤凰新媒体看电视的多媒体融合》,《中国电视》2008 年第 4 期。

传统报业转型；有众多来自业界和学界的研究者加入到生产实践层面的报网融合、台网融合的讨论中来，其范围广泛涉及融合的战略、策略、阶段、现状、问题、体制、评价等。① 随后，关于全媒体转型的文章不断涌现，持与郑强相似观点的学者还有林晔、赵允芳、刘文洪、高岩、张秉礼、袁志坚、郜书锴、成锦如等。② 研究进一步深入，触及解决传统媒体如何进行全媒体转型的问题，刘国良从组织、硬件、运行机制等方面探讨了流程再造的过程与难点。③ 麦尚文从全媒体转型的角度探讨我国报业转型的逻辑和实践模式，列举了我国报业全媒体布局的五种模式样本：人民日报社的"报网双核模式"、解放日报报业集团的"终端模式"、南方报系的"全线集群模式"、烟台日报传媒集团的"小型通讯社模式"，以及宁波日报报业集团的"网络门户模式"。他还提出全媒体新闻生产流程的四种典型模式：以平台为主导的全流程协作"多中心制"模式；报网两条生产链对等协作的"双轮"编辑部模式；由终端导向"重定向"制作流程的"同轴捆绑"模式；基于中央内容枢纽进行多层开发与制作的"扇形"模式。

面对"全媒体"热潮，也有部分学者提出理性的思考。陈国权在《新媒体拯救报业？》一书中指出，全媒体热实际上是中国传媒界面对新媒体带来的挑战压力与"拯救报业"的机遇诱惑陷入一种集体迷死状态中，它从根本上错误理解了媒介融合的含义及影响，完全无视不同媒体机构的差异，无视不同媒体业态的特殊性，无视传媒竞争的细分与集中原则。④ 这种观点虽属少数派，却也是一家之言，为媒介融合"热"提供了一种"冷"思考，且不论其正确与否，从学术争鸣的角度看，"如切如磋，如琢如磨"，不同学术观点的交锋与争论自有其

---

① 蔡骐、吴晓珍：《媒介融合趋势下的电视台网融合之道》，《中国广播电视学刊》2008年第2期；费菲：《广播业：行进在与网络的互动和融合中》，《现代传播》2009年第1期；周敏、周诗妮：《省级卫视与网络媒体协同发展路径研究——以湖南卫视与金鹰网互动为例》，《中国广播电视学刊》2009年第8期；庹继光、刘玥：《报网互动：数字化视野下的一种解读——美加报业经营对中国报业数字化的启迪》，《西南民族大学学报（人文社会科学版）》2006年第1期；范志忠：《论"报网互动"的发展态势与传播特征》，《新闻与传播研究》2008年第1期；林如鹏、顾宇：《媒介融合背景下的报网融合探析》，《暨南学报（哲学社会科学版）》2009年第1期；廖磊、杨晨、张志楠：《媒介融合视角下的报网互动——以重庆商报与腾讯大渝网合作为例》，《新闻导刊》2009年第2期。

② 林晔：《报业全媒体发展的探索》，《中国传媒科技》2008年第10期；赵允芳：《全媒体时代的报业核心竞争力解读》，《传媒观察》2008年第12期；刘文洪、高岩：《"全媒体时代"的报业转型之路》，《传媒观察》2009年第1期；张秉礼、袁志坚：《视频信息：报业全媒体内容生产"爆破点"》，《中国记者》2009年第2期；郜书锴：《全媒体时代的报业结构转型》，《新闻记者》2009年第2期；成锦如：《县域报业全媒体营运的战略转型》，《传媒观察》2009年第9期。

③ 刘国良：《纸媒转型与全媒体流程再造》，《中国记者》2009年第2期。

④ 陈国权：《新媒体拯救报业？》，南方日报出版社2012年版，第74页。

价值与意义。温海玲和杜骏飞则从政策壁垒的角度出发，提出传统媒体向全媒体转型的制度之困。①

（7）媒体深度融合整体转型阶段（2014年至今）。2014年媒介融合被确定为国家战略后，传媒融合转型发展已经成为不可逆转的大势所趋。习近平总书记多次就推动媒体融合发展做出深刻阐述，强调融合发展的关键在于融为一体、合而为一；要尽快从相"加"阶段迈向相"融"阶段，着力打造一批新型主流媒体，这些论述为推进媒体融合转型发展指明了方向、提供了遵循。2017年1月5日时任中宣部长刘奇葆在推进媒体深度融合会议上发表讲话，充分肯定了《人民日报》"中央厨房"的龙头工程，并强调以"中央厨房"作为标杆，大力推进融媒体中心的发展。同年5月《国家"十三五"时期文化发展改革规划纲要》发布，明确扶持重点主流媒体创新思路，推动融合发展尽快从相"加"迈向相"融"，形成新型传播模式；支持党报党刊、通讯社、电台电视台建设统一指挥调度的融媒体中心、全媒体采编平台等"中央厨房"，重构新闻采编生产流程，生产全媒体产品；明确不同类型、不同层级媒体定位，统筹推进媒体结构调整和融合发展，打造一批新型主流媒体和媒体集团。媒介融合在2017年步入深刻调整和转型期，内容与平台、渠道、技术、管理一体化发展，向"融为一体、合而为一"的深度融合和整体转型迈进，以技术为导向的立体化融合模式开始出现并成为主流趋势。②

传统媒体与互联网平台的关系和机制是媒体融合的重要基础和前提。2018年在改革开放40周年的大主题下，央媒、党媒与互联网大平台联合推出了众多有创意、含技术、带互动、贴民生的重磅内容和产品，而且，合作搭建全网推送和线上线下互通互动。传统媒体与互联网平台机构的新的合作模式和思路，超越以往互为竞争对手的思路，二者在同为网络传播重要力量、同为网络内容重要贡献者的大框架下，紧密合作，互相发挥优势资源，共同为更多正能量的传播助力，共同承担和体现社会责任，成为双方的共识和合作基础，从而推动了媒体融合的大跨越。③

有关报纸、电视等传统媒体与互联网的合作研究大约从2009年开始就逐渐从互动的层面过渡到融合发展研究的阶段。2014年以后对媒介融合和传统媒体

---

① 温海玲、杜骏飞：《变革时代的战略理性——全媒体热潮中的冷思考》，《青年记者》2009年第4期。

② 李彪、王永祺：《2017年媒介融合趋势：从单向度融合到多层次融合》，《出版广角》2018年第3期。

③ 杨斌艳：《媒体融合 创新变革中持续发展》，《中国新闻出版广电报》2018年12月25日第6版。

转型研究成为"传媒业探讨未来之路的必备话题"①。传统媒体转型到底应该怎么转，2014年8月之前是有争议的，有人主张传统媒体为转型主体，有的主张由新媒体来充当转型主体，有的则主张"融合+转型"模式。其中，郭全中反对融合，主张替代，他认为，传统媒介之间不仅不可能融合，传统媒介更不可能融合互联网媒介；从根本上说，互联网媒介对传统媒介是完全替代关系，也不存在融合问题，而只有整合问题。② 但到了2014年媒介融合上升为国家战略之后，这种争论就基本消失了。如浙江日报报业集团副社长俞文明认为，媒体要不要融合，在当前的形势下已经无需讨论，需要讨论的是怎么融合、怎么推进、怎么落地、怎么有效实施的问题。传媒融合转型的重要性和必要性也就是以媒介融合作为传媒转型的主要途径，在政府、业界和学界之间显然达成了共识，传媒转型的其他方式则被纳入媒介融合的总体框架之中，或者说与媒介融合融为一体了，而相关研究的重心开始转向对媒体如何融合转型，即策略、路径等"术"的问题的探讨。

当下媒体融合转型的重点转入县级融媒体中心建设。2019年是全国县级融媒体建设的关键一年。2019年2月19日，中央广播电视总台"全国县级融媒体智慧平台"暨央视网新版全终端上线启动仪式在北京举行③。县级融媒体中心标准体系基本建立，《县级融媒体中心网络安全规范》等5项标准规范已全部发布实施。④ 在县级融媒体中心的建设中，县级融媒体依托于省级平台建设已成为一种方式。如河南省级网站大河网与安阳县委宣传部签署协议共建融媒体中心，湖南日报社成立了浏阳融媒体中心，并上线新湖南客户端的浏阳频道，江苏广电、浙江广电等也依托自身的技术优势建设省县合作的融媒体中心。⑤ 总之，自2018年习近平总书记提出加强建设县级融媒体以来，全国各县域融媒体中心建设成效显著，目前全国全覆盖的目标已基本完成，下一步将转入深化发展的阶段。县级融媒体中心建设也成为传媒研究与实践的热点与焦点。2018年9月至2019年1月，陈国权负责的课题组就县级媒体发展改革状况及县级融媒体中心推进课题对东中西部23个县的媒体进行了调研，调研报告认为：加强县级融媒体中心建设，

---

① 陈昌凤、朱小妮、黄雅兰：《2014年国内新媒体研究综述》，《全球传媒学刊》2015年第1期。

② 郭全中：《媒体转型中的七大理论问题探讨》，《新闻与写作》2014年第8期。

③ 《漠河市广播电视台成功入驻 中央广播电视总台"全国县级融媒体智慧平台"》，《大兴安岭日报》2019年2月22日A01版。

④ 《县级融媒体中心建设 五项标准规范全部发布实施》，《人民日报》2019年4月14日第4版。

⑤ 宋守山：《从内容呈现到价值连接：媒体融合新阶段的逻辑转向》，《青年记者》2019年第18期。

"大屏幕、大平面、大机构、大技术"仅是物理外在表现,关键还是体制机制的改革,不能本末倒置。①

随着2015年政府提出和倡导"互联网+"行动计划,跨界融合成为媒介融合研究的重要主题,主要表现为两个方面:一是对媒介生态理念的聚焦,相关研究将技术、制度、内容、形式、人才等要素都纳入"生态"范畴,侧重于要素间冲突、平衡和协调的关系。二是将"互联网+"引入传媒融合转型研究,进一步提出平台化战略。喻国明认为传媒融合转型要从"+互联网"转向"互联网+","互联网+"实际上是把互联网看成一种构造新传媒领域的结构性力量,换句话说,在互联网的作用下,整个社会资源、社会要素组合、面对的现实基础都已发生革命性的改变。②人民日报社"融合平台——媒体融合发展的基石"课题组认为,平台化是互联网的发展趋势,也是媒体融合发展的必然趋势,要解决媒体深度融合中存在的问题,"必须顺应当前互联网正在成为社会基础连接的新形势和新环境,在'互联网+'的基础上,去实现以平台化为特征的媒体深度融合"。③业界人士以武汉媒体融合实践为例提出构建产业生态系统④。价值链拓展是目前主流媒体经营融合转型的热门路径,有学者提出,在新的市场环境下,纸媒必须改变原有的运营机制和经营策略,适应新的市场规则,创造性地进行经营活动,主动参与市场价值链重组和行业布局,掌握价值链重构的主动权,以扩大自身的规模,在新的价值链下找到自己新的位置,实现纸媒价值流的现实效益。⑤从价值链视角展开的传统媒体融合转型研究更多地着眼于外向路径即横向拓展,对内部资源的挖掘利用这一层面的研究不多。⑥

3. 媒体转型的研究取向

就国内而言,媒体融合转型研究成果丰硕,特别是产业发展取向的研究文献数量众多,内容丰富,但鲜见媒体转型的影响特别是媒体市场化对社会的负面影响或弊端等问题的研究。一般而言,媒体(融合)转型研究领域主要有以下两种研究取向:一种是普遍流行的传媒经济学取向或产业发展取向,以商业主义话语最具代表性,它把传统媒体的危机界定为经营危机,把危机的原因归结为新媒体的冲击和市场化改革不彻底,提出的对策是数字化转型和深化体制改革,如技

---

① 陈国权:《中国县级融媒体中心发展报告》,《现代传播》2019年第4期。
② 喻国明:《"互联网+"逻辑下传媒发展的进路与关键》,《声屏世界·广告人》2015年第8期。
③ 人民日报社编:《融合平台:中国媒体融合发展年度报告(2016—2017)》,人民日报出版社2017年版,第48页。
④ 李述永:《当前媒体融合发展的实践与思考》,《中国记者》2016年第5期。
⑤ 李剑欣、栗兴维:《新媒体环境下纸媒价值链建构》,《传媒》2017年第14期。
⑥ 刘稳和:《主流媒体经营转型探究》,《新闻论坛》2019年第6期。

术创新、渠道创新、内容创新、产品创新和体制机制创新等,总之是媒体经营模式的创新。另一种是新闻传播学研究取向,如导向话语、新闻专业主义话语和传播社会学话语,其中又以导向话语和新闻专业主义话语最有代表性。所谓导向话语也就是以新闻宣传为核心的舆论引导话语即官方话语。新闻专业主义话语则是把传媒业危机归因为导向危机和新闻专业性危机,解决之道主要有:一是加强舆论引导功能,二是坚持新闻专业主义精神,三是将传媒业作为公益性事业以获得政府的扶持和资助。总之,商业主义话语、导向话语与新闻专业主义话语并行不悖而且间或交叉重叠,构成了传媒融合转型研究的基本价值取向和鲜明特色,只看到商业主义主导的一面,而忽视专业主义话语的存在,或者只看到导向话语的强势回归,而忽视了商业主义和新闻专业主义话语的影响,都是只知其一不知其二之谈。

（1）传媒经济学研究取向。

1）把传统媒体的危机界定为"经营危机"。当前中国传媒业的境遇主要被表述为一种"盈利"的危机和"商业模式"的危机。讨论最多的是新闻媒体机构的读者流失、盈利下滑、广告下滑以及新闻人的辞职等方面,这些被认为构成了今天中国新闻业挑战的主要表征。[①] 国内传媒集团真正实现"自主经营、自负盈亏"的很少,这是由于,"一方面,通过媒体融合所运营的这些新媒体缺乏营利能力,投入巨大,产出很少;另一方面,传统媒体在面对新媒体的竞争中经营能力大幅下降,如何维持传统媒体的生存与融合发展,成为当前及以后相当长一段时间迫切需要解决的问题"[②]。2005年是我国报业发展的一个拐点,报业广告收入全行业大面积急剧下降,国内学者对此有三种代表性的观点:一是"寒冬论"。时任京华时报社社长的吴海民认为:"不仅是都市报的冬天,也是整个报业的冬天。"他认为,中国报业陷入了经营危机,其表现是广告的高位跌落和年轻读者的流失,并将原因归结为新媒体的冲击。[③] 二是"节点论"。喻国明在承认"拐点"的同时,将"拐点"引申为"节点"。他说:"中国报业尽管受到新兴媒体的冲击,但通过对我国报业生命周期的分析,可以看出它正处于震荡期末期和成熟期初期,还有着相对长的生命历程和发展空间。"三是"波动论"。石峰认为,"我们对报业经营中出现的问题要进行冷静理智的分析,发展过程中出

[①] 李艳红、陈鹏:《"商业主义"统合与"专业主义"离场:数字化条件下中国新闻业转型的话语形构及其构成作用》,《国际新闻界》2016年第9期。

[②] 陈国权:《媒体融合4周年:融合现状及现存问题解决》,https://www.sohu.com/a/249489498_654813。

[③] 吴海民:《媒体变局:报纸的蛋糕缩小了——谈报业的未来走势及发展》,《广告大观》(媒介版)2006年第1期。

现波动是符合事物规律的,关键是要找出波动的原因"。他认为,当前报业最大的问题是报业的生存和发展对广告的依赖程度太高,而这一表象背后更深层的原因还是粗放经营。① 也有对报业"寒冬论"的反驳,如黎勇认为报业将迎来新的发展机遇。② 不管是持悲观态度还是持乐观态度的,学者都承认报业发展面临转型,转型论已形成共识。

在诸多的言说中,传统媒体衰落并陷入商业危机被当作一种必然或"命定的结果",并被预设为媒体转型的前提。例如,"'不转等死'的论调在传媒圈里颇为常见"③。更多的言论集中在探讨媒体所代表的"商业模式的危机",即认为传统媒体所依赖的、主要依靠广告来获取收入的盈利模式已经过时,不应该再构成新媒体时代下的主导商业模式。如谭天等认为,"当今新闻业式微既不在于新闻生产,也不在于新闻运营,而在于独木难支,缺少盈利的产品和商业模式的新闻业走向没落是必然的"④。

2)把传统媒体危机的原因归于新技术(新媒体)。与危机的商业主义诊断相应,这种对危机的归因则是技术主义的。新媒体技术被认为正在重新定义媒体,由于其掌握了到达受众的渠道,因而被认为超越传统媒体占据了影响力和营销能力的先机。相应地,传统媒体则在冲击下失去了对读者的吸引力。⑤ 例如,业者认为技术重构了信息传播模式,传统媒体机构式的信息传播渠道已然失效。进一步的归因则指向传统媒体自身,它们被认为采纳新技术过慢或缺乏技术创新能力因而导致衰落的命运。而之所以不能胜任技术创新,则被诸多业者归纳为业者的思维和意识方面的缺失,如认为传统媒体缺乏"互联网思维"或"技术思维"等。有趣的是,在业者的言说当中,关于传统媒体缺乏技术思维的归因往往与"欠缺产品和用户意识"和"服务理念有待提高"等市场意识的归因混淆在一起。⑥ 因此,对业者而言,导致危机的原因表面上是新媒体技术,深层原因却是新媒体技术所暴露的业者之市场和服务意识的缺乏。

3)经营危机应对策略为转型与创新。在商业主义框架下,转型与创新成为媒体应对经营危机的不二选择。关于危机的话语悄然转换成为"转型话语",这

---

① 转引自罗建华:《中国报业发展态势"三家论剑"——石峰"波动论"、吴海民"拐点论"、喻国明"节点论"比较综述》,《中国报业》2006 年第 4 期。
② 黎勇:《中国报业的春天刚刚开始》,《青年记者》2006 年第 3 期。
③ 范以锦:《纸媒:以正确的思路找到出路》,《中国记者》2014 年第 1 期。
④ 谭天、王俊:《新闻不死,新闻业会死去》,《新闻爱好者》2014 年第 12 期。
⑤ 李艳红、陈鹏:《"商业主义"统合与"专业主义"离场:数字化条件下中国新闻业转型的话语形构及其构成作用》,《国际新闻界》2016 年第 9 期。
⑥ 黄琼:《从读者到用户:〈新闻晨报〉的转型思路与做法》,《传媒》2013 年 12 月。

表现为种种直接或间接的商业策略,包括进行新的战略定位,如放弃传统新闻报道转向提供服务性信息,创办"门户社区""垂直"网站和聚合模式而非原创新闻网站。寻找或拓展新的商业模式,如与服务性部门合作,提炼更多产品,以服务替代广告,以数据进行营销。探索用户的规律,如用大数据挖掘技术来分析用户的实时内容需求,精准识别用户,如汤景泰提出,传媒要借鉴相关数据挖掘分析技术,在产品开发、经营管理等方面,充分利用大数据、开发新型新闻产品、为读者提供更精准的个性化服务,同时可以盘点并开发自身拥有的数据资产,进行多用途利用。① 在主体层面,转型的主体被界定为新闻媒体(机构)和新闻人(工作者),尤其是作为商业主体的新闻机构,其运作于市场,并以向用户提供有偿服务赚取收益。值得注意的是,这里的转型主体并不是作为"社会公器"以及社会民主生活之有机组成部分的新闻业(专业)。在目的和价值层面,转型的目的尽管从未被清晰阐明,但它大体模糊地被表述为"找到盈利模式""拿到风险投资""重新占有市场"和"实现商业成功"等单一的商业愿景。在技术层面,转型的策略主要体现为种种能够在短期内直接或间接实现商业价值的手段,如"提供满足用户需求的产品""延伸服务"等,而这一面的反面,如"缺乏互联网意识""缺乏对用户的关注",或抱残守缺的所谓"情怀"等则被界定为阻碍转型的阻力。② 在商业实践而非在专业实践上有着丰富经验的媒体则被视为成功转型的典范,例如,浙江日报报业集团因其商业成功(如投资游戏的成功)而被一些学者总结为转型的浙报模式,是其他媒体应该仿效的对象。③

4)对媒体经营模式的探讨。随着媒介融合战略的推进,如何以媒介融合推动媒体转型发展成为当前业界和学界关注的重大命题。从经济学角度看,媒体竞争已经从价格、产品等要素竞争向经营模式竞争转变,传媒融合转型发展战略的本质是媒体经营模式的转型与创新,所谓技术创新、渠道创新、内容创新、产品创新、营销创新、组织结构创新和人力资源管理创新等都属于媒体经营模式创新的具体表现。如范东升在《拯救报纸》一书中考察描述了美欧报业危机的爆发过程与严重后果,深入讨论了传媒经营模式的本质及演变,观察和揭示新媒体生态环境变迁与趋势,并细致评介美欧报界探寻转型模式的种种尝试与经验,包括建立"付费墙"、开发 App Store 程序库在内的种种举措,提出报业应确立数字优

---

① 汤景泰:《大数据时代的传媒转型:观念与策略》,《新闻与写作》2013 第 9 期。
② 李艳红、陈鹏:《"商业主义"统合与"专业主义"离场:数字化条件下中国新闻业转型的话语形构及其构成作用》,《国际新闻界》2016 年第 9 期。
③ 张德君、张宇宜:《从全媒体元年看浙报集团全媒体转型实践》,《传媒》2013 年第 3 期。

先的发展战略。传统媒体运作新媒体出现许多问题的关键在于经营模式的问题，如美国在线与时代华纳整合的失败。① 中国和西方发达国家的传统媒体都经历或正在经历媒介融合和传统媒体转型，但迄今都还没有找到稳定、成熟的盈利模式，这个问题值得业界、学界共同关注和深入研究。② 传媒经济学研究取向侧重媒体市场化和产业化优势的一面，对媒体市场化的弊端有所忽视，但不能因此而否定传媒经济学研究的价值与意义，从传媒经济学角度研究媒体融合转型仍有其价值与必要性，但需要借鉴和吸收其他学科如社会学、文化研究、政治经济学的成果，使相关研究得到补充、完善与提升，从而更加丰富与有效。

综合来看，国外的传媒制度、市场稳定，其媒体数字化转型研究侧重探讨新技术对传媒的挑战与应对，不存在传媒制度和市场建设的问题，而我国的传媒制度和市场建构还在进行之中，如"四跨"（跨媒介、跨行业、跨地区、跨所有制），特别是行业壁垒、区域壁垒对传媒数字化转型影响极大，因此，传媒数字化转型只讨论技术转型显然不够，还必须与传媒体制机制改革结合起来，这也是中国传媒数字化转型研究的特殊之处。从经营模式角度研究传媒融合转型的文献数量相对较少，这些研究呈现出不同的研究视角，理论与实践相结合，提出媒体数字化转型的对策，为进一步展开相关研究打下了基础，特别是国外主要是美国、欧洲和日本的大量媒体数字化转型经验被介绍到我国，如西方著名报纸的变革③，美联社创新新媒体盈利模式④，CNN 的数字化转型⑤，《经济学人》融合新媒体拓展品牌⑥，美国媒体管理转型⑦，等等，对我国媒体转型起到了借鉴作用，但其不足之处也是明显的，一是国内关于传统媒体如何"转型"的分析大多聚焦于描述一项创新策略或项目本身，缺乏传媒融合转型中经营模式创新的全面的系统的研究；二是相关研究集中在技术融合和新媒体业务探索层面，即从技术角

---

① 张立勤：《传媒并购的文化冲突成因及其整合路径——美国在线—时代华纳并购败局的启示》，《中国记者》2010 年第 5 期；林岳：《美国在线与时代华纳：分手无罪》，《董事会》2010 年第 3 期；陈国权：《市场机制比融合更重要——以美国在线—时代华纳为例反思传媒集团化》，《新闻记者》2010 年第 12 期。

② 周茂君、李抟南：《媒介融合视域下我国传统媒体转型与制度创新研究综述》，《新闻与传播评论》2015 年第 00 期。

③ 蔡雯：《媒介融合视野下的报业转型——从西方著名报纸的变革谈起》，《新闻传播》2007 年第 11 期。

④ 邓建国：《从红海到蓝海：美联社的转型创新》，《新闻记者》2012 年第 4 期。

⑤ 陈怡：《让自己无处不在——CNN 转型案例解析》，《中国记者》2013 年第 11 期。

⑥ 刘滢：《英国经济学人集团的品牌拓展与新媒体战略》，《中国记者》2013 年第 10 期。

⑦ 何慧媛、申琰：《美国媒体的内容结构性变化及管理转型》，《中国记者》2013 年第 12 期。

度研究传统媒体融合转型,而从传媒体制机制角度研究传媒融合转型的则相对不足;三是在研究方法上,虽然不乏案例研究、参与观察、深度访谈等研究方法[①],但量化的研究方法较少,理论贡献较小。传媒转型研究存在多种视角,这些研究组成了一幅"分省"地图,仍然缺乏一种结合文本分析、生产机制两者关系的综合方法,特别是对媒介生产缺少一种人类学式的实证的连续性考察,而且相关研究以新闻传播学理论和方法为主,缺乏跨学科的研究视角。

（2）新闻传播学研究取向。

1）导向（舆论引导）研究取向。传媒融合转型的目标是形成现代传播体系,加强舆论引导力量,以媒介融合打通两个舆论场。新华社前总编辑南振中认为,在当下中国,客观存在两个舆论场。一个是党报、国家电视台、国家通讯社等"主流媒体舆论场",忠实地宣传党和政府的方针政策,传播社会主义核心价值观;一个是依托于口口相传特别是互联网的"民间舆论场",人们在微博、BBS、QQ、博客上议论时事,针砭社会,品评政府的公共管理。互联网成为"思想文化信息的集散地和社会舆论的放大器",改写了"舆论引导新格局"。如人民网开通了《领导干部留言板》《舆情会商室》《人民网评》等栏目。互联网是"社会管理创新"的舞台和推手。各级政府普遍把网络舆情监测、突发事件应对、公共关系管理乃至微博使用列入领导干部的必修课;《人民日报》设立《求证》《来论》、新华社设立《中国网事》、人民网设立《人民网评》等栏目,回应网络热点,澄清真相,梳理情绪,推动政府努力维护社会公正。[②] 黄森认为,在舆论引导的目标主题下,政治逻辑是起点,官方与公众的沟通方式转变是核心,而国内外两个舆论环境的共同优化是最终目标。[③]

媒体融合转型中如何创新舆论引导机制等是研究者关注的热点话题。如王晓红等在《融媒体生产中的舆论引导创新》一文中提出,内容生产业态的创新,关键是转变内容生产和管理的观念,以公众的需求为主要导向,从"宣传者"转为"服务者",全面拓宽、加深、延展媒体的新闻内容,从而实现媒体内容服

---

① 吴海荣:《凤凰卫视媒介融合策略探析》,《西南民族大学学报（哲学社会科学版）》2006年第1期;吴刚:《CNTV媒介融合策略与思考》,《新闻前哨》2010年第5期;何梦琴:《媒介融合下传统媒体的转型——以澎湃新闻新媒体平台为例》,《濮阳职业技术学院学报》2015年第2期;张昆、周钢:《省级党报集团融合发展中的现实困境及路径选择》,《新闻界》2016年第4期。

② 人民网舆情监测室:《人民网评:打通"两个舆论场"》,http://opinion.people.com.cn/GB/15119932.html,2011-07-11。

③ 黄森:《媒体融合理论研究综述》,载梅宁华、宋建武主编:《中国媒体融合发展报告（2015）》,社会科学文献出版社2015年版,第51页。

务的功能。① 段鹏从不同维度出发,对如何提高舆论引导能力,从政策规制到节目样态的策略进行了分析。② 乔保平等提出广播电视媒体的突破与转型主要是舆论引导理念、舆论引导功能、舆论引导机制的转型③。陈国权认为,盈利平台和影响力平台不同是新媒体时代的典型特征;可行的转型思路是找到多个平台,分别承担盈利功能、舆论功能和影响力功能;平台转移的方式是变"读者"为"用户"。④

2)新闻专业主义研究取向。李艳红、陈鹏对我国新闻界业者和学者 2013 年 1 月至 2016 年 8 月就新闻业的现状、危机和应对等发表的言论进行话语的社会理论分析,发现当代中国的新闻实践者们主要转向了市场话语,开始采纳商业主义作为支配其言说的主要框架,来界定新闻业所面对的危机,提出因果解释,作出道德判断并提出解决方案,其研究独树一帜,颇有见地,但认为"与这一过程相伴随,自 20 世纪 90 年代新闻改革的上升阶段曾经涌现的专业主义'话语形构'(discursive formation)则悄然离场"。这一论断有以偏概全之嫌,至于以此论断为基础得出的结论:"这一'话语结构'的变迁不仅内在于商业主义社会实践的兴起之中,并且为后者提供合理化的依据进而催生后者,与此同时,以'公共性'为价值主导的工作、社会关系和社会认同则在这一过程中被'去合法化'和边缘化",值得商榷。李艳红、陈鹏认为,当前我国新闻业界和学界倾向于将当前新闻界的境遇"诊断"为一场商业危机与挑战,关于它是否造成新闻报道品质下降、将可能对公共领域造成何种侵蚀等问题则鲜有关注。⑤ 所谓媒体融合转型中商业主义主导而缺乏新闻专业主义的研究,此说法并不尽然。姑举一例。钟大年认为,新闻界大力提倡媒介融合,探索全媒体战略,但在实践中总有互不理解之处,其中最大的困惑之处就是传统媒体与新媒体如何统合理念、规范和专业操守。在众多的取向中,最重要的就是两点:功能互补与制度重建。他对"制度重建"做了这样的阐述:"任何一个成熟的社会、组织和行业,都会有其保障自有秩序的规范和方法。面对颠覆传统新闻秩序的网络新闻,人们必须考虑重建规范。目前,许多国家都在尝试探索一些网络管理的方法。此外,内部推动的行业

---

① 王晓红、眭黎曦:《融媒体生产中的舆论引导创新》,《新闻战线》2017 年第 1 期。
② 段鹏:《媒介融合背景下提升我国广播电视舆论引导能力的策略分析》,《中国广播电视学刊》2015 年第 4 期。
③ 乔保平、邹细林、冼致远:《媒介融合:广播电视舆论引导的转型与突破》,《郑州大学学报(哲学社会科学版)》2014 年第 3 期。
④ 陈国权:《平台转移:报业转型的趋势》,《新闻与写作》2014 年第 7 期。
⑤ 李艳红、陈鹏:《"商业主义"统合与"专业主义"离场:数字化条件下中国新闻业转型的话语形构及其构成作用》,《国际新闻界》2016 年第 9 期。

规则建设和道德规范建设对建立新媒体新闻业秩序化、专业化尤为重要。总之，在新媒体环境下的新闻业仍需坚持的是：求真本质，专业精神和公共责任。"① 新技术对新闻传播带来的冲击不仅是技术层面的，更是社会责任，融合条件下要不要坚守社会责任、如何坚守社会责任和新闻理想，是传媒实践中需要面对的问题。

有学者对全国不同级别、不同地域的 8 家代表性党报在 2012 年的新闻报道内容进行分析，考察了不同级别、不同地域党报报道在新闻专业主义媒介表现上的差异，研究发现，随着我国新闻改革的逐步深入和党报的市场化发展，党报主动地或无意识地向新闻专业主义标准逼近，并取得了一定成效，但党报新闻专业主义探索还有很大的提升空间。② 在有关新闻专业主义的研究中，涉及融合转型或新技术对新闻专业主义挑战与冲击的研究颇多，如媒介融合时代新闻伦理道德规范问题，融合转型中只重视技术、不重视专业和品牌的问题，等等。即以 2013—2016 年为例，关于媒介融合对新闻专业主义影响的研究，有学者认为，在媒介融合和传媒转型视域下，技术的发展和环境的变化不会造成新闻专业主义的削弱，只要人类对新闻需求的目标没有根本性的变化，新闻专业主义仍然是新闻从业人员一种不可或缺的专业精神和行为准则。③ 相关研究大多集中在新媒体对

---

① 钟大年：《"颠覆"还是"重构"——关于新媒体环境下的"新闻专业主义"》，《现代传播》2014 年第 9 期。
② 陈致中、雷册渊：《党报新闻专业主义之探索研究——基于 8 份党报新闻报道的内容分析》，《现代传播》2014 年 11 期。
③ 韩勇：《媒介融合视域下新闻专业主义的坚守》，《科技传播》2015 年第 10 期。

新闻专业主义的影响方面。①

　　笔者认为，始自改革开放的新闻专业主义话语在媒介融合转型中并未由于商业主义话语兴盛而退场，近年关于新技术对新闻专业主义影响的争论兴起，与传媒融合转型同时发生，绝非偶然。随着意识形态主导倾向的逐渐形成，新闻专业主义精神包含在导向话语中重新出现，成为所谓新技术条件下新闻专业主义的解构与重构的主要特征。市场经济催生了新闻专业主义，但新闻专业主义与市场化或商业主义又有不可调和的矛盾，伴随在改革开放以来传媒市场化改革的进程之中，这种矛盾不是简单的二元对立，而是既竞争又合作的博弈关系，并以经济效益与社会效益的矛盾的形式表现出来，也就是传媒的市场化与公益化的矛盾，其

---

① 刘彤：《走向新闻专业主义理想——兼论电视新闻专业主义的迷失》，《新疆社科论坛》2013 年第 2 期；吴飞：《新媒体革了新闻专业主义的命？——公民新闻运动与专业新闻人的责任》，《新闻记者》2013 年第 3 期；胡翼青：《自媒体力量的想象：基于新闻专业主义的质疑》，《新闻记者》2013 年第 3 期；张如良、刘婵君：《公共与参与式新闻对新闻专业主义的消解与重构》，《长安大学学报（社会科学版）》2014 年第 2 期；陈阳：《从"不专业"到"专业"：体制外记者与媒体机构的冲突》，《国际新闻界》2014 年第 6 期；郭镇之：《公民参与时代的新闻专业主义与媒介伦理：中国的问题》，《国际新闻界》2014 年第 6 期；刘琴、王寅：《论新闻专业主义在网络民粹化误导和施压下的坚守——以"我爸是李刚"事件的传播链条为例》，《重庆工商大学学报（社会科学版）》2014 年第 6 期；徐传达：《新闻专业主义在自媒体中的现状与未来——以新浪微博为例》，《今传媒》2014 年第 8 期；孙琪：《草根传播对新闻专业主义的补充与冲击》，《新闻传播》2014 年第 9 期；胡芃原：《论新媒体对新闻专业主义的影响》，《新闻界》2014 年第 10 期；时静：《论融媒体环境下新闻专业主义的缺失——以李光耀"被死亡"事件为例》，《新闻研究导刊》2015 年第 14 期；王丹青、陆逸加：《新媒体环境下新闻专业主义的消解——以 12.31 上海外滩踩踏事故报道为例》，《浙江传媒学院学报》2015 年第 3 期；周敏、浮琪琪：《"互联网+"思维下新闻专业主义的发展与重构》，《现代视听》2015 年第 3 期；金叶：《社会化媒体语境下中国新闻专业主义的困境与重构》，《兰州大学学报（社会科学版）》2015 年第 4 期；徐玉容：《公民记者时代新闻专业主义的构建》，《新闻界》2015 年第 12 期；陈宁、杨春：《记者在社会化媒体中的新闻专业主义角色——以记者微博的新闻生产为例》，《现代传播》2016 年第 1 期；陈成：《新闻专业主义在党报官方微博中的实践》，《传播与版权》2016 年第 2 期；刘洋：《新闻场域和客观性争锋：一个理解网络时代新闻业危机的视角》，《新闻与传播研究》2016 年第 4 期；黄笑：《"全民记者"时代新闻专业主义面临的挑战与机遇》，《今传媒》2016 年第 5 期；林晓颖：《社交媒体时代突发事件报道面临的新问题——基于上海外滩踩踏事故报道的研究》，《新闻世界》2016 年第 5 期；陆晔、周睿鸣：《"液态"的新闻业：新传播形态与新闻专业主义再思考——以澎湃新闻"东方之星"长江沉船事故报道为个案》，《新闻与传播研究》2016 年第 7 期；王维佳：《专业主义的挽歌：理解数字化时代的新闻生产变革》，《新闻记者》2016 年第 10 期；李拜石、向冬：《建构或者消解？——新媒体环境下新闻专业主义再思考》，《新闻传播》2016 年第 13 期；郑国帅：《自媒体时代对新闻专业主义的建构和反思》，《新媒体研究》2016 年第 16 期；王毓莉：《台湾四大报即时新闻发展对于新闻专业影响之研究》，《国际新闻界》2016 年 12 月。

背后是媒体、政府、市场、社会和民众诸种权力之间谁主沉浮的博弈与斗争。媒体融合转型过程中，即便市场化力量占上风，也并不意味着专业主义的退场，专业主义作为制衡媒体市场化的主要力量之一，是规范乃至批判商业主义话语的重要标准和理论依据，能够发挥推动媒体市场化良性发展的独特作用，不能消失也不会消失。

学者之所以得出"新闻专业主义退场"的判断，可能与其采用的归纳研究方法不周全有关，也就是只搜集了有关商业主义的研究资料，而忽视或缺乏有关新闻专业主义研究资料。尽管如此，李艳红的研究仍然有较高的学术价值，颇具启发性。总体而言，对新闻专业主义讨论局限于学界，相较于商业主义话语，对媒体融合转型实践影响相对有限，也就是说，针对传媒转型中新闻专业性受损甚至缺失的问题少有实质性举措，即便有一些政策措施也受到追求商业利益的媒体或明或暗的抵触而难以在媒体实践中落地，说明相关问题虽然引起人们的忧虑和警惕，但新闻专业主义话语很少能够进入执行和操作的层面，却是不争的事实，这也从一个侧面反映了存在于学界与业界之间体制与话语的"鸿沟"。

3) 传播社会学取向。从传播社会学的角度来看，传媒转型的核心是新闻从业人员的新闻实践活动之变化[①]，对这种实践活动的框架分析，需要进行三个层面的考察：①框架机制，包括组织、媒体及个人；②社会实践的意义；③实践的社会、思想背景。国内对媒体人传播实践活动的理论研究和实践考察还处在起步阶段，主要体现在新闻生产方式转型的研究之中，本书将辟专章论述，兹不赘述。

4) 应对策略的公益化。我国的传媒业危机与国外的类似，也超出了新闻业自身的范畴，除了传媒业努力"自救"外，还需要政府、社会共同努力。比较而言，我国应对传媒业危机的主要角色还是政府和媒体自身，主要是通过政府介入应对传媒业危机，促进传统媒体实现融合转型。由于中国国情和特殊体制，个人和社会团体参与"拯救新闻业"程度并没有欧美那么高。

一是政策扶持和财政补助。随着推动传统媒体与新媒体融合发展的国家战略实施力度的加大，中央和地方各级政府加大了政策和财政支持的力度，促进传媒融合转型发展。2015年上海颁布《上海市主流媒体发展新媒体专项资金实施办法》，设立上海市宣传文化专项资金，并且通过无偿资助、贷款贴息和政府购买等方式，大力推行上海市媒体融合的发展。上海市财政每年分别给予解放日报社和文汇报社5000万元专项支持。内蒙古、吉林财政全额支付《内蒙古日报》《吉林日报》的发行费用。从2016年开始，广东省委省政府每年扶持传统媒体2

---

① 潘忠党：《新闻改革与新闻体制的改造——我国新闻改革实践的传播社会学之探讨》，《新闻与传播研究》1997年第3期。

亿元。广州市拨款3.5亿元扶持《广州日报》，用于印刷、发行支出。深圳市委市政府计划连续6年每年扶持深圳报业集团和深圳广播电视台各1亿元。重庆日报社获得财政拨款1亿元，还由财政购买10万份《重庆日报》，并对报社的税收先征后返1.2亿元。河北省出台相关政策要求各级财政资助各级媒体。很多地区在土地、旅游资源和数据资源上，都给予传统主流媒体较多支持。在这样的背景下，传统媒体更多地依托政府的财政支持运转，这种财政支持主要体现在三个方面：一是给予真金白银的支持；二是财政出资购买报纸；三是对党报集团给予税收等相关优惠政策。① 与此同时，国家不断采取措施，为深化媒体融合、推动媒体行业健康有序发展提供保障。如2017年2月中央全面深化改革领导小组第三十二次会议通过了《关于深化中央主要新闻单位采编播管岗位人事管理制度改革的试行意见》等文件。会议强调，要增强新闻舆论工作队伍的事业心、归属感、忠诚度，为事业长远健康发展提供坚实有力的人才支撑。

二是加强新闻舆论的意识形态工作。新闻媒体的主要任务，是以马克思主义意识形态为指导，倡导社会主义核心价值观，弘扬主旋律，传播正能量。2006年10月召开的中共十六届六中全会通过了《关于构建社会主义和谐社会若干重大问题的决议》，提出要建设社会主义核心价值体系，以之引领社会思潮，尊重差异，包容多样，最大限度地形成社会思想共识。2011年10月中共十七届六中全会通过《关于深化文化体制改革 推动社会主义文化大发展大繁荣若干重大问题的决议》，重申要加强社会主义核心价值体系建设。习近平总书记指出，宣传思想工作就是要巩固马克思主义在意识形态领域的指导地位，巩固全党全国人民团结奋斗的共同思想基础。要深入开展中国特色社会主义宣传教育，把全国各族人民团结和凝聚在中国特色社会主义伟大旗帜之下。要加强社会主义核心价值体系建设，积极培育和践行社会主义核心价值观，全面提高公民道德素质，培育知荣辱、讲正气、作奉献、促和谐的良好风尚。②

加强舆论引导建设，推动"三贴近"与"走转改"，这是新闻专业性的主流话语。2002年时任总书记胡锦涛在考察《人民日报》时对新闻战线的干部职工提出要求，新闻改革要"贴近生活、贴近群众、贴近实际"，这就是"三贴近"原则。为推动新闻工作者切实将群众观点、群众路线体现在新闻宣传实践中，促进新闻单位深入基层、深入群众进一步制度化、常态化，我国决定在新闻战线组织开展"走基层、转作风、改文风"活动。2011年8月，中共中央宣传部、中央对外宣传办公室、国家广电总局、新闻出版总署、中华全国新闻工作者协会联

---

① 谭天：《财政补贴媒体是融合的前提》，https://m.sohu.com/a/125106063_118341/?pvid=000115_3w_a&from=gxoupme-ssage。

② 《习近平：胸怀大局把握大势着眼大事 努力把宣传思想工作做得更好》，《人民日报》2013年8月21日第1版。

合下发《关于在新闻战线广泛深入开展"走基层、转作风、改文风"活动的意见》。2018年4月,习近平总书记在全国网络安全和信息化工作会议上强调,要加强网上正面宣传,旗帜鲜明坚持正确政治方向、舆论导向、价值取向,用新时代中国特色社会主义思想和党的十九大精神团结、凝聚亿万网民,深入开展理想信念教育,深化新时代中国特色社会主义和"中国梦"宣传教育,积极培育和践行社会主义核心价值观,推进网上宣传理念、内容、形式、方法、手段等创新,把握好时效,构建网上网下同心圆,更好地凝聚社会共识,巩固全党全国人民团结奋斗的群众中涌现出来的先进典型和感人事迹,丰富人民精神共同思想基础。①

三是他律与自律相结合的制度建设。在我国,媒体融合中出现的问题主要表现为追求商业利益的传统媒体与互联网、新媒体转型规避新闻专业性、新闻伦理及社会责任的问题,一般归因于导向问题、新闻伦理道德及社会责任问题,对策是加强制度建设和新闻媒体监管,制定法律法规,倡导媒体自律,除了加强舆论导向管理外,主要措施有采编与经营两分开制度、加强媒体日常管理。新闻媒体的采编权与经营权相对分开是防止商业利益侵犯新闻采编内容、保障和实现新闻专业性的重要措施,也是国内外一项重要的新闻媒体制度。媒体作为社会公器,不能一味追求经济利益而忽略新闻专业性,新闻道德准则与宗旨。主管部门针对媒体市场化的弊端如"三俗"问题,通过行政管理政策加以调整,取得了一定成效。

四是媒体人对新闻专业性的坚守。尽管不断有人离开传统媒体进入网络媒体,或成为自媒体人,但很多传统媒体人依然坚守信念,通过创办微信公众号开拓多元渠道,提升内容质量强化读者黏性等方式砥砺前行,以求在新平台上寻得一席之地。②

2018年,微信公众号"丁香医生"推出《百亿保健帝国权健,和它阴影下的中国家庭》一文,揭开了权健及其背后的保健帝国的黑幕。这篇调查报道的作者是"前媒体人",他们最擅长的是调查、采访和写稿,在转移到一些新媒体机构后,他们仍然坚持原来的做法。"丁香医生"作为医疗行业的创业项目,有自己的公号和微博,在公号上,他们提供医疗行业的专业报道,有过好几篇出色的作品。2018年中国最有影响力的两篇报道,除了"保健帝国"外,就是"兽爷"写的《疫苗之王》,而"兽爷"也是曾经的调查记者。他开了一个公号"兽楼处",通过对公开信息的梳理,揭开了疫苗行业的乱象。更早的案例是2017年教

---

① 《习近平:敏锐抓住信息化发展历史机遇 自主创新推进网络强国建设》,《人民日报》2018年4月22日第1版。
② 崔保国、郑维雄、何丹嵋:《数字经济时代的传媒产业创新发展》,《新闻战线》2018年第6期。

育类自媒体"芥末堆"对天津李文星案的报道,不仅促使天津警方采取行动,也让一家网络招聘平台道歉。传统新闻媒体的"调查新闻"已经式微,但调查报道以及新闻专业主义并没有消亡,而是以一种独特的方式在互联网世界继续存在,这也是新闻业希望和价值之所在。① 不过,按照传统的界定方式,没有采访权的自媒体刊发的文章算不上调查报道,但如果从实然的角度来看,《疫苗之王》《百亿权健帝国和它阴影下的中国家庭》等文章确实在揭露社会现实、解决社会问题、引起政策出台等方面产生了一定的作用,虽无调查报道之名,却有调查报道之实。②

第三节 传媒融合转型的政治经济学阐释

一、传媒融合转型的内涵

如前所述,传媒融合转型是媒介融合与传媒转型的简称。传媒融合转型是新兴的概念,而且还在发展过程之中,涉及范围和内容既广且深,很难下一个准确的定义。为了研究的便利,我们不妨对传媒融合转型作一概述,并从不同层面揭示其丰富的内涵。媒介融合是后工业化时代传媒业发展的最新特征。随着媒介融合的深入,传媒从外在的融合表现为立足自身的转型,"传统媒体的转型就是要进行一场媒体融合的革命"③。详言之,媒介融合是传媒转型的有效途径和重要组成部分,传媒转型成为媒介融合的表征和实现形式,融合与转型内涵不同,却密不可分,即传媒在融合中转型并在转型中融合。根据马克思主义政治经济学观点,传媒复制和再生产社会生产、流通、分配和消费关系,横跨生产力与生产关系两大领域。法国学者戴拉海指出:"传播问题只能经由生产与流通之间的关系来理解。"他认为"传播是指一个社会不断创造新的生产、流通和消费状态,并使属于这些状态的社会关系与之相适应"。④ 就战略目标而言,传媒融合转型是从媒体改革走向传媒转型。改革与转型的区别在于:前者是计划经济体制内的量变过程,而后者是从计划经济体制向市场经济体制的质变过程。此外,由于特定的制度环境和改革发动者的政治经济行为的制约,改革进程中所发生的政策调整与制度变化无论在范围还是程度上都无法与转型相比。因为,在转型的过程中,

---

① 张丰:《传统媒体营造的世界已崩塌,新闻游侠时代开始了》,https://mp.weixin.qq.com/s?__biz=MjM5ODIwNDIwMA==&mid=2652698129&idx=3&sn=b5388961ce951e4340-640a504e094b54。
② 李兴丽:《自媒体的爆款是调查报道吗》,《青年记者》2019年第4期。
③ 喻国明、姚飞:《媒体融合:媒体转型的一场革命》,《青年记者》2014年第24期。
④ 陈卫星:《传播的观念》,人民出版社2004年版,第374～375页。

制度环境的变革打破了对改革的制约，而在新的政治经济环境下，改革者的行为方式也将发生变化，这些因素的综合作用促使各个领域的政策调整和制度变革集中地、大规模地发生。① 总之，传媒融合转型不仅表现为媒介变革和技术创新，传媒作为传播工具，是生产力中最为活跃的因素，而且传播工具的创新必然导致体现为生产力的生产方式的变革和生产流程重构，进而再造传播生产关系。

（一）作为生产力变革的传媒融合转型

科学技术是第一生产力。科学技术是社会存在的基石，由它导致的生产力的发展，是整个社会存在和日常生活发生变化的最根本的动力和因素，生产力和生产方式的变化必定带来生活方式和意识形态、政治制度的改变。② 传媒融合转型首先表现为技术创新和媒体生产方式的变革。技术作为生产力的重要组成部分，直接决定了生产力水平的高下与优劣，具有推动社会发展和变革的巨大力量。技术与其说是工具，毋宁说是生产力和生产方式，技术创新也是传播生产力和生产方式的变革。传播从依赖于人到依赖于技术，在大众传播和网络传播时代，这种技术依赖性发展到登峰造极的程度。新技术尤其是新传播技术是推动和拉动传媒业发展的重要动力。技术更是实现媒体融合的先决条件，也是必要的推动因素，它渗入媒体融合的多个层面。对传媒融合转型来说，没有技术的推动和突破就没有传媒融合转型，技术融合是传媒融合转型的基础和前提条件，技术力量的重要性不言而喻。就生产方式的变革而言，传媒融合转型在打破媒体传统资源配置方式的同时，确立移动互联网优先，传统媒体与新媒体一体化发展新的资源配置方式，以实现从传统媒体为核心向新媒体为核心的转变。按照熊彼特的创新理论，技术作为外生经济变量对经济增长具有决定性作用，技术创新是产业融合，也是媒介融合的根本动因。技术创新就是包括新产品、新设备、新系统以及新过程等形式在内的技术逐步商业化，成为不同产业之间通用的技术平台，这种通用的技术消除了不同产业之间的技术进入壁垒，导致不同产业之间的技术边界与生产方式趋同。③ 综上，新技术的发展和应用改变了传媒业的生产方式、经营方式以及产业价值链，导致整个传播生态和社会关系发生深刻的变化。

（二）作为生产关系变革的传媒融合转型

传媒融合转型是生产力变革引发的生产关系的变革，是体制机制的创新，对既有传播体制和秩序是一个意义深远的挑战。技术发展决定和制约着生产关系，技术创新要求生产关系的变革，也就是说，生产关系需要适应新技术的发展，或者说，新技术在变革旧的落后的生产关系的同时，推动和促进新的生产关系的产生和发展，其背后是新旧权力关系的改变。从这个意义上，把新技术对社会的影

---

① 景维民等：《转型经济学》，经济管理出版社2008年版，第52页。
② 李泽厚：《"西体中用"简释》，《中国文化报》1986年7月9日。
③ 郑明高：《产业融合：产业经济发展的新趋势》，中国经济出版社2011年版，第91页。

响和作用称为新技术革命似不为过。正如麦克卢汉所言："一切技术都具有点金术的性质。每当社会开发出使自身延伸的技术时，社会中的其他一切功能都要改变，以适应那种技术的形式。一旦新技术深入社会，它立刻渗透到社会的一切制度之中。因此，新技术是一种革命的动因。今天，我们在电力媒介之中看到了它们的力量。我们在几千年前发明的拼音字母中也看到了这种力量。这个发明与电子媒介一样是意义深远的——它对人的影响同样有深远的意义。"[1] 媒体融合是信息传播技术引发的主流媒体自我革新，技术因素非常突出，随着5G、4K、AI、AR/VR/MR 等技术的发展，媒体融合将从媒体内部向媒体间、跨领域方向发展，会引发传媒格局和盈利模式更深刻的变化，更需要通过法律的手段保护权益、协调关系。[2]

传媒融合转型是新媒体时代传播关系和各种深层次利益的调整与变革，也是政治、经济、社会诸种权力以媒介融合为契机重新争夺传媒的话语权和控制权的过程，这一建构过程仍在继续。传媒融合转型打破了既有传媒制度下形成的利益格局的相对均衡状态，改变了利益群体的主体构成及其制度偏好，从而引发政府、媒体、企业、公众等不同主体之间围绕利益分配而展开新的博弈，它们之间既有竞争也有合作，如资本借助政府介入以消除社会抵制力量等。所谓利益格局，从广义上讲，指的是一个社会中的经济、文化、政治等各方面的资源在全体社会成员之间进行分配和配置的方式与状态。所谓资源是指经济资源、政治资源、社会资源、文化资源等。资源配置方式与状态的变化，形成了社会成员之间的利益分化，并最终导致不同的社会利益群体的出现。在影响这种社会结构形成和变迁的各种经济、文化、政治资源中，起主导作用的因素无疑是经济资源的配置模式。[3] 要而言之，传媒融合转型打破了传媒的公共性、专业性与商品化之间的既有平衡，其实质是新技术条件下传媒的公共性、专业性与商品化之间关系的再重构，旨在建构新规则和传播新秩序，如何重构新的平衡关系，成为融合时代传媒业发展必须面对的重大挑战。此外，从文化研究的角度看，媒介融合与传媒转型则是在市场经济和新技术条件下重建社会主义文化领导权的问题，本书第五章将有详述，不赘。

二、传媒融合转型的价值取向

媒介融合只是手段而不是目的，不是"为了融合而融合"。关于媒介融合，

---

[1] ［加拿大］埃里克·麦克卢汉著、弗兰克·秦格龙编：《麦克卢汉精粹》，何道宽译，南京大学出版社2000年版，第363～364页。

[2] 《刘扬点评传媒篇：多向融合成传媒新思路》，《检察日报》2019年1月25日第7版。

[3] 郑杭生等：《转型中的中国社会和中国社会的转型——中国社会主义现代化进程的社会学研究》，首都师范大学出版社1996年版，第1页。

奎恩认为，媒体中存在着商业观和新闻观两种不同的融合观。如果说商业融合观关心的是融合如何为媒体带来更多经济利益的话，新闻融合观关心的则是"如何做更好的新闻"。① 国内学者提出媒体融合的"三个价值"，即政治价值、社会价值和市场价值。② 一般而言，传媒融合转型大致有公共性、商品化和专业化三种价值取向。

（一）公共性取向

媒介融合的公共性取向可视为数字化时代媒体公共性的"重构"，如以英国BBC为代表的公共广播电视服务在融合新技术的同时坚持公共利益原则。BBC从1999年开始了数字化转型的探索，同时肩负着带动英国数字化发展、打造"数字英国"的使命。随着技术与社会的发展，英国公共广播电视发生了很大的变化，逐渐形成了公共广播电视体系，以不断完善和推进广播电视公共服务，更好地提供相互补充而又多样化的内容与服务。③ 建设性新闻注重通过多种融媒体工具增强报道与用户之间的互动性，赋予用户留言建议、探讨解决办法的权利，并重视用户反馈信息对完善报道的建设性作用，提升用户对报道和问题后续的参与感和互动感。媒介融合时代建设性新闻实践借助AR、VR、网络直播等工具增强新闻的沉浸感，使用H5、条漫、游戏、数据可视化等工具丰富新闻表现形式，避免长篇大论带来的负面效应，并适当采用适合跨媒体传播的叙事方式，呈现出一定的视觉效果。在新冠肺炎疫情的报道中，主流媒体为普及防疫知识尽显神通，如新华社推出的条漫"复工高能宝典"和3D新闻"七步洗手法"等报道，《人民日报》则先后推出"钟南山"和"防疫三字经"表情包，这些充满趣味的新闻表达形式解构了传统方案叙述模式，并在一定程度上实现了在不同受众群体之间的"跨次元"传播。④

在我国，媒介融合的最终目的是服务大局、服务党和政府的中心工作，媒体通过参与公共治理，开展政务服务、智库建设、提供社会公益服务等促进媒体融合转型，建设新型主流媒体。就媒体参与公共治理而言，媒体融合不只是一个传播命题，同样也是一个治理命题。⑤ 近些年，在理论界，对媒体动员的关注可以

---

① Stephen Quinn, "Convergence's fundamental question", *Journalism studies*, 2005, 6(1), pp. 29–38.
② 郭乐天：《融合应该有标准》，《新闻战线》2018年第12期。
③ 胡正荣、李继东：《广播电视公共服务、政治理念与社会实践》，载胡正荣主编：《媒介公共服务理论与实践》，中国传媒大学出版社2009年版，第19～20页。
④ 罗昕、陈秀慧：《建设性新闻：主流媒体参与社会治理的一种路径》，《青年记者》2020年第9期。
⑤ 《以传播优势提升治理效能——回答好媒体融合发展的时代课题③》，《人民日报》2019年1月31日第5版。

简单概括为两个方面：一方面，从社会风险防范性角度，媒体动员作为一种引发社会集体行动的重要力量和渠道，如何在社会运动和制度变革中发挥作用，尤其强调社交平台、新媒体场域下，媒体动员对社会变革和现有社会制度的潜在破坏性作用，多是一种社会风险防范性的角度；另一方面，从建设性的视角，试图从媒体参与社会的积极作用层面来挖掘和认识媒体和新闻如何更好地为社会建设、社会发展作出有意义的贡献，更好地促进当前社会发展、促进公民参与社会公共事务治理，是一种媒体与国家治理的积极和谐理念的转达和倡导。毋庸置疑，我国媒体在中华人民共和国成立 70 周年的传播报道中，创造了媒体建设性参与国家治理的佳绩，创造了媒体在民众情感动员和表达上的佳绩，创造了融媒时代不同类型、不同层级媒体通力合作的佳绩，而这些佳绩的产生离不开宣传舆论、新闻媒体、网站平台各方的协作努力和智慧创造，这些成绩的背后更有中国媒体建设性参与国家治理的思索探求和拓路前行。① 还有人民网创建的"领导留言板"平台，南方报业传媒集团、河南日报报业集团等媒体集团利用新媒体技术，广泛参与推动的智慧政务、智库服务等，都是推动政府治理体系和治理能力现代化的积极探索。② 当前媒体与智库进行融合发展已是大势所趋，纸媒智库化渐成气候，新媒体衍生出来的智库也越来越多，如南方民间智库、瞭望智库、人民智库、长江智库、国是百人会，以及 2017 年 11 月 29 日成立的新闻出版产业新型智库联盟等。③ 此外，传媒融合转型服务于社会公益，如央视综合频道推出大型公益寻人节目《等着我》。近年来，帮助贫困地区、贫困群众脱贫不断吸引社会力量的投入，媒体作为拥有品牌资源和强大传播影响力的主体，其为扶贫事业提供的服务项目不断增加，如河南卫视的《脱贫大决战》、中央广播电视总台的《决不掉队》等。

（二）商品化取向

商品化是推动媒介融合发展的重要动力。例如，《楚天都市报》于 2015 年实行机构改革，较大幅度减少了管理、工勤辅助岗位的数量，共有 60 余名员工下岗分流。该报力图以此次裁员为契机，进一步提高人力资源的效率，压缩成本，

---

① 杨斌艳：《全民动员：媒体参与国家治理的经验和根基》，《青年记者》2019 年第 30 期。
② 张光辉、李咏梅、宋丽云、黄卫来、管毅：《以 5G 等新技术和数字经济为重点 打造全媒体传播体系助力国家治理体系和治理能力现代化》，http://media.people.com.cn/GB/n1/2020/0103/c120837 – 31533440. html?clicktime = 1578094237&enterid = 1578094237&from = timeline&isappinstalled = 0。
③ 杜一娜：《创新发展亟须新型智力服务提供商——访华闻传媒产业创新研究院院长、新闻出版产业新型智库联盟秘书长冯玉明》，《中国新闻出版广电报》2018 年 6 月 5 日第 5 版。

目的是实现传统媒体与新兴媒体的融合发展，探索转型之路。①

媒介融合与传媒市场化并行不悖。有学者认为，"媒体转型和媒体企业转制，这两大变化将深深影响中国传媒业的走向。看上去这两股潮流并行不悖，其实则是互为表里、相互促进的两大举措，共同塑造中国媒体的未来。其中，媒体企业化转制将成为未来媒体大融合的前奏和桥梁。虽然所有人都认同媒体融合的大势，但同时也意识到，不论被迫或主动，只有进行中国媒体结构的大调整，进行媒体兼并和产业重组，才能在最短时间内集中资源，打造真正的覆盖所有传播形态的多媒体大平台。……中国媒体的大规模融合之路是以企业化转制的产权改革为前提的，以体制转轨带动结构上融合媒体，打造多媒体集团，最终实现传播的多媒体融合"②。当前，伴随着新媒体这一根植于互联网的以市场逻辑为主导且相对独立与自由的生存土壤的新兴媒体样态的出现，媒体以及传媒集团的市场化运作已经进入成熟阶段，其作为利益主体的地位也得以真正确立。③

新技术被商业利益所占用，从最早的报纸的商业化、广播电视的商业化，到今天的互联网商业化，莫不如此，但新传播技术是不是一开始就被商业利益所主导呢？并非如此，商业化是博弈的结果，比如在商业报刊占主导地位以前，存在政党报刊、工人报刊等非商业化报刊。以广播为例。英国广播一开始就采取公共广播的模式，这是民主力量战胜商业力量的结果，而美国在广播兴起之初，社会力量在与商业力量的博弈中失败了，因此，美国广播采取了商业广播的模式。后来的无线电广播业也经历了从非商业性到商业化的过程，其中商业广播公司的推动起了重要作用。早期的无线电广播基本都是非商业性的、宗教性的和教育性的服务内容，商业内容只占极其微小的一部分。商业广播机构（尤其是美国国家广播公司和哥伦比亚广播公司）卓有成效的规劝使政府根据它们的使用观点来分配频谱（广播机构向国会议员提供免费广播时段的做法起到了作用）。1927—1934年，无线电的使用性质发生了很大的转变——从多样化的使用（少数是商业性的，大多数是非商业性的）转变为无线电频谱的单一主流使用方式即商用无线电。劳伦斯·莱斯格认为，互联网发展的第一阶段，也是作为公共资源，即由社会力量主导，到了第二阶段互联网才商业化，被商业力量所俘获。④

（三）专业性取向

传媒融合转型在服务公共利益和商业利益的同时，也有利于促进新闻报道质

---

① 张昆、周钢：《都市报裁员与媒介融合变革——以〈楚天都市报〉2015年改革为例》，《新闻记者》2015年第11期。
② 林晖：《"双重转型"态势下中国传媒业发展战略》，《新闻记者》2009年第2期。
③ 蒋晓丽、贾瑞琪：《顺应社会变迁调整三重利益：媒体深度融合的核心要义》，《新闻界》2019年第1期。
④ ［美］劳伦斯·莱斯格：《思想的未来》，李旭译，中信出版社2004年版，第78页。

量的提高,能够提高新闻专业性。例如,服务于公众利益的深度调查报道在传媒市场化过程中出现萎缩的状况,但媒介融合为调查报道提供了新的契机和出路,或者说,深度调查报道在新技术驱动下重新焕发活力。如,挪威最受欢迎的媒体之一 VG 花了近 6 个月时间,追踪调查一桩扑朔迷离的 Tinder 交友骗案,最终在 2019 年 2 月发表报道《Tinder 骗子》(*Tinder Swindler*),取得了超过 200 万的阅读量,英语读者也由近乎零跃升至约 50 万。这是一篇完全围绕智能手机的调查报道——报道手机约会程序、即时通信,报道采用了骗案受害者手机中的大量第一手资料,呈现方式也是专门为手机用户读者而设计的。编辑团队刻意减少了读者阅读时的手机操作选项,读者唯一要做的是向下滑动屏幕,浏览一段又一段自动播放的图片、短片、手机通信串流视频,跟随调查记者的步伐"破解"骗案。① 又如,2018 年 6 月 11 日《新京报》在"调查"版再次推出暗访调查:《棋牌涉赌 APP 调查:层层返利发展赌客》,同题调查视频也于全网推送。随后,北京、山西警方联动介入调查,并根据调查结果依法予以严厉打击,这只是《新京报》调查组众多暗访调查中的一角。从此前的《天通苑地铁站收保护费》《平谷金海湖金矿盗采》《独流镇调料造假十四年》到 2018 年的《河间假驴肉火烧》《牛皮边角料熬成太太阿胶糕》等调查,都出自《新京报》调查组之手。《新京报》在实践中发现,新媒体正为调查性报道的未来提供出路。《新京报》调查组媒体融合做得比较早,从 2015 年 4 月做"平谷盗金"的选题开始,已经用视频化的方式去呈现调查所获得的基本事实。网络媒体与新的技术手段正在重构新闻信息的传播生态,但这并不会改变受众对新闻信息的根本需求。公众对具有专业能力、专业操守的调查报道会愈发需要。②

三、传媒融合转型的实质

传媒融合转型的实质如果用一句话来概括,就是新技术条件下媒体公共性、专业性与商品化关系的解构与重构,主要体现在传媒融合转型两种模式以及媒体专业化的表现方面。

(一) 公益性媒体与商业性媒体的分野

在讨论传媒融合转型特征之前,我们需要对媒体进行分类,以便对不同媒体进行具体分析,以避免泛泛而论。传媒共有三种存在状态,即政治模型、经济模型和公共领域模型。有学者结合大卫·克罗图等在《运营媒体——在商业体和公共利益之间》的分析框架及世界传媒业实际,对传媒的三种模型的特征作了具体

---

① Rowan Philp:《924 字的调查报道获得了 50 万读者,如何在智能手机上讲故事?》, https://cn.gijn.org/2019/05/08/tinder-swindler。

② 刘泽宁:《新媒体正为调查报道提供出路》,《中国新闻出版广电报》2018 年 6 月 26 日第 6 版。

阐释，列表如下（见表 2-2）①：

表 2-2 传媒的三种模型及其特征

模型	市场模型	政治模型	公共领域模型
媒体是怎样被定义的	私有企业销售商品	国家所有	公共资源服务于大众
媒体的主要功能	为业主和股东赢取利润	通过信息发布，传达执政党和政府的意见	通过信息、教育和社会整合促进公众行使权利和义务
受众是怎样被定义的	消费者	群众	公民
媒体鼓励人们去做什么	享受、观看广告、购买产品	领会政策，认同主流意识形态	获悉周围的世界，成为活跃的公民
公众感兴趣的是什么	所有流行的东西	政治领袖、政治化了的学术明星和娱乐明星	多样性、自主性和具有创新精神的内容，虽然并不一定流行
多样性和创新的角色	创新被认为是有利润的标准模式，多样性则是开拓新市场的一个战略	创新是为了吸引群众，多样性是为了烘托主流价值	创新是吸引公众的重要部分，多样性则是媒体代表公众广泛观点和品位的核心任务
怎样看待法规	几乎都被认为妨碍了市场	保证宣传效果的有力工具	保护公共利益的适用工具
媒体最终对谁负责	业主和股东	政府及执政党	大众和政府代表
成功是怎样衡量的	利润	政策认同	是否服务于公共利益

以不同模型中的媒介受众观为例。公共领域模型中的电视机构将观众看成政治个体，大众在知识分子眼中是"公民"，"电视观众"故此成为精英话语中一个本体固定的对象，他们需要改造，需要提高素质，因此，电视应为大众提供的不是他们想要的，而是他们需要的，提供的是精品，是有教益、能够改变大众素质的媒介服务。相反，商业电视是将观众看成消费者。消费者是一个超越阶级、民族、性别、年龄、种族和国家的概念，它的特点就是消费。对电视台来说，收视率决定一切，故而电视台和观众的关系是市场经济下的供求关系，市场即观众需要什么，电视台就提供什么。商业化的大众电视进行商业制作的目的非常明

---

① 喻国明：《传媒变革力：传媒转型的行动路线图》，南方日报出版社 2009 年版，第 55 页。

确,绝不含糊其词,那就是追求利润。为获得最大份额的利润,占领最大限度的市场,笼络最大的消费群体,如读者、观众等,电视产业必须生产穿透力很强,能够穿越阶级、民族、性别、年龄和种族等界限的媒介产品。而对政治模型中的大众传媒,它们面对的观众是群众,电视节目的主要目的是将国家的政策和法规全面而有效地传送给大多数的群众,起到组织群众、动员群众,激发群众的集体意识和意识形态认同的作用,疏导群众的某些不满,为政治稳定和国家发展提供服务。当然,在现实社会中,没有一个国家的传媒系统具有纯粹性,既没有纯粹市场化的传媒,也没有完全政治化的传媒,更没有纯粹充当公共领域平台的传媒。它的现实意义是,任何一家传媒机构,只会在这三重属性间有所偏移,而不可能完全摆脱其中任何一种功能系统的制约。[①]

根据我国传媒的实际状况和本书的主旨,传媒的三种模型的分类方法还不能完全适用,需要采用新的分类方法,这就是按照是否以营利为宗旨的标准来进行分类,据此可以把传媒分为公益性媒体与商业性媒体两大类,这种分类源于文化体制改革的"二分法"在传媒领域中的应用。其中,公益性媒体对应于上述政治模型和公共领域模型,如国有媒体、政党媒体、公共媒体(如英国的BBC)、非营利性新闻机构等,其特点是不以营利为目的,主要经费来源是向公众收取牌照费、法定政府拨款、企业个人捐赠及提供其他服务所得,其资源配置以非市场方式为主。而商业性媒体对应的则是市场模型,包括私营媒体,如美国的《纽约时报》、CBS、CNN等大部分广播电视都是私营媒体;还有市场化运作的国有媒体,在我国被称为经营性媒体,如我国的非新闻性、非理论性的报刊,都市报,专业性的出版社,等等。其特点是以追求利润极大化为目标,注重提高发行量、收视率,以获取更多的广告收入,其资源配置以市场机制为主,如经营性媒体通过改制转变为企业,进行公司化运作,拓展媒体品牌和业务,盘活其媒体资产,促进跨媒介融合发展和转型,以实现做大做强的目标。

欧洲媒体普遍实行双轨制,有公营台和商营台之分。二者最大的区别在于,公营台努力的方向是要最大程度地满足不同类别、不同层次的观众/听众的视听需求;而商营台(或私营台)则是努力在最大程度上满足目标受众群的需求,即有购买能力的人,也就是广告中产品的目标消费者,可见,二者性质完全不一样。对公营台来说,即使某一类观众/听众的人数不多,它们也会想办法做一些针对该群体的节目,比如,有些人需要心理帮助,公营台就会制作一些心理干预方面的视听节目;音乐爱好者们喜欢不同风格的音乐,公营台在制作音乐节目时就会考虑其不同喜好,提供丰富的音乐类型。因此,除了视听率这个指标之外,

---

① 喻国明:《传媒变革力:传媒转型的行动路线图》,南方日报出版社2009年版,第75页。

公营台还有一个考核指标叫满意度。公营媒体应该把满意度作为考核的第一标准，不同的受众对丰富的节目类型感到满意的话，公营台就完成了预设的节目方针，如果公营台完全跟着市场来运行，导向就可能出现问题。对私营电视台来说，视听率具有绝对的意义，无论社会文化价值如何，视听率高的节目必然大行其道，而一旦视听率下滑，就要换节目，完全受商业利益的驱动。即使到了融媒体时代，欧洲媒体公营和商营双轨制依然没有变化。因此，所谓用户至上，对两种媒体来说含义不同。BBC是公营媒体，它的用户至上，满意度一定是其重要的参考。实际上，即便是对商营媒体来说，西方国家也意识到了唯视听率是存在问题的。①

在我国，媒体属于文化单位，文化机构按其性质分为公益性的事业和经营性的产业两大类。公益性媒体属于文化事业，商业性媒体属于经营性的文化产业。按照文化体制改革的要求，公益性文化事业主要是政府投资，为公共服务。经营性的文化产业主要是面向市场、自主经营的市场主体，要完全按照现代企业制度来转变体制机制，规范经营主体，走市场化的路子，在竞争中发展壮大。既有事业性、公益性，也有经营性的单位，在事业性、公益性占主导地位的单位建立事业性集团，可以把经营性资产划转在一起改制为企业，即转为事业集团控股的企业子公司。实行企事分开，用企业经营的实力支持事业更好地发展。事业性和经营性兼有而经营性占主导地位的，可以组建为企业集团，而企业里的某些事业性很强的单位可以保留事业的性质，在政府支持下发挥公共服务的作用。②

值得注意的是，我们从理论上把媒体划分为公益性与经营性两类，但事实上媒体的性质并不是所划分的那么简单，"我们仍然只有国家、地方两种电视台，都是经典意义上意识形态国家机器的一部分，但它们在当今社会中的角色和功能，显然不仅仅是传统意义上的意识形态国家机器，当然也不是西方社会的纯商业行为，或人们所设想的纯粹文化行为"③。2004年3月，广电总局发言人朱虹在接受海外媒体采访时介绍了中国电台、电视台的三种改革情形：一是对新闻宣传频道，节目的材质、编辑、制作、审查、播出完全由电台、电视台掌握，主要是实行公益服务，"目标是把党和国家的声音传入千家万户，把中国的声音传向全世界"；二是对生活服务、大众娱乐、体育类节目，可以根据所有权和经营权分离的原则组建公司，进行制作和购买，还可以实际经营频道；三是对媒体中的可经营部分，如节目制作单位、节目交易单位、广告公司等，可以剥离重组，转

---

① 陈鸥帆：《媒体融合：在中欧互镜中探索前行之路——对话中国传媒大学新闻学院院长刘昶教授》，《现代视听》2017年第11期。
② 柳斌杰：《一手抓发展一手抓监管 为建设统一开放、竞争有序、健康繁荣的出版物大市场而奋斗》，《中国出版》2004年第2期。
③ 戴锦华：《犹在镜中——戴锦华访谈录》，知识出版社1999年版，第225页。

制成企业。① 至今情形依然如此。不仅中国媒体如此，国外媒体的性质也比较复杂，如美国的商业性媒体也混合着公益性的成分，而公共广播电视也有一定的商业成分，如德国、法国、意大利的公共广播的收入也来自广告，只是各类媒体的主导性成分有所不同而已。此外，国有媒体市场化改革后转变为商业媒体，如英国公共广播 BBC 的前身是私有媒体，可见，公益性媒体与商业媒体之间特定的条件下可以相互转化，彼此的界限并非泾渭分明。因此，在分析媒体性质时，既要区分两类媒体的不同之处，又要注意二者之间的有机联系，不能把复杂的问题化约为"二元对立"。

（二）媒体融合转型的两种模式及特点

传媒融合转型具有不同的价值取向即公共性、专业性和商品化，而公共性、专业性可以归并为公益化，这样传媒融合转型就有两种价值模式，也就是注重公益化的公益价值模式和注重商品化的商业价值模式。对不同市场结构和不同类型的媒体，传媒融合转型表现出不同的特点。公益价值模式对应于公益性媒体以及计划主导型市场，其目标偏重社会效益，而商业价值模式对应于商业性媒体以及竞争主导型市场，其目标偏重经济效益。在市场经济条件下，这两种价值模式之间并非彼此对立，而是"你中有我，我中有你"的兼容关系，比如公益价值模式中媒体在确保社会效益的前提下追求一定的经济效益应是合理的需求，如 BBC 的广告收入，也就是说在这种模式中，经济效益要服务于社会效益（公共利益）；商业价值模式中，媒体在追求经济效益的同时也不能忽视社会效益，而应"义利兼顾"，因为社会效益是媒体实现经济效益的基础，而社会效益的实现也需要一定的经济效益做保障，所以不能把社会效益与经济效益截然分开甚至对立。

1. 公益价值模式及特点

公益性质是公益价值模式的主要特征，也就是社会效益优先，兼顾经济效益，即经济利益服务于政治和公共利益需要。《人民日报》前副总编辑卢新宁认为："决定中国媒体融合发展未来的，不是'商业模式'，而是'价值模式'；检验融合发展是否成功的，不是盈利能力，而是舆论引导能力。"② 上海报业集团党委书记、社长裘新指出，发展新媒体，对上海报业集团而言，当前更紧要的任务是"亮底色"，是打通"两个舆论场"，传播主流声音和价值观，是突出社会效益和社会责任。因为有媒体属性、意识形态属性，而不是完全的商业属性，我

---

① 朱虹：《广播电视业：改革与发展》，河南大学出版社 2004 年版，第 165 页。
② 韩文嘉：《多家央媒负责人论道融媒发展"价值模式"决定主流媒体融合发展》，《深圳特区报》2017 年 8 月 20 日 A01 版。

们就不能唯商业模式论。① 政策主导下的中央和地方主流媒体在融合转型过程中坚持正确导向,把核心价值观作为内容建设的底色和基调,在众声喧哗中凸显主流价值,有效引导舆论方向。② 公益价值模式主要有两个特点。

(1) 公益性媒体以实现社会效益为宗旨,其融合转型表现为公益价值模式。例如以 BBC 为代表的公共媒体的融合转型以公共服务为目标,重视内容质量的提升和受众服务。再如我国媒体的"中央厨房"模式,因为公益性媒体,国内的事业单位如《人民日报》、中央电视台,都不允许进行兼并、收购等市场运作,国外产权国有的公共媒体如美国的公共广播 PBS,也同样如此。在我国,媒体作为国有企业,党报等公益性媒体不能兼并收购,但公益性媒体下辖的企业法人如《人民日报》的人民网作为经营性媒体,可以市场化运作、上市融资等,但因媒体属于全民所有,需要通过制度设计将所有权与经营权分开,实行股份制改造和混合所有制形式,才能进行市场化运作。公益性媒体"公益价值模式"主要通过自我发展的内生型途径来实现,从组织结构转型来看,具体表现为以 BBC 为代表的公共广播电视的垂直整合模式。所谓垂直整合模式,是指媒介融合时代,一直实行制播分离的公共广播电视开始从公共服务的"广电"转型为融合影音图文于一炉的全方位的公共服务"传媒",生产并同时传输节目。③

(2) 在计划主导的市场结构中,媒体融合转型一般表现为"公益价值模式"。关键原因有二:一是公益性媒体的主导和引导所致。公益性媒体在计划型传媒市场中起着关键性的基础作用,决定着传媒市场结构与特征。如以《人民日报》为代表的党报系统、以中央电视台为代表的广电媒体是我国媒体市场的中流砥柱,其一举一动成为观察我国媒体市场变化的"风向标";又如,在英国的广电市场中,BBC 举足轻重,尽管存在商业电视 ITV,但决定英国广电市场的还是公共电视 BBC。2006 年《数字英国》白皮书认为,BBC 在英国数字革命中仍位居核心,其发挥的作用将影响到整个英国广播电视体系的未来格局。④ 二是国家的介入或政府调控是"公益价值模式"的决定性力量,即便是商业媒体的盈利目标也应服从和服务于国家(政府)需要。

2. 商业价值模式及特点

(1) 商业性媒体以经济效益优先,也就是媒体需要寻找可行的商业模式特

---

① 《文心微综推荐转发:裘新最新内部讲话——上报集团有没有"戏"?》,http://lxwr.iqilu.com/zhaopian/2015/0216/2313186.shtml。

② 光明日报媒体融合发展专题调研组:《内容生产仍然是核心竞争力——媒体融合发展系列调研报告之四》,《光明日报》2015 年 8 月 14 日第 5 版。

③ 参见冯建三:《传媒公共性与市场》,华东师范大学出版社 2015 年版,第 92~109 页。

④ 洪丽:《论英国广播电视的多元化发展体制》,《新闻界》2012 年第 6 期。

别是盈利模式,其融合转型表现为商业价值模式。在美国,《纽约时报》《华盛顿邮报》《华尔街日报》融合转型成功,关键在于找到了合适的商业模式。巴菲特认为,这三家报纸推出了数字产品,有效地弥补了纸质报纸由于失去发行量和广告而失去的收入,它们在数字世界中创造了报业经济上可行的模式。① 制约商业媒体融合发展的一个重要因素,是没有找到合适的商业模式或盈利模式。在我国,经营性媒体自主经营、自负盈亏、自我发展,如果不能找到有效的商业模式,将难以在媒介融合时代继续生存和发展。商业媒体的商业价值模式的实现路径主要是兼并、收购、上市等市场化运作方式。

(2) 在竞争主导的市场结构中,媒体融合转型主要表现为"商业价值模式",并通过兼并、收购等市场化运作方式来实现。这是因为决定竞争型传媒市场结构和特点的是以经济效益为主的商业媒体,而不是以社会效益为主的公益性媒体,这种类型的市场中商业媒体居于主导地位,公益性媒体则处于次要地位。近年来,亚马逊、脸书以及谷歌等互联网科技巨头和奈飞等主流媒体改变了娱乐内容消费的方式,并使媒体生态发生了巨大变化。为保持媒体格局中的领先地位,美国传媒巨头并购持续升温,如 CBS 和维亚康姆合并,AT&T 收购时代华纳,迪士尼收购福克斯电影公司,在未来,并购依然是成就传媒巨头的必由之路。②

(三) 两种价值模式中媒体的专业性表现

市场经济条件下的公益性媒体和商业性媒体的融合转型各有特点,表现为不同的价值模式,它们的专业化程度也存在一定的差异性,不能一概而论,需要具体问题具体分析。影响媒体专业化程度的因素很多,如政治体制及媒介所有权、市场化程度、新闻从业者素养等,特别是市场化对媒体专业性有利有弊,即在建构专业性的同时也在一定程度上消解了专业性。

1. 公益价值模式中媒体的专业性表现

在公益价值模式中,就专业化程度而言,公益性媒体的专业化程度相对较高,商业媒体次之。当然,有时也有相反的情况,即商业媒体专业化程度超过公益性媒体,但比较少见,不能作为通例。

首先来看公益性媒体的专业性表现。国外公共媒体如英国的 BBC、日本的 NHK 等的专业化程度相对较高。当前,BBC 92% 的可控开支用于内容制作、发布及相关配套服务,仅 8% 用于运营所需的专业支持保障。③ 在我国,媒体或者

---

① 承天蒙:《巴菲特谈报业转型:纽约时报、华尔街日报创造了可行模式》,https://www.thepaper.cn/newsDetail_ forward_ 2113662。
② 昝秀丽:《决战流媒体 美传媒业并购升温》,《中国证券报》2018 年 4 月 2 日 A09 版。
③ 寇金玲:《BBC 全媒体改革给我国媒介融合带来的启示》,《齐鲁师范学院学报》2016 年第 2 期。

作为党和政府的"喉舌"和舆论阵地,或者作为社会公共文化机构,其公益性质决定了公益性媒体较高的专业化程度。"媒体姓党"是否会影响或削弱传媒的专业性?媒体作为党和政府的"喉舌",并不妨碍其专业性的实现和发挥。这种情况下,媒体的专业化程度并不取决于媒体本身,而是取决于党和政府的表现,易言之,当党和政府的方针政策代表了人民的利益和需求的时候,媒体的专业性就强。比如改革开放初期媒体开展关于真理标准问题的大讨论,对解放思想、推动改革开放发挥了重要作用。最有代表性的是《人民日报》对待"非典"疫情的态度经历了一个从"失误、失语"到"主动报道、控制流言"的过程,《人民日报》的权威地位使其在"非典"后期成为"控制流言"的重要力量。

再来看商业媒体的专业化表现。在计划性市场中,商业性媒体虽然存在竞争,有时也很激烈,但受到公益性媒体和政策的影响和调配,使之把社会效益而不是经济效益放在首位。比如,英国广播电视市场已形成公共与多种商业形式并存的多元化、多层次的混合体系。商业电视 ITV 与 C4 虽然以逐利为目标,但在英国政府的公共政策的规制下,特别是受到主导电视市场力量的 BBC 的牵引,商业电视表现出明显的公共服务特色。由于 ITV 特殊的产权结构以及专门管理机构——独立电视局的严格节目管理,如黄金时间必须有新闻与时事节目,必须有一定数量的本国节目和地方节目,广告不准与节目挂钩,等等,商业电视的弊病被降到了最低限度。更重要的是,由于 BBC 与 ITV 之间是真正的节目竞争,而不是对广告费的竞争,英国不仅避免了商营广播电视介入后低质量节目挤掉高质量节目的倾向,反而使两大系统在竞争中各自提高了质量,都能很好地服务于公众利益。①

在我国,经营性媒体(相当于商业媒体)的专业化表现比较复杂。从规范性上看,经营性媒体属于社会主义新闻事业性质,当社会效益与经济效益发生冲突时,以追求社会效益为首要目标。就事实而言,问题却没有那么简单。改革开放初期,媒体市场化改革促进了传媒业的发展和繁荣,如都市报兴起之初,一度洛阳纸贵。但在市场经济条件下,经营性媒体没有了财政收入来源,需要自主经营、自负盈亏,创收的压力愈来愈大,在激烈竞争的情况下,市场化传媒为了提高收视率和发行量,迎合受众所采取的经营策略和手段层出不穷,导致传媒将专业性作为市场化运作的工具。2017 年香港城市大学黄煜教授团队对国内六大报业集团的调研显示,为了挽救媒体的经营性危机,很多媒体管理者将公信力作为一种营销工具来使用,具体表现为组织架构的市场化、收入来源的公关化和采编角色

---

① 赵月枝:《公众利益、民主与欧美广播电视的市场化》,《新闻与传播研究》1998 年第 2 期。

的经营化。① 而传媒融合转型过程中编辑权与经营权界限模糊的问题尤为突出。

2. 商业价值模式中媒体的专业性表现

就专业化程度而言，竞争主导型市场对商业媒体与公益媒体的专业性都有不同程度的影响。首先，商业媒体与专业化程度的相关性如何，大致有两种看法，一种观点认为商业媒体有助于新闻专业性的提高，媒体商业化与专业化正向关联程度较高。自由市场理论的信奉者认为，媒体企业为追逐私利，通过自由竞争能够实现公共利益，传媒的商业性与公共性是统一的。随着数字时代的到来，商业媒体在自由竞争的市场中寻找合适的商业模式的同时，并未放弃对内容质量的专业性要求。如，《纽约时报》的"付费墙"模式是以提供优质内容为基础和前提的，《华尔街日报》尽管发稿速度要求越来越快，篇幅越来越精炼，但服务公共利益、做出及时准确报道的立场依旧。② 章于炎等认为，媒介融合由于优化了新闻报道和传播的过程，同时利用广播电视、报纸和网络媒介的优点，在人们需要的时间和地点提供新闻信息，因而可以提升新闻产品和新闻服务的质量，而高质量的新闻产品和服务可以增加收视率和市场份额，即"媒介融合—优质新闻业务—更多盈利—低成本、与众不同，在规模经济和范围经济的作用下，获取竞争优势的发展轨迹"。③ 罗森提尔等人在研究了美国31个城市101座电视台之后得出结论说，质量确实对销售起着作用，那些质量好的电视台比那些质量一般或者质量差的电视台更容易获得成功。另一种观点则认为，媒体商业化可能有损于新闻专业性，商业媒体与专业化的关联性较弱。商业媒体在摆脱政府控制的同时又陷入了市场力量的控制，媒体自由竞争的结果并未带来新闻质量的提高，反而造成新闻质量和品质的降低甚至堕落，因为以经济效益为目标的商业媒体以市场（受众和广告商）和投资者为导向，在舆论监督的同时，也以"新闻自由"为借口，传播低俗甚至色情、暴力等有利可图的内容，负外部性问题严峻。在美国，客观性与对民族国家的认同和民族主义之间的张力从来没有像"9.11"时代那样昭然若揭。国家和媒体所有者对话语权力的行使比以往更直接，加上美国主流社会价值体系的右翼化，甚至基督教原教旨主义化，使北美主流新闻的客观独立原则受到前所未有的挑战。④ 媒体融合的商业价值模式对专业性有一定的负面影响。

---

① 王海燕、科林·斯巴克斯、黄煜：《作为市场工具的传媒公信力：新媒体技术冲击与经济下滑双重压力下中国纸媒的社会正当性困境》，《传播与社会学刊》2018年第43期。
② 余岭：《新媒体：媒体融合发展与传媒产业创新》，《企业家日报》2015年3月23日第12版。
③ 章于炎、乔治·肯尼迪、弗里兹·克罗普：《媒介融合：从优质新闻业务、规模经济到竞争优势的发展轨迹》，《中国传媒报告》2006年第3期。
④ ［加拿大］罗伯特·哈克特、赵月枝：《维系民主？西方政治与新闻客观性》（中文版），《序言》，沈荟、周雨译，清华大学出版社2005年版，第5~6页。

互联网时代新闻时效性提高的同时也可能带来新闻品质下降、同质化严重等问题。2019年5月14日，美国智库兰德公司发布的报告《数字时代的新闻：对多个媒体平台新闻信息呈现的长期比较》提出，美国新闻业逐渐从客观报道转向基于观点、诉诸情感的主观性内容。① 总之，商业媒体服务商业利润更甚于公共利益，其专业化程度介于商业利益与公共利益之间且因时因地而变。

就公益性媒体而言，其专业化程度无论处于计划主导的市场还是竞争主导的市场，总体来看都相对较高。例如，非营利新闻模式是一种不以出售新闻或广告作为生存手段的新闻生产模式，非营利性新闻机构秉持公众利益至上和促进社会效益的达成的媒介宗旨，其媒介运营经费及成本来源于公益组织、慈善基金会及个人的捐赠。媒介融合时代非营利性新闻依然坚持调查报道制胜的新闻策略。它们坚持捍卫公众利益、服务社会的传媒理念，深入社会基层，以调查报道的新闻呈现形式来揭露最迫切的社会问题，切实履行社会瞭望者的媒介职能。2014年美国公共正义中心旗下记者克里斯·汉比因揭露律师与医生合谋剥夺灾区黑肺病矿工的权益而获得当年的普利策奖"调查性报道奖"，切实履行了服务公众的职业准则。在非营利新闻的框架下，新闻转化为以教育为目的的"一种公共服务"。② 但竞争主导的市场结构对公益性媒体还是产生了程度不同的影响，公益性媒体较之计划型市场结构中的同行表现出不同的特点，如其资金来源于政府拨款等，但运营受到商业媒体的渗透和影响，不得不采取商业化策略。比如，不同于欧洲广播体系总体以公共服务为导向，美国广播电视体制以私营商业广播为核心，商业广播占据主导地位，公共广播实力弱，影响力有限。美国公共广播CPB是作为商业广播的对立面存在的，其宗旨是公众提供教育或服务，但公共广播系统运转却是市场化的。CPB严格按照公司治理结构架构其管理框架，按照企业方式运作，确保其运营效率。采用PPP模式即公私合作模式或伙伴关系，将市场这一协调机制用于公共广播领域③。20世纪80年代世界范围内广电业的放松管制潮流带来了行业内不同程度的商业竞争压力，许多公共服务广电通过包括个人或企业赞助、开辟商业广告时间等非公益性渠道以补充公共经费的不足，一些学者认为公共服务广电"公"与"私"的界限越来越模糊。④ 虽然并非所有的公共广电都完全失去或具有公共性，但商业化运作确实有可能影响或削弱传媒对政府和商业力量的独立性和专业性。

---

① 王悠然：《美国新闻报道主观性渐强》，《中国社会科学报》2019年5月17日第3版。
② 刘娜：《媒介融合视域下国外媒体创新运作模式探析》，《西部广播电视》2016年第13期。
③ 李兆丰：《论美国公共广播的分权框架与市场逻辑》，《国际新闻界》2009年第4期。
④ 李雪：《从香港电台看公共服务广电的运营模式和公共性》，《东南传播》2010年第4期。

(四) 构建以公共性为主导、以专业性和商品化为支撑的中国特色社会主义传播体系

就公共性、专业性与商品化三者之间的关系而言，世界范围内大致有两大类型：一种是以商品化为主导、以公共性和专业化为支持的西方模式，反映欧美以资本为本位、将资本利益置于社会和人的利益之上的自由（放任）资本主义制度的特点，其思想基础是新自由主义理论。另一种是受控商品化模式，受到马克思政治经济学观点的影响，将商品化置于政府的控制之下，以保障公共利益，如新加坡的传媒体制。这两种类型在传媒融合转型中分别表现为商业价值模式与公益价值模式。从学理角度看，无论是公共性、专业性，还是商品化，都兼具价值理性与工具理性，它们三者之间相互对立的同时又相互建构、协同演进、相反相成。比如商品化过程中受到公共性抵制，必然融合公共性的一些特征，发展成为更高层次的商品化，类似地，公共性发展过程中也会借鉴商品化逻辑，因此，矛盾双方不是简单地循环往复，而是在更高层次上实现对立统一，呈现螺旋式上升的特点。所谓相互建构，是指公共性、专业性与商品化之间彼此互为目标与工具，具体来说，公共性可以成为专业性或商品化的目的，而专业性或商品化可以成为实现公共性的方法；商品化可以成为专业性或公共性的目的，而专业性或公共性可以成为商品化的手段；专业性可以成为公共性或商品化的目标，而公共性或商品化可以成为专业性的途径。(如图2-1)

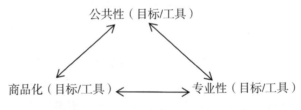

图 2-1 传媒的公共性、专业性与商品化互为目标与工具

政治上社会主义协商民主的发展和经济上市场经济的建立为实现新技术条件下传媒公共性、专业性和商品化从对立对抗走向有机统一夯实了基础，应建立以公共性为主导、以专业性与商品化为支撑的中国特色社会主义新闻传播体系，将社会和人的公共利益置于资本的商品化之上，而不是相反。传媒公共性的核心是媒体与公众、市场、政府之间的关系，代表了社会公共利益。我国传媒的公共性主要体现在新闻宣传、政务服务、社会服务等功能上，一方面引导群众，一方面服务群众，其中新闻舆论引导处于首要地位。为什么必须以公共性而不是商品化或专业性来主导和引导，其理由主要有三。

1. 是我国"新型举国体制"和受控商品化的必然要求

随着从计划经济体制转向社会主义市场经济体制，传媒从单一的国家所有制

走向多种所有制的混合所有制体系,建立"党领导下的媒体市场化"至关重要。党的十九届四中全会公报和习近平总书记多次提出探索"新型举国体制"①,是将我国政治制度优势与市场机制协同起来的国家治理创新,其核心是"社会主义+市场经济"。在全球抗击新冠肺炎疫情的战斗中,中国体制的表现远远优于西方模式。按照受控商品化理论,国家(政府)在市场经济中对媒体具有决定性的影响力。传媒规制上,"市场机制+政府监管"模式对公营体制具有某种程度的可替代性,② 理应构建在党的领导下的政府、市场和社会协同监管模式,以政治利益、经济利益和公共利益的均衡发展为目标。

改革开放以来,媒体通过市场化改革大大加强了自身的实力,但也出现了不少负面问题,如新闻宣传与产业经营的界限模糊,媒体出现唯利是图的不良倾向。与此同时,基于互联网的新媒体崛起大大削弱了传统媒体的影响力和市场地位,因此,近年来传媒回归事业属性也是必然要求,但这并不是对此前市场化改革的否定或者"走回头路"。有论者提出党媒(党报、党刊、党台、党网)的"再事业化"与"再市场化",认为改革开放的头30年中,各级党媒"去事业化"和市场化,但这种市场化发展路径到了21世纪第二个10年遇到了严峻挑战,作为应对措施之一,各地党媒纷纷开始"再事业化",主要有三种表现形式:一是重回财政体系,财政给党媒提供基本的人头费;二是争取各类财政补贴,通常是政府对新媒体的专项扶持资金;三是承接政府的各项活动,特别是会展、文化活动、会议等。"再事业化"毕竟不是"完全事业化",在这个过程中,绝大多数党媒也在同时进行"再市场化"的尝试,党媒的市场化发展以前依靠商业广告,现在则转为政务广告,如《南方日报》的广告客户和合作伙伴包括广东省内21个地级市以及各个厅局机关、事业单位,还有不少国有企业,这些客户有政务宣传以及智库等方面的需求。③

2. 是中国特色社会主义新闻事业性质与双效益目标的内在要求

坚持党的领导、坚持"二为"方向是中国特色社会主义新闻事业的基本原

---

① 习近平总书记2019年2月20日在会见探月工程嫦娥四号任务参研参试人员代表时指出:"这次嫦娥四号任务,坚持自主创新、协同创新、开放创新,实现人类航天器首次在月球背面巡视探测,率先在月背刻上了中国足迹,是探索建立新型举国体制的又一生动实践。"(参见《习近平会见探月工程嫦娥四号任务参研参试人员代表》,新华网,2019-02-20);2019年9月30日在会见中国女排代表的讲话中强调要"坚持举国体制和市场机制相结合"(参见《习近平会见中国女排代表》,新华网,2019-09-30);2020年3月3日在北京考察时指出,"要完善关键核心技术攻关的新型举国体制"(参见《从"新型举国体制"读懂习近平2日北京考察讲话》,中青在线,2020-03-03)等。

② 喻国明等编著:《传媒经济学教程》,中国人民大学出版社2009年版,第247页。

③ 窦锋昌:《触底反弹抑或宣布休刊——专业化媒体的融合发展路径再探讨》,《青年记者》2019年第1期。

则。中国传媒制度是嵌套于社会经济宏观博弈之中的,需优先实现国家整体制度均衡,服从和服务于国家整体发展战略是传媒发展和传媒制度设计的前提。在此前提下,融合时代合理媒介体系的建构需要满足不同利益群体对媒介体系、传播体系的利益诉求和诉求。① 正如卢新宁所说,《人民日报》深度融合的探索始终围绕一个目的——如何在全媒体平台筑牢主流媒体的"价值模式",实现政治价值、社会价值以及市场价值三种价值的统一。②

我国传媒发展的目标不是以经济效益为主,而是以社会效益为主,兼顾经济效益,也就是说经济效益的目标必须纳入社会效益的框架之中。从新闻生产来看,市场经济条件下媒体传播有正能量的新闻可以实现社会价值最大化,但并不意味着能给新闻的生产者带来实际的利益,媒体还要不要生产和传播这类有社会效益而经济效益不明显的新闻内容？2016 年 11 月 3 日衢州广电传媒集团《衢州广播电视·生活周刊》刊载了题为《天王塔凉亭有位爱心午餐阿姨,为数十人提供了半年免费伙食》的人物报道,这则正能量新闻经过地市级纸媒的首次挖掘、门户网站的转载扩散、人民日报微信公众号报道,回归地市级媒体微信公众号被再次报道,历时半个月完成了它的四度传播。一方面,相比于一般新闻,它的传播价值得到了最大限度的实现；另一方面,对其生产者而言,这则新闻产品的营销价值并没有通过四度传播带来增量,生存空间反而被挤压至最小。③ 根据公益价值模式和社会主义新闻事业的要求,如果媒体能够通过融合传播实现内容生产营销价值的最大化当然最好,如果社会效益与经济效益不能兼顾,即使不能为新闻生产者带来经济效益,也应坚持新闻传播价值的最大化,实现传媒融合转型的最高目标：占领舆论阵地、引导社会舆论,因为新闻作为公共产品,其社会效益绝对不是经济价值所能衡量的,难以依靠市场来提供,管理层应通过补贴等措施来解决媒体新闻产品的生产成本和动力问题。

3. 以商品化为主导的西方模式损害公共利益,存在不可克服的弊端和悖论

哈克特、赵月枝认为,"新技术有使传媒力量非集中化和多元化的可能,但它们对商业逻辑的降服似乎预示出又成问题的结果。阶级两极分化、受众群分散化以及市场逻辑的其他方面,会导致向大众传播的公共事务新闻的衰退或使其转化为别的形式。更民主的大众传播形式似乎不可能从一个盲目运行的技术和市场力量中脱颖而出。保持因特网的民主化潜能需要恰当的公共政策,而这也是值得

---

① 王润珏：《媒介融合的制度安排与政策选择》,社会科学文献出版社 2014 年版,第 59 页。
② 韩文嘉：《多家央媒负责人论道融媒发展"价值模式"决定主流媒体融合发展》,《深圳特区报》2017 年 8 月 20 日 A01 版。
③ 姜黎珺：《从一则新闻的四度传播谈媒介融合》,《青年记者》2018 年第 2 期。

大家为之奋斗的"①。欧美现有的媒介融合实践打破了商品化、公共性与专业性之间的既有平衡，商品化取向占据了主导地位，媒介融合成为资本实现信息商品化的重要手段，其背后隐藏着新自由主义理念，但媒介融合不是信息商品化本身。丹·席勒提出互联网时代有必要重新构建"一个更大的、更有力的公共服务责任体系"②，或许这才是传媒融合转型"义利之辨"的旨归所在。

传媒的专业性与商品化为什么能够成为公共性的支撑？如第一章所述，传媒公共性与政府、市场之间并非必然对立的关系，即传媒的公共性可以通过政府、市场等中介来实现。就传媒专业性与公共性的关系而论，公共性是专业性的目标，专业性是践行公共性的方法和途径。有学者认为，公共领域就是使得公众具有发言权的平台，当记者秉承专业主义的理念、在传媒上代表公众说话的时候，传媒就具有一种公共性。传媒的公共性与专业性并行不悖，媒体只有坚持新闻专业性就能更好地服务好党和政府以及社会和人民。在我国，媒体利益必须服从国家利益和人民利益，因此，专业性不能成为公共性的目标，也就是说，专业性所追求的权力与责任之平衡是以服从服务于社会公共性为前提的，因而以传媒的公共性为目标、以专业性作为实现公共性的工具就是必然和必需的。

就传媒公共性与商品化的关系而论，公共性是商品化的目标，商品化是实现公共性的方法和路径。在一定的条件下，媒体为追逐利润，通过自由竞争能够实现公共利益，传媒的商品化与公共性是统一的，如英国广播电视市场中的商业电视。资本主导的媒介融合商品化遇到公共领域非商品化激烈的抵制，不得不显现部分公益化色彩，以吸纳和消弭社会力量的抵抗，互联网的过度商业化曾导致2000年互联网泡沫的破灭，不得不一度停止其商品化过程，互联网得以休养生息才重新焕发出生机。媒介融合商品化进程必然受到各种形式的抵制或抗衡。世界各国原有的公共广电机构并没有随私有化浪潮而消失，反而有所扩充，虽然增长幅度远逊于私有传媒。③ 媒介融合时代传统的公共属性被重新建构，其公共性主要体现在参与决策过程、激发民众智能资源和提升民众民主的参与意识等。④

亟须构建以公共性为主导、以专业性与商品化为支持的传媒体系。以媒介的

---

① [加拿大] 罗伯特·哈克特、赵月枝：《维系民主？西方政治与新闻客观性》，沈荟、周雨译，清华大学出版社2005年版，第164页。
② [美] 丹·席勒：《信息拜物教》，邢立军译，社会科学文献出版社2008年版，第165页。
③ [美] 查尔斯·埃德温·贝克：《媒体、市场与民主》，陈卫星、冯建三译，上海人民出版社2008年版，第468页。
④ 张瑜烨、刘钰琪：《报业体制平衡木上的负重体操——行政力量、市场力量、社会力量的博弈》，载丁和根、喻国明、崔保国主编：《传媒经济与管理研究》（第二辑），南京大学出版社2017年版，第43页。

主要功能为基础,建立不同类型的媒体以及相应的管理体制是国内外学者达成的基本共识。在欧美国家,为了确保媒体能够为公众的利益而非股东的私人利益服务,民主化的传媒管制采取了以下五种形式:①公共广电体系。广播电视频道的公共所有制和管理机制,努力确保公众赢得充分的知情权,坚持新闻报道的公正性,代表多元化的视角,坚持节目的高品质和多样性。②社会化的市场政策。例如,运用法律手段限制媒体集中化的倾向,对针对少数派社群的媒体实行有选择的财政补贴——旨在提升媒体的多元化。③社会责任取向。力图通过行业自律和在记者当中进行专业主义的教育等手段来限制媒体过度市场化的倾向。④经济民主化取向(这一取向相对而言还比较落后)。鼓励媒体从业人员参与到决策过程中,从而改进媒体。⑤一个更具整体性的取向力图在媒体的言论自由和保护人权(例如在一场较为公正的审判当中)之间能够确立公正和平衡。①

融合时代传媒的公共性、专业化与商品化之间的有机统一并非自动实现的,新技术打破了传媒的公共性、专业性与商业性之间原有的平衡,需要政府、社会和市场各方共同努力重构三者之间新的均衡,特别是重建传媒的公共性,以实现公共利益、政治利益和商业利益(私人利益)的均衡发展。媒体的公益性质本身并不能保证专业性的自动实现,需要政府介入尤其是采取政府补贴、法律规制等措施,这并不意味着取消了"独立性",而是帮助公共电视在一个媒介市场化的环境下或是获得主流地位,或是获得生存可能。② 例如,1968 年以后法国政府允许电视向广告开放,被认为是法国国营广播电视商业化的开端,但在 2008 年 6 月 25 日,法国总统萨科齐宣布法国公共传媒改革计划,要求从 2009 年 1 月 1 日起禁止公共广播电视台在 20 时至次日 6 时的时段播出广告;从 2011 年 12 月 1 日起将全面禁止公共广播电视台播出广告;对电信、网络运营商征收 0.9% 的所得税,用于对公共广播电视台取消广告后的补贴。③ 就我国而言,在传媒融合转型过程中,管理层通过政府购买服务、特殊管理股的制度设计、媒体经营管理中将意识形态任务的完成纳入绩效考核等措施,使得"资本的逐利性"与"意识形态的安全诉求"兼容并包。

---

① [英]詹姆斯·卡伦:《媒体与权力》,史安斌、董关鹏译,清华大学出版社 2006 年版,第 181 页。
② 吕新雨:《政府补贴、市场社会主义与中国电视的"公共性"——重庆卫视改革刍议》,《开放时代》2011 年第 9 期。
③ 《法公共广播电视禁放广告》,http://news.sina.com.cn/o/2008-06-28/0600-14085321s.shtml。

第四节 传媒融合转型的研究范式与方法

一、传媒融合转型的研究范式

"范式"这一概念是由托马斯·萨廖尔·库恩在 1962 年的著作《科学革命的结构》中正式提出的,表示范例、模式、模型等含义;"范式"与"范式革命"后来被引入社会科学研究领域。麦奎尔在其不断更新的《麦奎尔大众传播理论》一书中,一直坚持对传播范式(paradigm)与模式(model)的研究。他认为,传播研究有四种模式:传递模式、仪式模式、宣扬模式和接受模式,[①] 这样,麦奎尔在将传播研究分为主导范式和批判范式等两大范式之后,又将其细分为这四种模式。主导范式包含了传递模式和宣扬模式,批判范式则包含了仪式模式和接受模式。麦奎尔的观点在传播学界有较高的认同度。尼克·史蒂文森认为媒介研究有三种研究范式:批判性理论研究、受众研究(文化研究)和媒介(技术)研究。媒介研究有四种理论:媒介研究/文本分析;媒介生产、流通和接受的政治经济学;每一种媒介的技术性能;媒介技术和媒介内容的社会应用或社会取向的媒介理论。[②] 潘忠党认为,传播学研究分为社会科学研究范式、诠释研究范式和批判研究范式;陈卫星则划分为经验—功能、控制论、结构主义方法论三个学派;陈力丹认为有经验—功能、技术控制、结构主义符号—权力三种范式;胡翼青认为,可以划分为经验主义、技术主义、批判主义三种研究范式等。[③] 上述研究范式和理论基本涵盖了传媒融合转型研究的范式和理论。

人们往往习惯于传播学的研究,却不习惯于传播的研究。所谓传播学的研究,是从"事实陈述"出发,坚持从功能主义、行为主义、行政主义出发去考察错综复杂的传媒问题,因而,假设现存社会肌体的合理性,就成为其必不可少的前提。而所谓传播的研究则是从"价值判断"出发,坚持从批判的视角出发去考察错综复杂的传媒问题。[④] 长期以来,功能主义在传播学研究中占据主导,以美国的大众传播研究为代表,各种研究都有意无意地运用功能的框架来考察大众传播的不同方面。黄旦对此有精辟的论述:"我国的新闻理论研究,基本上是以机构为对象,以功能主义为取向。……我国的新闻理论研究着重于报刊和新闻

[①] 参见 Denis Mcquail, "Four Models of Communication", *Mquai's mass Communication Theory*, 6th ed., London: Sage Publications Ltd, 2010。

[②] [英]尼克·库尔德利:《媒介、社会与世界:社会理论与数字媒介实践》,何道宽译,复旦大学出版社 2014 年版,第 6 页。

[③] 陈力丹:《试论传播学方法论的三个学派》,《新闻与传播研究》2005 年第 2 期。

[④] 潘知常:《新意识形态与中国传媒》,香港银河出版社 2010 年版,第 22~23 页。

的功用,即对于社会有何用。""所谓的功能主义,基本上就是一个媒介的社会功用,一般不讨论结构(包括社会和媒介系统的),直接就作用论作用。"① 这种功能主义特征表现在媒介融合研究中,就是在"媒介"与"融合"的关系中侧重对"融合"功能的集中研究,而鲜有对"媒介"等结构问题的讨论。既然"媒介融合"就是不同技术的"无缝对接",也就表明技术之间是不存在障碍也无需区分的。在这个意义上,技术本身是没有意义的,好比面粉、米粉和煤粉,只要掺和在一起滚动搅拌,便能和成一个团——"融合"。于此,"媒介融合"要讨论的就是融合——不同媒介在功能上如何互补,以及内容生产如何分配和共享,而不是"媒介"本身——其技术和社会基础是什么、为什么是可能的以及由此造就的是什么样的一种融合等问题。要是放眼于整个新闻传播研究的历史及现状,这种将媒介功能和内容生产作为"媒介融合"全部的做法并不令人奇怪;相反,它正是一直主宰新闻传播研究的功能主义范式的必然结果。"说什么""怎么说""有什么效果"本就是其重点,媒介在其中不过是一个空空的渠道,让内容通过就是其唯一价值。汉诺·哈特说:"作为应用型社会科学的传播研究,创造了一种社会政治环境,人们常常用获取信息的形式化渠道去界定这种环境,而不是用它固有的文化多样性去进行界定。这种视角产生了讯息研究和效果研究,这样的研究使生产者享有特权,同时它又反映了功能主义的存在。"② 我国关于"媒介融合"的基本思考方式就是哈特眼中传播研究范式在新背景下的翻版,体现的同样是生产者以及生产过程的优先地位,突出的也是信息内容和效果。如果说有所变化的话,那就是从生产信息的形式化渠道去界定"融合"环境,而不是从媒介技术和社会固有的文化多样性去界定。在这样的思路中,"媒介"是空洞的,内容"融合"代表一切;"媒介融合"的实质就是"媒介"的"拢合",安置一起,共同调度和生产,好比坦帕所做的那样。总之,这些"媒介融合"侧重的是"融合"而忽略"媒介",大致遵循的是从内容生产环节和资源的整合,逐渐延伸到媒介产业层面,是"业态"(媒介组织)视角中的"媒介融合"。③ 功能主义研究范式将传媒视为"体","融合转型"视为"用",传媒融合转型研究就是研究"体"与"用"之间的关系,假设"传媒"作为"体"是无需探讨的根本,关键是研究"融合转型"之"用"如何服务于"传媒"之"体"。

---

① 黄旦:《导读:新闻与社会现实》,载[美]塔奇曼:《做新闻》,麻争旗、刘笑盈、徐扬译,华夏出版社2008年版,第23页。
② [美]汉诺·哈特:《传播学批判研究》,何道宽译,北京大学出版社2008年版,第10页。
③ 黄旦、李暄:《从业态转向社会形态:媒介融合再理解》,《现代传播》2016年第1期。

二、本书的主要研究方法

本书以媒介融合与传媒转型尤其是中国的传媒融合转型现象作为研究对象。媒体融合转型作为传媒发展变化的最新状态，成为传媒业发展的战略选择和必由之路，同时又是社会整体转型的有机组成部分，构成国家治理和社会治理的一个重要环节，对社会的方方面面产生复杂的作用和影响。本书在马克思主义和党的十九大精神的指导下，立足于跨学科的学术视野，将传媒业变革视为政治、经济、技术、社会文化等整体变革中不可分割的组成部分，在跨学科或多学科中加以考察，通过诸如新闻传播学、政治经济学、社会学、文化学等学科的理论知识和方法，在总结国内外既有研究成果以及考察实践的基础上，"道"与"术"兼顾，从不同层面立体多维地考察社会全面转型过程中媒体融合转型的演变轨迹、理念逻辑、实践路径及其影响，探究传媒融合转型的内在规律、动力机制及形成条件，特别是目前尚未引起足够重视也缺乏系统研究的公共性、专业性与商业化之间平衡关系的解构与重构等重大命题，旨在为传媒业融合转型的实践创新与理论研究提供一份学术地图。要而言之，本书所谓跨学科学术研究方法有两个方面的含义：一方面是指从新闻传播学"跨出去"，通过非新闻传播学的理论与方法多维度全方位地审视与考察传媒融合转型现象；另一方面，从这种跨学科中回归新闻传播学尤其是传播学研究，传播学对本研究而言既是出发点又是归宿地，其重要性和必要性不言而喻。在这种跨学科研究中使传播学研究与非传播学研究相激相生而又相辅相成，努力形成多学科融为一体的综合性研究和媒介研究。

就研究方法而言，不同的研究目的和研究内容需要不同的研究方法，最合适的就是最好的。传媒融合转型研究采取跨学科的研究方法而不局限于新闻传播学，其故有三。

第一，传媒融合转型涉及政治、经济、文化、社会等各个方面，其研究本身具有跨学科或交叉学科性质。有学者曾就传播与文化研究指出："作为全新的研究领域，传播与文化研究的特征是其研究工作的变化迅疾、创新不断，在于它总想以新的方式说出新的东西。与此同时，它们向各种成熟学科与学术话语进行广泛的借鉴"，"传播与文化研究属于多学科交叉的领域，没有统一的、'正宗的'（orthodox）内容与术语。"[①] 媒介融合与传媒转型研究作为全新的研究领域也具有类似的特征，其研究对象的变动不居、创新不断，其研究方法的多学科或跨学科特性，使得很难以一个统一的框架对其进行硬性限定。我们在研究中注重研究方法的多学科交融，对传媒融合转型予以多视角、全方位的分析和考察，力图使

[①] ［美］约翰·费斯克等编撰：《关键概念——传播与文化研究辞典》（第二版），《前言》，李彬译注，新华出版社 2004 年版，第 4 页。

整个研究既有理论的思辨力,又有对现实问题的穿透力。

第二,跨学科研究有助于打通不同学科之间的"壁垒",能够为我们提供更全面更完整的研究视角,不同理论与方法之间互为补充,对研究对象进行总体性分析和综合性研究,提供更完整的学术地图,避免将统一的研究对象割裂成不同的"学术碎片",从而更加接近事物的全貌与真谛。广义上来说,不同学科的研究对象属于客观世界的不同侧面,不同的研究对象与研究方法所得出的结果自然有异,也各有所偏。各个学科的研究各有其优势和长处,但也容易形成学科的"盲区"或"壁垒",在突出某个学科理论和方法的优势的同时,也遮蔽了其短处或弊端,所谓"不识庐山真面目,只缘身在此山中",因而需要从其他学科的视角加以弥补与完善。例如,不同学科的研究会把"市场"与"传播"割裂成不同的东西,而跨学科研究将"市场"与"传播"视为同一样东西,从经济学看是"市场",从传播学角度看是"传播制度",二者互为表里,其差别不过是同一对象从不同侧面所显示出的不同意义而已,并无本质的区别。有学者指出,"在英国情境之中,很难想象会有什么'新闻无学'的焦虑,也不会发生什么新闻学传播学之争议,从他们的系别或者课程设置来看,大致都以'media & cultural studies''communication studies'作为名称,媒介也好,文化也好,传播也好,只是一个研究对象,可以用社会学、哲学、经济学、政治学、心理学等等各种方法介入"[①]。这同样适用于媒介融合与传媒转型研究。

第三,国内既有的传媒融合转型研究多以新闻传播学学科为主,缺乏跨学科学术视野。本研究的逻辑起点是伴随市场而来的"公"与"私",以及在此基础上产生的传媒的公共性、商业性、专业性及其关系的论题。本书采用跨学科的视角,引入不同学科的理论和方法,从不同角度来分析和评价传媒融合转型的理论与实践,理解传媒融合转型的概念、特征是如何在特定机制安排下产生、形成并受其制约的,目的是通过机制的变革或创新来促进媒介融合与传媒转型在公共性、商业性与专业性之间取得新的平衡,使之向良性的方向即从服务于商业利益向服务于社会公共利益演进。

---

① 杨击:《译者序》,载[英]库兰主编:《大众媒介与社会》,杨击译,华夏出版社2006年版,第189~190页。

第三章　融合时代传媒新闻生产方式的转型

媒介融合大大改变了传媒的新闻信息生产方式，以数据新闻为代表的融合新闻的理念和实践发展成为主流，其主要特征是新闻生产的协作与共享，包括媒体内部的协作以及媒体与外部机构乃至个人的协作，形成了新的新闻传播生态。最为显著的变化有四：①从单介质生产向跨媒介生产转变，作为业务流程的中央厨房式集约化新闻信息生产和移动优先成为新趋势；融合媒介意味着不同类型的媒介从各自独立经营转向多媒介联合经营，以降低成本和提高效率。②从媒体专业化生产向媒体与用户共同生产即开放式社会协同式生产转变。③新闻生产的商品化特征越来越显著。④新技术条件下新闻专业主义面临着再重构的挑战。从新闻生产社会学来看，新闻不仅仅是信息的采集、制作与传播，也是权力关系的再生产与复制，融合时代新闻生产过程中的权力控制与抵制即围绕"把关"的博弈继续存在。本章在概述国内外新闻生产研究的基础上，主要探讨了融合新闻的理念与实践，对新闻机构的融合、传播方式的融合如数据新闻生产、新闻编辑部里的社会控制以及新闻生产中的外在社会压力、传媒融合新闻生产的创新路径等做了深入的分析与探讨。

第一节　融合新闻的理念与实践

一、新闻生产研究概述

国外学界对新闻生产者的关注最早可以追溯到马克斯·韦伯，他将记者等同于政治人物。[1] 而罗伯特·帕克将新闻视为人们了解外部世界的窗口，因此，他眼中的新闻工作者是知识的传播者。[2] 20世纪50年代，美国学者大卫·曼宁·怀特最早对"把关人"进行近距离观察，他选择的对象是一张小型报纸的中年编辑——"盖茨先生"。"把关人"研究的结论是："新闻的传播非常主观，非常

---

[1] 马克斯·韦伯：《学术与政治》，冯克利译，生活·读书·新知三联书店1998年版，第77～78页。

[2] 参见 Robert E. Park, "News as a Form of Knowledge: a Chapter in the Sociology of Knowledge", *The American Journal of Sociology*, 1940, (45) 5, pp. 669–686。

有赖于'把关人'自身的经验、态度和期望"①。这个结论后来被不断修正,但"把关人"研究被看作从微观层面研究新闻生产的开端。此后西方各种理论流派对新闻生产的关注越来越多,迈克尔·舒德森为这些研究归纳出共同的主旨——都是研究新闻的社会制造,并将这些研究分为三种取向:新闻生产的社会学取向、政治经济学取向和文化取向,"每一种研究视角的价值因各自就'新闻'的不同方面进行解释而不同"。② 分述如下。

(一)新闻生产社会学取向

新闻生产社会学是从狭义的传播社会学中单列出来的,侧重于对传媒内容制作过程的社会学分析,其研究都是以"个人和组织的实践活动作为理解新闻体制及其结构的构成因素,由小至大、以微观构成宏观的分析过程"③。这种研究从中观层面切入,侧重于将媒介作为社会组织来进行分析,"主要试图理解新闻从业者的工作努力如何受到行业和职业要求的牵制,以及新闻生产过程中的各种规范和社会关系的制约,并在这个基础上展开对新闻产品的意识形态意义的考察"④。

新闻生产社会学研究影响力最大的是20世纪70年代的几位代表人物,他们使用的方法是田野观察和深度访谈,产生了几部至今仍有影响力的研究著作,直接促成了新闻生产社会学的蓬勃发展,如塔奇曼的《制造新闻》、甘斯的《什么在决定新闻》以及吉特林的《新左派运动的媒介镜像》等。这些研究虽然研究对象不同,但基本上得出了近似的结论,认为新闻是"建构的""制造的""加工的"。比如在《制造新闻》(*Making News*,1978)一书中,塔奇曼分析了新闻生产各个环节(如新闻网络、消息来源、叙述等)中存在的框架,从而得出了一个重要结论——使社会现状合法化是新闻的普遍框架。而甘斯从新闻价值观的角度进行研究,他认为"新闻记者总试图保持客观,但不管他们或其他任何人都有价值观,新闻对真实的判断中总包含着价值观"⑤,通过不断观察和总结,甘斯总结出新闻编辑部存在的八种持久价值观,即民族优越感、利他的民主、负责任的资本主义、小镇田园主义、个人主义、中庸主义、社会秩序及领导素质。吉

---

① 转引自张海华:《形态变革与话语转型:1990年代央视新闻评论部生产实践》,社会科学文献出版社2018年,第22页。

② Michael Schudson, "The Sociology of News Production Revisited", in James Curran & Michael Gurevitch (eds.), *Mass Media And Society*, London: Edward Arnold, 1991, pp. 141 – 159.

③ 潘忠党:《新闻改革与新闻体制的改造——我国新闻改革实践的传播社会学之探讨》,《新闻与传播研究》1997年第3期。

④ 李金铨、黄煌:《中国传媒研究、学术风格及其他》,《媒介研究》2004年第3期。

⑤ 参见 Herbert J. Gans, *Deciding What's News: A Study of CBS Evening News, NBC Nightly News, Newsweek and Time 25th Anniversary Edition*, Evanston Northwestern University Press, 2004, pp. 393。

特林的研究是针对20世纪60年代的学生运动是如何在大众媒体（主要是美国哥伦比亚广播公司和《纽约时报》的新闻报道）的微妙干预之下，受到曲解和走向失败的。"整齐划一的模式促进了社会的稳固，这正是大多数观众所期待的，不管世界上发生了什么事，权威机构（通常是官方）都可以使它恢复正常"①。新闻生产和社会控制的关系一直是新闻生产社会学的重要议题，其中，权力实践又是新闻生产和社会控制关系的核心议题，权力不仅具有压制性作用，也具有生产性作用。②

（二）政治经济学取向

政治经济学研究认为既有的经济及政治制度决定并影响媒介的运作及功能，因而媒介的所有制以及控制新闻生产过程的权力关系是传播的政治经济学分析研究的重点。例如，美国乔姆斯基和赫尔曼在《制作共识：大众媒体的政治经济学》一书中提出"新闻的宣传模式说"，归纳了四大新闻过滤器：①规模；②广告；③对政府、商业公司、信息源及专家的依赖；④把"炮轰"作为惩戒媒体的手段。这四个过滤器相互作用、相互加强，使大公司和政府的精英"达成精英共识，制作出民主认同的表象，并在普通民众心中制造了混淆、误解和冷漠，以便精英的规划得以前行"。③ 在政治经济学取向的研究思路中，新闻生产研究已经超出了新闻组织和社会学的分析范畴。最明显的是政治经济学视角下的新闻生产研究往往不涉及具体的生产实践，而是更偏向于从宏观层面探讨政治、经济以及媒介技术对新闻生产的影响。新闻内容与所有制之间的联系是政治经济学取向早期关注的焦点。比如，尽管读者调查显示不同阶层在喜欢的报纸方面没有明显差异，但为什么英国的精英报纸和大众取向的报纸提供的内容大相径庭？什么样的媒介机制可以更有效地促进意见的自由流通？早期研究往往局限于国家与市场的对立，比如认为商业组织必然危及公共传播，但其实政治经济结构与日常新闻实践之间的联系是曲折而间接的，并且研究表明，公共广播与私人广播在公共事务的报道上并没有明显差异。④ 可见国家与市场、商业与公共并不是简单地对立，而是有着错综复杂的互动，揭示这些互动以及它们对新闻生产的影响是政治

---

① ［美］托德·吉特林：《新左派运动的媒介镜像》，胡正荣、张锐译，华夏出版社2007年版，第199页。

② 张志安、章震：《重审语境与重新出发：新闻生产社会学的"本土化"脉络和反思》，《新闻记者》2018年第9期。

③ 转引自单波、李加莉：《奥威尔问题统摄下的媒介控制及其核心问题》，《上海大学学报（社会科学版）》2008年第4期。

④ ［英］詹姆斯·库兰、［美］米切尔·古尔维奇编：《大众媒介与社会》，杨击译，华夏出版社2006年版，第168～169页。

经济学取向的关注目标。①

（三）文化研究取向

文化研究取向的重点在于广泛的文化传统和符号系统对新闻生产的制约力量，文化的角度涉及新闻从业者的自身认同，比如判断什么是新闻、记者通常谈论的新闻价值等。这种取向所持有的基本观点是：记者自身所处的基本类别是"文化的"而不是结构的。与政治经济学研究取向相比，文化研究的对象相对微观，强调更广阔的文化传统和象征表达系统对新闻从业者的影响。潘忠党认为："文化研究则更加注重考察意识形态在专业规范和新闻价值观中的渗透，注重新闻作为叙述形式（narative form）所包含的价值观念。"② 比如斯图亚特·霍尔对于"新闻价值"概念的分析，他认为"新闻价值"是现代社会中最为晦涩的意义结构之一……作为用来选择的装置，这种结构即使对那些非常专业地懂得如何操作这种装置的人来说，也是不透明的。③ 可见，文化视角关注的重点不是政治经济结构，也不是新闻机构的操作层面的问题，它所关注的是记者作为社会的成员置身于广阔的文化符号体系下的意义。在一定文化中运作的媒体难免会使用其特有的文化符号，影响着报道的总体倾向。文化的视角其实是在解释新闻生产倾向的目的和动力，发现偶然的媒介表征背后的普遍规律，因为这种规律也是某种意识形态。因而，文化视角有助于解释政治经济学视角和新闻生产社会学视角所不能解释的问题。④

总而言之，对于新闻生产的研究的关注角度日益多元，从"把关人"的个人意志和组织约束对生产流程的影响，到新闻从业者的认识框架，再到更广阔的社会、政治、经济、文化因素，可以得出的结论是：新闻生产研究已经脱离了孤立的、局限于组织内部的观察和研究，和社会变迁紧密联系在一起了。⑤ 但这三种取向又都表现出各自的局限，用舒德森的话说，"它们通常都是非历史的，也忽略新闻性质发生变化的各种可能"⑥。

---

① 张海华：《形态变革与话语转型：1990年代央视新闻评论部生产实践》，社会科学文献出版社2018年版，第24页。

② 潘忠党：《"补偿网络"：走入传播社会学视野的概念》，《国际新闻界》1997年第3期。

③ 参见 Staurt Hall, "Encoding/decoding", in S. Hall, D. Hobson, A. Lowe, P. Willis (eds.), *Culture, Media, Language*, London: Routledge, 1980, pp. 128–138。

④ 张海华：《形态变革与话语转型：1990年代央视新闻评论部生产实践》，社会科学文献出版社2018年版，第24～25页。

⑤ 张海华：《形态变革与话语转型：1990年代央视新闻评论部生产实践》，社会科学文献出版社2018年版，第25页。

⑥ Michael Schudson, "The Sociology of News Production Revisited (Again)", James Curran, Michael Gurevitch, *Mass Media and Society*, London: Oxford University Press Inc. 2000, p.175.

二、融合新闻及其类型

(一) 什么是融合新闻

融合新闻（convergence journalism）属于应用新闻学范畴，主要指利用多种媒体手段进行新闻传播活动。不同的媒体例如报纸、电台、电视台和网站及手机等，集中在一个信息操作平台上，统一策划，相互协调，取长补短，根据各自媒体和受众特点对信息进行分类加工，发挥各自的传播优势，有针对性地传播给特定受众。美国南加州大学安利伯格传播学院教授拉里·普里瑟认为，"融合新闻发生在新闻编辑部中，新闻从业人员一起工作，为多种媒体的平台生产多样化的新闻产品，并以互动性的内容服务大众，通常是以一周7日、每日24小时的周期运作"[1]。媒介融合改变了传媒内容的生产模式与传播模式。融合新闻与传统的单一媒介的新闻传播活动有着巨大差异，其主要特点是将多种媒介的新闻传播活动进行整合，采用多媒体、多渠道的方式传播新闻，[2] 以最大限度地降低生产成本。

蔡雯全面介绍了西方学者对融合新闻的研究成果。她认为，融合新闻在西方媒体的新闻实践中主要有个体层面与媒介组织层面这两个方面的不同内容，一是"超级记者"：融合新闻在个体层面的标志是那些掌握了多种媒介技能的"超级记者"，也叫"背包记者"等。他们掌握了全面的多媒体技能，能够同时承担文字、图片、音频、视频等报道任务，为多种不同媒体提供新闻作品。二是"超级团队"：融合新闻表现在媒介组织层面就是媒介之间的合作。单个的"背包记者"对报道较小规模的新闻事件或处于较小市场的地方新闻媒体比较合适，但如果是大型的媒介集团，或者是报道规模较大的、内容比较复杂的新闻事件，就需要以多人组成的跨媒体的"超级团队"来承担融合新闻的任务。[3]

"融合新闻"在媒介集团中的流程管理如下：在一些中型和大型市场（排名在前100名的市场）的新闻编辑部中，多媒体分配总编辑是由多人担任的，他们根据责任或工作时间分段来分工，在大型新闻编辑部中有策划总编辑和分配助理。而在小型编辑部中，一个分配总编辑就充当了所有角色，他每周7天、每天24小时都在负责。在多媒体或融合的新闻编辑部中，制片人和分配总编辑的角色变得更加复杂和重要，他们现在要考虑的已经不只是在电视新闻中报道什么与如何报道，他们必须决定如何最好地同时在报纸、广播电视和在线平台上完成新闻报道。

---

[1] S. Quinn, V. F. Filak, *Convergent Journalism: An Introduction*, Burlington: MA. Focal press. 2005, p.5.
[2] 石磊：《新媒体概论》，中国传媒大学出版社2009年版，第184页。
[3] 参见蔡雯：《媒体融合与融合新闻》，人民出版社2012年版，第47～52页。

新闻编辑部在媒介融合时代将由传统的新闻传播管理转向"知识管理"。奎因在《媒介融合：跨媒体的写作和制作》（2009）一书中指出，随着新闻来源和信息渠道的剧增，在多种媒体融合的新闻编辑中，记者编辑的主要职能已经不是采集新闻，而是对浩如烟海的新闻和信息进行筛选和重新组合，使这些杂乱的信息呈现出相互联系和深刻意义，并使其转化为知识。新闻从业者的工作也因此在某种意义上成为知识生产与管理的工作。"新闻编辑部承担了知识生产和管理的任务，这在网络时代是一种非常重要，也非常有意义的变化"。①

（二）融合新闻的主要类型

融合新闻表现为媒体在新闻生产层面的融合，在美国是以新闻编辑之间的融合为代表的，融合新闻主要是通过两种或更多媒介的互动产生新的新闻效应，属于新闻学领域的概念。融合新闻又可细分为两种类型：①新闻机构的融合。也就是电视、报纸和网络的融合，参与融合的媒体单位本身都具有新闻制作能力，有完整的团队，能够丰富新闻从业者的职业技能，让他们跨平台工作。②传播方式的融合。即新闻媒体与非新闻机构的融合，重组媒介，创造新的节目和叙事形态，而新闻机构本身的制作流程不会发生大的改变。例如电视与互联网、手机的融合。电视与新介入的媒介产生互动，并且依靠这些新的媒介生产新闻节目，这一类融合是制作层面的传播手段的技术融合，从结构上看，可以称为开源融合。②

三、新闻机构的融合——跨媒介生产

（一）跨媒介生产的几种模式

新闻机构的融合指的是多个具有完整独立生产能力的新闻生产机构进行的媒体重组——打破独立体制，整合新闻资源，共同进行新闻制作的一种融合方式。媒体机构融合的重点是不同新闻制作部门的重组，或者说是新闻制作方式的融合，主要集中于如何整合现有新闻资源，减少开支，保护既有市场并提供多样化报道。新闻机构融合实践最常见的有三个类别：交互宣传、资源共享和人员流动。这种融合方式反映在美国的融合现状中则表现为经常出现的媒体组合是"电视+报纸+网络"，而具体的实践操作有很大不同。从三者互动和权重关系上看，以美国为例，大致可以分为三个典型的类型：偏重融合、平行融合与整体融合。

1. 偏重融合——芝加哥模式

偏重融合是指参与融合的所有单位依靠最强势的单位进行新闻制作，其他单

---

① 蔡雯：《商业网站让我们重新审视"新闻"——由世博会网络新闻专题谈起》，《新闻记者》2010年第8期。
② 付晓光：《互联网思维下的媒体融合》，中国传媒大学出版社2017年版，第6～7页。

位处于附属地位,以强势媒体为显著标志,典型案例如《芝加哥论坛报》模式。①

美国芝加哥论坛报公司(以下简称"论坛报公司")由三个部分组成:论坛广播、论坛出版和论坛互动。论坛报公司以属下的报章作为主要的信息内容处理场,供应产品给本集团的各家网站、电视台、电台和电缆新闻网等。其核心单位《芝加哥论坛报》与同处于芝加哥的其他论坛报公司单位 CLTV、WGN-TV、Metromix.com 建立了融合体。常见的人员流动有以下几种情况:①报纸记者出镜报道;②从电视到报纸;③从网络到电视。除了日常的新闻报道,论坛报公司还有另外一个层次的融合:突发事件报道的融合。这个融合与日常融合不同,主要是在 chicagobreakingnews.com 上的合作。在这个网站发布平台上,突发新闻部是由所有的媒介人共同负责的,当然,《芝加哥论坛报》做了绝大多数的工作。突发新闻部并没有改变报纸资源的地位,网络和报纸之间的合作仍然是它的核心架构。《芝加哥论坛报》庞大的组织结构以及其显赫的报业地位,使其在论坛报公司的内部处于绝对权威地位。但《芝加哥论坛报》在日常新闻制作中与其他单位的合作缺乏制度保障,附属媒体之间也同样缺少制度来促进融合。相对完善的融合系统——突发新闻中心仅仅是改变了报纸的传播特性,仍继续发挥《芝加哥论坛报》的优势。

《芝加哥论坛报》的案例说明,如果媒体融合单位之间的规模、影响力相差甚远,则占据主导地位的难免是其中的强势单位。芝加哥模式的最大优势是充分运用了强势媒体《芝加哥论坛报》的资源,重大缺陷是把筹码都压在了一家媒体身上,一荣俱荣、一损俱损。因为《芝加哥论坛报》的绝对核心地位,其余融合单位的多样化、个性化新闻很少得到彰显,而且一旦融合组织的核心《芝加哥论坛报》受到任何形式的冲击,整个融合体都会受到威胁。

2. 平行融合——坦帕模式

平行融合是指融合各方没有层级关系,彼此平等,是部分融合,各方保有相当的独立性。记者们有主要的工作领域,偶尔跨平台合作,以协调中心为显著标志,典型案例如坦帕模式。②

媒介综合集团于 2000 年 3 月在佛罗里达州坦帕市建造了"坦帕新闻中心",将旗下的《坦帕论坛报》及其网站 Tompa Bay Online、WFLA 电视台、集团网站 TBO.com 的总编们集中办公,坦帕融媒体开始正式运营。这三个媒体主要体现下在七个最有代表性的领域进行融合:①共享日常小窍门和信息。相互对话确保

---

① 参见付晓光:《互联网思维下的媒体融合》,中国传媒大学出版社 2017 年版,第 48～54 页。

② 参见付晓光:《互联网思维下的媒体融合》,中国传媒大学出版社 2017 年版,第 56～61 页。

了不同媒体之间能够相互连接起来，有一个畅通的沟通渠道。②在新闻事发现场，三家媒体无论哪一家在场，都要以最快的速度发布该条新闻，且不局限于自己的平台。通常是通过 WFLA-TV 或者 tbo.com 快速发布新闻。③不同平台之间共享某一平台拍摄的图片。④调查性新闻报道合作。⑤不同媒体每隔一段时间就播出含特定内容的协议播出节目。⑥大型事件报道合作。⑦公共服务层面的合作。对涉及公民利益的问题，三家单位要一同做出反应。坦帕市的融合模式是温和而非激进的，在这个融合关系中不存在强制措施。各个媒体之间通过多媒体指派台协调，自愿合作。平台间的结合比较松散。坦帕新闻中心的融合打通了媒体间的隔阂，制作组彼此合作的同时也保留了原有媒体的独立性。体现三家媒体平行结构的还有多媒体指派台。坦帕多媒体指派台虽然处于三个平台交汇的重要位置，但它绝不是凌驾于三家平台之上的指挥中心，其职能在于给报纸、电视和网络三家媒体提供一个沟通和协调的渠道，并不命令和指挥新闻中心，而且没有单一的一个人负责三个平台。

坦帕模式是介于芝加哥模式和堪萨斯模式之间的中性融合，它既不过分依赖于某一媒体，也不会高度融合至不分彼此，是目前最为可行的一种融合模式。具体来看，坦帕模式有以下几个优势：①比其他非融合机构有更灵活的时间调度，能够赢得时间差；②能够通过报纸改进电视的深度；③资源共享，节省成本，提升效率。对坦帕模式的质疑主要有：①采用非专业受训人员跨平台制作新闻，其新闻质量如何与专业制作相比？②非强制性的融合能多大限度地利用起融合结构，发挥比较优势？在其他不融合的时候情况又如何呢？在初始阶段，由于缺少硬性的推动策略，很多记者和编辑并不主动追求跨平台合作，仅仅满足于偶然的信息分享。

3. 整体融合——堪萨斯模式

整体融合是指媒体间高度融合，打破记者的媒体身份概念，消除编辑间的媒体划分。以统一的新闻编辑室为显著标志，典型案例如堪萨斯模式。①

堪萨斯的世界公司参与融合的三家单位分别是电视台 6News、网站 ljworld.com 和《劳伦斯世界日报》。这些单位看起来与坦帕融合形似，都是"报纸＋电视＋网站"组合，都有一部分记者跨媒体工作。但是量变会引发质变，二者融合的程度大不相同。坦帕模式、芝加哥模式的记者偶尔有一些跨平台报道或者跨平台合作，但基本上还是有一个自己主要工作的媒体领域。而堪萨斯模式的媒体部门的区分度要大大弱于坦帕模式，绝大部分记者经常性地在多个媒体上同时工作。堪萨斯模式的高度媒体融合，指向了机构融合的未来发展趋势——以全能记

---

① 参见付晓光：《互联网思维下的媒体融合》，中国传媒大学出版社2017年版，第61～66页。

者为中心的融合。例如，《劳伦斯世界日报》的报纸记者除了完成自己的平面报道之外，还需要每天给 ljworld.com 准备额外的特别内容，包括法庭和政府文件、额外的照片、相关的网站链接等。大部分报纸记者每天都给电视台记者提供信息，电视台记者对其进行适当的加工后就可以变成一则电视报道；或者以连线或以完整故事的形式给电视台提供报道，偶尔给主播提供出镜所需的讲稿。一些报纸记者还学会了自己编辑制作电视节目。堪萨斯新闻编辑间里记者并不按照媒体的不同分区工作，而是按照报道的专题进行分区。不同媒体、相同专题的记者，比如电视和纸媒的法制记者都集中在一起。堪萨斯模式也有协调系统"控制台"，只能算是一个服务部门。大体上说，融合协调员就是负责管理每个项目的清单，与市场部门沟通，提供信息，并给节目宣传留出足够的时间，给相关媒体发送台标，等等。项目协调员的任务和性质与融合协调员一样。

堪萨斯模式以全能型记者为中心。发挥融合媒体的潜能，新闻不仅仅要在三个媒体上出现，还要以适合媒体特征的三种方式讲述。坦帕模式缺乏一个有力的信息调配平台，出现内容重复的可能性很大，这样的情况在堪萨斯模式下则要乐观得多。因为一个记者跨平台工作，更容易掌握不同平台之间的内容调配，避免了经由多媒体指派台调度可能带来的内容重复，也缩短了各个平台的响应时间。在记者的职业素养成熟之后，堪萨斯模式可以成为效率最高的模式。但堪萨斯模式也有它的局限性，对小事件，单个的媒体记者能够应付得了；但是对大场面、大事件，单个记者就无法照顾到事件的方方面面，无论如何也敌不过记者群的长枪短炮。全能型记者的成熟需要时间，也与记者的个人能力有关。实际运作新闻媒体时，堪萨斯、坦帕和芝加哥三种模式的混合更为适用。发挥机构融合的整合优势，要尊重媒介的原本属性，为新闻素材选择合适的媒介，或者选择与新闻素材相适应的新闻形式，通过人员调度，合理运用媒介。

（二）新闻生产流程再造与"中央厨房"等

1. 新闻生产流程再造的必要性

流程再造是指企业打破传统职能型的生产流程，建立以顾客需求为中心的过程导向的流程，通过最大限度地减少对产品增值无实质作用的环节和过程，建立科学的业务流程和组织结构，使产品的质量和规模发生质的变化。[①] 传媒业新闻生产流程再造，是指随着媒体融合转型战略的实施，融合新闻业使新闻生产的重心从传统媒体转移到互联网，需要重构传统的新闻生产流程进行跨媒介协作式内容生产。互联网尤其是移动互联网给传统媒体的新闻生产流程带来了颠覆性变革，使传统新闻生产流程基于互联网平台的再造成为现实，可以实现"全程媒体、全息媒体、全员媒体和全效媒体"。例如，美国《纽约时报》、英国《金融

---

① 郭咸纲：《西方管理思想史》（第三版），经济管理出版社 2004 年版，第 380 页。

时报》和《卫报》均已实现了从纸质出版为中心向在线出版平台的成功转型。在我国,《解放日报》从基于传统纸媒的部门架构向基于移动互联网的融合架构转变,形成了以互联网传播为主体、以报纸传播为依托的新格局;《羊城晚报》进行了新一轮机构改革,破除原有采编分离、各自为政的局面,搭建全媒体采编大平台;《人民日报》"中央厨房"成立了16个融媒体工作室,彻底打破部门和采编界限。[1]

哥伦比亚大学的道数字新闻中心(Tow Center for Digital Journalism)在2012年末发表了一份新闻业发展报告《后工业时代的新闻业——适应当前》(*Post-Industrial Journalism: Adapting to the Present*),其中指出:目前,新闻生产流程是围绕两个必要条件设计的。首先是他们理性地管理内容的生成、传输、编辑和制作,而且这些流程要尽可能同时在尽可能多的平台上进行。第二个条件跟第一个条件相关,并且是印刷/广播年代制作过程的一个遗留问题,这样的工作流程管理的目的是产生将被"消费"一次的一个单一的成品,如一份报纸、一个广播节目等。这样的工作流程,用这样的思维来管理的内容生产和传播的方式,只有"创造一次/一次消费"的模式成立才有意义。然而,在互联网时代,新闻内容可以无限次地生产、添加、修改和重复使用。为了充分利用这一变化,工作流程将不得不进行修改,以反映这些新的技术和文化上的变化。创建一个能反映电子化的内容的生产制作灵活性的工作流程会使条款严格死板的新闻编辑部的工作更易于自由组合。新闻的内容以及该内容的制作,从开始就将是一个重复迭代的过程。新闻产品要尽可能地被生产为可重用:在其他平台上、在其他设备上、在新的新闻报道,甚至被其他新闻机构重新使用。它还有另外一个后果:新闻机构的内容管理系统(CMS)将必须被设计成可以自由重组。[2]

从世界范围来看,媒介融合与传媒转型包括新闻生产方式的变革属于以信息化为基础的资本主义再重构或数字资本主义的组成部分。"数字资本主义就是指这样一种状态:信息网络以一种前所未有的方式与规模渗透到资本主义经济文化的方方面面,成为资本主义发展不可或缺的动力与工具"[3]。当下新闻业的变革不是发生在行业内部由旧到新的转换,而是整个行业组织结构的功能拆分、权力转移和性质变化。信息技术的快速发展给资本的创造性破坏提供了可能,原本纵向整合的"采制—编排—出版"的专业化新闻生产流程分崩离析,新闻传播领域正在被一种后工业化的文化生产模式所占领,即"社交化""机器算法"代替人工编辑"新闻聚合类媒体"成为主导趋势,新闻传播业更彻底地摒弃了"传

---

[1] 张垒:《国内外媒体采编架构调整与变革趋势》,《青年记者》2018年第30期。

[2] 参见 C. Anderson, E. Bell, C. Shirky, "Post-industrial Journalism: Adapting to the Present", *Geopolitics, History, and International Relations* 2015, 7 (2), pp. 100 - 123。

[3] [美]丹·席勒:《数字资本主义》,杨立平译,江西人民出版社2001年版,第5页。

统",更彻底地采用了信息技术来代替知识劳动。①

2. 媒体采编架构的重构②

（1）在采编架构上，改部门制为频道制，实现扁平化管理。例如，《解放日报》在新设立的编辑中心（主要负责首页维护和推送等）之外，将其余采访力量转入"上海观察"客户端，改原有的部门制为频道制。频道下设栏目，成为内容生产的基本单位。围绕栏目制，解放日报社在实际运作中重新设计了生产流程和管理机制。③

（2）采编合一，以编导采，构建大编辑平台。例如，2017年"两会"期间，光明网推出"钢铁侠"一站式采访报道集成平台。"钢铁侠"多信道直播云台集新闻信息采集、发布于一体，现场只需一名记者即可快速实现视频、全景、VR等内容的同步直播与录制，通过设备后台的云控制、云存储及流媒体服务系统，记者可以同步实现 PC 端、新闻客户端及 H5 页面等跨平台视频内容的分发与适配，让多种媒体产品在同一平台快速生产聚合。④

（3）在跨部门协作上，项目制分工的"工作室制"渐成主流，成为机构的重要补充。"工作室制"能够以最灵活的方式激活媒体人的创意，同时打破传统的部门区隔。比如《人民日报》"中央厨房"的融媒体工作室。在组织指挥报道过程中，新华社通过工作室、项目制等措施实现跨部门、跨处室协作，如"第一工作室"等。⑤

（4）加强舆情监控和效果反馈，将内部采编流程与外部互联网相连接。不少媒体机构借助构建全媒体采编平台之机重设采编流程，体现出由封闭到开放、由内外割裂到内外互动统一的新趋势。如浙江日报报业集团投入 1 亿余元自主研发搭建"媒立方"传播平台系统，将原本封闭的获取新闻线索、采访、写稿、编辑、拼版等的内部流程变为开放的系统，将内部采编流程和外部互联网连接在一起。

3. 新闻编辑流程的变革

传统媒体基于不同的介质形成了不同的新闻生产流程和生产机制，体现了大众传播的线性传播特点，在选题策划、信息（素材）采集、编辑制作、播发和

---

① 王维佳：《专业主义的挽歌：理解数字化时代的新闻生产变革》，《新闻记者》2016年第10期。

② 张垒：《国内外媒体采编架构调整与变革趋势》，《青年记者》2018年第30期。

③ 甘恬：《移动互联网时代纸媒组织架构"柔性再造"——以解放日报"上观新闻"栏目制为例》，《传媒评论》2017年第2期。

④ 李彪、王永祺：《2017年媒介融合趋势：从单向度融合到多层次融合》，《出版广角》2018年2月上。

⑤ 陈国权：《中国县级融媒体中心发展报告》，《现代传播》2019年第4期。

反馈等各个环节，不同媒体都有不同的规则和要求。融合媒体从单向线性的编辑流程转变为多元互动的编辑流程。在选题策划和信息采集环节，互联网平台大大拓展了新闻信息来源，从专门的"条线"拓展到整个社会的方方面面，如记者、编辑从互联网上获得新闻线索，把受众纳入自己的信息源。在编辑制作环节，新技术打破了不同介质的新闻形态，文字、图像、音频和视频等都可以转化为数字化形式，从而在互联网平台上统一存储、编辑和制作。在发行和播出环节，融合新闻产品通过互联网发行渠道传输给各种智能终端，效率大大提高。在反馈环节，互联网大大促进了记者、编辑等传播者与受众以及受众之间的互动与交流，其效果是传统媒体的反馈难以比拟的。例如，BBC媒介融合确定了以大编辑部为核心的方针，重组后的编辑部被称为"超级编辑部"。在新的框架下，BBC新闻传播的流程分为选题、制作、合成和播出等三个阶段。媒介融合不仅体现在终端呈现上，而且是新闻传播过程中信息流程的整合与融合。BBC融合的思路体现在新闻选题组织、报道策划、素材采集、资源共享、节目编辑、背景共用等各个环节。[1]

4. "中央厨房"和移动优先

"中央厨房"式集约化生产、实施移动优先战略成为媒体新闻信息生产方式的新趋势。"中央厨房"即融媒体中心，其前身是融合新闻编辑室，如美国媒介综合集团建立坦帕新闻中心，我国《烟台日报》等媒体已经进行的基于流程改造的类"中央厨房"尝试。自2015年《人民日报》、新华社、中央电视台等运营"中央厨房"开始，"中央厨房"模式已经成为全国各地媒体融合的"样板"并被广泛采纳。

2015年3月，《人民日报》"两会"报道采用了"中央厨房"的方式，取得良好效果。经过两年建设，《人民日报》"中央厨房"的物理大厅和技术系统成为报社推进媒体融合发展的核心平台。在这样的组织架构下，人民日报社配套了相应的运行机制，包括总编辑协调会、采前会等。此外还建立了重大、突发事件应急报道机制，安排专人实时监控、随时调度，第一时间进行融合采集、加工、生产和传播。[2] 以"中央厨房"为中心，《人民日报》形成了"一个旗舰（报纸）+三大平台（人民网、两微一端、户外电子屏）+一个新平台"的新体系，总用户3.5亿人。同时，《人民日报》还与诸多地方媒体建立了合作关系，广泛提供"中央厨房"产品和服务，还向全球500家主流媒体和新闻网站提供18个语种的新闻产品。[3] 不过，从技术层面讲，"中央厨房"的主要功能是服务于内

---

[1] 任金州、肖弦弈：《BBC媒介融合的动因、路径和意义》，《传媒》2013年第5期。

[2] 赵新乐：《"50天"如何建成中央厨房？——人民日报社的实践带来启迪》，《中国新闻出版广电报》2017年5月2日第5版。

[3] 叶蓁蓁：《人民日报"中央厨房"有什么不一样》，《新闻战线》2017年第2期。

容生产，不断强化的是传统媒体的采编优势，而不能实现全流程传播。即使在内容生产中，"中央厨房"也未能大幅度提高各类新媒体渠道和平台的生产能力和传播能力。在实际应用中，"中央厨房"的功能和效果需要被重新考量。①

除了"中央厨房"之外，媒体必须顺应移动化大趋势，强化移动优先意识，实施移动优先战略，优化媒体结构。随着移动互联时代的到来，特别是随着5G、人工智能、可穿戴设备等技术的不断演进，手机媒体或移动媒体已经发展成为主流媒体。例如，英国《卫报》以直播部落格方式，在其网站平台上以多媒体形式实时报道，且不断更新信息，加入专家评论，并接受网友响应与评论。② 由于速度成为媒介融合的特色，媒体更重视以最快的速度透过社交媒体平台或移动传播工具将内容传播开来。中共中央办公厅、国务院办公厅《关于促进移动互联网健康有序发展的意见》提出要"加大中央和地方主要新闻单位、重点新闻网站等主流媒体移动端建设推广力度，积极扶持各类正能量账号和应用"，为此就要适当调整产业结构，优化资源组合。主流媒体集团采取多种措施，把战略重点放到发展新媒体特别是移动媒体上来，一是打造移动传播矩阵；二是创新移动新闻产品；三是紧盯移动技术前沿。如重庆日报报业集团为把上游新闻打造成为"重庆第一、全国领先"的移动新闻客户端，2018年12月26日正式宣布"重报都市传媒全面实施移动优先战略，全员转型做移动平台"。③

（三）跨媒体报道的生产机制——钻石模型

一直以来，如何在新闻生产中实现"时效"与"深度"的统一困扰着新闻界诸多同人。而媒介融合时代来临，传媒生态的变化，必然导致新闻生产理念以及具体操作方式的变化，"时效"与"深度"的矛盾更为突出。随着传播技术的发展和传媒形态的变迁，"时效"一词的含义不断变化，新闻传播"时效"经历了四个发展阶段，即"定时"（通常对日报来说是24小时周期）—"即时"（第一时间报道）—"实时"（对事实的同步报道）——"全时"（随时报道）。

在借助新的信息获取和发布手段增强时效性的同时，新闻的"深度"却往往大打折扣。"时效"要求尽量缩短事件发生到报道之间的时间差，而"深度"的实现却往往和时间的投入成正比，"时效"与"深度"这一天然的矛盾，在"融合报道"框架内变得愈加难以调和。于是，探索媒介融合背景下新的新闻生产机制，实现"时效"与"深度"的有机统一，成为业界和学界的共同目标。

美国学者保罗·布拉德肖（2007）提出了一个全新的新闻报道模型——钻石

---

① 曹国东：《关于媒体深度融合的四点反思》，《青年记者》2019年第10期。
② 转引自刘蕙苓：《台湾记者的3L人生：数字时代的工作状况与赶工仪式》，《传播与社会学刊》2018年第43期。
③ 杜一娜：《重报集团全员转入移动平台 颠覆传统思维 变革落于实处》，《中国新闻出版广电报》2019年1月8日第6版。

模型（如图3-1），以平衡以互联网为核心的融合报道中"时效"与"深度"的矛盾。在这一模型中，布拉德肖消除了传统报道模式"一竿子插到底"的缺点，将整个新闻生产过程分为七个连续的阶段——快讯、草稿、报道、分析/反思、背景、互动、定制，不同阶段操作思路不同，相应的新闻产品也有差别，以满足受众在事件发生后在不同阶段不断变化的信息需求。①

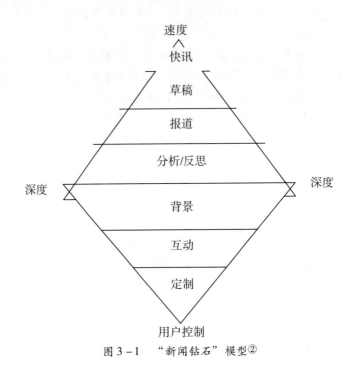

图3-1　"新闻钻石"模型②

四、传播方式的融合：基于互联网的数据新闻

传播方式的融合即新闻媒体与非新闻机构的融合，重组媒介，创造新的节目和叙事形态，媒体与新介入的媒介产生互动，并且依靠这些新的媒介生产新闻节目。小型融合在信息采集上使电视采集端连接的不再只是肩扛摄像机，手机、电脑都可以成为新的叙事方式。社交网络给电视注入了生机和活力。电视和推特无需大幅改动技术基础就可以结合出独特的声觉空间；油管（YouTube）与CNN结

---

①　转引自白红义、张志安：《平衡速度与深度的"钻石模型"——移动互联网时代的新闻生产策略》，《新闻实践》2010年第6期。
②　转引自白红义、张志安：《平衡速度与深度的"钻石模型"——移动互联网时代的新闻生产策略》，《新闻实践》2010年第6期。

合的总统大选辩论，CNN 所负责的只是在上传的视频中挑选合适的视频。① 20 世纪下半叶以来，网络化条件下大数据和人工智能算法技术的崛起，对传统新闻观念和新闻生产以人工为主的产业模式构成挑战，从而在新闻业中引发了一场以智能化、自动化和精准化为特征的"量化转型"，② 数据新闻成为传媒新闻生产变革的新型报道形式，是大数据时代新闻传媒业的发展趋势与方向。

（一）数据新闻的界定

大数据时代，数据成为核心资源，对新闻传媒业而言，大数据带来了新的新闻生产方式和传播模式。所谓数据新闻，也称为"数据驱动新闻"，就是基于与特定主题相关的海量数据的抓取、挖掘、统计、分析和可视化呈现的新型新闻报道方式（基于互联网的多媒体报道或融媒体报道也可视为数据新闻）。这一概念发端于新闻实践领域。西方主流大报和一些独立新闻机构如 ProPublica 设立了专门团队来设计一些新型的新闻应用，即运用各种技术软件来抓取、处理、分析和形象化呈现数据，数据呈现方式包括可视化数据图、互动图表和网络在线演示等，开创了数据新闻实践领域的先河。"数据新闻"将成为新闻业未来最重要的发展方向，其原因有二：①互联网的兴起改变了人们对知识生产与共享的传统观念，信息公开成为越来越多民主政府的选择，开放源代码软件的流行将使数据可视化变得更为容易，正是技术和理念的双重支持促使新闻业做出相应的变革；②在波谲云诡的大数据环境下，新闻从业者能通过"数据新闻"对数据的收集、处理和解析帮助公众了解身处环境的风云变幻，实现媒体服务公众利益的基本职能。③

在国外，较为系统地实践数据新闻报道的当推《纽约时报》和《卫报》。2007 年，《纽约时报》建立了一个记者加程序员的团队，即现在的"互动新闻技术部"，它介于技术和采编部门之间，探索在线新闻的报道形式。这个团队在《纽约时报》网站上为总统选举、奥运会等重大新闻制作推出了大量动态、互动的信息图表，每一张图表都由大量数据做支撑。《纽约时报》网站为此专门在"多媒体报道"板块下开辟了"互动"频道，汇总此类报道。《卫报》是业界公认的数据新闻实践先驱。《卫报》清晰地采用"数据新闻"概念并对这一理念大力进行推广，该报数据编辑西蒙·罗杰斯于 2009 年开办"数据博客"，最初用来

---

① 付晓光：《互联网思维下的媒体融合》，中国传媒大学出版社 2017 年版，第 133～134 页。

② C. Petre, "A Quantitative Turn in Journalism?" *The Tow Center for Digital Journalism*, 2013-10-30, https://towercenter.org/a-quantitative-turn-in journalism/.

③ 方洁、颜冬：《全球视野下的"数据新闻"：理念与实践》，《国际新闻界》2013 年第 6 期。

分享《卫报》新闻所涉及的数据集,后来成为用可视化数据讲述新闻故事的平台。① 英国BBC、德国Zeit在线等也相继开始了数据新闻的探索。2011年,欧洲新闻中心和开放知识基金会将来自国际知名媒体的40余位早期探索者集结在一起,酝酿出《数据新闻手册》(Data Journalism Handbook),成为全世界第一本专门探讨数据新闻的著作,此书不仅尝试解答"数据新闻是什么、为什么"的问题,而且展示了国际各大主流媒体运营数据新闻的案例,对数据新闻的发展起了重要推动作用。

在我国,媒体机构已经接受"数据新闻"的理念,并进行了相应的实践尝试。仅在2014年上半年,央视新闻频道在数据应用方面就进展很大,实现了数据来源多样化、数据样本海量化。其中两个具有典型意义的创新实践节目《据说春运》和《两会大数据》,分别对结构性数据(地理位置)和非结构性数据(舆情)进行了整合应用,展现了数据新闻的基本形态。② 除了央视,目前国内从事数据新闻生产的媒体主要有八家:①新华网数据新闻部。新华网于2012年就开始探索数据新闻,2013年成立了专门的数据新闻部,主要运营《数据新闻》栏目,该栏目两次获得"中国新闻奖"。②财新数据可视化实验室。成立于2013年,主要运营《数字说》栏目,它在数据新闻方面做了很多探索,曾获得多项国际、国内相关奖项。③《新京报》数据新闻团队。主要运营数据新闻栏目"图个明白",由《新京报》全媒体编辑部运营。该栏目的作品更倾向于移动端的设计,主要依靠《新京报》官方微博、微信、报网、客户端进行发布推广。④澎湃数据新闻组。主要运营《美数课》栏目。⑤新一线城市研究所。2015年正式成立,是《第一财经》周刊旗下一个定位于城市数据的团队。⑥浙江新闻客户端《话图侠》栏目团队。主要支撑《话图侠》栏目。该栏目是《浙江日报》数字采编中心推出的浙江新闻客户端可视化读图栏目,于2014年正式开通。栏目主要在移动端运营,作品也在浙江新闻的官网呈现。⑦《南方都市报》大数据研究院。2012年《南方都市报》就开始探索数据新闻;2014年成立了数据新闻工作室,是虚拟架构的形态;2015—2016年数据新闻报道的模式发生转变,立足于打造品牌"南都指数",实现监督评测和服务功能。2018年2月,《南方都市报》大数据研究院正式挂牌成立,它由产品部、技术部、商业数据部和课题小组等部门组成,是一个实体的研究院模式。⑧网易《数读》栏目团队。主要运营《数读》栏目。栏目于2012年1月推出第一条数据新闻报道,是国内最早探索数据新闻的栏目。数据新闻作为媒体融合发展过程中的产物,将纳入"中央

---

① 方洁、颜冬:《全球视野下的"数据新闻":理念与实践》,《国际新闻界》2013年第6期。

② 参见付晓光:《互联网思维下的媒体融合》,中国传媒大学出版社2017年版,第151~153页。

厨房"模式，也就是说，数据新闻生产被纳入整个传媒集团的建设之中，与媒体其他业务部门协同运作。大数据新闻的生产模式决定了头脑风暴和奇思妙想的重要性，部门与部门之间的界限日渐模糊，在"同一屋檐下"工作变得异常重要。① 值得一提的是，数据新闻除了新闻产品，更多的则是非新闻产品。例如，获得第二十八届中国新闻奖媒体融合奖新媒体报道界面一等奖作品《天渠》，讲述贵州省遵义市播州区草坝村党支部书记黄大发带领村民历经36年，修出一条万米水渠。从小伙子到花甲老人，黄大发青春耗尽，修天渠只为造福村民，脱贫致富。②

（二）数据新闻的基本特征

1. 以公开的数据为基础

这是数据新闻存在的前提。如2009年《卫报》网站开设"数据商店"板块，下细分"大数据""数据新闻""数据博客"等频道。"数据商店"向用户开放数据库的链接与搜索，为用户提供大量来自政府、博物馆、大学、研究机构、非政府组织的公开数据。数据新闻的数据来源可分为官方数据与非官方数据，官方数据指的是政府公布的数据，非官方数据的来源包括媒体自采、社会组织、学术机构、其他媒体等。得益于数据开放运动的发展，人们能够获取数据的渠道开始增多，来自社会组织、学术机构等的数据能够填补官方数据未能提供的空缺。另外，ML（机器学习）、AR（增强现实）等数字技术的发展在很大程度上推动了非官方数据源的发展。③

2. 以服务公众利益为目的

这是数据新闻的出发点，所有数据的处理和呈现归根结底是为了让公众理解其身处的大数据时代中数据变迁的内涵，了解宏观数据如何影响每个人。④ 2014年1月25日，央视新闻开设《据说春运》节目，这一节目区别于往届春运报道的特色在于"据"说。通过与百度地图的LBS开放平台的合作，央视得以搜集平台上的用户定位信息，这个信息量是空前巨大的。根据中国互联网络信息中心（CNNIC）的数据，2014年我国有近5亿手机用户，在这5亿部手机上，"百度LBS开放平台的定位服务覆盖了数十万款App，每天的位置请求数量超过数10

---

① 喻国明：《媒介革命：互联网逻辑下传媒业发展的关键与进路》，人民日报出版社2005年版，第36页。

② 曾祥敏：《导向正确融合创新专业引领规则探索——第二十八届中国新闻奖媒体融合奖评析》，《新闻战线》2018年11月上。

③ 陆丹、张楚茵：《数据新闻创新发展的趋势分析——以2012—2018年全球数据新闻奖作品为例》，《青年记者》2019年12月下。

④ 方洁、颜冬：《全球视野下的"数据新闻"：理念与实践》，《国际新闻界》2013年第6期。

亿次"。① 2014年"两会"期间，央视新闻与百度、腾讯等单位合作，共播出9期《两会大数据》节目，其中6期在《新闻联播》中播出。这些数据新闻主要通过搜索关键词、热门话题、短期趋势等指标，分析并展现"两会"期间的舆论关注焦点。过去盲人摸象式的电视生产模式无法解答"雾霾""房价""治堵""收入分配"等社会问题中哪个是普通百姓认为最难解决的，而通过对网络数据的分析，节目得到的结论是，老百姓认为"收入分配"最难解决。这个焦点问题两年来反复被网络媒体提及，但被缺乏参照系的传统电视媒体连续忽视。数据新闻规避了过去对民意的主观臆断的弱点，增强了电视新闻的客观性，落点准确、一针见血。②

3. 依靠特殊的软件程序对数据进行处理，开掘隐藏于宏观、抽象数据背后的新闻故事

这是数据新闻的技术保障，也是数据新闻得以和一般新闻相区别的核心特征。③《卫报》的数据新闻编辑西蒙·罗杰斯在《卫报》内部博客中写道："我们的开发团队制成了一个应用程序，它能处理原始数据，并将其变成可编辑的地图。这意味着我们能够基于数字生成奇妙的交互图表。这就是数据新闻——一种编辑和开发者正在生产的趣味性产品，它将改变我们看待数据的方式。"④ 以机器人写作为代表的自动化生产将成为数据新闻未来发展的方向之一。

4. 以形象、互动的可视化方式呈现新闻

这是数据新闻的个性展现形式，得益于科学可视化的发展，数据新闻将复杂、抽象、难懂的数据转化为简单、具体、生动的新闻报道。例如，2011年8月伦敦发生大骚乱，参与骚乱者运用手机和社交媒体进行联系，让警察大伤脑筋，英国政府因而对社交媒体进行强硬批评，并试图推行限制措施。与此同时，《卫报》网站与伦敦政治经济学院合作，历时一年多完成了《解读骚乱》（Reading the Riots）的全媒体报道，报道中一个重要的组成部分——对260万条推特数据的统计分析就是数据新闻报道的一个典范。《卫报》数据团队运用交互图的方式呈现大骚乱期间在社交网络中流传的七大谣言是如何传播扩散的，这则名为《骚

---

① 《央视携手百度看春运：大数据下的中国人口迁徙》，http://finance.chinanews.com/it/2014/01-26/5782141.shtml。

② 付晓光：《互联网思维下的媒体融合》，中国传媒大学出版社2017年版，第151～153页。

③ 方洁、颜冬：《全球视野下的"数据新闻"：理念与实践》，《国际新闻界》2013年第6期。

④ 参见 M. Knight, "Data journalism in the UK: a preliminary analysis of form and content", Jornal of Media Practice, 2015, 16 (1), pp. 55-72, S. Rogers, "Turning official figures into understandable graphics, at the press of a button, Inside the Guardian Blog, Newspaper", http://www.Guardian.co.uk/help/insideGuardian/2008/dec/18/unemploymentdata。

乱谣言如何在推特中传播》的数据新闻报道将谣言用支持、反对、质疑、批评四种态度量化，谣言的起始是一个圆点，随着谣言的扩散，圆点会演变成圆圈，并聚合成集群。图中针对每个谣言设计了时间轴，伴随时间的移动，用户可以看到各个谣言生成、扩散、消亡的过程。这则报道最大的影响是修正了人们运用经验判断的误差，用数据分析证明社交媒体具有一定的谣言的自我澄清机制，即人们虽然借助社交平台传播和扩散谣言，但同时，用户对这些谣言的反对、质疑和批评也会产生一定的反作用，并最终驱散谣言。①

(三) 数据新闻的媒体实践
1. 新技术在新闻生产中的应用

近年来，随着人工智能（AI）、大数据、虚拟现实（VR）、增强现实（AR）等技术在新闻业界的广泛应用，越来越多的研究者沿着技术的路径思考新闻生产的变革。彭兰敏锐地捕捉到新一轮技术创新的移动化、智能化、数据化趋势，否定了由传媒机构自身主导的有限的生产模式变化成为革命性变革的可能，强调新技术力量对专业机构新闻生产核心环节的渗透，继而把新闻生产的环节例如新闻源与新闻反馈机制、写作者与写作模式、新闻体验置于技术语境下再定义。② 总之，新兴技术变革新闻生产与传播方式，可视化、数据化、智能化、个性化成为发展方向，③ 短视频、移动直播、无人机、VR、AR、H5、AI、三维特效、数据可视化等新技术大规模地应用到新闻生产与传播中。

（1）人工智能：提升新闻信息生产能力。自美联社 2013 年首次使用人工智能生产新闻内容至今，人工智能技术已经对新闻采编工作产生了全面性渗透和根本性影响。习近平总书记指出，"探索将人工智能运用在新闻采集、生产、分发、接收、反馈中，全面提高舆论引导能力"④。人工智能推动技术建设与内容建设深度融合，"媒体 + 人工智能"融合将引领新型主流媒体建设。人工智能自动写作系统改变了新闻生产模式，可以直接生成金融、体育、政治等新闻，将大幅提高主流媒体新闻生产传播效率，有效提升舆论引导能力。⑤

美联社、BBC、新华社等全球知名媒体的新闻编辑室均在积极推动组织流程

---

① 方洁、颜冬：《全球视野下的"数据新闻"：理念与实践》，《国际新闻界》2013 年第 6 期。
② 彭兰：《移动化、智能化技术趋势下新闻生产的再定义》，《新闻记者》2016 年第 1 期。
③ 高山冰：《区域媒体融合转型中的瓶颈及创新路径》，《当代传播》2018 年第 5 期。
④ 《媒体融合发展是一项紧迫课题 习近平这样提出要求》，http://politics.people.com.cn/n1/2019/0126/c1001 - 30591655.html。
⑤ 张光辉、李咏梅、宋丽云、黄卫来、管毅：《以 5G 等新技术和数字经济为重点 打造全媒体传播体系助力国家治理体系和治理能力现代化》，http://media.people.com.cn/GB/n1/2020/0103/c120837 - 31533440.html?clicktime = 1578094237&enterid = 1578094237&from = timeline&isAppinstalled = 0。

人工智能化。例如，BBC的新闻编辑室早在2013年就推出"结构化新闻"系列项目，其中的"榨汁机"助推器新闻生产过程的智能化，通过运用智能技术，逐渐替代记者、编辑、摄影师等从事的简单、枯燥甚至危险的采编工作，通过数据分析、音视频文字转换、自动语音聊天等方式，使新闻生产过程大为简化。①人工智能技术的推动，让智媒体成为未来趋势。例如，2019年2月19日，新华社联合搜狗公司发布全新升级的站立式人工智能合成主播，并推出全球首个人工智能合成女主播，是人工智能与新闻采编深度融合的重要成果，为媒体融合向纵深发展开辟了新空间。2016年5月，封面新闻客户端上线，目标是打造全国一流的智媒体。封面新闻致力打造封面云平台，"封巢"系统作为封面云的一个典型产品，是封面新闻自主研发的人工智能融媒体平台。②

一方面，AI算法技术支撑下的新闻生产极大地降低了新闻机构在资讯类新闻信息生产过程中的成本，大大提高了新闻写作效率，有利于新闻业在数量和质量上提高资讯服务的品质。另一方面，对新闻从业者尤其是作为传统新闻业主体的人类记者提出了新要求。自然语言生成和大数据技术的结合使得人工智能化的新闻生产技术触及人类的创造性和表达领域，对新闻生产中的劳动分工和角色分配产生影响，促使人类记者的角色逐渐从直接的信息筛选、加工和写作等活动中脱离出来，转而成为对算法和数据程序规则进行设定和管理的间接角色。③

（2）VR：打造沉浸式新闻空间。VR技术在新闻报道中的运用，使得传统新闻业的形态发生转变，即从现实世界的重现转向沉浸式的参与和全景式报道。传统媒体是对现实的重建，而VR更注重沉浸式体验，能够极大满足和提升用户体验。曾担任《新闻周刊》记者的Nonny被称为"VR教母"，她认为VR技术会给新闻业带来变革，将成为主流新闻的核心组成部分。哥伦比亚大学新闻教授汤姆·肯特说："VR耳机和生动的音轨已经可以让用户听到被轰炸的叙利亚360度的场景，VR新闻改变了新闻的呈现方式，正在看VR新闻的人不是读者，不是观众，他们更像参与者。"④

全球很多媒体都有各自的VR产品布局，VR正在变得越来越家喻户晓。美国广播公司（ABC）于2015年推出"ABC News VR"的服务，《叙利亚之旅》（*Inside Syria*）是其首个关于探访叙利亚濒危文物秘密场所的VR报道。《纽约时报》于2015年11月推出手机App应用——NYT VR，其作品《流离失所》（*The*

---

① 葛方度：《人工智能语境下新闻编辑室的变与不变》，《青年记者》2019年第28期。
② 张菲菲：《深度推进AI+媒体应用，打造智媒体——封面新闻的融合发展探索》，《青年记者》2019年6月下。
③ 黄典林、白宇：《人工智能与新闻业变革的技术和文化逻辑》，《新闻与传播评论》2018年第6期。
④ 《"下注"VR，能否寻到宝?》，《中国新闻出版广电报》2017年3月15日第7版。

Displaced)的成功也为该报在VR新闻领域的发展建立了巨大的优势。美国CNN于2017年3月7日宣布正式成立名为"CNNVR"的VR新闻部门,该部门专注于VR新闻,除了每周推出一期360度全景视频外,还会进行多个VR现场直播,让用户通过具备浸入感的电视新闻产品了解全球大事。① 2018年4月19日,世界报业和新闻出版协会为沉浸式新闻设立了一个新的奖项——VR新闻报道奖。在我国,2019年2月19日,中央广播电视总台央视新闻客户端正式推出了VR频道,聚焦央视新闻的全景图片新闻、360度视频新闻和VR视频新闻报道,同时制作推出了我国首个世界非遗昆曲项目的首部虚拟现实纪录片《昆曲涅槃》,开启了VR全景报道时代。②

(3) H5:优化传统媒体的传播力。近几年,随着微信平台的发展,一种被称为"H5"的新媒介表现形式突破了静态文字、图片的限制,以视听结合的方式和特有的交互性引起了受众的极大关注。H5作为新技术成为传统媒体争相采纳的重要创新方式。H5是指第五代HTML,即Hyper Text Markup Language(超文本标记语言)的英文缩写,也指用H5语言制作的一切数字产品。H5页面就是利用HTML5制作出来的页面。H5在微信中发展迅速,通过微信平台强有力的传播辐射,H5在带来营销新动力的同时,也创新了新闻页面的内容,带来了新闻可视化变革。H5集合了音乐、图片、动画与链接,打破了纯文字对受众视觉的掌控,引发线上阅读风暴。人民网在"两会"报道中使用了以H5为主的微信新闻报道方式,在H5页面中开展双向交流互动窗口,让普通国民接近"两会",贴近"两会"。③ 2017年7月29日,为庆祝建军90周年,《人民日报》客户端推出了一款名为《快看呐!这是我的军装照》的H5产品,并成为爆款;《人民日报》客户端将建军节文化的舆论引导成功转化为一种超越信息本质的社交产品。④

(4) 新闻游戏。在媒介融合日益走向深度化的当下,新闻业与游戏业正在发生微妙的融合。近年来,"新闻游戏"作为一种小众的、新颖的内容形态,正在发展成为国内外新闻媒体开展业务创新的一个必选项目。越来越多的媒体开发出"游戏"外衣包裹下的"新闻报道",这类内容形态从形式上更接近"游戏",但是取材来自新闻事件本身,并被冠以"新闻游戏"的称呼。在国外,如美国《连线》杂志设计的《杀手资本主义》(Cutthroat Capitalism)、伍德罗·威尔逊国际学者中心与美国大众传媒公司推出的《预算英雄》(Budget Hero)、英国游戏

---

① 《"下注"VR,能否寻到宝?》,《中国新闻出版广电报》2017年3月15日第7版。
② 张伟浩:《VR视频新闻的中国化尝试与反思》,《青年记者》2019年第19期。
③ 叶苗:《浅析H5在新闻传播上的影响》,《新闻研究导刊》2016年11月。
④ 张宇婷:《H5的新媒体语境传播及应用研究——以〈人民日报〉H5产品〈快看呐!这是我的军装照〉为例》,《西部学刊》2018年9月。

公司 Traffic Software 开发的《刺杀肯尼迪》(*JFK reloaded*) 等制作精良的"新闻游戏"均受到广泛追捧。在我国，近几年来，借助于 H5、交互网页、可视化技术的普及，"新闻游戏"呈现蓬勃盎然的发展态势。从 2015 年起，新华社、《人民日报》等中央级媒体有意识地借助各类 H5 的游戏形式来消解政治新闻报道刻板、僵化的面孔，如 2016 年 9 月杭州 G20 峰会期间，《人民日报》客户端开发了一款《习近平主席的 G20 微信群》小游戏。①

卡斯珀·约斯特指出，"消息的传播是新闻事业的基本功能"，媒介不过是"实现终极目标的途径"。② 在媒介融合背景下，新闻传播事实性信息，不再依附于诸如报纸、广播、电视等具体形式，而是从具体的新闻产品、呈现载体中剥离和解脱出来，任何能为"传播新闻"这个目的服务的元素，都可以成为新闻的形式、工具与手段。"新闻游戏"也好，VR 技术、AR 技术、AI 技术、大数据技术也罢，最终都将过渡为承载新闻的"外衣"或形式，为新闻报道所用。③

2. 数据新闻的主要功能

（1）新闻线索与素材的采集。物联网技术将使得新闻采集方式更加多元化。在物联网技术作用下，联网设备的数量可能会达到百万种，遍布人类生产生活的各个角落，从手表、眼镜到咖啡杯，从工厂流水线、汽车再到无人机，都将与互联网相连接。到目前为止，这方面应用最显著的案例就是无人机。无人机采集新闻成本较低廉，特别是对突发自然灾害事件、重大事故、群体性事件、战争地区以及交通不便的山区报道，无人机能大大降低新闻报道的成本与危险。2015 年 1 月，CNN 宣布已与美国联邦航空局在美国国内使用无人机采集新闻素材达成协议，美联社、《纽约时报》等媒体也宣称将进行这方面的尝试。我国也有媒体将无人机用于新闻报道。2014 年 8 月 2 日，江苏昆山中荣工厂发生特大爆炸，《都市快报》记者韩丹到达现场后，使用航拍器多角度拍摄爆炸厂房的情况，"画面中可以清晰地看到爆炸车间满地的轮廓，甚至能看清救援人员的面貌"。④

除了无人机之外，谷歌眼镜等智能眼镜也能在新闻采集上发挥奇效。美国一些大学还开设"眼镜新闻学"课程，探讨如何使用"谷歌眼镜"进行新闻报道，师生在课上探索制作适合新闻人使用的谷歌眼镜平台 App。事实上，不单是智能眼镜，只要具备录音、拍摄以及联网功能，任何可穿戴设备都具备成为新闻采集

---

① 毛湛文、李泓江：《"融合文化"如何影响和改造新闻业？——基于"新闻游戏"的分析及反思》，《国际新闻界》2017 年第 12 期。

② [美] 卡斯珀·约斯特：《新闻学原理》，王海译，中国传媒大学出版社 2013 年版，第 25 页。

③ 毛湛文、李泓江：《"融合文化"如何影响和改造新闻业？——基于"新闻游戏"的分析及反思》，《国际新闻界》2017 年第 12 期。

④ 韩丹：《怎样使用无人机采访报道？》，《中国记者》2014 年第 10 期。

工具的潜力，如正在成为消费热点的智能手表。① 新华社"媒体大脑"智能媒体生产平台通过摄像头、传感器、无人机、行车记录仪等智能采集设备，结合新闻发生地附近的多维数据，实时检测新闻事件，智能生成数据新闻和媒体资讯内容等，将这些新闻线索和新闻素材提供给媒体和记者。②

（2）机器人写作及智能主播。在人工智能基础上发展起来的机器人新闻写作和智能主播等，将引发传统新闻生产方式的深度变革与创新。2015年5月，美联社与科技公司Automated Insights（AD）合作，开发了一款名叫Word Smith的软件，撰写财报新闻，大大提高了美联社编辑部的工作效率，2017年美联社每天有1500篇新闻稿出自智能机器人之手。③《纽约时报》推出关于全美橄榄球联盟赛事的机器人新闻等。我国也有不少媒体在探索和布局机器人写作，据不完全统计，2017年至少有10家新闻媒体推出了13个智能新闻机器人产品或应用进行线上线下融合创新报道，如新华社机器人"i思"（实体机器人）和"小新"（虚拟机器人），《人民日报》"中央厨房""小融""小端"，《深圳特区报》机器人"读特"，人民网—阿里云机器人ET，浙江卫视机器人"小聪"，《广州日报》机器人"阿同"和"阿乐"，河南广电机器人"飞象V仔"，封面新闻的"小封"，香港大公文汇传媒集团机器人"小宝"，《南方都市报》机器人"小南"……这些机器人主要基于计算机的程序算法，对所提供的信息内容进行抓取和分析，然后由内置模板自动生成稿件，完成新闻报道。如果说算法推送是信息分发的智能化阶段，那么，机器人写作则是生产环节的智能化阶段，智能化技术已经从分发"逆序"向生产环节整合，信息流动的全链条智能化整合即将完成，信息生产—分发—消费的人工智能化模式呼之欲出。④

人工智能还可以针对小众读者进行大量自动化写作。如《华盛顿邮报》的写稿机器人Heliogra就写作了不少富有本地特色或针对某些细分商业项目等主题的报道，"它可以从实时数据中自动生成稿件，按照特定渠道分发，并且为读者定制个性化稿件"。⑤ 此外，新闻业对人工智能主播应用已经展开初步实践。"AI合成主播"是用人工智能技术合成的新闻主播。2018年11月7日，全球首个

---

① 万小广：《媒体融合新论》，新华出版社2015年版，第190～192页。
② 谭铁牛、曾静平：《智能传播的现实应用、理论溯源与未来构想》，《浙江传媒学院学报》2018年第2期。
③ 谭铁牛、曾静平：《智能传播的现实应用、理论溯源与未来构想》，《浙江传媒学院学报》2018年第2期。
④ 李彪、王永祺：《2017年媒介融合趋势：从单向度融合到多层次融合》，《出版广角》2018年2月上。
⑤ 任琦：《欧美新闻编辑部如何使用语音机器人与用户建立情感连接》，《中国记者》2017年第6期。

"AI 合成主播"在新华社上岗,开创了实时音视频与 AI 真人形象合成的先河。"AI 合成主播"的价值在于可以大幅压缩新闻播报视频的后期制作成本。① 机器人新闻的出现是技术变革所推动的以信息传播网络化为中介的人类社会生产关系的重构,它快速提高了编辑记者的工作效率,将记者从繁重的基础数据工作中解放出来,可以有更多的精力去采写深度报道。

(3)辅助编辑。机器辅助写作是机器和人协作生产的一个重要内容,也是机器学习技术推动新闻生产变革的重要方面。2015 年 7 月,《纽约时报》R&D 实验室设计出可以自动标记文章的机器人,在编辑工作中,它可以识别内容并分析,从而提供推荐使用的关键词、标签等。路透社也利用名为 Open Calais 的智能方案协助编辑工作。美国知名的互联网新闻博客 Mashable 则将关注点放在了科技公司与社交媒体的相关新闻上。Mashable 启动了数据分析工具 Velocity,它可以分析判断新闻的传播趋势和可能的传播爆点,还可以帮助编辑们发现传播过程中的"饱和点",当一则新闻的分享率达到 95% 时,编辑将不再予以关注,亦不再考虑如何让新闻继续发酵,到达更多的用户。② 在国内,《齐鲁晚报》壹点云智能编辑平台利用强大的 AI 技术可以实现视频智能剪辑、智能生成封面、多模态内容标签、视频 DNA 追踪等功能,帮助编辑们快速把一个视频素材生成多个短视频集锦。③ 封面新闻的小封机器人被植入封面新闻的智媒体写稿平台,成为记者、编辑的写稿助手。④

(4)个性化推荐。以用户为中心、基于信息聚合的个性化推荐模式,对新闻生产机制是一种颠覆性的转变。大数据时代,信息超载已然成为人类面临的又一难题,如何在海量信息中找到有用的信息,是除了数据挖掘与分析之外的另一个挑战,由此,个性化推荐应运而生。通过对用户行为和关系的分析,挖掘用户对内容的偏好和潜在需求,通过信息聚合,自动为其生成符合其需求的信息,从而实现个性化的内容推荐和定制新闻发送。个性化信息推荐首先是基于个性化的信息聚合,即通过人工智能分析和过滤机制,根据个性化需求聚合相关的信息和应用,并以此对信息进行深度智能分析,以实现用户个性化的、动态的需求。⑤

---

① 《定格瞬间 回顾 2018》,《中国新闻出版广电报》2018 年 12 月 25 日第 8 版。

② 吕倩、任媛媛:《颠覆还是辅助?——新闻"人工智能"的实践与思考》,《青年记者》2018 年第 30 期。

③ 魏传强:《在线化 智能化 智慧化——齐鲁壹点以智能传媒驱动融合转型》,《青年记者》2019 年第 25 期。

④ 张菲菲:《深度推进 AI + 媒体应用,打造智媒体——封面新闻的融合发展探索》,《青年记者》2019 年第 18 期。

⑤ 程凤刚:《基于智能 Agent 的个性化信息服务模型的构建》,《计算机时代》2009 年第 10 期。

如,新浪"今日头条"App,其口号是"你关心的,才是头条";新华社着力提升"新华全媒"新闻服务平台、新华社客户端大数据分析、个性化推荐能力,根据用户搜索行为,为其推荐相关新闻。正如 Frog Design 咨询公司的时尚观察家所言:"我们正在离开信息时代,迈入推荐时代。"①

(5)交互反馈。交互反馈的形式多种多样,其中之一是电视屏幕与移动终端(手机、平板电脑)之间的互动。例如央视的《开门大吉》运用二维码进行了双屏互动,收效明显。央视 2015 年春晚的微信"摇一摇"总次数为 110 亿,单位时间峰值为 8.1 亿;湖南卫视《四海同春·2015 全球华侨华人春节大联欢》的"摇一摇"总次数为 1.23 亿,参与人数 2000 万;北京卫视《和美北京中国梦·春节联欢晚会》的"摇一摇"总次数为 980 万,参与人数 700 万。② 在国外,基于算法推荐、借助聊天机器人技术实现的对话式新闻模式也变得越来越活跃。美国的一款新闻客户端"Quartz"界面设计只有一个聊天窗口,全程通过对话的交互完成新闻推送。在脸书 Messenger 平台上已经有超过 3 万个机器人,CNN、《华尔街日报》、《经济学人》、《卫报》等都在这一平台上探索过对话式新闻的解决方案。③

(6)信息审核。数据新闻和所谓的经过核查的事实新闻已经成为当前新闻报道的核心内容,并将继续在未来成为主体新闻。④ 生成假新闻的人工智能也是打击假新闻的最佳武器。据外媒报道,华盛顿大学的罗恩·泽勒斯及其同事开发出了既能编写新闻又能识别假新闻的人工智能,他们用新闻网站上数以百万计的文章——数据总量为 120GB——来训练一个名叫"格罗弗"的人工智能。在确定假新闻稿方面表现最好的人工智能是格罗弗本身的判别器,准确率可达 92%。⑤ 近几年来,为遏制海量信息中虚假新闻的泛滥,中国、美国、英国的媒体机构都开发出了新的工具来帮助新闻事实的核查。美国德克萨斯大学阿灵顿大学的一个团队一直在改进 Claim Buster,从电视节目和议会辩论中辨认相关信息和证据的真伪。在英国,事实核查机构 Full Fact 正在开发追踪各类政治声明的工具。在美国,杜克大学也开发出了 Share the Fact I 的小部件,帮助搜索引擎查找事实、检查文章,同时,它还建立了一个 Chrome 浏览器扩展程序,在诸如总统辩论这样的新闻现场提供即时的弹幕事实检查。作为虚假新闻的重灾区,脸书也宣布将开

---

① [美]克里斯·安德森:《长尾理论》,乔江海译,中信出版社 2006 年版,第 88 页。
② 付晓光:《互联网思维下的媒体融合》,中国传媒大学出版社 2017 年版,第 83、143 页。
③ 冯怡:《从机器人小冰看〈钱江晚报〉人工智能+新闻的创新探索》,《中国记者》2017 年第 6 期。
④ 《决定新闻业未来的五大挑战》,《参考消息》2019 年 6 月 28 日第 12 版。
⑤ 《谁来识别人工智能生成的假新闻》,《参考消息》2019 年 6 月 10 日第 5 版。

发一款事实核查类 App，以遏制虚假新闻蔓延的势头。①

3. 新的新闻叙事模式

有学者认为，传播技术的发展对新闻内容的影响体现在方方面面，但其中最为本质性的部分在于技术改变了传统新闻文体讲故事的方式，确立了新的新闻叙事范式，使得新闻以一种与传统环境下截然不同的方式介入了日常生活。一方面，数字技术通过建立起基于人际关系的传播网络，使得新闻的生产和消费都更加依赖情感认同而非对客观信息的需求，从而令新闻故事中的主观性表达有了更加广阔的话语空间；另一方面，在数字技术带来的海量新闻内容的挤压下，在传统新闻文化中并不主流的主观性叙事文体（如新闻特写、非虚构写作等）反而拥有了更大的利基市场，从而实现了更加自足的发展。数字时代的新闻叙事较之传统新闻叙事，出现了三方面的转型：叙事视角由客观转向主观；叙事落点由全知转向个体；叙事线程由连续转向碎片。总体而言，数字技术环境下的新的新闻叙事模式指向了一种较以往更加私人化的文化生态。在这种文化生态中，新闻首先是作为一种"阐释的中介"存在的，也就是说，人们透过对不同版本的、主观化且碎片化的新闻故事的消费，来获取对变动不居的社会环境的暂时性的解释。新闻的信息性和权威感在这种生态下大大削弱，因为人们不再期望它提供（相对意义上）唯一的、不可辩驳的事实信息。②

第二节 传媒新闻生产方式转型的主要特征

新技术驱动的媒介融合对新闻的采集、制作和传播以及社会关系、权力格局等都产生了重要的影响，融合时代的新闻传播较之传统的新闻业态是一种深刻的转型。从新闻信息的生产方式看，媒介融合大大改变了媒体的新闻（内容）生产方式和生产关系。

一、从单介质生产转向跨媒介生产

媒体改版在过去一般只涉及单介质媒体之内容和形式的改变，比如报纸改版仅仅指某个报纸的版面、栏目、内容等的改变和调整，并不涉及该报以外的其他媒体，而在媒介融合时代，报纸改版的内涵和范围大大改变了，今天的报纸改版已经成为媒体融合转型的重要组成部分，乃至媒体融合转型的同义词了。例如，《南方日报》2016 年 10 月启动以"全媒体融合"为主题的新一轮改版，打造

---

① 谭铁牛、曾静平：《智能传播的现实应用、理论溯源与未来构想》，《浙江传媒学院学报》2018 年第 2 期。

② 常江：《价值重建：新闻业的结构转型与数字新闻生产理论建构》，《编辑之友》2019 年第 3 期。

《南方日报》、南方网、南方+全媒体融合发展新生态,推动采访部门转型为"全媒体新闻部",编辑部门转型为"全媒体新闻编辑中心",完善全媒体考评细则,提高新媒体端口的考评权重。①《南方日报》这次改版的一个重要特征是坚持全媒体融合发展的主题,全盘考虑报纸与新媒体端融合,各自发挥特色,打造全新的报网端生态系统。同时启动"南方名记者培育工程",着力培养新媒体时代的主流媒体"网红",鼓励各展所能,在框架允许的范围内鼓励大家"创业",探索新路,全员推进全媒体转型。②

二、从专业化生产转向社会协作式生产

融合时代新闻生产方式由闭合型生产转换为开放、迭代、协商的新闻生产③,新闻信息生产方式变化带来了新闻生产关系的变革。在新的数字技术环境下,主流新闻生产机制经历了"去媒体化"过程。一方面,新闻机构在将自身的内容生产权限不断让渡给非专业机构乃至用户的同时,开始了对自身的角色定位的中介化转型,即新闻机构日益演变为整个新闻社交网络上的一个个带有信息和观点聚焦功能的节点;另一方面,传统媒体机构的新闻生产机制也出现了本质性的嬗变,对既有信息进行分类、遴选和包装的能力逐渐取代原创内容的生产能力,成为数字新闻机构最主要的竞争力。④ 如在英国和瑞士,作为新闻媒体的电视台更多的是被抽象为一种公共文化精神,维系着自身在主流新闻生产机制中的存在;但其作为机构的实体性存在,与脸书等社交平台一样,不过是为新闻和观众提供了一种联结方式而已。⑤"去媒体化"的过程对新闻业的影响是颠覆性的,对具体的新闻生产实践来说,有效地建立起一套网络化的生产机制,使新闻故事能够适应跨平台传播的需要,兼容不同类型的数字社交关系或开创新的数字社交关系,就成为整个新闻业实现行业增长和影响力突破的核心目标。传统媒体机构的历史优势仍在延续,但新的资本和技术无疑将流向那些没有传统束缚的新型生

---

① 《南方报业总编辑黄常开:启动"南方名记培育工程"培养一批全媒型专家型生力军》,http://www.sxrb.com/sxxww/zthj/xmtdt/6510189.shtml,2016-12-13。
② 《南方日报新世纪以来第十三次改版:与时偕行,为您而变》,http://news.southcn.com/gd/content/2016-10/21/content_157987093.htm。
③ 毛湛文、李泓江:《"融合文化"如何影响和改造新闻业?——基于"新闻游戏"的分析及反思》,《国际新闻界》2017年第12期。
④ 常江:《新闻生产社交化与新闻理论的重建》,《湖北大学学报(哲学社会科学版)》2017年第6期。
⑤ 常江:《多屏化视界:数字时代的电视新闻编辑室生态转型》,《编辑之友》2018年第9期。

产主体：自媒体、新闻聚合服务、众筹新闻等。①

（一）社会协作式新闻生产及其特征与局限

1. 什么是社会协作式新闻生产

社会协作式新闻生产方式是与媒体专业化新闻生产方式相对而言的，是指记者、编辑等专业人员以外的社会力量主要是受众、非媒体机构参与新闻的生产与传播，如脸书、油管、维基百科等。媒体新闻生产向社会开放，是互联网特别是移动互联网时代一种新的新闻生产方式，这就是尤查·本克勒所谓的"社会生产"，即"个体之间的合作关系，这些个体既不是靠市场组织起来的，也不隶属于任何管理体系"，是一种以谷歌、P2P 文件共享、开放源代码软件以及维基百科等为代表的新的经济生产模式。② 互联网杂志《连线》资深编辑杰夫·豪称之为"众包"（Crowd Sourcing）。"社会生产"和"众包"在新闻传播领域主要体现为基于 UGC 的新闻信息社会化生产与传播方式，也就是社会协作式新闻生产。

伴随着移动互联网的飞速发展，新闻传播进入社交媒体时代。这个时代的一个显著特征是"人人都是记者"，原来只有在新闻机构任职的一部分专业人士所拥有的新闻报道权被社会公众极大地稀释了，新闻生产由原来的专业化生产演变成了社会化生产。以 2019 年 10 月 10 日发生在江苏省无锡市 312 国道的桥面侧翻事故为例，该事件造成 3 人死亡 2 人受伤。如果要对这起事故进行报道，传统的新闻采编程序是选派热线记者到现场，然后对事故的见证人、家属、医院、业主单位等进行采访，还原整个事故发生的过程，这是一种"事后追溯"的生产机制，但是在这次事故的报道中，几乎所有的媒体都援引了某过路车辆行车记录仪所拍摄的侧翻一刻的画面，这个几秒钟的画面比几百字甚至几千字的文字报道都有现场感，也更触动人心，就此而言，这位司机的新闻生产比那些机构媒体的专业记者的新闻生产更有效率。发生这样的转变，主要是技术赋能的效果。但是，如果我们要继续追问事故对遇难者造成的伤害、车辆超载问题、高架桥的施工质量以及设计方案有无漏洞这些深层次的问题，社会化公民记者的力量就会比专业化职业记者弱得多。事实上，在这一事故的报道上，多家媒体给读者展示了良好的专业新闻生产能力，比如"财新传媒"所做的《无锡垮桥事故全调查：致命超载谁之过？》（2019 年 10 月 19 日刊发）就是一篇很优秀的深度报道。在这个领域，职业记者依然具有社会化记者不可比拟的优势，其采编"权力"不

---

① 常江：《价值重建：新闻业的结构转型与数字新闻生产理论建构》，《编辑之友》2019 年第 3 期。

② ［美］杰夫·豪：《众包——大众力量缘何推动商业未来》，牛文静译，中信出版社 2009 年版，第 82 页。

第三章　融合时代传媒新闻生产方式的转型

会旁落。① 新闻的社会化生产并非自今日始，传统报刊、广播电视中的读者来信、听众热线、受众爆料等都属于受众参与新闻生产与传播的形式，但这种参与受到时空阻隔、技术条件、媒体垄断等限制，无法成为新闻传播的主流方式。互联网等新传播技术打破了时空和技术限制，为受众提供了廉价而便利的传播工具，使受众主导的新闻社会化生产成为可能，深刻地改变了新闻传播秩序。比如众筹新闻就是开放式新闻生产的代表。②

近年来崛起的美国《赫芬顿邮报》是社会协同式新闻生产方式的佼佼者。《赫芬顿邮报》脱胎于著名的媒体人、作家、社会名流阿丽亚娜·赫芬顿本人的博客，最初是赫芬顿发表文章和评论的舞台。后来，赫芬顿凭借个人的社会名望，不断邀请社会名流开设博客，到2010年已拥有3000多位可以信任的无需审核的博主，其中包括美国前国务卿基辛格、前总统奥巴马、前国务卿希拉里、前总统克林顿，英国前首相布莱尔，美国著名导演罗伯特·雷德福、迈克尔·摩尔，著名电影演员鲍德温，著名作家梅勒等。③ 这个拥有报名实为互联网网站的机构最初只有六七个人，以博客出名之后转而进军新闻业，一方面，整合美国各大主流媒体的二手新闻，另一方面，在全球发展了约12000人的"公民记者"队伍，在获得资金支持之后又积极扩充专职记者团队，2013年专职采编人员达到500多人，每天可以提供原创新闻70～80条。④《赫芬顿邮报》新闻生产模式的创新主要体现在以下几个方面：①注重营造新闻社区。《赫芬顿邮报》一直保持着营造新闻社区的努力，构筑从新闻生产到消费的自循环系统。这也是它与"德拉吉报道"、Reddit等新闻聚合类网站相比的不同之处。②重视内容的推广与传播，将其置于与内容生产同等重要的地位。一是发起公民新闻行动，让用户协同参与大型活动报道。最著名的活动是"Off the bus"项目。二是注重内容运营，"搜索引擎优化"技术运用于整个新闻流程。三是与脸书合作，利用社交网站推广网站内容。③重视名人，并将其作为新闻传播的关节点。⑤

2. 社会协作式新闻生产的特征

（1）新闻传播主体的范围大大扩大和增加。"泰山不让土壤，故能成其大；河海不择细流，故能就其深。"近年来，由于技术的不断发展革新，传统的新闻

---

① 窦锋昌：《新闻生产的"重资产"与"轻资产"模式——社交媒体时代新闻人职业"权力"的丧失与收复》，《青年记者》2019年11月上。
② 王斌、陈怡含：《开放式情境下新闻生产者与消费者的角色衍变——对众筹新闻的反思》，《新闻与写作》2017年第10期。
③ 辛晓进：《赫芬顿邮报的成功之道》，《新闻实践》2013年第5期。
④ 辛晓进：《赫芬顿邮报的成功之道》，《新闻实践》2013年第5期。
⑤ 参见万小广：《媒体融合新论》，新华出版社2015年版，第81～88页。

生产方式和格局发生了巨大变化，新的生产主体和信息分发模式层出不穷。① 媒介融合时代有更多的传播主体借助网络新媒介技术参与新闻信息传播过程，包括个人、企业、政府机构等，打破了传统新闻媒体和专业人员对新闻信息生产的垄断，也大大拓展了新闻来源。新闻传播领域的变革不仅对新闻机构的运作方式产生了深刻影响，也对公共领域的其他主体，包括社会组织、企业、政府等产生了极大影响，孕育了各种探索和创新的新空间。②

（2）改变了记者编辑等职业传播者与受众的关系。从传播学角度看，互联网时代的受众既是接收者又是传播者的用户，"传受合一"。网络新媒介技术是点对点的通信技术与点对面的广播技术的融合，这不仅使得大众传播与人际网络传播合为一体，变成所谓的"大众自传播"，也使得新闻信息传播的规则从单向传播走向双向的"对称参与"。所谓"对称参与"，是指当人们能够接收信息时，他们就能发送信息。有了网络新媒介之后，受众参与便成为新闻信息传播过程中不可或缺的一部分，无论是分享、评论、转发，还是爆料、批评、"米姆"（Meme）式的戏仿，在"对称参与"规则的作用下，传统意义上的受众开始生产各种形式的内容，并逐渐改变着原来由专业生产主导的新闻信息样式。新闻信息的专业生产（Professionlly Generated Content，PGC）与用户生产（UGC）有机融合，③ 受众与媒体专业人员共同生产与传播新闻信息，新闻传播的社会化和民主性进一步提高。从经济学角度看，消费者转变为"产销者"，打破了市场机制中生产者与销售者的隔离，实现了"产销合一"或"自产自销"，解决了市场机制中供给与需求的矛盾与平衡问题。

（3）改变了新闻与受众的关系，即从传播转向"对话"。美国 ABC 广播新闻社交媒体主管帕特森认为，新闻正在开始和读者进行对话，它们正通过向读者询问和谈论发人深省的问题，以此与全世界的人们建立起联系。美国 Journal Register 社交媒体和社区参与部门主任史蓄夫则进一步认为，新媒体及其应用迎合了这一趋势："记者利用社交媒体来发布问题，跟踪新闻来源，并使用不同媒体提供的搜索引擎来了解某个特定的主题。读者则使用社交媒体，从不同的新闻来源获取每日所需的新闻报道和评论。"④ 用《赫芬顿邮报》一位社区经理的话来说，"我们想要改变对新闻的看法。新闻在本质上具有社会属性，它本来就该是你想要跟你朋友谈论的事情"。在社交网络的影响下，新闻成为网络社区的一

---

① 李彪、王永祺：《2017年媒介融合趋势：从单向度融合到多层次融合》，《出版广角》2018年2月上。
② 万小广：《媒体融合新论》，新华出版社2015年版，第2页。
③ 万小广：《媒体融合新论》，新华出版社2015年版，第3～4页。
④ 《传统新闻将死，在线媒体当立》，http://www.jzwcom.com/jzw/7e/3203.html，2011-08-13。

部分。①

（4）在传统的封闭式、垄断式生产关系中，职业化的新闻从业者依靠新闻敏感、新闻判断乃至新闻采写能力等专业节点履行"把关人"角色，一定程度上为社会公众把握着广大事实的呈现视野，决定着公众面对变动不居的世界时"看（想）什么"和"怎么看（想）"。引入大数据、无人机、游戏等新手段后，最根本的变化是用户力量对新闻生产核心环节的渗透，从机构型媒体对用户自制内容的采纳到平台型媒体对用户需求的挖掘和基于用户关系的内容推送，都使得用户不仅作为消费者体现其价值，而且在深刻影响着"什么是新闻""如何做新闻"这类至关重要的问题，新闻生产从一个由专业机构和专业人士相对自主的工作领域向用户协商转变，也即新闻生产从职业化、机构化、封闭式的形态转变为更为多元、开放的形态。②

3. 社会协作式新闻生产的局限

（1）新闻的非专业化生产导致新闻信息良莠不齐，新闻服务的专业水准有待提高。网络传播中缺乏"把关"，网民只提供新闻事实与意见本身，而不需要进行评估、查证或审核，造成了 UGC 良莠不齐、泥沙俱下的局面，这就需要专业记者对网民发布的新闻进行审核、加工与整合。③

（2）专业媒体对新闻信息把关的难度大大增加。"先出版再过滤"模式正在挑战传统的专业把关模式。网络新媒介技术降低了出版成本，加上受众的大量参与，使得网络具有越来越强的议程设置能力，自上而下的专业把关模式正受到越来越大的冲击。近年来关于"谣言"的争议，以及政府打击谣言行动，均体现了这种冲击与挑战。这种"先出版再过滤"模式使得大量未经证实的信息得以进入舆论场，而负有舆论引导之责的传统新闻媒体疲于奔命，角色逐渐从新闻信息首发者转变为新闻信息核实者。④

（3）媒体以外的社会势力影响甚至操控新闻的风险升高。如网民将带有商业利益的宣传材料当作新闻来发布等。有学者指出，"新闻传播出现大规模业余化现象，这是从'大众传播'走向'大众自传播'的过程"⑤。这一重构过程催生出很多新型的内容生产模式，且得到市场认可，但融合发展并非只关系到传媒市场，而且是事关我国经济、社会结构转型的战略布局，需要在可管可控的前提下积极推进。部分生产方式的创新逻辑符合市场要求，却并未达到此战略高度，

---

① 万小广：《媒体融合新论》，新华出版社 2015 年版，第 81 页。
② 王斌、陈怡含：《开放式情境下新闻生产者与消费者的角色衍变——对众筹新闻的反思》，《新闻与写作》2017 年第 10 期。
③ 钱晓文：《"网友曝"及其对传统新闻报道的影响》，《青年记者》2009 年第 28 期。
④ 万小广：《媒体融合新论》，新华出版社 2015 年版，第 4 页。
⑤ 王天定：《大规模业余化时代，专业新闻何为？》，《新闻记者》2015 年第 10 期。

故而难成主流。①

（二）众包新闻与众筹新闻

1. 众包新闻

"众包"模式最早出现在商业领域，在引入新闻实践领域后，被认为是促进"公民新闻"发展的又一契机。2006年，杰夫·豪在《众包的崛起》一文中提出了"众包"这一概念。"众包"是指利用集体智慧来收集与核实信息、报道故事，或者在新闻生产中做出选择。② 众包新闻就是基于 UGC 的新闻生产。大数据时代，社会化媒体对数据新闻生产影响深远，既是数据收集的重要来源，又可以帮助扩大传播影响力。美联社记者乔纳森说："构成新闻业的方方面面的工作既可在编辑部内部完成，也可在编辑部外部完成，可以是专业人士，也可以是业余人士，甚至民众自己也可以通过自己生成和分析数据的方式来提高对政治事务的参与。"③ 因此，基于社会化媒体的新闻生产方式，赋予新闻生产新的社会情境，而且破除了媒体间的障碍，正在对传统媒体作为信息提供者的角色提出挑战，把新闻生产变为一种信息集成过程，在这一过程中，从记者到受众的角色都得到了重构，众包和众筹赋予了新闻生产新的社会意义，推动了新闻生产的外部化。从众包新闻网站的发展来看，英国《卫报》是影响力最大的，比如利用众包报道伦敦骚乱、奥运票务、议员消费情况等。同样性质的众包新闻网站在亚洲地区也有，如韩国 Ohmynews.com 网站。在新闻生产领域，众包新闻降低了新闻写作的门槛，打破了传统的新闻写作格式。④

众包模式在新闻实践中的应用，最直接的影响是促使"公民新闻"向"专业余新闻"转变。美国新闻界进行了一项名为"众包"的实验，由《连线》杂志和"News Assignment"新闻试验网站合作进行，并与纽约大学新闻系教授杰·罗森于2007年初共同成立了一个名为 Assignment Zero 的网站，希望大众不但提供新闻来源，还参与新闻的报道和写作。被认为是美国"公民新闻之父"的罗森教授希望能以此种方式再次促进美国公民新闻的新发展。专业余新闻即 pro-am journalism，是 professional-amatrur 的缩写，指专业人士和业余爱好者组合形成的"专业的业余人士"。罗森教授认为，"专业余新闻"中的"业余"指那些愿意花费时间参与"众包"模式新闻的人；而"专业"是指那些指导和编辑新闻内容、

---

① 严三九：《中国传统媒体与新兴媒体融合发展的现状、问题与创新路径》，《华东师范大学学报（哲学社会科学版）》2018年第1期。

② 范·哈克、米数尔·帕克斯、曼组尔·卡斯特：《新闻业的未来》，《国际新闻界》2013年第1期。

③ 程旭展：《数据入侵："538"博客的实践与启示》，《新闻记者》2013年第6期。

④ 喻国明、李慧娟：《大数据时代传媒业的转型进路——试析定制内容、众包生产与跨界融合的实践模式》，《现代传播》2014年第12期。

核实新闻事实、设立标准并最终决定定稿的记者——"专业余新闻"只有依靠这两类人自愿地付出精力、知识和智慧才能持续地发展下去。①

2. 众筹新闻

众筹新闻（Crowd Sourcing News），亦称新闻众筹，是指个人或机构向公众募集资金，实现特定的新闻报道计划。② 目前全球知名的众筹网站有 Kickstarter、Matter、Spot.us、Emphasis，我国有众筹网等。Kickstarter 网站比较经典的案例有美国记者发起的阿富汗社会状况深度报道、英国《卫报》记者发起的 Matter 项目等，特别是基于后者的成功，两位发起记者还将原本的众筹项目进一步发展成了优质的科技新闻网站 Matter，将信息集成做得更加优质。相比喜闻乐见的众包新闻生产，众筹新闻是一个开创性的模式，从一定程度上丰富了新闻生产和消费，但它并不能取代传统的新闻报道形式和媒体经营模式，公众对免费新闻的依赖、资金链的持续性、对透明性和公正性的要求以及记者从新闻工作者向市场推销者的角色转变等问题，都影响着众筹新闻的未来，目前所有的众筹新闻都是一个试水的过程。③ 以"众筹"为代表的新的开放式生产模式不仅需要优化流程、获得投资、响应市场需求，更需要在职业新闻人和消费者之间建立更为平等、深入的协作模式，如此才能改善现有的新闻业，可持续地、实质性地提升新闻业的转型水平。④

三、新闻生产的商品化特征日趋显著

从政治经济学角度看，生产方式以及与其相适应的生产关系在文化产品的生产中起着决定作用，也就是说，生产什么样的文化产品并不是由技术决定的，而是由生产的组织形式、分配和消费的过程以及在此过程中形成的人与人之间的经济关系所决定。⑤ 改革开放以前，媒体的新闻生产一直是作为事业性质存在的。文化体制改革推动传媒产业化和市场化。党的十六大把发展文化产业放在全面建设小康社会、大力发展社会主义文化的高度来提，从国家战略目标的实现和文化自身发展需求的实现来提，这就使得发展文化产业不只是手段，是民族国家经济战略需求的政策选择，而且它本身就是目的，是当代文化发展的目的。⑥ 文化体

---

① 吴乐珺：《"众包"模式推进美国公民新闻再发展》，《国际新闻界》2007年第8期。
② 钛媒体：《众筹新闻，有多少生命力？》，http://www.tmtpost.com/110403.html。
③ 喻国明：《媒介革命：互联网逻辑下传媒业发展的关键与进路》，人民日报出版社2005年版，第34～35页。
④ 王斌、陈怡含：《开放式情境下新闻生产者与消费者的角色衍变——对众筹新闻的反思》，《新闻与写作》2017年第10期。
⑤ 刘晓红：《西方传播政治经济学研究》，上海人民出版社2007年版，第145页。
⑥ 胡惠林：《文化产业发展的中国道路》，上海人民出版社2004年版，第12页。

制改革推动传媒业的产业化和市场化,媒体的商品化生产渐成主流。"我国传媒产业化有两种基本方式,一种是在确立版权的基础上,实现信息产品商品化(如出版业);另一种是在主要的特殊信息产品如新闻、娱乐信息的版权得不到法律的保障的条件下,通过广告经营来实现产业化"①。

(一)以市场为导向

在市场经济条件下,传媒具有产业属性,传媒的角色不仅是党和政府的"喉舌",而且是市场上的经济实体,具有政治性、公共性和外部性的媒体新闻信息转化为新闻产品和服务。在市场经济条件下,为了满足日益多元化的受众需求,我国媒体的新闻话语和媒介内容逐步软化,不再是只有刚性宣传的内容。新闻信息的生产和传播在某种程度上已转变成为受经济利益驱动的商品的生产、交换和消费行为,即在保障社会效益的前提下追求以最小成本获得最大化利润,效益成为新闻产品市场的重要目的。如江苏电视台《南京零距离》以市场为导向向观众售卖自己的服务。②

商业逻辑或市场逻辑借助新技术从传统媒体拓展到媒介融合领域,新闻生产的商品化是其突出表现。在报业全媒体内部的关系上,报业全媒体内部结构之中除了"共享模式""联盟模式"这两种合作模式外,还存在一种特殊的协作模式——竞争模式。在实现结构融合以后,所谓全媒体的竞争关系,在媒体之间主要体现在内容定价、平台互借以及应用开发等层面,在全媒体生产链上,则是指作为中央内容枢纽的前端信息采集环节与再生产制作环节即"重定向"环节,在新闻生产上的有价协作模式。具体来说,在角色上,全媒体结构中的生产前端转身为供货商角色,其他生产环节或其他界面、媒体等中心与供货商之间的无偿采编供给关系转变为有偿、定价的内容生产服务模式。综观我国报业的全媒体运作,在全结构上采取"内部通讯社"模式,或者致力于建设成为通讯社形态的报业,率先启动"有价协商模式"的探索。比如烟台日报传媒集团全媒体新闻中心,在角色功能上的重大构想,就是成为一个全媒体"利润中心",分别向烟台日报传媒集团旗下的报纸与网络媒体提供有偿供稿服务。有价协商模式在运作中的效益意义目前还难以预测。从未来趋势,引入效益指标概念的竞价与协商模式,将成为全媒体内部协作机制的一种发展趋势。③ 但这种通讯社模式的影响是利大于弊还是弊大于利仍存在争议。

---

① 宋建武:《中国媒介经济与媒介运作》,新华出版社2004年版,第42页。
② 参见高传智:《"资本"影像:90年代以来中国电视新闻场域的变化及其影响》,中国传媒大学出版社2009年版,第120~122页。
③ 参见麦尚文:《全媒体融合模式研究》,中国人民大学出版社2012年版,第232~234页。

(二) 提供广告服务

广告作为市场经济中的商业媒体最重要的经济来源，成为商品化过程的关键环节。20 世纪 70 年代末我国传媒产业化正是从恢复广告业务开始的。在国家、社会与市场的多重作用下，商品化改革逐渐在我国的传播业中展开。商业广告在大众媒介中的出现通常被视作这一时期媒介社会角色变化的标志。1992 年邓小平南方谈话和党的十四大之后，我国社会开始进一步发展市场经济，并加快了融入全球经济体系的步伐。在新闻传播领域，一方面，国家逐渐减少对新闻单位的财政补贴，另一方面，随着文化消费市场和广告业的渐趋成熟，媒介内容商品化生产和媒介经营市场化运作不断深入发展，媒介产业急剧扩张，① 广告已经成为传媒新闻生产的支柱。比如央视二套始终定位于以经济、财经内容为特色，其传播过程促进了我国的市场经济发展，其传播实践也体现出日益显著的商品化特征。②

(三) 劳动的商品化

改革开放以来，与新的生产方式和生产规模相适应，我国各地的媒介机构开始了大规模的用人制度改革，在保留原有职工事业单位编制和待遇不变的情况下，聘用制员工、合同制员工甚至不取任何酬劳的实习生开始成为生产新闻商品的主力军。在这一过程中，越来越多的新闻劳动力开始转变为一种生产要素符号。③ 以媒介融合推动传媒市场化成为媒介融合发展的重要特征之一。近年来，通过裁员压缩成本，探索转型，成为国内外许多报社的首选。

劳动力的商品化具体体现为弹性工作制、业绩考核与"新闻民工"。所谓弹性工作制，弗兰克·韦伯斯坦称之为"弹性积累"制度，即雇佣、生产和消费的弹性。与以往固定不变的就业环境不同，"今天我们把适应性看作是核心品质，与'多技能'一起成为员工的就业常规"④。信息技术不仅改变了劳动流程自身，也与劳工关系的转变息息相关，特别是在就业的零散化过程中扮演了重要角色。以"弹性/灵活性"的名义，大批传统上安全稳定的工作都被降级为临时工作或散工，或者外包到二级承包商和代理商，而政府政策也推波助澜，不仅撤销了广大工人的就业保护条款，取消了最低工资制度，还强行要求政府机构将很多服务

---

① 王维佳：《作为劳动的传播——中国新闻记者劳动状况研究》，中国传媒大学出版社 2010 年版，第 4 页。

② 罗昶：《商品化、空间化、结构化传播政治经济学视域下的央视二套定位演变》，《兰州大学学报（社会科学版）》2013 年第 5 期。

③ 王维佳：《作为劳动的传播——中国新闻记者劳动状况研究》，中国传媒大学出版社 2010 年版，第 4～5 页。

④ F. Webster. *The Theories of the Information Society*, 3nd ed., London and New York: Routledge, 2006, p.80.

外包。① 弹性雇佣制在20世纪90年代进入中国，迅速被国内的企业吸收并运用，一部分处于转型中的事业单位如新闻媒体也尝试使用这种制度应对不断发展的用工需求。② 2000年伊始，传媒尝试实施非终生合同聘用制和业绩与个人收入直接挂钩的绩效考核制等多重弹性用工制度，新闻工作成了任务导向型工种，及时劳动取代了及时供应，雇主与受雇者之间的责任和承诺被打破，取而代之的是永久的不安全感；且国内"许多媒体还采取了'末位淘汰制'，连续三个月处于末位的员工必须离职或重新选岗，这进一步加剧了职业的不安全感"③。根据杨海鹰的研究，弹性工作制主要有两个特点：①"弹性雇佣"与编制内的"铁饭碗"并存，同工不同酬，这也人为地造成了新闻从业者之间事实上的不平衡和被剥夺感；②毫无规律的工作时间和强度，多数记者工作时间远远超过《劳动法》规定，且无加班奖励，这在社会新闻记者和特稿记者身上体现得最充分。④

业绩考核制是劳动商品化的核心，成为弹性雇佣制的部分依据。一方面，业绩考核特别是优化考核绩效的方式有助于完善竞争机制，提高新闻从业者的积极性和工作效率。另一方面，业绩考核制的弊端也是明显的。绩效考核塑造"新闻民工"群体。各报施行的绩效考核虽有些微差别，但都逃不了功利的"工分制"考评体系，记者逐渐被形塑为以码字为生的劳动力，并越来越符合"新闻民工"的劳作特点，导致媒体的绩效考评体系一直处于"质"与"量"的矛盾中。记者为了生存往往陷入求量不求质的怪圈，报纸的新闻质量下滑不可避免。报纸缩版、印量减少的连锁反应，是紧接下来会出现的削减人力成本。过去曾经适应"厚报"时代的绩效考评体系已经和"薄报"时代不相匹配，稿子发不出更多情况是没有版面，同时是报社以降低考评分值削减稿费盘子，例如从原来1分价值30元降到20元，或者一条整版稿子的分数由原来的最高30分降到20分。⑤

---

① ［英］胡斯：《高科技无产阶级的形成：真实世界里的虚拟工作》，任海龙译，北京大学出版社2011年版，第78页。
② 杨海鹰：《转型中国语境中的传播劳动：以平面媒体新闻从业者身份变迁研究为例》，《新闻大学》2014年第2期。
③ 夏倩芳：《"挣工分"的政治：绩效制度下的产品、劳动与新闻人》，《现代传播》2013年第9期。
④ 杨海鹰：《转型中国语境中的传播劳动：以平面媒体新闻从业者身份变迁研究为例》，《新闻大学》2014年第2期。
⑤ 杨海鹰：《转型中国语境中的传播劳动：以平面媒体新闻从业者身份变迁研究为例》，《新闻大学》2014年第2期。

四、新技术与新闻专业性

(一) 新技术对新闻专业性的冲击

1. 新技术与"去专业化"危机

随着互联网以及新媒体的普及，普通公民参与新闻信息传播从可能变成现实，打破了专业媒体及其记者编辑对新闻传播的垄断，新闻专业主义的基础发生了动摇，特别是各种新闻传播乱象、媒体失范现象层出不穷，新闻专业性重新引起社会的关注和争论。近年来新闻工作的自主性和权威正面临日趋严重的威胁，记者职业的合法性受到了博客、UGC 等各种形式的挑战，以至于何为好的新闻业、如何从事新闻工作已经成为备受关注的议题，随着作为业余人士的公众侵入原本专业记者独享的文化工作，新闻业出现了"去专业化"的现象。[①]

近年曾有过"主编是否会消亡"的讨论，大致有两种观点：一种观点认为互联网时代"人人皆记者"，主编的职责越来越由群体而非个体所承担；另一种观点仍然肯定职业新闻人的价值，媒体仍然需要主编。一方面，新传播生态下仍然需要专业新闻人，其专业价值不限于生产专业内容、判断/筛选/整合/协调用户生产内容等；另一方面，传统职业新闻人的工作内容和方式将发生剧变，而某些工作可能被 UGC 和机器替代，比如突发事件初期的新闻信息采集。[②] 新技术正在让一些新的参与者进入新闻业。除了生产 UGC 的公民记者，还有普通人构成的群体，他们通过具有互动功能的社交网络对新闻信息进行再加工、筛选与传播。另一类参与者是机器与算法。这些算法不仅能基于数据自动生成新闻，如 Narrative Science，而且还能对网络实时信息进行抓取、分类、聚合、可视化，如今日头条。这些机器与算法在一定程度上替代了新闻编辑的作用，有人称之为 AGC (Algorithm-generated Content)，即算法生产内容。那么，与这些新参与者相比，职业新闻人的优势在哪里？职业新闻人具备更专业的事实核查能力、更敏锐的洞察力和阐释力，因此也更擅长处理复杂、深度的新闻信息，包括揭示原因、赋予意义等。无论信息如何海量、及时，职业新闻人的这些专业技能都是无法取代的。一个可能的趋势是，职业新闻人越来越趋向新闻传播链条的高端，从一线观察的生产者转向核实、解释的角色，并通过包括数据可视化在内的各种方式赋予大众生产的文本、音频、照片、视频等数据流以意义。另一个趋势是职业新闻人与新闻机构的关系也将发生变革，他们的工作越来越需要懂得如何与公众沟

---

① C. Anderson, "Journalistic Professionalism, Knowledge and Cultural Authority: Towards a Theoretical Framework", Paper Presented at the 2007 International Communications Association Conference, San Francisco, CA, May 24 – 28; 白红义:《塑造新闻权威：互联网时代中国新闻职业再审视》，《新闻与传播研究》2013 年第 1 期。

② 万小广:《媒体融合新论》，新华出版社 2015 年版，第 11 ~ 12 页。

通，成为意见领袖。①

2. 新技术对客观性规范的冲击

客观性被视为美国式新闻专业主义的核心价值规范之一，作为一套具体的惯例习俗，它是新闻业建立大众信任和避免报道主观性指责的工具。互联网的出现使公共空间充满各种 UGC 的普通人的个人性情感故事，一些主流日报也开始刊登此类私人情感经历，并不惜付费获得独家报道权，著名的精英报纸聘请个人风格鲜明的记者和评论员。这种基于个人经历和观点的情绪化的表达，通常被新闻业视为对公共领域理想的"偏离"，并被贬低为"小报风格"，但是"技术变迁不仅影响了记者和受众关于新闻价值的观念，而且影响了新闻职业及其实践和认识论"，一些媒介学者开始关注和承认情绪在公共话语中的位置，将这种表达"个人声音"的新闻称为"主观新闻学"，认为这是记者的"情绪劳动"，在冲突和灾难事件报道中通过对受难故事的富有同情心的报道可以促进世界团结。新闻的客观性理想代表的是一种精英专家式的"知识论"，面对新技术给新闻传播范式和认识论带来的挑战，学者们承认情绪话语的公共价值，其实是对被渗透和侵蚀的专业边界的修补和重新划定，新闻专业技术的重要性仍然被高度强调，记者通过专业技术将受众提供的业余的粗糙的素材转变成真正可用的新闻内容。②

新技术带来的新闻传播伦理问题凸显，"正是由于新媒体伦理的迟迟未能成型，'人和人相处'尤其是人通过技术主导的移动载体与他人相处，缺乏底线规范，造成社会价值的多歧冲撞，从而阻碍了'两个舆论场'的打通及主流价值观的渗透和濡染"③。新技术进入新闻业，不断提高新闻生产过程的自动化程度，必然对传统新闻业的价值观念、生产机制、消费模式、产业结构和功能产生冲击，从而在记者等新闻从业者群体中引发"自动化焦虑"。④ VR 报道重构新闻叙事，将传统报道的记者视角、平面化的叙事方式，变为使用者视角、立体化的叙事方式，但也带来伦理问题：一是编辑手法更隐蔽，难分真假；二是感官冲击，导致二次伤害；三是身心沉浸，导致生理不适。美国新闻节目制作人拉尼·阿伦森拉特表示，VR 新闻需要探索其制作和道德规范的关联。⑤ 人工智能新闻面临

---

① 万小广：《媒体融合新论》，新华出版社 2015 年版，第 13～14 页。

② 陈红梅：《社会与技术共构：美国新闻业的十年危机与转型》，《新闻记者》2018 年第 4 期。

③ 史鹏程：《新媒体伦理初绎——当前国内相关研究述要及简析》，《山西经济日报》2020 年 6 月 9 日第 4 版。

④ D. Akst, "Automation Anxiety", http://archive.Wilson quarterly.com/sites/default/files/artic;les/AutomationAnxiety.pdf.

⑤ 陈心茹编译：《VR 能让人身临其境也能影响新闻可信度》，《中国新闻出版广电报》2019 年 5 月 7 日第 6 版。

的问题也不少,如人工智能算法的偏见可能会影响数据的读取,从而影响新闻稿件的正确性和准确性。① 新闻采集从来不单单是技术问题,也是一个专业、伦理乃至法律问题。无所不在的具有摄录功能的联网设备也存在被滥用和误用而造成各种社会问题的可能,像侵犯隐私、泄密、交通安全等,因而,相应的专业、伦理与法制的规制显得必不可少。就媒体机构而言,未来的新闻报道手册将毫无疑问地加入物联网设备的使用规范。② 因此,应用无人机、人工智能、VR、AR 等新技术进行新闻采集与传播活动时,必须建立相应的使用规范或道德规范,比如个人信息和隐私保护。基于互联网的社交规范仍在不断变化之中,建立和发布一套道德规范就显得尤为重要。

(二) 新技术时代新闻专业性的再确认

互联网时代美国学术界重新界定了新闻业的专业主义以及需要承担的社会责任。新闻业被认为有独立的文化权力,专业性危机也就意味着文化层面需要重新建构,而正确的理论话语将"为经验研究设定不同的研究框架",使"当前危机的因果情况得到更清晰的呈现,而正在进行的组织修复也将得到应有的重视",因此,整合新技术变革而确认新闻专业边界是学术界重点关注的议题。在新的媒体生态环境中,专业媒介必须承担起更为重大的责任,不仅要生产新闻,还要承担起公共领域的导航和调节稳定的责任,要通过更高品质和更为独家的内容来赢得潜在受众的信任。③

1. 客观性转变为透明性

如果把新闻真实、新闻客观、新闻平衡作为规范性理论对待,那么将一直存在应然和实然二者之间的张力,现实的种种制约将使我们对职业理念感到困惑甚至绝望。如果把客观性拉低一个讨论层次,从操作性和可行性探讨,那么传播技术带来的可能将进入我们的视野,职业理念不再是一个个死的东西,而是可以改进和优化的,是有发展预期的。事实上,近年来学界和业界亦在讨论新闻业从客观性到透明性的追求,"透明意味着在新闻报道中植入一种新的意识,说明新闻是如何获得的以及为什么要用这种方式表达"。④ 透明性原则一般指新闻的采集、组织和传播对公众公开,让新闻编辑室的内部和外部都有机会进行监督、监察

---

① 李慧敏:《谁该为人工智能新闻的伦理失范负责?》,《新闻战线》2019 年第 12 期。
② 万小广:《媒体融合新论》,新华出版社 2015 年版,第 192 页。
③ 陈红梅:《社会与技术共构:美国新闻业的十年危机与转型》,《新闻记者》2018 年第 12 期。
④ 喻国明:《媒介革命:互联网逻辑下传媒业发展的关键与进路》,人民日报出版社 2005 年版,第 177 页。

与批评，甚至直接介入新闻生产过程之中。① 透明性已被认为是"衡量媒体在提供信息时所具有的自信程度的最佳标准，是一家媒体组织建立公信力的途径"。②

新闻界巨头近来倡议提升透明度，呼吁传媒向读者阐释调查、报道，以至修正错误等过程。例如，瑞典手机调查报道《Tinder 骗子》的革新之一是呈现出记者调查过程中的实时进展，令读者仿佛跟随记者步伐，一同抽丝剥茧"破解"骗案。③ 与此同时，受众与记者等专业人士共同报道新闻、核实新闻更重要。科瓦齐等人曾经指出，在互联网条件下，不断核实比客观性的平衡原则更重要："新型的新闻工作者不再决定公众需要知道什么——这是古典的把关人角色。他或她应该帮助受众从信息中理出头绪。这并不意味着只是简单地在新闻报道中加入解释或分析。相反，这种新型新闻工作者（或者意义赋予者）必须核实信息的可靠性，然后加以整理，使它能被人们迅速有效地理解。"④

2. 新闻业和受众关系的重构

媒介融合时代媒体与受众的关系发生了彻底的改变。新技术对传统新闻业的挑战主要有二：一是新技术赋予公众很大程度的新闻信息传播权，可以自己直接采集与传播新闻信息；二是新技术使公众能够对传统媒体新闻报道进行"监督"和纠错，也就是受众获得了"解构"传统媒体新闻报道的工具和权力。社交网络、移动媒体和数据新闻的发展合流使专业新闻报道从过去封闭的高度控制的模式转向更加开放、合作和公民参与的新闻报道模式。⑤《纽约时报》的口号从"刊印一切适合刊载的消息"转变为"一切都是关于对话"。新华社新闻研究所主任编辑张垒认为，新闻是特殊的共识，决定"新闻"内涵的不只是媒体从业者，还包括一个社会在特定历史场域中参与到对新闻界定的群体的实践。这种复杂社会场域中，对新闻的定义和界定直接影响自媒体时代对新闻的认知的变化。在整个中国社会结构体系里，作为新闻的一个核心的关切不是独立的问题，而恰恰是平衡的问题——怎么把握与周边不同领域以及与政治价值之间的平衡：既要

---

① 参见 Mark Deuze, "The Web and its Journalisms: Considering the Conseque of Different Types of Newsmedia Online", *New Media and Society*, 2003, (6) 5, pp. 203 - 230。

② [美] 比尔·科瓦奇、汤姆·罗森斯蒂尔：《真相：信息超载时代如何知道该相信什么》，陆佳怡、孙志刚译，中国人民大学出版社 2014 年版，第 190 页。

③ Rowan Philp：《924 字的调查报道获得了 50 万读者，如何在智能手机上讲故事？》，https://cn.gijn.org/2019/05/08/tinder-swindler/。

④ [美] 比尔·科瓦奇、汤姆·罗森斯蒂尔：《新闻的十大基本原则：新闻从业者须知和公众的期待》，刘海龙、连晓冬译，北京大学出版社 2011 年版，第 16 页。

⑤ 陈红梅：《社会与技术共构：美国新闻业的十年危机与转型》，《新闻记者》2018 年第 4 期。

追求自己的主体性,又不能够完全脱离政治本身的框架去理解新闻及其意义。①

3. 对高品质新闻的重新界定

互联网传播的发展挑战了记者在公共领域信息报道方面的垄断性,"质量"成为区分专业记者工作和公民记者劳动并维护新闻专业边界的关键词。加拿大学者 Shapiro 提出了一个包含五项基本业务能力的新闻质量评估框架,即:发现(决定报道什么)、整理(规划表达结构)、风格(选择正确的词汇)、记忆和传递。在这五项能力的基础上,高质量新闻的标准是:独立、准确、开放评估、可编辑、未经审查。最佳新闻的标准是:有抱负、无畏、情境化、参与性和原创性。②

4. 新闻伦理从职业规范走向社会规范

新传播生态下新闻传播伦理应当是一种"公共义务论",即从职业规范扩展为带有普遍性约束的社会规范,它不仅是媒体机构应当遵循的职业伦理,也应成为各类新传播主体进入舆论场的行为指南。需要说明的是,这种"公共义务论"不仅是对专业或非专业的传播主体而言,还应将其他主体纳入进来。这是因为,新传播生态下新闻信息的传播规则不再由传统媒体单方面决定,而更多的是由监管方、平台方、传播主体与用户等多方共同塑造。每个主体都应承担与自己角色、能力相匹配的伦理责任。尤其是提供网络服务的平台方,如微博、微信,对舆论场具有越来越强大的影响力,不仅掌握着海量的用户信息,直接关乎用户的各种权利,而且也直接决定新闻信息流动的各种规则。③

第三节 传媒新闻生产过程中的控制分析

所谓新闻事业的社会控制,是"指社会中的不同组织、势力,通过各种手段,对新闻事业施加压力和影响,使之所传播的内容符合社会或控制者自身的利益和愿望"④。传媒新闻生产过程中受到的控制主要分为两大类,一类是来自新闻编辑部里的社会控制,包括组织控制(新闻政策)、专业控制和劳动控制;另一类是来自新闻编辑部外的社会控制,包括信源压力、商业压力(广告)、政治压力(政府)和同伴压力(其他媒介)。⑤

---

① 李飞:《数字时代新闻生产面临挑战与危机》,《社会科学报》2018 年 6 月 21 日第 6 版。
② 陈红梅:《社会与技术共构:美国新闻业的十年危机与转型》,《新闻记者》2018 年第 4 期。
③ 万小广:《媒体融合新论》,新华出版社 2015 年版,第 75~76 页。
④ 黄旦:《新闻传播学》,浙江大学出版社 2003 年版,第 87 页。
⑤ 黄旦:《传者图像:新闻专业主义的建构与消解》,复旦大学出版社 2005 年版,第 187 页。

一、新闻编辑部里的社会控制

(一) 组织控制

媒体内部的组织控制可以分为两个层次：调配控制和操作控制，前者决定整个媒介组织联合发展的目标和规模，确定利用生产资源的总体方式，后者的权力则是在较低层次，主要是如何有效使用分配到手的资源，执行已经制定的政策。尽管如此，操作控制有创造和选择的充分余地，尤其是在产品生产的控制上，有相当的自主性。① 例如，《南方都市报》（以下简称南都）编辑部受到的组织控制因素，既有来自集团层面的，也有来自报社自身层面的。南都编辑部新闻生产的总体目标和规模主要受集团的"调配控制"，而编辑部自身的"操作控制"则决定着日常的新闻生产模式。一是集团对南都编辑部的"调配控制"。主要通过每年签订的承包协议来进行，其中主要规定南都的利润指标，而对其日常的新闻生产则干预较少。二是南都编辑部自身的"操作控制"，主要方式包括日常的评报和考评制度、固定的新闻生产流程、不断被口头或书面强调的编辑理念等。② 媒体融合的"中央厨房"加强了新闻生产的组织控制，"中央厨房"这个融合模式一直依赖于一个中心机构来收集和发布信息，实现新闻信息一次采集、多种生成、多元传播，而且有利于占领新闻发布制高点，弘扬新闻产品的正确价值观，形成舆论合力，因而得到主管部门肯定与推广。③ 尽管新闻生产的过程发生了本质的变化，"中央厨房"在很多方面依然是大众媒介即自上而下的传播模式。

(二) 专业控制

专业控制主要是指用新闻专业性把控新闻生产过程。由于大部分的信息采集工作都发生在编辑部的外面，或者通过电话进行，编辑们总是无法监控到整个过程。对工作流程（而不是产品）的直接监控需要机构投入更多开销，雇佣更多编辑人员。新闻机构当然做不到这一点，它们放弃了复杂的行政管理系统，通过鼓励记者发挥新闻专业主义来保持机构的灵活性，同时节省开销。对于记者来说，专业主义就是让自己的新闻报道符合机构的需要和标准。④ 专业控制也被视为新闻从业者的权力。记者所追求的有关新闻客观性的"策略性仪式"可以限

---

① 黄旦：《传者图像：新闻专业主义的建构与消解》，复旦大学出版社2005年版，第195页。

② 参见张志安：《编辑部场域中的新闻生产》，复旦大学博士学位论文，2006年，第68～70页。

③ 魏永征：《媒体融合与舆论主导权——以我国官方政策为视角》，《青年记者》2019年第1期。

④ ［美］盖伊·塔奇曼：《做新闻》，麻争旗、刘笑盈、徐扬译，华夏出版社2008年版，第79页。

制媒体管理者所做的带有党派色彩的举措。① 大众传播控制分析论认为，大众传播机构并不能任意控制信息传播机制，其行为受到社会政治、经济潜网的制约。而政治、经济潜网大多数时候都不直接作用于传播机构，而是将其话语方式内化为媒介的话语方式——通过"新闻价值""新闻专业""新闻规范"等标准，媒体筛选掉了不符合政治意识、市场规则等其他社会权力态度的新闻。②

互联网时代，虽然所有记者都强调公共服务是首要的道德规范和专业承诺，但观察者担心融合有可能会摧毁这种新闻使命。从过去要求公众单纯地信任记者在新闻采集和呈现过程中是准确的、全面的和公正的，转变为期待记者利用网络的能力来证实这些要求，更广泛地说，从把关人角色转变为网络中的一个位置，意味着新闻规范背后的基本原理必须转变。这些道德原则不再建立于这样的信念之上，即没有记者，公众就无法得到真实的、不带偏见的信息，于是必然得到错误的信息。然而，这些道德原则是极其重要的，因为它们形成了社会关系的基础，以及由这样的关系组成的网络。③ 在我国，报业全媒体战略转型在根本上基于这样重塑新闻的专业逻辑驱动：在保持内容生产的价值优势的基础上进行全新的内容产业体系的建构，以确立专业内容的公信力与不可替代性；借用传媒新技术武装记者，以优化传媒人的职业角色优势与工作方式的专业性；在开放性的社会化生产机制之内创新专业新闻的生产规范，以确保新闻的客观公正以及公共价值，报业通过这些措施来捍卫专业化新闻实践的职业属性及新闻传媒应有的社会价值。④

（三）劳动控制

马克思曾经指出，在商品的生产中，为了实现价格的低廉，必须做到以下两点：①必须发展支配与从属的经济关系；②必须发展巨大的劳动连续性与劳动强度以及劳动条件使用上的更大的节约。⑤ 为此，对劳动过程的控制至少须从两个方面展开：一方面是在生产领域之外，通过劳动力的再生产和征用发展雇佣劳动力对资本的隶属关系，保证持续的劳动力供应和大量的劳动力储备，这些控制的实现有赖于国家、社会、市场与媒介机构之间的互动与制约；另一方面是在生产

---

① ［英］詹姆斯·卡伦：《媒体与权力》，史安斌、董关鹏译，清华大学出版社 2006 年版，第 184～185 页。

② 黄果：《话语与现实：网游青少年媒介话语的建构与分析》，湖南师范大学硕士学位论文，2014 年，第 53 页。

③ 托斯滕·匡特、简·辛格：《新闻融合和跨平台内容生产》，载［美］卡琳·沃尔-乔根森、托马斯·哈尼奇：《当代新闻学核心》，张小娅译，清华大学出版社 2014 年版，第 147 页。

④ 麦尚文：《全媒体融合模式研究》，中国人民大学出版社 2012 年版，第 53～54 页。

⑤ 马克思：《直接生产过程的结果》，人民出版社 1964 年版，第 91 页。

领域内，发展各种降低社会必要劳动时间的控制形式。① 这里主要讨论媒介生产领域之内的劳动过程与劳动控制，以及媒介融合对劳动者、劳动关系和劳动状况的影响，因为目前对新技术条件下记者、编辑等新闻从业者的劳动商品化过程的研究相对较少。

1. 新技术引发传媒业劳动过程和劳动分工的变化

随着 AI 等新的信息技术的应用，近年来关于新技术的引进是否减少了传媒业工作岗位的讨论越来越引起关注，大致有两种对立的观点：一种认为新技术会减少劳动力岗位的需求；另一种则认为，新技术重构劳动力需求，在减少旧的劳动力岗位的同时又增加了新的工作岗位，总体上看劳动力岗位并不会减少。新科技确实淘汰了不少传统媒体的旧的岗位，也创造了很多新的就业岗位。一些简单的数据采集、体育报道、股市动态等新闻报道的采写被智能机器人所替代，而记者、编辑更多地从事创意策划、深度报道等知识含量较高的工作，与此同时，新技术也创造了许多新的岗位，如数据分析师等。在大编辑平台下，传统采编人员的分工更为细化。如澎湃除了传统的文字采编之外，还设有视频记者、数据新闻记者、动画编辑、互动社交编辑、产品经理、iOS 开发工程师等全新岗位。② 新技术的引入带来了新闻生产过程的变革，改变了媒体人和机器在新闻生产中的劳动分工和角色分配。

2. 新技术在提高效率的同时增强了劳动强度和劳动控制

媒体管理层利用信息传播技术重构新闻生产过程，提高效率，并加强对员工的监督和控制。新技术提高工作效率的同时，也要求记者、编辑等掌握更多的新技能，既会写稿，又会摄影摄像、上网传播等，乃至会经营管理，即所谓专业化复合型的全媒体人才。传统媒体时代只有单一技能的新闻从业者已难以适应新型媒体的需求。过去，无论报纸、广播还是电视，都有截稿时间，互联网时代，媒体全天候运转，稿子刊播出去并不意味着记者、编辑工作的结束，反而是新的工作的开始，他们要上网与受众保持沟通，关注反馈的信息，准备随时跟进，虽然媒体实行轮班制度，但记者、编辑等媒体从业人员的工作量和劳动强度则大大增加了，对速度和效率的追求也使记者、编辑沦为信息快递员。毋庸置疑，许多记者发现以计算机为媒介的通讯是一种有用的工具，而且正如 N. H. 梅纳德所说，新技术可以增强"新闻记者采写大新闻和重要报道的能力"，"不过，与此同时，许多记者怀疑，管理部门在'授权'这样堂而皇之的字眼下，运用高新技术以削减开支、减少工人数量、增加工作强度，导致出现大批颇为成功的'布隆伯格商业新闻社'（Bloomberg Business News）这样的电子血汗工厂。在这个庞大的计

---

① 王维佳：《作为劳动的传播——中国新闻记者劳动状况研究》，中国传媒大学出版社 2010 年版，第 180 页。

② 张垒：《国内外媒体采编架构调整与变革趋势》，《青年记者》2018 年第 30 期。

算机化金融信息通讯社中,年轻的新闻工作者长时间劳作,持续躬耕于计算机终端之上,吃着公司提供的工作快餐,计算着数据,输入'真实时间'的新闻,他们腕缠绷带以缓解反复劳作的压力综合征"①。

3. 编辑部权力关系的重组及影响

有研究探讨了新闻编辑室的劳动商品化现象,考察了新技术应用到本产业后造成的就业减少和编辑工作的调整,这包括电子排版或页面编码的实现,也包括电子新闻采集(ENG)引进后记者职业的转换。这些都是对劳动过程观点的具体运用,这个观点指出传播和信息技术的使用改变了构思活动的权力平衡,使权力从专业新闻工作者手中(他们对传播工具还有部分控制权)转移到控制技术系统的经理阶层手中。② 在数据决定一切的大数据时代,记者、编辑逐渐失去了对新闻的"控制权":内容是否受欢迎,编辑不再有完全的掌控权,数据会告诉你答案。③ 与此同时,进入全媒体时代,编辑较之记者等将获得更多的权力。随着新闻信息采集、制作、传播流程的转变,媒体编辑的作用和重要性日益凸显,编辑中心介入新闻信息生产的整个流程之中,记者对工作的控制权有所降低。融媒体在报道组织指挥上,以资深编辑为核心,下放决策和策划职能。从国外来看,美联社大幅下放稿件编发权,实现了从"集中发稿"到"多中心发稿"的重大转变。④ 从我国看,以资深编辑(主编)为核心,以编导采更是成为编辑部变革的一个方向。澎湃新闻以资深编辑为主导,其栏目主编分别负责各自领域的选题策划,拥有包括发稿权、考核权、用人权等多种权力。栏目主编都是专业领域的行家,对内容生产负主要责任,成为采编的"一线部队",其上的总监则主要负责内容把关。⑤ 网络时代,新闻从业者分化为两类人才,一类是居于核心地位的创意策划管理人才,他们创造的价值高于一般员工,对媒体发展至关重要,当然对其素质要求也更高;二是大量的普通员工,从事的工作的知识含量较低,更容易被替换,但他们的工作对媒体来说也是不可或缺的,同样创造价值。媒体为了降低成本,会减少专职员工的数量,增加临时工、合同工的数量,甚至将一些非核心的工作外包出去。媒体尤其是市场化媒体考核员工更倾向于绩效考核,会更

---

① [加拿大]罗伯特·哈克特、赵月枝:《维系民主?西方政治与新闻客观性》,沈荟、周雨译,清华大学出版社 2005 年版,第 163 页。

② [加拿大]文森特·莫斯可:《传播政治经济学》,胡正荣译,华夏出版社 2000 年版,第 154~155 页。

③ 褚定华、邓国芳:《在"技术驱动+内容为王"中迎来曙光——来自英国纸媒融合的见闻与启示(上)》,《中国新闻出版广电报》2017 年 11 月 28 日第 6 版。

④ 文建、陈怡:《西方三大通讯社采编力量、人员队伍结构的变化与启示》,《中国记者》2017 年第 5 期。

⑤ 张垒:《国内外媒体采编架构调整与变革趋势》,《青年记者》2018 年第 30 期。

多地采用合同管理方式而不是传统的人事管理和身份管理,等等。①

总而言之,数字技术在各种机构中的渗透加深了资本主义体系对劳动者的监视、控制和操纵,在后福特主义生产模式下,当全球数字化与经济全球化相融合,媒体融合更促使国际产业链的扩张和调整,因而对世界各国的就业结构和劳动状况也产生了深刻影响;与此同时,新技术也带来了鼓励劳动者主体性和承载集体维权活动的空间,这一对相互制衡的矛盾趋势将怎样影响数字劳动、创造性劳动和知识型劳动?面对媒体融合所带来的媒体产业结构和管理方式的变化,广义的媒体工人是怎样应对的?在信息产业全球化,媒体行业的工会会作出什么样的战略性的组织调整?可以说,关于广义的"知识劳动"与"创造性劳动者"的研究是一个新兴的领域,这个视角再次把媒体融合的现象设置在资本主义经济体系全球扩张和自我更新的时代背景之下。②

二、组织中的传播仪式

传播仪式是指规模化、常规化和反复进行的媒介工作形式。新闻选择必须遵守一些共同的规则,休梅克称之为传播的仪式(communication routine),也就是塔克曼所说的"策略性仪式"(strategic ritual),媒介发展出一套例常的工作程序和习惯(例如决定什么叫"事实",如何引述新闻来源,如何褒贬人事,如何选择叙述方式),以指引新闻的收集和现实的观察,并防止媒介遭受公众批评。③在"仪式"的工作形式中,把关人受制于由整个大众传播历史演进而来的选择规则。当把关人允许这些规则——建立起来的行为模式——来指导自己的选择时,他们更多是代表职业和社会,而不是一个个体的决策者。换句话说,貌似个体的把关人,实际上是在职业游戏规则的无形网络中从事自己的工作。塔克曼把这些惯例性的规则称为"制度",并且认为,新闻由在组织中工作的那些专业意识发现、收集并传送,由此,它不可避免地要依赖于制度化过程和制度化惯例。因此,新闻是一个社会制度的产品。传播常规的存在,以及"新闻工厂"的特点,给新闻组织带来了以下结果:①缺少弹性;②在新闻产品中缺少个人创造发明;③新闻工作成为概念的评估;④新闻从业人员的工作期盼和实际不相符。更严重的是,个体传播者无法控制最后的生产成果。在这样的情势下,更多的是个人被仪式要求牵着鼻子走,按照规定的要求完成自己的职责而已。自然,犹如政策的施行尚有个人游走的空间一样,传播仪式也不可能完全堵死个体把关

---

① 王维佳:《作为劳动的传播——中国新闻记者劳动状况研究》,中国传媒大学出版社2010年版,第181~182页。

② 岳洋洋:《论西方"媒体融合"的现状与启示:一种传播政治经济学视角》,《科技视界》2015年第17期。

③ 李金铨:《超越西方霸权》,牛津大学出版社2004年版,第172页。

人的所有通路。正如有人所指出的,各种媒介在非常重要和显著的新闻事件上是惊人的一致,而关于一些一般的新闻,个体把关人的自我选择尤显重要。①

对媒介融合的许多学术研究都聚焦于融合如何影响记者"做新闻"的方式。这些研究以新闻社会学的广泛研究为基础,深刻认识记者如何把事件、想法和议题转变为可以传递给公众的新闻产品。记者直到不久前还在为单一媒介生产他们自己可以控制和供稿的新闻,而不断发展的变化意味着新的传播渠道、生产结构和工作规则的产生。因为互联网和相关的数字技术从记者手中拿走了至少是对新闻采集和筛选的部分控制,把关人的角色或许是最明显受到技术发展影响的。大众媒介的受众发生碎片化的同时,信息来源的数量呈指数化增长,相关的媒介角色,比如议程设置者,也受到类似的质疑。此外,为保卫这些角色演化而来的新闻规范,特别是被极力捍卫的专业独立,在参与性的、网络化的信息环境中也受到挑战。编辑部融合的许多研究都观察了它对这些角色和工作惯例的影响。最为一致的发现是,许多记者,虽然不是全部,在应对融合时都带着相当多的忧虑。②

三、新闻生产中的外在社会压力

(一) 信源压力

所谓信源压力,是指媒体新闻生产过程中受到新闻信息来源的影响而产生的一种社会压力,或者说是信源与媒体之间的张力。关于信源与传播(记者)关系的研究主要从两个维度展开:第一个维度是从传媒的角度探讨新闻媒介与主流精英群体特别是政治权力的共谋,认为新闻生产是主流意识形态和统治权力的再生产。迈克尔·舒德森指出,把新闻制造看作精英们操控的某种现实建构活动,这样一种基本定位非常有助于理解新闻生产实践。新闻生产的核心就是记者和官员之间的联系,当然还有其各自背后的新闻机构与政府机构之间的互动。③ 新闻接近使用权的"索引"模式进一步指出,在精英达成政治共识的时期,新闻媒介倾向于支持政府政策并报道那些表达这种支持的声音;而在精英之间发生龃龉的时候,新闻媒介也会从中得到暗示而去报道比正常状态更为广泛的声音,甚至

---

① 黄旦:《传者图像:新闻专业主义的建构与消解》,复旦大学出版社 2005 年版,第 196、199 页。
② 托斯滕·匡特、简·辛格:《新闻融合和跨平台内容生产》,载[美]卡琳·沃尔-乔根森、托马斯·哈尼奇:《当代新闻学核心》,张小娅译,清华大学出版社 2014 年版,第 141~143 页。
③ [美]迈克尔·舒德森《新闻生产的社会学》,载[英]詹姆斯·库兰、[美]米切尔·古尔维奇:《大众媒介与社会》,杨击、丁未译,华夏出版社 2006 年版,第 173 页。

被鼓励采用一种更为投入和具有挑战性的立场。① 第二个维度则是从信息源的角度来分析信源对媒体新闻生产的介入和干预。大部分的消息来源都很可能试图控制和影响媒介,"让媒介总是按照他们所希望的方式描述新闻事件"②。不同的信源,如政府、广告商、通讯社和某一事件的目击者,在消息提供的态度和动机上显然是不一样的。赫伯特·甘斯的观点最有代表性,他认为,"消息来源与新闻记者之间就像拔河一样,消息来源不断尝试操纵(manage)新闻,让最好的一面呈现出来。同时,记者也不断地操纵新闻来源,以便取得他们(记者)所需要的资讯"③。

互联网时代媒介与消息源之间的关系发生了怎样的变化?从传媒角度看,由于受到新媒介、全球媒介集中化和集团化以及解除管制的驱使,新闻生产面临着更加激烈的竞争,信源越来越趋同和单一化,高成本的新闻调查等节目被削弱。正如比尔·海格特所说:"体制现在要求记者们待在他们的办公桌边。他们是过度操劳的,多项技能的狂躁症已经发作,没有时间调查,当然更没有时间去国外调查。类似的念头都被积极劝阻,因为它要花钱……现如今全都是快餐式新闻。"④ 在美国,新闻来源——特别是地方新闻来源——越来越多的是由数量有限的公司所控制,它们收购较小的新闻机构,将其整合。盖特豪斯媒体和甘尼特等这样的公司控制着数百家出版物,它们利用集中式的新闻采集手段,而减少了对当地社区的关注。无线广播领域也在发生类似情况。大型公司一直在收购地方台,通过集中制作的播放内容来降低成本。⑤ 从信源角度看,新传播技术赋予消息来源更多的权力。媒介融合为政治权力和经济权力操控传媒提供了更有利的条件和机会,舆论管理技术更为精妙与隐蔽。新技术的发展和政府不守规则已经成就了一种多频道广播生态,不仅强化了消息来源管控新闻报道的能力,以及作为规制政治家们露脸新闻媒介的把关人的功能,而且给消息来源提供了针对少数频道特定范围受众的特定讯息的机会。⑥ 不可忽视的是,互联网时代受众已经成为重要的新闻来源之一,个人通过新传播技术直接介入新闻传播甚至设置议程,这

---

① 西蒙·科特《新闻、公共关系与权力:领域图绘》,载[澳]科特主编:《新闻、公共关系和权力》,李兆丰、石琳译,复旦大学出版社2007年版,第13、19页。

② [美]沃纳·塞佛林、小詹姆斯·坦卡德《传播理论——起源、方法与应用》,郭镇之主译,华夏出版社2000年版,第365页。

③ 转引自臧国仁:《新闻媒体与消息来源——媒介框架与真实建构之论述》,台湾三民书局1999年版,第333页。

④ 参见阿埃隆·戴维斯:《公共关系与消息来源》,载[澳]科特主编:《新闻、公共关系和权力》,李兆丰、石琳译,复旦大学出版社2007年版,第43~45页。

⑤ 《美媒报道 美国媒体日益被少数公司控制》,《参考消息》2019年9月24日第8版。

⑥ 鲍勃·富兰克林:《"埋葬坏消息的好日子":记者、消息来源和政治包装》,载[澳]科特主编:《新闻、公共关系和权力》,李兆丰、石琳译,复旦大学出版社2007年版,第85页。

既有积极意义，也有负面影响，即在缺乏把关和监督的情况下，大大增强了个体操控舆论甚至危害社会的可能，如2009年发生的"艾滋女"事件即是一例。如何平衡信源与传媒关系不能局限于媒体的作用，还应包括政府相关部门、企业、社会乃至公民的共同努力，比如新闻生产公益化，以及"走转改""三贴近"等，都是题中应有之义。

（二）经济控制

有研究认为，现代的商业报刊即大众化报刊似乎通过自由市场摆脱了控制而获得了"自由解放"，但事实上，报业市场化发展的结果是从"国家控制"转向了"市场控制"。"市场审查制的主要手段便是在大众化市场中建立新的媒体企业所需的高额投资，即所谓的'高准入费用'。这就限制了非精英团体拥有大众媒体。这反过来又限制了媒体的多样性，也削减了媒体消费者的选择权"[1]。舒德森指出，信奉自由主义的美国媒体更容易受到市场的审查。"即媒体表达的多样性不是受到政府审查的限制，而是受到出版商营利的限制。在争夺人们的注意力时，广播电视和平面媒体的经营者会被迫减少或删除那些使受众感到无趣或不舒服的新闻和观点"[2]。"广告商通过支持那些愿意合作的媒体来直接对其施加影响，这显然是为了营造出一个有利于他们的产品或政治主张的媒体环境。对于那些不愿合作的媒体，它们便选择撤出广告。上述的影响在一些批判性的评论中会被夸大，这是由于近年来专业化的媒体广告策划的兴起、媒体从业者对广告商的抵制和电视广告投入的下降。但是，对于那些整体上依赖少数广告商的专业和地方媒体而言，它们比一般的大众传媒更容易受到广告商近乎'勒索'般的影响"[3]。

由于媒体所受的经济压力主要来自广告商，媒体采编权与经营权两分开是抵制这种压力的重要措施。市场经济条件下，商业力量对媒体采编自主的侵蚀越来越严重。融媒时代，新闻采编权与经营权之间的界限日趋模糊。为了顺利实现公信力营销，媒体机构在重新架构内部组织结构和转换管理思路之外，也在逐步推动采编人员角色的经营化调整。尽管不同媒介体系中新闻规范的内涵不一而足，但共识较强的一点是，采编与经营之间应有一道防火墙，越厚实越好，越能保证新闻运作的自治性。但在报业经济下滑的当下，这道防火墙面临的不只是厚实不厚实的问题，而是有与无的问题，因为采编工作者正在逐渐吸纳经营性角色，甚

---

[1] ［英］詹姆斯·卡伦：《媒体与权力》，史安斌、董关鹏译，清华大学出版社2006年版，第177页。

[2] ［美］迈克尔·舒德森：《新闻社会学》，徐桂权译，华夏出版社2010年版，第240页。

[3] ［英］詹姆斯·卡伦：《媒体与权力》，史安斌、董关鹏译，清华大学出版社2006年版，第178～179页。

至向其彻底转向，两个角色之间的界限变得越来越模糊。①

（三）政治控制

政治控制即来自政府的政治压力，包括来自行政权力部门的各种"禁令"或限制，大致可分为积极控制和消极控制两个方面。

1. 积极控制

西方寡头借掌控媒体上位，建立媒体帝国控制言路，媒体渐失监督作用。亿万富豪的政治抱负和政治事业扶摇直上的情况不限于美国，从罗马到第比利斯，从布达佩斯到基辅和莫斯科，亿万富豪已经超越意识形态，成为欧洲许多地方的政治主角——有的走上了舞台中央，有的在幕后操控，还有的与铁腕人物紧密联系在一起。他们当中大多数人的共同点是，打造了或收购了一个支持亿万富豪的媒体帝国。比如匈牙利总理欧尔班·维克托的公司收购了一大批媒体，剩下的媒体则基本上已经属于政府。依靠私营电视网络发家的意大利前总理西尔维奥·贝卢斯科尼重新出任要职，以便对2018年意大利的全国大选施加影响。② 有研究指出，政治场域在对新闻场域的日常控制中，更多的是依靠功利性权力。这种功利性权力表现在对域和内部行动者两个层面上：对新闻场域这一结构而言，赋予垄断利益和人为分级，禁止其他集团破坏既有的利益格局，前者如在IPTV的产业主导权争夺中，虽然电信会更具技术上的整合优势，但政治场域仍然会把营业执照的颁发权和内容的监督权授予广电。后者如规定电视台的行政级别，在没有新闻法的情况下，行政级别直接决定了媒体的采访范围和权利，使新闻场域内的利益分配实现梯度的可控分配；对于新闻场域内部的行动者而言，一方面，通过职务的擢升机制和相应的政治待遇，完成了一部分行动者的政治吸纳；另一方面，通过设立各种级别的评奖活动，并把奖项与行动者的职称等经济利益相联系，完成了对具体业务的方向调度。③

2. 消极控制

国家可以在较为宽广的范围内支配和使用强制的、规范性的和保护性的权力。正是这些潜在的权力使得国家可以控制和指导媒体，具体包括：对媒体言论自由的合法压制或限制，并以严苛的惩罚来支持；报纸的执照审核；控制记者职业的准入；依据党派利益分配广播电视特许权；把公共广播/电视和其他媒体的主管部门"同化"为政府的支持者；撤销对垄断的限制；只对亲政府的媒体提供财政上的资助。从实践上看，采取上述这些措施都是为了促使媒体支持和维护

---

① 王海燕、科林·斯巴克斯、黄煜：《作为市场工具的传媒公信力：新媒体技术冲击与经济下滑双重压力下中国纸媒的社会正当性困境》，《传播与社会学刊》2018年1月。
② 《美媒文章 西方寡头借掌控媒体上位》，《参考消息》2017年12月25日第10版。
③ 高传智：《"资本"影像：90年代以来中国电视新闻场域的变化及其影响》，中国传媒大学出版社2009年版，第42页。

政府的宰制以及有关个人的利益,这一点在威权制社会中表现得更为明显。① 融合时代,政治权力对传媒的控制有加强的趋势。例如,上海媒体在融合转型过程中,将"三审"的做法延伸到融合转型的新平台,在互联网上坚持正确的舆论导向,严把导向关。②

不过,媒体对政治控制特别是各种"禁令"的抵制也同样存在,比如抢在禁令下达之前将突发新闻报道出去,但这种抵制仍属于体制内的反抗("kick in door")。

(四)同伴压力

所谓同伴压力,是指来自其他媒介的竞争、媒介相互之间的议程设置、同行的批判和评论等。竞争对新闻生产的影响主要表现为对独家新闻的追求。来自其他媒介的压力除了竞争之外,更重要的是媒介相互之间的"议程设置",比如通讯社编辑对报纸编辑的选择有着提示作用。为其他媒介设置议题的不仅是通讯社,在社会中有威信、有地位的大媒介,如《纽约时报》《泰晤士报》等,都会有类似的作用。若按照甘斯的意见,同行的批评和评论也是新闻记者所承受的压力之一。新闻记者成为专门的批评家,不时当众评判他们的同行乃至上司,尽管有时因此而受惩罚。这种评论和批评与竞争密切相关,就新闻媒介而言,批评是最能伤害竞争对手的手段。③ 互联网时代传媒新闻生产面临来自其他媒介的压力,尤其是媒介之间相互议程设置的相关论述颇多,故不复赘。

第四节 传媒融合新闻生产的创新路径

一、以技术创新推动新闻生产方式转型

"工欲善其事,必先利其器",技术作为生产工具与传播工具,对传媒新闻信息生产的重要性不言而喻。《纽约时报》融合转型成功的秘诀之一便是注重技术创新。④ 面对世界范围内的信息化浪潮和我国各个行业信息化建设的深入发展,我国传媒迫切需要加快技术创新的步伐。⑤ 可从以下两方面推进:①在新闻信息的采集、加工、播发、传输、存储、营销乃至在整个生产流程中使用最先进的信息传播技术和装备,目前借助高新技术实现产品形态与传播渠道的创新已经

---

① [英]詹姆斯·卡伦:《媒体与权力》,史安斌、董关鹏译,清华大学出版社2006年版,第177页。
② 何小兰:《上海媒体融合转型的现状、难点和对策》,《中国出版》2018年第13期。
③ 黄旦:《传者图像:新闻专业主义的建构与消解》,复旦大学出版社2005年版,第206~207页。
④ 苏衡、严三九:《〈纽约时报〉的创新与启示》,《当代传播》2018年第2期。
⑤ 钟沈军:《媒体的演进趋势与战略转型》,人民出版社2012年版,第67~68页。

成为媒体转型变革最直接的方式。国内传媒在经历传统互联网时代后,正在快速挺进移动传播时代。虚拟现实与增强现实技术、网络直播、人工智能等技术成为国内媒体产品形式转型发展的重点创新领域,同时,伴随着技术的快速更新,推进跨界融合、搭建服务平台发展产业闭环也成为国内媒体融合的趋势。① 如中央广播电视总台坚持把新技术引领高质量发展作为战略布局的重中之重,坚持用创新技术驱动跨越式发展,积极构建"4K+5G+AI"的智能化媒体格局。②随着各种技术的复杂化和应用的深化,主流媒体需要不断加强技术研发投入,巩固自身技术基因。2019年,越来越多的媒体以对外合作的形式成立研究院或实验室,强化融合的技术根基。②

二、以内容创新促进价值引领和专业性

(一)坚持正能量价值引领和舆论导向

"正能量"本是天文学的专有名词,引入社会学领域时被赋予新的含义。官方意义一般泛指一切给予人向上的力量、希望和追求,使人行动的动力和感情。主流传媒对"正能量"的诠释为:正面的语言、正面的引导、正面的思维以及正面的行动,它不仅引导人们创造美好的世界,更能帮助人们在复杂多变的社会生活环境中找到支撑与坚守的力量。关乎当今主流价值观的"正能量"其实根植于一个综合性、系统性的大磁场,一方面,需要依托舆论环境的包容与进步。主流媒体对社会万象的正面塑造,通过舆论的功能形成"正能量"的氛围并加以引导,构建以"正能量"为核心的评价体系等;另一方面,要靠主流传媒自身的努力与实践,让广大受众辩证、科学地评价社会出现的问题,重拾实干、创新的积极心态,激发大家义不容辞地投身于中国的改革大潮,担负起每一位公民的社会责任。传媒倡导"正能量",倡导的是积极、向上、正面的传播内容。③

媒体内容创新要以习近平新时代中国特色社会主义思想为指导,增强"四个意识",坚定"四个自信",坚持"两个维护",强化"以人民为中心"的工作导向,举旗帜、聚民心、育新人、兴文化、展形象。当前,传统主流媒体的融合正在经历从"相加"到"相融"的转型,不仅仅是主流媒体互联网生存之必然,更是形成新时代舆论引导的主流影响力之必需。2018年第二十八届中国新闻奖"媒体融合"奖评选出的作品展现了主流媒体把新技术、新理念服务于国家、社会发展和人民生活水平的提升。作品主题鲜明、有思想性、有高度,体现了主流

---

① 唐绪军、黄楚新、彭韵佳:《中国媒体融合发展报告(2016—2017)》,中国社会科学出版社2018年版,第12、38页。
② 刘扬:《媒体融合:在不断突破中向纵深迈进》,《青年记者》2020年第1期。
③ 傅平:《传媒变革与实践:新时期中国传媒集团的战略与转型》,上海交通大学出版社2013年版,第84~85页。

媒体的正向价值引导。①

(二) 坚持内容为王，坚守新闻专业性

1. 坚持内容为王，以技术创新促进内容创新

"内容"是唯一能够跨越各个领域、符合媒介融合时代要求的名词，这个统称式的词语将创作的价值一般化，无论是写作的作家，还是拍电影的制作人，都是"内容提供者"。②在传媒融合转型过程中，高质量内容特别是原创内容始终是媒体竞争的法宝与利器，有价值、有深度、有感召力的内容成为媒体融合继技术、形式、渠道之后回归本质的认知。如人民网不仅打造了自己强大的网、端和各种账号的矩阵，还进一步从重新定义媒体行业的社会化大分工的角度，规划了"内容原创业务、内容代运营业务、内容风控业务、内容聚合与分发业务"四个层次的内容业务。公司愿意在全新的社会化大分工当中给自己找到一个新的定位，而这个定位，第一是符合中央对人民网的政治要求的，第二是符合人民网的核心竞争能力的，第三是符合整个内容产业的生态逻辑。目前，移动化、智能化、社交化已融入到了这四层业务之中。③虽然促使传媒业发生根本变革的是技术创新，但在布莱恩等研究者看来，软性的"内容创新"才应该是媒介创新这一独特领域的本质和核心。④有学者认为，内容创新是媒介传播者通过创造性的内容生产满足使用者未被满足（甚至未曾意识到）的需求，建立或强化与使用者之间的联系。互联网时代的技术创新打造了新的社会结构，传媒领域的内容创新则要在新的社会结构上重构与使用者的关系。⑤

让媒体在技术生态系统中发挥核心作用非常重要，这有助于保持记者提供的高质量信息的主导地位。互联网时代的媒体已不再是决定信息发布内容的守门人，而是变成新传播生态系统里的中介，帮助信息发送者和接收者进行沟通。现在的关键是让媒体成为连接器，成为所有网络结构的核心。技术巨头（谷歌、苹果、脸书、亚马逊和微软）代表着游戏规则，媒体必须定义它们与游戏的关系。媒体行业对脸书和推特双巨头的依赖势必很容易受到算法变化的影响，而算法的变化会让新闻内容陷入困境。2018年初，脸书调整算法就是一个显而易见的例

---

① 曾祥敏：《导向正确融合创新专业引领规则探索——第二十八届中国新闻奖媒体融合奖评析》，《新闻战线》2018年11月上。

② 胡泳：《众声喧哗：网络时代的个人表达与公共讨论》，广西师范大学出版社2008年版，第261页。

③ 《人民网股份有限公司关于投资者见面会召开情况的公告》，http://epaper.stcn.com/paper/zqsb/html/epaper/index/content_ 1276341. htm。

④ A. Bleyen, S. Lindmark, H. Ranaivoson, P. Ballon. "A typology of media innovations: Insights from an exploratory study", *The Journal of Media Innovations*, 2014 (1).

⑤ 王辰瑶：《从技术创新到内容创新：报纸"数字化"转型路径考察》，《中国出版》2017年第13期。

子，算法改变让多家追求病毒式传播的媒体遭受重创。① 目前，对话由技术巨头引导进行，但未来媒体必须以公民的名义加强对技术权力的管控，例如要求过滤器和算法变得更加透明。② 随着媒体智能化的快速发展，需要推动关键核心技术自主创新的突破，用主流价值导向驾驭"算法"。比如英国公益性组织"媒体改革同盟"2018年发布了《英国广播公司的未来》，认为BBC应该将算法逻辑修改为以公共利益为主，且允许用户有参与算法调整的权力。③《人民日报》推出"人民号"，使用以主流价值观为核心的推荐算法，试图在用户个性化和社会公共性之间寻找到平衡点。④

2. 坚持编辑权与经营权两分开

媒体无论如何转型，必须坚守新闻专业性，这个核心价值是不能改变的，这是专业新闻机构的基石。防火墙是新闻媒体组织的基本制度，无论是新媒体还是传统媒体，只要是传播行业，就应该建立和监视经营部门和媒体部门的防火墙。防火墙建立在分工的基础上，必须明确广告部和编辑部之间有一道无形的墙，广告销售部门在任何时候任何情况下都不能指挥、左右、影响新闻编辑部门，新闻编辑业务必须独立于广告利益，要杜绝所谓客户保护名单。⑤

3. 融合报道如何更专业

融合时代，传统媒体绝不能为了迎合技术而丢掉自己的传统，诸如，理性与客观，权威与真实，规范与自律；采访挖掘、调查研究、核实甄别的专业技术能力，这些传统实质就是专业主义精神。融合新闻报道如何更专业？首先，新传播生态下建立新的新闻信息过滤机制，成为重塑新闻专业性、让新闻报道更专业的重要问题。其次，新闻话语的创新。在网络新媒介技术冲击下，作为传统新闻传播生态的一部分，新闻话语再次面临新的变革契机。要树立受众意识，关注网络，影响网民。新闻报道在语言使用上需要进行创新。再次，业态创新。可以从以下几个方面对传统媒体新闻进行把关：①应对网络信源的使用进行专门的规范，从新闻源头规避失实风险；②建立新媒体账号发稿的审核机制与管理规范；③规范媒体从业人员个人新媒体账号；④做好技术安全保障；⑤监测网络舆情，降低"语境"风险。最后，向全媒体记者转型。⑥

---

① 《备受关注的点击率，真的有用吗？算法变化会让新闻内容陷入困境》，https://dy.163.com/article/EBOIO3NO0514DOJD.html。

② 《决定新闻业未来的五大挑战》，《参考消息》2019年6月28日第12版。

③ 张超：《新闻生产中的算法风险：成因、类型与对策》，《中国出版》2018年第13期。

④ 陆新蕾：《算法新闻：技术变革下的问题与挑战》，《当代传播》2018年第6期。

⑤ 胡舒立：《传播行业应建立经营部门和媒体部门的防火墙》，http://media.people.com.cn/n/2014/1119/c120837-26053462.html，2014-11-19。

⑥ 参见万小广：《媒体融合新论》，新华出版社2015年版，第23~53页。

有学者认为，传统媒体在载体平台、表达方式、传播渠道上向新媒体转型，寻求融合；而新媒体，如果确实想承担新闻媒体功能，而且将继续承担这一功能，也需要转型，转为更多地追求传统意义上的新闻专业性的核心价值。近年来，有些新媒体甫一起步，就是互联网、客户端加传统的专业新闻组织结构，如英文世界的 Quartz 和 Politico。在中国，澎湃在这方面表现是非常突出的。"机器人写稿、数据可视化、UGC 分发，以及对已有新闻素材的聚合、编辑和再分发……这些新媒体的手段仍然在丰富新闻内容，提升表现力和传播效率，从而为市场所认可。但是，传统价值越来越居于核心地位，一线采访、一线记者越来越受到重视"。①

三、协同创新：专业生产与开放式相结合

媒介融合时代，新闻生产方式社会化趋势越来越显著，受众参与正在改变和重塑传统新闻生产方式与传播模式。克莱·舍基认为，社会化媒体引入了出版的"大规模业余化"，信息的生产不再稀缺，从而也改变了新闻记者拥有报道新闻的特权。专业人士与非专业人士的界限越发模糊，新闻不再借助传统媒体闯入公众的意识，新闻的定义也从一个机构特权转变为信息传播生态系统的一部分，各种正式、非正式的组织和个人都杂处在这个生态系统中，②比如美国《赫芬顿邮报》、CNN、英国《卫报》《金融时报》、BBC 等传统媒体都在积极探索开放式新闻生产，鼓励更多的受众参与报道。新闻的未来发展方向之一就是拓宽路径以便促进公共协商的进行。媒介融合时代需要保持用户、智能推送与专业把关的平衡。传媒新闻信息生产既要向社会和受众开放，但又不可能像维基百科那样完全开放。媒体作为专业机构，需要根据宣传价值、社会价值和新闻价值对新闻进行把关，因此，其生产方式需要在专业垄断与社会协同生产之间保持平衡。如何保持用户参与和专业把关的平衡，是新闻媒体探索开放式新闻生产面临的最大挑战之一。麦尚文提出我国报业全媒体在协作规则上"一开一合"的两种理念：一是平台与结构的"适度开放"——建构基于全媒体融合的参与性文化。二是基于"无限边界"的聚合精神——以"诱""聚"的方式打破社会边界制约。③ 一方面，传媒新闻生产从选题策划、编辑制作与传播在价值导向可控的前提下应向受众开放，将 UGC 纳入其中；另一方面，需要加强对 UGC 等方面的专业审核。

---

① 胡舒立：《我对媒体转型的再思考》，http://www.xinhuanet.com/itown/2016 - 12/27/c_135936088.htm。

② ［美］克莱·舍基：《未来是湿的——无组织的组织力量》，中国人民大学出版社 2012 年版，第 42 页。

③ 麦尚文：《全媒体融合模式研究》，中国人民大学出版社 2012 年版，第 247～248 页。

四、体制创新：公益化与商品化相结合

党的十九届四中全会公报提出，建立健全把社会效益放在首位、社会效益和经济效益相统一的文化创作生产体制机制。深化文化体制改革，加快完善遵循社会主义先进文化发展规律、体现社会主义市场经济要求、有利于激发文化创新创造活力的文化管理体制和生产经营机制。健全现代文化产业体系和市场体系，完善以高质量发展为导向的文化经济政策。完善文化企业履行社会责任制度，健全引导新型文化业态健康发展机制。传媒产品作为公共产品，可以采取商品化生产方式即营利式新闻生产，也可通过非商品化生产方式即公益式新闻生产来提供，如公共传播模式、政府资助模式、公民新闻模式等。社会主义市场经济条件下，这两类新闻生产方式各有利弊，具有一定的互补性，两者的有机融合即公益化与商品化相结合的混合模式可能是最佳选择。

新冠肺炎疫情期间，公共服务型新闻（Public Service Journalism，PSJ）复兴，欧洲广播联盟（EBU）和西班牙的《每日新闻报》及其网站是PSJ的引领者。例如，EBU作为世界上规模最大的媒体行业联盟之一，现有116个会员机构，分布在五大洲的56个国家和地区，使用160多种语言，向全球10亿受众提供免费的新闻资讯服务。公共服务型新闻通过提供免费的新闻公共品，促进社会各阶层的互动与交流，能够起到维系民主制度和社会稳定的重要作用。PSJ通过整合记者和公众的资源来进行参与式新闻报道，主要通过融合PGC和UGC等新闻生产模式来解决危机期间容易出现的谣言散播和情感煽动等问题，成为智能传播时代传统媒体重新赢得话语主导权的有效途径。[①]

从媒体资金来源看，英国《卫报》以非营利的信托机构作为后盾，被视为"公营化的私营报纸"。近年来出现的非营利新闻是一种不以出售新闻或广告作为生存手段的新闻生产模式创新，非营利性新闻机构秉持公众利益至上和促进社会效益的达成的媒介宗旨，其媒介运营经费及成本来源于公益组织、慈善基金会及个人的捐赠。冯建三认为，收入来源直接影响媒体的生存和发展，如果传媒彻底依赖商业收入，并且必须自行承揽广告，进入市场竞争，即便产权国有或公有，其表现与私有商业传媒应无多少差异。反之，纵使必须从事市场竞争，争取合适的收视份额，但只要其产权公有，且收入不取广告，而是另由政府安排，全额拨款或收取执照费，其表现与"私有且营利导向"的传媒必有差异，甚至可能大相径庭。[②] 媒体资金来源可以由政府提供，其优势在于公平，也可以由市场提供，其优势在于效率，但这两种配置资源的机制和方式也会出现"政府失灵"

[①] 史安斌、戴润韬：《新冠肺炎疫情下的全球新闻传播：挑战与探索》，《青年记者》2020年第13期。

[②] 冯建三：《传媒公共性与市场》，华东师范大学出版社2015年版，第94～95页。

或"市场失灵",因此需要为媒体设计合理的资金来源与分配机制,"必须兼顾效率与公平的原则,在对市场提供和公共提供各自的优劣长短有充分认知的前提下,根据不同节目的公共性强弱选择合适的混合模式,不仅要避免商业体制经营权和编辑把关权合一的弊端,也必须摆脱公共体制缺失市场配置的激励机制所带来的惰性"。可以设立公共资金,主要负责从业者的固定工资、媒体机构的固定资产折旧和易耗品的经费供给。公共资金来源有二:一是财政拨款。从中央到地方各级党委政府加大对主流媒体的政策扶持特别是财政扶持力度,对以宣传党的路线方针政策为主要任务的时政类报、台、网、端等媒体,给予相应的扶持政策。二是媒体的广告收入。将广告收入分成三个部分,除一部分直接进入公共资金外,另外两部分分别作为从业者的浮动工资和广电机构的浮动收入。①

---

① 高传智、谢勤亮:《"第三条道路"与中国广播电视新闻体制改革——对现有广播电视体制缺陷的制度规避》,《新闻大学》2006 年第 1 期。

第四章 融合时代传媒业经营模式的创新

媒介融合不仅是传媒形态、传播方式的变化,更是新闻生产方式和经营模式的变革。从媒介生态学来看,互联网的崛起重塑了传播生态系统,以数字技术为元技术平台将不同维度上的媒介重新整合为一体,形成一个全球化的、涌动的"网络化社会",而媒介组织则是这个网络中的一个节点;① 在这个新的媒介生态中,传媒的传播模式从单向、线性、闭环式转向非线性、去中心化、开放式,导致传媒业的生产方式与经营模式发生了巨大变化。新闻生产方式的转型与经营模式的转型是相互依存不能分割的,为了研究的便利,我们把新闻生产方式的转型与经营模式的转型分开来讨论。就经营模式而言,媒介融合整合了各种媒介形式,需要从产业链融合的角度来探索新的传播生态中传统媒体的新价值。② 新的媒介生态以"融合、跨界、创新"为基本特征,媒体与其他媒体和企业组织协同进化,"协同进化是一个物种的性状作为对另一个物种性状的反应而进化,而后一物种的这一性状本身又是作为对前一物种性状的反应而进化"③。

传媒业竞争的焦点已经从产品、服务、渠道等层面转移到了经营模式(商业模式)层面。当下传媒业正在经历从跨区域、跨媒介、跨行业、跨所有制的规模化的"相加"阶段向整合资源、创新价值的集约化内涵式"相融"阶段发展的战略转型。按照管理学的研究,企业战略转型不仅是企业业务领域和组织结构的变革,"更重要的是商业模式的变革"④,商业模式变革的内在实质是整个企业价值链体系的根本变革⑤。媒介融合是产业形态的转型与产业价值链的再造,将促使传媒对自己的角色和商业模式重新定位,比如"报社的角色将由新闻信息提供者转向综合信息服务平台的经营者"⑥。基于价值链的经营模式的创新是实现传媒业战略转型的必然选择和必由之路。随着媒体与政府、企业、社会之间协同进

---

① 黄旦、李暄:《从业态转向社会形态:媒介融合再理解》,《现代传播》2016年第1期。
② 于迎:《数字化背景下报业的商业模式转型研究》,复旦大学博士学位论文,2014年,第23~24页。
③ 丁汉青:《重构大众传播中传播者与受传者之间的关系——"传""受"关系的生态学观点》,《现代传播》2003年第5期。
④ 张国有:《战略转型——全力以赴迎接新趋势》,《WTO经济导刊》2005年第5期。
⑤ 赵金航、孙善勇:《略论企业战略转型——基于价值链重构的思想》,《兰州学刊》2006年第6期。
⑥ 危贵川:《数字报业的经营模式转型》,《中国报业》2006年第10期。

化关系的形成,传媒业经营模式将从线性的、闭合式如"二次售卖"运营方式向围绕价值(顾客价值和企业价值)的"共创、共生、共享"、多方参与的协同创新方式如"媒体—平台—生态圈"模式转型。本章探讨的重点是传媒业基于价值链的经营模式创新问题。

第一节 价值链理论与经营模式创新概述

一、价值链理论概述

(一)价值链基本理论

"价值链(Value Chain)"这一概念最早由哈佛商学院教授迈克尔·波特提出,包括企业内部价值链和产业价值链。

1. 企业内部价值链

波特将之描述为:一个公司用以设计、生产、推销、交货及维护其产品的内部过程或作业,企业是在设计、生产、销售、发送和辅助其产品的流程中进行种种活动的集合体。[1] 他将企业的作业分为两部分——基本活动和辅助活动。基本活动由进料后勤、生产、发货后勤、销售、售后服务等组成,辅助活动由基础设施、人力资源、技术开发、采购管理等组成。基本活动直接参与价值创造,辅助活动间接参与价值创造。这些活动相互联系,构成了企业生产、市场活动的动态价值创造过程。价值的概念,对顾客而言,指产品的使用价值;对企业而言,指产品能为企业带来销售收入的特性。企业要生存发展,必须为股东、客户、职员等利益集团创造价值。企业创造价值的过程又被称为"增值作业",其总和即构成企业的价值链。波特认为企业的经营目标是尽量增值,降低成本,减少非增值作业,形成竞争优势。[2]

2. 产业价值链

波特认为:"一定水平的价值链是在一个特定产业内的各种活动的组合"[3]。"价值链包括企业价值链、供应商价值链、渠道价值链和买方价值链"[4]。美国学者戴维·贝赞可等在《公司战略经济学》一书中认为,产业价值链描述的是企业内部和企业之间为生产最终交易的产品或服务所经历的增加价值的活动过程,

---

[1] [美]迈克尔·波特:《竞争优势》,陈小悦译,华夏出版社2001年版,第28~29页。

[2] 楼彩霞:《价值链视角下北京光线传媒股份有限公司商业模式创新研究》,《浙江传媒学院学报》2014年第1期。

[3] [美]迈克尔·波特:《竞争优势》,陈小悦译,华夏出版社1997年版,第36页。

[4] [美]迈克尔·波特:《竞争优势》,陈小悦译,华夏出版社1997年版,第50~51页。

它涵盖了商品或服务在创造过程中所经历的从原材料到最终消费品的所有阶段,由五个基本活动(进货后勤、生产作业、出货后勤、营销销售和客户服务)和四种辅助活动(采购、技术开发、人力资源管理和企业基础结构活动)组成。在从原材料采购到转换为中间产品和产成品,并且将产成品销售到用户的一整套生产营销活动中,所共同构成的功能性网状链条即是产业链。在产业链中的各个环节、各个产品、各个企业和各个不同的过程,都可以延伸构成产业链中的一个类型。比如,若从产业链所涉及的市场主体来细分,可分为企业价值链、供应商价值链、渠道价值链等。若从单个企业的角度来划分,可分为企业内部价值链和产业价值链。通过分析行业价值链,我们可以找出企业最值得和最有可能的切入点,确立自己的竞争优势。质言之,传统价值链模型是以"产品"为中心,注重生产产品的流程,新的价值链模型是以价值链群体中各个参与者的"需求"为中心,企业与供应商、合作者、顾客构成了新的商业生态系统,企业通过发现供应商、合作者、顾客等参与者的需求来创造新的价值。这就要求企业从价值链模型转变为双边市场的模型,转变为一个平台式的企业。[①]

(二) 虚拟价值链

虚拟价值链的概念最早是瑞普特和斯韦克拉提出的,他们认为,每个企业实际上都在两个世界中参与竞争,一个是企业管理者能够看到、触及到的由资源组成的物质世界,一个是由信息构成的虚拟世界,信息也成为企业价值活动中新的价值来源。企业通过虚拟价值链对信息进行加工,形成新的市场机会,从而为顾客创造更大价值,这就是经典的虚拟价值链观点。瑞普特和斯韦克拉还认为,虚拟价值链在任何一个阶段都包括以下五项创造价值的活动,即收集信息、组织信息、选择信息、合成信息和分配信息。由这五项活动构成的虚拟价值链,可以增加和创造价值,而且与实物价值链并行,并用于实物价值链的各个阶段,实现水平方向的价值增加。[②] 虚拟价值链作为实物价值链的信息化反映,以实物价值链为基础,同时高于传统的实物价值链,具有非物质性、灵活性、独特性、持久性的特征。[③]

(三) 价值网

价值网即价值网络,它是在传统价值链解构、整合与重建背景下由价值模块整合而成的。价值网络是由企业间的合作而建立起来的、由若干条价值链相互交错连接起来的价值体系,其本质是在专业化分工的生产服务模式下,通过一定的

[①] 林颖:《媒介融合背景下报业人力资源管理变革》,复旦大学博士学位论文,2014年,第84页。

[②] 张瑞:《价值链研究发展综述》,《财经界》2006年第7期。

[③] 寇超颖:《媒介融合下我国报业集团价值链建构研究》,中南大学硕士学位论文,2013年,第23~24页。

价值传递机制，在相应的治理框架下，处于价值链上不同阶段和相对固化的彼此具有某种专用资产的企业及相关利益体组合在一起，共同为顾客创造价值。① 随着企业国际化的不断深入，国际市场需求的不确定性持续增加，企业间的价值链出现一系列重叠、交叉、融合与替代的趋势，不少学者提出了价值网的概念。价值网包含多个虚拟企业，而每一个虚拟企业本身都是一个由成员企业和合作伙伴共同组成的小型网络，因此，我们经常把虚拟企业看作总价值网中的一个子价值网，其内部包含所有价值元素。从本质上说，价值网把相互独立或处于不同空间的顾客相互联系起来。②

互联网的发展产生了一个重要效应，那就是使企业组织边界开放。从微观上看，这会导致企业价值的创造方式发生变化；从宏观上看，组织之间的开放和融合使得全社会呈现出高度关联的一体化网络形态，从而使现代企业制度与社会化大生产相互兼容。随着企业边界的打开，企业自身的价值流程可以扩展为一个由企业自身、顾客、供应商、合作伙伴、同盟者等相关利益者甚至竞争对手等组成的价值网络。在这个价值网络中，企业可以针对顾客特定的需求对自身的价值流程进行再造和重组，将有限的资源集中于企业的战略价值流，将自己并不具备核心能力的价值流程交给其他更擅长的企业或个人去做，对来自不同合作者的核心能力进行动态组合，将外部资源以嵌入方式融入企业价值流程。通过共享核心能力，使得企业在整个价值流程上都具有竞争优势，超越了自身的一些内在制约，由此形成的企业价值流，是真实价值流和虚拟价值流的组合。既然组织是开放的，企业价值链是"虚拟""实体"相互结合、内外部相关利益者相互融合、内外部要素和流程相互嵌入的动态开放结构，那么，其利益机制和结构则往往是分享型的：价值链（网）上的相关利益者（供应商、渠道、用户等）共享价值创造的成果。③

二、传媒价值链分析

有学者运用波特的价值链理论，结合传媒产业自身的特点，认为从链接的方式看，传媒产业链是一系列对传媒产业和传媒企业发展起"增值"作用的互不相同但又互相关联的经济活动的有机整合。这可以从三个维度进行理解：①围绕某一技术（如摄影摄像编辑技术）的最终需求所涉及的一系列具有上下游关系的企业集合；②围绕某一产品（如电视综艺节目）从研究、设计（策划）、生产（制作）到供应（播出）、销售以及衍生产品的开发；③围绕产业发展从技术、

---

① 杨贵中、钟敏：《全球价值网络研究综述》，《企业导报》2013年第1期。
② 郭锴：《价值链视角下电视传媒企业商业模式创新研究》，辽宁大学博士学位论文，2009年，第30页。
③ 参见施炜：《重生：中国企业的战略转型》，东方出版社2016年版，第150～154页。

投资、生产、销售等所涉及环境资源和服务的集合。要了解传媒产业的价值链，必须先对传媒企业价值链进行分析。创造媒体产品的价值是传媒机构的中心任务，任何传媒机构想要在市场中生存，都必须为它的顾客提供满足他们欲望与需求的产品或服务，而且必须做得比它的竞争对手更有效。在传媒机构内部所有创造价值的活动过程，被称为传媒企业价值链。价值链展现了产品或服务在获取、转化、管理、营销和销售发行每一步中附加到产品和服务的价值。①

价值链既是理论，也是一种分析工具和方法。按照波特的价值链分析模型，价值链分析是采用系统方法来考察企业所有活动及其相互作用，分析获得企业竞争优势的各种资源。为了认识成本行为与现有的和潜在的经营资源，价值链将一个企业分解为战略性相关的许多活动。企业正是通过比其竞争对手更廉价或更出色地开展这些重要的战略活动赢得竞争优势的。企业价值链列示了企业的总价值、价值活动和利润。利润是企业总价值与从事各种价值活动总成本之差，价值活动是企业所从事的物质上的和技术上的界限分明的各种活动。价值活动可以分为基本价值活动和辅助活动两类。运用价值链的分析方法，制订出传媒企业基本的价值链模型（如图4-1）。②

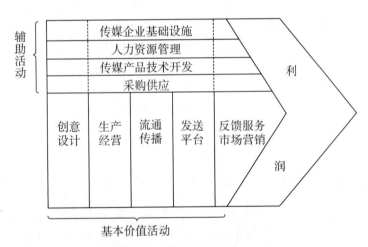

图4-1 传媒价值链模型

传媒企业的基本价值活动从传媒产品的内容生产（创意设计）开始，传媒产品的生产经营包括生产制作环节、原材料提供；接着是传媒产品的流通传播，涉及提供发行服务和各种参与促进流通的环节；然后是发送平台，如电视频道、

---

① 李良荣等：《中国传媒业的战略转型——以沿海非省会城市平面媒体为案例》，复旦大学出版社2008年版，第207页。
② 李岚：《电视产业价值链》，社会科学文献出版社2006年版，第10页。

网络、报纸、杂志等媒体内容传播的物质平台;最后是提供受众反馈服务、受众研究和媒体产品营销服务等技术环节。辅助活动是围绕基本价值活动实现的基础设施、人力资源管理、技术开发、采购供应等价值创造活动。与一般生产实物商品的企业实现经济利益的价值链不同,传媒产业经济的价值对象是人们的有效可支配时间,有效可支配时间的持续支付是形成社会化集体偏好的前提,社会化集体偏好达到一定的规模后,才能使传媒经济实现商业利润。因此,传媒产品的各项价值活动的结果首先是社会价值,在此基础上才能实现经济利润。当价值链理论的分析对象由一个特定的企业转向整个产业的时候,就形成了产业价值链。传媒产业价值链由传媒市场上存在的各种企业所能提供的不同产品(服务)的运作环节组成,一条完整的传媒产业价值链包括传媒产品的创意、生产、发行、销售、服务等多个价值创造环节,不同环节可由一个企业或不同的企业参与,发挥不同的作用,并获得相应的利益。[1] 媒介融合时代,传媒产业价值链将是以电视、电脑、电话等为基础平台,以新闻、娱乐、运动、明星、音乐、游戏、文字等为内容,以电视、广播、报刊、图书、网络、光盘、唱片、人体等为媒介,以调研、策划、制作、包装、发行、广告、相关商品开发为工业流水线的商业价值链条运作体系。[2]

传媒企业虚拟价值链是在传媒企业基本价值链的基础上,利用网络、信息技术,为发掘新的传媒企业商业模式而进行的重新组织与安排企业内部各种价值活动,以实现价值的增值。[3] 传媒企业价值网是指传媒企业以顾客为中心,围绕顾客、供应商、销售商、服务商等各类企业或个人主体,在发达网络条件的推动下以及现代信息环境的渗透影响下所形成的一张包括传媒领域实业(传统)价值网和虚拟价值网在内的现代综合价值网。该网包括但不限于实业价值网或传统价值网,而是以虚拟价值网为其核心方面或部分。例如,"三网融合"即主导广电网(新闻网)的传媒企业、主导互联网的IT企业、主导手机和电信网(通讯网)的运营商之间的融合。"三网融合"将构成新的价值网,新价值网的进一步优化和重构会推动传媒企业出现融合式、无边界的大发展。[4]

郭锴从价值创造流程的角度,把传媒企业价值链分为传媒企业基本价值链、

---

[1] 李良荣等:《中国传媒业的战略转型——以沿海非省会城市平面媒体为案例》,复旦大学出版社2008年版,第211~212页。

[2] 喻国明、张小争:《传媒竞争力——产业价值链案例与模式》,华夏出版社2005年版,第46页。

[3] 郭锴:《价值链视角下电视传媒企业商业模式创新研究》,辽宁大学博士学位论文,2009年,第19页。

[4] 李培成:《基于现代价值网的传媒企业融合研究》,辽宁大学博士学位论文,2012年,第36、42页。

传媒企业延伸价值链、传媒企业拓展价值链、传媒企业虚拟价值链以及传媒企业价值网等五种类型。其中,传媒企业基本价值链即传媒企业传统价值链,是传媒企业价值创造和企业收益的主要来源;传媒企业延伸价值链是在基本价值链基础上,各个增值环节围绕传媒企业主业的横向和纵向延伸;传媒企业拓展价值链是传媒企业在基本价值链基础上,伴随着数字技术、网络经济的新形势,基于动态环境的变化,为形成新的利润增长点而进行的拓展。根据以上传媒企业价值链分类,通过价值链延伸与拓展的方式将传媒企业价值链进行整合,形成以内容产品为核心,以电视、广播、网络、报纸、图书、杂志、光盘等为传播渠道,以内容创意生产、推广、交易、传播、受众反馈及广告等关联环节形成价值运作体系。传媒企业通过延伸价值链将其核心环节"做足做大";而拓展价值链通过向其他行业拓展,使传媒企业目前收入来源单一的状况得到弥补和改善,形成多点支撑、多点产出的价值链条。[①]

三、经营模式研究

(一) 经营模式的内涵

"经营模式"(business model)一词源于互联网经济的兴起,也叫商业模式。学界关于经营模式的内涵与外延众说纷纭。Michael Morris 等通过对众多经营模式定义的关键词进行内容分析,认为经营模式是企业在战略、结构、经济等领域作出相互关联的一系列抉择,从而在一个特定的市场中创造可持续的竞争优势,并将商业模式的定义分为经济层、运营层和战略层三个层面。其中,经济层关注企业如何产生利润,其相关变量包括收益来源、定价方法、成本结构和利润等;运营层关注企业内部流程及构造,其相关变量包括产品或服务交付方式、管理流程、资源流、知识管理等;战略层关注企业的市场定位、组织边界、竞争优势及其可持续性,其相关变量包括价值创造、差异化、愿景和网络等。[②] 本书采纳上述观点,认为经营模式即商业模式。

对经营模式本质与定义的阐述表明,经营模式内涵正由经济、运营层次向战略层次延伸,即由初期从企业自身出发关注产品、营销、利润和流程,逐渐转向关注顾客关系、价值提供乃至市场细分、战略目标、价值主张等。实际上,对收益来源的追溯,使经营模式指向了企业经营的实质,即抓住市场机会为顾客创造更多的价值,只有满足消费者尚未得到满足的需求或解决了市场上有待解决的问题以后,才能创造真正的价值。当然,企业创造市场价值,必须依靠自身拥有的

---

① 参见郭锴:《价值链视角下电视传媒企业商业模式创新研究》,辽宁大学博士学位论文,2009 年,第 41~42、45 页。

② 参见 M. Morris, M. Schindehutte, J. Allen, "The entrepreneur's business model: toward a unified perspective", *Journal of Business Research*, 2005, 58 (6), pp. 726-735。

资源、能力及其组合方式，因此，企业内部资源与外部市场机会的结合是经营模式研究的起点。[1]

（二）经营模式的创新

商业模式创新是企业在价值链重构的基础上，通过寻找价值增值环节，将自身资源、能力与外部环境相结合，为获得盈利、实现提升核心竞争力目标而采取的一系列创新行为的总和。[2] 例如，诞生于1998年的Netflix经历了两次巨大的转型，第一次是颠覆了DVD出租实体店形态，以"预订+邮寄到家"的方式为顾客服务；第二次则颠覆了自己本身创立的商业模式，转向在线视频流媒体服务。它的收费方式非常清晰，只要成为会员，就可以无需另外付费观看所有影片，而高度智能化的推荐体系，也让用户体验非常轻松。[3] 经营模式创新是创造财富的关键，它改变的是一个产业内或领域内的竞争基础。经营模式创新的目的是发现利润区，突破零和游戏，也即适应新的生存环境建立新的经营模式、新价值体系。新经营模式的发展以及当前经营模式的不断完善将为客户提供更多的价值，创新主题已从"以产品为中心、重视市场份额"转向"以客户为中心、重视价值和利润"。[4]

（三）价值链与经营模式创新

关于商业模式创新和价值链的关系，学者们认为建立价值链是建立商业模式的基础，商业模式是对企业全部价值活动的有效整合，归根结底就是价值增值，商业模式创新的本质就是企业价值增值的过程。国外学者Dubosson（2002）等认为，商业模式是企业为了进行价值创造、价值营销和价值提供所形成的企业结构和合作伙伴网络，以及产生有利可图且得以维持收益流的客户关系资本。Magretta（2002）认为，新的商业模式就是隐藏在所有商业活动下一般价值链上的变量。从价值链理论出发对商业模式进行定义，通常可以描述为：企业通过为顾客提供关系资本、合作价值网络、企业组织结构和价值链，以获得由此所产生的价值，并形成能够持续性盈利的要素组合系统，是企业价值创造的结构和逻辑。[5] 总之，商业模式创新的目的是使企业利益最大化，而价值增值不能从商业模式的各要素及其相互关系入手，而应从价值链上的各种活动入手，识别其各环节的增值可能。

---

[1] 王伟毅、李乾文：《创业视角下的商业模式研究》，《外国经济与管理》2005年第11期。

[2] 郭锴：《价值链视角下电视传媒企业商业模式创新研究》，辽宁大学博士学位论文，2009年，第26页。

[3] 童薇菁：《Netflix成为传统影视奖项大赢家》，上海《文汇报》2019年1月16日第9版。

[4] 李西远：《商务模式创新与价值流管理》，《经济师》2004年第10期。

[5] 李超越：《以价值链理论为基础的商业模式优化路径》，《商情》2013年第2期。

(四) 媒体经营模式及其创新

盛康丽认为，国内关于媒体商业模式的讨论多为策略性的案例研究，少有从学理角度对商业模式的内涵与外延进行清晰界定。基于 Michael Morris 对商业模式的分层，她将目前国内媒体商业模式及其创新方面的研究梳理如下[①]。

1. 经济层：关注盈利逻辑、利润来源、成本结构等

如危贵川认为，报业的数字化转型最核心的一点在于报业经营模式的转变，即从以传统的"二次售卖"经营模式转变为建立以互联网为基础的综合信息服务平台经营模式。[②] 方琦认为，报业的数字化商业模式创新是在继续发展平面纸媒优势的基础上，再次或多次利用报业特有的新闻信息开辟新的数字化盈利模式和渠道，为报业创造更好的经济效益，其关键是一次采访多次利用、多次销售。[③] 李洪洋认为，数字时代的媒体形态是文化轻资产，纸媒新的商业模式应寻求把内容、品牌、用户和流量、资源和数据变现。[④] 从这一层面分析商业模式，优点在于清晰呈现价值如何实现，企业如何通过产品赚钱；缺点在于将商业模式限定在过于狭窄的范围，不利于从宏观角度实现长远发展。

2. 运营层：关注企业内部流程及构造

如，张金海、林翔指出，信息流已不足以支撑网络媒体未来可持续发展，网络媒体要建立整合信息流、资金流、物流"三流合一"的网络交互式平台商业模式。[⑤] 余莉等聚焦于商业模式的运营层面，发现我国立体电视频道存在业务发展乏力、节目内容资源缺乏、频道定位不清等问题，提出要完善商业性生产机制。[⑥] 从这一层面分析的优点在于指导性、可操作性强，易于在企业实践中落地；缺点在于企业日常经营繁杂琐碎，容易模糊重点。

3. 战略层：关注企业愿景、价值主张、市场定位、竞争优势等

这一层面上学者或多或少都会提到"价值"。如，喻国明提出整合、关联是最大的价值产出的方式和逻辑，构筑创新产业价值竞争力的"新木桶"才是媒体融合转型之路的关键。[⑦] 郑豪杰建构了一个通过实现方式来连接价值主张、业务系统、盈利模式三个维度的商业模式创新框架。价值主张是商业模式创新的起

---

① 盛康丽：《媒体商业模式及其创新理论研究述评：2005—2015》，《商场现代化》2016年18期。
② 危贵川：《数字报业的经营模式转型》，《中国报业》2006年第10期。
③ 方琦：《论我国报业数字化商业模式创新》，《新闻前哨》2007年第6期。
④ 李洪洋：《互联网思维下的纸媒商业模式》，《新闻战线》2015年第1期。
⑤ 张金海、林翔：《网络媒体商业模式的构建》，《现代传播》2012年第6期。
⑥ 余莉、范金慧、李睿、薛婧贤、童蔚闻：《探析我国立体电视频道商业运营模式》，《现代传播》2014年第12期。
⑦ 喻国明：《构筑"新木桶"：媒体融合转型之路的关键》，《电视研究》2015年第2期。

点，现代出版可以从出版者转型为内容提供商、平台服务商；业务系统是核心，出版企业要识别行业关键成功要素，分析自身资源与能力，确定与利益相关者之间的关系；盈利模式是收入结构与成本结构之间比较的结果，传统出版企业需要提高数字化产品和服务的运营份额。① 任健以波特的价值链分析为基础，认为"三次售卖"的理论实质是以信息服务提供为载体的"价值塑造—价值整合与放大—价值延伸"过程，价值塑造要以内容为先导，价值整合与放大要以期刊内容为基础整合其他资源创造多业态产品。期刊商业模式创新的重点就是根据不同消费需求、不同的业态将期刊的既有信息进行相应产品化的创意与设计。② 窦毓磊认为商业模式的本质就是企业围绕着"创造客户"所进行的一系列价值创新过程，提出了针对社会化媒体企业的3V（价值主张、价值构建、价值体系）、2E（内部环境、外部环境）研究体系，从创新的角度挖掘社会化媒体企业商业模式的驱动因素。③ 廖小刚、周国清认为，商业模式是企业的一种战略创新和制度集合，在分析外部环境与内部资源之后，整合企业、顾客、价值链伙伴等利益相关者，从而获取超额利润。④ 从这一层面分析的优点是有利于顶层设计，促进长远发展，缺点是过于宽泛，不利于执行。

盛康丽认为，2005—2015年的研究从战略层面出发的较多，说明商业模式的重要性越来越凸显，但多是对某个案例的描述性分析，尚未形成一个具有普遍使用价值的理论研究框架，对媒体商业模式的具体形式未有合适的分类。媒体商业模式就是企业基于内外部资源，采用相关技术改进业务流程，优化合作伙伴关系，科学配置资源，为客户提供独特产品或服务，从而获得利润的持续转化机制，是战略决策、业务流程、组织架构、盈利机制等的一系列的总和，其构成要素包括用户价值（产品/服务、用户关系），企业价值［核心资源、业务流程、盈利模式、伙伴价值（伙伴关系）］。企业价值实现是基础，也是最终目的；客户价值实现是核心，也是必要条件；伙伴价值实现是保障，合作共赢。⑤

基于价值链创新的企业商业模式创新理论对传媒企业有着重要的指导意义。喻国明首次将产业价值链理论运用到传媒竞争分析框架中，认为传媒业从过去个别的"点"式经营重点，进入到规模化的媒介集团的"结构"型经营重点的转

---

① 郑豪杰：《传统出版的商业模式创新研究》，《中国出版》2011年3月上。
② 任健：《从"三次售卖"到信息服务多业态平台化集成提供——对期刊商业模式创新中支撑因素的探析》，《新闻大学》2012年第1期。
③ 窦毓磊：《社会化媒体的商业模式创新研究》，《现代传播》2014年第11期。
④ 廖小刚、周国清：《我国数字出版企业的商业模式创新研究》，《出版科学》2013年第2期。
⑤ 盛康丽：《媒体商业模式及其创新理论研究述评：2005—2015》，《商场现代化》2016年18期。

型。传媒企业在充分审视自身资源、能力的前提下，可以通过对内外价值活动进行细分和识别，并在此基础上对价值活动进行有效重组、整合和创新，即通过价值链创新来实现企业自身的商业模式创新。传统媒体数字化最大的难点并不在于技术和资金，而在于能否把握网络传播的本质和特点，进而建立起相应的商业模式及盈利模式。① 传媒基于价值链的商业模式创新，需要进行价值创新，实施蓝海战略。W. 钱·金和勒妮·莫博涅于1997年提出价值创新概念，将顾客价值提升到战略高度，企业竞争开始从基于竞争对手转向价值创新，以获取竞争优势。2005年他们在《蓝海战略》一书中进一步推出了基于价值创新的"蓝海战略"，也就是通过对现有商业模式概念的根本性改变，以及重建现有的市场边界（通过打破现有规则及改变竞争的性质）来创造显著的客户价值并实现企业的高速成长的战略过程。比如美国CNN实施价值创新的蓝海战略完全颠覆了传统的价值观，将新闻从已发生的事实变为正在发生的事实，创造了一系列史无前例的创新，如"24小时滚动新闻""直播""热线电话""卫星传送""直播间"等，改写了传播规则。②

第二节 传媒基于价值链经营模式创新的必要性与可行性

管理大师德鲁克指出，现在企业之间的竞争，已经不仅是产品之间的竞争，而且是商业模式之间的竞争。从本质上说，商业模式的竞争就是价值链的竞争。媒体之间的竞争正在从产业价值链的个体对抗（零和博弈）向价值网络的群体竞争（协同效应）转变。经营模式作为价值创造模式，是影响传媒企业成功与否最重要的因素，创新商业模式对传媒打造核心竞争力、获取竞争优势具有至关重要的作用。

一、传媒基于价值链经营模式创新的必要性

（一）媒介融合对传媒价值链和商业模式的冲击
1. 媒介融合对传媒价值链的冲击

从媒介融合到产业融合经历了技术融合、业务融合和市场融合三个阶段，带来传媒产业价值链的重构和整合。在产业融合之前，尽管电信业、广电业、出版业与计算机业四大产业的产业价值链各不相同，但它们同属于信息产业，其产业价值链大体均可分为内容、传输和终端三个部分。然而，四大产业均拥有各自独立的技术基础，传输平台、信息接收终端各不相同。电信业拥有专用的有线、无

---

① 钟沈军：《媒体的演进趋势与战略转型》，人民出版社2012年版，第79页。
② 参见钟沈军：《媒体的演进趋势与战略转型》，人民出版社2012年版，第57、85~86页。

线电信网,终端设备为电话机、手机;电视业的传输平台为电视网(分为地面无线网、有线网和卫星网等),以电视机为终端;广播则拥有独立的广播网,用收音机接收音频内容;出版业没有特定的传输网络,以纸质载体为终端。由于几大产业的内容与介质不相分离,各产业的内容均有特定形式,相互之间无法进行通约生产,实现生产共享。由此可见,四大产业在信息生产、传输及终端环节上横向关联极少,产业边界十分清晰,各产业的价值链节仅存在纵向关联,并且几大产业的内容与介质不相分离,在这个意义上,传统的四大产业在产业结构上是纵向一体化的。

媒介融合打破了这种纵向一体化结构(如图4-2)。受数字技术、网络技术的影响,电信业、广电业、出版业与计算机业四大产业在内容制作、网络传输、产品终端等产业链环节出现横向的交叉与渗透。在内容生产环节,不同介质信息统一为数字化符号,在存储、处理及传输过程可以实现共通;在传输环节,数字传输技术成为电信网、广电网和互联网的核心技术,信息传输逐渐从专用平台向非专用平台转换,IP 技术与宽带技术的发展进一步加速了网络传输上的业务融合。在终端环节上,融合既体现在单一媒介产品的多功能化趋势上,也体现在特定功能在不同终端上的实现上。随着几大产业对应价值链节横向交叉与渗透,横向层面的跨产业竞争与合作也不断增加,产业结构裂变为横向一体化的结构。在原有的内容、传输、终端三个链节基础上,最终将形成横向意义上的内容、包装、传输、操作和终端等五个层次。[1] 内容层是媒介产品的信息内容生产环节;包装层则是对内容产品的选择、加工和处理,形成完整的信息产品或服务;传送层主要指信息传输网络的基础物理设施的提供;操作层提供信息传输的网络及终端信息存储的硬件和软件设施服务;终端层则是信息内容的最终物理承载设备。[2] 传统四大传媒产业在对应价值链节上横向交融,产业内各价值链节的纵向关联削弱,产业边界模糊(图4-3中用虚线表示),特别是几大产业的内容与介质实现完全分离,四大传统产业将演化成多个横向产业,形成多个横向市场,在这个意义上,传统的四大产业的产业结构在融合中从纵向一体化向横向一体化转化。[3]

---

[1] 参见 R. Ono, K. Aoki, "Convergence and new regulatory frameworks", *Telecommunications Policy*, 1998, 22 (10), pp. 813 – 817。
[2] 周振华:《产业融合:新产业革命的历史性标志》,《产业经济研究》2003 年第 1 期。
[3] 吴婕:《媒介融合时代的传媒规制研究》,湖南师范大学硕士学位论文,2011 年,第 24~25 页。

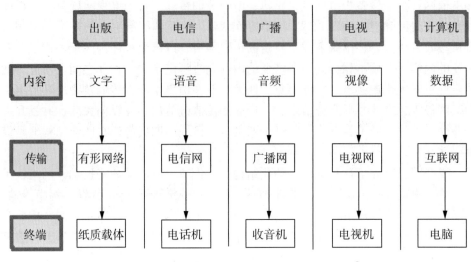

图4-2 传媒产业分立时代的纵向一体化结构①

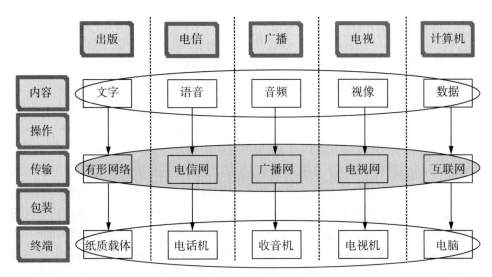

图4-3 媒介融合进程中的横向一体化结构②

传媒企业价值链正面临着重要的转型，即从传统的"点"式经营为重点的传统价值链向以规模化"结构"型经营为重点的纵向一体化价值链、横向多元

---

① 吴婕：《媒介融合时代的传媒规制研究》，湖南师范大学硕士学位论文，2011年，第24页。

② 吴婕：《媒介融合时代的传媒规制研究》，湖南师范大学硕士学位论文，2011年，第26页。

化价值链转变，继续向虚拟价值链和价值网络发展。产业融合后，传媒产业价值链由原来的单向线性的价值链向交叉立体的价值链转变。威尔茨从价值链角度将融合后的媒介产业分为五个部分：内容和服务创造者、内容服务聚合商、增值服务提供商、接入/连接阶段（传输）、导航/界面阶段。① 威尔茨深入分析了媒体和通信业融合的过程及价值链发生的变化。随着媒体和通信业产业融合的发展，以前各产业所特有的价值链将会解体，形成一种混沌的价值链网，其中，原来各价值链的核心环节将会重新组成新的价值链，当然，只有那些能真正产生潜在价值的核心环节才会重新组合。②

2. 媒介融合对传媒商业模式的冲击

互联网作为虚拟空间有两个基本特征：一是浩瀚的信息流集合，二是无限广阔的平台。①互联网作为信息流集成及其对商业模式的影响。一是原来具有多种有形载体的知识、信息产品（如图书、报纸、唱片、胶片等），直接转化为互联网上的信息形态；而互联网技术亦会催生新的信息形态（例如虚拟现实产品以及基于人工智能的信息产品），它们给顾客带来全新的体验。二是将企业价值链构成要素中的信息流移植到互联网，提高市场信息获取、顾客需求辨识、产品展示、顾客沟通和互动、市场订单回应、内外部价值链衔接等信息流转的效率。目前，传统行业中大量的"价值链"型企业都在以这种方式吸纳、融合、拥抱互联网。②互联网作为平台及其对商业模式的影响。在这个平台上，各类企业及个人既聚合又分离，形成一个包含多种"部落"在内的虚拟社会。由于互联网天然具有平台属性，因此，它为一些企业采取平台型商业模式创造了条件，即"我搭台，你唱戏；你销售，我服务；只要你愿意来，我就免费"。前来"唱戏"的人越多，平台的集聚效应和外部效应就越大。③互联网两种属性之间的关系。丰沛的信息流以及便捷、互动、无限连接的信息流动机制吸引了众多的主体（企业、个人以及各种机构）参与；而平台上各类主体的聚焦和互动，则会带来巨量信息。"信息流集成"和"平台"两种功能交互在一起，催生了众多社群型、社交型以及服务型商业模式。要么以"信息流集成"为必要条件，以"平台"为充分条件如微博、微信、股吧、论坛型商业模式；要么反过来，以"平台"为必要条件，以"信息流集成"要素为充分条件，如基于平台的金融类商业模式（支付宝、网上众筹等）。③

在媒介融合和经济全球化的条件下，企业发展遭遇普遍困境，面临战略转型

---

① 参见 Bernd W. Wirtz, "Convergence Processes, Value Constellations and Integration Strategies in the Multimedia Business", *The International Journal on Media Management*, 1999 (1), pp. 14–22.

② 李美云：《国外产业融合研究新进展》，《外国经济与管理》2005 年 12 期。

③ 参见施炜：《重生：中国企业的战略转型》，东方出版社 2016 年版，第 111～116 页。

的难题，主要原因是企业原有的商业模式已经失效，经营模式需要转型和创新。市场环境的变化和技术的发展，特别是新媒体的出现，导致传媒业生态发生改变，从而对旧的商业模式形成冲击，传媒需要进行商业模式的创新。传统的媒体商业模式是以信息内容来吸引消费者的注意力，并将这种注意力销售给广告客户以换取广告收入。传统媒体的主要客户是广告投放者，其提供的服务则是广告投放企业所关注的特定读者群。然而，终端阅读机的出现和完善将对传统平面媒体的商业模式进行颠覆。因为届时绝大多数读者将通过终端阅读机进行阅读。当传统纸质媒体失去了与读者群的联系后，传统媒体企业也就失去了其主要的广告客户和生存的基础。① 互联网时代新闻业的本质已经发生变化，即不仅仅提供信息产品，而且成为服务提供商，因此，新闻业需要探索收入来源的多样化和新的商业模式。腾讯 2015 年对国内的媒体行业调查发现，传媒格局发生了很大的变化，一是用户依赖社交应用获取新闻已经占主导。现在全中国的老百姓获取外界信息 70% 以上是通过社交媒体。获取外界信息，微信可能已经是很重要的渠道，再加上下载的各种各样的新闻客户端的推送。二是媒体身份属性走向多元，媒体已经不仅是定位于内容分发的渠道，它的身份属性开始向服务、社群延伸，媒体的商业化模式正在向内容商、渠道商、服务商转变。②

随着区块链技术的逐步成熟，它逐渐渗透到新闻业的生产、传播与消费等各个环节当中，从而推动并最终实现新闻业的全链条再造。区块链作为去中心化的分布式账单可以直接连接内容生产者和消费者，使得原有的中心化平台从内容与用户的连接中心"退居"为技术服务供应商，内容产生的价值将在媒体行业内部流动，形成品质、流量和伦理三者兼顾的商业模式。例如，2017 年成立于美国的初创企业"民用"（civil）是区块链技术与新闻业融合的先行者，该公司旨在通过加密货币驱动的商业模式建立起一个去中心化、高度自治、可信任、可持续发展的"新闻社区"。平台运营的动力是区块链技术和加密代币（CVL），以开源的"平台宪章"作为其基本管理制度。平台的最高管理机构是顾问委员会，其主要功能是裁决新闻伦理争议，但在某些情况下，若社群达到 66.67% 以上的同意率，则可以推翻顾问委员会的决定。③

（二）传媒价值链与商业模式的现状与问题

1. 传媒价值链构建的现状与问题

改革开放以前我国传媒作为事业单位，只有业务链，并不存在价值链。随着

---

① 张天兵：《商业模式创新的四大路径》，《商界评论》2009 年第 12 期。

② 胡正荣：《媒体的未来发展方向：建构一个全媒体的生态系统》，《中国广播》2016 年第 11 期。

③ 史安斌、叶倩：《区块链技术与新闻业变革：理念与路径》，《青年记者》2019 年第 16 期。

第四章　融合时代传媒业经营模式的创新

20世纪八九十年代社会主义市场经济体制的确立，文化体制改革特别是"事转企"深入推进，传媒产业化和市场化迅速发展，传媒企业实行专业化和多元化经营，整合资源走规模化发展之路，媒体价值链逐步成型。我国传媒产业价值链建构取得了一定的发展和成绩，但也存在一些亟须克服的问题，例如，我国传媒集团的形成基本是行政主导，而不是市场竞争的产物，带有官商两面性，不利于传媒企业建立和完善公司法人治理结构。传媒集团最突出的问题是"集而不团"，大多存在不能有效整合媒介资源、简单形式并存的问题，运行状况不容乐观，大多局限于本地区、同类媒体的集团化，在跨媒体、跨行业、跨地区、跨国界的产业价值链拓展上刚刚起步，[1] 至今尚无实质性突破。

第一，政策层面的制约。比如，传媒改制上市，按照政策规定，必须将编辑业务与经营业务分开，只有广告、发行等经营业务能够上市，编辑部不能上市，这对传媒打造有效的价值链非常不利。

第二，传媒同质化严重，"大而全""小而全"问题突出。媒体原创能力薄弱，报纸新闻报道内容雷同现象普遍，电视节目缺乏创意，"内地学湖南，湖南学港台，港台学欧美"，各种娱乐节目泛滥成灾。媒体业务结构单一，基于受众和广告商的盈利模式和发展方式严重依赖广告，大多数媒体以相同的节目争夺类似的广告来源，造成对有限广告资源的争夺，如发行大战、收视率大战等愈演愈烈。我国传媒市场专业化分工不够，导致媒体无论是内容的竞争、渠道的竞争还是终端的竞争，都高度趋同化，成为制约媒体可持续发展的主要瓶颈。[2]

第三，媒体盈利模式方面，以"二次销售"为主，衍生产品开发不够。目前，我国传媒产业价值的实现几乎都是依靠版面和时段的销售，即通常所说的"卖广告"。据统计，在报纸利润来源中，至少有70%来自广告，在电视和广播的利润来源中，更有95%以上来自广告。[3] 从盈利方式看，传媒产品的增值过程是多重的，第一重是传媒的内容产品的销售收入等；第二重是广告收入；第三重收入来源于衍生产品的开发。一般而言，欧美发达国家媒体（和媒体集团）的总收入中以附加增值所占比重较大，第一重增值和第二重增值所占比例相对较少，而我国媒体及媒体集团的总收入中以第一重增值和第二重增值为主，附加增值比例则相对较小。

第四，传媒集团上"规模"而不"经济"，增"范围"而不"经济"，融合产业链尚未形成。一些传媒集团在某些价值链接点存在规模经济时，就盲目地扩大规模，导致其他价值链接点成本的增加远远超过了规模经济带来的节约额，最

---

[1] 宋晓沛：《论中国传媒产业价值链的建构——兼与国外传媒产业比较》，吉林大学硕士学位论文，2005年，第17～18页。
[2] 钱晓文：《媒体实施平台战略的必要性与可行性》，《青年记者》2013年第9期。
[3] 魏静：《中国传媒产业链整合问题及对策初探》，《陕西综合经济》2007年第4期。

终规模反而不"经济"。就范围经济来说,一些传媒集团盲目地追求多元化经营,而未注重核心业务的培育,多元化之间的内在联系薄弱,导致传媒产业价值链相对分散,从而导致了范围不经济。① 传统媒体与新兴媒体的合作方式主要还是在媒体内部建立网络部或新媒体部,延伸发展传统媒体产品的电子版、移动版模块,或是借助大型互联网平台进行传播推广,远没有与新媒体共同建立资源共享、协同作业模式,组织架构与管理模式更没有进行实质性的变革和重组。②

总之,我国传媒产业链整合能力薄弱,缺乏核心竞争力,资源整合能力不强。在传媒产业链的延伸、拓展和聚焦方面需向深度和广度拓展。

2. 传媒经营模式的现状与问题

市场需求的变化特别是新传播技术的发展,对传媒业传统的经营模式构成了巨大的挑战。新闻机构正面临技术巨头的挑战,而且因普遍缺乏受众信任而感到不安。迅速发展的移动互联网和智能手机彻底颠覆了新闻的发布方式,摧毁了很多新闻机构传统的业务模式,导致新闻机构出现收入下滑、裁员和被收购等现象,传媒业面临着前所未有之大变局。

首先,互联网彻底打破了传统媒体对新闻信息传播渠道的垄断优势,从而颠覆了传统媒体经营模式的基础。随着移动互联网对社会生活的全面渗透,人们获取信息的方式发生了巨大的变化,越来越多的人通过微博、微信、新闻客户端等新兴媒体阅读新闻、获取信息,青年一代更是将互联网而不是传统媒体作为获取信息的主要途径;③ 全球一半以上的人口现在通过互联网阅读新闻④。

其次,随着读者从传统媒体向新媒体转移,广告商也从传统媒体迁移到新媒体,对传统媒体的广告投入越来越少,传统媒体的经营模式即"二次售卖"模式面临着空前的危机和困境,因为"二次售卖"模式是以传统媒体对新闻信息传播的垄断为前提的,而互联网的崛起打破了这种垄断。随着受众向新媒体迁移,广告大规模向美国技术巨头迁移,如脸书、谷歌和亚马逊网站,重创了新闻机构的收入。⑤ 调查发现,在新闻机构持续裁员和停业之际,艰难挣扎的美国媒体行业正面临着 10 年来最糟糕的一年。截至 2019 年 7 月,包括电影、电视、出版、音乐、广播和纸媒等在内的媒体公司宣布计划裁员 15474 人,其中 11878 人来自新闻机构。相较于 2017 年媒体行业裁员 4062 人,这一数字增长了近 3 倍,

---

① 魏静:《中国传媒产业链整合问题及对策初探》,《陕西综合经济》2007 年第 4 期。
② 《2017 年中国互联网传媒行业发展现状及发展方向分析》,http://free.chinabaogao.com/it/201711/112S036002017.html。
③ 光明日报媒体融合发展专题调研组:《以产品为关键抓手 力促媒体融合发展——媒体融合发展系列调研报告之二》,《光明日报》2015 年 7 月 3 日第 5 版。
④ 《调查发现 多数人不愿为网络新闻付费》,《参考消息》2019 年 6 月 13 日第 8 版。
⑤ 《调查发现 多数人不愿为网络新闻付费》,《参考消息》2019 年 6 月 13 日第 8 版。

是自 2009 年经济危机以来裁员总人数最多的一年。① 据美国北卡罗来纳大学研究人员提供的数据，约 1800 家地方性报纸已停刊或合并。报纸停刊的原因在于互联网广告摧毁了传统的商业模式，更多读者转向互联网，获取更多的免费新闻。② 我国报纸从 2000 年的 2007 种减少到 2018 年的 1871 种③。

最后，互联网的兴起打破了传媒业基于广告的传统经营模式，传统媒体遭遇危机的根本原因在于其商业模式。新媒体的崛起对报业运营模式的冲击是颠覆性的，报纸媒体不得不采取进军新媒体领域、加速自我转型等措施，但在探索商业模式方面收效甚微，无论是"付费墙"还是网络广告等，都没有跳脱"注意力经济"的局限。就我国而言，传媒产业经营模式多是"单点式"经营，围绕内容生产，将相关的上、中、下游企业联结起来。这种经营模式存在两个问题：一是对资源的利用率比较低，开发层次较为浅表，类似于"广种薄收"的农业模式；二是"单点式"经营的开发存在着"透明的天花板"式的发展限制，即单点式的内容开发具有某种"饱和点"，成为进一步发展的束缚。④ 因此，传媒企业亟须超出"单点式"经营的商业模式，致力于基于产业价值链的经营模式创新。

二、传媒基于价值链经营模式创新的可行性

媒介融合背景下传媒企业转型并创新商业模式必须在价值链乃至价值网上重新深耕细作，向大传媒产业广度和深度延伸与拓展。商业模式创新是近年来的一个热点问题，众多学者对此做过研究，其中与价值链理论的相关研究具有很强的指导和借鉴意义。高闯、关鑫将商业模式类型分为价值链延展型企业商业模式、价值链分拆型企业商业模式、价值创新型企业商业模式、价值链延展与分拆相结合的企业商业模式和混合创新型企业商业模式⑤。曾楚宏、朱仁宏、李孔岳将商业模式分为聚焦型商业模式、一体化型商业模式、协调型商业模式、核心型商业模式⑥。但传媒业的商业模式与一般企业的相比有其特殊性，郭锴在借鉴以往相关研究的基础上，根据电视传媒企业价值链的分类与整合，将经过创新的电视传

---

① 《美媒体从业者面临"裁员潮"》，《参考消息》2019 年 7 月 5 日第 8 版。
② 《美国社区传统随地方报纸一同消亡》，《参考消息》2018 年 7 月 16 日第 12 版。
③ 《国家统计局：文化事业繁荣兴盛　文化产业快速发展》，http://www.xinhuanet.com/culture/2019-07/26/c_1124797960.htm。
④ 郭锴：《价值链视角下电视传媒企业商业模式创新研究》，辽宁大学博士学位论文，2009 年，第 61 页。
⑤ 高闯、关鑫：《企业商业模式创新的实现方法与演进机理——一种基于价值链创新的理论解释》，《中国工业经济》2006 年第 11 期。
⑥ 曾楚宏、朱仁宏、李孔岳：《基于价值链理论的商业模式分类及其演化规律》，《财经科学》2008 年第 6 期。

媒企业商业模式类型分为聚焦型商业模式、延伸型商业模式、拓展型商业模式、外包型商业模式以及竞合型商业模式，① 这对传媒业基于价值链的商业模式创新类型同样适用。

（一）聚焦型商业模式创新

传媒企业聚焦型商业模式是根据传媒企业传统价值链，将自身的经营业务定位于原有价值链的某一个或几个价值创造环节上形成的。② 例如，汤森公司即现在的汤森路透社，在20世纪90年代是一家业务遍及加拿大和美国、盈利水平较高的区域性报纸和专业报刊发行商，但其CEO迪克·哈林顿意识到未来该企业可能会面临巨大的威胁，敏锐地捕捉了当时不可逆转的发展趋势，以及报纸行业未来惨淡的前景，做出了大胆的战略决定：退出报业，大力拓展专业出版业这一潜力巨大的增长领域，诸如法律法规、金融服务、科学研究、医疗保健和教育等。在接下来的几年里，该公司投资了大约70亿美元收购了200多家相关企业。汤森公司以客户为中心，立足更加聚焦的商业模式，通过剥离公司最熟悉的报纸和所有与新商业模式不符的期刊业务等，把业务重点放在拓展专业期刊业务及进军电子出版市场上，成功实现了从信息出版商到综合信息服务商的转型。③ 按照波特的价值链理论，传媒价值链上并不是所有环节都能带来价值，只有其中某个或几个环节能够创造价值。一般来说，传媒将价值增值环节聚焦于内容、渠道或营销环节。聚焦型商业模式创新的优势在于聚焦核心业务，获得专业化优势，不足之处主要在于"把鸡蛋放在同一个篮子"，一旦所聚焦的细分市场发生变化，传媒企业要承担非常高的风险。

1. 聚焦内容环节

随着媒介融合的深入，受众越来越多地参与新闻信息采集、制作和传播过程，但传媒作为专业内容提供商仍具有其他机构和受众难以匹敌的优势，即在传媒价值链中"内容为王"仍然有效：一是传媒作为社会公器担当社会责任。我国媒体作为中国特色社会主义事业的组成部分，是新闻舆论和意识形态的重要阵地。二是源于传统媒体的新媒体平台与谷歌、脸书、BuzzFeed和《赫芬顿邮报》等互联网新媒体平台的差异性，即传媒的优势在于内容服务。如《纽约时报》

---

① 郭锴：《价值链视角下电视传媒企业商业模式创新研究》，辽宁大学博士学位论文，2009年，第66页。
② 郭锴：《价值链视角下电视传媒企业商业模式创新研究》，辽宁大学博士学位论文，2009年，第66页。
③ 参见 [美] 拉里·博西迪、拉姆·查兰、查尔斯·伯克：《开启转型》，杨懿梅译，机械工业出版社2014年版，第151～152、161～178页。

定位于综合内容服务提供商,《人民日报》认为"内容比技术重要"[①]。传媒的新媒体平台以自有内容为主。而互联网新媒体平台的优势在渠道资源,以非自有内容为主,擅长通过同质化的内容创造更大的流量,因此,传媒的新媒体与互联网新媒体平台的目标用户和商业模式并不完全相同,传媒需要采取不同于互联网新媒体平台的发展策略。互联网时代,以质取胜的新媒体应运而生。比如美国短新闻网站 Axios 专注于简洁的内容生产,帮助读者在几分钟内迅速了解所有新信息。还有一些新媒体凭着优质的专业内容,吸引到了付费订户,如财经类网站 Seeking Alpha。[②]

2. 聚焦渠道环节

世界传媒业巨头新闻集团将传播渠道作为其价值增值环节,是"渠道制胜"商业模式的忠实践行者。上海报业集团前身——解放日报报业集团是国内报业中最早提出终端引领发展战略的。2006 年,解放日报报业集团开始提出"4i"战略,"包括 i-news(手机报)、i-paper(电子报纸)、i-street(公共新闻视屏)、i-mook(数码杂志)"。[③]

3. 聚焦营销环节

作为内地观念变革的标志性事件,《超级女声》(以下简称"超女")是营销推广的受益者,它在营销推广后创造了奇迹。围绕"超女",上海天娱传媒有限公司与湖南卫视融电视、网络、图书出版、产品代言、演唱会、手机短信互动等多种营销手段于一体,对"超女"进行全方位的宣传与推广,特别是手机短信的启用,更是有效地号召全民参与,由此吸引了上亿观众对"超女"的关注。规模庞大的注意力被迅速转化为数目可观的商业价值,据相关机构估计,节目各利益方直接总收益约 7.66 亿元。按照上下游产业链间倍乘的经济规律估算,"超女"对社会经济的总贡献至少达几十亿元。[④]

(二)延伸型商业模式创新

传媒企业延伸型商业模式是根据传媒企业延伸价值链,以现有经营领域为基础,根据价值产生的方向,将传媒企业现有业务范围向深度或广度发展而形成,这将使其经济规模扩大或在上下游之间扩展,有利于加强传媒企业的市场地位与竞争优势。比如,传媒企业在报纸、杂志等文化产品方面建立造纸、油墨甚至印

[①] 赵新乐:《"50 天"如何建成中央厨房?——人民日报社的实践带来启迪》,《中国新闻出版广电报》2017 年 5 月 2 日第 5 版。

[②] 黄晓敏:《失核心竞争力经营困难临转型 美数字媒体陷入拐点》,《大公报》2018 年 4 月 4 日 A24 版;陆益峰:《美国短新闻网站 Axios 缘何快速崛起》,上海《文汇报》2018 年 5 月 31 日第 4 版。

[③] 林明耀:《新媒体时代我国传统报业的转型思考》,《上海经济》2016 年第 3 期。

[④] 董伟:《"超女"贡献社会经济至少数十亿》,《中国青年报》2006 年 1 月 12 日。

刷设备等原材料厂家、生产厂家；在销售环节上，建立自己的销售渠道；通过整合价值链上下游企业方式，传媒企业将原材料供应、销售渠道、生产渠道等纵向整合，形成完整价值链，方便企业整体运作，实现整体成本降低。传媒企业延伸型商业模式创新以内容产品为核心，包括纵向延伸型商业模式和横向延伸型商业模式两类。①

1. 纵向延伸型商业模式

纵向延伸型商业模式是指传媒为了降低成本获得规模优势，在媒介产品已拥有市场优势的情况下在传统价值链上向上游、下游业务环节的拓展，包括：上游的供应商，如影视基地、拍摄现场；内容生产与发行方，即内容生产商；下游，如宣发、出售环节。价值链纵向延伸，一般体现出传媒产品的多样化，也就是说内容生产环节通过一体化，实现在不同媒介渠道上的拓展，形成涵盖广播电台、电视电影、报纸杂志、手机报网站的融媒体集团，原先单一的信息内容或节目产品得到多次使用，生产出不同类型的传媒产品，带来更大的利润。② 传媒企业纵向延伸型商业模式可以确保供给、需求的稳定性，实现规模经济效应，提高运营效率，但也具有管理复杂、转换灵活性低、资本投资较大等弱点。③

传媒企业纵向延伸商业模式又可分为后向延伸与前向延伸两种。一是后向延伸。传媒企业将价值链向后延伸至广告环节、衍生产品开发等，扩大利润来源。近年来亚马逊、脸书以及谷歌等互联网科技巨头和奈飞等流媒体改变了娱乐内容消费的方式，对传媒行业特别是电视媒体造成了巨大冲击。2019年3月12日，迪士尼正式宣布与21世纪福克斯的收购案获最后监管批准。当前包括迪士尼在内的好莱坞传统巨头公司虽然具有内容优势，但都面临流媒体冲击，亟须强化平台端布局，而此次收购交易中的Hulu，能为迪士尼提供完整的平台支持。④ 二是前向延伸。传媒向价值链上游延伸，主要是保证原料稳定的供应，如报业介入新闻纸行业等。

2. 横向延伸型商业模式

传媒企业横向延伸型商业模式主要是对传媒产业链进行横向的资源整合，使

---

① 郭锴：《价值链视角下电视传媒企业商业模式创新研究》，辽宁大学博士学位论文，2009年，第66页；刘金海：《价值链延伸视角下文化企业商业模式创新》，《商业经济研究》2015年第36期。

② 蒋凯警：《价值链视角下电视媒体融合发展路径选择——以芒果TV发展战略为例》，中国青年政治学院硕士学位论文，2017年，第7页。

③ 郭锴：《价值链视角下电视传媒企业商业模式创新研究》，辽宁大学博士学位论文，2009年，第67页。

④ 张枕河：《迪士尼"联姻"福克斯 好莱坞"六大"成历史》，《中国证券报》2019年3月16日A08版。

传媒产业的优势资源集中,市场份额和占有率扩大,获取相应的范围经济和协同效应。① 这种模式的创新路径主要是以内容产品为核心实现跨区域扩张和跨媒体扩张。

在传媒集团的跨区域扩张方面,近年来,我国传媒产业跨区域、跨行业的并购重组加快,不但有地方传媒集团对中央级别的传媒企业的并购,而且有国有传媒集团对民营传媒企业的并购,传统媒体并购影视公司、网络游戏、手机游戏等成为并购新趋势。② 在跨媒体创新方面,《南方都市报》是国内第一份提出清晰的全媒体战略构想——"南都全媒体集群战略"的都市报。该报已形成以平面媒体和数字业务为支柱包含报纸、电视、网站、广播、户外 LED、手机终端业务等门类的较为完整的全媒体集群,甚至还开起了"南都商城""赚外快","全媒体生产、全介质传播、全方位经营"的战略目标已初步实现。

（三）拓展型商业模式创新

传媒企业拓展型商业模式是根据传媒企业拓展价值链,将人、财、物等资源重新整合,以现有经营领域为基础,根据价值产生的方向,将内部资源向外部其他媒体或非媒体行业扩张而形成的。这将使传媒企业在不同的领域、不同的产业（行业）开展投资业务,或在同一产业中投资生产不同的产品,有利于扩大业务范围,拓展利润增长空间。传媒企业拓展型商业模式创新包括高关联度创新和低关联度创新两种。③

1. 高关联度创新

基于原创内容优势的 IP 化经营已经成为传媒业的典型现象。"哈利·波特"的成功显示了 IP 化运营的威力,从出版开始,到电影、DVD、录像带,再到饮料、玩具、文具、游戏、服装等成千上万种特许经营商品,以至主题公园等,发展成为一个价值超过千亿美元的产业。美国《国家地理》杂志借着科技的发展和信息传播方式的变化,由单一的平面杂志向多层面媒体迈进,经营的产品横跨了图书、图片库、教育产品、地图、电视节目、电影、网站、数字产品乃至日用品等多个领域,衍生出了一个宏大的产业。④《三联生活周刊》制定了一个"1＋N"的媒体融合战略部署,"1"就是杂志的整体转型,"N"就是内部创业,将

---

① 李茜茜:《浅析媒体融合背景下广电传媒产业盈利模式》,http://media.people.com.cn/n1/2019/0113/c424558-30524666.html。
② 肖叶飞:《媒介融合与媒体转型》,安徽师范大学出版社 2017 年版,第 180 页。
③ 郭锴:《价值链视角下电视传媒企业商业模式创新研究》,辽宁大学博士学位论文,2009 年,第 67 页。
④ 《看！一本杂志衍生了一个产业》,《深圳商报》2007 年 8 月 8 日。

内容 IP 化、记者或者作者个人 IP 化,探索知识服务新模式。①

2. 低关联度创新

传媒开展跨产业链整合资源,即基于产业边界扩张或收缩,进而产生新的产业链,甚至可能创造新的供求关系、价值分配模式和产业主导技术。② 传媒企业从一般内容生产进军与核心业务关联不大的新业务领域,拓展盈利渠道以及新的利润增长点。例如,海南旅游卫视作为国内唯一一家以旅游休闲为主要内容的专业化卫星频道,坚持价值导向与内容为王,坚持差异化的竞争策略,融入互联网、利用新媒体拓展传播渠道与媒体业务,并逐渐深入旅游产业,延伸平台打通产业链条,寻求传统媒体在移动互联网时代的跨界融合发展模式。③ 一些报业集团的非报产业收入已超过了报纸经营收入,如成都传媒集团大力发展文化地产、网游、会展、策划、教育、旅游等多元产业,目前,多元产业收入占比已经超过50%。④ 类似的还有阿基米德 FM 网络电台与美团点评的跨界融合⑤、《北京青年报》的"1+7"战略⑥。

有学者认为,传统媒体遇到互联网产业的冲击并非选择跟进互联网产业,而应根据要素禀赋所决定的比较优势选择发展领域。传统媒体因为具有政府资源和政治敏感度,更适合进入教育、旅游、金融、地产、健康等领域,传统媒体的舆论引导、高质量内容的采编能力和用户入口也是这些产业所缺乏的禀赋。通过进入禀赋结构相同、营收和利润增速较高的产业,传统媒体可以形成新兴的增长点,反哺内容采编,形成产品运营团队,建立现代企业制度,提高市场敏感性,更加有效地整合市场资源,逐步改变自身的禀赋结构,在要素禀赋能够与互联网行业匹配时再进入互联网行业,推进全媒体转型。⑦

值得注意的是,传媒业多元化拓展,开拓新的市场,创新盈利模式,也面临着新的风险。比如,20 世纪 60 年代后期,日本的《每日新闻》为了增加自身的经济实力,曾大力发展多种经营,子公司一度超过 100 家。但由于摊子铺得过

---

① 杜一娜:《〈三联生活周刊〉转型之路有章可循 知识服务平台不是传统内容的简单转》,《中国新闻出版广电报》2019 年 1 月 15 日第 8 版。
② 郑大庆、张赞、于俊府:《产业链整合理论探讨》,《科技进步与对策》2011 年第 2 期。
③ 蒋凯警:《价值链视角下电视媒体融合发展路径选择——以芒果 TV 发展战略为例》,中国青年政治学院硕士学位论文,2017 年,第 8 页。
④ 陈国权:《2017 中国报业发展报告》,《编辑之友》2018 年第 2 期。
⑤ 李茜茜:《浅析媒体融合背景下广电传媒产业盈利模式》,http://media.people.com.cn/n1/2019/0113/c424558-30524666.html。
⑥ 吴鑫、赵媛媛:《"1+7"战略:北青报转型的多战场布局》,《青年记者》2017 年第 19 期。
⑦ 赵曙光:《致命的转化率——全媒体转型的陷阱》,复旦大学出版社 2014 年版,第 178 页。

大，经营效率低下，出现巨额赤字。① 因此，媒体应培养核心竞争力，并围绕核心竞争力开展相关领域的多元化经营，进行适度拓展，以实现"1+1+1＞3"的协同效应。

（四）外包型商业模式创新

外包型商业模式创新是指传媒企业只保留那些核心价值活动（即具有核心竞争力且难以被模仿的价值活动）和相对优势价值活动，将部分价值活动外包，以充分利用传媒企业外部资源的一种商业模式。② 企业通过职能外包，可以与其伙伴企业实现资源、要素和能力的优势互补，从而降低总成本，提高企业的敏捷性和柔韧性，增加企业超额利润。③ 将作为企业供应链管理思想的业务外包引入传媒经营管理，对提升传媒核心竞争力意义重大。

媒介融合带来媒体市场和产业链的解构与重构，传统的大众市场碎片化，形成各种各样的小众（细分）市场，媒体市场日益呈现出分众化和细分化的趋势，包括内容提供者、渠道（包括技术等）运营者、终端消费者（包括用户等）等环节的产业链的专业化分工要求更高而不是降低了。媒体与产业链各方携手合作，构建服务平台，把核心业务以外的其他业务"外包"给比自己做得更专业的产业链相关方，是媒体适应市场聚合与分化以及产业链专业化发展等趋势的必然要求。按照业务的核心程度不同，传媒业务外包的形式有后勤社会化、发行外包、人力资源外包、财务外包、市场调查业务外包、广告业务外包和内容制作业务外包。④

不过，传媒企业外包经营可以利用外部资源弥补自身的不足，但也存在不小的风险：①传媒外包之后，产生了收益分配的不确定性；②丧失传媒创新的能力，不利于培育核心竞争力；③部分内容制作业务外包很有可能影响传播内容的权威性；④不利于维护传媒集团的品牌；⑤传媒对外包的业务不再具有完全的控制权；⑥由于传媒业的特殊性，外包业务的知识产权问题将是传媒集团和承包商争议的大问题。⑤

（五）竞合型商业模式创新

传媒企业竞合型商业模式就是基于传媒企业价值网而进行的创新活动，它的

---

① 李良荣等：《中国传媒业的战略转型——以沿海非省会城市平面媒体为案例》，复旦大学出版社2008年版，第237页。

② 郭锴：《价值链视角下电视传媒企业商业模式创新研究》，辽宁大学博士学位论文，2009年，第68页。

③ 高闯、关鑫：《企业商业模式创新的实现方式与演进机理——一种基于价值链创新的理论解释》，《中国工业经济》2006年第11期。

④ 刘建强：《业务外包：媒体"瘦身"之道》，《青年记者》2006年第8期。

⑤ 参见秦琴：《探研传媒集团外包经营模式——以地产广告为例》，华中科技大学硕士学位论文，2007年，第24～26页。

参与主体相应地包括同行业者、观众、节目制作商、营销推广商、广告商、服务商等利益相关者。传媒企业正是通过竞合行为,寻求与节目制作、营销推广、代理、节目交易、广告等主体之间的竞合关系。每一个参与主体与传媒企业之间相互作用形成价值网。传媒企业价值网是以传媒企业为扩展资源,提供传媒产品和服务,与其利益相关者建立的合作联盟系统,它以需求为导向,以提高竞争力、市场占有率、受众满意度和获取最大利润为目标,以优势互补、协同竞争和多赢为原则,将传媒企业与受众、代理商、推广商、广告商、内容生产商连接而成。[①]

学者 Brandeburger 和 Balebuff (1996)提出竞合的观念,强调市场中的合作行为与竞争行为一样重要。他们把所有商业活动,无论竞争与合作,都当作赛局,并且提出价值网的架构。研究者认为 Brandeburger 和 Balebuff 竞合图对广告代理商在形塑策略形成的参考点的启发为:①放射状的价值网络,而非线性价值链;②互补者加入赛局(即竞争市场,加入赛局的人就是"新进入者"或者"潜在威胁者"),将使厂商产生竞争又合作的可能性。将广告代理商替换成"传媒企业"一样说得通,不仅要面对供应者、顾客和竞争者,而且包含互补者,多方构成了一个新的价值网络。[②]喻国明认为,中国的传媒业已经进入"合竞时代"[③]。现在,我们已经看到报业与网络媒体之间由竞争转为合作,可以预言的是,新媒体发展的最终结果就是传统媒体平台与新媒体平台的完全融合、互动,产生更为可观的价值增量和更长的产业链。迫于自上而下的竞争压力和自上而下的政策驱动,传统媒体产业链纵向和横向整合加速。与此同时,日益壮大的新媒体将向上游的内容领域渗透,而领先的内容公司也将加强对新媒体或传统媒体渠道的合作或掌控。随着我国传媒业进入"竞合时代",传媒间彼此资源共享、整合配置、价值链接成为传媒适应更大规模竞争的基本操作方式。这种竞合的结果是不同企业间的价值链的关系已经演变为价值网络的关系,企业内部的行为主体间关系及业务联系也已构成内在的价值网络关系。跨地区、跨行业、跨媒介发展,使得报业组织与其他组织之间的价值链出现一系列重叠、替代、交叉与融合,形成一个复杂交错的、包含众多利益攸关的价值网络,这需要彼此价值诉求的系统协调。因此,报业集团应在分析自己的内部资源、外部条件、核心竞争力与竞争优势的基础上,确定自己的价值活动、识别价值链与价值网络,进而构建具有自身特色的价值链,其战略管理的目标,就是在受众、供应商、合作伙伴等

---

① 郭锴:《价值链视角下电视传媒企业商业模式创新研究》,辽宁大学博士学位论文,2009 年,第 69 页。
② 蒋凯警:《价值链视角下电视媒体融合发展路径选择——以芒果 TV 发展战略为例》,中国青年政治学院硕士学位论文,2017 年,第 30~31 页。
③ 喻国明:《解析传媒变局》,南方日报出版社 2002 年版,第 22 页。

市场主体之间寻求价值链协同，从而拓展并优化自身的价值链。①

按照产业链与产业链竞争的思路，传统媒体在全媒体转型之后，还需要再转型为建立向用户提供线下服务和产品的产业链，形成全媒体入口后面的产业体系和用户生活形态，包括综合性的产业链和垂直型的产业链。传统媒体转型的重点不在于通过全媒体形态扩大到达率和频次，而是要推动从单一的传媒入口竞争向建构线上线下整合产业链转变，实现与互联网公司产业链对产业链的竞争。2008年《创业家》杂志创刊时，并未以全媒体的形式进行转型，而是试图建立一个第三方整合项目与资金平台，形成了"一本杂志＋黑马营＋黑马大赛＋ i 黑马网站"四位一体的创业服务机构。杂志和网站对黑马大赛进行连续报道，吸引目标用户注意力，成为风险投资、私募股权投资等投资者和创业者的"入口"。但是，《创业家》杂志并不是将经过"入口"的投资者和创业者的注意力销售给广告主，甚至没有广告部和发行部，而是在"入口"后方提供深度服务，包括举办创业者竞技的黑马大赛、培训创业者的黑马营以及直接投资具有发展潜力的创业黑马等，培训费、中介费以及创投收益取代广告费成为主要收入来源。②

必须指出，传媒竞合发展以构建强大的价值网络的商业模式覆盖了线上、线下产业价值链，优势显著，但也存在不足之处，主要表现为：打造媒介生态圈，如何整合内容资源与渠道资源产生协同效应，知易行难；最突出的问题在于如何创新经营理念和经营策略，找到合适的盈利方式。比如美国在线与时代华纳的"世纪并购"失败的一个重要原因，是美国在线的网络服务与时代华纳的内容服务未能有机结合，核心业务整合不利，双方一直未能找到充分发挥各自优势的新盈利模式，对各自原有的核心竞争力形成了一种路径依赖，预期中的内容与渠道无与伦比的融合并未实现。③ 上海文广（SMG）的百视通构建"娱乐＋"生态系统采取"内容＋渠道"的垂直一体化发展策略，即从内容与渠道两方面同时布局产业生态系统。百视通作为上海电视新闻转型的依托平台，已经完成了各项业务和资源的整合，正进入推进多元业务融合发展的新阶段，其标志是全面实施"娱乐＋"战略。百视通的"娱乐＋"战略面临的最大挑战是如何整合渠道业务以及内容资源，整合产业价值链形成价值网络，真正发挥用户规模效应以及内容与渠道的协同效应。"娱乐＋"战略的理念先进，但要落到实处，找到合适的盈利模式，对 SMG 的战略执行力无疑是巨大考验，百视通构建价值网络商业模式目前还难言成功。

---

① 刘劲松、李明伟、黄玉波、王琛：《党报集团向现代传媒集团转型模式与战略》，中国传媒大学出版社 2013 年版，第 226～227 页。

② 参见赵曙光：《致命的转化率——全媒体转型的陷阱》，复旦大学出版社 2014 年版，第 178、170～171 页。

③ 刘兆明：《时代华纳美国在线的合并为何终结》，《新闻记者》2010 年第 3 期。

尼古拉斯·加汉姆认为，文化商品的特性修正了资本主义的生产模式，它采取了一些特殊的形式来提高它的生产率。首先，一般的市场竞争所寻求的扩大市场份额，体现在文化部门的竞争当中就是追求最大量的受众。其次，为了得到最大量的观众，文化工业"发展出了一些策略来人为地限制对文化产品的接近以便创造一种稀缺性"。这些策略主要包括：垄断频道的分配，在这种形式当中，商业利益和国家控制之间的关系相当密切；用各种节目传播和消费来促进文化硬件的累积；把受众当作商品出售给广告商。因此，文化软件可以只是作为一种免费的午餐，创造出需要不断再消费的商品，新闻就是一个典型的例子。最后，文化工业的特征不但在于批量的生产方式，也在于文化商品的成套供应。因为任何单个文化产品的需求是不可预测的，要创建一个稳定的市场，给受众提供的并非单个的文化物品，而是一份文化清单。作为结果，在文化工业的整个过程当中，制造受众和生产文化物品本身变得一样重要了。因而，"是文化分配而非文化生产，才是权力和利润的关键所在"。正是文化部门的权力集中在分配和接近受众的渠道当中这一原因，才出现了文化工业当中的资本的高度密集，出现了所有权的高度集中和跨国媒介巨头。在这些权力中心的周边却有一些小集团或小公司遭受着它们的剥削。① 基于此，平台战略成为大数据时代传媒业经营模式创新的必然选择。

第三节 大数据时代的媒体平台化战略

大数据时代，企业经营模式开始从做产品向做平台转变，"在互联网的驱动下，21世纪将是历史上通过平台战略全面普及人类商业行为的分水岭"②。随着新技术的发展和媒介融合的深入，谷歌、苹果、脸书、亚马逊等互联网平台崛起，改变了传播规则和传媒的竞争格局，形成了新的传播生态与规则，专业媒体机构只是技术驱动的新传播生态中的一个环节。在这样的背景下，新闻传媒出现平台化发展趋势，其基本形态是"平台型媒体"，如2018年以《人民日报》为代表的主流党媒依托媒体矩阵建设媒体平台，字节跳动旗下抖音等短视频平台强势兴起。③ 平台型媒体拥有海量的关于用户个人信息与行为数据组合而成的大数据，数据成为媒体至关重要的资源。例如，湖北武汉市的九派新闻以搭建传播主

---

① 参见杨击：《传播·文化·社会——英国大众传播理论透视》，复旦大学出版社2006年版，第105～108页。

② 陈威如、余卓轩：《平台战略：正在席卷全球的商业模式革命》，中信出版社2013年版，第10页。

③ 张志安、李霭莹：《变迁与挑战：媒体平台化与平台媒体化——2018中国新闻业年度观察报告》，《新闻界》2019年第1期。

流价值的新媒体平台为起点,通过大数据采集、挖掘技术,构建数据的"中央厨房",进行新闻信息原创和互联网信息的二次、三次加工,挖掘数据资产价值,从而构建以九派新闻为核心业务、用大数据技术为不同行业提供服务的产业生态。[1] 大数据重塑了媒体与受众的关系,也改变了媒体传统的以内容生产为主的运营模式。

一、大数据对传媒经营模式的影响

(一) 用户分析

在受众分析方面,借助大数据,媒体可以精准了解受众,实现与受众之间更及时、更个性化、互动性更强的联系。传统媒体虽然拥有数量庞大的匿名受众,但对这些受众的具体情况和特征却知之甚少甚至一无所知,"欲寄彩笺兼尺素,山长水阔知何处?"——缺乏精准营销的能力。比如报纸主编可以通过受众调查等途径知道有多少人在看他的报纸,却不知道是谁在读、何时读、在什么情况下读。互联网的发展特别是大数据技术为媒体企业对顾客(受众和用户)进行精准定位和精准营销提供了可能。大数据技术可以通过人们在互联网上的查询、购物等行为记录以及相关言论等信息,判断其性别、年龄、职业、兴趣爱好、需求特征以及购物习惯。大数据时代媒体消费者的习惯已经完全改变。以美国为参考,消费者在移动设备上花费的时间比电视要多,这意味着媒体更容易获得其消费数据,而获得受众的个性化消费习惯将成为媒体的根本需求。不过,获取信息和保护隐私之间容易发生冲突,因此,政府、监管机构、通信行业和公民必须进行干预。[2]

(二) 内容生产

就内容生产而言,媒体机构利用大数据技术挖掘用户需求,并根据受众需求生产内容,或者根据受众反馈调整自己的内容与服务。例如,《华盛顿邮报》大幅提升对数据的应用,不仅通过数据了解用户分布、确定市场细分,还将其用于深度报道——2016年普利策新闻奖揭晓,凭借用数据解剖美国枪击的痼疾,该报凭借九篇传统图文报道和一篇数据可视化报告一举摘得最具分量的国内新闻报道奖。在改进产品的用户体验上,贝佐斯引入了"A/B测试",这是一种用来测试用户满意度的方法。在 A/B 测试中,每位用户会收到不同版本的产品,而平台将不同产品的数据整合到后台的数据库中,最后再推出用户体验最好的成品。贝佐斯非常关注新闻室的编辑方针,他要求编辑创新方法来吸引读者。《华盛顿邮报》还通过 PC 端、App 等移动端渠道全面推进数字化发行。从 Facebook 的即

---

[1] 李述永:《当前媒体融合发展的实践与思考》,《中国记者》2016年第5期。
[2] 《决定新闻业未来的五大挑战》,《参考消息》2019年6月28日第12版。

时文章，到 Twitter、Snapchat、Instagram 乃至 Google +、LinkedIn，《华盛顿邮报》无处不在，贝佐斯也将报纸的数字版本植入 Amazon Prime（会员服务）和 Kindle Fire 里。这样，在方便读者的同时大幅提升订阅量，下滑的纸质版发行量成功转化为流量，也顺便为广告客户从纸质版转向各种新媒体终端打下了基础。①

（三）数据资源的开发

在数据资源的开发方面，媒体的数据库即为媒体的数据资产组成部分，可以通过有偿授权使用、合作交换、增值服务开发等方式变现。借助大数据技术，媒体机构与其他社会机构可以实现跨界合作，通过数据分析、加工提供增值服务，从而创造新的商业模式。以 Bloomberg 为例，这家媒体虽然也报道新闻，但主要通过其终端设备向用户提供海量金融数据信息实现盈利，客户通过其终端可以进行 3 万种功能选项的查询、比较、分析和决策。②

二、媒体平台化经营模式

（一）商业生态系统理论

平台型商业模式涉及商业生态系统理论。詹姆斯·摩尔于 1993 年提出了"商业生态系统"（business ecosystem）的概念，将生物学、社会学与经济学相结合，指出商业生态系统如同生物学中的生态系统，不只存在竞争的关系，更是一个结构复杂的社区，政府及准政府组织、风险承担者、供应商（核心企业）、竞争机构共同组成生态系统。③ 这些与系统有关的组织进一步构成了价值链，不同的链之间相互交织形成了价值网，也就是说，组织成员之间的多个共生关系形成了商业生态系统的价值网。商业生态系统中的组织必须相互依赖，精诚合作，从而取得相互关联的效果和生存的能力，此时，原本企业跟企业之间的竞争也转变为商业网络之间的竞争。根据企业在商业生态系统中的地位和特点，系统中的企业分为四种不同的类型：核心型、支配主宰型、坐收其利型和缝隙型。④

1. 核心型企业

不但能将商业网络与顾客有效地联结起来，而且能提供平台供其他企业利用，促进商业生态系统的总体健康，并从这样的行动中受益，使企业自身获得可持续的绩效。这类企业有能力采取某种方式去影响网络中其他成员，如在微软、IBM、英特尔等公司组成的生态系统中，它们三家就属于核心型企业。此外还有

---

① 黄雪琪：《资本媒体联姻技术服务新闻 贝佐斯率〈华邮〉起死回生》，香港《大公报》2017 年 2 月 13 日 A24 版。
② 万小广：《媒体融合新论》，新华出版社 2015 年版，第 179～180 页。
③ [美] 詹姆斯·弗·穆尔：《竞争的衰亡：商业生态系统时代的领导与战略》，梁骏等译，北京出版社 1999 年版，第 20 页。
④ 参见周荣庭：《运营数字媒体》，科学出版社 2012 年版，第 46～48 页。

脸书等。

2. 支配主宰型企业

是指纵向或横向一体化、占据和控制网络的大部分节点的企业。也就是说，主宰型企业的实体规模或资源拥有量在生态系统中比重较大，且不鼓励多样性。但是主宰支配型的商业生态系统具有不稳定和脆弱的特征。苹果公司在数字媒体产业中是主宰型企业的典型，秉承其一贯的策略，它拒绝将其操作系统授权给其他企业使用，而且由自己来生产高度一体化的产品，包括硬件、软件平台等。

3. 坐收其利型企业

这类企业从网络中抽取尽可能多的价值，但不直接控制网络。因其不向生态系统贡献价值，该种类型企业是商业生态系统的破坏性因素。如雅虎就属于这种类型。雅虎为网民"提供免费服务"，但利用其广泛的浏览量和页面访问次数来吸引工商企业到它的网站做广告。1995—2000 年，雅虎将其所处的中心位置视为财富之源，成为坐收其利型企业。

4. 缝隙型企业

这类企业拥有使自己区别于网络其他成员的专业能力，并将自己独特的能力集中在某些业务上。这类企业在业务活动中往往会与其他成员企业形成大量的"典型"关系，且在商业生态系统中数量众多。Zynga 是 Facebook 平台上缝隙型企业的佼佼者。Zynga 公司成立于 2007 年 6 月，总部设在美国旧金山，公司开发的游戏以网页游戏为主，并发布于 Facebook 以及 MySpace 一类的社交网站。Zynga 在许多著名的游戏产品开发上都是复制竞争对手，强调快速迭代地推出产品，并以更快速度对产品进行维护和更新。从 2010 年开始，Zynga 和 Facebook 达成了为期 5 年的合作协议，同意在游戏中使用虚拟货币 Credits，但 Facebook 将从中提成 30%。

商业生态系统有助于媒体企业判断自身在商业生态系统中的地位，从而采取相应的策略；也有利于传统媒体组织认识协同进化的重要性，共同为内容产业的商业生态系统繁荣作出贡献。根据自身发展的特点，核心型企业、主宰型企业、坐收其利型企业和缝隙型企业都可以成为传统媒体借鉴的发展策略；前三者采取的是平台策略，后者是如何发展自己的专业能力，并借助平台发展自身的策略，也就是专业化策略。①

（二）从"双边市场"到平台

在商业生态系统中，核心型企业的策略就是要为其他企业提供可资利用的平台，这时平台是指生态系统中成员企业通过一系列的接口或界面来解决问题的一套完整方案，这就像软件行业中的应用编程接口。徐晋认为，平台作为一种交易

---

① 周荣庭：《运营数字媒体》，科学出版社 2012 年版，第 51 页。

空间或场所，可以存在于现实世界，也可以存在于虚拟网络空间，该空间引导或促成双方或多方客户之间的交易，并且通过收取恰当的费用而努力吸引交易各方使用该空间或场所，最终追求收益最大化。①

现实中很多企业具有平台的特点，这些平台企业向两个或多个客户集团提供产品或服务，这些产品或服务促使了两边（多边）客户集团在该平台上达成交易，平台企业通过向两边用户制定不同的收费政策来实现盈利和发展，具有这种市场结构形态的产业市场被称为"双边市场"②。Evan 将双边市场分为三类：①市场创造型。其特点是方便双边用户的交易，交易平台增加了交易双方匹配成功的可能性，并提高了搜寻交易对象的效率，电子商务平台、拍卖行、房屋中介、股票和期货交易所、购物中心、婚姻中介、猎头公司等都属于这一类。②受众制造型。这种双边市场交易平台的主要职能是吸引观众、读者和网民等，这样企业才愿意到交易平台上发布广告和产品信息。这一类市场有电视、报纸、杂志、门户网站等。③需求协调型。帮助两边的用户通过交易平台来满足相互的需求，主要分布在 IT 产业、通信产业和金融产业，银行卡系统、移动增值业务平台、浏览器、网络游戏等都属于需求协调型双边市场。③

在双边市场模型中，作为平台的企业要产生价值，它关注的是组合一面市场成员的资源以及能力以便将价值提供给另一面市场的客户，这里的客户既指企业直接卖产品或服务的对象，也指供应商、合作者等并不直接消费产品或服务、但是支持这个生态系统的成员。企业应该把他们也当作客户服务，企业所能利用的资源不仅仅是自身的资源，还包括这个生态系统中所有成员的资源。企业在与所有成员的服务和合作中创造出价值，因此，双边市场模式要求企业深入了解生态系统中每一面市场的客户的需求，了解他们在生活与工作中的习惯、需求、欲望以及他们的资源及能力。双边市场模型对客户的认识了解程度远远超过了价值链模型对客户的认识和了解，是以客户为中心的商业模式。④

媒体一般被认为是一种典型的双边市场，该市场面对的两边客户分别为广告商和消费者，其主要特点在于通过吸引消费者来提高媒体传播价值，从而促使广告商在媒体上发布广告，这种双边市场的性质奠定了传统媒体以广告为主的商业模式的基础。然而，这种商业模式在支持媒体走到今天的同时，也限制了媒体未

---

① 徐晋：《平台经济学》（修订版），上海交通大学出版社 2007 年版，第 18 页。

② 金雪涛、虞海侠：《美国数字报业商业模式及其启示》，《重庆社会科学》2011 年第 10 期。

③ D. Evans, "The Antitrust Economics of Multi-sided Platform Market", *Yale Journal on Regulation*, 2003, (20) 2.

④ 参见［美］谢德荪：《源创新：转型期的中国企业创新之道》，五洲传播出版社 2012 年版，第 89～91 页。

来的发展空间。媒体必须改变自己以广告为主的商业模式，其改变的关键就在于调整自己双边市场的定位，要从双边市场过渡为平台战略。① 比如打造"耳朵生态"的喜马拉雅 FM 凭借强内容和平台化运营的战略布局，在用户与平台价值共创的基础上，已初步形成了软硬件共同驱动的完整产业闭环和"PUGC 内容付费＋精准广告＋智能硬件"的多元化商业模式。②

（三）媒体平台模式概述

1. 何谓媒体平台

随着媒介融合的深入，媒体平台化特征越来越显著，其功能和作用已经从单纯的信息传播工具向一专多能的服务平台转变。宋建武指出，平台化是媒体融合发展的必然趋势。当下互联网产业中各类平台的迅速崛起带来传媒业整体格局的巨变。微博、微信、今日头条等网络平台聚合了海量信息、内容和用户。此外，大量内容创业者投身于自媒体生产，与专业媒体组织的内容产出形成鲜明区别。在此背景下，传统主流媒体只有通过互联网化转型实现媒体深度融合，建成自主管控的平台型媒体，才能够拥有强大的用户吸附能力和用户黏性，从而建立与外界的全面连接，实现夺回网络空间舆论主导权的政策使命。随着媒体融合实践向纵深推进，平台融合已经成为媒体融合实践的关键词，大量主流媒体开始布局或加强平台建设。③ 传统媒体构建生态矩阵，侧重平台服务已成为发展潮流。有学者对媒体布局移动互联网的路径做了这样的概括："抢夺入口—搭建平台—构筑全产业链—形成闭环生态圈—获得商业模式"④。

喻国明认为，与互联网逻辑相吻合的"平台型媒体"（Platisher）应该成为媒体转型融合发展主流模式。⑤ 美国人乔纳森·格里克（Jonathan Glick）在《平合型媒体的崛起》一文中杜撰了 Platisher 这个词，并引起广泛关注。所谓 Platisher，是 platform（平台商）和 publisher（出版商）两个字合成后的新词。平台型媒体是指既拥有媒体的专业编辑权威性，又拥有面向用户平台所特有开放性的数字内容实体，如 YouTube、BuzzFeed、Gawker、Medium、《娱乐周刊》杂志、《福布斯》杂志、百度百家等，被认为是未来媒体机构的发展方向，《华盛顿邮

---

① 严威：《媒体转型》，中国广播电视出版社 2014 年版，第 8 页。
② 赵石榴：《基于价值链视角的移动电台商业模式探究——以喜马拉雅 FM 为例》，《新媒体研究》2018 年第 10 期。
③ 宋建武等：《主报告 融合平台——媒体融合发展的基石》，载人民日报社编：《融合平台：中国媒体融合发展年度报告（2016—2017）》，人民日报出版社 2017 年版，第 2、8 页。
④ 梁智勇：《移动互联网入口竞争的市场格局及传统媒体的竞争策略》，《新闻大学》2014 年第 3 期。
⑤ 参见喻国明：《代序：互联网是一种高纬媒介》，载喻国明：《媒介革命：互联网逻辑下传媒业发展的关键与进路》，人民日报出版社 2005 年版，第 5～6 页。

报》《赫芬顿邮报》的案例，可以被视为技术平台（美国在线、亚马逊）参与媒体建设，从而打造"平台型媒体"的最经典的案例，类似的还有腾讯与各大媒体机构合作的"大粤网"模式。简言之，这种平台性的媒介不是单靠自己的力量做内容和传播，而是打造一个良性的平台，平台上有各种规则、服务和平衡的力量，并且向所有的内容提供者、服务提供者开放，无论是大机构还是个人，其各自的独到价值都能够在上面尽情地发挥。"平台型媒体"既是一个平台，也是一个有"把关人"的媒体。平台型媒体的本质是一个开放性和社会性的服务平台，用推特 CEO 迪克·科斯特罗的话来说就是："我们要为我们的用户在组织内容方面提供更好的服务。我们不仅要按照时间线顺序提供最快最新的内容，还要按照话题、主题、专题来组织内容。"[1]

就我国而言，媒体平台化的动因主要有三：①政策引导。2015 年 3 月 5 日，李克强总理在政府工作报告中提出"互联网+"行动计划，3 月 16 日，国家发展改革委办公厅发布《关于做好制定"互联网+"行动计划有关工作的通知》，其要点是：以互联网培育发展新业态新模式，着力形成新的经济增长点。对此，学界对转型后的新型媒体集团充满期待，均认为这种媒体集团的组建有利于我国传统媒体实现组织转型。[2] ②解决传统媒体渠道失灵的问题。喻国明认为当下传统媒介最主要的问题是，在"互联网+"的新常态下，传统传播渠道的"失灵"是其中的关键性症结所在。因此，如何使传统媒介生产的内容产品能够有效地"嵌入"社会关系渠道，便成为今天构建传统媒介传播有效性的最为关键性的问题，而建立"入口级信息平台+垂直型信息服务"便是解决这个问题的密钥。[3] ③资本助推。以 BAT 为代表的大型互联网企业在资本积累的基础上，不断将触角伸向其他行业，开展生态化经营。传媒也是 BAT 激烈竞争的重要场域。大多数的新闻、娱乐领域头部媒体、公司均有 BAT 的身影，如今日头条、博纳影业、光线传媒、21 世纪传媒、优酷土豆、虎嗅、知乎等。互联网从技术、产品、业务、架构、资本各个层面实现了真正的"媒体融合"[4]。

2. 媒体平台的类型

宋建武对媒体融合平台化做了全面而深入的梳理与分析，价值颇高。他把媒

---

[1] 杰罗姆：《平台型媒体：科技与媒体缠斗百年再平衡》，www.tmtpost.com/177842.html，2014-12-16。

[2] 周茂君、李抟南：《媒介融合视域下我国传统媒体转型与制度创新研究综述》，《新闻与传播评论》2015 年第 00 期。

[3] 喻国明：《破解"渠道失灵"的传媒困局："关系法则"详解——兼论传统媒体转型的路径与关键》，《现代传播》2015 年第 11 期。

[4] 崔保国、郑维雄、何丹嵋：《数字经济时代的传媒产业创新发展》，《新闻战线》2018 年第 6 期。

体平台分为生态级平台、内容类平台、渠道型平台、服务型平台和管理平台等五类，这样的分类并不严谨，因为它的分类标准有些混乱，比如生态级平台是就形态而言的，① 内容类平台和渠道型平台所依据的是建构媒体平台之途径的不同，而服务平台与管理平台所依据的则是其功能的差异。媒体平台根据不同的标准有不同的分类结果，但不宜把不同标准的分类混为一谈。媒体平台本质上是用户平台，不妨按照其定位来分类，比如按照价值取向的不同，可以划分为公益型媒体平台、营利型媒体平台以及混合型媒体平台三大类；作为市场化媒体平台，又可以按照市场定位的不同做进一步细分。

为了学理探讨与实践的便利与有效，我们把媒体平台划分为综合性平台和专业化平台两大类。

一类是"大而全"的综合性媒体平台。例如，青岛掌控传媒以"全移动，全媒体，全国化"为发展战略，以"移动互联网+新媒体+生态圈"为发展路径，采取"1+N"模式，以全媒体平台为核心，融合互动智慧城市平台、智能设备平台、电子商务平台等多个平台，联合共建"媒立方——互联网+传媒行业服务平台"，为全国媒体转型服务提供第三方"一站式"解决方案。其先后输出共建100多家报社、电视台新媒体平台，协助150多家媒体采用掌上直播模式，实现传统媒体升级。与此同时，掌控传媒与人民日报媒体技术股份有限公司联合研发"用户行为与推荐系统"，推出了升级版"智慧青岛"今日圈点平台，成为全国首款智能化主流资讯地方分发平台，率先实现了基于大数据的全新算法组合，实现了千人千面的个性化阅读体验。除了为媒体提供平台服务外，青岛掌控传媒也通过旗下智慧青岛、掌上青岛等产品形成矩阵，运用云计算、大数据、移动互联等技术手段，整合本地化信息资源，统一搭建媒体、政府、企业、民众、社区等多平台智慧应用入口，构筑领先国内的"应用+资讯+互动"智慧城市体系，为用户提供了生活、工作、服务一体化平台。② 又如，湖北广播电视台创建移动政务新媒体平台——长江云，将省市县三级政务信息、新闻客户端、网上问政听政和民生服务等连接起来，打造"媒体云—政务云—商务云—产业云—区域云"的生态链。长江云平台为"3+2+N"省域生态级融合平台，它将舆论引导与意识形态管理平台、政务信息公开与移动政务平台、社会治理和智慧民生服务平台三者融为一体，为用户提供"新闻+政务+服务"的综合服务。③ 总之，

---

① 严格说来，"生态"与"平台"两个概念是种与属的关系，即平台包含在生态之中，二者不是平行关系，是不能并列的，但考虑到"生态平台"已被普遍接受，故从权。

② 参见唐绪军、黄楚新、彭韵佳：《中国媒体融合发展报告（2016—2017）》，中国社会科学出版社2018年版，第22~24页。

③ 李鹏：《融合背景下大数据政务服务平台的构建——长江云移动政务新媒体平台的探索》，《新闻战线》2018年第3期。

传统媒体通过开展线上与线下服务,逐渐由单一的新闻媒体平台转变为融合多种服务项目的综合性平台。

另一类是"小而美"的垂直领域的媒体服务平台。随着媒体融合的日益深入,传媒业正从卖方市场转向买方市场,媒体综合化发展的同时出现垂直细分趋势,构建基于垂直细分的新产业链的专业化平台成为必然选择。目前以 BAT 等互联网巨头为代表的企业基本完成了对多种形态信息传播平台生态的构建,面向综合性平台转化的创新存在着很大阻力,但是平台生态的影响力在诸多细分垂直领域还相对有限,故而存在较大创新空间;"垂直型高转化率盈利模式主要具有用户聚合、垂直细分、整合上下游关键环节、相对闭合的一体化管理特点"①。"融合+跨界"是"互联网+"时代传媒业发展的重要特点,"新闻+服务"成为媒体商业模式转型的重要途径。比如湖北经视收视率很高、被称为中老年版的《非诚勿扰》的栏目《桃花朵朵开》,围绕这个栏目,在线下运作一家婚介公司,主打二婚市场,湖北经视拥有 5 个类似的线上有电视栏目加线下有运营公司这样的模式。《扬子晚报》通过扬子晚报有限公司这一平台来培育各种新媒体项目,其属下的公司除一家是《扬子晚报》全资外,其他都是和社会资本合作,实行混合所有制,报纸控股在 30%～40% 的水平,其余大头股份让给社会上两三家合作伙伴一起来做,这样既可以规避很多体制机制上的问题,还能引进它们的先进理念、管理模式和管理方法。② 羊城晚报报业集团于 2016 年 3 月推出羊城派客户端,该产品定位是为本土老百姓提供基于生活资讯、邻里社交等方面的智能化本地服务,成为区域社区活动和社会治理平台。③ 媒体将不再局限为单一的信息生产与传播承载者,其将在媒体融合以及社会发展的大背景中逐渐转型为集结信息服务、社区帮扶、电商平台、政务服务等多功能综合服务体,这一趋势将在未来更加明显。④

3. 媒体平台的主要特征

(1) 强大的技术。数字化信息技术革命将人类带入信息社会。信息技术革命使各行业之间达到一定程度的"融合",尤其是计算机业、通信业和信息内容产业的聚合,带动了服务业以及整体经济的稳定增长。数字化信息技术革命对传

---

① 赵曙光:《突破广告:高转化率的媒体盈利模式》,《新闻记者》2014 年第 7 期,第 82 页。

② 《媒体融合系列高端对话之——王文坚 VS 徐立军》,http://media.people.com.cn/n1/2017/0417/c14677－29216407.html。

③ 《中国记协发布〈中国新闻事业发展报告 (2017 年)〉》,http://www.xinhuanet.com/zgjx/2018－06/19/c_137258556.htm。

④ 唐绪军、黄楚新、彭韵佳:《中国媒体融合发展报告 (2016—2017)》,中国社会科学出版社 2018 年版,第 77～78 页。

播媒介带来的影响是巨大而深刻的,其直接影响包括三个方面:一是传统媒介经历数字化过程而变为新媒介;二是各种不同媒介形式技术层面的汇流与融合;三是互联网的出现和普及。数字化之后,高新技术产业的产业边界出现模糊化,过去不同形态的媒介信息的壁垒已被打破,报刊、广播电视、互联网所依赖的技术越来越趋同,以信息技术为中介,以卫星、电缆、计算机技术等为传输手段,数字技术改变了获得数据、视像和语音三种基本信息的时间、空间及成本,各种信息在同一个平台上得到了整合,不同形式的媒介彼此之间的互换性与互联性得到了加强,媒介一体化的趋势日趋明显,强大的技术是媒体平台形成的基础。[①]

(2)庞大的用户群。海量的用户资源是平台型媒体赖以生存的基础。互联网作为平台聚集了庞大的用户群,比如腾讯的QQ、阿里巴巴的淘宝网、天涯社区等,它们都有一个共同的特点,就是通过提供各具特色的平台与服务,把志趣相投的受众或用户聚集成"虚拟社区",形成了庞大的用户群基础。对平台型媒体而言,平台的形成有赖于海量的信息生产者、消费者,也就是我们今天所讲的用户。平台上的用户既可以作为信息的生产者出现,也可以作为信息的消费者出现,他们的需求和供给能够产生巨大的价值和利益。[②]

(3)连接不同群体的能力。社会化生产和社交化连接是媒体平台的重要特点。[③] 平台正是联系两个及以上群体并帮助它们进行互动的基础设施,平台对这类公司的力量来说至关重要。"平台"公司并不关注传统公司所从事的制造行业,它们更关注用户之间的连接,脸谱网将用户、广告商和开发者连接在一起;优步将驾驶员和乘客连接在一起;亚马逊将买家和卖家连接在一起。这类平台公司的制胜法典就是获得足够多的用户,用户越多,它们就对用户越重要,越能渗透到用户的生活中。网络使得这些平台公司不仅在争议中蓬勃壮大,而且不可替代。[④]

(四) 媒体平台化的盈利模式创新

媒体实施平台战略,创新商业模式,就是通过打造用户主导的平台,促成产业链双方或多方联络、交易,进而获取直接或间接收益。媒体组织既可以提供产品,也可以提供服务,如果此时可以构建一个平台来提供产品和服务,便可规划

---

① 参见喻国明等编著:《传媒经济学教程》,中国人民大学出版社2009年版,第250~252页。
② 王枢、徐建勋:《论传统媒体平台化转型》,《新闻爱好者》2019年第7期。
③ 张志安、李霭莹:《变迁与挑战:媒体平台化与平台媒体化——2018中国新闻业年度观察报告》,《新闻界》2019年第1期。
④ 转引自[英]尼克·斯尔尼切克(Nick Srnicek):《〈卫报〉:平台资本主义正形成新的垄断,应将谷歌、脸谱网和亚马逊国有化》,李玥译,http://www.wyzxwk.com/Article/guoji/2017/10/384567.html。

和实施其核心型企业的策略，其组织的核心竞争力会有很大的提高。在这里，媒体产品平台或者媒体服务平台就是以某种类型的网络外部性为特征的媒体组织，在媒体市场以在线集市或者网络虚拟平台形式表现出来。媒体的平台与网络外部性相关。其中，有些平台表现为"成员外部性"，即当平台中某一类市场成员（如买方）增加时，另一类的市场成员（如卖方）会受益。有些平台表现为"用途外部性"，这时平台的价值和使用该平台的消费者的交易与互动相关，尤其是与用户对该产品的使用数量相关。例如，电子邮件服务系统的价值几乎只与产品用户数量以及产品使用频度相关，因为它们主要是用于用户之间的通信。① 媒体构建平台成功与否的关键在于能否找到将核心资源能力转化为营收的方式即有效的盈利模式，目的是为平台带来丰厚的回报。

1. 按需订阅模式

Netflix 是大数据时代按需订阅商业模式成功的探索者。在 2018 年的艾美奖上，Netflix 获得 112 项提名，首次超越出品《权利的游戏》《西部世界》等作品的 HBO 而成为剧集霸主。Netflix 针对客户的大数据分析，从题材、导演、演员分析用户的喜好，推出首部自制剧《纸牌屋》并大获成功。Netflix 的首席内容官 Ted Sarandos 说："我并不是用数据创作节目，而是用数据确定未来的观众群体。"Netflix 的收入依靠用户订阅付费，自制剧的成功给 Netflix 带来了大量的订阅用户。"② 又如，今日头条个性化信息推荐模式，其基本特征是根据用户的订制结合用户的兴趣、职业、性别、位置等多个维度来进行个性化信息推荐，推荐内容包括新闻、音乐、电影、游戏、购物等，其所推荐的信息大部分来自其他信息媒体的内容。③

2. 内容付费模式

所谓内容付费模式，就是媒体通过设置网络付费墙等，出售有特色的专业内容服务来获得收入，有代表性的如《纽约时报》《华尔街日报》《金融时报》等的网络付费阅读策略。近年来，随着我国文化产业的不断发展和媒介融合的持续推进，媒体以广告为主的商业模式正在发生转变。媒体开始直接为消费者提供版权产品，广告则演变为版权的附带产品。在某些单边支付模式下，媒体甚至不刊登任何广告，而直接向消费者收取版权产品的费用。④ 例如，2018 年上半年《南方周末》正式提出了"以内容付费工程统揽融合转型工作全局"的战略思路，8月 23 日，该杂志宣布会员制正式上线，成为全国第一家设立计量式软性内容付

---

① 周荣庭：《运营数字媒体》，科学出版社 2012 年版，第 49 页。
② 李思：《科技巨头 FANNG 的野心，流媒体的转折时刻》，《经济观察报》2018 年 11 月 12 日第 99 版。
③ 周来光：《从〈今日头条〉的崛起看传统媒体的转型》，《新闻知识》2015 年第 3 期。
④ 严威：《媒体转型》，中国广播电视出版社 2014 年版，第 49 页。

费墙的报纸。① 基于版权的内容付费策略渐成趋势，已经成为不少媒体重要的收入来源和盈利方式。

以 1977 年《华尔街日报》率先设立付费墙为开端，付费墙模式经历了多种模式的变迁。喻国明对计量付费模式、"付费门"模式、全订阅付费模式、捆绑销售模式、微量付费模式、"新闻通票"模式等六种付费模式进行了详细分析②。国内报业较为常见的收费方式有四种：①微支付模式。即读者每阅读一篇新闻，报业出版商就可收取少量费用。②唛表模式。即用户每月可免费阅读一定数量文章，超过限量后读者将被带入付费页面，需要提供信用卡以持续阅读。③效用模式。效用收费不依赖于用户的阅读量来定价，它是一种对用户感兴趣的主题进行集中定价打包出售的形式。④数据库模式。指通过搭建具有海量内容的报业数据库平台，为读者提供文献全文检索、历史数据集合、标题内容提要等付费下载服务。③

需要指出的是，内容收费是互联网时代媒体发展的重要趋势，但不是唯一的趋势。事实上，在转型初期，主流大报网站普遍以"免费午餐"来扩大报纸的影响力，从而通过网站流量来吸附更多的广告，以达到营利的目的。但这种免费内容换访问量的策略，除了使报纸网站吸引了大量不产生经济效益的访问量，并未在报纸增加收入方面作出太多的实质性贡献，这也是很多媒体转向"付费墙"、要"把人气变财气"的重要原因。然而，大量可替代的阅读内容，加之免费阅读的深入人心，让"付费墙"模式显得并不十分有效。互联网具有免费特征，受众更习惯于免费阅读。路透社新闻研究所在 2019 年度《数字新闻报告》中指出：大多数人不愿为网络新闻付费，过去六年间愿意付费的人群比例仅小幅增加。即使在愿意付费的人群中，也存在"订阅疲劳"现象——很多人讨厌付费订阅这么多不同的刊物。④ 而且，新闻具备公共性，实行完全收费制必然直接冲击其影响力。《每日邮报》就用行动证明了"付费墙"并非当今报业环境下实现报纸盈利的唯一途径。⑤ 喻国明认为，在报纸数字化的过程中，采用免费模式还是付费模式，决定因素在于报纸的内容，报纸内容的核心价值对盈利模式的选择起着至关重要的作用；此外，来自第三方力量的协助和开放式技术平台的支持

---

① 《相信内容的力量——南方周末战略转型解析》，《青年记者》2019 年第 10 期。
② 参见喻国明：《媒介革命：互联网逻辑下传媒业发展的关键与进路》，人民日报出版社 2005 年版，第 91～93 页。
③ 周钢：《省级党报集团人才引进战略 SWOT 分析——基于对湖北日报传媒集团的实证研究》，《新闻前哨》2011 年第 10 期。
④ 《调查发现 多数人不愿为网络新闻付费》，《参考消息》2019 年 6 月 13 日第 8 版。
⑤ 张博：《报纸网站：须把人气变财气》，《中国新闻出版广电报》2019 年 1 月 15 日第 5 版。

对盈利模式的影响也不容小觑。①

3. 读者捐赠模式

《卫报》在不设付费墙的模式下，主要依赖读者自愿付费以资助其对剑桥分析公司等重大新闻的报道，也就是会员模式战略。从某种程度上讲，会员模式是一种双管齐下的战略，首先，媒体要为其超级粉丝制作一个数字订阅产品。《卫报》的移动应用程序对所有人都是免费开放的，但是它有一个相对较小的功能升级叫作 Premium。这个升级程序与普通用户看到的界面有一些差异。付费订阅的用户不会看到广告，还有更好的离线阅读体验。此外，用户还可以玩每日字谜游戏。其次，向读者提出捐赠资金的要求。如果读者在网上阅读《卫报》的报道，经常会在报道下方看到一个请求读者为该报捐赠资金的说明。如果读者选择点击捐赠，默认的选项是每月重复捐赠一次，但是读者也可以选择一次性捐赠一笔资金。②

《卫报》通过数字报道而不是印刷报道来获得收入。目前，《卫报》55%的收入来自数字资源（包括数字广告和数字订阅），超过《纽约时报》的40%，这是传统媒体在数字化转型过程中一个了不起的成就。《卫报》只有8%的收入来自印刷广告，而印刷广告一直是纸质报纸商业模式的基石。传统媒体仍然可以通过印刷报纸获得一定的收入，但这种商业模式再也不能成为传统媒体可持续发展的支柱了。纸质版和数字版的《卫报》现在积累了65.5万名每月都会"打赏"的固定支持者，此外还在2018年收到了30万笔一次性捐赠。该报说，它的目标是到2022年把这个捐赠数字再增加近一倍，并吸引200万名支持者。过去3年来，《卫报》月度总浏览量从2016年1月的7.9亿次增加到2019年3月的13.5亿次。《卫报》和《观察家报》近年来首次实现收支平衡，这得益于创纪录的在线流量、成本的降低和读者捐款的增加，这一盈利确保了该报在经历多年的巨额亏损后终于实现扭亏为盈，并能在可持续的基础上生存下去。③卫报新闻与媒体公司属于卫报媒体集团，而后者又由非营利性的斯科特信托基金掌管。斯科特信托组织为《卫报》设定了广泛传播自由主义的使命，《卫报》的目标是尽可能让更多的人看到它的新闻报道，这是该报不想设置付费墙而实施会员模式的重要动因。我们可以从《卫报》的经营战略中得出这样的启示：人们与媒体组织的经济关系并不是简单纯粹的经济关系。在读者可以获取免费新闻的网络环境中，媒体与读者之间的关系更应该像听众与公共广播电台之间的关系，受众不用去购买

---

① 喻国明：《媒介革命：互联网逻辑下传媒业发展的关键与进路》，人民日报出版社2005年版，第97页。
② 张建中编译：《〈卫报〉的商业模式创新》，《青年记者》2019年第16期。
③ 《英国〈卫报〉靠"打赏"扭亏为盈》，《参考消息》2019年5月6日第8版。

接近媒体内容，他们支持的是一项事业。① 不过，《卫报》是一份比较特殊的报纸，其经营战略并不容易被其他媒体复制。

4. 多边市场模式

传媒业的多边市场模式主要是通过 O2O（online to offline，从线上到线下）的方式为客户提供增值服务。传媒可以借助自身的媒体平台的优势，通过信息服务，匹配双边市场用户的需求，发展出用户与平台、平台与企业、企业与用户之间的多边市场模式。传统媒体与新媒体融合发展后，除了在线发布各类信息之外，帮助用户和商家实现信息的需求匹配，还可以借助传媒业的品牌和公信力，将各种信息服务延伸到线下。传媒的线下服务大致包括以下三类：②

（1）针对受众和企业双方提供培训、咨询等实体服务。传统媒体转型应利用其庞大的信息受众规模和稳定便捷的渠道网络，充分发挥产品销售渠道集信息流、商流、物流和资金流四流合一的功能，在第三方企业（广告商）和消费者（客户）之间搭建沟通和贸易桥梁，进行深度的战略合作和业务捆绑，为第三方企业提供市场分析、客户选择、营销策划、活动实施、产品代理、信息告知、交易谈判、物流配送、资金回笼、服务延伸、顾客维护等系列化、专业化渠道服务的新型业务形态，如《广州日报》的社区连锁店、大洋网，中央电视台的中视购物频道和湖南卫视的快乐购物频道等。③ 广播电视全媒体产业的盈利模式不断多样化，从传统广告向有偿服务、定制服务、电子商务、衍生产品等领域拓展。广电新媒体的盈利模式应当多样化，改变单纯依赖广告的模式。新媒体要最大限度地吸引粉丝、圈住流量，可通过广告、产品营销、智能电商、有偿服务和定制服务等手段获得盈利，将平台上的流量进行变现。还可通过发展衍生产品、增值服务等来丰富盈利模式。④

（2）为企业和受众举办各种活动和服务。比如各类沙龙、活动、发布会，服务受众的同时展示企业形象。2013 年南都全媒体集群旗下的南都全媒体数字营销中心通过《南方都市报》的网站南都网、奥一网举办了线下读书会、校园分享会、地产主题沙龙、荔枝文化旅游节、海滨漫步节、世界环境日科普等活动，吸引公众参与，在为企业客户提供品牌传播的服务中盈利。这些营销服务打破了单纯依赖广告的盈利模式，借助报业多年积累的品牌优势，为受众、广告主、企业搭建关系网，以灵活的营销创意服务客户，为报业创造出新的盈利模式。

---

① 张建中编译：《〈卫报〉的商业模式创新》，《青年记者》2019 年第 16 期。
② 林颖：《媒介融合背景下报业人力资源管理变革》，复旦大学博士学位论文，2014 年，第 89～90 页。
③ 陈明：《新媒渠》，中山大学出版社 2010 年版，第 6 页。
④ 肖叶飞、周美霞：《广播电视全媒体产业生态的特征与构建》，《声屏世界》2018 年第 9 期。

（3）媒体转型为电商模式。随着媒介融合的深入，媒体与电商的融合成为媒体平台化的产物。如东方卫视的综艺节目《女神的新衣》将真人秀与电商有机结合，《山西晚报》搭建五大电商平台以销售土特产品作为主营业务，《时尚芭莎》《YOHO！潮流志》等时尚杂志尝试嫁接电商等。而媒体直播带货模式更是将媒体电商化转型发展到极致，2020年抗疫期间，人民日报、新华社、央视等主流媒体纷纷为湖北直播带货，如6月6日央视主持人团队"央视boys"在国美、拼多多、京东、抖音等多个平台开启专场直播带货，3小时的带货额约14亿元。① 5月4日，东方卫视开启《2020"五五购物节"全球大直播》，6分钟销售额即突破1亿元，参与直播的企业及电商平台的预售额达到89亿元，受众2亿人次。② 传媒介入直播电商领域具有专业能力、公信力、受众群基础、品牌认知等方面的优势，但媒体与经商之间的界限不应模糊乃至消失，采编与经营两分开是坚守媒体经商底线的制度保障。品牌和公信力是传媒经商的根本保证，媒体跨界经营和开展电子商务在获得更多经济效益的同时，也可能对媒体品牌和专业性等产生负面影响甚至损害，这就要求媒体经营电商时必须重视产品质量和售后保障等，坚守社会责任。媒体与电商结合的前提是媒体做好自己的专业，其他的应交给相关合作伙伴去做。③

（4）网络广告创新。从世界广告业发展趋势来看，硬广告向软广告转移，广告向公关转移。尤其是随着电子商务业的快速发展，单纯的广告业将进一步被消解，广告业将进一步和营销业结合。④ 互联网时代传统媒体的广告来源受到冲击，但传统媒体的品牌和公信力保证了其广告价值仍然存在，在数字化转型中，大多数媒体并未放弃最初的广告收入模式，比如《纽约时报》为开拓原生广告市场另辟财源，该报有150人的广告创意团队T Brand Studio，在编辑、设计、创意、制片方面堪称行业一流。2014年以来，这个汇集了编辑、设计师、制片人和创意人员的150人创意团队在《纽约时报》内部备受宠爱，一举为《纽约时报》贡献了超过30%的数字广告收入，仅2015年就赚了3500万美元。T Brand Studio独立于新闻编辑室而存在，专为品牌客户生产具有《纽约时报》气质的原生广告内容。T Brand Studio已经为超过200个品牌客户定制过原生广告内容，服务过的客户包括通用电气、飞利浦、Cartier、三星、奔驰、Netflix等。T Brand Studio不仅能做到把原生广告单独推销给客户，还能将原生广告和其他广告产品

---

① 《3小时销售额14亿！央视Boys带货直播创下新纪录》，https://3g.163.com/news/article/FEHFGA7L0514BE0E.html。

② 《"2020五五购物节"全球大直播上演 东方购物与李佳琦黄渤等同台带货》，https://www.sohu.com/a/393810259_99931206。

③ 钱晓文：《对传统媒体经商与转型的理论思考》，《青年记者》2014年第33期。

④ 郭全中：《传媒大转型》，中山大学出版社2013年版，第166页。

绑定实现"打包销售",拉动其他广告的销售,进而实现整体广告收入的增长。另外,它还通过广告授权,让广告内容分发不再仅限于自身平台。①

不容忽视的是,传媒商业模式的转型特别是创新多元化盈利模式可能对新闻媒体的专业性造成不同程度的负面影响甚至损害,这就要求处理好媒体的社会效益与经济效益,特别是新闻媒体的专业性与政治利益、商业利益、公共利益之间关系的问题,亟须在传媒融合转型中坚守新闻专业性的价值以有效提升新闻传媒的公信力与影响力。② 融合发展过程中,国内绝大多数媒体积极探索适合自身特色的方法,形成了媒体转型的"中国模式",其核心是各类"非报"业务的拓展。而英美国家主流媒体的主要着眼点则是发展读者付费业务,从原来的"广告商中心"重新回到了"读者中心"。比较这两种融合发展的路径,最主要的差别在于"非报产业"路径弱化甚至是放弃了媒体的本来属性,它利用的是媒体既有的公信力,以长期积攒的公信力在"非报产业"方面寻求回报。长期来看,这样的做法可能会对媒体的公信力和品牌带来损害。比如政务宣传,这类报道从版面上看似乎不是广告,但因为是有偿服务,客观性会受到影响,久而久之,媒体就会失去对不规范行为的监督力度,必然导致媒体的公信力下降。国内很多媒体在融合发展中遇到障碍,或许根本不是因为"新闻业"有什么问题,而是这些媒体上已经没有"新闻"了,也已经不是"媒体"了,而更接近于一间间"文化公司"。当然,采取"非报"发展模式的媒体也明了这种做法的潜在危害,出台了很多措施规避其负面效果。③ 例如,浙报传媒集团以传媒梦工场为突破口的深度融合成效显著,但也出现了新闻业务不清晰等问题。浙报传媒集团收入结构中来自互联网和非媒体板块的收入大幅提高,互联网服务收入已占总营收的40%,利润占比超过50%,但广告分成不足导致采编经费缺口逐年扩大。2017年初集团启动新闻传媒类资产的回购,由集团向上市公司回购共57家业务主体,主要目的是解决媒体采编与上市公司独立性要求之间的矛盾,解决广告分成不足以覆盖采编成本的问题,上市公司重组后更名为"浙报数字文化集团股份有限公司"。这也说明浙报传媒集团在转型过程中互联网新兴业务发展迅速,而传统的媒体业务没有起色,其原因除了"当前传统媒体经营行业性困境的影响",可能也与浙报传媒集团所采取的转型策略、对新闻业务发展重视不够有关。④

---

① 苏衡、严三九:《〈纽约时报〉的创新与启示》,《当代传播》2018年第2期。
② 钱晓文:《传媒融合转型作为商业模式创新的特点、利弊及启示》,《上海师范大学学报(哲学社会科学版)》2018年11月。
③ 窦锋昌:《"非报收入"与"读者收入":中外媒体融合发展的两种路径》,《新闻战线》2019年10月下。
④ 蒋国兴:《深度融合让产业变革更轻快》,《中国新闻出版广电报》2017年5月16日第6版。

第五章 融合时代媒介文化的嬗变

传媒建构现实,"通过媒介化的表象,形成一种社会关系的组织模式,一种社会的象征再生产的表现"①,媒介文化与其说是客观现实的反映,毋宁说是传媒与社会各种力量共同塑造的意义总汇。媒介文化既是大众文化发展到后现代社会的最新形态,又是新传播技术、市场经济和政治力量驱动的产物。在我国,媒介文化也从改革开放前高度政治化的一体化发展为主流文化与大众文化、精英文化等多元共存的复杂格局。如果用葛兰西的文化霸权理论来解释,文化领导权作为统治权的一种,需要建立在"自由同意"的基础上,统治者与被统治者经过复杂的博弈、争斗和妥协,达成文化共识或"共谋"。威廉姆斯指出,媒介既支撑支配性的现实,也通过吸纳、边缘化乃至对抗另类的或反对性的解释,来维持那个支配性的现实。② 媒介融合与传媒转型是新闻传播领域社会主义文化领导权的再重构,其目标是"打通'两个舆论场'",形成"网上网下同心圆"。在市场经济条件下,媒介文化还必须遵循商品交换的规律。传媒遵循市场经济的基本规律即价值规律进行生产和传播,受众接受媒介文化产品或参与媒介文化活动也成为一种市场行为。③ 融合时代媒介文化发生了怎样的转变以及如何重构文化领导权,是摆在新闻传媒面前的重大命题,也是本章所要讨论的主旨。

第一节 界定媒介文化

一、什么是文化

自"文化"这个词出现以来,对文化的界定不同的学科领域有不同的诠释,大致可分为两大类:一类是泛文化的概念。文化是相对自然而言的,即将人类的一切活动都视为文化现象,如社会、政治、经济、科技等都包括在内,以区别于自然存在的现象。费孝通认为:"文化是人对自然的加工。"④ 英语中"文化"(culture)和"自然"(nature)有共同的词根,也说明文化来源于自然,是对自

---

① 陈卫星:《总序》,载[英]安德鲁·查德威克:《互联网政治学:国家、公民与新传播技术》,任孟山译,华夏出版社2010年版,第2页。
② 转引自李金铨:《超越西方霸权》,牛津大学出版社2004年版,第155页。
③ 葛彬超:《媒介文化与当代精神生活》,《马克思主义哲学研究》2012年第00期。
④ 费孝通:《论人类学与文化自觉》,华夏出版社2004年版,第49页。

然的培养（cultivate），也就是对自然生长过程的管理，也类推为人类训练的过程，后来这个词逐渐独立出来。随着文化的发展特别是文化与社会的关系越来越密切，人们对文化的认识和理解也愈来愈全面、愈来愈深入。另一类是狭义的文化概念，即将人类活动中非物质的部分也就是涉及精神层面的现象和社会活动视为文化的范围和文化研究的对象，这样，文化就与政治、经济、社会等层面区别开来，并与它们等量齐观，属于现代意义上的文化观念。它认为文化是社会建构的产物，并非亘古不变的。本书所谓的文化指狭义的文化概念。

如何理解"文化"的内涵？一言以蔽之，文化是社会意义的总和。文化乃社会或个体的成员之间的意义的交流，是意义的给予或索取。[①] 正如霍尔所言，"文化本身就是一种表意的实践。它的决定性的产品就是：意义"[②]。

文化的核心是"意义"的生产与传播或共享及其背后的制度、意识形态及价值观。就文化与意识形态的关系而言，作为一种统一的价值观与利益体系，意识形态对社会心理、社会行动和社会结构具有深刻的影响、凝聚与制约作用，它既作为环境，制约着人们创造文化的视点；亦作为既定的思维结构，对人类创造文化的方式起到制约作用；同时还是一种既定的社会评价体系，制约着人们对文化的创造。[③] 但文化与意识形态不能等同，并非所有的文化都具有意识形态属性，而且文化的概念大于意识形态的概念，因此，需要在意识形态之外阐释文化现象。[④]

文化是一种"百姓日用而不知"的价值体系和生活方式。雷蒙德·威廉姆斯将文化从精英的理论殿堂引入社会生活实践之中，认为"'文化'原来意指心灵状态和习惯，或者意指知识与道德活动的群体，现在变成也指整个生活方式"[⑤]。文化也是各种利益集团和社会力量相互争斗、妥协并达成共识的过程，其实质在于各种力量广泛的参与和认同。詹姆斯·凯瑞曾提出"传播的仪式观"，强调传播是一种文化和社会仪式。在费斯克看来，文化不等于文化产品，文化是活生生的意义生产过程，"大众文化只存在于其生产与再生产的过程中，

---

① 参见 Marita Sturken, Lisa Cartwright, *Practices of Looking: An Introduction to Visal Culture*, New York: Oxford University Press, 2001, pp. 2 – 6。
② 杨击：《传播·文化·社会——英国大众传播理论透视》，复旦大学出版社 2006 年版，第 69 页。
③ 张秀琴：《马克思意识形态理论的当代阐释》，中国社会科学出版社 2005 年版，第 69 页。
④ 潘知常：《新意识形态与中国传媒》，香港银河出版社 2010 年版，第 289 页。
⑤ ［英］雷蒙德·威廉姆斯：《文化与社会》，吴松江、张文定译，北京大学出版社 1991 年版，第 21 页。

只存在于日常生活的实践中,而不是存在于静止、自足的文本中"①。文化作为社会发展的产物,它提供认识和引导人们行为的规则,或者说,文化的作用是通过提供特定的生活方式和价值观来规范社会生活,也规范人们的传播活动。美国学者丹佛·蓝德曼认为:"不仅我们创造了文化,文化也创造了我们。个体永远不能从自身来理解,他只能从支持他并渗透于他的文化先定性中获得理解。"②

技术(媒介)是文化的产物。弗雷德·特纳在《数字乌托邦:从反主流文化到赛博文化》一书中揭示了计算机、互联网技术的产生与社会文化特别是反主流文化之间密不可分的联系。他指出,由于那些在旧金山湾区的先驱者——斯图尔特·布兰德和他的"全球网络"的努力,反主流文化和科技人士一同定义了计算机的形象:计算机是解放自我的武器,计算机建筑了令人耳目一新的虚拟社区,计算机还让人们能更大胆地拓展社会的新边疆。曼纽尔·卡斯特在讨论互联网在美国兴起时指出,尽管军事资金与市场对美国早期电子工业起"决定性作用",但是青年人在美国网络媒体的崛起过程中扮演了"重要角色"。20世纪70年代美国网络技术早期的研发是"与60年代由美国校园文化发展出来的自由文化、个人创新,以及企业精神有关"。"此处所指的60年代校园文化,乃是突破既有行为模式的社会价值,不论是整个社会或企业界。这里强调个人化的手段、互动、网络化,以及即使显然没有商业价值,却毫无止境地追求新技术突破。这些都与企业界谨慎小心的传统没有连续性的关系。通过我们社会的物质文化,信息技术半革命半意识地传播着60年代运动滋生的自由意志主义精神(libertarian spirit)"。③

二、何谓媒介文化

随着文化研究的对象从经典文本(文学作品)转向广泛的文化表意实践(signifing practice)如新技术产生的各种文化形式,美国形成了独特的媒介文化研究。媒介文化,又称媒体文化或传媒文化,本书采用"媒介文化"的表述,但在引用有关论述时则尊重原作者的用法。对"媒介文化"这一概念的界定比较困难。"媒介文化"本来是带有后现代性质的概念,意指媒介所产生的文化,暗含的前提是后现代社会人们生活在传媒塑造的拟态环境中,媒介文化等同于"传媒镜像"。但无论社会媒介化程度有多深,事实上人们并不完全生活在"传媒镜像"之中,正常情况下我们还是能够辨别出传媒镜像与现实生活的区别。因

---

① [美]约翰·费斯克:《理解大众文化》,王晓珏、宋伟强译,中央编译出版社2001年版,第248页。
② [美]丹佛·蓝德曼:《哲学人类学》,彭富春译,工人出版社1988年版,第273页。
③ [美]曼纽尔·卡斯特:《网络社会的崛起》,夏铸九、王志弘等译,社会科学文献出版社2001年版,第6~7页。

此,"媒介文化"需要从"传媒镜像"拓展开来。媒介文化是指因大众媒介的社会影响而产生的一种文化形态,是显现在大众传播活动中的社会文化现象,既包括媒介建构的文化,又包括媒介反映的社会文化如大众文化、精英文化等,也就是媒介之中的社会文化内容。这是广义的媒介文化(泛媒介文化),即基于传媒的文化或媒介化的文化,而狭义的媒介文化则是大众传媒及其传播活动影响人们的生活方式乃至直接构成人们的生活方式这样一种文化。①本书采纳的是广义的概念。

从媒介文化的内涵来看,美国学者道格拉斯·凯尔纳认为其内涵主要有三:一是媒体文化产品制作;二是媒介文本;三是媒介文本的接受和运作。他说:"'媒介文化'这一概念既可方便表示文化工业的产品所具有的性质和形式(即文化),也能表明它们的生产和发行模式(即媒介技术和产业)。它避开了诸如'大众文化'(mass culture)和'通俗文化'(popular culture)之类的意识形态用语,同时也让人们关注到媒介文化得以制作、流通和消费的那种生产、发行与接收的循环。此概念也消除了介于文化、媒介和传播等研究领域的人为阻隔,使得人们注意到媒介文化体制中文化与传播媒介之间的相互关联,从而打破了'文化'与'传播'间的具体界限。"②凯尔纳说明了媒介文化与技术、媒介的关系,把媒介文化提升到重要的地位。我国有学者根据凯尔纳的论述对媒介文化做了这样的界定:"所谓媒介文化,就是媒介产品所表征的意义及其受众的解读,它包含着从文化产品的生产、文本的呈现到文本的接收、运用这样一个过程。"③

传媒与文化互为表里。一方面,文化的形态同媒介方式和传播手段是息息相关的。文化需要通过传媒来表达和呈现,即"文化的媒介化";另一方面,不同的媒介产生了不同的媒介文化形式。图书和报刊出版催生了印刷文化,其特征是基于理性的"读写文化"。尼尔·波兹曼认为,"在18和19世纪,印刷术赋予智力一个新的定义,这个定义推崇客观和理性的思维,同时鼓励严肃、有序和具有逻辑性的公众话语。先后出现在欧洲和美国的理性时代和印刷文化并存,并不是什么巧合"④。广播媒介把声音和听觉特征发挥到极致,形成独具特色的听觉文化;电视打造综合了视觉、听觉乃至各种感觉的特征的"视听盛宴";而网络文化的重要特征是互动或交互文化。新的媒介方式总是能派生出新的文化品种。我们可以说电视的出现催生了 MV,电视和 T 形舞台的结合,使得 20 世纪下半叶有

---

① 严功军:《论中国化的马克思主义媒介文化》,《广西社会科学》2004年第1期。
② [美]道格拉斯·凯尔纳:《媒体文化——介于现代与后现代之间的文化研究、认同性与政治》,丁宁译,商务印书馆2004年版,第60页。
③ 秦志希:《媒介文化研究的视域》,《武汉大学学报(人文科学版)》2005年第4期。
④ [美]尼尔·波兹曼:《娱乐至死》,章艳、吴燕筳译,广西师范大学出版社2009年版,第48页。

了表演性的服饰文化，网络的普及产生了网络文学和某种或许可以称之为博客、播客、闪客的文化现象。另外，像脱口秀以及席卷全球的足球文化、广告文化等等都是现代大众传媒的产物。①

从传媒的文化意义来看，按照威廉姆斯把文化理解成整体的生活方式的观点，衡量一种传媒是否具有文化意义，可以从它对整体生活方式的影响来进行分析。当一种传播媒介对人们的整体生活方式产生广大而深厚的影响时，它具有巨大的文化意义；反之，则不能说它具有巨大的文化意义。② 随着互联网信息技术的飞速发展，全媒体时代到来并不断升级。由社交媒体管理平台"互随"和数字营销机构"我们擅长社交"公司创建的《数字2019》报告发现，2018年全球网民平均每天上网时间为6小时42分钟，其中社交媒体占据了人们上网的大量时间。在菲律宾，人们平均每天在社交媒体平台上花费4小时12分钟，而全球平均为2小时16分钟。报告称，在全球范围内，57%的人口现在使用互联网。网民的比例还在增加：2018年，有3.6亿多新用户使用互联网。③ 中国互联网络信息中心（CNNIC）第44次《中国互联网络发展状况统计报告》显示，截至2019年6月，我国网民规模达8.54亿，普及率达61.2%；我国手机网民规模达8.47亿，网民通过手机接入互联网比例高达99.1%，人均每周上网时长为27.9小时。④ 可见，包括互联网在内的传媒对人们工作和生活须臾不可或缺，媒介文化已经成为人们整体生活方式的组成部分。

新技术驱动的媒介文化成为"媒体奇观"，对政治、经济、社会等的影响几乎达到极致。"媒体奇观"是指"那些能体现当代社会基本价值观、引导个人适应现代生活方式、并将当代社会中的冲突和解决方式戏剧化的媒介文化现象，它包括媒体制造的各种豪华场面、体育比赛、政治事件"⑤。媒体奇观的概念是由道格拉斯·凯尔纳在法国理论家盖·德堡"奇观社会理论"的基础上，通过对当代美国社会文化的透视而提出的。凯尔纳认为，媒介文化不仅占据着受众日益增长的时间和精力，也为他们提供了梦想、幻象、行为、思维模式和身份认同的原材料。在当代社会，媒介文化已经成为人类经济、政治、文化和日常生活领域

---

① 蒋原伦主编：《媒介文化十二讲》，北京大学出版社2010年版，第29页。
② 蒋晓丽主编：《媒介文化与媒介影响研究》（上），四川大学出版社2007年版，第153页。
③ 《〈数字2019〉调查报告称　全球网民平均每天上网近七小时》，《参考消息》2019年2月4日第6版。
④ 《第44次〈中国互联网络发展状况统计报告〉发布　我国网民规模已达8.54亿》，http://www.xinhuanet.com/local/2019-08/30/c_1210262391.htm。
⑤ [美] 道格拉斯·凯尔纳：《媒体奇观——当代美国社会文化透视》，史安斌译，清华大学出版社2003年版，第2页。

的轴心势力。他在《媒体奇观》一书中,以"麦当劳构成全球消费文化奇观""乔丹和耐克构成体育文化奇观""辛普森杀人案和庭审构成超级奇观""《X档案》构成电视文化奇观""好莱坞化的美国总统政治"等为个案,具体分析了媒体在这些事件中的巨大作用。媒体通过自己的不断聚焦与传播,为个人或事物带上光环,引来受众的追随,在不断制造一个又一个神话及其累积基础上,形成了全社会的"热捧",并大肆挖掘人物与事件中消费与娱乐色彩,不断进行宣传、炒作,形成一个报纸、广播、电视、网络无所不在传播、流行的人物与事件,形成一种由媒体制造出来的"奇观"式的景象。在中国,典型的媒体奇观现象便是"超级女声"的热潮,创下了中国电视娱乐史上的传播奇迹。而在新闻传播领域,较为典型的便是各家媒体对杨丽娟事件的"全方位"报道,一时间沸沸扬扬,构成了"杨丽娟事件"的媒体奇观。① 媒体奇观不只是吸引眼球的商品推销,更是消费文化欲望和主体意识形态的双重再生产。媒体奇观不仅是特定的传媒内容产业的再生产,也是相关的社会文化体制的再生产,更是人们社会关系和文化认同的再生产。②

三、媒介文化的主要特征

(一)技术化

媒介文化较之文学、艺术等其他领域的文化类型,技术化特征极为显著,技术特别是新技术不仅是传媒发展的驱动力,更是媒介文化的助产士,传播手段的技术化和综合化成为媒介文化的重要特征。詹姆逊(亦译杰姆逊)认为,20世纪60年代美国新兴大众文化的一个特性就是"在技术上是先进的",而技术与大众文化有意识地相互联结,"导致我们称之为媒体或新媒体导向的文化一起出现"。③ 从技术层面看,生产力的变革成就了传媒技术的进步,市场观念和市场机制的确立导致了传媒生产关系的改革,促进了媒介文化的形态转化,使得媒介文化在文化生产中的中心地位被消解,导致媒介文化的"去中心化";使得博客、播客等自媒体拥有了信息拼贴的技术权利,导致媒介文化的"拼贴化";使得平民也有了参与媒体"投票"的可能,导致媒介文化的"平民化";使得传播

---

① 蒋晓丽主编:《媒介文化与媒介影响研究》(下),四川大学出版社2009年版,第475~476页。
② 周宪、刘康:《导论》,载周宪、刘康主编:《中国当代媒介文化研究》,北京大学出版社2011年版,第12页。
③ [美]弗雷德里克·杰姆逊:《晚期马克思主义》,李永红译,南京大学出版社2008年版,第155~156页。

媒介的主流已从印刷媒介转向电子和网络媒介,导致媒介文化的"图像化"。①

尼尔·波兹曼指出,"媒介是一种技术,在这种技术当中,文化得以成长;也就是说,媒介赋予文化的政治形式、社会组织形式以及思维习惯形式"②。媒介文化对媒介工具的依赖超过了以往任何一个时代,任何一种媒介文化的产生都与新的媒介形态的出现紧密相连,如互联网催生了网络文化,手机催生了短信文化,媒介文化的技术本质在新媒体时代毋庸置疑。③ 文化的发展要依靠传播技术的发展,但传播技术的发展也会摧毁一些文化,原因是某些文化不适合做传播技术的处理,例如文化中那些抽象的因素,比如思想、意义、形式的内涵等会被剥离出来。④

(二) 符号化

媒介文化的象征性是由文化的符号化和象征性决定的。美国文化学家 C. 吉尔兹认为,文化是"人类为了传达关于生活的知识和态度,使之得到传承和发展而使用的、以象征符形式来表现的继承性的观念体系"⑤。人类在生产劳动和社会生活实践中自由地创造了以语言为代表的象征符体系,从而摆脱了自然和生物学意义上的束缚。然而,这些象征符体系一旦形成也会具有相对独立性,作为能动的力量作用于社会。换句话说,由于象征符体系是作为"继承性的观念体系"来确立的,它通过形成文化秩序也会反过来制约社会生活和人的行为。文化符号体系的内容和含义是以社会合约的方式形成的,而它们一旦具有了这种共同性和统一性,就会对社会成员的行为产生约束作用,这种约束甚至是强制性的。作为文化之表现形式的象征符体系也并不是固定不变的。文化的象征化并不仅局限于消费领域,现代社会的政治领域、经济领域以及生活与娱乐领域也都充满了新的象征符以及新的象征意义。⑥

互文性成为当代媒介文化的重要特征之一,即意义并不存在于符号背后的现实之中,而是存在于符号之间的关系中。按照索绪尔的观点,符号由能指与所指构成,其意义取决于符号与其背后的实际事物之间的关系。而所谓互文性,是指符号的意义是由符号与媒介文本中其他符号以及其他媒介文本的符号之间的关系所决定的。也就是说,媒介文化的意义不再取决于符号背后的客观现实,而是取

---

① 蒋晓丽主编:《媒介文化与媒介影响研究》(下),四川大学出版社 2009 年版,第7~8页。
② Neil Postman, "The Humanism of Media Ecology", Keynote Address Delivered at the Inaugural Media Ecology Association Convention Fordham University, New York, 2000, June 16 – 17.
③ 乔沙:《试论新媒体时代媒介文化研究思维范式转变》,《今传媒》2015 年第 1 期。
④ 蒋原伦主编:《媒介文化十二讲》,北京大学出版社 2010 年版,第 6~7 页。
⑤ 转引自郭庆光:《传播学教程》,中国人民大学出版社 1999 年版,第 55 页。
⑥ 郭庆光:《传播学教程》,中国人民大学出版社 1999 年版,第 55~56 页。

决于媒介文本自身的互文性。鲍德里亚认为,符号或者图像经历了四个阶段:①它是对某种基本真实的反映;②它掩盖和篡改某种基本真实;③它掩盖某种基本真实的缺场;④它与任何真实都没有联系,它纯粹是自身的拟像。① 第四阶段则是鲍德里亚论述的焦点,符号根本不承载与现实的关系,也就是说,当下的媒介已经发生了根本性的变化,它已不再如传统的媒介那样被看作再现真实和社会交流的工具,而是在"内爆"中消解了本真的信念,由此产生了比真实还真实的"超真实"。② 超真实的形成过程也就是真实与非真实的内爆过程。鲍德里亚将内爆描绘成"一种导致各种界限崩溃的社会'熵'增加的过程,包括意义内爆在媒体之中,媒体和社会内爆在大众之中"③。随着超真实的降临,拟像开始构造现实本身。拟像不再是对某个领域、某种指涉对象或某种实体的模拟。它无需原物或实体,而是通过模拟来生产真实:一种超真实。④ 消费社会所产生的各种各样的符号,尤其是电视、广告等大众传媒所制造的符号世界,遮蔽了真正的现实。⑤ 国内学者潘知常等称之为"传媒类象",他说:"大众传媒所热衷的并非现实世界,而是虚拟世界,也并非现实世界的形象,而是现实世界的类象。这虚拟的类象最与梦境类似,本身也并不揭示任何真实的东西(因而反思能力就成为多余),而完全是欲望的象征。借助于它,生命可以不再经过理性的中介就直接得到满足,人们不必经过任何过程就能从类象本身获得所谓的意义,广告的形象就是意义,广播的话语就是意义,电视的画面就是意义,主持人的音容笑貌就是意义,如此等等。"⑥

(三)参与性

民主参与理论是在 20 世纪 70 年代以后随着社会信息化的发展和媒介集中垄断程度达到新的高度,出现在美国、日本和欧洲等发达国家的一种新的媒介规范理论,它要求大众传媒向一般民众开放,允许民众个人和群体的自主参与。随着互联网等新技术的普及和赋权,受众获得和分享了更多的媒介接近权和参与权。媒介文化是参与式文化,是受众参与新闻信息生产、传播与消费乃至社会公共文化而形成的,没有受众的参与就没有媒介文化。亨利·詹金斯提出的"融合文

---

① [法]让·鲍德里亚:《仿真与类像》,载汪民安等主编:《后现代性的哲学话语——从福柯到赛义德》,浙江人民出版社 2000 年版,第 333 页。
② 叶虎:《大众文化与媒介传播》,学林出版社 2008 年版,第 288~289 页。
③ 石义彬:《单向度超真实内爆——批判视野中的当代传播思想研究》,武汉大学出版社 2003 年版,第 266 页。
④ [美]道格拉斯·凯尔纳、斯蒂文·贝斯特:《后现代理论——批判性的质疑》,张志斌译,中央编译出版社 2001 年版,第 152 页。
⑤ 曾一果:《西方媒介文化理论研究》,学习出版社 2017 年版,第 184 页。
⑥ 潘知常、林玮:《大众传媒与大众文化》,上海人民出版社 2002 年版,第 164~165 页。

化",其核心理念就是"参与式文化",他指出,"参与"的概念与"互动"的概念有较大差别,互动是指"那些旨在对消费者反馈响应更为积极的新技术手段",而参与则是由"文化和社会规范影响塑造",相较于互动,参与的开放性更强,更少受媒体制作人员控制,更多的是由媒体消费者自己控制。[1] 参与性使受众成为媒介文化最重要的主体,也塑造了媒介文化的多元性与丰富性。具体而言,媒介文化的参与性体现在两个方面:一是受众在意义生产中的作用,二是社会意义上的受众参与,包括公共参与活动和消费参与活动。

首先,受众在媒介文化的意义生产中的积极作用。文本的意义产生于文本阅读的场所和时间。读者能够通过"协商式解读"或"对抗式解读"生产出与传者意图发生轻微意义变化甚至是完全背离的文本意义。[2] 以受众对网络新闻的解读为例,由于网络的互动特性,受众对网络文本的解读取得了前所未有的主动权。网络受众既是新闻的消费者,又是新闻的生产者,作者和读者重新结合。从隐性看,受众的每次阅读经历都是一个生产文本,赋予新闻以自己的意义;从显性看,受众参与网络新闻生产的途径越来越多。对照传统新闻,网络新闻中受众参与的特有方式主要有针对新闻的读者评论(附属评论或独立评论)、对新闻的重组转贴、自己发布新闻、互动参与新闻生产等。这些行动让受众有机会发出自己的声音,它们体现了受众自己的社会生存现实,同时又融入到新闻文本中去,成为开放的新闻的组成部分。[3]

其次,受众参与具有一定的生产力。今天的受众所做的早已不是单纯的消费文化产品中的意义。互联网时代的媒介文化是一种粉丝文化。"粉丝"来自英文"Fans",意为"迷",在中国,目前主要指某些明星(或平民偶像)、文化产品或品牌的崇拜者。[4] 美国学者约翰·费斯克认为:"'迷'是过度的读者,这些狂热爱好者的文本是极度流行的。作为一个'迷',就意味着对文本的投入是主动的、热烈的、狂热的、参与式的"。"着迷主要包含两种行为的特殊性:辨识力与生产力。大众文化迷在他们所着迷和不着迷的东西或人之间,画下了一道不可跨越的鸿沟"。"大众文化迷具有生产力:他们的着迷行为激励他们去生产自己的文本"。[5] 费斯克的这些论断,虽然主要针对大众文化迷,但也概括了粉丝的基本特点,即主动的、参与的、狂热的、具有生产能力的。仅以迷群制作的文化

---

[1] 毛湛文、李泓江:《"融合文化"如何影响和改造新闻业?——基于"新闻游戏"的分析及反思》,《国际新闻界》2017年第12期。
[2] 岳改玲:《小议新媒介时代的参与式文化研究》,《理论界》2013年第1期。
[3] 吴满意主编:《网络媒体导论》,国防工业出版社2008年版,第220页。
[4] 彭兰:《网络传播概论》(第四版),中国人民大学出版社2017年版,第338~339页。
[5] [美]约翰·费斯克:《理解大众文化》,王晓珏、宋伟杰译,中央编译出版社2001年版,第173~174页。

产品而言，围绕着漫画、动画等而涌现的迷，不仅生产着他们自己的"业余者作品"（比如同人志等），也对上述文化产品进行收集和分类，结成迷群，组织协会，进行角色扮演。这些迷甚至在跨国的层面实现协作，积极地为国外的动画、电影或者电视剧制作字幕，扫描和翻译漫画等。总而言之，参与式文化是一种新型的媒介文化，它跨越了消费与内容制造的鸿沟，带来了文化权力的结构性变化。一方面，大众获得了文化生产的权力，另一方面，媒介通过各种途径将受众生产的内容纳入商业化流通之中，从而在某种程度上消解了受众所获得的参与权力。①

（四）"全球本土化"

全球化是指"当代人类社会生活跨越国家和地区界限，在全球范围展现的全方位的沟通、联系、相互影响的客观进程与趋势"②。全球化肇始于经济领域，并由此向政治、科技、文化等领域扩散，其历史可以追溯到 18 世纪末 19 世纪初，是产业革命的直接后果。全球化既是资本主义生产方式不断扩张的逻辑结果，又是资本主义生产方式不断扩张或资本无限增殖的空间形式。③ 从政治经济学的观点来看，正在出现的后工业技术资本主义的新形式导致了以下两种互相对应的结局：政府影响力的削弱和市场影响力的扩展。跨国公司和统治集团结盟后力量的加强和民族国家及其附属机构力量的削弱。正如麦克斯·霍克海默指出的那样，任何人要讨论资本主义，就必须讨论全球化，如果不讨论资本主义的重构，就不可能对全球化进行理论化的阐释。技术和文化已经成为当今全球资本主义和日常生活的重要组成部分，其影响已经拓展到了人类政治、经济、社会和日常生活的各个领域中；与此同时，技术和文化相结合也形成了新的亚文化领域。④ 本土化是伴随着全球化进程一起出现的一种趋势和力量⑤。全球化与本土化是相辅相成的关系，如同硬币的一体两面。约翰·厄里认为，"全球化和地方化通过一种动态的、不可逆的关系被紧紧地捆绑在一起，因为有巨大的资源流被拖入其中，而且这种资源流在两者之间进进出出。在这种情形下，任何一方的不在场都会导致另一方失去在场的理由"⑥。不可忽视的是，近年来，以"9.11"

---

① 岳改玲：《小议新媒介时代的参与式文化研究》，《理论界》2013 年第 1 期。
② 俞可平：《全球化悖论》，中央编译出版社 1998 年版，第 75 页。
③ 任平：《交往实践的哲学：全球化语境中的哲学视域》，云南人民出版社 2003 年版，第 140 页。
④ ［美］道格拉斯·凯尔纳：《媒体奇观：当代美国社会文化透视》，史安斌译，清华大学出版社 2003 年，第 15 页。
⑤ 李庆霞：《全球化视域中的文化本土化研究》，《社会科学战线》2007 年第 1 期。
⑥ ［英］约翰·厄里：《全球复杂性》（中文版），李冠福译，北京师范大学出版社 2009 年版，第 19 页。

事件为标志，出现了"逆全球化"现象，如英国脱欧公投，近期美国推行贸易保护政策，引起全球范围内贸易摩擦加剧，欧美各国民粹主义盛行，等等。"逆全球化"是全球化发展负面影响特别是经济危机带来的反弹。如果说世界各国之间相互联系、相互影响是全球主义的话，那么，全球化就是全球主义程度的加剧，而"逆全球化"则是全球主义程度的减弱，无论是加剧还是减弱，全球主义是客观存在，世界的普遍联系和相互依赖不会终结。①

"全球化"与"本土化"之间的紧张关系构成了20世纪末文化地形图中的重要一角。媒介文化的全球化一般是指随着西方媒介文化产品在全球的普及，各地的媒介文化内容和风格都发生了相应的变化，西方制造的某一种文化成了一统天下的文化，而本土文化则渐渐从传媒中消失的过程。这一情况甚至"只有少数地方能够幸免"②，媒介文化的全球化借助媒体的全球化得以实现。比如迪士尼制作的动画电影《花木兰》取材于中国古代的《木兰诗》，可谓媒介文化全球化的代表。媒介文化的本土化是指在媒介文化的构成要素之中出现具有本土色彩的特征，使其能够有机地纳入本土文化并为本土受众所接受的一种媒介文化现象。③在全球不同文化相互借鉴、日渐融合的情况下，文化全球化无疑代表一种重要的方向。然而，弱势文化对优势文化的学习模仿的本土化过程也并非可以视而不见。实际上，文化本土化的例子在当今社会是普遍存在的，在发展中国家，这种现象更加普遍。近年来，《爸爸去哪儿》《奔跑吧，兄弟》等模式引进节目以超高收视率脱颖而出，不仅掀起"星爸萌娃""跑男团""撕名牌"等社会热议，并且引领了我国户外真人秀节目发展的新方向，成为电视业界公认的"现象级"标杆。从发展历程来看，我国电视行业的节目制作经历了从模仿、借鉴，到规范化版权引进，再到联合研发的各阶段，这一逐渐进化的过程，意味着我国电视行业在模式引进和本土化应用方面正逐渐成熟。④

全球化不仅给各个民族之间带来经济上和政治上的利益纷争，也引发了现实的文化冲突和理论上的文化争论。在全球化与本土化的争论与冲突中，出现了"全球本土化"（glocalization）的概念和理论，它是对全球化与本土化对立统一关系的恰当描述。在全球本土论的视阈中，我们被认为是"一个巨大的两重性过程的目击者和参与者，这个过程包含了特殊主义的普遍化和普遍主义的特殊化二

---

① ［美］罗伯特·基欧汉、约瑟夫·奈：《权力与相互依赖》（第3版），门洪华译，北京大学出版社2002年版，第274～275页。
② 陈龙：《媒介文化全球化与当代意识形态的涵化》，《国际新闻界》2012年第5期。
③ 蒋晓丽等：《奇观与全景——媒介文化新论》，中国社会科学出版社2010年版，第87～88页。
④ 蔡骐、唐亦可：《电视节目模式：在全球化与本土化之间》，《中国电视》2017年第3期。

者的互相渗透"①，这也是媒介文化的重要内容和突出特征。传媒的全球化传播既是全球化的动力，又是全球化的重要组成部分，"电子媒介和网络媒介的发展，不仅大大拓展了文化空间和社会空间，而且还改变了文化的生产和消费，使文化资源在全球范围内得以重组和整合"②。当今世界，不同文化间的联系日益紧密，各国文化间的界限也渐渐模糊，全球文化相互借鉴、融合，全球文化一体化的趋势日渐明显。媒介文化的本土性是交流和互动的前提，独立的话语体系和价值观念是一种文化与异文化进行平等对话和交流的前提。因为在跨文化交流中，总是会面临同化和被同化的两难抉择，只要保持自己的个性也就是本土性，才不至于在多种文化融合中丧失自我。③

四、传媒专业性：媒介文化的特殊形式与尺度

何谓新闻？什么是好新闻或不好的新闻？其标准并非来自记者个人的判断，而是来自社会特别是新闻业同行共同遵循的规范，这个规范虽然在不同社会或有差异，但其作为传媒伦理，在任何一种制度下都至关重要，因为它对新闻传播和社会发展发挥导航和基准的作用，而传媒伦理正是传媒专业性的核心所在，真实、客观、公正等专业规范是媒体处理和调整他与其他机构和社会的关系的基础。从文化角度看，传媒专业性（或新闻专业性）是特殊的媒介文化，是市场经济条件下普遍的新闻业职业准则和行为规范的来源，它不仅在欧美发达国家而且在世界范围已成为主流。新技术条件下传媒专业性仍然不可或缺，但其内涵与外延可能会有所改变，或者说需要重构。传媒专业性作为新闻从业者信奉的一套信念和文化，其核心是新闻客观性原则，其实质是专业新闻业与公众之间的社会契约，塑造了公众对媒体的期待，成为媒介批评的主要依据。传媒专业性作为媒介文化的特殊形式，也是衡量媒介文化（新闻文化）优劣的尺度和准绳。

从现代性角度来看，新闻专业性是现代性的构成部分，它是现代性存在的基础和前提。大众传媒是现代性动力机制的重要组成部分，在脱域的过程中发挥了重要的作用。媒介传播为现代性所建构，同时建构了现代性。④ 新闻业是大众传媒的重要组成部分，与现代性关系密切。新闻业属于现代社会专家系统的组成部分，其提供的是一种关于外部世界变动的真实信息能够及时获知的保障。作为专家系统的新闻业成为现代性的重要动力机制，为公众制造着"真相"。如塔尔德

---

① ［美］罗兰·罗伯森：《全球化——社会理论和全球文化》，梁光严译，上海人民出版社 2000 年版，第 144 页。

② 陆道夫：《多伦多传播学派媒介文化理论初探》，《学术论坛》2004 年第 2 期。

③ 蒋晓丽主编：《媒介文化与媒介影响研究》（上），四川大学出版社 2007 年版，第 292 页。

④ 马杰伟、张潇潇：《媒体现代》，复旦大学出版社 2011 年版，第 20 页。

认为新闻业与现代社会公众、民族主义、国际主义等概念的形成密切相关。① 作为专家系统，新闻业有其自身的职业理念，大约形成于 19 世纪 90 年代，其强调的要素包括"客观性理念、自由与责任观念、服务公众的意识以及自律和他律的原则体系"。② 在舒德森看来，在整个 20 世纪，美国新闻业已经形成了以客观性为核心的新闻专业主义理念。这种理念以"新闻自由"的思想基础来调整政府和报刊的关系；以客观性原则和社会责任论来调整经济利益集团与报刊的关系，"使报刊能真正成为负责任的公共传播者"。而在国有化媒介体制中，真实性被看作专业新闻业的生命，因为一旦这种体制中的新闻传播被证伪，就会动摇该体制中媒体的公信力，进而影响到体制本身的合法性。③

客观性原则是新闻专业性的核心，目的是追求真相。客观和真理是现代性的基本理念，源于科学和理性。启蒙运动中发展起来的科学取代宗教在现代社会占据了统治地位，科学及其实验方法不但是自然科学的准则，而且建构了人文科学和社会科学的规范，人们相信科学的客观中立性是真理的保障，也是人文社会科学获得真相的保证，这种客观性基于科学的实证主义，将主观与客观完全分离，强调客观性不能掺杂任何主观性，否则就是不客观的，也是不科学的。正如历史学的客观性要求事实与意见分离，新闻业的客观性要求把报道（事实）与评论（意见）分开。现代性所推崇的科学和真理尤其是客观中立性，到了 20 世纪中期尤其是六七十年代则受到后现代主义的解构，研究证明，自然科学并不是客观中立的，人文社会科学尤其如此，客观中立性（或科学性）不能成为真理的保障，后现代主义甚至否定真理存在的可能性，从而形成了现代性危机。

新闻专业性危机源自现代性危机。人们发现，新闻专业性所追求的"客观性"是一种神话。从传媒符号学角度看，新闻价值标准是一种符码体系，为了建构和形成作为新闻事件的意义，记者往往有意或无意地运用了这些标准，其后果之一必定是新闻的"客观性"成为新闻话语的神话意义，而支撑新闻工作者职业活动的新闻假设制造了这一神话意义。由于记者用普遍的新闻价值符码和各自报纸特有的符码叙述新闻，他们制造的新闻话语就不能成为理解新闻的"自然"方法或对事实的"客观"描述。格拉斯哥媒体集团指出，新闻是由商业结构、意识形态结构和符号结构共同制造、形成的。这并非指责记者的"偏见"和曲

---

① ［法］加布里埃尔·塔尔德：《传播与社会影响》，何道宽译，中国人民大学出版社 2005 年版，第 215、235、236 页。

② 吴飞：《新闻专业性研究》，中国人民大学出版社 2009 年版，第 29 页。

③ 胡翼青：《后真相时代的传播——兼论专业新闻业的当下危机》，《西北师范大学学报（社会科学版）》2017 年第 6 期。

解，因为这一指责假定必然存在着一种"公正"的新闻报道。① 新闻专业性危机作为现代性危机的组成部分，其表现为对专家系统的信任危机。后真相时代的专业新闻业正面临前所未有的危机，其特征表现为：一方面，被原有社会秩序规定的真相界定者和界定方式正受到公众前所未有的质疑；另一方面，公众与真相提供者之间原本较为稳定的契约关系变得飘忽不定。② 吉登斯认为现代性的两类专家系统都依赖于信任，"现代性制度的特征与抽象体系中的信任机制（特别是专家系统中的信任）密切相关"。③ 而现代性的风险正是来源于这种信任的瓦解。吉登斯认为信任是"对一个人或一个系统之可依赖性所持有的信心"。作为专家系统的新闻从业者构筑了现代社会他者信息的主要来源。新闻职业精神内在地构成了新闻从业者的理想行动标准。这种职业道德准则形成了专家系统可信赖性的基础，"职业道德准则构成了内在地驾驭同事或同道间的可信任性手段"。④ 传递性经验的失真会导致脱域机制中信任的丧失，进而造成个体的焦虑。新闻业这一专家系统遭遇信任危机，将会引起现代性社会信息系统的混乱。因此，新闻业需重视其作为专家系统的专业性，重塑公众对传媒业的信任。⑤ 一句话，新闻专业性危机作为现代性危机的表现，其本质在于客观性危机。

对现代性危机的回应主要有两种态度：一种是后现代主义的态度，否认真理的实在性，"此一是非彼一是非"，以致落入相对主义而无事实可言的陷阱；另一种是唯物史观，承认真理的实在性和相对性，认为客观存在决定社会意识，真理作为社会意识源于社会存在，人们通过社会实践可以获得相对的真理。我们认同唯物史观的态度，这并不是出于实用主义的需要。就客观性而言，传统的客观性建立在纯客观的实证主义基础之上，当年新闻的客观性报道与新闻专业主义作为应对党派新闻危机的解决方案强调排除主观偏见。⑥ 今天的新闻客观性的基础需要重塑，以应对当下以新的党派化和民粹主义趋势为特征的专业新闻业的危机。理智的人类离不开科学和理性，科学在后现代社会仍然占据中心位置并发挥重要功能，但当代科学的基础不再是绝对的实证主义，科学的客观中立性并不排斥主观性。为了继续发挥新闻业的求真价值，作为新闻专业性核心的客观性的哲

---

① ［英］乔纳森·比格内尔：《传媒符号学》，白冰、黄立译，四川教育出版社2012年版，第69页。

② 胡翼青：《后真相时代的传播——兼论专业新闻业的当下危机》，《西北师范大学学报（社会科学版）》2017年第6期。

③ ［英］安东尼·吉登斯：《现代性的后果》，田禾译，译林出版社2014年版，第73页。

④ ［英］安东尼·吉登斯：《现代性的后果》，田禾译，译林出版社2014年版，第75页。

⑤ 吕云虹、许同文：《后真相时代作为专家系统的新闻》，《青年记者》2018年第30期。

⑥ 李飞：《数字时代新闻生产面临挑战与危机》，《社会科学报》2018年6月21日第6版。

学认识论基础需要在马克思主义理论指导下从以下几方面进行重构：①世界及其存在于世界中的事物、事实是可知的，人类具有认识世界的能力。②语言（文字、图像等符号）作为中介物能够帮助人们达到语言以外的客观实在，其中一些语言能够保证人们对事物、事实认识的准确性。③人们有辨别真与假的能力，人们有能力为新闻从业者和社会大众构建辨别真假的准则。④客观性是主体与客体的互动，客观性包含主观性。也就是说，客观性应向社会开放，客观性的形成不再是少数专业精英的权力，而是包括社会大众在内的所有人、组织、团体共同参与并经过辩难的结果，衡量各方叙述或言论正确与否的标准是其准确性与完整性。

新闻客观性作为新闻专业性的核心虽然存在种种弊端，但并未失去价值和作用。舒德森在批判既有客观性规范弊端的同时，并没有否定客观性的价值。正是因为不可能做到客观，才更应当将客观性而非主观性作为新闻业的追求："客观性成为人们认识世界的普遍而有效的标准，它建立在事实和价值完全分割的基础上。……它最终表达的不是对事实的信任，而是声明为一个连事实都不能相信的世界设计了一个方法。"[①]有学者指出，"从新闻传播的实际出发，客观原则的限度，就是达到客观报道的规范要求，即如果一则新闻报道达到了专业标准或规范，就被认为是客观的。专业标准和规范是专业领域的共识，是共有性的，而非私人性的，是历史经验的总结和概括，必然是一定认识水平的表现，是主观限度内的客观标准。无疑，客观报道的标准也会随着新闻传播本身的发展而变化"[②]。从认识论角度看，"客体的现象是其本质的各种各样的外部表现，是能被人的感觉器官感觉到的客体的外部联系或表现形态"[③]，而事物的本质则可以通过理性认识的方式加以把握。新闻传播是以新闻方式认识世界的活动，它能够以自己的方式达到对认识对象的客观反映，这就是借助新闻客观性的理念和方法再现新闻事实，人们就能够达到或接近"真相"。[④] 新闻传播者要获得真相并非一蹴而就，必须经过去粗取精、去伪存真的认识实践过程。我们固然不能把传媒所叙述的与事实混为一谈，但不同的媒介文本中必然有最接近事实的，这就是遵循新闻客观性原则和方法的媒介叙事，不妨称之为"真相"。也就是说，符合事实的新闻（报道）叙事就是"真相"，不符合事实的则是"假象"（假象是对事实的扭曲反映），而判断新闻叙事是否符合事实的标准就是新闻客观性，因为新闻客观性既是历史形成的规范，又是新闻传播业与社会达成的共识。所谓"真"不限于个

---

① ［美］迈克尔·舒德森：《发掘新闻：美国报业的社会史》，陈昌凤、常江译，北京大学出版社2009年版，第110页。
② 杨保军：《新闻真实论》，中国人民大学出版社2006年版，第173页。
③ 文援朝：《超越错误》，中南工业大学出版社1995年版，第51页。
④ 杨保军：《新闻真实论》，中国人民大学出版社2006年版，第171页。

人的经验，而是一定带有社会属性，按照约定俗成的社会标准才会产生"真伪"的问题，即符合社会给定标准的就是"真"，否则便是"伪"。对传媒业来说，新闻客观性就是这样的社会标准，也是构建媒体与受众信任关系、实现传播信任机制的基础与保障。即便在后真相时代，"真相"仍然有其价值和意义。"后真相"并不是没有真相，只是少数人控制了真相，形成了不利于真相传播的环境，最终形成社会操控和迷失。"后真相"包括三种情况：假消息、情绪化新闻和过多的碎片化信息导致寻找真相困难。其中的情绪化表达是关键。情感是价值观的体现，价值观是行为背后的驱动力和规则。罗素认为，所有人的行为都来自欲望驱动，欲望就是价值观。但价值观有善恶之分，需要引导；尽管真相难寻，社会也还是需要真相，要形成新的传播规范，防治"后真相"的弊端。①

基于客观性的新闻专业性规范在传统媒体时代是在特定机制安排下产生、形成并受其制约的，存在种种弊端，但不能因此而放弃新闻专业性，否则无异于放弃新闻传播业本身。新媒体时代，新闻专业性作为知识建构，其规范及机制需要变革与创新，即通过重塑客观性原则，以更加建设性的方式追求真相，服务公共利益。近年来，在海量信息真假难辨、用户难以完成高品质内容生产等现实情况下，网络信息传播也开始呈现专业化、权威化的趋势，只是专业和权威群体的结构与大众传媒时代相比有所差异。博客、播客、SNS等应用形式不断造就着各类"网络红人"，他们在"被消费"的过程中逐渐扮演把关人和舆论领袖的角色；掌握了信息技术和网络传播规律的政府和媒介机构正通过电子政务、在线选举、App 应用等方式加强和扩张其影响力。② 当精英们熟练地运用这些新媒体应用时，仍然会形成"社会化权威"，从而打破最初所营造的"平等"的局面。③ 如安德鲁·查德威克所指出的那样："技术本身可能为权力转移提供机会，但是，这需要互联网之外的权力制度资源的配置。"④ 在人人都有麦克风的新媒体时代，新技术打破了职业媒体人对专业权力的垄断，加强了非专业人士的传播权力，同时也弱化甚至消解了传播权力所应有的社会责任，因此，新闻专业性的重构应以新闻客观性重塑为基础，并重建包括媒体机构在内的信息传播从业者的社会责任，以恢复传播权力与社会责任的再平衡。

---

① 刘笑盈、董超：《关于当代媒体发展的十三个解释》，《新闻战线》2019 年第 17 期。
② 王润珏：《媒介融合的制度安排与政策选择》，社会科学文献出版社 2014 年版，第 166 页。
③ Matthew R. Auer, "The Policy Sciences of Social Media", *The Policy Studies Journal*. 2011, 39 (4).
④ ［英］安德鲁·查德威克：《互联网政治学：国家、公民与新传播技术》，任孟山译，华夏出版社 2010 年版，第 30 页。

第二节　媒介文化的功能及形成机制

传媒生产的与其说是图书、报刊、节目等产品，不如说是"意义"，即媒体通过"意义"的生产、流通和消费来建构或定义现实，为受众提供信息和价值判断的参照和标准。媒介环境中存在着三种不同的现实，"第一种是现实的客观现实，指我们生活在其中的现实世界。第二种现实是媒介现实，指媒介所呈现出的事件情景。第三种现实是受众现实，指受众通过媒介获得的对客观现实的认识。而且，从认识论的角度来看，媒介现实具有双重性：一方面，对于传播者而言，媒介现实是传播主体对客观现实的认识，它反映了传播者的主观现实；另一方面，对于受众而言，传播中经过符号化的媒介现实，大都是他们无法亲身感知的现实世界的他人经验，是相对于受众主体的客观现实"①。媒介文化具有建构性和参与性两种性质。就建构性而言，大众传媒"提供给人们的现实不是我们所处的真正的现实，而是经过媒介营造的'媒介现实'，它的权力就在于它有权对现实进行选择'过滤''加工'，然后再以自己所喜好的单项'流通'的方式'灌输'给广大受众"②。就参与性而言，媒介建构的现实只有受众参与并接受或消费之后才能成为现实，否则就只能是可望而不可即的"海市蜃楼"，比如媒介的经济功能就是在受众参与意义消费的基础上才能实现。

一般而言，媒介文化对政治、经济、社会等各方面具有相当大的影响与作用，分别表现为意识形态功能、经济（商业）功能和社会功能。具体而言，媒介文化成为政治权力、经济权力（资本）和社会权力的工具，又是不同权力相互博弈的场所。有研究认为，表情包在互联网时代广为流传并在信息战中发挥了重要作用，成为信息操纵者的工具。表情包让信息不再单纯是枯燥的文字，而在某种程度上转化为图像和声音，却无需传递者之间真正展开互动。表情包在政治沟通过程中尤为实用，因为它能够利用容易理解的碎片化信息表达复杂的思想含义。最近的一项研究将参与式文化、网络、表情包、虚拟机器人和战略框架作为信息操纵者最常使用的五大工具。③ 与此同时，媒介文化又是不同力量博弈的场域。按照布尔迪厄的观点，"在高度分化的社会里，社会世界是由具有相对自主性的社会小世界构成的，这些社会小世界就是具有自身逻辑和必然性的客观关系的空间，而这些小世界自身特有的逻辑和必然性也不可化约成支配其他场域运作

---

① 张克旭、藏海群、韩纲、何婕：《从媒介现实到受众现实——从框架理论看电视报道我驻南使馆被炸事件》，《新闻与传播研究》1999 年第 2 期。

② 鲍海波：《新闻传播的文化批评》，中国社会科学出版社 2002 年版，第 40～41 页。

③ 《表情包：含义很琐碎　作用不简单》，《参考消息》2019 年 1 月 11 日第 12 版。

的那些逻辑和必然性"①。这些"社会小世界"就是各种不同的"场域",场域是一个充满权力争斗的系统,媒介文化就属于这样的场域。传媒作为不同权力博弈的场域,其参与实践及其不同的影响或后果,如网友随手拍解救乞讨儿童、郭美美网络炫富引发中国红十字会的信用危机等,既可以为善,也可以为恶,构成了媒介文化影响的张力和内在悖论。

一、媒介文化的主要功能

(一)意识形态功能

媒介文化具有显著的"意识形态化"特征,即具有广泛推行社会价值规范和建构社会价值意识的意识形态功能。媒介文化与意识形态相互建构,确实难以做严格的区分,但媒介文化不等于意识形态本身,因为媒介文化是通过话语实践推行价值观和意识形态,同样的媒介话语之中可能包含着多样化的意识形态,而且并非所有的文化都具有意识形态性。意识形态是一种认识现实和社会的方法,它假定某些思想不言而喻是真实的,而其他思想明显是有偏见的或不真实的。意识形态总是由社会中的一个团体或几个团体的成员共同拥有,但一个团体的意识形态与另一个团体的意识形态之间会产生矛盾,而媒介文化总是为主流意识形态服务的,意识形态和权力斗争是媒介文化的核心概念之一。有学者指出,"当我们批评这个时代具有一种实用主义、犬儒主义、消费主义、娱乐至上的社会风尚时,大众传播媒介是需要承担许多责任的。因为在今天这样一个媒介时代,媒体霸权不但会把某种意识形态强加于人,也会把人们心目中处于模糊状态的价值观念捕捉、固定、放大,并让它参与到意识形态的再生产之中。此种意识形态似乎取之于民又用之于民,但实际上却成为一种巨大的宰制力量,成为一种控制的新形式"②。

所谓媒介文化的意识形态化,就是传媒在"意义"的生产、传播与接受的过程之中,按照特定的观念或价值标准,把偶然的变为普遍的,一般的变为特殊的,重要的变为不重要的,或者把不重要的变为重要的,把非正常的正常化,赋予不同的对象以不同的意义,从而起到价值引导和意识形态作用。例如,媒体对所谓"黑客"意义的塑造就表现了这样的特点,本来"黑客"指"骇客",即那些拥有特别计算机技能的人,但媒体在政治、经济等不同力量的推动下,通过把大量计算机攻击事件与"骇客"联系起来,逐渐把中性词汇的"骇客"变成了带有贬义色彩的"黑客",并被社会和人们广泛接受。媒体舆论谴责个人层面的

---

① [法]皮埃尔·布迪厄、[美]华康德:《实践与反思:反思社会学导论》,李猛、李康译,中央编译出版社1988年版,第341页。
② 赵勇:《大众媒介与文变迁:中国当代媒介文化的散点透视》,北京大学出版社2010年版,第336页。

"黑客",而将各国政府名副其实的"黑客"行为冠以"红客"或"网络战"之名,其背后是政治、经济、社会的统治权力要将计算机技术发展纳入符合统治者利益的社会主流文化而不是计算机爱好者的掌控之中。意识形态再现了日常生活中权力关系的意义符号体系,它通过将个人吸引到某种社会秩序之中并认同某种社会角色来维持人们的社会归属需要。①

媒介文化何以具有意识形态功能?从符号学角度看,索绪尔认为我们对现实的认知和理解是由我们所使用的单词和其他符号建构的。语言符号和视觉符号有传达事实的外延和标记功能,同时还具有"内涵"(connotation)。罗兰·巴特将这种符号与其内涵共生而形成特殊信息的社会现象称为"神话"的制造。这里的神话并非指通常意义上的传统故事神话,而是指被建构来为文本读者或观众传送特别信息的关于人群、产品、地点和思想的思考方法。媒介文本通常将一种所指思想与另一所指思想联系起来,或者将一个能指和另一个能指联系起来以为人和物附加内涵,赋予其神话意义。这种联想以两种方式产生作用,一是"隐喻"(metaphor),即使一个所指和另一个不同所指显得相似;另一种是"转喻"(metonymy),即用一个所指代替另一相关的所指。神话把握了一个现有的符号,使其在另一层面上成为一个能指。神话不只是一种单纯的语言,而且是利用现有符号及其内涵有意使它们担当起一种特殊社会角色的语言。巴特以法文杂志《巴黎竞赛》的封面为例,封面上有一张照片,一位身着制服的黑人士兵正在向一面法国国旗敬礼。能指,也就是照片中的形状和颜色,很容易被认为是意义丰富的像似性符号,传递的信息是"一位黑人士兵正在向法国敬礼"。但这张照片还有其他意指之外更深刻的表意。一系列已经有其意义的像似符号("一位黑人士兵正在向法国敬礼")成为曲解一条重要社会信息的基础:法国的帝国主义统治是公正的和人人平等的,这一社会信息就是神话。巴特认为神话是为社会中一个特殊团体即"资产阶级"的意识形态利益服务的。尽管社会的现有状况有时可以通过武力来维持,但通过消解对立和非主流的思考方法来保持其稳定性是最为有效和方便的,其方法就是使现行的社会信仰体系,也就是"主流意识形态",显得自然、合理和必要。② 费斯克与哈特利认为,某种文化的内涵与神话是其意识形态的显性符号(manifest signs),不同的内涵与神话合在一起形成某种协调的类型或整体的意味,也就是说它们可以"讲得通",而这就证明存在某种隐而不彰的、潜在的组织化原则——意识形态。③

---

① 叶虎:《大众文化与媒介传播》,学林出版社2008年版,第298页。
② 参见[英]乔纳森·比格内尔:《传媒符号学》,白冰、黄立译,四川教育出版社2012年版,第13~14、17、19~20页。
③ [美]约翰·费斯克等编撰:《关键概念:传播与文化研究辞典》(第二版),李彬译注,新华出版社2003年版,第261页。

第五章　融合时代媒介文化的嬗变

对媒介文化意识形态功能的深入分析，必然提出这样的问题：媒介文化建构了什么？突出了什么？又遮蔽了什么？是谁或是什么力量在操控媒介文化？意识形态掩盖或转化人们对社会现实的真实面貌以及各种社会群体之间的利益矛盾的认识和体验，成为建构和再生产社会现实的一种有效方式。道格拉斯·凯尔纳对海湾战争媒介报道的分析与批判堪称经典。凯尔纳认为海湾战争是一场电视战争。在美国，观众对这场冲突所形成的主要感知，是通过电视屏幕，而不是凭借任何其他的媒介。凯尔纳对绝大多数的电视报道采取了批判的态度，提出这些报道具有霸权性质，因为这样做重新肯定了一场无缘无故的战争。他并不是说电视报道是各主导性群体的一种被动工具，而是说媒介报道是由社会斗争的一种领域建构的。媒介基本上能使主导性的社会群体的行为合法化，并排斥各种异己的声音。但是，在制度内部，在越南文化遗产和原先强劲的和平运动方面，媒介策略仍然需要面对各种批判的声音。凯尔纳提出的批判性问题是：公共领域是怎样允准杀害了大约 243000 伊拉克人这一武力的使用？在为军事上使用武力寻找理由时，电视媒介没有履行其民主责任，告知民众所面临的风险、可能出现的后果以及谁是战争最终的受益者。电视媒介在意识形态方面利用了一些通俗的习语和文体、纵容种族主义参照系、袒护谎言和未经适当途径加以证实的声明。这些策略主要聚焦于萨达姆·侯赛因的个体化的邪恶、宣传未经充分核实的关于伊拉克恐怖暴行的事例，以种族主义的眼光反映残虐的阿拉伯人并将其他的视点边缘化。然而，美国轰炸一开始，各主要的意识形态焦点就移向西方技术的强大。美军干净利索的技术攻势与伊拉克对以色列不分青红皂白的飞毛腿导弹攻击形成了鲜明的对比。美国的炸弹被表现为总能击中目标，而且击中的往往是物体而不是人。当时人们普遍感觉到，这会使人的苦难降低到最低限度，其目的只是为了迫使伊拉克撤兵。电视影像与这种策略配合默契，因为电视很少报道由于美国的轰炸而直接造成的环境破坏和人类的罹难。人们纷纷谴责的对象就是萨达姆·侯赛因。这些意识形态和非理性的机制被用来排斥更广泛和更具批判性的公众论辩。比如，乔治·布什将侯赛因描述为魔鬼的化身，使得这次冲突演变为一场善与恶的战争，压制了对各种有关具体利益的分析。将这次冲突构建为一场两个领导人之间的意志之争，这避开了这场战争的正义性以及必须服从的目的等批判性问题。在粗糙的守旧观念和美国为保护其经济利益的需要这一祭坛上，牺牲了各种公开的和理性的公众论辩的观念。那么，媒介缘何如此热情地支持这场战争呢？在凯尔纳看来，答案在于军事和政治集团之间的联盟以及在整个 20 世纪 80 年代里根政府和布什政府维持的大财团的利益。媒介支持这场战争是由于自由化政策的直接结果和媒介产业中公益服务义务的衰落。电视网络的系统性失控，导致了联合大企业的兼并。这在海湾战争期间是十分重要的，因为在军事和媒介之间存在着盘根错节的利益关系。美国通用电力公司拥有全国广播公司这一电视网，1989 年从与军方的协议中获利 90 亿美元。所有制的混合型意味着传播海湾新闻的各个公司也制造了具有同样杀伤力的武器。媒介支持这场战争的另一个主要原因,是军方和政府严密地控制了信息。在海湾的新闻记者被组织为各个军事小组,仅被带到事先经过选择的地方采访,那些对这场战争持批判态度的新闻记者被拒绝进入战地采访。由于信息不灵通,无法进入战地,加之受到政治精英们的威胁,导致了被动媒介的形成。操纵明显体现于对公共领域的控制,这种操纵极尽所能使大多数美国人相信这场战争是值得打的,民意也因而随声附和。① 赵月枝曾对中国报纸关于"入世"的话语表达进行了实证分析②,也颇有代表性,这里就不详述了。

(二) 经济(商业)功能

媒介文化作为大众文化和消费文化具有典型的商业化特征。媒介文化作为媒介经济,或者说媒介文化的经济功能,主要体现在两个方面:一是媒介文化作为商品被生产、流通和消费,二是媒介文化反过来促进消费,是推动消费文化的重要因素。在市场经济条件下,出现经济文化一体化趋势,传媒及其产品成为重要商品,生产的工业化和消费的商业化推动传媒发展成为重要的文化产业。后现代主义的代表人物詹姆逊肯定了大众文化所具有的商品性质和经济性质:"大众文化产品和消费本身——与全球化和新的信息技术同步——像晚期资本主义的其他生产领域一样具有深刻的经济意义,并且完全与当今普遍的商品体系连成一体。"③ 媒介文化在某种意义上是消费文化的同义词。消费社会的消费文化就是"为消费行为寻找意义和依据的文化,是刺激消费欲望或制造消费欲望的文化"。④ 大众传媒对消费主义文化的迅速蔓延"功不可没",其中广告的作用尤为重要。广告大量充斥着电视、广播、报纸、网络等各种类型的媒体,不停地诱导人们消费什么、怎样消费,不停地在制造、激发和引导受众的消费欲望。而在各种媒介节目中,如综艺节目、偶像剧等也宣扬着消费的快感。这样的传播赋予了商品越来越丰富的符号意义和象征意义,将消费文化传播、扩散、深入人心,几乎将所有人都卷入其中,形成全社会大众化的消费生活观念与消费方式,进而发展成为一种具有强大渗透力和控制力的消费主义意识形态力量。⑤

---

① 参见[英]尼克·史蒂文森:《认识媒介文化——社会理论与大众传播》,王文斌译,商务印书馆2013年版,第291~293页。

② 参见赵月枝:《"入世":全球化、强国梦与中国报刊关于WTO的话语》,载赵月枝:《传播与社会:政治经济与文化分析》,中国传媒大学出版社2011年版,第210~225页。

③ [美]弗里德里克·詹姆逊:《文化转向》,胡亚敏译,中国社会科学出版社2000年版,第140页。

④ 蒋原伦主编:《媒介文化十二讲》,北京大学出版社2010年版,第25页。

⑤ 蒋晓丽、石磊:《传媒与文化——文化视角下的传媒研究》,华夏出版社2008年版,第242页。

社会商品生产的重点如今已经转变为以消费为推动力的对符号和奇观的生产，奇观生产的逻辑逐渐取代了商品生产的逻辑。① 道格拉斯·凯尔纳认为，新闻媒体总是热衷展示事件中的"冲突"和"解决冲突的方式"，这是媒体中的一种"奇观化"现象。而奇观化运作则是媒体市场化的结果。市场推动了当代中国新闻改革的进程，它引导着新闻媒体由"官办官看"重新回归到社会传播领域，同时它也将市场经济法则引入了新闻媒体行业。② 于是新闻媒体纷纷开始追求新闻的"卖点"，以吸引更多受众，谋求更多利润。在居伊·德波看来，奇观已经取代了商品的地位，成为奇观社会的经济运行的中心。③ 以互联网为基础的新经济将奇观作为商品销售、再生产、流通和促销的主要手段之一。媒介文化也在产生和扩散更多的以精密技术为基础的奇观来吸引观众，增加媒体的利润，提高媒体的吸引力。媒体奇观成为发展"娱乐经济"或者"体验经济"最有力的媒介，通过奇观的制造，社会中的各经济部门都能在公众的娱乐消费中获取巨额利润，《超级女声》无疑是一个最好的例子。

（三）社会功能

媒介文化的社会功能主要表现在两个方面：①从宏观层面看，现代社会是依赖媒介的社会，传媒作为社会生活的重要组成部分，在相当程度上支配着社会生活。随着媒介社会化和社会媒介化程度的加剧，人们离不开各种传媒，同时又深受传媒的制约和影响。②从微观（个体）层面看，传媒深度介入和参与了人的社会化和身份认同的建构过程。

从宏观层面看，媒介在大众社会中所产生的作用一直是人们评论媒介是非功过的焦点。欧美社会从传统向现代的过渡是在19世纪和20世纪之间完成的，以工业化、都市化和现代化为标志。工业化、都市化和现代化的历史过程在社会实践层面上形成了大众社会这一概念，大众社会不受非正式社会义务的约束。按照法国社会学家涂尔干的观点，在传统联系的削弱、理性观念的发育和社会分工的专业化这三个基础上所形成的无数松散个人组成的社会被叫作大众社会。在大众社会中，个人与周围社会秩序的关系是通过媒介的中介作用来加以确定的。④ 大众传媒把不在场的东西呈现给受众，打破了交流"在场的有限性"。既然面对的是一种"不在场"，人们只有借助媒介来了解信息和理解意义，面对面的直接经验被一种中介化或媒介化了的间接经验所取代。⑤

从微观层面看，媒介文化在人的社会化过程中起着越来越重要的作用。从社

---

① 蒋原伦主编：《媒介文化十二讲》，北京大学出版社2010年版，第136页。
② 赵辉：《都市报：中国报业最有意义的改革》，《硅谷》2008年第15期。
③ ［法］居伊·德波：《景观社会》，王昭风译，南京大学出版社2006年版，第5页。
④ 参见陈卫星：《传播的观念》人民出版社2004年版，第68~70页。
⑤ 石磊：《新媒体概论》，中国传媒大学出版社2009年版，第76页。

会学来看，社会化是指"作为个体的生物人成长为社会人，并逐步适应社会生活的过程。经由这一过程，社会文化得以积累和延续，社会结构得以维持和发展，人的个性得以形成和完善"①。社会化贯穿人的一生，是一个持续不断的过程。要实现这一过程，有两个必要条件，其一是生物基础条件，包括人的语言能力、思维能力、学习能力等；其二是外界社会环境，即影响和作用于个体思想观念、心理特征和行为方式的全部社会因素。在这一系列的社会因素中，大众传播媒介扮演了极为重要的角色。在这个报纸、电视、网络、手机等传播媒介无孔不入的时代，人们生活的家庭环境、工作学习环境、社会环境无一不被媒介文化打上了深刻的烙印，这对人的社会化过程中价值观、人生观、世界观的形成和改变都将产生重要影响。② 总之，人的社会化即对身份的认同与建构不是自然而然形成的，也不是一成不变的，传媒在社会和自我身份认同的构建过程中扮演了极为重要的角色，媒介文化的一个重要功能就是对身份认同的建构，其中新闻更是一种具有鲜明立场的认同力量与整合能力，从而为人们提供一种稳定而又充实的认同性，一种现代自我的规范与参照力量。③ 从后现代角度看，随着现代社会的步伐扩展和复杂化的加速，认同性变得越来越不稳定，越来越脆弱。在这种情况下，一种被社会尤其被主流社会、主流文化、主流价值观确认和认可的需求在个性化张扬的人们的内心变得更为强烈。在文化研究者看来，媒介文化提供了构成人的世界观、行为甚至认同性的材料。普通大众为寻求认同性的稳定安全感，常常会不加批判地服从媒介文化指令，倾向于将自身"主流化"，与那些占据统治地位的时尚、价值观和行为等保持一致。④

二、媒介文化的形成机制

（一）作为权力工具的媒介文化

1. 政治力量对媒介文化的控制

政治权力通过控制传媒来控制媒介文化，成为媒介文化的主要控制力量，同时传媒及媒介文化又是政治的延伸。政治因素对媒介文化的生产与传播的控制非常明显甚至是直接的，世界上所有国家都通过法律法规、政策等实现对媒介文化的控制和规范，各种政治力量也力图通过媒介文化来显示自己的存在并施加影

---

① 郑杭生主编：《社会学概论新修》，中国人民大学出版社2000年版，第105页。
② 参见蒋晓丽主编：《媒介文化与媒介影响研究》（下），四川大学出版社2009年版，第155～157页。
③ 参见蒋晓丽主编：《媒介文化与媒介影响研究》（下），四川大学出版社2009年版，第433～434页。
④ ［美］道格拉斯·凯尔纳：《媒体文化——介于现代与后现代之间的文化研究、认同性与政治》，丁宁译，商务印书馆2004年版，第3页。

响。施拉姆在《报刊的四种理论》一书中集中阐释了各国政府对报刊的四种控制模式：集权主义模式、自由主义模式、社会责任模式和苏联共产主义模式。阿特休尔认为《报刊的四种理论》中所提到的分类是"冷战"时代的产物，如今已不适用，他在《权力的媒介》一书中，把传媒与政府的关系划分为三种类型，并称之为"三个乐章"：一是市场经济的乐章，大致包括发达或次发达资本主义世界；二是马克思主义乐章，大致指信奉马克思主义的社会主义国家；三是进步中世界乐章，大致为第三世界或发展中国家。在这种划分的前提下，阿特休尔指出，无论过去还是现在，新闻媒介都没有展现出独立行动的图景，都是为那些所有者和经营者的利益提供服务的，因此，传媒在任何领域都是政治、经济权力的代言人。[①]

美国国防部、中情局与好莱坞之间组成"成功而致命"的宣传同盟，五角大楼帮好莱坞赚钱，好莱坞反过来帮助这部残忍的美国战争机器展开有效宣传。美国有着全世界最高额的军事预算，支出超过 6110 亿美元，远超世界其他国家。美军还可以随意使用全世界最成功的宣传机构——好莱坞。自从 1927 年合作完成获得第一届奥斯卡最佳影片奖的《翼》以来，美军利用好莱坞在 1800 多部电影和电视剧中打造自己的公众形象。好莱坞反过来在电影和电视剧中利用军事装备赚得盆满钵满，如《孤独的幸存者》《菲利普船长》乃至《变形金刚》这样的大片以及漫威、DC 和《X 战警》等超级英雄影片同意出让创意控制权，以换取对美国军事装备的多年使用权。国防部—好莱坞同盟的危险之处在于，好莱坞极其善于发动娱乐性的战争宣传。国防部参与制作《钢铁侠》《X 战警》《变形金刚》和《侏罗纪公园Ⅲ》等影片并不是为了好玩，它这样做是因为这是一种有效方式，可以在心理上操控美国人尤其是年轻人，让他们不仅崇拜军队，而且崇尚黩武主义。不光是国防部在利用强大的好莱坞宣传机构达到自身的目的，中央情报局也这么干，与好莱坞合作拍摄提高自身声誉和扭曲历史的影片。事实上，国防部、中情局与好莱坞之间的这种宣传上的魔鬼交易发生在以全世界最伟大民主国家自居的美国，从中获益的掌权者和洗脑对象（也就是丝毫没有察觉的娱乐消费者）显然没有意识到其中的讽刺意味。美国如今陷入了不间断的支持战争的宣传循环。在这个循环中，国防部、中情局和好莱坞合谋给美国人洗脑，使他们成为战争贩子，反过来，美国人如今则要求娱乐业和政府展现更多的黩武主义，如此循环往复。[②]

[①]　［美］J. 赫伯特·阿特休尔：《权力的媒介》，黄煜、裘志康译，华夏出版社 1989 年版，第 97～98 页。
[②]　《俄媒文章："成功而致命"的美国宣传同盟》，《参考消息》2018 年 4 月 3 日第 12 版。

2. 经济权力对媒介文化的控制

美国学者约翰·费斯克的"两种经济理论"有助于我们理解经济权力对传媒及媒介文化的控制。费斯克在《理解大众文化》一书中提出了传媒的两种经济理论:"金融经济"与"文化经济"。金融经济流通的是金钱;文化经济流通的是意义、快感和社会认同。费斯克以电视为例具体阐述了两种经济,他指出:"演播室生产出一种商品,即某一个节目,把它卖给经销商,如广播公司或有线电视网,以谋求利润。就所有商品而言,这都是一种简单的金融交换。然而这不是事情的了结,因为一个电视节目或一种文化商品,并不是微波炉或牛仔裤这样的物质商品。一个电视节目的经济功能,并未在它售出之后即告完成,因为在它被消费的时候,它又转变成一个生产者。它产生出来的是一批观众,然后,这批观众又被卖给了广告商。"① 这就是传媒中的金融经济。所谓"文化经济",则是指观众作为生产者,在收看节目的过程中通过对电视节目的解码,生产出意义、快感,并同时作为消费者消费意义与快感。其中,金融经济最能让我们一窥经济权力对媒介文化的制约。显然,对传媒来说,它的最终目的在广告商,受众不过是它们生产出来的"商品",这种"受众商品"凝聚的注意力与时间是它们与广告商讨价还价的筹码。在这里,"'受众商品'是一种被用于广告商品销售的不耐用的生产原料。受众商品为买它们的广告商所做的工作就是学会购买任何分类的商品,并相应地花掉他们的收入"②。

阿特休尔指出,"新闻媒介的内容往往反映那些给新闻媒介提供资金者的利益"③。在互联网时代,资本通过互联网操控舆论并不鲜见。网络推手制造"媒介事件"以牟利也是商业利益操作网络舆论的负面典型。中央电视台《焦点访谈》2011年11月7日晚间播出节目"揭秘网络推广",网络红人、网络热门事件和话题层出不穷,这些网络现象往往并非自然形成,而是出自背后隐藏的推手,它们已经自成体系,分工明确,有策划、有公关,甚至还有打手,形成了一股不小的势力,被称为网络"水军"("五毛党")。媒体揭秘网络炒作灰色产业链是:招聘水军—论坛灌水("水军"获利)—左右网络舆论—左右现实舆论(客户获利)。从论坛时代到微博时代,再到微信时代,网络"水军"队伍在不断扩大,技术也在不断地攀升,涉及的范围更是愈加广泛。

---

① [美]约翰·费斯克:《理解大众文化》,王晓珏、宋伟杰译,中央编译出版社2001年版,第32页。
② [英]奥利弗·博伊德·巴雷特、克里斯·纽博尔德:《媒介研究的进路》,汪凯、刘晓红译,新华出版社2004年版,第273页。
③ [美]J. 赫伯特·阿特休尔:《权力的媒介》,黄煜、裘志康译,华夏出版社1989年版,第336页。

3. 社会控制与媒介文化

媒介文化既反映社会又塑造社会。社会价值判断体系对传媒及媒介文化影响很大。电视剧《渴望》让"刘慧芳"成为荧屏上中国妇女的经典形象,"刘慧芳"这个名字成了集传统美德于一身(贤妻良母)的中国女性形象的代名词,也为我们分析媒介文化中女性形象的生成机制提供了一个绝佳个案。电视文本是现实生活的写照,现实存在制约着电视文本。媒介文本中的女性形象无疑正是传统文化中女性形象的典型写照。中国传统的性别文化通常将男性归于公共领域,将女性归于私人领域。这种公共/私人的对立与划分,往往将男性的存在界定在政治、商业、科学等社会生活领域,而将女性的存在界定在家庭、生儿育女等私人领域,把"温存""柔顺""娴静"视为女人之为女人的重要特征。[①] 媒介文化中的刘慧芳,实则是中国传统性别文化中的"刘慧芳""李慧芳"们的代表,刘慧芳的所作所为,也恰恰是在传统文化的规约下的所作所为。据监制郑晓龙透露:"'刘慧芳'其实就是几个编剧心目中的完美女性,几经王朔、李晓明等人策划,'刘慧芳'最终被赋予漂亮、正直、忍辱负重等品格,承担了幕后策划小组四位成员对完美女性的所有要求。"与之相应,观众们则按照中国传统文化对一个贤妻良母的要求接受了刘慧芳。从电视剧播出后的反响来看,信息发送者的编码和接收者的解码达到了高度的统一,刘慧芳更成了好女儿、好媳妇、好妻子和好母亲的代名词。"刘慧芳"这一媒介文化形象的出现,如果用文学符号学上的一对范畴——深层结构/表层结构来阐释,刘慧芳正是中国文化的深层结构对女性的表达,表达的基础则来源于中国传统文化对男女性别的约定。传媒表意活动中的女性形象,其实质正是现实社会中性别政治的延续。无论是把女性塑造成贤妻良母、弱者,还是祸水、美女等,都不是女性自己对自己的定义,而是由占主导地位的男性权力的定义——而女性的这一形象的重塑过程恰恰说明,在媒介文化的自我表达中,社会价值观念的影响同样无处不在、无时不有,它也已经成为控制媒介文化表达方式、表达内容的重要力量之一。[②]

(二) 作为权力角力场的媒介文化

媒介文化不仅是资本、意识形态和权力的工具,更是不同政治、经济、文化和社会力量的群体或个人进行博弈的"角力场"。媒介文化作为开放体系,其内容包罗万象。正是这种包容性或多样性,使媒介文化成为"一个你争我夺的领域,在这一领域里,主要的社会群体和诸种势均力敌的意识形态都在争夺着控制

---

① 黄蓉芳:《我国新闻受众中的女性缺失》,《新闻与传播研究》2000年第3期,载吴飞、王学成:《传媒·文化·社会》,山东人民出版社2006年版,第232页。
② 参见蒋晓丽等:《奇观与全景——媒介文化新论》,中国社会科学出版社2010年版,第216～219页。

权,而个人通过媒体文化的图像、话语、神话和宏大的场面等经历着这些争夺"①。文化是一个经由谈判和斗争达成妥协的动态领域,是一个支配与抵抗之间的力量不断调整、趋于平衡的过程。葛兰西提出"文化霸权"的概念,"霸权"是由支配地位的阶级获得霸权的努力和处于被支配地位阶级进行谈判,并向他们做出让步才得以完成的。霍尔、赫伯迪格综合了威廉姆斯的文化主义、阿尔都塞的结构主义和葛兰西文化霸权理论,一方面将大众媒体视为主导意识形态的"共谋工具",是统治阶级实施文化霸权的"一个关键场所";另一方面,他们也将大众媒体领域看作"被抵抗和被挑战的角斗场"。霍尔在"编码/解码"理论中分析了主流意识形态如何借助于大众媒体,最终将青年亚文化的反抗"安置在意义的统治架构内",但他也指出从属阶层可以通过谈判、协商的办法与主流意识形态进行抗争。赫伯迪格、默克罗比都在他们的著作中介绍了青年人如何借助主流的文化工业和大众媒体,通过盗用、拼贴和组装等方式制造出来新的"文本、人工制品及偶像",颠覆主流意识形态的意义结构,创造出新的风格和意义。②从布尔迪厄的场域理论来看,新闻场处在极为复杂的场域环境之中,最终成型的媒介文化是不同权力斗争彼此妥协的结果。这是因为媒介文化已经主宰政治、经济、社会和文化生活的运转,"直接存在的一切全都转化为一个表象"③。

在同一国家内部,不同阶层、不同社会人群之间同样存在着文化权力间的博弈,其中不同文化层面、不同文化形态间的话语权博弈最为典型。以二次元文化为例,它的出现与流行至少隐含着两种权力的交锋,它代表着一代人对代表主流文化的另一代人的反叛性对立,类似于历史上曾经出现的嬉皮士和朋克文化。通常,二次元被认为是伴随着网络信息技术革命而产生的新兴文化,它意指不愿被现实所束缚的个体与僵化的现实进行抗争的表现和结果,和每一种新兴的反叛文化一样,二次元文化的出现代表着一种新权力秩序的诞生。二次元的仪式往往围绕作品和相关元素展开,如漫展、游戏展、宅物店、女仆店等。主体在二次元的行为,通常具有去中心化、消解权威、消费符号的特点,最常见的是新语言创造,比如"小伙伴""献上膝盖""画面太美我不敢看""心塞""我也是醉了"这样的二次元语言,不仅在网上广为流行,还影响了《人民日报》等代表主流价值的媒体。二次元作为一种媒介文化,在建构主体时,首先是一个符号系统,这种符号隐藏于背后的所指就是二次元的权力——去中心化、消解权威、消费符号、同构幻想等大众意识中的亚文化,权力的能指是热血、萌化、中二、电波、

---

① [美]道格拉斯·凯尔纳:《媒体文化——介于现代与后现代之间的文化研究、认同性与政治》,丁宁译,商务印书馆2004年版,第11页。
② 曾一果:《西方媒介文化理论研究》,学习出版社2017年版,第242、244页。
③ [法]居伊·德波:《景观社会》,王昭风译,南京大学出版社2006年版,第12页。

绅士向、CP、娘化等外在表现。①

第三节　新时期媒介文化的结构转型

改革开放以来，伴随着中国社会发展的沧桑巨变，以及文化体制改革的深入，媒介文化发生了相应的变化，从传媒一体化形成的高度政治化的媒介文化，发展到主导文化、精英文化、大众文化等多元文化并存、相互渗透整合的局面。推动媒介文化结构转型的动因，从政治经济社会环境看，是"由于社会转型中媒介文化调控机制的调控主体的力量对比发生了变化，在相互冲突与合作中促进了媒介文化的变革"。② 从文化角度看，其背后则是不同的意识形态和文化领导权的确立、成长与不断调整的过程。随着市场经济的崛起和国家日益融入全球化进程，新的社会现实对传统的革命主义意识形态提出了巨大的挑战。③ 社会转型过程中媒介话语从以阶级意识为基础的革命话语转向发展主义话语，比如国家主义话语、民生主义话语、消费主义话语等，反映了主导文化、大众文化、精英文化之间关系的演变，以及国家话语的主流意识形态、知识分子精英意识形态与大众话语的平民意识形态之间的博弈。从葛兰西的文化领导权理论来看，大众传媒是文化霸权争斗的重要场域。媒介融合与传媒转型则是互联网时代社会主义文化领导权的重塑或再重构。互联网时代的到来，以传统媒体为代表的主流舆论和主流文化面临着挑战，这种挑战，一方面来自以新媒体为代表的民间舆论场、草根文化以及大众文化的冲击，另一方面来自全球化带来的以美国为代表的西方主流文化和价值观的冲击，多种文化谁主沉浮，传媒的文化领导权再次面临着重构。媒体融合转型的重要目标，就是壮大主流舆论宣传阵地，弘扬主流意识形态及其文化表达即主导文化，确保党和政府继续掌握和控制新媒体时代的文化领导权。

一、媒介文化相关理论基础

媒介话语作为媒介文化的具体形式与意识形态之间存在着紧密关系，另一个与意识形态相关且同样在传媒与文化研究领域获得广泛应用的概念是文化霸

---

① 陈一愚：《论媒介文化的主体建构功能》，《社会科学》2015 年第 9 期。
② 蒋晓丽主编：《媒介文化与媒介影响研究》（下），四川大学出版社 2009 年版，第 152 页。
③ 黄典林：《公民权的话语建构——转型中国的新闻话语与农民工》，中国传媒大学出版社 2017 年版，第 62 页。

权。① 媒介话语、意识形态与文化霸权是与媒介文化相关的三个核心概念。

（一）话语与意识形态

广义来说，话语是有意义的象征行为或言语行为②。换言之，话语是语境化的象征活动，亦即斯考伦所谓的"中介化的行动"③，而非这些活动的对象或手段。话语是社会性地建构起来的，同时受制于社会环境。在特定的语言和社会文化条件（这些条件在不同的社会行动者之间的分布并不平等）下，有意义的现实感通过话语被社会地和文化地建构起来。在现代社会，媒体是形成公共话语的主要机构之一。在公共领域中的各类话语中，媒介话语特别是作为媒体内容主要类型的新闻话语，在社会生活中具有重要的影响力。由于话语被定义为在沟通语境下使用中的语言，因此，话语研究与媒体和传播研究实际上对语言使用和社会权力关系这个问题有着共同兴趣。④

话语作为权力的媒介，在不平等、意识形态和宰制的社会生产中扮演重要角色。凡·迪克认为，"被视为是意识形态主要功能的遮蔽、合法化、操纵以及相关的观念，主要是话语性的（或更广泛地说是符号性的）社会实践"⑤。媒介话语与意识形态之间的关系尤为紧密。作为承载媒介文化的媒介话语及其构成较为复杂，有学者把媒介话语大致分为政治宣传话语和娱乐消遣话语。比如在报刊、广播、电视、出版等主要传媒形式中，通常会有一些功能相对单一的政治宣传性栏目和节目，其功能是确保实现传媒市场化时代主导文化宣传导向的策略。"在此之外的在其他空间里，则充斥着大量丰富多彩的娱乐信息，其功能完全是面向市场和大众的娱乐消遣"。⑥ 这种二分法过于简约，不能反映媒介话语内涵的复杂性。为了研究便利，我们按照媒介话语与主导文化、精英文化与大众文化三种主要文化形态的关系，把媒介话语划分为主导话语（对应主导文化的媒介话语）、精英话语（对应精英文化的媒介话语）以及大众话语（对应大众文化的媒介话语）三种形式。

关于话语形式如何服务于通过意识形态的方式建立和维持权力控制关系，

---

① 黄典林：《公民权的话语建构——转型中国的新闻话语与农民工》，中国传媒大学出版社 2017 年版，第 103 页。

② W. F. Hanks, *Langue and Commuicative Practices*, Boulder, CO: Westview Press, 1995, p. 97.

③ R. Scollon, *Mediated Discourse: The News of Practice*, London: Routledge, 2001, p. 3.

④ A. Bell, *The Language of News Media*, Oxford: Blackwell, 1991, p. 7.

⑤ T. A. Van Dijk, "Opinions and Ideologies in the Press", In A. Bell, P. Garrett (eds.), *Approaches to Media Discourse*, New York: 1998, p. 5.

⑥ 周宪、刘康：《导论》，载周宪、刘康主编：《中国当代媒介文化研究》，北京大学出版社 2011 年版，第 15～16 页。

汤普森区分了五种方式：第一种是合法化，即为宰制关系提供一定的理由从而将其再现为合法的社会关系。在话语和传播过程中，合法化可以诉诸各类理由，其中包括权威、道德判断、合理化以及神化。第二种是遮蔽，即否认、隐瞒、缓解、委婉表达、转化或者转移权力宰制关系。第三种是联合，指的是消除差异和冲突，从而通过建构一个"通过集体身份包容个体（无论他们之间的差异和分野如何巨大）的统一形式"来维护权力宰制关系。第四种是碎片化，指的是一种瓦解具有挑战权力宰制关系潜力的个人和群体的策略。第五种是具体化，这是一种"将转瞬即逝的、历史性的状态再现为一种似乎是永恒的、自然的、超时间状态的策略"，通过这个策略，历史性的政治权力过程被永恒化、自然化、名词化、去政治化和去语境化了。①

（二）文化领导权与意识形态

文化领导权理论是意大利共产党创始人葛兰西首先提出的。所谓"文化领导权"，英语原文为 cultural hegemony，也译为"文化霸权"，"文化领导权"或"文化霸权"这两种译法均可，本书将视情况交替使用。文化领导权的实质是"一种意识形态领导权"②。葛兰西认为权力宰制的基础不仅仅是狭义上的强制统治，同时有赖于占主导地位的"知识和道德的领导权"，即"文化霸权"。文化霸权涉及"文化和伦理的工程学，即对主体性或'自我'的重塑"。③ 在葛兰西看来，由于现代资本主义国家结构的新变化，即"国家=政治社会+市民社会"，今天资产阶级国家的领导权，绝不单单意味着通过强制暴力使被统治阶级服从。相反，通过教会、学校、工会等社会团体，以文化、宗教、习惯、教育等为媒介，在智力与道德上说服被统治阶级，使其积极地认可、赞同统治阶级的领导，这才是问题的核心与关键。"一个社会集团的霸权地位表现在以下两个方面，即'统治'和'智识与道德的领导权'。一个社会集团统治着它往往会清除或者甚至以武力来制服的敌对集团，它领导着同类的和结盟的集团。一个社会集团能够也必须在赢得政权之前开始行使'领导权'（这就是赢得政权的首要条件之一）；当它行使政权的时候就最终成了统治者，但它即使是牢牢地掌握住了政权，也必须继续以往的'领导'"④。"文化领导权"强调的是"文明的领导权"，它是政治民主的根本原则，是民众同意的领

---

① 参见 J. B. Thompson, *Ideology and Modern Culture：Critical Social Theory in the Era of Mass Communication*, Cambridge：Polity, 1990, pp. 60 – 67。
② 罗钢、刘象愚主编：《文化研究读本》，中国社会科学出版社 2000 年版，第 16 页。
③ N. Fairclough, *Critical Discourse Analysis：the Critical Study of Language*, London and New York：Longman, 1995, p. 93.
④ ［意］安东尼奥·葛兰西：《狱中札记》，曹雷雨、姜丽、张跣译，中国社会科学出版社 2000 年版，第 38 页。

导权。在葛兰西那里,"文化领导权"酷似"婚姻"和"合同",它是以自愿为前提并最终得以实现的。①

葛兰西还揭示了话语权的实质和运作方式。"话语权是统治阶级使得其他阶级确信,他(统治阶级的利益)是所有阶级的共同利益所在。由此,控制就无需通过暴力,甚至无需通过积极的劝导,而通过经济上的更微妙、更包容性的力量,通过国家机器比如教育和媒体来实现,由此,统治阶级的意志即以大众意志的面目出现并得到广泛接纳"②。这涉及通过象征互动的手段把附属群体逐渐整合到统治群体的世界观中的过程,以及与这一过程相反的附属群体中可能存在的对文化霸权的抵抗和挑战。因此,在绝大多数时候,文化霸权是一个没有终点的统治群体和被统治群体之间相互斗争、协商、妥协的过程。③ 文化霸权的概念由此扩展了我们对意识形态的理解,因为它所设想的权力统治是建立在一个持续斗争的动态过程的基础之上的,而非仅仅是统治群体为维系宰制关系而建构的一个观念体系。

葛兰西的文化领导权理论建立在市民社会理论的基础之上,对西方尤其是西方马克思主义理论产生了深远的影响。阿尔都塞继承了葛兰西对意识形态物质载体的强调,明确提出"意识形态国家机器"这一概念,并阐发了其社会功能与运行机制。④ 雷蒙德·威廉姆斯在创建自己的文化唯物主义理论的过程中发展了葛兰西的领导权理论,认为文化领导权这个概念既包含又超越了"意识形态",他把文化领导权理论作为分析文学、文化作品的一个重要理论视点。拉克劳和墨菲将葛兰西的领导权理论置于后现代语境,强调领导权的话语性建构。他们将领导权概念改造为一种话语链接的实践理论,认为意识形态批判就是争夺话语、链接话语从而实现领导权的过程,从而形成了话语领导权理论。爱德华·赛义德则将葛兰西的文化领导权理论运用于分析西方与东方的关系上,指出发达西方国家对东方国家的文化霸权关系,提出了批判西方文化统治和霸权的后殖民批判理论。

在文化研究领域,葛兰西的理论从 20 世纪 70 年代至今一直是重要的研究范式,对文化研究中话语权力、知识分子、大众文化等诸多论题都产生了深刻的影响。葛兰西文化领导权概念的引入使得文化得以被重新思考,差异和矛盾

---

① 孟繁华:《传媒与文化领导权》,人民文学出版社 2017 年版,第 2～3 页。

② B. Ashcroft, G. Griffiths, H. Tiffin. *Key Concepts in Post-Colonial Studies*, London: Routledge, 1998, pp. 116 – 117.

③ 参见 A. F. Jones, *Yellow Music: Media Culture and Colonial Modernity in the Chinese Jazz Age*. Durham: Duke University Press, 2001, pp. 45 – 48。

④ [法]阿尔都塞:《哲学的改造》,载陈越编:《哲学与政治:阿尔都塞读本》,吉林人民出版社 2003 年版,第 239 页。

被认为是文化与意识形态存在的基本状态。在马克思主义的文化理论中,葛兰西反驳庸俗经济决定论的观点,强调重视文化及意识形态的作用,因而被视为马克思理论传统内一种"葛兰西的转向"。① 葛兰西对大众文化的政治加以重新思考,视大众文化为生产和再生产霸权的关键领地,指出资本主义工业社会已经不平等地被诸如种族、社会性别、不同代际群体、性别以及社会阶层划分开来。文化研究认为,大众文化是上述划分得以建构和争夺的主要场所之一,"换言之,是主流和从属群体利益之间的斗争和调和的竞技场"。②

(三) 传媒与文化领导权

传媒与文化领导权紧密相关,对夺取文化领导权作用重大。文化领导权的获得是一个连续不断去努力获得被统治阶级认可的过程,只有人民群众自觉自愿接受主流意识形态,夺取文化领导权才有可能,而新闻传媒在培育受众认同社会的主流意识并自愿接受领导集团的领导的过程中承担了重要角色,发挥着关键的作用。与意识形态实践的情况类似,媒体相关的话语空间是现代社会文化领导权斗争发生的主要场所之一。正如费尔克拉夫所指出的那样,话语和文化领导权之间是一种双重关系。一方面,话语实践是文化领导权斗争的主要形式。所有借助话语形式的意识形态运作方式本质上都是文化领导权斗争的组成部分。例如,由于自然化(即把历史现象和过程描述成不以人的意志为转移的客观自然规律)是维持权力宰制和政治赞同的最基本的意识形态机制之一,"文化霸权斗争的一个重要目标就是对现存惯例的去自然化,并用新的惯例取代之"。③ 另一方面,话语形式和实践本身就是现代文化领导权的一个组成部分。"一个阶级或群体凌驾于整个社会或其中一个特定部分的文化霸权"本质上是这个阶级或群体所具有的"塑造话语实践和话语秩序的能力"。④

二、媒介文化相关形态及其特征

从 1978 年开始,大众媒介转型与现代文化建设事业同步展开,使当代中国呈现出三大媒介文化形态,即主流文化、精英文化和大众文化。随着媒介转型和社会语境变化,而形成相互交织、彼此抵牾的复杂结构。当代中国主流文

---

① 参见 T. Bennett, "Popular culture and 'the turn to Gramsci'", In Oliver Boyd-Barrett, Chris Newbold (eds.), *Approaches to media: A reader*, London: Arnold, 1995, pp. 348–353。

② 约翰·斯托里:《英国的文化研究》,王晓路译,载陶东风、周宪主编:《文化研究》(第 7 辑),广西师范大学出版社 2007 年版,第 221 页。

③ N. Fairclough, *Critical Discourse Analysis: the Critical Study of Language*, London and New York: Longman, 1995, p. 94.

④ N. Fairclough, *Critical Discourse Analysis: the Critical Study of Language*, London and New York: Longman, 1995, p. 95.

化表达国家的核心价值观念,发挥文化领导权的功能;精英文化代表着知识分子的文化理解,通常带有批判和启蒙的意图;大众文化以市场为导向,制造文化产品的目的是实现资本增值。三种文化形态在不同时期占据不同位置,彼此之间时而和谐、时而矛盾,它们都要借助媒介传达,不同媒介形式的传达倾向不尽相同,因此媒介形式的不断更替及某阶段主导媒介形成,就直接影响到三种文化形态的结构关系。①

(一) 三种主要文化形态概述

与媒介文化相关的文化形态有主导文化或主流文化、精英文化、大众文化。从理论上讲,每一种文化形态都具有独特的内在本质。不同文化形态的生成、消长与演进,其实就是意识形态的变化,而主导文化、精英文化、大众文化等意识形态的变化,本质上不过是不同的文化领导权的确立、成长以及衰落的过程。

按照雷蒙德·威廉姆斯的观点,任何社会一般来说都会同时存在三种有所区分的文化,即"主导文化""新兴文化"和"遗存文化"。主导文化是社会的主要政治、经济与文化资源拥有者的主流文化。新兴文化是处于边缘状态并常常挑战主导文化的形式,有可能成为主导文化。遗存文化是曾经的主导文化,但已经被目前的主导文化所吸收和转换,其中与主导文化相背离的部分也与主导文化构成了冲突和矛盾关系。主导文化中同样包含着新兴文化成分,新兴文化与遗存文化也并非完全对立的关系。威廉姆斯力图阐述文化内部的复杂辩证关系,认为在历史关键时期的这种不同文化形式共存的互动关系是现代社会文化霸权的特征。在他看来,三种文化代表了不同的社会力量,进而形成相互交织、彼此抵牾的复杂结构。如果我们具体地考察中国当代媒介文化,也可以找到一些处于复杂张力关系中的亚文化形态。简单地说,这些亚文化可以区分为如下三种典型形态:主导文化、精英文化和大众文化。尽管我们所分析的三种中国媒介文化并不对应于威廉姆斯的三种文化,但威廉姆斯所说的不同文化之间的互动和抵牾关系的观点却同样是适用的。显然,我国当代传媒场域中的三种文化之间的关系非常复杂,它们通过各式文本的生产、传播和接收,在当下中国的社会文化结构过程和关系方面形成了各自的或整体的影响。② 媒介文化与三种相关文化形态之间既相互联系又有区别。

1. 主导/主流文化及其特征

任何制度的国家都有表达自己国家意志、利益的主导性意识形态,而表达

---

① 郑崇选:《当代中国媒介转型与文化形态变迁》,《当代传播》2014年第3期。
② 周宪、刘康:《导论》,载周宪、刘康主编:《中国当代媒介文化研究》,北京大学出版社2011年版,第7~8页。

国家正统意识形态的文化就是主导文化,或称主流文化。① 在我国,主导文化是国家或政府声音在文化中主导地位的呈现,具有很强的意识形态导向性,肩负着构建和传播社会主义核心价值观的重任,它的合法性和权威性在持续表达的过程中变为"社会无意识",权威性是这一文化形态的主要特征。主导文化借助于官方文化体制,拥有巨大的资源和行政权力,因而处于相当优越的权威地位。这一文化有力地控制着传媒体制,制约着各种传媒资源,并通过体制性的渠道来作用于传媒。

2. 精英文化及其特征

精英文化是指人文知识分子创造、传播和分享的文化,这种文化主要是以表达人文知识分子的理性沉思、社会批判或美学探索为旨趣,其文化文本具有形式创新、社会批判和个性化追求三个基本特征。② 从价值取向上看,它总是不满足于眼前的世俗生活,而是有着现实主义的批判态度和历史觉悟,关注生存的意义以及生存的体验方式,以对真善美的理想境界的追求为宗旨,体现高尚的道德情操和精神境界。精英文化作为知识阶层的文化,它与主导文化有所不同,带有鲜明的反思性和批判性,具有某种文化批判的力量。但精英文化通常是属于少数人的文化,限于知识界和学术界,常常很难直接作用于大众。

3. 大众文化及其特征

大众文化是指利用工业化生产手段批量复制的、通过市场化方式运作的、借助大众传媒传播的、适合都市大众消费的一种特殊的文化形态。大众文化以满足大众日常生活的文化需求为己任,追求娱乐效应。③ 大众文化的功能是提供娱乐和消遣,并为群体提供特定的生活方式和价值观。通过大众文化,群体建构了自己的认同和价值。用本雅明的术语来说,大众文化一定是一种机械复制的文化,只有通过机械复制,这种文化才能被大批量生产和消费。从这个意义上看,大众文化便和媒介文化发生了密切关系。"前者是后者内涵的延伸,后者是前者传播形式的强调"。④ 大众文化不仅包括当今流行于各种大众传播媒介

---

① 孟繁华:《精神裂变与众神狂欢:今日中国的文化冲突》,《山东文学》1997 年第 6 期;徐沂:《冲突中的交融:论当今中国三种文化形态及其关系》,《贵州大学学报(社会科学版)》1998 年第 5 期。

② 高丙中:《精英文化、大众文化、民间文化:中国文化的群体差异及其变迁》,《社会科学战线》1996 年第 2 期;王一川:《走向文化的多元化生:以文学艺术为范例》,《社会科学》2003 年第 1 期。

③ 李金蓉:《当代中国多元文化的冲突与互补》,《山东科技大学学报(社会科学版)》2004 年第 2 期

④ 周宪、刘康:《导论》,载周宪、刘康主编:《中国当代媒介文化研究》,北京大学出版社 2011 年版,第 3~4 页。

的所谓肥皂剧、武侠小说、言情小说、音乐电视、娱乐影片等这些主要形式①，而且包括以大众文化消费为指向的各种文化娱乐产业，如歌厅、舞厅、台球厅、电子游艺厅、影像放映场所等。②大众文化进入消费社会后表现为消费文化。媒介文化从根本上说也是一种大众消费性的文化，尽管在中国当下社会文化语境中，主导意识形态的宣传和体制仍占有相当比重，但是媒介文化日益消费化和娱乐化的趋势是显而易见的。③

4. 不同文化形态之间的关系

有学者从目的、功能与特征三个方面对主导文化、精英文化、大众文化的异质性作了描述（见表5-1）。这三种文化形态体现在媒介文化中，"不是一种文本划分的关系，而是一种文本和文本中的对话互动的权力结构"④。在文化研究的视域中，所谓主导文化、精英文化、大众文化，本质上是一种意识形态的区分，并不是一种简单的文本分类。因此，每一种文化形态不仅可以体现在某一种文本中，而且可以体现在多种文本中，与此同时，同一文本又可以承载多种文化形态。在媒介文化中，主导文化、精英文化、大众文化总是纠结在一起，相互作用，相互影响，最终使传媒文化成为多元复合、对话互动的复杂结构。⑤

表5-1 主导文化、精英文化、大众文化的异质性⑥

形态	目的	功能	特征
主导文化	宣扬主流意识形态，整合社会的思想观念	以教育（教化）为核心功能	突出思想内容的权威性，往往具有政治与伦理的说教性或宣传性
精英文化	体现理性思考、人文精神、艺术创造	以审美为核心功能	注重艺术的独创性与内容的深刻性，强调审美与生活保持距离
大众文化	满足文化消费，追求商业利益	以娱乐为核心功能	采用世俗的生活内容与通俗的表达形式，将审美日常生活化

---

① 乔艺：《试论大众文化的审美特贡》，《齐普艺苑：山东艺术学院学报》2003年第1期。
② 冯宪光：《大众文化与文化大众》，《文艺报》1995年4月1日。
③ 周宪、刘康：《导论》，载周宪、刘康主编：《中国当代媒介文化研究》，北京大学出版社2011年版，第3~4页。
④ 王黑特：《对话与互动：90年代以来中国电视剧主导文化结构分析》，《电视研究》2002年第6期。
⑤ 董天策：《消费时代的中国传媒文化研究》，四川大学博士学位论文，2006年，第113页。
⑥ 王黑特：《对话与互动：90年代以来中国电视剧主导文化结构分析》，《电视研究》2002年第6期。

蕴含于媒介文化中的主导文化、精英文化和大众文化处于复杂的张力关系之中。恩格斯斯指出，"'历史规律'是从许多单个人的意志的相互冲突中产生的……这样就有无数互相交错的力量、有无数个力的平行四边形，由此产生出一个合力，即历史结果，而这个结果又可以看做一个作为整体的、不自觉地和不自主地起着作用的力量的产物。……各个人的意志……虽然都达不到自己的愿望，而是融合为一个总的平均数，一个总的合力，然而从这一事实中决不应做出结论说，这些意志等于零。相反的，每个意志都对合力有所贡献，因而是包括在这个合力里面的"①，这就是著名的"平行四边形"即"合力论"原理。一方面，中国当代传媒场域中的主导文化、精英文化和大众文化三种文化各有其特色，彼此占据了不同的场域位置，具有不同的资源和生产、消费者。主导文化借助官方文化体制，拥有巨大的资源和行政权力，因而处于相当优越的权威地位。精英文化退缩在知识阶层里，具有某种小圈子的性格，但其对反思性和批判性的关注使之具有某种文化批判的力量。大众文化以娱乐化和快感化的文化消费为主旨，以产业形态和市场交换为手段，提供了广泛的大众娱乐资源。另一方面，这三种文化虽然各有其特征，但它们并不是独立运作互不关联的，而是在当代媒介文化场域中处于相互作用的形态中。从前一个方面看，三种文化各有其场域，这就形成了我国当代媒介文化场域的三个次场。如果用布尔迪厄的权力与文化的关系理论来分析，显然，主导文化形成了某种权力场，而大众文化和精英文化依次关联着这个权力场。即是说，主导文化除了有自己的次场之外，还不可避免地以种种方式作用于大众文化和精英文化。从后一个方面说，它们彼此互动而形成一种平行四边形的合力状态，从而决定了当下我国媒介文化的基本特质。比如，主导文化已经日益进入大众文化中，或者说，主导文化改变了传统的说教和宣传的方式，正在熟练地运用大众文化娱乐化的方式发挥作用。反之，大众文化也在利用主导文化的资源、体制和空间，拓展自己的运作领域和扩大商业利益。这两种文化的结盟是当下我国媒介文化最值得分析的关系形态。至于精英文化，从本性上说它与主导文化和大众文化都保持着一定的距离，坚持自己的特性。但是，在主导文化的政治权威和大众文化的商业压力双重挤压下，精英文化也在悄悄地改变自己的形态，即它正在消解自己与其他两种文化的距离，越来越多的知识精英或是进入主导文化体制，或是进入大众文化传媒场域，借助这些更具影响力的传媒形式来获取文化资本和货币资本。②

（二）媒介文化演变的三个阶段

媒介文化是不断发展变化的文化空间。从新中国成立后30年作为意识形态

---

① 《马克思恩格斯选集》第4卷，人民出版社1972年版，第478～479页。
② 周宪、刘康：《导论》，载周宪、刘康主编：《中国当代媒介文化研究》，北京大学出版社2011年版，第8～9页。

的直接载体,到20世纪70年代末一变而成为精英文化的传播空间,再到20世纪80年代中后期再变而生长出日益兴盛的大众文化,直至全媒体时代壮大"主流舆论阵地"以及主导文化,这就是当代中国传媒文化发展变化的基本态势。由于每一种文化形态都有自己独特的规定性,因此,当代中国传媒文化的发展变化过程,不仅是改变自身结构的过程,而且是改变意义空间与价值取向的过程。[①]我们把改革开放以来媒介文化的演变大致划分为以下三个阶段。

1. 第一阶段(1978—1992):改革开放初期的媒介文化

其主要表征是印刷媒介和知识分子精英文化占主导。此时为全民读书时期,人们在经受长期思想禁锢之后,精神和思想荒芜,迫切需要各种养分,图书、报刊等印刷媒介占据人们的主要文化生活,发行量很大,媒介话语以启蒙话语为主。

2. 第二阶段(1992—2012):社会主义市场经济体制确立和完善时期的媒介文化

其主要表征是以影视媒介为载体的大众文化占主导,精英文化和主流文化逐渐边缘化。此时电视成为主要媒介,影像时代独特的文化逻辑和市场经济催生的大众文化产业深刻改变了文化结构和文化面貌——《渴望》等大批影视作品开创了大众文化的新局面,渗透到社会各个角落,并逐渐走向前台,成为一种主导的文化形态,精英文化和主流文化则逐步被边缘化。

3. 第三阶段(2012年至今):媒介融合时期的媒介文化

这一时期基于互联网和移动互联网的新媒体崛起,全民参与的融合文化改变了大众文化的内涵与结构。新媒体的广泛应用,改变了大众文化的内在结构,促进了大众文化的生产和消费,大众文化创造热情蓬勃兴起。媒体融合正在重构人们的交往伦理和日常生活,塑造着中国社会的思想氛围与文化景观。[②] 各个阶段的具体情况下文将有阐述,这里就不展开了。

三、媒介文化演变的主要特征

一般而言,改革开放以来,媒介文化经历了从一体化到多元复合型结构的转变,也就是从改革开放以前的一体化文化分化成主导文化、精英文化和大众文化。值得注意的是,作为一体化的媒介文化并无主导文化、精英文化和大众文化的分别,也就是说,不能想当然地认为一体化文化中包含了主导文化、精英文化、大众文化,但一体化文化具有综合性功能,包含了政治宣传功能、启蒙教育功能和娱乐性功能。随着一体化文化解构为主导文化、精英文化和大众文化,一

---

① 董天策:《消费时代的中国传媒文化研究》,四川大学博士学位论文,2006年,第108页。

② 郑崇选:《当代中国媒介转型与文化形态变迁》,《当代传播》2014年第3期。

体化文化的综合性功能也开始发生分化，即主导文化以政治宣传功能为主，启蒙教育和娱乐功能为辅；精英文化以启蒙教育功能为主，政治宣传和娱乐功能为辅；而大众文化则以娱乐消费功能为主，政治宣传和教育功能为辅。例如，1942年延安整风之后到改革开放之前的大众话语之"大众"属于一体化文化，具备综合性功能，"它所强调、宣扬的是与国家民族相关的宏大叙事，它的目标诉求是动员和组织民众参与到民族救亡和社会主义建设中去"[1]，其表达方式是"寓教于乐"，并不具备大众文化所有的特征，即便有"大众文化"之名，而无"大众文化"之实，不能算作以娱乐消费功能为主的大众文化。而改革开放以后的大众文化则是从一体化文化中分化而来的。伴随着社会经济体制和主流意识形态的转型，作为一体化文化的话语"大众"开始"去政治化"，逐渐分化为代表主导文化的"公众"、代表精英文化的"老百姓"，以及代表大众文化的"受众"（消费者）等。

媒介文化是权力争斗的场域，主流文化、精英文化、大众文化之间并不是三个没有关联的独立的文化圈，而是有着分化、交融、渗透的复杂关系，"从20世纪90年代中期以来，这三个文化圈就已出现了复杂的再分化和交融的形态——传统意义上的知识分子精英阶层已分化成了不同生活方式、不同利益关系和不同价值观念的群体；'主流'则在努力使自己商业化，成为大众文化的领导层面；至于大众文化，则既有主流化、高雅化的一面，又有前卫化、叛逆化的一面，远远不是法兰克福学派心目中那种单一层面愚氓式的'mass'了"[2]。总之，随着社会主义市场经济体制的建立，社会价值体系日益多元化，形成了一个主导文化、精英文化、大众文化多元共生，政治话语与娱乐话语二元平行发展、互惠互利的格局，媒介文化呈现出多元复合型结构。媒介话语从以阶级意识为基础的革命主义话语走向国家发展主义话语（包括民生主义话语），从精英启蒙话语走向消费主义话语，这些变化的背后是社会政治经济转型以及意识形态和话语权的转变在象征层面的呈现。

权力关系是福柯理论中的重要概念。按照福柯的权力理论，权力是话语的内在，权力模式的变化是话语变化的根本。在福柯看来，权力关系首先是生产性的。压制完全不足以充分分析权力机制和效果，禁令、拒绝等只是极端的而非根本的权力形式。权力之所以能够为人们所接受，恰恰在于它不仅只是通过说"不"作用于我们，还在于它能够"制造事物，诱发愉悦，形成知识，生产话语"。[3] 媒介场中的权力关系主要体现为与主导文化、精英文化和大众文化三者之间的关系，"各种权力关系，不是静态、一成不变的，而是在不断消解、不断

---

[1] 孟繁华：《传媒与文化领导权》，人民文学出版社2017年版，第149页。
[2] 高小康：《"失语症"与文化研究中的问题》，《文艺争鸣》2002年第4期。
[3] 参见 M. Foucault, *Power/Knowledge*, London: Harvester Press, 1980, pp. 92–95。

建构和彼此消长的"①。主导话语、精英话语和大众话语是主导文化、精英文化和大众文化在争夺话语权的过程中各自产生的言说体系，包括某种价值观，也包括具体的表征。按照布尔迪厄对媒介场的分析，媒介场受到多种客观力量的影响，形成了某种结构化的空间，这个空间是冲突和竞争的空间。媒介必然成为主导文化、精英文化与大众文化三方势力争夺的话语场。这三种势力在影响媒介话语生产实践的过程中，各自生产出一套知识话语。媒介话语在发展过程中与大众文化、主流文化、精英文化三者关系的发展变化是不平衡的，主流文化和大众文化越来越占据主导地位，而精英文化逐渐减弱。从某种意义上说，公共新闻话语本身就是参与利益分配的权力，它必然是各种力量的角力场，而新闻从业者则是参与权力分配的主体。这些力量形成特定的类似于磁场一样的引力关系，所有进入该领域的客体和行动者都受到这种引力的影响。②

（一）主导话语的媒介建构及权力关系

1. 主导话语的媒介建构

改革开放以后，随着从阶级斗争为纲转变为以经济建设为中心，主导话语从革命主义话语走向基于新意识形态的国家发展主义话语，比如国家主义即爱国主义话语，工人、农民等媒介形象的重塑，等等。以国家主义话语为例，我国传媒关于"申奥"的报道，既是一出关于追求奥运、诉求世界的分时段话剧，更是一件力图将奥运会的成功申办转喻为新中国缩影的宣传品。奥运让中国"走出去"，传媒通过奥运塑造了国人的新的自我想象和新的自我认同，也塑造了国族的新的自我想象和新的自我认同。③ 面对当前多元文化交织、并存的现状，借由媒介力量弘扬传统文化、建构和重构国家认同成为国家文化战略的必然选择。2017年以来，以《国家宝藏》《百心百匠》《见字如面》为代表的文化类综艺节目以人民群众喜闻乐见的形式将传统价值观与多样化的传播符号结合起来，在传统文化和社会正能量的传播中发挥了重要作用，获得了广泛认同。主流文化综艺节目是国家通过媒介将民族心理认同与国家政治话语相结合的典型产物，反映了媒介中国家认同建构的内在逻辑。④

2. 主导文化对媒介话语的规训

（1）权力的生产。在权力的生产方面，坚持"政治家办报"、正面宣传为主的方针，提倡"主旋律""重大宣传"和"主题出版"等。"主旋律"是正统意

---

① 陆晔：《权力与新闻生产过程》，《二十一世纪》2003年第6期。
② 参见张海华：《形态变革与话语转型：1990年代央视新闻评论部生产实践》，社会科学文献出版社2018年版，第164～166页。
③ 潘知常：《新意识形态与中国传媒》，香港银河出版社2010年版，第17～18页。
④ 庞慧敏、张倩：《国家认同的电视话语建构——以文化综艺节目为例》，《新闻战线》2018年10月上。

识形态的文化表达形式，它以突出党的领导、弘扬革命传统、倡导社会主义精神文明为基本特征。近年来入选"五个一"工程的文学艺术作品集中表现了"主旋律"的文化取向，表现了国家正统文化在新时代的价值观。① 有学者指出，在央视新闻评论部的发展过程中，主导文化的影响力主要在于不断地通过视察、奖励、升迁、建立利益关系等行为，塑造一种光荣感、责任感、指令性报道的合理性，从而生产出一套具有职业荣誉感、具有自我管理能力的"新闻工作者"的知识话语。1993 年，时任央视新闻评论部主任的孙玉胜获得首届韬奋新闻奖。1997 年中共中央政治局委员以上领导干部对《焦点访谈》节目的批示有 63 次，1998 年达 73 次，其中，江泽民 10 次，朱镕基 10 次，李岚清 18 次。② 在新闻评论部的生产实践中，不少栏目都承担着大量的指令性报道任务，像《焦点访谈》《新闻调查》这些以舆论监督为标志的栏目任务量最重。③

（2）权力的约束。权力的约束是通过制定各种规范对新闻生产进行控制。如，为确保正确的舆论导向，中宣部和新闻出版总署于 1999 年联合下发了《关于建立违规违纪报刊警告制度的意见》。2000 年 5 月，广电总局发布了《广播电视播出机构工作人员违反宣传纪律处分处理暂行规定》。④ 2002 年 6 月，广电总局又制定了广播电视播出机构中的共产党员违反宣传纪律党纪处分暂行规定》⑤ 等。权力约束主要表现在议题管理、审查与自我审查两个方面⑥。在各种传媒载体中，比如新闻、报道、宣传、相关专题节目和栏目等，大凡触及政治话语，都有严格规范。这类载体从形式到内容都严格受制于主导意识形态的规范，并通过一系列体制性措施加以保证，因此趋向于封闭性和中心化。⑦

总的来看，权力的生产与权力的约束这两个方面共同建构起新闻从业者的自我审查。正如福柯所言，权力的微观化、体制化和内化，是权力经济的一种"进步"，它将"约束"转化为主体的自觉行为，减少了权力实施暴力或受到暴力反

---

① 孟繁华：《传媒与文化领导权》，山东教育出版社 2003 年版，第 126 页。
② 杨伟光、吕岩梅：《从容"切换"人生精彩激情"插播"事业华章——杨伟光纵论电视人生》（上），《现代传播》2004 年第 4 期。
③ 参见张海华：《形态变革与话语转型：1990 年代央视新闻评论部生产实践》，社会科学文献出版社 2018 年版，第 136～142 页。
④ 《广播电影电视决策参考》2002 年第 6 期。
⑤ 《广播电影电视决策参考》2002 年第 10 期。
⑥ 张海华：《形态变革与话语转型：1990 年代央视新闻评论部生产实践》，社会科学文献出版社 2018 年版，第 142 页。
⑦ 周宪、刘康：《导论》，载周宪、刘康主编：《中国当代媒介文化研究》，北京大学出版社 2011 年版，第 4 页。

击的危险。① 主流文化所生产出来的知识话语是具有职业荣誉感、具有自我把关能力的"新闻工作者",它赋予新闻从业者职业荣誉,要求具有责任感和度的把握,将指令性报道作为必要工作,又通过报道议题的内容控制、负面报道的比例控制等方式和手段行使权力。在主流文化的规训下,从业者逐渐形成了一种内化的自我审查机制。②

(二) 精英话语的媒介建构及权力关系

1. 精英话语的媒介建构

媒介精英启蒙话语的表征主要是20世纪八九十年代以批判和反思为主旨的社会问题报告文学、以思辨性为特征的深度报道、从"人民"转向"百姓"的电视新闻启蒙话语等。

(1) 社会问题报告文学。如《中国青年报》记者麦天枢的《土地与土皇帝》《土地的童话》,记者卢跃刚的《以人民的名义》《大国寡民》等,其基本特征是"不再以某一个单一事件或人物为中心,而是环绕着某一个具有广泛社会性的、人们普遍关注的社会问题、社会现象为中心,进行选材和采访报告"③。这类报告文学是由专业作家和记者们共同完成的,这些知识分子"所持的基本上是启蒙主义文化立场。包括报告文学在内的文学大部,尽管内容与路径有所不同,但启蒙性是它们总体上的基本功能","报告作品作家所做的启蒙,不仅可以充分地体现自己作为知识分子的社会职志,而且部分地适用于主流话语的需要,因而获得了一种相对较大的言说空间"。④

(2) 报纸的深度报道。这类报道以思辨性为特征,体现了精英启蒙文化的特点。这一时期比较有代表性的深度报道作品有:《第五代》(《中国青年报》1986年5月4日)、《一个工程师出走的反思》(《光明日报》1986年6月17日)、《关广梅现象》(《经济日报》1987年6月13日)、《红色的警告》(《中国青年报》1987年6月24日)、《黑色的咏叹》(《中国青年报》1987年6月27日)、《绿色的悲哀》(《中国青年报》1987年7月4日)、《鲁布革的冲击》(《人民日报》1987年8月6日)、《中国改革的历史方位》(《人民日报》1987年10月6日)等。长期供职于中国青年报社的李大同指出,这个时期"新闻通讯事件和社会真相的程度还很小,相对而言,某些报道稍微深了点,或者显示出一些思考,就命名为深度报道",关键是"你的思想较为深刻,你对事情有不同的诠

---

① M. Foucault, *Discipline & Punish*: *The Birth of the Prison*, New York: Vintage Books, a Division of Random House, 1995.

② 张海华:《形态变革与话语转型:1990年代央视新闻评论部生产实践》,社会科学文献出版社2018年版,第147页。

③ 李柄银:《"问题报告文学"面面观》,《解放日报》1988年1月26日第7版。

④ 丁晓原:《文化生态与报告文学》,上海三联书店2001年版,第35、36页。

释",因此这类报道都有一定篇幅的议论。① 这样做显然不符合客观原则,但是此时的实践者们似乎都没有这个意识,只是深感自己负有启蒙的责任,帮助人们重新认识自由和民主的价值,还击反对改革的力量,于是便采取了"主题先行"的办法,就是先有某个想法,再去找符合这个想法的人和事。② 总的来看,思辨性的深度报道其实是对极"左"的宣传话语模式的一种"反正",是整个社会关于中国发展方向的深层思考在媒介话语方式上的一种呈现,带有以往的媒介话语未曾有过的厚重、深刻、思辨等特色,对当时人们的思想产生了极大的冲击,具有很强的精英话语的启蒙色彩。比如《中国青年报》发表的《西部地区贫困探源》系列报道,作者对西部贫困问题进行了深层的思考,从经济"贫困",深入到生活方式的"贫困",再深入到文化和思想意识的"贫困",最后直指人的"贫困",从根本上剖析了西部贫困的深刻原因,理性思辨,发人深省。《中国青年报》关于1987年大兴安岭火灾的三篇新闻大特写——《红色的警告》《黑色的咏叹》和《绿色的悲哀》,则颠覆了以往关于救灾英雄陈旧刻板的报道模式,贴近最为真实的新闻源头,也使新闻走上了干预生活的道路。③

(3) 电视启蒙话语。它体现了精英文化对电视的新闻报道特别是深度报道的影响,经历了从"人民"等向"百姓"的转变。有学者认为,20世纪90年代的电视从业者通过电视新闻的节目形态变革建构出了一系列不同于以往的电视媒介话语,即电视启蒙话语。在1993年以《东方时空》为标志的电视改革中,央视新闻评论部年轻的电视从业者们将关注的重点转移到了"人",他们以纪实理念为指引,开始尝试用新的电视节目形态传达新的理念。《东方时空》"观察纪实""谈话纪实"和"报道纪实"三种形态之中分别蕴含着人文关怀、价值多元和社会批判三种启蒙理念。"关注人""尊重""平等"成为这些创业者的共识,他们首次将中国社会中的普通人纳入电视新闻的报道范畴,让他们成为电视上的主角,从而形成了20世纪90年代独特的电视启蒙话语。90年代的电视形态变革为电视启蒙话语提供了载体支持,使得电视启蒙话语从一开始就不同于80年代纸质媒体启蒙话语。80年代的媒介启蒙无论从核心议题还是话语方式来看都是精英式的,而90年代的电视启蒙可以理解为一部分有理想和追求的电视从业者,

---

① 张志安:《新的使命在于影响今天——〈中国青年报〉"冰点"原主编李大同访谈》,载张志安:《记者如何专业:深度道精英的积业意识与报道策略》,南方日报出版社2007年版,第30页。
② 张志安:《记者如何专业:深度道精英的积业意识与报道策略》,南方日报出版社2007年版,第38页。
③ 王洁、罗以澄:《论新时期中国媒介的话语变迁》,《河北大学学报(哲学社会科学版)》2010年第1期。

利用大众文化的媒介形式,渗透精英文化的思想内容。① 值得一提的是,这一时期在泛审美化话语的支配下,电视新闻从业者更关心新闻的"本质真实"以及"主体性",追求"激进的、文学的、泛政治的、战斗的话语风格",② 而对报道程序的客观性与事件细节的准确性不甚在意③。

媒介精英话语主要是由精英知识分子塑造的。知识分子在早期媒介启蒙话语中占据了重要地位。20世纪80年代的电视从业者主体,其实在某种程度上是国家的知识精英,乃至政治精英的一部分,他们对电视文化的规划与塑造,也势必不以追求短期的传播效果和经济成功为目标,而更着意于使电视在整个社会的改革与进步事业中发挥尽可能重要的作用。④

2. 精英文化对媒介话语的规训

(1) 权力的生产。从权力的生产性来看,精英话语在对央视新闻评论部新闻生产施加影响时所生产的知识话语主要是"媒体要推动社会进步"。如钱钢称自己是"毫厘主义者",他在去《新闻调查》工作之前曾经对编导夏骏和时任新闻评论部副主任的袁正明谈起过自己的思路:"我们今天遇到很多困难,如果不能够跳跃甚至我们也不能一米一米跨越,那么我就坚信仍然需要一个厘米一个厘米往前推进,哪怕是一个毫米一个毫米也是行的,只要是进步。"这些思路与新闻评论部从业者寻求突破和进取的思路不谋而合。在创业之初,精英话语起到了很强的推动作用。钱钢回忆夏骏和袁正明的反应,"他们都很有共鸣,我们大家一个共同的思想就是,在这样一个环境里面,怎么样采用最务实的方法,推进我们的栏目,实现我们的理想"。⑤ 在电视启蒙话语建立之初,新闻评论部的从业者们与精英文化形成了一种相看两悦的彼此欣赏状态,甚至很多知识分子参与到节目生产和评价的具体过程之中,但是,随着节目影响力的不断扩大以及媒介环境的变化,电视启蒙话语与精英文化形成的权力关系也逐渐发生了变化。随着媒介环境的变化尤其是大众文化的崛起,知识分子逐渐退出节目生产,取而代之的是更精通电视媒介内容生产的"电视专家",其中原因有二:一是知识分子面临着自身角色的转变,即从"立法者"到"阐释者"的地位变化;二是知识分子所拥有的解释世界和赋予世界以意义的使命感在电视这种典型的大众文化载体上

---

① 张海华:《形态变革与话语转型:1990年代央视新闻评论部生产实践》,社会科学文献出版社2018年版,第20、86页。
② 周翼虎:《中国传媒超级工厂的形成——中国新闻传媒业30年》,台湾秀威资讯科技有限公司2010年版,第185页。
③ 常江:《20世纪80年代中国的精英话语与电视文化》,《新闻春秋》2016年第1期。
④ 常江:《20世纪80年代中国的精英话语与电视文化》,《新闻春秋》2016年第1期。
⑤ 赵华:《央视〈新闻调查〉幕后解密》,中国广播电视出版社2008年版,第161页。

显得尤其不适应。①

（2）权力的约束。20世纪80年代精英文化主导时期，知识界十分强调电视媒介的一项社会功能，那就是对大众的教育。这种教育并不仅仅是具体知识与技能的传授，更是在思想、观念、意识上的现代性启蒙，即令刚刚从"前现代社会"的蒙昧泥淖中脱身的中国人能够尽快获得中国从传统向现代转型所亟须的普遍品质。为了实现这一目标，彼时的精英话语从两个方面对电视文化展开规训。②

首先，在电视节目的内容、风格和形式上，将"雅俗共赏"树立为一种调和电视与其观众之间关系的理想境界。《四世同堂》《话说长江》《新星》《甄三》等均因符合这一特征而受到建制和舆论的热烈推崇——"没有求俗而伤雅，而是力图俗中见雅，雅俗共赏"。③

其次，很多人从电视媒介自身的某些天然的偏向性（如对娱乐内容的偏爱）出发，对电视行业的运作与编排方针予以建议和规划，以期实现使电视在启迪民众方面发挥更积极的作用的目标。总体而言，在整个20世纪80年代，电视文化的品性与气质主要是由"占据"着电视业的文化精英——而非专业人士——及其奉行的精英主义话语所引导。尽管精英话语从90年代初开始逐渐归于沉寂，而国家的控制需求和大众的娱乐需求这"两端"成为左右90年代电视文化发展的主调，但精英话语在80年代对电视文化的高调参与，还是在多个方面对这种文化的后续发展产生了深远的影响。④

（三）大众话语的媒介建构及权力关系

1. 大众话语的媒介建构

所谓大众话语即大众文化主导的媒介话语，如经济的实用主义话语、消费主义话语等。改革开放以来，媒介话语逐渐摆脱了泛政治化倾向，在强调政治和意识形态原则的同时，随着经济的市场化，经历了从作为精英文化的启蒙精英话语走向消费主义为特征的大众话语的转变。正如论者所指出的，"中国当代文化一直沿着一个大众化、通俗化的'平民'策略在向前推进。随着精英话语的边缘化和体制话语的'去神圣化'，大众文化伴随着商业性质成为一种新的无可逃避的语境。从文化意义上来说，它实现了一种从宏观化的俯视视角向平视化的平民视角的转换，中国电视新闻平民化的演进正是对这种语境转变的积极回应"⑤。

---

① 参见张海华：《形态变革与话语转型：1990年代央视新闻评论部生产实践》，社会科学文献出版社2018年版，第157~159、161~162页。

② 常江：《20世纪80年代中国的精英话语与电视文化》，《新闻春秋》2016年第1期。

③ 王瑾：《在追求"通俗化"中取胜——评电视连续剧〈甄三〉的艺术特色》，《大众电视》1986年第12期。

④ 常江：《20世纪80年代中国的精英话语与电视文化》，《新闻春秋》2016年第1期。

⑤ 彭焕萍：《中国电视新闻的平民化进程》，《当代传播》2005年第5期。

大众文化对媒介话语的塑造主要体现为都市报的崛起、"民生新闻"的长盛不衰以及广告话语等。

首先是20世纪90年代以《华西都市报》为代表的都市报以及大众文化的崛起。《南方都市报》宣称从启蒙话语转向大众话语,① 其实都市报诞生伊始就是大众文化的产物,与精英文化的启蒙话语没有多少关系。20世纪90年代,我国报纸的大众化之路经历了周末报、晚报、都市报三次热潮,而都市报的兴起,则真正表征了我国媒介大众化的浪潮。1993年,我国内地城市出现了第一份以都市报冠名的市民报纸即《贵州都市报》,② 而都市报作为报业流行的风潮则始于1995年《华西都市报》的创办。此后都市报成为一种模式,在我国迅速被复制并形成热潮,其中《华西都市报》《南方都市报》《大河报》等是都市报中的翘楚。从此,都市报成为我国报业的一个崭新品种,逐步占有了报业市场相当大的份额,彻底改变了我国报业的整体格局。虽然同样作为平民话语的表征,都市报走的是与《东方时空》《冰点》等栏目截然相反的平民化道路——自下而上的大众化之路,其区别即为精英文化与大众文化之区别。都市报不同于党报,走的是市场化道路,其经营模式是"广告+发行",宗旨是为市民的世俗生活提供帮助,无论是新闻报道的题材、副刊专栏的主题,贯穿在报纸理念中的价值取向,还是报纸所流露出的审美趣味,无不极端突出普通市民的日常生活,给普通大众日常生活的世俗性以最大的认同和肯定。都市报的新闻话语以普通市民的生活为主要关注点,强调新闻信息对市民个体生活的直接有用性,开始探索平民话语的另外一种表达方式——民生新闻。这种自20世纪90年代开始的媒介大众化之路,应该说表现了一种文化上的平民主义趋势和文化的大众化潮流。③

其次是以消费主义文化为特征的大众话语在传媒领域的呈现日益显著。市场与商业逻辑是传媒营造的话语生产场的巨大动力,消费主义成为一种新的意识形态。20世纪90年代中期以后,随着都市报的崛起,我国报业的发展与竞争都大大提速。在这样的背景下,从1997年6月6日开始,《北京青年报·青年周末》"人在旅途"版开设了《口述实录》栏目,开始刊登由该报女记者安顿采写的口述实录故事,"隐私"遂成为大众传媒的一大卖点。还有从湖南卫视《快乐大本营》开始的电视的综艺娱乐节目热。有学者将消费文化在传媒领域中的表征概括

---

① 曹轲:《以话语空间求生存空间 以生存空间求发展空间——以〈南方都市报〉为例》,《传媒》2015年1月下。
② 孙玮:《现代中国的大众书写——都市报的生成、发展与转折》,复旦大学出版社2006年版,第28页。
③ 王洁、罗以澄:《论新时期中国媒介的话语变迁》,《河北大学学报(哲学社会科学版)》2010年第1期。

为时尚化消费、欲望化叙事、狂欢化娱乐等三个方面。①

以《南京零距离》为代表的民生新闻作为大众话语消费性特征尤为显著。民生新闻具有"价值取向上的民众贴近性、传播形态上的平民可亲性、舆论监督性上的公众平台性"②，其基本特征则是市场导向。《南京零距离》以市场为导向向观众售卖自己的服务：对于产品品牌，采取类似工业品的推广营销手段；对于产品本身，以满足观众想要的为生产原则，不管是"舆论监督"的排解繁难，"教你一招"的生活小贴士，还是"一饱眼福"的窥视满足，都统一在"售卖"的理念之下和平共处。江苏广播电视总台电视传媒中心副总裁、《南京零距离》创始人景志刚说，"我们用市场的角度来看，他们（观众）是购买者，他们是消费者，他们是上帝，我们是为他们服务的，这是第一位"。同时，他们还积极借用"三贴近"话语中相对含糊的定义以及党的"十六大"后中央领导人"无害的就是有益的"新批示，为舆论监督和市井新闻的合流寻找政策的合法性依据。于是，在政治场域和经济场域的结合下，"民生新闻"在全国一路畅通，新闻进入营销时代。把"为消费者服务"树立为制作新闻的理念，既不同于新闻场域中传统的文化资本"为人民服务"，也不同于舶来话语的"为公民服务"。在"顾客（观众）是上帝"的服务信条下，观众也得到了前所未有的尊重：《南京零距离》投资近百万元建立热线电话接听中心，24小时倾听老百姓700～800个电话，做到有电必复，承诺有难必帮。同时，观众的窥视欲在"民生新闻"激烈的市场争夺中也得到了前所未有的满足。因此，从"消费品"这个价值底牌来看，"民生新闻"这个概念确实具有一定的遮蔽性，这也是一些学者、同行对南京"民生新闻"从概念起就存在直觉上质疑的根源。当"平民化"和利润相结合时，也就决定了新闻生产与大众文化场域尤其是其中的低俗部分形成了交集。这也正是和20世纪90年代以《东方时空》为代表的电视新闻子场域根本不同所在：《东方时空》是以精英文化的视角脱离此前一贯的"官家文化"，"民生新闻"则是以大众文化在当下的电视新闻格局中找到了自己的位置。③ 民生新闻的兴盛反映了大众文化与主导文化的共谋，从政治角度看，关注民生成为政府的工作重点，民生新闻体现了媒介"喉舌"功能，政治正确；从媒介作为企业角度来看，民生新闻体现了媒体的市场意识和受众意识，满足了不断增强的民众参与以及对知情权和话语权的需求，是消费主义的大众文化的重要载体。

与消费主义意识形态对应的"消费主义文化"不同于经济意义上对物品的

---

① 董天策：《消费时代的中国传媒文化研究》，四川大学博士学位论文，2006年，第84、93页。
② 吴信训主编：《新编广播电视新闻学》，复旦大学出版社2006年版，第139页。
③ 参见高传智：《"资本"影像：90年代以来中国电视新闻场域的变化及其影响》，中国传媒大学出版社2009年版，第120～122页。

消耗，而是欲望的满足或"替代性满足"，即消费的目的不是为了实际需要的满足，而是在不断追求被制造出来、被刺激起来的欲望的满足。消费主义文化在互联网时代更加盛行。以网络"流浪大师"现象为例。2019年3月下旬在上海街头捡垃圾的流浪者沈巍，在几个短视频平台走红，成为话题人物和"网红"。这位谈吐与形象有极大反差的"流浪大师"从被网络捕捉开始，就注定了被"制造"、被表达的命运。他的视频先是被安上"大师在流浪，小丑在殿堂"的标签，以给观者造成"怀才不遇"的观感，引发同情。而后，围绕这位"流浪大师"的身世，各种悲惨的故事被编了出来：博学多才的流浪者、复旦大学毕业的高才生、上海徐汇区审计局的公务员、妻女车祸过世……路数大概是怎么惨怎么来。再之后，"大师"终于被逐流量而居的网红盯上，他们马不停蹄地赶来，将"大师"团团围住，拿起手机，抬头45度仰望摄像头，一阵狂拍，"大师"终于湮没在一堆光鲜艳丽的锥子脸之中。就这样，"大师"完成了被定义、被表达、被消费的全过程。① 正如迈克·费瑟斯通所说：在大众文化"影像中，以及在独特的、直接产生广泛的身体刺激与审美快感的消费场所中，情感快乐与梦想、欲望都是大受欢迎的。'大众文化'使用的是影像、记号和符号商品，他们体现了梦想、欲望与离奇幻想；它暗示着：在自恋式地让自我而不是他人感到满足时，表现的是那份罗曼蒂克式的纯真和情感实现。当代消费文化，似乎就是要扩大这样的行为被无疑的接受、得体地表现的语境与情境之范围"②。表征消费主义意识形态的消费主义文化的大众话语的兴盛是市场经济改革的产物，也与新媒体尤其是网络媒体的发展密切相关。大众话语虽然带有一定的解放意义，至少是带来了社会舆论空间中某种看似多元论争的格局，但是却往往是受限的、盲目的、杂乱的和缺乏结构的，甚至在一定意义上成为"霸权"的存在，往往是霸权/文化领导权得以延续和坚挺的保证的机制之一。③

2. 大众文化对媒介话语的规训

（1）权力的生产。在中国语境中，"大众"这个概念的内涵经历了一个演变的过程。近代以降，特别是五四运动以来，"大众"（也称"人民"或"群众"等）一直是启蒙和动员的对象，精英知识分子办报刊，组织团体和政党，唤起民众，组织民众，以满足救国救民的需要。改革开放以后，随着从计划经济向市场经济的转变，"大众"更多地被赋予了消费者的内涵，其政治色彩逐渐淡去，以适应社会主义市场经济转型的需要，"大众文化"才开始具有了市场文化的内

---

① 王言虎：《被制造的网红"扫地僧"，被表达的"流浪大师"》，《东方卫报》2019年3月22日A02版。
② ［英］迈克·费瑟斯通：《消费文化与现代主义》，刘精明译，译文出版社2000年版，第18～19、39页。
③ 参见季广茂：《意识形态》，广西师范大学出版社2005年版，第65～72页。

涵，而今天的大众文化主要表现为消费文化。① 在20世纪90年代市场经济条件下，大众文化商品化、市场化的特征日益成为主导，从而逐渐被消费文化所裹挟，1992年后市场经济在中国掀起狂潮，大众消费文化取代知识分子的精英文化占据了公共舞台。②

大众文化生产的知识话语是"发行量、收视率或点击率代表大众"。在电视启蒙话语建立初期，以"老百姓"为话语对象在很大程度上与大众话语是一致的，但是，很快大众话语在电视领域表现为以收视率为目标。"收视率代表大众认可"是20世纪90年代以来大众话语在电视领域生产出来的最主要的知识话语。这种知识话语在央视新闻评论部从业人员中具有相当高的认可程度，甚至已经达成了某种共识，从而追求收视率也就具有了相当高的合法性。新闻从业者对收视率虽然百般不情愿，但比较一致的看法是：一个节目如果没有多少观众愿意看就不是好节目，从而收视率作为评价节目和栏目的重要指标就具有了共识的合法性。③

（2）权力的约束。

第一，以收视率、发行量或点击率（流量）为首要标准。大众化媒体作为市场化媒体，其盈利模式以广告为主，也就是发行量、收视率和点击率的转化，因此报纸提高发行量、广电媒体追求收视率或收听率、基于互联网的新媒体追求点击率就成为商业化媒体的必然选择。自2003年起，央视开始酝酿以收视率作为衡量栏目优劣的主要指标。"末位淘汰制"使收视率成为电视栏目最核心的评判标准，而新闻评论部以生产严肃专题节目为任务，在这种情况下，各个栏目感受到的压力是可想而知的，如何提高收视率成为从业者从事内容生产所要考虑的一个重要目标。收视率末位淘汰制度刚一实行就对内容产生了影响，新闻评论部从选题选择、内容叙述方式到节目生产之后的推广宣传因此都有相应调整。④ 媒介融合时代，互联网的点击率也被纳入媒体绩效考核指标。比如《人民日报》统筹考虑稿件质量和传播效果，加大阅读量（点击量）在考核中的比重，建立新闻传播力排名制度，由"中央厨房"媒体传播效果跟踪系统实时监测、动态排名，评定每日传播5强、每周传播10强、每月传播20强，分别给予奖励，并作为评选好新闻的重要依据。北京某报在采编定额稿费的考核评价中纳入阅读量

---

① 孟繁华：《传媒与文化领导权》，山东教育出版社2003年版，第127~128页。
② 许纪霖：《启蒙如何起死回生》，北京大学出版社2011年版，第125页。
③ 参见张海华：《形态变革与话语转型：1990年代央视新闻评论部生产实践》，社会科学文献出版社2018年版，第147~148、156~157页。
④ 参见张海华：《形态变革与话语转型：1990年代央视新闻评论部生产实践》，社会科学文献出版社2018年版，第148~156页。

或点击量评价。① 不过,"唯收视率论"发展到极端,就是电视被收视率"绑架",报刊被发行量"绑架",电影被票房"绑架",网络媒体被点击率、点赞量"绑架",甚至不惜弄虚作假,如购买电视剧收视率等。

第二,对受众"区隔"或"分层",追求高端受众群。媒介从业者们对观众的认识发生了根本性的话语变化,从"老百姓"到"消费者",由群众话语向市场话语转变。从"观众"到"受众",一字之差的背后则是电视从业者一整套观念和认识逻辑的变革。观众就是"上帝",特别是那些"中等偏上层次"的"上帝",他们具有更多的经济资本和文化资本,非常受广告商的重视,因而满足他们的口味和需求成了电视新闻生产的最重要的目的和任务。美国学者贝克曾以五种可能存在的女性杂志为例对媒体的市场化区隔及其弊端进行了透彻的分析②。对媒体向中高层次受众逐渐倾斜的趋势,有学者从政治经济学角度给了尖锐的批评:"整个中国的大众传媒日益城市中心化,为追求广告目标受众而中产阶级化,这其实构成了中国社会整体转型的一个重要组成部分。与此同时,工人、农民变成了被遗忘的人群,成了大众媒体中被表现的他者,而不再是主体性的存在。"③

第三,内容生产上追求娱乐化乃至低俗化。对趣味性和故事性的追求,应当说是新闻媒体的一种专业化体现,寓教于乐而不是说教,才能够达到更好的传播效果。从这个意义上来说,电视节目中所出现的对奇闻趣事的报道,或者对事件情节的"渲染",只是一种传达主旨的手段。而低俗化、庸俗化或者泛娱乐化的倾向,与其说是渲染细枝末节,倒不妨说是拒绝深入思考,导致的结果是公众在电视机前"娱乐至死",而不是培养公众对问题的思考能力。④ 消费社会所推行的符号消费逻辑把信息价值的评判权完全交给了作为消费者的受众,媒介文化不得不走向商业化和娱乐化的道路,其"视觉至上"原则消解了媒介文化的深刻性,媒介文化被劣币驱逐良币的"格雷欣法则"所俘虏,导致其日益趋向浅显低俗的娱乐化。⑤ 如,2018年5月12日微信公众号"二更食堂"宣布永久封号,其原因是"二更食堂"针对"滴滴空姐遇害事件"发表低俗文章,被浙江网信部门约谈,要求严肃处理并整改。有评论认为,以"二更食堂"为代表的自媒

---

① 张垒:《国内外媒体采编架构调整与变革趋势》,《青年记者》2018年10月下。
② 参见[美]查尔斯·埃德温·贝克:《媒体、市场与民主》,冯建三译,上海人民出版社2008年版,第234~237页。
③ 吕新雨、赵月枝:《中国的现代性、大众传媒与公共性的重构》,《传播与社会学刊》2010年第12期。
④ 沈东:《转型期中国电视节目议事框架的形成机制——以中央电视台〈当代工人〉为例》,载胡正荣主编:《媒介公共服务理论与实践》,中国传媒大学出版社2009年版,第158页。
⑤ 蒋晓丽主编:《媒介文化与媒介影响研究》(下),四川大学出版社2009年版,第7页。

体罔顾社会责任,发表低俗文章,根本的原因还是表现为流量的"眼球经济"所致,因为流量可以变现,流量带来利润,流量是门生意。①

(四) 从印刷文化向视觉文化的转向

当代中国的媒介文化经历了一个以图书、报刊为代表的印刷媒介文化向以图像为表征的新媒体文化的转变。20世纪80年代中国大地曾兴起一股"文化热",主要表现为"文学阅读热",从大学校园蔓延到整个社会,文学阅读成为一时风尚,没有所谓"读书无用论"之说,无论是教授、大学生,还是普通百姓,都以争相阅读登载各种文学作品和经典名著的图书、期刊,讨论文化、政治、经济、社会等现实乃至学术问题为荣,这股自发的全民阅读风潮的形成原因错综复杂,主要与改革开放之初思想解放的时代背景有关,尤其是报刊关于"真理标准问题"的大讨论,在有力推动改革开放进程的同时,也形成了人们通过阅读进行思考、交流和批判的全民阅读社会氛围和空前盛况。如果从媒介文化的角度来看,这股"文化热"是印刷媒介主导的结果。各种大众传媒都在改革开放的大好形势下飞速发展,而由于特定的社会经济条件,纸质传媒的发展领先于其他媒体。在报纸、期刊、书籍等纸质媒介中,期刊的发展引人注目。那时,电视尚未普及,印刷媒介是主要的媒体。作为文化传播媒介的印刷媒介特别是文学期刊、图书对那个时代的整体生活方式有着重大影响。②当时报刊图书成为广播电视的议程设置者,广播、电视媒体受到印刷媒介的支配,其社会影响力远没有后来那么大。但是,大约从20世纪90年代初开始,在我国,阅读文化式微,以图像为表征的新媒体文化崛起,这种新媒介文化的特征是"以视觉符号为主体,对音像符号的重视远大于文字符号"。③

媒介文化的视觉转向并非转型期的中国所独有,而是世界范围内的文化现象。20世纪80年代以来,世界范围内媒介文化的一个显著变化就是从由语言文字为中心向以形象为中心的文化转型,视觉形象在媒介内容表达和受众吸引中起着越来越重要的作用,印刷媒体的"读图时代"已经来临,电视也已经取代报纸和广播成为社会的强势媒体,以电视为主的电子媒体"影像时代"已经到来。视觉文化与生俱来的"看"的能力实现了对这类文化产品接受的平等权,有利

---

① 杨京、邢帆、李尔静、高翔:《一有适当的"流量",资本就会胆大起来》,《长江日报》2018年5月15日第5版。
② 蒋晓丽主编:《媒介文化与媒介影响研究》(上),四川大学出版社2007年版,第145页。
③ [美]道格拉斯·凯尔纳:《媒体文化——介于现代与后现代之间的文化研究、认同性与政治的新描述》,丁宁译,商务印书馆2004年版,第10页。

于文化的普及,克服了文字文化要靠后天学习的缺点。① 鲍德里亚在《象征交换与死亡》一书中提出"类像系列"的理论,他认为,文艺复兴以来,与价值规律前后相继的变化相应,仿像存在着仿造、生产、仿真三级序列,"仿造是从文艺复兴到工业革命的'古典'时期的主要模式;生产是工业时代的主要模式;仿真是目前这个受代码支配的阶段的主要模式。第一级仿像依赖的是自然规律,第二级仿像依赖的是商品规律,第三级仿像依赖的是价值的结构规律"②,"价值的结构规律"是符号学式的"结构规律"。在这一阶段,电视、互联网的普及带来图像符号的霸权地位,图像在不断地挤压甚至侵凌文字,印刷媒体等非视觉领域也开始出现图文并茂的视觉化现象,人们获取信息、知识和娱乐的主要途径以及表情达意的主要手段不再是文字而是图像符号,正如贝尔所言,"目前占统治地位的是视觉观念。声音和景象,尤其是后者组织了美学,统率了观众"。"当代文化正在变成视觉文化,而不是印刷文化,这是千真万确的事实"。③ 如今电视、广告、电脑、互联网已几乎将所有的文化样式收归于自己名下,将其统统变成视觉文化:MTV 是将音乐变成视觉文化,戏曲 TV 是将演唱变成视觉文化,诗 TV、散文 TV 是将抒情、写意变成视觉文化,而那些根据名著或畅销书改编的电视剧则将小说变成了视觉文化。④

媒介文化视觉转向的动因是什么? 从语言符号学角度看,视觉符号的表情达意比语言符号更具优势。从技术发展的角度看,随着电子计算机技术和网络技术支持的数字化信息世界的来临,从图像制作角度来看,数字合成在逐渐取代机械时代的感光制作,与以前的图像不同,虚拟图像具有自己的时间与空间:"它变成了一个空间,一个场所。这是一个新变化。以前的图像可以说只是形象的再现:它是平面的,可能很逼真,但本质上是二维的。随着虚拟图像的出现,人们终于可以进入到图像中去,它变成了一个场所,人们可以在里面探寻,与别的人相遇,有虚拟的经历。"⑤ 从政治经济学角度看,传媒市场化是媒介文化视觉转向的重要动因。传媒的市场占有率要求把节目或内容变为公众消费的商品,而达到这个目标的手段就是视觉性。看得见的东西才是好东西,正如戴维·哈维所

---

① 徐小立、秦志希:《媒介文化的"视觉转向"及其传播策略》,《新闻与传播评论》2004年第5期。
② [法]让·波德里亚:《象征交换与死亡》,车槿山译,译林出版社2006年版,第67页。
③ [美]丹尼尔·贝尔:《资本主义文化矛盾》,赵一凡等译,生活·读书·新知三联书店1989年版,第154页。
④ 姚文放:《媒介文化与视觉文化的崛起》,http://www.wenyixue.com/html/jiaoshouwenji/yaowenfang/2007/1004/1518/.html。
⑤ [法]R.舍普等:《技术帝国》,刘莉译,生活·读书·新知三联书店1999年版,第98页。

说:"形象在竞争之中变得极其重要,不仅是通过识别名牌商品,而且也因为各种各样的'高尚体面''品质''威望''可以信赖'和'创新'。形象建构交易中的竞争,成了公司内部竞争的一个至关重要的方面。成功就是如此明显地获取利润,以至于投资于形象建构(赞助艺术、展会、电视制作、新建筑以及直接营销)就变得像投资于新工厂和机器一样重要。形象服务于在市场上确立一种身份。"① 从文化本身看,文化的审美化被视为视觉转向的深层动因。有学者认为,当代文化成为一种日常的审美文化,视觉转向时代媒介传播的重心正在实现向娱乐消遣的转移,良有以也。②

媒介文化的视觉转向也带来了阅读的困境,"此中有真意,欲辨已忘言"。"新的视觉文化的最显著特点之一是把本身非视觉性的东西视觉化"③。生活在现代都市的快节奏中,人们很少有时间、有耐心去翻阅那些纯粹的文字"劳什子",无意去体悟文字符号所带来的审美境界和哲理深度,但大众文化的视觉转向恰好迎合了他们的"胃口",使其能迅速、形象、直观、有选择地了解他们所想了解的信息。现实情况也不令人乐观。据中国出版科学研究所的调查,1999—2005年国民阅读率(即每年至少有读一本书行为的读者数量与识字者总体之比)持续走低:1999年为60.4%,2001年为54.2%,2003年为51.7%,2005年降到48.7%,首次低于50%;而且,目前我国国民有阅读习惯的人仅占总人口的5%。④ 国民阅读率下降是世界性的普遍问题,其中的原因很多,但大众文化的视觉转向给人们思维习惯、生活方式所带来的巨大冲击,也是不得不考虑的一个重要因素。过度地依赖图像信息,常常会导致思维的简单化、平面化以及理解力、反思性的下降。传统文化一般都是以文字、纸质的形式进行传承的,而作为人类精神财富的主要载体,传统文化对人类文明的传递和发展起着不可替代的作用。阅读作为延续民族文化记忆的重要渠道,具有大众文化视觉传播所不具备的优势,倘若我们抛弃了这一优势,在传统文化的肆意戏说中沉沦,其后果可想而知。⑤

---

① [美]戴维·哈维:《后现代的状况》,阎嘉译,商务印书馆第2003年版,第370~371页。

② 徐小立、秦志希:《媒介文化的"视觉转向"及其传播策略》,《新闻与传播评论》2004年第5期。

③ [美]尼古拉·米尔佐夫:《什么是视觉文化》,王有亮译,http:///www.culstudies.com/rendanews/displaynews.asp?id=715。

④ 杜俊卿:《阅读:国民不可或缺的精神涵养——美国书展引发的思考》,《新华文摘》2007年第4期。

⑤ 参见叶虎:《大众文化与媒介传播》,学林出版社2008年版,第313~320页。

四、媒介文化中的文化领导权之争与专业性危机

(一) 媒介文化发展中的文化领导权之争

媒介文化演变的过程是主流意识形态、话语权和文化领导权演变的过程。历史地看,党和国家的意识形态重建,根本上体现为不断冲破极"左"思想的束缚,形成与确立邓小平理论、"三个代表"重要思想、科学发展观以及习近平新时代中国特色社会主义思想的过程。中国共产党文化领导权的建设是实践中的艰难探索,尤其是20世纪90年代以来,由于西方自由主义文化思潮的侵袭,中国共产党的文化和意识形态领导权受到了挑战,目前社会主义核心价值体系的确立体现的是中国共产党回应挑战、重构文化和意识形态领导权的现实诉求。[①] 按照媒介文化发展的三个阶段,与主流意识形态的演变相适应,媒介文化中的文化领导权之争在不同阶段呈现出不同的特征:第一阶段,知识分子精英文化获得文化领导权,主导文化与大众文化为辅;第二阶段,大众文化崛起并占据主导地位,大众文化获得文化领导权的同时,精英文化衰落,主导文化也面临大众文化的挑战与冲击;第三阶段,改革开放以来主导文化、精英文化和大众文化等多元共存的格局受到互联网时代的到来以及全球化带来的挑战与冲击,不同舆论场相互博弈与斗争日趋激烈,文化领导权亟须再重构,媒介融合与传媒转型成为主流意识形态重塑文化领导权的战略举措。

1. 第一阶段(1978—1992):精英文化获得文化领导权

1978年党的十一届三中全会的召开标志着我国历史性转折的开始,从此进入了改革开放新时期。当代中国的思想意识形态开始走向宽松,从而为媒介文化的变革准备了良好的社会条件。[②] 改革开放初期,媒介文化的文化领导权之争呈现出以下几个重要特点:一是精英文化占主导地位;二是大众文化潜滋暗长;三是传统的意识形态和文化领导权开始重新建构。20世纪80年代,在强大的精英话语的影响下,媒介文化呈现为主导文化、精英文化与大众文化的某种微妙的平衡状态,其中精英文化隐然居于主导地位。尽管精英话语的影响力在90年代初期逐渐式微,但其对媒介文化的深层影响却在我国媒体的后续演进中发挥了重要的作用。[③]

(1)精英文化的强势崛起。经过20世纪70年代末80年代初的思想解放运动,特别是关于"实践是检验真理的唯一标准"大讨论,传统的即"左"倾的

[①] 上官酒瑞:《中国共产党的文化领导权:历时探索和现实重构》,《宁波党校学报》2008年第2期。

[②] 参见董天策:《消费时代的中国传媒文化研究》,四川大学博士学位论文,2006年,第133~135页。

[③] 常江:《20世纪80年代中国的精英话语与电视文化》,《新闻春秋》2016年第1期。

意识形态控制解冻,以表达知识分子对社会主义探索进行的理性沉思、对社会问题的批判或者以作者自己的审美为主要主题的精英文化开始崛起,获得了广泛的传播与社会认同,这种文化是以"伤痕文学"为代表的。在"伤痕文学"之后,接着出现了"反思文学"和"改革文学"等为大众文化的出现提供指导的媒介文化。精英文化在 20 世纪 70 年代末至 80 年代中期的崛起,使当代中国的文化局面发生了一次根本性的变革,这就是知识分子的精英文化成为具有主导性的文化力量,从而使这一时期的媒介文化成为二元复合结构:既是改革开放意识形态的宣传工具,又是精英文化追求现代启蒙的传播场域。①

这一时期,精英文化获得文化领导权是主流意识形态变化的反映。改革开放以后,新闻媒体开始关注底层民众、弱势群体、边缘人群和百姓生活。"让无力者有力,让悲观者前行","为老百姓说话","讲述老百姓自己的故事",都是 20 世纪 90 年代我国媒体赢得民间声望的最为时髦的口号。在这里,"百姓"对"人民"和"大众"的解构本身就体现了对旧意识形态的宏大叙事的一种解构。②黄书泉认为:"以'老百姓'来替代'人民'和'大众',这一话语的转变本身就是对新闻领域大叙事的政治乌托邦和时尚文化乌托邦的一种解构,体现了一种人文精神的立场态度,即民间立场和世俗关怀。'老百姓'既突破了政治中心话语框架,将抽象的人民还原为具体的、有血有肉、各不相同的个体,又与作为流行文化标志的'大众'划开了界线,其内涵具有植根于'民为贵'的传统文化的丰厚底蕴,其外延则具有覆盖社会生活各个层面的广度。"③

(2)大众文化的潜滋暗长。20 世纪 70 年代末 80 年代初,港台的大众文化产品如流行歌曲、通俗小说、电视剧等拉开了内地大众文化发展的序幕。金庸、琼瑶小说风靡内地,出版量几乎无法统计,更有远远超过正版数量的盗版书得以销行。在 80 年代前期,从国外引进的通俗电视连续剧已赢得国人的青睐。该时期的大众文化潜滋暗长,因为 20 世纪 70 年代末至 80 年代初的大众文化一方面还处于自发状态,一方面又不时受到主导意识形态的批判乃至压抑。正是在这样的特殊境遇中,当代中国的早期大众文化走过了一条曲曲折折的成长道路。在流行音乐的启动下,当代中国的通俗文化在 20 世纪 80 年代中后期获得社会各界的认可,取得了合法地位。④

(3)文化领导权的重构。"文革"结束之后,社会主义文化领导权开始了重

---

① 董天策:《消费时代的中国传媒文化研究》,四川大学博士学位论文,2006 年,第 70、67、69 页。
② 潘知常:《新意识形态与中国传媒》,香港银河出版社 2010 年版,第 12 页。
③ 转引自孟繁华:《传媒与文化领导权》,山东教育出版社 2003 年版,第 147~148 页。
④ 董天策:《消费时代的中国传媒文化研究》,四川大学博士学位论文,2006 年,第 71~72 页。

新建构。它在形态上改变的标识,是将强烈的道德理想追求转变为现实的物质积累。激进的"新文化想象"在以经济建设为中心的意识形态覆盖下几近自行崩解。值得注意的是,无论是道德精神的渗透,还是转向经济建设,对我国更广大的人民来说,都是首先从传媒上获得消息的。但是,随着改革开放不可遏止的发展,市场经济必然要为传媒带来相对广阔的生存空间。各种传媒不同的目标和利益关怀,使社会主义文化领导权有了重新阐释的可能。这种重建的文化领导权分解了"文化霸权"的一体化统治,这既符合"弘扬主旋律,提倡多样化""建设有中国特色的社会主义"的主流意识形态的要求,同时也适应了"冷战"结束后实现国家新的战略目标的需要。①

改革开放初期的思想解放表现为党和国家的意识形态重建以及精英文化的现代启蒙追求两个方面。所谓现代启蒙追求,主要是指70年代末到80年代中后期精英文化所进行的人文反思,其核心内容是以"人"为中心,围绕着"人性""人道主义"等问题进行理论思考与艺术表达。精英文化的人文反思与思想政治文化领域的第一次解放在总体上是一致的,互为依托,互为支撑,共同推进了思想解放的历史进程。在新的主流意识形态重建与精英文化的现代启蒙追求过程中,大众文化也以特有的方式参与了思想解放的进程。② 然而,随着思想解放运动的深入,也出现了一股资产阶级自由化的倾向,20世纪90年代初,党和政府进行反思和整顿,"宣传思想战线"清缴了大量黄色和反动出版物,停办了大批有严重错误或缺乏生存依据的报刊,整治了书报刊和广播影视业的不正当牟利行为。在新闻报道和文艺创作等方面提出了正面宣传为主的方针。

2. 第二阶段(1992—2012):大众文化获得文化领导权

1992年邓小平南方讲话时提出要建立社会主义市场经济体制,党的十四大正式提出建立社会主义市场经济体制的目标,此后我国进入经济的快速高速发展阶段。20世纪90年代,我国"在走向市场化的进程中迎来了一个经历巨大文化转型的新时代","一个以消费为主导的,由大众传媒支配的,多元文化话语构成的,富于实用精神的新的文化时代"。③ 从媒介文化的角度看,这一阶段大众文化从"边缘"走向"中心",精英文化则从"中心"被挤向"边缘",主流文化面临着市场的挑战与冲击,也在向大众文化靠拢。

(1)大众文化崛起并发展为消费文化。大众文化在当代中国的发展经历了三个阶段:其一是20世纪70年代末至80年代中的潜滋暗长阶段,其二是从80年代中后期到90年代中期的全面崛起阶段,其三是从90年代中期以来的新发展

---

① 孟繁华:《传媒与文化领导权》,人民文学出版社2017年版,第14~15页。
② 陈晓明:《填平鸿沟,划清界限:"精英"与"大众"殊途同归的当代潮流》,《文艺研究》1994年第2期。
③ 张颐武:《后新时期文化:挑战与机遇》,《战略与管理》1994年第1期。

阶段。然而，如果就整个当代中国的传媒文化而言，历史性的嬗变发生在80年代中后期。这时，当代中国开始进入消费时代，文化上的变化是：精英文化退潮，大众文化崛起。[①]

20世纪80年代初期，在港台文化的"反哺"下，以港台歌曲为表征的大众文化，从"地下"迅速浮出地表，在八九十年代之交，港台和海外华文电视剧经由中国内地电视传媒的广泛传播，被民众迅速认同。从1990年《渴望》的播出开始，国内的大众娱乐性影像制品得到了空前的发展。畅销图书、娱乐性音像和影视作品，像卡拉OK一样，都以市场作为重要的参照指标来组织生产。大众文化对国家民族关怀的逐渐淡出，必然会程度不同地影响到普通人的精神取向和价值观念。就对日常生活的影响力和支配性而言，大众文化已经成为主流文化，它弥漫四方、无处不在，尤其是电视文化，已经深入到千家万户。[②]

互联网时代，大众话语权进一步崛起。电视商业化及信息技术的飞速发展赋予了普通民众更多的接收、传播和共享信息的权利。方兴东认为精英体制下的文化"大教堂"模式受到了来自文化"大集市时代"的全新压力，[③]这种压力来自掌握了传媒技术与资源的草根阶层，他们在某种程度上颠覆了原有的文化生产机制与传统的文化审美趣味，超越了精英阶层可控范围，成为一种独特的、相对独立、富有生命力的全新文化阶层。杜骏飞指出，"内外因素的多重作用，导致了今天的粉丝和从前的拥趸有了很大区别——他们作为一个社群正在日渐崛起，而且日益主动参与当代中国文化的转型；与此同时，也导致了粉丝作为一种文化信号正在被整个社会逐步放大。'粉丝'社群在某种程度上开始具有了社会动力学意义上的群体功能，而我们真正要重视的是粉丝势力背后所蕴含的那种文化觉醒力量"[④]。

市场化或商业化的大众文化无形中解构了"一体化"的文化专制。李泽厚认为："大众文化不考虑文化批判，唱卡拉OK的人根本不去考虑要改变什么东西，但这种态度却反而能改变一些东西，这就是对正统体制、对政教合一的中心体制的有效的侵蚀与解构。"[⑤] 但是，大众文化本身是幻觉文化的一部分，它所

[①] 董天策：《消费时代的中国传媒文化研究》，四川大学博士学位论文，2006年，第70页。
[②] 孟繁华：《传媒与文化领导权》，山东教育出版社2003年版，第132～133页。
[③] 方兴东：《大教堂里的章子怡和大集市中的芙蓉姐姐》，http://www.blogchina.com/new/display/78896.html。
[④] 参见杜骏飞：《文化阶层是如何被想象的？——公众对"文化名人"的记忆与认同研究》，载何成洲主编：《跨学科视野下的文化身份认同：批评与探索》，北京大学出版社2011年版，第201～202、205页。
[⑤] 李泽厚等：《关于文化现状与道德重建的对话》（上），《东方》1994年第5期。

有的温情脉脉和刺激,都是以想象的方式向人们提供的。① 虽然现代社会的理性的、创造性的文化价值观念开始为一些现代主体所认可,但并没有成为大众中的一种具有崇高价值和巨大感召力的主导性价值观。相反,传统经验式的文化模式和现代的金钱观同时出现在多数中国民众身上,后现代的文化心态也通过大众文艺、通俗文艺、文化快餐等,作为日常生活的添加剂而悄悄超前地进入中国民众的生活之中。在今天这个市场经济的社会里,人们更多地强调个人发展、个人享受和个人娱乐,有些人的兴趣正在远离政治和公共事务,表现在媒介领域,人们更关注的是娱乐新闻、股票行情、体育新闻、名人丑闻、明星逸事等。②

(2) 精英文化逐渐边缘化,但价值犹存。与大众文化的迅猛发展构成鲜明对比的是精英文化在 20 世纪 90 年代以来逐渐衰落。当今中国,各种思想性作品和高雅的文艺作品,其流播的范围基本是在精英阶层。有学者做了这样的描述:"从 20 世纪 80 年代到 90 年代的过渡,文化领域的一大景观是精英文化的衰落与大众文化的兴起……那股以启蒙为己任,以改革为号角,以居高临下唤醒大众主体意识为鹄的,从而实现现代化强国之梦的文化激进主义思潮,伴随着 70 年代末 80 年代初思想解放的洪流而生,在风云激荡的 80 年代纵横驰骋,但最后风头出尽,盛极而衰,昔日的启蒙骁将偃旗息鼓,或远渡海外,或从政经商乐不思返,或钻到故纸堆里不愿出来。与此同时,昔日不登大雅之堂的俗文化却乘机崛起了,而且声势日盛,大有压倒一切取而代之的气势,精英文化则雄风不再,这是当代中国文化一次深刻的转变,其产生的影响和作用迄今仍在继续。"③

精英文化的衰落与大众文化的崛起几乎同步发生的主要原因,是以市场经济为主导带来的社会文化转型现象,精英文化面对商业利润和新传播技术的冲击,从中心走向边缘是必然的趋势。有学者指出,"中国的启蒙主义面对的已经是一个资本化的社会:市场经济已经日益成为主要的经济形态,中国的社会主义经济改革已经把中国带入全球资本主义的生产关系之中,在资本运动过程中,国家及其功能也相应地发生了虽然不是彻底的、但却是极为重要的变化。资本主义的生产关系已经造就了它自己的代言人,启蒙知识分子作为价值创造者的角色正面对深刻的挑战"④。面对已经被大众文化浸染的社会,中国的知识分子选择了"自我净化""自我隔离"的防范措施,他们普遍地拒绝承担"社会良心"的角色,

---

① 孟繁华:《传媒与文化领导权》,山东教育出版社 2003 年版,第 129 页。
② 毛家武:《全球化背景下中国媒介文化转型与新闻专业性重构》,《电子科技大学学报(社科版)》2009 年第 6 期。
③ 陈钢:《精英文化的衰落与大众文化的兴起》,《南京师范大学学报(社会科学版)》2001 第 4 期。
④ 汪晖:《当代中国的思想状况与现代性问题》,载孟繁华主编:《九十年代文存(1990—2000)》(上卷),中国社会科学出版社 2001 年版,第 263 页。

倡导坚守学术岗位，严正学术规范。20世纪90年代，大多数中国知识分子选择了"专家"这种职业化的身份，不再对社会发言，不再关注"沉默的大多数"的生存状态，并且把这种选择当作进步。① 但精英文化的式微并不意味着精英文化价值的丧失，一部分知识分子对市场文化的批判、对普遍意义的追寻和捍卫在市场化的今天仍然有其重要价值。

（3）主导文化面临市场的挑战与冲击。改革开放以后，文化生产已经打破了过去严格控制的传统的生产方式，在国家计划内并投以巨资扶持的文化产品，只是社会文化供给的一部分。这一部分文化产品就是被称作"主旋律"的文化产品。为了满足日益增长的社会文化需要，在倡导主旋律的同时，也提倡文化生产的多样性。就20世纪90年代以来的文化市场而言，高扬的主旋律虽然气势恢宏，并力图通过各种传媒深入人心，但在大众文化和外来文化的冲击下，它并不具有绝对优势，未能占有应有的市场份额。90年代中期以来推出了《孔繁森》《张鸣岐》《警官崔大庆》《民警的故事》《信访办主任》等多部来自生活原型的英雄故事，他们多是名重一时被反复宣传的当代英雄，但当他们被搬上银幕、以视觉艺术的形式再现时，却没有收到预期的效果。② 据《人民论坛》杂志发起的一项网络调查显示，73.6%受调查者认为主流文化缺乏现实关怀③。主流文化宣教多，对现实问题关注少，形式刻板，缺乏号召力④。

20世纪90年代以来的中国已经走上了市场经济的轨道，竞争是市场经济的铁律和法则。在成功与失败的选择面前，利益成为首当其冲的问题。因此"主旋律"对历史文化的开发（如红色经典的再度流行），或对当下英雄人物的宣传，都表达了主流文化改变"唯利是图""一切向钱看"世风的努力。然而，在市场经济的初始阶段，人们对金钱的攫取欲望和对世俗生活享乐的期待，几乎成为不可逆转的潮流，金钱在这个时代成了一个无处不在的尺度。虽然在口头上谁也不否认"精神文明"，但在实际生活中它究竟占有怎样的支配性地位，则令人怀疑。

（4）消费时代文化领导权的重新阐释。总体上，进入消费时代特别是进入90年代以来，当代中国的媒介文化呈现出错综复杂的文化结构。主导文化凭借体制化的优势或制度化保障，并且以一种"与时俱进"的姿态不断调整策略，

---

① 《圣人立场与贫民立场——90年代知识分子话题》，http://www.paper800.com/N122/4D9D62F1。
② 参见孟繁华：《传媒与文化领导权》，人民文学出版社2017年版，第130~132页。
③ 人民论坛问卷调查中心：《73.6%受调查者认为主流文化缺乏现实关怀——"主流文化怎么了"问卷调查分析报告》，《人民论坛》2010年第6期。
④ 张娜：《媒介主流文化价值的建构与传播——基于三类文化的思考》，《新闻知识》2013年第4期。

即"以一种不断向大众文化话语靠拢的姿态来争取和拓展自己的生存空间"①,从而具有强大的生命力与影响力,只要看看央视春节联欢晚会的主题,就可以清楚地感受到这一点。大众文化风头正劲,而且越来越居于优势地位。由于大众文化存在着通俗文化与消费文化的差异,因此主导文化向大众文化的靠拢,其实主要体现为向通俗文化的靠拢,结果"大众化"与"化大众"达到了某种程度的统一,以致有论者将其称为"平民文化"②或"平民意识"③。而主导文化对大众文化中的消费文化则采取了一种默许的态度。

精英文化虽然日趋边缘,但也在努力发出自己的声音,从"人文精神"大讨论到此后形成的文化批评与文化研究,都十分清楚地昭示了这一点。④ 央视《百家讲坛》是从精英文化走向大众文化的典型,经历了从"学术电视"到"娱乐电视"的转变。《百家讲坛》2001年开办之初走的是精英化路线,定位精英人群,栏目宗旨是"建构时代常识,享受智慧人生",讲座内容囊括自然科学、人文学科、养生保健,嘉宾多是杨振宁、周汝昌、叶嘉莹等社会名流,但收视率并不理想。迫于收视压力,2004年7月《百家讲坛》进行了改版,节目决定改变方向,采取"大众化的精英内容传播"路线,将观众群定位在初中文化程度以上,在主讲人的选择标准上也大大改变,选择嘉宾的标准逐渐完善为:①要有学术根基;②要有很好的电视表达能力;③要有个人魅力。《百家讲坛》的主讲人很多有中学教师的背景,能够做到知识性和趣味性、情感性和学理性的融合与沟通。同时,编导对演讲内容进行设计,借鉴电视剧的流行元素,最重要的就是设置悬念、讲究故事性。节目主办方称其是"一所汇集各路专家、学者的开放式大学",一贯坚持"让专家、学者为百姓服务"的栏目宗旨,在专家、学者和百姓之间架起"一座让专家通向老百姓的桥梁",从而达到普及优秀中国传统文化的目的。⑤ 改版后的节目以一种最大众化的方式传播精英文化,也就是用现代方式和通俗方式解读传统文化,取得了很大成功。

3. 第三阶段(2012年至今):媒介融合时代文化领导权的再重构

互联网时代的到来以及全球化带来的挑战,媒介文化的文化领导权亟须再重构。在文化领导权的解构与重构的过程中,媒介文化呈现"去政治化"趋势,不同文化形态之间的矛盾与冲突加剧,传统的主导文化受到挑战,精英文化逐渐走向边缘,而大众文化越来越占据主导地位。比如《实话实说》等时政类脱口

---

① 饶朔光:《关于当前电影创作的思考》,《当代电影》1998年第1期。
② 万林艳:《从大众文化到平民文化的范式转换》,《中国人民大学学报》2003年第5期。
③ 张贞:《从"日常生活"看大众文化的平民意识》,《当代文坛》2005第2期。
④ 董天策:《消费时代的中国传媒文化研究》,四川大学博士学位论文,2006年,第170页。
⑤ http://ww.cctv.com/program/bjjt/01。

秀节目融入精英元素,但又不放弃普通大众的诉求,这体现了在社会转型时期媒介文化中的主流文化、精英文化、大众文化的相互渗透与权力博弈。

(1) 新时期社会主义文化领导权的危机。

1) 消费主义文化的挑战。在改革开放、社会转型与全球化进程中发展起来的消费主义在当代中国的媒介文化中占据着越来越显赫的地位,并且正在开始成为一种新的文化霸权,它对社会主义文化领导权的挑战主要表现在以下三个方面:

其一,主流意识形态被消费主义文化所解构。改革开放以来,与城市中产阶级在经济上的崛起相伴随,民族独立和革命时期的启蒙、进步、国家等宏大理念早已淡出中国主流文化,而原来的国家文化部门和传媒体系的商业化改革更夯实了都市文化的政治经济基础,商业演出、电视娱乐、流行音乐、都市题材小说和影视剧、晚报、都市报等大量出现,不断加强和塑造着一种脱离宏大现代性叙事,回归个人情感、日常生活和家庭温暖的城市中产阶级文化氛围。从无文化不政治的角度来看,这些力图去政治的都市文化竭力塑造着对两种宏大叙事的反感和抵制,并将它们混为一谈,一是试图重建文化秩序和等级的文化保守主义,二是传统革命历史叙事中发展而来的"进步"和"国家"理念。更关键的是,这种文化心态早已不再局限于沿海都市,而是借助现代传播技术迅速蔓延到内陆甚至是农村地区,从而成为今日中国之难以撼动的真正主流文化。当然,后现代的消费主义意识形态并不能完全地概括当今中国大众传媒和新闻从业者的文化政治。恰恰相反,文化碎片化的形态往往成功地掩饰了另一套强烈的整体性文化意识。以"南方报系"为代表的新兴都市传媒在很大程度上延续和推广着80年代"新时期"文化运动中建构的意识形态话语。近年来,各种都市传媒用"普遍人性"的逻辑对充满争议的、试图重新解读革命历史的各种影视作品,如《色戒》《集结号》,进行毫无保留的赞颂,充分显现了一种被称为"去政治化的政治"的强大意识形态。①

在互联网时代,恶搞现象不妨看作大众文化特别是草根文化以消费主义和娱乐化"解构"主流文化的体现。有学者认为,恶搞是新技术刺激下非主流文化对主流文化的一种挑战。在中国的网络环境下,恶搞文化的基本特征是反主流的,它以对主流文化的嘲讽、颠覆、解构为基本任务。从参与的主体看,它以平民为主,因此又是与精英文化对应的。在社会文化领域,长期以来,主流文化一直占据着垄断地位,大量普通人,由于无法获得大众传播渠道,便无法表达个人意见、传播自己的作品,他们一直处于主流文化的抑制之下。因此,一旦有机

---

① 王维佳:《作为劳动的传播——中国新闻记者劳动状况研究》,中国传媒大学出版社2010年版,第283~284页。

会，他们就会用自己的方式发起对主流文化的挑战。恶搞不一定都是理性的挑战，它至少反映了人们对于过去被奉为神灵的主流文化的反思。① 但是，这种反思与挑战是以破坏性为特征的，其消极影响也是明显的，特别是其价值观扭曲，已经突破了主流意识形态的底线，受到代表主流意识形态的法律的制裁是必然的。例如，某商家以民国物价为噱头的营销海报"穿越历史老集市，让物价回归1948"，从一个侧面反映了消费历史的"跑偏"倾向。② 荧屏上，民族罪人被演绎成风度绅士，时代楷模却被塑造成道德有亏之人，具有进步意义的历史事件被矮化成"宫斗""权谋"；网帖里，有人调侃污蔑英雄人物、革命先烈，编造篡改党史、国史、军史；生活中，"精日分子"出没，出格举止挑战底线……无论是所谓"重新评价"的虚无主义，还是所谓"还原真相"的解构崇高，或者所谓"利益至上"的泛娱乐化，都是以主观替代客观、以片段取代整体、以臆想揣摩史实，不仅影响我们对历史的认知，更危及国家发展的价值底盘、精神基座。③ 2018年5月1日，《中华人民共和国英雄烈士保护法》正式施行，对歪曲历史恶搞英雄的网络公害亮起红灯、画出红线。

新技术加剧了媒体的市场化逻辑。新媒体算法在提高效率的同时也带来价值观的挑战。2018年，针对一些短视频平台传播涉及不利于未成年人的低俗不良信息、侮辱英烈等突破社会道德底线、违背社会主流价值观、违法违规的问题，国家网信办依法约谈相关负责人，责令整改。"算法与价值观"成为2018年讨论和反思的重点，这是媒体融合在技术和形式崇拜下第一次对价值的反思和重塑。④ 新技术应用内嵌于政治经济结构之中，以用户为中心的人工智能推荐是市场化营销方法的固化，算法推荐带来的问题不过是市场化营销弊端的新技术版本而已。从市场的角度来观察，作为完全市场化的媒体产品，算法把关的背后其实就是商业利益最大化逻辑的支撑。⑤ 正如贝克所说，"新科技再怎么改变，伴随市场机制而存在的问题也不可能消解"⑥。

其二，媒体娱乐化、低俗化愈演愈烈。大众文化比任何一种力量都更加有力地侵蚀着社会的公共生活和人民的精神健康，使它们发生异化。尼尔·波兹曼指出，美国非常成功的全国性报纸《今日美国》就是按照电视的模式定型的，该

---

① 彭兰：《网络传播概论》（第四版），中国人民大学出版社2017年版，第338页。
② 辛识平：《别让奇葩广告消费历史》，《中国新闻出版广电报》2019年4月9日第4版。
③ 盛玉雷：《对历史保持一颗敬畏之心》，《人民日报》2019年1月31日第4版。
④ 杨斌艳：《媒体融合 创新变革中持续发展》，《中国新闻出版广电报》2018年12月25日第6版。
⑤ 彭东：《算法逻辑下传统媒体把关机制的坚守与变革》，《青年记者》2018年第30期。
⑥ ［美］查尔斯·埃德温·贝克：《媒体、市场与民主》，冯建三译，上海人民出版社2008年版，第354页。

报的重要理念就在于"使新闻的形式和内容都成了娱乐"。① 我国作为后发的市场经济社会,也受到了大众文化的冲击,在全球一体化的格局中,大众文化已经渗透到我们的社会生活中。都市类报纸作为大众传媒,诞生于市场经济环境之下,不可避免地受到当今全球范围内的大众文化和消费主义的侵蚀,并成为助推者。因为大众文化往往通过大众化媒体来传播和表现;而都市类报纸与消费主义的"共谋",使得这类报纸上充斥着物欲,在消费主义的观念之下,报道内容中越来越多地呈现出人们对享乐、奢华的追求,甚至以人对物和金钱的支配能力作为成功的判别标准,对道德、文化都将产生冲击。大量的广告以及对生活消费的报道,在刺激消费、拉动社会经济发展的同时,也培植了消费主义和享乐主义的温床。报纸在一定程度上丧失了批判的功能。②

其三,侵蚀现代性工程。消费主义文化对当代中国的经济建设与社会转型或许具有某种推动作用,具有一定的世俗合理性。然而,当下中国的首要任务仍然是现代化。作为一个世界性的历史过程,现代化"是指人类社会从工业革命以来所经历的一场急剧变革,这一变革以工业化为推动力,导致传统的农业社会向现代工业社会的全球性大转变过程,它使工业主义渗透到经济、政治、文化、思想各个领域,引起深刻的变化"③。就文化精神而言,要完成现代化就必须确立与建设现代性。所谓"现代性",是对现代社会区别于传统社会的定义以及本质差别做出科学说明的概念。④ 按照钱中文的解释,"所谓现代性,就是促进社会进入现代发展阶段,使社会不断走向科学、进步的一种理性精神、启蒙精神,就是高度发展的科学精神和人文精神,就是一种现代意识精神,表现为科学、人道、理性、民主、自由、平等、权利、法制的普遍原则"⑤。1980 年,哈贝马斯在被授予法兰克福市阿多诺奖项时所做的致辞中明确提出,现代性乃是"未完成的工程"⑥。在此意义上,"中国的现代性工程不仅是尚未完成的仪式,更是甫才开始的序幕"⑦。因此,从文化建设的角度看,与推进现代化进程相适应的主导文化、

---

① [美]尼尔·波兹曼:《娱乐至死》,章艳译,广西师范大学出版社 2009 年版,第 97 页。

② 刘劲松:《嬗变与重构:转型期都市类报纸发展路径研究》,中国传媒大学出版社 2014 年版,第 88~89 页。

③ 罗荣渠:《现代化新论:世界与中国的现代化进程》,北京大学出版社 1993 年版,第 17 页。

④ [美]西里尔·E. 布莱克:《比较现代化》,《译者前言》,杨豫、陈祖洲译,上海译文出版社 1996 年版,第 8~9 页。

⑤ 钱中文:《文学理论现代性问题》,《文学评论》1999 年第 2 期。

⑥ 汪民安、陈永国、张云鹏主编:《现代性基本读本》(上),河南大学出版社 2005 年版,第 107 页。

⑦ 丁帆、何言宏:《论二十年来小说潮流的演进》,《文学评论》1998 年第 5 期。

精英文化乃至大众文化必须得到充分而健康的发展，这样才有利于现代性工程的建设。然而，当前具有浓郁"后现代"色彩的消费主义文化，似乎获得了比主导文化、精英文化更为有利的成长空间。消费主义文化在日益成为一种新的文化霸权之际，正在将人们的物质生活与精神世界都引向物质主义、享乐主义甚至是纵欲主义，恰恰可能严重遮蔽当代中国的现代性诉求，甚至严重侵蚀当代中国的现代性工程。①

2）互联网等新技术对主流意识形态的挑战。随着新媒体时代的到来，媒介文化从精英文化与大众文化的"二元对立"走向中立或融合。随着传播技术的发展和社会媒介化程度的加深，不同文化向媒介文化聚拢或"一体化"的特征呈现出来，媒介文化与不同文化形态之间的界限越来越模糊。作为新媒体时代重要特征的媒介融合也给媒介文化带来了很多新的特征，媒介文化打破了原来那种二元对立的格局，文化因此被全面抹平，在新媒介时代，高雅文化与低俗文化、精英文化与大众文化等，都获得了在大众媒介舞台上平等展示自身的机会，同时，由于它们通过大众媒介也在相互交往、相互渗透乃至不断移位甚至换位，原来处于对立状态的文化形式，其紧张关系开始消除，其界限分野也开始模糊。②比如大众文化中流行歌曲歌词的媚雅现象、网络文学的兴起等，以及很多学者利用新媒体对精英文化的展示，已经很难把它划分到严格的传统文化的类型中去。③

我国社会发展正处在重要转型期，一方面表现为国内社会结构变动，利益格局调整，社会思想文化日趋多元化和多样化，各种社会思潮不断涌现；另一方面表现为世界政治多极化、经济全球化深入发展，国际范围内各种思想文化交流、交融、交锋更加频繁。所有这些变化都对以传统媒体为代表的主流媒体的新闻宣传工作提出了新的要求和挑战。今天中国的舆论环境也许处于历史上最复杂的时期，以互联网为代表的新媒体舆论场越来越多地影响着今天中国社会的认知。当前，网络和数字技术裂变式发展，带来媒体格局的深刻调整和舆论生态的重大变化，新兴媒体发展之快、覆盖之广超乎想象，对传统媒体冲击很大。从媒体发展格局看，传统媒体的受众规模不断缩小，市场份额逐渐下降，越来越多的人通过新兴媒体获取信息，青年一代更是将互联网作为获取信息的主要途径。从舆论生态变化看，新兴媒体话题设置、影响舆论的能力日渐增强，大量社会热点在网上迅速生成、发酵、扩散，传统媒体的舆论引导能力面临挑战。从意识形态领域看，互联网已经成为舆论斗争的主战场，直接关系我国意识形态安全和政权安

---

① 董天策：《消费时代的中国传媒文化研究》，四川大学博士学位论文，2006年，第165~167页。

② 赵勇：《不同媒介形态中的大众文化》，《辽宁大学学报（哲学社会科学版）》2011年第4期。

③ 乔沙：《试论新媒体时代媒介文化研究思维范式转变》，《今传媒》2015年第1期。

全。新媒体可能成为主流意识形态传播的动力，也会带来主流意识形态的遮蔽，解构主流意识形态的传播力。当前我国主流的意识形态在进入新媒体虚拟网络政治空间时普遍遭遇到较为激烈的抵抗，众多的草根网民对主流意识形态的合法性和精英阶层传递的舆论信息发出深深的不认同的讯号，以特有的后现代主义形式解构和消弭着主流意识形态的话语体系，反抗着主流意识形态的文化领导权和控制权。① 在这种情况下，官方舆论场、民间舆论场和海外舆论场上的声音时常会出现较量，塑造社会舆论共识的难度越来越大。传统媒体为代表的主流舆论和主流意识形态的文化领导权面临新的挑战和危机。

最早提出"主流媒体舆论场"这一概念的是新华社前总编辑南振中，他认为当下中国存在两个舆论场：一个是党报、国家电视台、国家通讯社等"主流媒体舆论场"，一个是依托于口口相传特别是互联网的"民间舆论场"。两个舆论场所讨论的内容大抵是相同的，只是讨论的方式、使用的话语存在较大差异。尽管对一个事件的解读会出现完全不同的结果，这与两个舆论场背后所代表的不同的利益群体有着重要关联，但也无法回避两个舆论场之间的封闭状态对观念分野的深刻影响。进入互联网时代以来，由于传统媒体与新媒体信息传播的差异，在一段时间里造成"两个舆论场"并立的现象，有时甚至出现某种程度的对立，传统媒体严格奉行马克思主义意识形态，新媒体在总体上倾向于新自由主义的同时，也给"新左派"、民族主义等思潮提供了传播空间。如何应对伴随媒介发展和变革而来的"两个舆论场"问题，已成为意识形态战线亟须面对的现实挑战。"两个舆论场"问题中所包含的意识形态对立、社会族群分裂、共同体意识缺乏等，都是当前亟须面对的理论和现实议题。究其根本，"两个舆论场"的实质是传统舆论管控体系的失控，政府再也无法完全掌控信息传播的源头和传播渠道。"两个舆论场"问题的出现，给现有的政府执政体系带来了前所未有的挑战，迫使政府从根本上改变应对舆论危机的模式。由政府主导的网络舆情研判和网络评论员等业务的快速增长也正因此而起。② 打通"两个舆论场"是当下中国媒体发展的大势所趋，也是弥合社会观点冲突和分歧的必然举措。近年来，传统媒体通过融合新媒体转型为新型媒体成为主流媒体沉入民间、主动打通"两个舆论场"的创新实践。

3）全球化对社会主义文化领导权的冲击。伴随着经济全球化的进程，西方文化价值观开始不断冲击我国的传统观念。外来异质文化严重撼动着我国文化的主体地位，也极大地影响了我国人民的价值观念。当典型资本主义文化化身为高高在上的引领者、收获大批笃信者的时候，也就意味着以意识形态为核心的文化

---

① 朱磊、陈爱华：《新媒体时代中国共产党文化领导权建设——危局、误读与应对》，《广东行政学院学报》2018年12月。

② 肖频频：《媒介变革与社会转型》，学苑出版社2015年版，第239～240页。

霸权以一种先进代表的形象出现。① 2003 年 11 月，两则丰田公司汽车广告在网络上引起不小的波澜，其一为刊登在由中国汽车工程学会主办、面向全国发行的专业性汽车刊物《汽车之友》第 12 期杂志上的"丰田霸道"广告：一辆霸道汽车停在两只石狮之前，一只石狮抬起右爪做敬礼状，另一只石狮向下俯首，背景为高楼大厦，配图广告语为"霸道，你不得不尊敬"。当社会主义文化领导权的危机在重建中得以缓解之后，我们所面临的恰恰是一个被放大了的文化逻辑：文化帝国主义试图实现的全球一体化的文化统治。在重建社会主义文化领导权的过程中，对文化帝国主义和传媒政治的警惕显然是十分必要的。文化领导权的重建仍然受到来自两个方面的制约：一是文化传统的惯性延宕；一是全球化、商业化、信息化的深刻影响。文化传统在不断建构的情况下，在社会文化生活结构中仍然具有支配性的功能。但全球化、商业化、信息化作为世界性的时代潮流，也具有解构传统、建立新的文化时尚和文化霸权的可能性。②

西方国家依靠在互联网移动通信技术上的绝对优势，不但掌控着信息传播的数量，而且还控制着信息传播的流向。"网络将全世界各个国家联系起来，西方的思想、价值观、道德观等可以自由迅速地传播，使文化霸权主义成为不可避免的问题凸显出来，网络时代的文化帝国主义跟以往的文化殖民扩张的本质是一样的，但是现代互联网比过去的传教士更具有隐蔽性和快捷性，使我国国民的社会主义信念受到冲击"③。从世界范围内看，国际舆论的失衡与同质化表现为发达国家垄断了国际舆论的话语权，控制了媒介的议程设置功能，并主导了媒介与信源、媒介与媒介、媒介与受众三者的互动，掌控着国际舆论的生成和传播。比如，9.11 之后，美国成立了"全球宣传办公室"，将反恐作为第一要务，凭借自身的实力，特别是利用网络、电视等媒体进行宣传，将"反恐"观念深入人心，使许多国家加入到"反恐"统一战线。美国国会还批准可动用 5000 万美元资助信息办公室，用以"阻止互联网被高压政权干扰和查封"。然而，第三世界国家的信息却无法向世界传递，使国际舆论长期处于失衡状态。目前来看，虽然发展中国家网络舆论力量在加强，但总体而言，仍然呈现"西强我弱"的不对称局面。我国改革开放几十年来，相对于经济、科技、军事实力的发展，思想文化领域的发展滞后，核心价值体系还在建设中。

党的十九大报告提出培育和践行社会主义核心价值观。社会主义核心价值观是社会主义意识形态的本质体现。作为一个在世界政治、经济、文化格局中具有举足轻重地位的大国，如何建设和大国地位相称的大国文化，如何在文化中表达中国的价值观，如何在全球化的语境中建构起中国精神，在吸纳世界进步文化的

---

① 陈翠芳：《葛兰西："文化领导权"的中国解读》，《马克思主义研究》2011 年第 10 期。
② 孟繁华：《传媒与文化领导权》，山东教育出版社 2003 年版，第 14、125 页。
③ 张骥等：《中国文化安全与意识形态战略》，人民出版社 2010 年版，第 174 页。

同时，仍然保有文化的民族性，是我们不能回避的现实的文化问题。① 在2008年四川汶川大地震报道中，我国传媒及时公开信息和主动设置议程，成功掌握了国内国际舆论的主动权和主导权，也扭转了此前国际上对中国的负面看法；抖音"抖"到全世界，成为中国文化企业"走出去"的佼佼者。加快包括传媒在内的文化"走出去"的步伐是必然趋势，全球化时代传媒在争夺话语权的重要性和必要性更加凸显。

4）印刷文化与视觉文化之间的矛盾与悖论。以图书、报刊为代表的印刷媒介文化与以图像为表征的新媒体文化是两种不同的媒介文化，它们之间存在着矛盾与冲突。有学者指出，晚近许多独特的传媒现象，从国产大片到视频分享，从春节联欢晚会到"超级女声"，从奥运转播到时尚杂志，一个又一个当代中国传媒奇观被生产出来。比较说来，媒体奇观具有压制对话的某种"宰制性"。一方面，这种"宰制性"体现为视觉性压倒其他要素，视觉快感的诱惑和追求上升到首位，因而很容易导致取消或压抑受众的清醒的理性批判和思考；另一方面，由于片面追求吸引眼球的视觉效果，因此传媒内容本身也日益碎片化和平面化，不可避免地挤压了传媒内容生产的文化意蕴和思想深度。② 正如哈贝马斯在分析电视和电影这样的视觉传媒时所指出的那样，高度视觉化的传媒取消了印刷传媒所具有的读者与读物之间的距离。"随着新传媒的出现，交往形式本身也发生了改变，它们的影响极具穿透力，超过了任何报刊所能达到的程度。'别回嘴'迫使公众采取另一种行为方式。与付印的信息相比，新媒体所传播的内容，实际上限制了接受者的反应。……剥夺了公众'成熟'所必需的距离，也就是剥夺了言论和反驳的机会。"③

视觉主导的新媒体破坏了深度阅读模式，动摇了阅读赖以存在的印刷文化的基础。印刷文化是以理性形而上学思维为基础的"读/写文化"，其中的阅读是深度阅读，培养了人们的逻辑思考能力，能够达到"思接千载，心游万仞，神与物游"的境界。波兹曼在分析美国19世纪的阅读状况时曾指出，阅读过程能促进理性思维的发展。铅字那种有序排列的、具有逻辑命题的特点，能够培养人们"对于知识的分析管理能力"；"阅读文字意味着要跟随一条思路，这需要读者具有相当强的分类、推理和判断能力。读者要能够发现谎言，明察作者笔头流露的迷惑，分清过于笼统的概括，找出滥用逻辑和常识的地方。同时，读者还要具有

---

① 孟繁华：《传媒与文化领导权》，人民文学出版社2017年版，第139页。
② 周宪、刘康：《导论》，载周宪、刘康主编：《中国当代媒介文化研究》，北京大学出版社2011年版，第11～12页。
③ 哈贝马斯：《公共领域的结构变迁》，曹卫东等译，学林出版社1999年版，第196页。

评判能力,要对不同的观点进行对比,并且能够举一反三"。① 因此,波兹曼把印刷机统治美国人思想的那个时期称作"阐释年代",并认为"阐释是一种思想的模式,一种学习的方法,一种表达的途径。所有成熟话语所拥有的特征,都被偏爱阐释的印刷术发扬光大:富有逻辑的复杂思维,高度的理性和秩序,对于自相矛盾的憎恶,超常的冷静和客观以及等待受众反应的耐心"②。

我们以电视媒体和互联网媒体为例,从新媒体的生产/接受机制入手来分析新媒体对阅读活动所造成的巨大冲击。电视把文字转换成图像是一次技术革命,把读者转变成观众,同时导致了人们远离印刷物的心理和后果。波兹曼认为,人们不去阅读电视,也不大可能去听电视,重要的是"看",而这个"看"是不需要任何教育和训练的。阅读需要训练,而看电视不需要任何技能,电视媒体培养了人们厌恶文字的心理。电视作为"退化的媒介",不是促进而是降低了人们的心智水平。电脑和互联网作为数字媒介极大地改变了我们的读写传统,一是改变我们的记忆结构,二是改变了我们的提问方式与观察世界的方式。为了在海量的信息中找到我们所需要的东西,我们建立了种种检索系统,但海姆却告诉我们:布尔查询逻辑"设立了一些精致的漏斗来捕捉扑面而来的数据。这些漏斗滤出来的是由关键词触发的'命中'。通过细小的逻辑小孔,我们观察世界的方式更像是机器人迅速查看事物表面那样,在极短的时间内我们便可以覆盖大量的材料,但我们所看到的却都是来自狭窄的思想通道"③。三是改变了我们的阅读方式。在网络的世界里,读者既是信息接收者,又是信息发送者,可以边读边听边看,充分享受多媒体的阅读体验和超文本的阅读空间。但这种"读者"已不是原来意义上的读者了。沃尔夫担心将"效率"和"直接"置于一切之上的新阅读风格,或许会减低我们进行深度阅读的能力。④ 总之,以电视和互联网为代表的新媒体带来的影响极为深刻,读屏意味着对印刷媒介培养起来的基本阅读状态与情景的中断和破坏,人们的接受状态已发生很大的变化。

本雅明说,新闻报道的力量在于它改变了公众的接受习惯,结果,"公众最愿听的已不再是来自远方的消息,而是使人得以把握身边的事情的信息"⑤。新

---

① [美]尼尔·波兹曼:《娱乐至死》,章艳译,广西师范大学出版社 2004 年版,第 67 页。

② [美]尼尔·波兹曼:《娱乐至死》,章艳译,广西师范大学出版社 2004 年版,第 83～84 页。

③ [美]迈克尔·海姆:《从界面到网络空间——虚拟实在的形而上学》,金吾伦等译,上海科技教育出版社 2000 年版,第 21 页。

④ 《网络让我们越变越傻?》,http://news.hsw.cn/gb/news/2008-06/30/content_10127434.htm。

⑤ [德]瓦尔特·本雅明:《讲故事的人》,张耀平译,中国社会科学出版社 1999 年版,第 296 页。

媒体在制造公众消费需求的同时，也极大地满足了公众的这种需求。波斯曼认为，"技术垄断力量使文化虚弱的最严重的后果之一，就是符号的耗竭和叙事的流失"①。在技术进步主义的认识框架中，我们很容易偏爱视觉文化而轻视印刷文化，并把印刷文化看作一种笨重、沉闷、让人感觉单一的过时之物，但问题并非如此简单。曼古埃尔指出："当你在阅读时，你的五觉都用了：眼睛从书页上辨视文字，耳朵听着朗读的内容，鼻子闻着纸张、粘胶、墨水、硬纸板或皮革等熟悉的气味，你的手触摸着或粗糙或柔软的纸页、平滑或坚硬的封面；甚至味觉，有时，读者会用舌头舔着手指。"② 可见阅读过程充满着五官感觉的参与。而在视觉文化中，声光电的使用虽然使人的某些感觉得到强化，但由于这种强化是以抑制和剥夺其他感觉为前提的，结果反而会使人陷入一种丰富的贫困之中。③

（2）传媒融合转型作为文化领导权的再重构。推动媒体融合发展是巩固宣传思想文化阵地、做大做强主流思想舆论、形成网上网下同心圆、掌握意识形态工作领导权、重塑互联网时代社会主义文化领导权的重大决策和战略举措。以习近平同志为核心的党中央高度重视媒体融合发展，推动媒体融合发展是打通"两个舆论场"的重要举措。之所以形成"两个舆论场"，其实亦是发展和改革过程中出现的阶段性现象。随着媒体改革的深入，"两个舆论场"现象将自然消解，而起点则是高层的重视。2013年8月19日，习近平总书记在全国宣传思想工作会议上做出重要讲话，从理念、手段、基层工作等方面对创新宣传思想工作提出了明确要求，要求"加强对宣传思想领域重大问题的分析研判"，要根据形势发展需要把网上舆论工作作为宣传思想工作的重中之重来抓。2014年8月18日，习近平总书记再度强调指出，要推动传统媒体和新兴媒体融合发展，遵循新闻传播规律和新兴媒体发展规律，强化互联网思维，坚持传统媒体和新兴媒体优势互补、一体发展。传统媒体与新兴媒体一体发展，"两个舆论场"自然化解。之后的课题，则将演化为如何在一个统一的舆论场中形成主流价值的强势地位。以加快建设主流新兴媒体的战略部署来破解"两个舆论场"难题，是建立在对网络发展现状清晰的认识和理解之上，是对科技发展趋势深刻的洞察和把握，具有很强的科学性、指导性。把网上舆论工作作为宣传思想工作的重中之重来抓，标志着我国新闻事业已正式迈上网络快车道。新媒体将以它特有的包罗万象的舆论场，不仅促进现有舆论格局的转型升级，更将成为治国理政的重要工具，帮助中

---

① [美]尼尔·波斯曼：《技术垄断：文化向技术投降》，何道宽译，北京大学出版社2007年版，第102页。

② [加拿大]阿尔维托·曼古埃尔：《阅读史》，吴昌杰译，商务印书馆2004年版，第302页。

③ 赵勇：《大众媒介与文化变迁：中国当代媒介文化的散点透视》，北京大学出版社2010年版，第174页。

国顺利渡过社会转型期。①

随着媒介融合与传媒转型的深入,媒介文化开始从多元化走向整合发展,其背后是一度去政治化的媒介文化重新政治化,可以这样说,曾经"二元分离"的政治力量与市场力量之间的平衡被打破后,政治、经济、文化等因素通过重新整合达成新的平衡,以服务于各方共同的利益诉求。一是政府和政策的扶持、引导和提倡即政治意识形态强力推动的结果。近年来,为了继承和发扬爱国主义传统,增强国民的凝聚力,政府一直在倡导传统文化的复兴,投入巨大的人力物力从事古代典籍的整理和传统文化的研究、普及与宣传,在这种情况下,一般民众对传统经典的兴趣与热情也大幅增长。二是市场化和资本的需求。20世纪90年代以来,中国社会市场化与商业化程度不断加深。市场化的一个重要结果是弗里德里克·詹姆逊所说的文化的商品化以及商品的文化化,一方面,商品要借助文化来包装;另一方面,文化也被打造为商品来出售,或者说文化本身成为一种产业。正是在这样一个文化商品化的大背景之下,出现了所谓的经典热现象:经典作为一种特殊的商品,因资本利益的驱动,在社会上迅速而广泛地流通。② 不过,媒介融合打通了主导文化、精英文化和大众文化之间的界限,或者说打通了不同的舆论场之后,媒介文化中三种文化及其背后的意识形态之争并没有减缓,反而更加激烈了,因而媒介文化中的文化领导权的获取并不是一劳永逸的,保持社会主义文化领导权的任务可谓任重而道远。

(二) 媒介文化中的新闻专业性危机

1. 媒体奇观下的新闻异化及专业性危机

从新闻传播角度看,媒体奇观造成了新闻的异化。在媒体追求轰动效应的时代,传统意义上的新闻已经屈从于奇观逻辑,以"突发新闻"来吸引受众,因而被"小报化"。新闻本应以"真实、客观"报道为本质,并兼以社会守望责任与职业道德为准则,践行"告知、协调、引导、教育、文化、娱乐"等多种功能,同时以提供与人类生存和发展密切相关的信息、为人们的行为决策服务为首要功能。但在媒体奇观的文化景象下,新闻的娱乐功能被无限扩大,甚至在很多情况下,"娱乐"成了新闻的首要功能。这一功能的过度扩张,不仅边缘了新闻的本质与主要功能,甚至反过来驾驭和奴役了其他功能,如硬新闻边缘化、用娱乐方式将严肃新闻软性化、报道方式强调故事化等现象不断出现,这就产生了新闻的异化。例如,传媒在报道"杨丽娟事件"中,新闻的诸多表现都体现了这

---

① 肖频频:《媒介变革与社会转型》,学苑出版社 2015 年版,第 241~242 页。
② 吴泽泉:《大众传媒时代经典的普及与开发——关于于丹现象的反思》,《济宁学院学报》2008 年 10 月。

种异化。①

"信娱"现象折射出新闻专业性危机。在西方，媒介文化的发展出现了一个所谓的"信娱"（infotainment）趋向，这个英文新词各取了 information 和 entertainment 的一半合成一个词，意思就是"信息+娱乐"。依照一些学者的界定，所谓"信娱"就是以大众娱乐的方式来实现信息传播的目标，具体说来，也就是将严肃的新闻和政治信息的传播与高度娱乐化的节目或形式混合起来，这就出现了一种耐人寻味的独特传媒景观。当信息和娱乐不加区分时，一方面改变了新闻或政治信息本身的严肃性、真实性和可信度，另一方面也混淆了娱乐节目纯粹找乐、不足为信的消遣特性。这一奇特的混合旨在吸引受众，增加收视率或市场占有率。"信娱"现象在电视节目中尤为显著，在各种平面印刷媒体中也相当突出。② 20 世纪 90 年代初以来，美国电视媒体的跨国化、集团化的趋势愈演愈烈。在 1991 年的"海湾战争"的报道中，CNN 开创了 7 天 24 小时全天候直播重大事件的先河。此后，电视媒体通过与各种高科技、新媒体技术和传输手段的结合，为美国乃至全球的电视观众打造出一个又一个媒体"奇观"：90 年代中期的橄榄球明星辛普森案的庭审直播、克林顿性丑闻、2000 年总统大选、9.11 恐怖袭击、阿富汗战争、炭疽热、伊拉克战争等。从表面上看，与传统的新闻报道相比，这些媒体"奇观"给予受众更多的现场感和知情权，但实际上，其中所蕴含的"信息娱乐化"的危险趋势破坏了新闻客观和公正的原则，它们呈现给受众的并非对重大政治和社会事件的真实再现，而是受到主流政治和商业利益驱动的一道道信息娱乐"快餐"。③ 在我国，新闻娱乐化成为 20 世纪 90 年代中期以来的重要文化景观，在此不赘。媒体新闻特别是电视新闻娱乐化现象的成因是新闻生产迎合市场逻辑和政治传播逻辑，以市场需求（受众趣味）和宣传需求为导向，放弃了曲高和寡的教育功能。

2. 混合媒介文化下事实与观点的界限越来越模糊

美国哈佛大学教授克瓦克和哥伦比亚大学新闻学院研究生院教授罗森斯特在合著的《极速》（*Warp Speed*）一书中提出，我们处在一个被报纸、广播、电视以及互联网所包围的混合媒介时代，媒体的空前发达并没有产生相应的新闻信息量的大幅增加。如今的媒介越来越多地倾向于炒作热点新闻，并且常常在事件尚在进程的时候就妄下断言。克瓦克和罗森斯特在研究了美国各大媒介对克林顿绯闻案报道的情况后认为，这是混合媒介时代必然出现的现象。他们发现，在克林

---

① 参见蒋晓丽主编：《媒介文化与媒介影响研究》（下），四川大学出版社 2009 年版，第 476～478 页。
② 周宪：《当代中国传媒文化的景观变迁》，《文艺研究》2010 年第 7 期。
③ 史安斌：《信息娱乐与媒体"奇观"：美国电视新闻的四个趋势》，http://www.woxie.com/article/list.asp?id=7870。

顿丑闻被揭发的第一个礼拜，大约有41%的新闻事实上不是真正意义上的新闻，而只是一些意见、分析。这是一种"妄下断言"的新闻观，它几乎和我们以往信奉的"探求真实"完全相悖。正是在这种新闻观的指导下，混合媒介状态才会有自身特有的"混合媒介文化"形态，其特点有五：①24小时不间断的报道状态使新闻永远处于待续状态，正是这种不间断报道状态才使媒介倾向于提供结论，而不是寻找真相；②新闻源支配新闻界；③不再有"守门人"；④论断压过了报道；⑤"一鸣惊人"的心态。①

在媒介融合时代，传统的规则被技术和新商业模式灭掉，新闻和评论之间旧的界线正变得越来越模糊。在美国，随着总统特朗普改写交战规则以挫败媒体，通过抱怨"假新闻"和将新闻记者称为"人民公敌"，他在支持者当中找到了乐于倾听的听众。在这样的环境下，人们似乎很难将事实与观点（有时甚至是彻头彻尾的虚构）区分开来。上述情况促使美国很多家报纸联合起来，对认为它们不怎么爱国的观点进行反击。斯蒂芬·沃德说："我们没有一个能够区分事实和观点、严肃新闻记者和假记者的传播与公众体系。"具体表现如下：一是新技术混淆事实与假象。互联网的出现使媒体变得民主了很多，还有更多的声音需要倾听，但最大的声音往往得到最多的关注。来自芝加哥的53岁商业顾问乔治·坎贝尔说："没有人能控制社交媒体和互联网媒体上的信息流动。这导致了对事实与假消息的混淆。但在很大程度上，这给阴谋制造者送去了摇钱树。"二是立场差异决定读者态度。三是媒体极化导致新闻报道被视为政治攻击。②

3. 媒体极化加剧对专业性的冲击与损害

伴随着社交媒体的发展，新闻媒体的意识形态极化趋势愈演愈烈。哈佛大学伯克曼·克莱恩互联网与社会研究中心和麻省理工学院公共媒体中心联手对2016年美国总统选举期间政治传播生态的演变进行了专项研究。研究显示，近年来美国政治传播生态的演变迅速而剧烈。政治光谱上保守派媒体的重心显著右移，而自由派左翼媒体的立场则变得相对温和，左右翼媒体在美国媒体版图上的对垒是显而易见的。社交媒体的兴起进一步撕裂了原本就存在政见对立的美国媒体版图，并使这种左右对立朝着一种偏离中心的不平衡状态发展。法国媒介生态中同样存在着日益严重的媒体极化现象，但是不同于美国媒体在意识形态上的左右分野，法国媒体的极化是以"精英—民粹"的对立方式纵向展开的。2017年法国大选中，法国媒介生态中同样存在极化现象。法国主流媒体中无论左翼还是右翼媒体均未表现出极化趋势，反而特别强调内部整合和团结一致，但是法国精英媒体鲜少引用非主流民粹媒体的报道，无论立场相近与否，并且始终对外围媒体进

---

① 任湘怡：《"极速"时代的媒介文化——由美国传播学者评媒介文化新动向引发的思考》，《国际新闻界》2000年第2期。

② 《新媒体时代，事实和观点难分清》，《参考消息》2018年8月23日第11版。

入主流圈层的努力抱有警惕和敌意。社交媒体的发展尽管加剧了法国民众对主流媒体的不信任度，但是并未在政治选举中造成美国式的严重撕裂，这主要是由于法国的核心媒体集群在整个媒体版图中牢牢占据主导地位，并且在"大是大非"面前能够克服内部意识形态分歧，主动加强团结，合力维护现存的政治文化结构。众多体制外媒体人士认为，目前主流媒体上的公共讨论并不能充分反映人民的利益与忧虑，那些自认为民众代言人的人却又总是被主流媒体忽视的建制外媒体日益转向反体制、反精英的民粹立场，法国媒介生态由此呈现出"两个舆论场"二元对立的综合极化格局。[1]

有学者认为新闻业在数字时代的结构转型过程导致了新闻业的三重危机：①新闻内容因液态趋向而逐渐难以凝结社会共识；②人文话语在新闻实践中衰落并带来潜在的伦理风险；③新闻业的民主化角色受到价值极化的侵蚀。传统的新闻专业文化集中体现在从业者对新闻业的民主化角色的想象和认同之中，而传统新闻业所尊奉的专业主义（尤其是对客观、中立的强调）也在价值上指向一种温和的文化民主：通过对新闻生产的流程进行强有力的规训，避免新闻业成为极端思想的温床，从而为理性的公共讨论营造话语空间。然而，数字技术的崛起改变了传统的新闻专业性文化。通过以技术理性取代专业主义的方式，新闻话语的政治光谱较以往大大地扩展了，新闻业开始逐渐形成一种价值极化的专业文化。这一生态体现出三方面的特征：①新闻叙事的个体化和新闻媒体的式微使得极端观点拥有了合法的形式和广阔的流通空间。②在数字技术的"涵化"下，新闻用户越来越习惯于以自己独特的生活经验为框架去理解和解释新闻的意义。由于人的经验是非逻辑性的，围绕着特定新闻内容形成的各种观点也往往体现出情绪化甚至暴力性色彩，新闻日益成为人们用于进行情感宣泄的一种话语资源。③由于整个数字新闻业利润和影响力的首要来源是用户的访问和交互行为带来的流量，因此，各种类型的平台均通过产品功能设计等方式鼓励甚至刺激观点冲突，这也令原本并不明显极化的价值体系受到人为的撕裂，"操演"出不同的极端意识形态。价值极化的专业文化产生的影响，是新闻从严肃的公共文化产品"堕落"为立场和观点寄生的"宿主"，毫无疑问地预示着公共精神在社会中的衰落。[2]

第四节　新时代媒介文化创新的进路

党的十九届四中全会提出，坚持和完善繁荣发展社会主义先进文化的制度，

---

[1] 史安斌、叶倩：《极化与裂变：法国政治传播生态的现状与趋势》，《青年记者》2019年第31期。

[2] 常江：《价值重建：新闻业的结构转型与数字新闻生产理论建构》，《编辑之友》2019年第3期。

巩固全体人民团结奋斗的共同思想基础，并提出了建设中国特色社会主义先进文化的具体要求，这就是新时代媒介文化创新的目标与使命之所在。一般而言，社会文化中存在着凝聚力（向心力）与离散力即反社会两种力量和倾向，前者体现为从个体层面的身份认同到社会（集体）层面的共同体，以及对异己的排斥，如主流文化；后者体现于对身份的不认同与对共同体的抗拒，如反主流文化、个人主义等。这两种力量之间的矛盾与博弈推动着社会文化的发展与演变。媒介文化的发展亦是如此。媒介文化演变的动力主要来自政治、经济、社会和技术发展，不同力量之间的博弈表现为媒介文化中主流文化与非主流文化的争斗，主要是代表新生力量的先进文化与代表保守势力的落后文化之间的矛盾与斗争，比如五四时期的启蒙新文化对封建旧文化的批判与斗争，尤其是在社会转型时期，异化的媒介文化与先进的媒介文化之间的冲突与斗争异常激烈，如大众文化的去政治化倾向、消费文化对主流文化的侵蚀等。受到文化领导权理论阐释的媒介文化既是领导权，也是对领导权的反抗，它被看作"一个领导权和再生产的核心场所"，[①] 即主导文化、大众文化与精英文化不断争夺领导权的场域。新时代新闻传媒需要发挥媒介文化的意识形态功能，加强党对媒体的领导，从文化自信走向文化自觉，大力建设社会主义先进文化，以价值引领发展社会主义媒介文化，并在确保主导文化主导地位的基础上，协商和收编精英文化与大众文化，在融合转型的过程中构建中国特色社会主义的公共领域和媒介文化生态，从而实现掌握和维系主流意识形态的文化领导权的使命与重任。

一、加强主流意识形态工作以获取文化领导权的媒体实践

根据葛兰西的文化领导权理论，巩固和发展社会主义的文化领导权、坚持中国特色社会主义文化发展道路至关重要。新时代社会主义文化领导权主要体现为党对意识形态工作的领导权。意识形态决定文化前进方向和发展道路，对一个政党、一个国家、一个民族的生存和发展至关重要。习近平总书记把意识形态工作作为新时代坚持和发展中国特色社会主义的一个重大命题，放在了宣传思想工作的重要位置，在多次讲话中深刻阐述了这项工作的方向目标和方法路径，为我们在新时代牢牢掌握意识形态工作领导权提供了根本遵循。

（一）加强党对媒体的领导是维系文化领导权的重中之重

中国共产党要掌握社会主义文化领导权，必须坚持党管媒体的原则，加强党对传统媒体和新媒体的领导。第六章相关内容将有详述，不赘。

（二）加强主流文化实践的建构与舆论引导工作

发挥媒介文化的意识形态功能，大力建设社会主义先进文化，加强舆论引

---

① ［英］约翰·斯道雷：《文化研究：一种学术实践的政治，一种作为政治的学术实践》，载陶东风主编：《文化研究精粹读本》，中国人民大学出版社2006年版，第87页。

导,夺取主导文化的领导权,媒体在这方面的作用举足轻重。随着社会转型的深入和社会主义市场经济的成熟,尤其是互联网时代的到来,社会主义文化领导权开始新一轮的重塑与再建构,主流意识形态及其表达即主导文化需要借助新技术巩固和壮大主流舆论阵地,以重新夺回文化领导权。从维护国家稳定、社会安定的角度来说,新闻媒体担负着维护国家主流意识形态的职责。在全球化、价值多元化的今天,媒体作为中国特色社会主义新闻事业,有必要建构以马克思主义新闻观为指导的中国特色社会主义的媒介文化,大力弘扬代表主流意识形态的主导文化,坚持正确方向,对内凝聚共识和民心,自觉抵制西方价值观和腐朽思想的侵蚀。例如,面对舆论乱象,东南卫视推出政论节目《中国正在说》,直接开展意识形态斗争,对外直面和消除国际社会对中国的各种误读,对内凝聚民心,增强了人民群众对中国道路的自信心和自豪感。①

在加强舆论引导方面,党的十九届四中全会提出,完善坚持正确导向的舆论引导工作机制。2020年2月3日,习近平总书记在中央政治局常委会会议上指出:"当前疫情防控形势严峻复杂,一些群众存在焦虑、恐惧心理,宣传舆论工作要加大力度,统筹网上网下、国内国际、大事小事,更好强信心、暖人心、聚民心,更好维护社会大局稳定。"在新冠肺炎疫情防控的关键阶段,以中央广播电视总台为代表的国内主流媒体全力应对新冠肺炎疫情的防控,战斗在抗疫的一线,主动承担起主流媒体的抗疫使命,及时发布权威信息,准确公开报道疫情,回应社会关切,把握"时度效",积极引导舆论,为抗击新冠肺炎疫情凝聚人心、增强信心营造了良好的舆论氛围。②

(三) 加强对社会主义核心价值观的传播与建构

发挥媒介文化的意识形态功能,利用媒介文化正确引导、弘扬社会主义核心价值观念,促进社会主义精神文明建设。③ 当前我国社会正处在关键而艰难的转型时期,传统的规范往往失效,而新的规范尚未建立起来,人们通常会感到恐慌焦虑,无所适从,尤其需要媒体发挥价值引领功能。传媒能否在转型期展现应有的社会责任和力量,成为考验媒体职业能力的巨大挑战。媒体不仅应准确把握时代的脉络,还应负责任地承担起为一代人提供精神指引的任务,而不只是停留在客观呈现转型期的混乱、失序、底线沦落等低级层次。④ 2018年我国互联网掀起

---

① 杨青:《新时代如何把握文化领导权——以〈中国正在说〉为例》,《中国广播电视学刊》2018年第7期。
② 高晓虹、蔡雨:《畅通信息 增强信心 稳定人心》,《中国广播》2020年第3期。
③ 高忠丽:《媒介文化探析》,《边疆经济与文化》2015年第1期。
④ 肖频频:《媒介变革与社会转型》,《前言》,学苑出版社2015年版,第4页。

了一场关于男性气质的大讨论,当下流行的"小鲜肉""娘炮风"陷入巨大争议。① 这从一个侧面反映了社会价值观念的异化和文化危机。近年来,党和政府高度重视价值重塑与社会主义文化建设工作,提出全面深化我国的文化体制改革,推动社会主义文化的大发展和大繁荣,又提出了社会主义核心价值体系,明确了该体系在意识形态中具有主导性的作用。党的十九届四中全会强调坚持以社会主义核心价值观引领文化建设制度。

媒介文化进入全球化时代,不仅要警惕西方反华势力通过媒介文化对我国的"西化"与"分化",同时要在国内思想文化领域开展积极的斗争,宣传社会主义核心价值观,倡导中国特色的社会主义文化。"中国精神"是社会主义核心价值观精髓,其核心是爱国主义。例如,从2018年改革开放40周年到2019年新中国成立70周年,媒体通过"同心圆"理念的有效传播和表达,将为人民服务和群众路线发挥到了极致,这些极致中最为打动人心的点,就是每一个"我"与祖国的连接。而这个"同心圆"理念是通过一系列媒体作品和新媒体产品传递给公众的,其中最为优秀的至少包括:一个理念"共同奋斗追梦";一首歌《我和我的祖国》;一部电影《我和我的祖国》;一个表白"我爱中国";一个行动"表白快闪"。以同心圆为中心和圆点,多方媒体共同打造了"情感共振—集体表白—线上参与—线下行动"等一系列产品和活动,实现了这些过程的循环和持续,不断传递激情,续接行动。② 又如,近年来一批融合了中华民族优秀传统文化元素电视节目形态,如《舌尖上的中国》《我爱我的祖国》《不朽之名曲》《叮咯咙咚呛》《中国汉字听写大会》《中国谜语大会》《中国成语大会》《中国诗词大会》《中国民歌大会》《国家宝藏》《朗读者》等,通过对传统文化的创造性转化,不仅得到观众积极呼应,而且实现了社会效益和经济效益的双赢。质言之,培育和弘扬社会主义核心价值观的重要途径是立足中华优秀传统文化、继承优秀的红色文化、吸收外来的先进文化。

(四)利用新媒体技术塑造主流意识形态领导权

新媒体是主流意识形态传播的时代场域。一方面,新媒体技术为主流意识形态传播提供技术支撑,新媒体机构是主流意识形态传播的组织架构,新媒体发展也形塑了主流意识形态传播的文化基因。另一方面,媒介形态虽然历经精英媒体—大众媒体—新媒体的历史嬗变,但依然具备先验的意识形态控制力。提升新媒体时代文化领导权的意识形态传播力要重视传播的广度、深度、效度三位一体化的推进,需要借用新媒体的双向、多向虚拟互动机能,打造高素质的具备较高媒介素养的专业传播主体,进一步优化传播策略,无缝对接"草根民间舆论"和

---

① 辛识平:《"娘炮"之风当休矣》,http://www.xinhuanet.com/politics/2018-09/06/c_1123391309.htm。

② 杨斌艳:《全民动员:媒体参与国家治理的经验和根基》,《青年记者》2019年第30期。

"官方主流舆论",创新马克思主义意识形态的解释框架,采用议题设置、整合营销、框架搭建的手段,突破"沉默螺旋"效应的定势,将马克思主义意识形态由小众传播变为大众传播。当前,强化新媒体时代执政党文化领导权的意识形态凝聚力尤需借助大数据技术,提高大数据集成处理信息的能力。① 近年来,主流媒体大量采用动漫、VR、短视频等全媒体传播方式,其新颖生动、可知可感的视觉画面,诉诸情感的表现形式,增强了主流意识形态传播的表达力和亲近感,也充分彰显了主流媒体凝聚社会共识的责任担当。②

(五)协商与收编:社会主义文化领导权的建构策略

主导文化所代表的主流意识形态是强制性的,强制规定什么是合法的,什么不是合法的,但这并不意味着主流意识形态争夺文化领导权也采取强制性措施。按照葛兰西的文化霸权理论,主流意识形态和主导文化反而应当采取协商和对话方式,收编非主流意识形态和非主导文化,才能夺取文化领导权。托尼·本尼特指出:"领导权概念指出,统治阶级统治集团的支配权并不是通过操纵群众来取得的,为了取得支配权,统治阶级必须与对立的社会集团、阶级以及它们的价值观念进行谈判,这种谈判的结果是一种真正的调停。换言之,领导权并不是通过剪除其对立面,而是通过将对立一方利益接纳到自身来维系的。"③ 有学者根据葛兰西的霸权理论对非理性网络文化泛滥的成因进行了分析,认为一些政府主管部门在应对网络舆论热点事件时,没有把握好自己在社交网络与新媒体平台上的"文化领导权"地位,非但没有利用好自身具有的主流价值文化与舆论优势,而且还没有充分与来自草根、来自"公共知识分子"、来自"公共意见领袖"的网络舆情形成良性互动,没有进行有效的"收编",导致有限的应对措施和行为如鸵鸟般笨拙、前后不一致甚或混乱,难以真正达到取信于网民、说服民众的效果,客观上为非理性网络文化的蔓延起到推波助澜的作用。④

在社会价值理念和受众审美趣味日益多元化的今天,传统的主导文化仍有强大的生命力和时代需求,但主导文化的内容要想得到很好的传播与推广,必须与大众文化在形式上进行完美的结合,如流行元素的包装等,进而使二者的并存拥

---

① 朱磊、陈爱华:《新媒体时代中国共产党文化领导权建设——危局、误读与应对》,《广东行政学院学报》2018年12月。

② 张光辉、李咏梅、宋丽云、黄卫来、管毅:《以5G等新技术和数字经济为重点 打造全媒体传播体系助力国家治理体系和治理能力现代化》,http://media.people.com.cn/GB/n1/2020/0103/c120837-31533440.html?clicktime=1578094237&enterid=1578094237&from=timeline&isappinstalled=0。

③ 转引自罗钢、刘象愚:《文化研究读本》,中国社会科学出版社2000年版,第17页。

④ 江凌:《信息社会中的"网络文化领导权"及其实现》,《行政管理改革》2014年第10期。

有全新的含义。如电视剧《士兵突击》《亮剑》《大明王朝》《任长霞》等,都是借助大众文化的形式传播和推广主导文化的内容。① 精英文化的推广也需要与大众文化结合才能成功。如电视读书类节目从贵族化走向大众化,曾经红极一时、制作精良的《读书时间》《子午书简》先后深陷于收视率危机当中,不得不改版或停播。之后由北京卫视 2009 年推出的《非常接触》让这类节目摆脱了"正襟危坐"的观看环境,《非常接触》选择的文本都是当红的畅销书,节目采用访谈的形式,呈现出了一种"雅致"与"通俗"并存的脉脉温情,"人"的价值初步体现。央视 2017 年推出的《朗读者》开播以来一度获得了现象级的关注。② 毋庸讳言,主导文化或精英文化收编大众文化,也存在着主流价值观或成为点缀或被庸俗化的风险,应对此一风险的关键在于如何"寓教于乐",而不是"寓乐于教"。

二、以新闻专业性构建服务公共利益的媒介文化

(一)新闻专业性对建设先进媒介文化的重要性

在市场经济条件下,精英文化、主流文化与大众文化的和谐共荣不仅是社会精神文明发展和人们思想文化进步的需要,也是媒介内容繁荣的土壤和媒介价值实现的基石。传媒应在商业与政治之间高举新闻专业性的旗帜,使其渗透在大众文化与主流文化的传播中,使二者获得更优化的传播效果。与此同时,在大众文化与主流文化的内容体系之外,增加精英文化的内容比重,使精英文化的辐射力和影响力进一步加强。在重构媒介内容体系、实现媒介文化转型的过程中,大力倡导专业主义的职业精神和精英文化的辐射价值,其实就是解放思想在媒介文化领域的具体体现,对于弘扬民主法制、公平正义、诚信友爱、安定有序、充满活力、人与自然和谐相处的社会理念有着巨大的文化意义。③ 近些年来,在对传媒市场化转型进行深度反思的过程中,一股回归新闻专业性理念、传媒的公共性、重视媒介社会责任传统的新思潮悄然兴起,并开始在传媒业形成冲击波。④ 2018年一起接着一起的热点新闻事件,吸引着公众的眼球,更搅动着社会舆论。其中"滴滴事件"的连续发生让人印象深刻。在公众对"滴滴事件"的关注过程中,

---

① 参见蒋晓丽等:《奇观与全景——媒介文化新论》,中国社会科学出版社 2010 年版,第 354~356 页。

② 李玥:《电视读书类节目的大众化与人文回归——兼谈〈朗读者〉的人类学内涵》,《当代电视》2018 年第 7 期。

③ 毛家武:《全球化背景下中国媒介文化转型与新闻专业性重构》,《电子科技大学学报(社会科学版)》2009 年第 6 期。

④ 李良荣:《中国新闻改革 30 年》,载李良荣等:《历史的选择》,武汉大学出版社 2009 年版,第 6 页。

从中央媒体到地方媒体,从传统媒体到新媒体持续发声纷纷表态,指出滴滴在管理上的严重问题,并提示滴滴公司进行整改,体现了媒体的社会责任担当。①

(二) 媒介文化应以公共利益、恪守独立性为目标

公共利益是指在一定社会条件下,不特定多数人普遍享有的、不具有排他性、竞争性和营利性的共同利益。② 公共利益原则是随着资产阶级反封建斗争的兴起而进入大众传媒的,近代报刊成为公共事务交流的平台,它打的旗帜是维护大多数公民的利益以及社会整体的公平正义。此后公共利益原则逐渐发展成为西方现代新闻理念的核心,衍生出诸如普遍服务原则、观点自由市场原则、多元文化原则以及竞争性原则等,并形成一种包含整套操作规范的新闻专业性文化,如平衡、公正、不存偏见、准确和中立的报道准则,以及客观报道原则。③ 20 世纪 90 年代以来,一种被称为"公共新闻学"的新闻理念在西方国家兴起,这种新闻报道模式的核心理念是公共利益和民主,要求媒体把维护公共利益而不是商业利益放在首位。

传媒作为独立新闻业,应致力于服务公众利益,而不仅仅是经济回报。媒介融合的优势就在于利用新科技加强与读者的交流与沟通,并让读者参与到新闻报道中来,以提升新闻品质,恢复读者对媒体的信任和信心。传媒有引导和提升社会文化的责任,作为规范性的媒介文化不能"随波逐流",而应"激浊扬清",主要服务于社会公共利益,满足人们美好生活以及构建良好社会秩序的需求。近年来,国内各大电视媒体推出了以公益和慈善为核心元素之一的一批重量级节目。比如央视综合频道 2011 年 11 月 12 日推出的大型电视公益节目《梦想合唱团》,"以娱乐形式唤醒和引领公益"为宗旨,宣传各类公益项目,在比赛的同时募集公益基金。"文章合为时而著,歌诗合为事而作。"媒介文化应服务于改造社会现实,而不是脱离现实的歌舞升平或无病呻吟。社会转型期的媒介文化面临转型问题,其随着社会转型的过程会从对当前不适应的媒介文化结构和规范的批判开始,继而废除不合理的结构和规范,最后用一种合理的媒介文化结构和规范取代之。④

(三) 发挥媒介文化的参与和表达功能,以专业性构建中国特色社会主义的公共领域

文化发展的总趋势是从精英主导向大众参与乃至主导的文化转变,"旧时王

---

① 《定格瞬间 回顾2018》,《中国新闻出版广电报》2018 年 12 月 25 日第 8 版。
② 余敏江、梁莹:《政府利益·公共利益·公共管理》,《求索》2006 年第 1 期。
③ 蒋晓丽主编:《媒介文化与媒介影响研究》(下),四川大学出版社 2009 年版,第 494~495 页。
④ 蒋晓丽主编:《媒介文化与媒介影响研究》(下),四川大学出版社 2009 年版,第 152~153 页。

谢堂前燕，飞入寻常百姓家。"由于社会政治经济技术条件的限制，文化长期被以精英为代表的统治阶级所独占，服务于统治者的利益和需要，不但平民大众无缘问津，而且这种文化成为不代表普通平民利益的异己力量。现代社会文化的普及和大众化，使普通平民开始分享曾经被少数精英垄断的文化，参与文化建设，是社会发展和历史进步的表现，其中传媒在文化普及的过程中发挥了至关重要的作用。

有学者指出，传媒需要在报道以民主为主体的社会实践过程中提供开放式和参与性论坛，以"激发不同社会群体以主体的身份参与有关中国社会未来的政治性辩论和文化建设，并在此基础上引导人民群众确立社会主义价值观和文化自觉"①。媒体作为社会公共领域的天然载体，是沟通社会各个阶层的共同介质，是培养共同体意识最便捷的平台，可以鼓励其发挥正向作用，提升公民的媒介素养，但也应依法遏制其趋利倾向，规制其不利于社会阶层和解的过激行为。②如，2018年6月29日，北京卫视推出了"公民课堂"节目《向前一步》，它是北京电视台制作的第一档在人和公共领域、城市公民与公共政策之间架起沟通桥梁的节目。《向前一步》定位为公德节目，从标志性的个体案例入手，聚焦群体关注的公共领域话题，聚焦个人利益与公共利益、民族利益、国家利益的"言和"。③又如，《南方都市报》在2009—2010年广州番禺垃圾焚烧厂事件的报道中，它在促成公共事件解决中所扮演的一个重要的社会角色，就是提供公共讨论的平台并平衡政府、企业与公众的利益，从而促成社会共识的形成。④

三、以"全民阅读"平衡媒介文化的视觉偏向

过于强调视觉文化对社会负面影响的"悲观论"，既影响了媒介文化的发展，也忽视了媒介对社会包括人的社会化过程中的正面影响与积极作用。2003年艾柯在埃及亚历山大图书馆做了题为《书的未来》的长篇演讲，在提出了"读电脑屏幕跟读书是不一样的"的观点之后，他满怀信心地说："书仍将是不可缺少的，这不仅仅是为了文学，也是为了一个供我们仔细阅读的环境，不仅仅是为了接受信息，也是为了要沉思并做出反应。"⑤但这种将印刷文化与视觉文

---

① 赵月枝：《重构社会主义媒体的公共性和文化自主性——重庆卫视改革引发的思考》，《新闻大学》2011年秋季号。

② 肖频频：《媒介变革与社会转型》，学苑出版社2015年版，第300页。

③ 张雪娇：《聚焦公共领域难点、热点，重调解化分歧——〈向前一步〉：让主流舆论民间舆论同心共振》，《中国新闻出版广电报》2018年9月5日第5版。

④ 刘劲松：《嬗变与重构：转型期都市类报纸发展路径研究》，中国传媒大学出版社2014年版，第149页。

⑤ [意]艾柯：《书的未来》，康慨译，《中华读书报》2004年3月17日。

化对立的方案在视觉文化盛行的时代并不可行。以书籍、报刊为代表的印刷文化在与视觉文化的博弈中处于下风，最好的保护方案并不是"关掉电视""关掉互联网"，而是让视觉文化成为印刷文化阅读的践行者，以提倡全民阅读平衡视觉文化的偏向。党的十八大以来，以习近平同志为核心的党中央高度重视阅读，2012年"开展全民阅读活动"写入党的十八大报告，2014年政府工作报告中首次提出"倡导全民阅读"，2015年的政府工作报告中提出"倡导全民阅读，建设书香社会"，2016年2月《全民阅读促进条例（征求意见稿）》向社会公布，这意味着以法律形式保障"全民阅读"建设已经进入实质性阶段；至2017年，"全民阅读"连续四年被写入政府工作报告，一系列扶持文化发展、推进文化设施建设的政策陆续出台；倡导和推广全民阅读成为重要的国家文化发展战略。①

如何使传播行为由抽象"说教式"转向具象"生活化"，使形象与文字传播和谐互补，是摆在我们面前的问题，② 新媒体时代的全民阅读需要更多地融合视觉文化手段。例如，江苏卫视大型场景式读书节目《一本好书》的热播。早在第一季，《一本好书》就在"2019中国综艺峰会匠心盛典"上收获了"年度匠心导演"、Sir电影首届文娱大会"年度最佳综艺"等十多项荣誉。随着新一季的开播，节目再次得到了社会各界的广泛认可，微博主话题"一本好书"的阅读量达到了2.8亿人，与节目相关的社会议题讨论也由节目内容展开。为推广阅读，《一本好书》联合赞助商在线下开展的以"万人荐书"为主线、以互动H5为主要道具、以线下读书会为主要落地形式的"阅见匠心 阅见中国"全民阅读大型主题活动也正如火如荼地进行着。③ 现代社会中经验的贬值与交流能力的丧失，造成讲故事能力的衰退。在视觉过度发达的文化中，"讲故事的人"的重新出现，是恢复听觉文化与视觉文化的平等性、使人类器官与文化达到平衡的关键。④

四、加强媒介批评，提升公民的媒介素养，促进媒介文化的提升

（一）合理利用基于新闻专业规范的媒介批评

所谓媒介批评，是指根据一定社会和阶级的利益与理想，并按照一定的标

---

① 李苑：《馥郁书香传万家——十八大以来我国推进全民阅读成就述评》，《光明日报》2017年9月25日第5版。

② 徐小立、秦志希：《媒介文化的"视觉转向"及其传播策略》，《新闻与传播评论》2004年第5期。

③ 李雪昆、张博：《〈一本好书〉第二季：立起一面观照当代人的镜子》，《中国新闻出版广电报》2019年11月6日第6版。

④ 蒋晓丽主编：《媒介文化与媒介影响研究》（上），四川大学出版社2007年版，第178页。

准,对大众传播活动所作的价值判断和理论鉴别。这个标准一般是新闻专业性规范。从传播效果来看,媒介批评的实质是以批评的眼光看待与分析大众传播的方方面面,其底蕴是人文精神与社会责任道德,其宗旨是监督传媒,督促其更好地服务社会。① 媒介批评构成了大众传媒及其传播活动的舆论生存环境,是新闻传播活动的一个重要组成部分,自有新闻传播及其接受以来,媒介批评就随之产生而发展,并且构成新闻传播活动整体中的一种动力性和规范性因素,既促进新闻传播,又推动新闻接受。理想的媒介批评是批评主体通过批评与批评对象/文本间、文本作者间建立一种平等、坦诚、理性而富有深度的对话关系。任何媒介都生活在一定的舆论环境之中,媒介批评以建构舆论的形式构成对媒介活动的规制。媒介批评的主体是广大受众以及作为受众一部分的、具有一定话语权力的学界精英,受众是媒体行为的调节器,受众的声音对媒体行为具有巨大的制约作用。②

(二) 提升公民的媒介素养以实现对媒介文化的理性思考

所谓媒介素养,是指个体对各种现代大众媒体提供的信息进行分析、评价、选择和利用的能力③,也是公民素养不可分割的组成部分。在信息化和融合化的环境下,媒介素养的内涵更加广泛。对各类媒介的使用能力,信息生产、传播和获取的能力,对信息进行选择、理解、分析、判断和评价的能力,以及个人信息的保护意识和能力都成为关系个人生活和发展的基本能力。④ 有学者认为,媒介素养中最为重要的是某种有关传媒的基本观念和知识结构。其实,我们每个人都处于各式各样的传媒实践中,总有各自的技能和经验。问题的关键不是这些技能和经验如何,而是怎样将自己的技能和经验上升到一定的理论高度来加以考量,克服完全印象式和自发的理解,尤其是要克服某种传媒"迷狂症",从而实现对媒介文化理性的思索。⑤ 新媒体时代,亨利·詹金斯提出了参与式文化及其批判性媒介素养即"数字素养"的概念,所谓的数字素养就是指"如何适当地将自己的注意力与不同类型的信息相匹配"⑥。

媒介融合进一步加速了媒介社会化和社会媒介化的程度,包括新媒体在内的

---

① 于德山:《当代媒介文化导论》,中国广播电视出版社2012年版,第186页。
② 胡正强、马骎:《饮鸩止渴:广告新闻化的媒介行为分析》,《河北师范大学学报(哲学社会科学版)》2010年第1期。
③ 荣建华:《中国媒介素养教育论》,中国社会科学出版社2011年版,第145页。
④ 王润珏:《媒介融合的制度安排与政策选择》,社会科学文献出版社2014年版,第180页。
⑤ 周宪、刘康:《导论》,载周宪、刘康主编:《中国当代媒介文化研究》,北京大学出版社2011年版,第5~6页。
⑥ 常江、徐帅:《亨利·詹金斯:社会的发展最终落脚于人民的选择——数字时代的叙事、文化与社会变革》,《新闻界》2018年第12期。

各种传播媒介对社会的影响越来越显著,"人们通过媒介接受文化已经成为社会教育的普遍方式"①。在人人都可能是记者的时代,职业新闻传播者的地位降低了,但对新闻传播伦理的要求反而提高了,或者说对传播者的素质要求更高了。比如网络"艾滋女"事件中,别有用心之徒利用网络诽谤中伤,网民由于缺乏足够的信息鉴别力助推了虚假信息的泛滥,而部分报刊等传统媒体的记者、编辑未经核实就跟风传播,无论是对当事人还是对社会都造成恶劣的影响,这足以说明包括专业新闻工作者在内的社会大众的媒介素养存在严重缺失。② 互联网时代的网民集记者、编辑等多种身份于一身,是自己的"把关人",需要"慎独",即网民在享有新闻报道自由的同时,也要负起相应的传播责任和义务,换言之,非职业的新闻传播者在传播新闻的过程中需要与职业新闻工作者一样遵守新闻伦理、法规等。麦克卢汉认为,今天泡在媒体中的年轻一代并不天然地具有批判媒体的品质或者真正具有关于媒体的修养。因此,社会亟须一股力量能够为人们拨云见日,能够及时鲜明地为人们说明什么是最佳的媒介文化,什么是糟糕的媒介文化,避免媒介文化中的垃圾食品,从而提高传媒解读能力;能够在公共文化的产品中觉察出各种各样意识形态的声音与语码,同时把霸权的意识形态同那些颠覆主流观念的图像、话语和文本等区分开来;能够将文化表现从市场的专制和广告的铁链枷锁中解放出来;能够协调新的媒体和技术,并且利用它们来提高生活,同时驾驭自身的文化,从而提高自身的自治和自主权。③

---

① 陈正良:《冲突与整合:德育环境的系统建构》,中国社会科学出版社2005年版,第198页。
② 钱晓文:《媒介融合对新闻传播人才培养目标的影响》,《青年记者》2012年第36期。
③ 参见[美]道格拉斯·凯尔纳:《媒体文化——介于现代与后现代之间的文化研究、认同性与政治》,丁宁译,商务印书馆2004年版,第567～569页。

第六章 融合时代传媒规制的创新

媒介融合作为制度选择,是互联网时代传媒体制的创新和质的变化。在媒介融合研究中,制度(包括规制、管制或政策)通常被作为理解媒介融合进程的核心概念,它既被作为媒介融合最重要的限制性因素进行解读和分析,又被视为解决媒介融合过程中出现的诸多问题的主要手段和途径。[①] 从媒体角度看,传媒参与公共治理有三个层面的含义,一是指传媒作为治理主体,二是指传媒作为治理工具,三是指传媒作为治理客体(对象),第三个层面的含义则是所谓的传媒规制,因而传媒规制构成国家治理现代化和公共治理的重要内容之一。互联网时代传媒规制的主体和对象更加多元,规制手段更加综合,作为规制类型的内容监管和结构规制需要创新,传统的行业监管模式已经不能适应社会生态的变化和媒介融合的需求。随着社会主义协商民主的发展和媒介融合的深入,传媒规制亟须从传统的行业规制模式转向政府、市场和社会协同治理的模式,传媒规制创新的关键在于如何在政治利益、经济利益和公共利益之间取得平衡。本章从制度层面主要是传媒规制来探讨媒介融合与传媒转型,认为融合时代传媒规制创新亟须引入协商和共治的理念,从单一的政府管理和行业监管旧模式向构建党和政府领导下的社会各方有机协作的传媒治理结构和协同治理新模式转变。

第一节 传媒规制及其特征

一、政府规制

传媒规制涉及政府规制。"规制"是建立在市场经济的基础上,是政府对市场失灵的补救和干预措施。所谓政府规制,就是政府行政机构依据法律授权,通过制定规章、设定许可、监督检查、行政处罚和行政裁决等行政处理行为,对构成特定社会的个人和构成特定经济的经济主体的活动进行限制和控制的行为。经济学上把政府规制分为经济性规制和社会性规制两大类。第一,经济性规制。是指对价格、市场进入和退出条件、特殊行业服务标准的控制,一般来说,是对某一个特定行业、特定产业进行的一种纵向性管制。这一行业往往具有一些特点,

---

① 王润珏:《媒介融合的制度安排与政策选择》,社会科学文献出版社2014年版,第10页。

如自然垄断性。对电台电视台等媒体的规制也属于经济规制。第二，社会性规制。主要针对外部不经济和内部不经济。前者是指市场交易双方在交易时，会产生一种由第三方或社会全体支付的成本，如环境污染、自然资源的掠夺性和枯竭性开采等，政府因此必须对交易主体进行准入、设定标准和收费等方面的规制。后者是指交易双方在交易过程中，一方控制信息，但不向另一方完全公开，由此造成的非合约成本由信息不足方承担。如假劣药品的制售、隐瞒工作场所的安全卫生隐患等，因此，政府要进行准入、标准以及信息披露方面的规制。

西方国家的政府规制是市场经济的产物，而我国的政府规制形成于计划经济时代，没有经过市场经济充分发展的阶段，因此，我国规制的成因与西方经典规制理论中的分析有很大不同。西方规制的出发点是维护市场秩序，而我国的计划经济从一开始就是立足于取消市场，在当时我国经济生活中到处存在着的规制。随着从计划经济向市场经济的转型，尤其是社会主义市场经济的建立和垄断性行业向竞争性行业转变，新的规制环境已经发生了很大变化，因此，如果不对我国现有的政府规制制度进行彻底的改革，政府规制不但不能发挥治理市场失灵的作用，反而会阻碍市场经济体制和竞争秩序的建立和完善。[①]

二、传媒规制

传媒规制是指政府通过立法或法规政策来干预和调节媒介竞争，平衡规制部门和媒介企业、媒介消费者之间关系的一般规则和特殊行为，[②] 从公共管理角度看，它属于政府提供的一种公共产品和服务。从世界范围来看，各国对传媒行业都进行规制，规制的手段和方式各有不同。例如，欧洲国家既认为媒介产业作为一个市场在运作，有助于技术革命、经济增长、就业等社会目标，也将媒介产业看作民主、自由和多元主义的基础，因而对媒介产业实行了许多规制措施。美国在 1996 年前后对媒介产业的规制政策走向了放松规制，但是仍然有许多规制政策被延续了下来。[③]

在我国，政府对媒介产业的规制相当完备，主要方式有以下几种。[④]

（一）进入规制

主要是通过实行进入许可制度来实现的。现阶段主要有以下两种方式。

1. 严格限制的少数进入许可

即一个可定义市场中只允许有两三种报纸存在。例如，在一省或一市的党报

---

① 钱晓文：《当代传媒经营管理》（第二版），中山大学出版社 2014 年版，第 235～236 页。
② 罗治平：《法国视听传媒规制政策的变迁与思考》，《法国研究》2012 年第 3 期。
③ 喻国明等编著：《传媒经济学教程》，中国人民大学出版社 2009 年版，第 235 页。
④ 参见喻国明等编著：《传媒经济学教程》，中国人民大学出版社 2009 年版，第 235～239 页。

市场中只允许一家存在,严格控制报纸的数量。

2. 一般性限制的多家进入许可

即一个可定义市场中允许有多种报纸存在。在这样的市场准入制度下,通常会形成支配—边缘型的市场结构,即有一两种具有领导支配地位的报纸,同时存在多种报纸。这种类型的市场结构具有较强的竞争压力。例如,在各个地方的都市报市场中就允许多家进入,积极竞争。在以审批方式进行规制的条件下,报纸刊号是一种稀缺的和有价值的资源。

(二)价格规制

由政府规定报纸的价格,规制手段主要是实行价格审批,或者限制报纸的零售价格。过去,我国的报纸一直实行严格的价格规制制度,主要目的之一是保证低价格报纸的普遍供应,现在主要是为了保证市场秩序。

(三)数量规制

政府规定每一种报纸(每周)的期数和版面数。主要的规制手段是,报纸的增期(减期)、增版(减版)都必须经政府行政部门审批。实行这种制度的目的是控制报业的结构,即哪种类型的报纸应该占多大的市场比重。

(四)许可权限规制

规定报纸不得随意出版地方版,包括地方广告版,地方报纸不得异地出版,禁止一报多版。凡是一报多版,如全国性报纸出版地方版,均须申请新的刊号,政府行政部门以控制刊号的方式进行严格限制。实行这种规制措施的目的是严格分割市场,防止许可权的越权和失控。

(五)产权规制

严格禁止或者限制报纸的产权交易,禁止或者严格限制外部资本进入报业领域。最主要的规制手段就是实行主管制、主办制,即只有符合一定条件的(非企业)国有单位才能办报,每一种报纸都必须有自己所隶属的主办和主管单位。实行这种制度的目的是为了确保报纸的公共性,保持国家对报纸这种"社会公器"的控制,防止报纸的不良行为而导致出现严重的社会风险。

(六)广告规制

主要是禁止发布虚假广告。我国先后出台了《广告管理条例》(1987)及《广告管理条例细则》(1988)、《中华人民共和国广告法》(1994)、《国务院办公厅关于开展打击商业欺诈专项行动的通知》(国办发〔2005〕21号)等法律和行政规章,规定不得发布含有虚假内容的广告,不得欺骗和误导消费者,否则要受到相应的处罚。除此之外,国家行政主管部门为规范广告播出,先后下发了多个规范性文件,整顿广告刊播市场秩序。

(七)反不正当竞争

禁止报纸以不正当的方式获得市场竞争利益。例如查禁有偿新闻,禁止以新闻的形式表现广告,进而吸引广告客户,从市场竞争中获得利益。规制措施的主要目的是，维护消费者和公众的利益，保证报纸的质量，维护公平竞争的市场秩序。

（八）反垄断行为

对同一媒介控制整个市场或者同一经济实体控制多家媒体进行限制，以及打破报业发行市场的垄断等。迄今为止，我国尚没有严格意义上的媒介或报业反垄断政策。但是，相对于20世纪80年代以前的报业垄断局面，现阶段的报业政策已经具有了明显的反垄断含义。主要方式是，通过发放报纸刊号形成多家报纸竞争的局面，对报纸以及其他媒体的兼并进行管理，避免形成传媒业市场的不合理垄断而导致效率损失及整体竞争力的下降。

（九）新闻政策规制

新闻政策主要是对新闻编辑方针的规制。政府对传媒业实施的新闻规制政策主要包括：规定新闻媒体的编辑方针，内容不得损害国家利益或危及国家安全，控制传媒的政治倾向，禁止或限制传媒登载危害社会道德的内容，避免集团利益对编辑方针的控制而损害社会公正或公众利益，等等。[①]

三、传媒规制的特征

（一）政府与传媒：新型伙伴关系

规制主要是针对市场失灵而言的，但规制也存在政府失灵，随着新技术的发展，传统的政府规制阻碍了产业发展，出现了解除管制和媒介融合的趋势，新自由主义理念盛行一时，甚至有人质疑政府对市场和传媒进行干预的必要性，但放松管制是否意味着政府管制的取消？这就涉及政府与市场关系的问题。目前的研究存在着将政府与市场对立的倾向，或者主张全能型政府，或者主张"市场万能，政府退出"。虽然政府与市场一直处于博弈状态，此消彼长，但是认为政府与市场之间是互相排斥的理论或者主张显然是不合时宜的。就我国而言，改革开放以来，对政府与市场关系的反思大致经历了两个阶段，第一阶段反思的重点是政府如何促进市场化，即通过放松规制推动传媒走向市场。随着改革进入深水区，特别是市场化弊端的不断显现，反思进入第二阶段，即要求加强政府规制以弥补媒体市场化的缺失，"大政府"的呼声重新抬头。不少研究者援引欧美加强政府监管的理论与实践，主张赋予政府更多的权力，加强行政力量对市场和社会特别是商业力量与民营资本的控制，也就是要求把改革开放中下放给市场与社会的权力重新收回到政府手中，表现在社会经济领域中的"国进民退"现象尤为突出，不利于搞活经济，甚至出现了对市场经济和改革开放本身的质疑。不过欧

[①] 参见陈妮：《我国传媒业的发展与管制探究》，西南财经大学士学位论文，2006年，第19～22页。

美理论界对政府与市场关系的论述并不适用于中国,欧美发达的市场经济属于"小政府、大社会",市场和社会发展成熟,能够制衡行政权力的扩张和滥用,政府的权力有限,而中国在计划经济时代,政府直接控制传媒和社会,行政力量长期主导社会和市场,政府权力过大,缺乏有效制衡的力量,不利于社会和市场的发展和自治,因此,问题的关键不在于政府要不要介入,而是在文化建设中政府应该发挥什么样的作用,如何在政府、市场、传媒三者之间取得平衡,使市场失灵和政府失灵都能够得到有效克服,这是切实转变政府职能、深化文化体制改革中必须面对的一项重大挑战。

美国经济学家斯蒂格列茨构建的"伙伴关系"模式较为贴切地形容了政府与市场的关系模式,他从信息经济学的角度,重新审视了西方经济学的市场失灵与政府失灵的论述,认为政府与市场应当建立一种新型伙伴关系。这种新型伙伴关系的内在依据是一种价值互涉,政府和市场并非一种相互替代的关系,而是价值互补,市场机制早在垄断资本主义出现之前便已经形成了一套内在竞争规律,并且这种规律一度主导全球市场经济,后来市场的失灵导致政府干预渐渐加强,其实,这是两种价值取向的相互博弈,市场是效率为先,政府则是追求公平正义,因此,只有将两种价值取向相结合,形成新型伙伴关系,才能有效地防止两种极端的出现,保障效率和公平的同步实现。[①] 在现代市场经济体制下,正确把握政府与市场之间关系的关键在于合理定位政府职能。经济学中关于政府经济职能的各种观点大致可以概括为三个模型:一是"看不见的手"模型,即市场自我运行良好,无需政府干预;二是"扶持之手"模型,即存在市场失灵,需要政府矫正;三是"掠夺之手"模型,即政府有利用权力为自身牟利的行为,政府失灵甚于市场失灵。在现实生活中,政府往往兼具上述三种属性,因此,关键问题在于如何绑缚政府的"掠夺之手",而发挥其"扶持之手"的功能。[②]

具体到传媒行业,国家(政府)与传媒业的关系同样是一种新型的伙伴关系。哈林和曼奇尼认为,在任何社会中,国家都扮演着塑造媒介体制的重要角色,但是在国家干预及其所采取的形式上存有显著差异。他们在《比较媒介体制》一书中把世界范围内的媒介体制归纳为三种模式:一是自由主义模式,盛行于英国、爱尔兰和北美,其特征是市场机制和商业性媒介的相对支配性;二是民主法团主义模式,盛行于欧洲大陆北部,其特征是商业性媒介和与有组织社会和政治团体相联系的媒介共存的历史,以及相对活跃但是在法律上受到限制的国家角色;三是极化多元主义模式,盛行于欧洲南部地中海国家,其特征是媒介被整

---

① 转引自姜雪梅:《论合理界定政府与市场的法律边际》,《山东行政学院学报》2018年第1期。

② 转引自景维民等:《转型经济学》,经济管理出版社2008年版,第350页。

合进政党政治、商业性媒介较弱的历史发展和国家的强大角色。① 有学者将政府在传媒体制变迁中的作用概括为两个方面：在具体制度变迁中的柔性引导和在根本制度变迁中的刚性控制。其中柔性引导包括：①主动提供制度供给；②对某一制度创新或突破的肯定支持和默认；③以禁令性制度形式予以引导，给予新闻媒体更多的自主空间。刚性控制包括：①对新闻媒体根本性质和根本任务的维护和巩固；②对新闻媒体自发进行的某些制度创新予以否定和"驳回"②。在我国，政府媒介制度变迁过程中的主导作用主要体现为"政治""经济"两个方面，具体表现为：发动改革；选择和确立媒介制度改革方向、改革目标；提供制度创新的空间，并对新制度进行评价和判断；对媒介制度改革进程、改革秩序进行计划、推动和控制；对媒介改革主体进行引导、激励和约束；对媒介制度改革的社会风险进行评估与控制；对媒介制度改革的效果进行评估。③

现实中传媒规制存在着"过"与"不及"两种可能性，媒介权力影响力甚大，媒体被视为"看门狗"，规制过严成"哈巴狗"，不规制或成"疯狗"，都将不利于传媒舆论监督等正常功能的有效发挥，如何把握传媒规制的"度"，考验的是政府的智慧和治理能力。我国传媒体制改革不是要不要规制的问题，而是如何对传媒进行有效管制的问题。与发达国家传媒业面临的增长问题不同，我国的传媒业市场还在发育和完善之中，制约发展的主要是经济结构问题。传媒产业结构失衡，处于低度水准，仅靠市场调节无法解决结构性矛盾，因此政府需要实行必要的干预。但在社会主义市场经济条件下，作为市场机制补充的政府干预必须有一定之规，不能无限度。④ 传媒规制中政府职能的履行系"治理"而非"统治"。20世纪70年代兴起于欧美的公共治理理念体现了从管理模式向治理模式的转变，"治理是各种公共和私人的机构管理其共同事务的诸多方式的总和。它是使相互冲突的或不同的利益得以调和并采取联合行动的持续过程"⑤。现代国家政府多采用"治理"来形容政府行使其职能的过程，"治理"一词蕴含着政府在干预市场时所应当秉承的"度"。有学者总结"治理"的几个特点，即治理主体多元化、治理机制中的权力运行可以是多个向度、治理结构呈现多元化网络

---

① ［美］丹尼尔·C. 哈林、［意］保罗·曼奇尼：《比较媒介体制》，陈娟、展江等译，中国人民大学出版社2011年版，第11页。
② 张兢：《论政府在我国新闻制度变迁中的作用》，《新闻界》2006年第6期。
③ 参见王润珏：《媒介融合的制度安排与政策选择》，社会科学文献出版社2014年版，第52～54页。
④ 钱晓文：《当代传媒经营管理》（第二版），中山大学出版社2014年版，第248页。
⑤ 俞可平：《治理与善治》，社会科学文献出版社2000年版，第4页。

等。① 因此，传媒规制中政府应从行政管理为主转向党和政府主导下的"治理"，讲求"治理之度"，给予市场主体更多的自由选择权，但并非自由放任，政府职能的发挥要合乎政府治理的宽度和限度，"让市场在资源配置中起决定性作用，让政府更好地发挥作用"②。

林毅夫用"需求—供给"这一经典理论构架将制度变迁方式划分为诱致性变迁与强制性变迁两种。所谓诱致性变迁，"指的是一群（个）人在响应由制度不均衡引致的获利机会时所进行的自发性变迁"；而强制性制度变迁则"指的是由政府法令引起的变迁"。③ 诱致性制度变迁必须由某种在原先制度安排下无法得到的获利机会所引起，而强制性变迁则不需要，只要政府预期收益高过支出时，政府就愿意进行制度变迁，但由于受到多种因素的影响，如意识形态刚性、集团利益冲突以及社会科学知识的局限性等，政府不一定能够建立起最有效的制度安排。④ 在实际的经济和社会转轨过程中，这两种制度变迁的形式往往是并存的，其中交织着以经济利益为目的的利益集团和政府之间的合作与对抗、妥协与制衡。⑤ 我国一些新闻传播学者，如胡正荣、周劲、陈戈、石培龙、王守国等从传媒制度变迁的阶段性、制度困境及意识形态根源、制度变迁的路径问题等不同角度，结合制度变迁理论，对传媒产业制度变迁进行了初步研究。改革开放以来，媒介制度的变迁经历了三个阶段：20 世纪七八十年代，以"事业单位、企业化经营"为核心的运作机制调整是以"行业实践在先、政策许可在后"的方式进行的，具有"自下而上"的特征；20 世纪 90 年代，以"采编与经营剥离"为核心的组织结构调整兼具"自下而上的诱致性变迁"和"自上而下的强制性变迁"特征；21 世纪以来以"事业、产业两分开"为核心的深层制度改革，是文化体制改革总体框架设计下的媒介制度改革，是典型的"自上而下"的变迁方式。⑥ 综观媒介规制变迁的轨迹，可以看出我国政府逐渐从主导媒介的所有活动发展到放松对媒介经济活动的直接干预，强化对新闻宣传等公益性事业的规制。有学者曾经指出，"这一方面体现出某些政治既得利益集团和国有媒介对国

---

① 程李华：《现代国家治理体系视角下的政府职能转变》，中共中央党校博士学位论文，2014 年，第 6 页。
② 姜雪梅：《论合理界定政府与市场的法律边际》，《山东行政学院学报》2018 年第 1 期。
③ 林毅夫：《关于制度变迁的经济学理论：诱致性变迁与强制性变迁》，载［美］R. 科斯、A. 阿尔钦、D. 诺斯等：《财产权利与制度变迁——产权学派与新制度学派译文集》，上海三联书店、上海人民出版社 1996 年版，第 331 页。
④ 陈柳钦：《制度、制度变迁与金融制度创新》，《南通大学学报（社会科学版）》2007 年第 1 期。
⑤ 黄金：《媒介融合的动因模式》，中国书籍出版社 2011 年版，第 233～234 页。
⑥ 王润珏：《媒介融合的制度安排与政策选择》，社会科学文献出版社 2014 年版，第 52～53 页。

有媒介制度的路径依赖，它们从现存制度中能获取一定的政治特权与利益，因此趋向于维护现有制度；另一方面，他们及其他政治和经济利益集团又在媒介的市场化过程中获得了现行制度外的利益（外部利润），当现行制度外的收益大于制度变革的成本时，就会促使这些利益集团变革现行制度"①。

（二）传媒双重属性之间的规制平衡

我国的传媒规制是在计划经济时代政府绝对控制的背景下形成的，与西方发达国家的传媒规制的建构逻辑并不相同。我国传媒规制变迁的背景大致有两个：一是市场化改革，二是新技术驱动。从市场化改革背景来看，伴随着传媒市场化改革的深入，传媒规制的构建是一个总体上不断放松规制的过程。伴随着20世纪90年代末传媒业市场化提速，与之相对应的传媒规制也相应增加。政府逐渐从主导媒介的所有活动转向放松对媒介的直接干预，将媒介分成公益性事业和经营性产业，政府的规制主要体现在前者，即保证传媒的社会效益。② 从新技术驱动的背景来看，互联网的崛起特别是媒介融合发展成为传媒规制的重要背景。面对这样一场深刻的传播革命，我国的媒介规制亦面临重大的调整和变革，不断地使规制与业界发展相适应。1996年成立国务院信息化工作领导小组办公室，作为针对互联网管理的核心部门；2008年合并成立新工业和信息化部；2013年合并成立国家新闻出版广电总局；2018年新闻出版、电影工作统一由中宣部管理，新设国家广播电视总局，成立中央广播电视总台。而2014年成立的中央网络安全和信息化领导小组，于2018年改为中央网络安全和信息化委员会。总体来看，传媒规制的目标主要在于坚守官方意识形态，并对传媒市场的失衡现象进行干预和控制。③

我国传媒具有政治与经济双重属性，从一定意义上看传媒规制就是在政治属性与经济属性之间取得平衡。改革开放以前，传媒只有政治属性，没有经济属性。改革开放以后，传媒业的经营体制总体路径是在强调传媒业的政治属性的基础上，开始注重传媒业的经济属性。传媒业的经营体制改革的大致历程是：20世纪80年代开始恢复传媒广告市场，适当放宽对经营性业务的限制；20世纪90年代开始传媒集团化改革，由政府部门牵头，以行政力量为主导，对部分行政区域内的媒体进行一定合并重组，调整传媒行政权力的划分；21世纪初，在此前的集团化改革基础上，强化市场因素在传媒集团化进程中的影响力，对媒介内容

---

① 胡正荣、李继东：《我国媒介规制变迁的制度困境及其意识形态根据》，《新闻大学》2005年春季号。

② 喻国明、苏林森：《中国媒介规制的发展、问题与未来方向》，《现代传播》2010年第1期。

③ 周文斌：《移动互联网下自媒体媒介规制现状及问题浅析》，《新闻传播》2018年第7期。

与业务领域进行类别划分,进一步放宽了经营性业务的资本运作,并适度放松了跨媒体合并的政策限制。受计划体制影响,在改革开放之后的很长的时间内,我国习惯以行政化管理模式来干预传媒领域。一方面,传媒业依据行政级别由上至下分级管理,不同级别的行政单位拥有相应的传媒单位,横向上由各级党委、宣传部对对应级别的媒介单位进行监管;另一方面,不同媒介又由不同职能部门进行管理,纵向上由中宣部统一领导,新闻出版署、广播电视局等相互独立的管理机构对新闻业、出版业和广播电视等不同媒体行业进行分业管理,由此逐渐形成了"井"字形的条块管理格局。政府在传媒市场上同时扮演着管制者与市场运营者双重角色。尽管政府逐步放松对传媒的规制,但仍保持对市场的主导控制权。①进入媒介融合时代以来,传媒规制发生重大变化,在纵向方面,2018年中央三台合并,机构改革中,中宣部对新闻出版工作统一管理;在横向方面,地方的媒体融合中改变先前条块分割的状况,开始形成新的传媒管理体制机制。

第二节 融合时代传媒规制创新的必要性

一、媒介融合对传媒规制的影响

新的传播技术带来新的治理方式,媒介融合是传媒规制放松(解除管制)的产物,当它形成为媒介融合制度时,又会对传媒规制产生反作用与冲击力。一方面,媒介融合作为产业融合,带来了传媒业态的变化,使得传统基于条块分割、地域分割、部门之间相对封闭的政府规制模式愈发难以适应,不仅难以实施有效监管,还会阻碍融合产业的发展。②另一方面,传媒规制的创新与完善促进了媒介融合的发展。"从科技的发展到媒介规制的变革存在一定的时间差。但是从规制为变革提供构架而言,它是媒介融合出现的一个关键因素"③。总之,媒介融合极大地挑战着传统以行业为对象的分立规制模式,同时为传媒规制创新提供了契机。

(一)媒介融合对传媒规制的挑战

媒介融合是一场影响空前的产业革命。首先,媒介融合打破了电信业、广电业、出版业与计算机业等产业独立存在、分离发展的格局,四大产业各价值链节的纵向关联逐渐减弱,对应产业价值链节横向相互交融,这些产业的产业结构开

---

① 吴婕:《媒介融合时代的传媒规制研究》,湖南师范大学硕士学位论文,2011年,第18~21页。

② 肖叶飞、刘祥平:《媒介融合与规制融合》,《现代传播》2015年第3期。

③ Stephen Quinn, *Convergent Journalism: The Fundamentals of Multimedia Reporting*, New York: Peter Lang Pubfishing, Inc, 2005, pp. 38 - 39.

始从纵向一体化向横向一体化转化;其次,四大产业之间的边界日益模糊,传统传媒产业的业态随之发生重大改变,这些产业及其他相关产业之间的相互融合,最终将形成"大传媒产业""大传媒市场";最后,产业结构横向一体化趋势和几大产业之间可以交叉进入使传媒业市场结构并发生巨变,在融合的市场中,传媒业的竞争趋势与垄断趋势同时得到强化。在产业分立时代,各产业纵向独立发展,政府针对不同的产业基础进行区别规制,实行纵向分业管理。在融合背景下,建立在产业分立之上的纵向分业规制体系明显不能适应产业发展的客观需要,并遭遇到前所未有的挑战和困境。①

1. 对传统传媒规制的市场基础构成挑战

传统的电信、广播电视和出版业各有特定的技术基础、传输平台和专门的接收终端,三大产业之间边界清晰。在这种产业格局下,传统传媒规制存在的市场基础是:市场是自然垄断的或者市场正趋于垄断。传统规制首先是为了控制自然垄断,防止人为垄断以及治理频谱稀缺所导致的市场问题。与产业分立格局相对应,对电信与传媒产业的传统规制是一种分业规制。媒介融合强化了传媒市场竞争,传统传媒规制的市场基础正在消失。② 媒介融合时代,在每一个横向市场,传统的四大产业之间开始存在明显的竞争,并且日益激烈。在内容市场,不同形式的内容之间转化成本越来越低,传统传媒企业的经营定位不再局限于报纸或电视,而是转化为"信息"经营,由此它们既在报业市场与其他报纸进行竞争,又在电视内容市场、网络内容市场与其他相关经营者展开竞争。在传输市场,"三网融合"之后,广播电视网能传输语音、数据,可以打电话,提供宽带服务,电信网能传输视频、数据信息,提供电视、宽带服务,这意味着中国电信、中国移动等通信企业与各地的有线电视网企业开始展开竞争。在终端市场,3C融合之后,通信、家电、计算机终端生产厂商之间通过在单一终端上嵌入其他功能,或者直接相互进入而展开激烈竞争。但是,在媒介融合进程中,一些因素也增强了市场中的垄断趋势,但媒介融合中的垄断趋势主要是指垄断地位而非垄断行为,必须与传统市场中的垄断区分开来。③

2. 对传统传媒所有权法则的挑战

传统传媒的所有权法则面临两个方面的挑战,一方面,在传统规制的所有权法则中,集中度的测度是针对特定产业或者是特定市场的,这些市场具有清晰的边界,但媒介融合使传统媒介的边界日益模糊,市场本身变得飘忽不定,传统传

---

① 吴婕:《媒介融合时代的传媒规制研究》,湖南师范大学硕士学位论文,2011年,第52页。
② 肖赞军:《西方国家传媒规制政策的变迁及启示》,《当代传播》2009年第6期。
③ 吴婕:《媒介融合时代的传媒规制研究》,湖南师范大学硕士学位论文,2011年,第26~27页。

媒规制判定市场集中度的纵向市场不复存在，市场集中度无从统计。即使再继续统计子传媒产业的市场集中度，在融合的背景下统计数据的指示意义也大为下降。另一方面，倘若一种子传媒产业面临产业外的竞争，传统传媒规制判定市场是否存在垄断的集中度标准就不再合理。因为在某种意义上融合拓展了子传媒市场的边界，各子传媒的市场不断扩大，集中度的原有上限不再是一种必要。①

3. 传统传媒规制引致的规制摩擦、规制缺位

媒介融合在改变媒介系统运作方式的同时，打破了既有媒介制度下的均衡关系。随着新媒介、新业务的出现，形成于大众媒介时代的利益集团构成和利益分配结构同时面临挑战，放松规制带来的公共广播电视体制危机、商业化带来的公共领域的缺失、社会化新媒体带来的个人隐私权的损害等问题日渐突出。制度短缺、管理交叉等问题接踵而至，制度性矛盾成为不同国家媒介融合过程中遭遇的共同问题，改革已经成为当前各国媒介制度的共同话题。制度改革的形式和路径有很多种，无论是政府主导下的媒介制度改革，还是市场主导下的媒介制度变迁，其核心目标都在于通过制度框架的调整，重新界定利益分配方式和博弈规则；无论是渐进式的改革，还是休克式的改革，媒介制度改革的过程都是寻求重新实现均衡的过程，不同类型的利益主体将通过不同的方式和途径对这一过程和结果产生影响。②

（二）媒介融合对传媒规制发展的契机

1. 规制主体和对象更加多元

随着广播电视、电信和互联网等行业之间的界限日渐消失，信息传播主体更加多元，政府不再是唯一的规制主体，除了政府，本国企业或其他从业者，还有国际组织、跨国企业、非政府组织和个人，都是参与传媒规制的主体。传媒规制的对象和范围也更为复杂多样，其对象不仅有国内的还有国际的，不仅有专业媒体还有草根媒体，其范围拓展到整个信息传播、文化娱乐乃至消费领域。特别是对武装了现代传播设备的个体和民间组织，其传播行为可以跨越国界和行业界限，有时候国家或行业规制者很难规约它们的行为，美国棱镜门就是一个鲜活的例证。③

2. 监管机构从分业规制走向整合规制

媒介融合时代，传媒跨行业经营是世界性发展趋势，传媒从过去的分业经营向混业经营转变，大大改变了传媒业的面貌。传统的分业监管体制已不适应市场要求，建立对混业经营有效监管、统一的综合监管模式是必然选择。目前世界大

---

① 肖赞军：《西方国家传媒规制政策的变迁及启示》，《当代传播》2009年第6期。
② 王润珏：《媒介融合的制度安排与政策选择》，社会科学文献出版社2014年版，第3~4页。
③ 李继东：《复合规制：媒介融合时代的规制模式探微》，《国际新闻界》2013年第7期。

多数国家都已经建立独立的规制机构。根据国际电信联盟（Internation Telecommunication Union，ITU）的数据，在1990年，世界范围内仅有12家独立的规制机构，但到2009年底，独立规制机构数量已经达到153家。① 与此同时，许多国家对原有分业规制下的规制机构进行改革，重新配置规制权力，将广电业与电信业纳入统一的融合规制机构或部门进行监管。例如，英国是较早建立起统一的融合规制机构的国家之一，根据《2000年通信法案》，英国对现有通信和广播管理管制机构进行重组，将原来的独立电视委员会、广播电视标准委员会、无线通信管理局、广播管理局以及电信办公室进行合并，组建独立的通信办公室（Ofcom）。澳大利亚政府于2005年将原广播电视局（ABA）更名为澳大利亚通信媒体管理局（ACMA），负责对广电业与通信业进行统一管理。ACMA既负责广播、电视与互联网的内容管制，同时还负责监督跨媒体法规与国外资本媒介所有权规制法规的具体实施。②

3. 规制方式从政府管理走向协同治理

媒介融合时代传媒规制变迁推动力更加多元化，传媒规制正在从基于全能型政府的行业管理模式向政府主导，市场、社会等不同利益主体参与的协同治理模式转型。从新中国成立后的经济发展史来看，我国并没有形成像苏联那样的高度集中的中央计划经济体系，但行政分权的政策却得以发展，形成中国式的财政联邦模式，③ 从而使得地方利益集团得以不断地壮大，产生了我国经济改革的多种推动力量。随着经济全球化与我国改革开放的不断深化，特别是从2001年我国加入WTO之后，跨国公司等国外利益集团不断涌入我国市场，推动我国经济改革的利益集团更加趋于多元化。利益集团之间的博弈往往推动政府规制的变化，表现在：以跨国公司为代表国外利益集团凭借其资本与技术优势，加之有效的公关能力，会在一定程度上建构我国现行和未来的媒介政策；国有媒介，特别是主流媒介，地方政治利益集团会从维持现有的既得利益和再发展的角度影响媒介规制变迁；新兴的经济集团和知识利益集团会时刻寻找政策机会，以谋求自身的利益最大化。同时，多种利益集团之间的博弈也会使政策实施复杂化，一方面，利益集团会从自身的角度出发，阻挠实施，修正政策，在一定程度上会加大实施成本；另一方面，在法制不健全的中国，某些政治权力常常凌驾于政策乃至制度之上，利益集团会将精力用在疏通与这种政治权力的关系上，以免除规制对自己的

---

① ITU，"*Trends in Telecommunication Reform* 2009"，http://www.itu.int/ITU-D/treg/publications/trends09./D-REG-TTR.I1-2009-SUM-PDF-C.pdf，2010－0}－07/2011－02－10.

② 国家广电总局发展研究中心课题组：《发达国家广播影视管理体制和管理手段研究》，中国传媒大学出版社2007年版，第291页。

③ Sachs Jeffrey，Wmg Thye Woo，Xiaokai Yang，"Economic Reforms and Constitutional Transition"，*Perspectives*，2002，1（5）.

约束。[①]

4. 规制重心从结构规制向行为规制转移

从西方发达国家的反垄断历程来看，规制重心呈现出从规制市场结构向规制垄断行为转变的态势。为了维护文化的多样性，保障市场的多种声音，当对非传媒业的规制重心已经发生转移时，世界各国一直保留着相当严格的所有权规则。但在媒介融合进程中，一方面，由于传统传媒的所有权法则在产业融合进程中面临空前的挑战，另一方面，由于各国为了实现数字技术的规模经济与范围经济，应对传媒产业的全球化竞争，近年来对传媒业的规制重心也逐步从规制结构向规制行为转变。英美等国不同程度上都放松了单一媒体所有权和跨媒体所有权规制。但放松所有权规制有损媒体的多样化、多元化，公共利益遭受威胁。从各国的实践来看，在放松规制的历程中，公共利益的传统从未发生动摇，尽管其内涵不断发生变化，人们对其实现方式也不断重新审视。为了使公共利益不受影响，世界各国在放松所有权规制的同时，均充实和调整了相应的行为规制，具体体现在：强调商业媒体的普遍服务义务；加强内容规制；检查所有权并购是否符合新规则和公共利益；等等。[②]

二、传媒规制存在的困境与问题

我国传媒规制的实施及其效果存在许多矛盾与问题，因此，我国在媒介融合时代的规制建设实际上面临两个不同层次的问题，第一个层面的困境源于我国传媒产业规制体系建设的不完善，第二个层面的困境来自多头分业共管。[③]

（一）政府与市场之间的界限不清晰

1. 政府与传媒业之间的界限不清晰

我国传媒业最突出的问题就是政府与市场的边界不清晰，"政商不分""权力市场化"，导致公平与效率双缺失，就是"陈旧的权力机制与市场机制并存"[④]。在西方市场经济国家，传媒业是产业，传媒是企业，传媒组织作为企业，以营利为主要目的，这已是普遍共识，在我国则经历了一个转型的过程。目前，我国的传媒组织可分为三大类：一类是事业单位，一类是事业单位，企业化管理，一类是企业。这三类组织肩负的使命不同，经营管理方式也不同。国有传媒虽然从形式上都实行了企业化管理，也都具有企业法人的身份，却不是独立的市

---

① 胡正荣、李继东：《我国媒介规制变迁的制度困境及其意识形态根据》，《新闻大学》2005年春季号。

② 肖赞军：《媒介融合时代传媒规制的国际趋势及其启示》，《新闻与传播研究》2009年第5期。

③ 参见刘颖悟：《三网融合与政府规制》，中国经济出版社2005年版，第121～123页。

④ 王擎：《有形和无形：民营传媒生态研究》，中国传媒大学出版社2012年版，第116页。

场主体。原因在于，国有传媒缺乏在市场上独立经营、独立承担责任的能力，在编制上又属于全民所有制的事业单位，而且有行政级别，媒介集团还具有政府行政部门的管理职能，直属一级政府。传媒混乱的身份及其产权的特殊性使得国有媒体既是媒介的管理者，又在一定程度上替代政府承担媒介所有者的角色，既是裁判员，又是运动员，这批传媒走向市场，带着天然的"竞争强势"，在政策的强力扶持下，很容易在市场中成为寡头企业。虽然这些媒体不是独立的市场主体，但它们又是法人单位，以营利为目的，在媒体市场中采取种种行为获取利润，这种混乱的身份是给媒介市场带来不公平竞争的一个重要原因。与"双轨过渡是中国经济改革的典型形式"逻辑相同。我国的传媒市场采用的也是一种双轨制的运作模式。双轨制的运作使得不同的传媒主体在市场经济中应该享有的机会平等和公平竞争难以落实，即市场竞争不规范。[1]

2. 行政性市场垄断和行业保护问题

根据垄断的形成原因，可以将垄断分为国家垄断、自然垄断、行政垄断和市场垄断。在西方经济学理论中，"行政性市场垄断"概念并不存在，它是国有体制下公用事业产业化、市场化发展过程中普遍存在的独特现象。行政性市场垄断与一般意义上政府规制下的垄断有着本质的区别，它是指在向市场经济转轨的过程中，行政垄断又结合了市场垄断的部分因素，形成独特的"行政性市场垄断"，它是我国传媒产业与西方传媒产业相区别的主要特色所在，也是我国传媒产业政府外部治理结构改革所面临的核心命题。政府治理中的行政性市场垄断行为所带来的危害是巨大的，它不仅有损于整体的社会公共利益，而且还不断滋生行政腐败和利益集团的寻租行为，从而有损于政府的公信力。更进一步的研究表明，行政性市场垄断的保护使得传媒产业在改革中不思进取，从而导致产生整个传媒产业规模小、效益差、产业集中度低等市场结构特征，并引发区域垄断市场中的传媒过度竞争行为。我国传媒在发行、广告、收视率之间的恶性竞争愈演愈烈，成为政府规制部门难以整治的顽疾。[2]

行业保护问题突出。以国家新闻出版广播电视总局（以下简称"新闻出版广电总局"）查禁"盒子"为例，所谓"盒子"，是指区别于有线电视机顶盒的网络机顶盒，这是一种内容提供方式，可以将互联网上海量的视频内容导入电视机播放。新闻出版广电总局高度警惕网络视频对电视机的渗透。2011年，新闻出版广电总局办公厅发布的181号文件规定，互联网电视集成平台只能连接经过新闻出版广电总局批准的内容服务机构设立的合法内容服务平台，不能与公共互

---

[1] 参见王擎：《有形和无形：民营传媒生态研究》，中国传媒大学出版社2012年版，第116～118页。

[2] 刘劲松、李明伟、黄玉波、王琛：《党报集团向现代传媒集团转型模式与战略》，中国传媒大学出版社2013年版，第82～83页。

联网上的网站相互连接,也不能将互联网上的内容直接提供给用户。同时,要求集成机构和内容机构各自承担把关责任(即"自播自审")。

3. 公权滥用、媒介寻租和政商共谋

依靠行政权力来强制推行并使权力进入市场,而行政权力的进入、政府干预的过度、产权改革的滞后恰恰导致了公权滥用、媒介寻租和政商共谋。首先是公权滥用。就传媒业而言,公权滥用主要表现为:①媒介归国家所有,代表着党、政府和国家的意志,媒介具有一种特殊的行政权力,这种权力又往往凌驾于任何个人特别是普通老百姓之上。②媒介监督是公众舆论监督的一种重要形式,其监督的对象是政府等权力机构,其目的是为公众服务。而在我国,媒介监督权成为党和政府执法权力的一种补充,媒介不时地会干预司法活动。③媒介是一种公共品,以维护公共利益为根本。但随着我国媒介市场化和资本化的不断推进,媒介组织或个人往往会利用这种公权谋取自己的经济利益。① 其次是权力寻租。我国媒介规制缺乏规范性和连续性,在正式制度供应不足的情况下,为各种"潜规则"提供了盛行的土壤。② 按照"管制俘获理论",政府规制是为满足产业对规制的需要而产生的,即立法者被产业所俘房;而规制机构最终会被产业所控制,即执法者被产业所俘房,从而导致管理者本身变成了管制的既得利益者,于是他们就会寻找到各种各样的借口,通过建立更多的规则,追求权力的最大化和职位的最多化,利用政府赋予的合法权力来创造出更多的管制,导致规制无效率。③最后是政商共谋。政商合谋最大的隐患是对公共利益的伤害与侵蚀。④

(二) 传媒法治建设不足,正式规制尚不完善

在从完全行政化的管理模式向现代传媒产业规制转变过程中,受现实条件影响,我国规制制度建设远远落后于产业发展,造成正式规制制度的不完善。受计划经济时代传媒管理模式的影响,在纵向上,通过部门行政管理来实现管制权,但在横向上,媒体的监管权力被纳入对应的行政权力体系之中。在这种监管体系下,专门的传媒产业法律法规仍处于不断建设中,行业主管部门和政府下发的行政性文件成为传媒规制的正式依据。许多条例、规定或通知等文件都是针对阶段性问题临时出台的,不仅在制定上缺乏系统性和连贯性,而且具有明显的行业、部门保护特色,从长远看缺乏灵活性和前瞻性。随着我国传媒市场的完善,在易

---

① 胡正荣、李继东:《我国媒介规制变迁的制度困境及其意识形态根据》,《新闻大学》2005年春季号。
② 戴元初:《中国传媒产业规制的解构与重构》,《新闻与传播》2006年第5期。
③ 喻国明、苏林森:《中国媒介规制的发展、问题与未来方向》,《现代传播》2010年第1期。
④ 胡正荣、李继东:《我国媒介规制变迁的制度困境及其意识形态根据》,《新闻大学》2005年春季号。

变和复杂的市场环境中，建立在单一、零散的行政性文件基础上的传媒规制越发显得力不从心。由于无法在正式制度中实现有效规制，潜规则便成为行业主导规则大行其道。不透明规则的盛行增加了制度的模糊性，也使得规制在具体实施时产生了可人为操作的弹性空间。这种弹性空间越大，规制过程则越容易受到部门和个人权力的影响，从而导致规制目标的扭曲和规制实施的低效率。[①] 由于我国传媒业的特殊属性和特殊定位，传媒业政策反复的现象时有发生。例如，2003年，原国家广电总局发布《关于促进广播影视产业发展的意见》，提出以资产和业务为纽带，推进广播电视经营性资源的区域整合和跨地区经营，对经营性资源进行多种媒体的多重开发和利用。2011年初新闻出版广电总局再次明确，电台电视台作为党的重要新闻媒体和宣传思想文化阵地，必须坚持事业体制，坚持喉舌和公益性质，坚持以宣传为中心。改革中，不允许搞跨地域整合，不允许搞整体上市，不允许按频道频率分类搞宣传经营两分开，不允许搞频道频率公司化、企业化经营。

（三）政治性规制为主，经济和社会性规制为辅

我国现有传统媒体管理制度参照了苏联的传媒管理模式，其核心目的是满足党和国家政治功能的需要，并确保宣传思想文化的安全性，审批制度、主管主办制度、行业管理制、属地管理制构成了我国传统媒体管理的四大制度。[②] 随着社会主义市场经济体制的逐步确立，传媒行业行政管理部门不断加强对媒体的直接把关和领导，以确保实现传媒的政治功能。由于我国传媒产业强烈的政治性规制特色，其规定了经济和社会性规制的内容、方式和程度，以市场准入和投资规制为主，而价格规制和产权规制为辅，因为政府规制的主要目的在于在促进传媒产业发展的同时，保证党和政府对传媒产业的主导权和控制权。因此，政府借助相关政策、法律法规保护国有传媒的市场垄断地位。[③] 我国媒介既是事业单位又按企业经营的双重角色规定，造成了实践中原本的社会正义和公益在逐渐被抽离，而市场化中的恶行却未能得到有效的制止，媒介规制面临着与其构建的初衷大相径庭的悖论式尴尬。[④]

（四）多头分业监管带来的规制失灵问题

我国的传媒业与电信业相互独立发展，两大产业实行分离的行业监管体系，

[①] 吴婕：《媒介融合时代的传媒规制研究》，湖南师范大学硕士学位论文，2011年，第34～35页。

[②] 朱鸿军、农涛：《媒体融合的关键：传媒制度的现代化》，《现代传播》2015年第7期。

[③] 刘劲松、李明伟、黄玉波、王琛：《党报集团向现代传媒集团转型模式与战略》，中国传媒大学出版社2013年版，第82页。

[④] 喻国明、苏林森：《中国媒介规制的发展、问题与未来方向》，《现代传播》2010年第1期。

在规制目标、规制机构、规制基础、规制重点上都不相同。我国的电信业主要由工业和信息产业部及地方机构颁布相关法规进行行业管理,由国务院进行市场进入管控。电信业将规制重点放在价格及费率的控制上,通过价格及费率的调整来最大化产业利益和公众公共利益。传媒业的规制更为复杂,由于产业内子行业间的相互独立,传媒业本身就存在多头管理的困局:中宣部负责内容与舆论规制;新闻出版署负责报刊及音像图书等出版行业管理;广电总局负责广播电视和电影的管理;而对互联网的管理权限则分布在工业和信息产业部、国务院新闻办、国家工商行政管理总局等诸多机构当中。这种监管模式又不完全是典型的分业规制,很多时候存在一个媒体行业拥有多个管理机构、多个规制机构管理一个媒体行业的现象。多重规制者与多重规制体系的并存,使得我国传媒业规制权力被人为割裂开来,规制效率大打折扣。规制实行过程中产生的规制摩擦,不仅增加了规制成本,同时也使得规制的整体效果出现 1+1＜2 的低效率局面。随着媒介融合的发展,产业链环节上与业务领域里的交集增多,多重规制体系之间产生了规制摩擦问题。[①]

（五）行业自律建设不健全，企业社会责任缺失

在开放的现代社会,最新的特征就是社会的多元化。这种高度复杂性和不确定性的社会,让作为管理者的政府遇到的"最为典型的事实和最令人困惑的感受是控制的失灵"[②]。在缺乏行业自律和企业社会责任的情况下,媒介乱象丛生。传媒业为了争夺收视率、销售量,扩大广告收入,有偿新闻、假新闻、信息失实、违法广告、炒作、侵权等现象屡禁不止,对传媒从业人员的资格缺乏规范、行为缺乏约束。如,2011 年 7 月,石家庄广播电视台影视频道情感故事类栏目《情感密码》就雇人表演了一个"不孝"儿子对父亲出言不逊、百般欺辱的"我给儿子当孙子"的故事。从 2018 年发生的"今日头条"发布医疗广告和虚假广告被勒令整改可以看出,"今日头条"十分清楚发布这些广告属于违法行为,但在巨大的广告收益面前,"今日头条"最终无视社会责任和其过去的承诺,选择踏出红线,并试图以技术方式对风险进行规避,说明其社会价值和企业社会责任双缺失。[③] 国家网信办多次针对"今日头条""凤凰新闻"等企业持续传播色情低俗信息、违规提供互联网新闻信息服务等问题责令整改,但成效甚微。目前,开放性、交互性、网络化、海量信息等信息传播特征使得传统的行政监管方式在媒介融合时代显得更加被动和低效。侵犯版权和隐私、提供虚假信息、实施网络暴力等已经成为媒介融合所带来的最突出的问题之一,由此导致的无序与混乱成

---

① 参见吴婕:《媒介融合时代的传媒规制研究》,湖南师范大学硕士学位论文,2011 年,第 35～36、47 页。
② 张康之:《论主体多元化条件下的社会治理》,《中国人民大学学报》2014 年第 2 期。
③ 流深:《今日头条挨骂和卖药无关》,《香港商报》2018 年 4 月 2 日 A03 版。

为社会发展的不安因素，也对传媒业的健康发展形成制约。① 在媒介融合和新的社会格局下，"控制失灵"的困境正在倒逼政府管理者角色的改变。政府以垄断者面目独自肩负社会治理职责的时代正渐行渐远，非政府组织、企事业单位、社区以及个人等各种各样的社会自治力量正在迅速成长起来。政府为网络治理应汲取公共管理学中的社会治理思想，从过去的"媒介管理"转向"社会治理"。②

第三节 新时代传媒规制创新的路径选择

马克思主义认为，生产力决定生产关系，但生产关系对生产力具有反作用。当生产关系适应生产力发展状况时，生产关系对生产力发展具有促进作用；反之，生产关系对生产力具有阻碍作用。作为生产力要素的传播科技与作为生产关系要素的传媒制度之间的关系也是如此。当传媒制度适应传播技术和媒体发展的需要时，将促进传媒业的发展；当传媒制度不能满足或者超越传播技术和媒体发展的需要时，都将不利于传媒业的发展与进步。因此，必须通过制度创新来推动传媒融合转型发展。传媒规制创新要求强制性变迁与诱致性变迁相结合，一方面加强强制性变迁，政府干预能够有效弥补诱致性制度变迁供给的不足；另一方面应加强政府与各种社会力量之间的民主协商，因为在放松规制思潮盛行、资本全球化和以公司经济为主体的国际背景和资源、利益重新分配的国内环境下，媒介制度变迁的诱因会日渐复杂而多变，强制性制度变迁将会逐渐被政治、经济、文化等多种利益集团所打破，成为多种利益集团多重博弈的诱致性变迁。③ 为了适应融合产业的发展，必须寻求制度上的突破，改革政府的规制方式，实行融合性规制，其具体要求包括建立面向融合的规制政策和规制机构，并按照事业属性和产业属性分类规制的原则，放松经济性规制，加强社会性规制，从纵向统合型规制转向横向竞争型规制，等等。④

---

① 王润珏：《媒介融合的制度安排与政策选择》，社会科学文献出版社 2014 年版，第 196～197 页。
② 伍健辉、孙科：《中国网络治理从"媒介管理"到"社会治理"的思维转换——从"今日头条 APP 下架"等事件说起》，《视听》2018 年第 8 期。
③ 胡正荣、李继东：《我国媒介规制变迁的制度困境及其意识形态根据》，《新闻大学》2005 年春季号。
④ 肖叶飞、刘祥平：《媒介融合与规制融合》，《现代传播》2015 年第 3 期。

一、明确党领导下的政府与传媒业的关系，重建公共服务体系

（一）合理界定政府角色和职能

进一步转变政府职能，从全能型政府转向服务型政府和法治政府，促进媒体与政府、市场、社会之间的均衡发展。近年来文化体制改革中"公益化"与"商业化"的争论，其实质就在于，市场经济条件下政府在传媒业发展中究竟应该扮演什么角色、发挥怎样的作用，才能取得政府、市场、社会与媒体发展之间的均衡？毋庸置疑，市场化改革以来最突出的弊端就是强化了商业性而弱化了公益性，这在传播领域同样存在，但市场化并非"万恶之源"，唯利是图、自私自利的贪欲自有人类以来就存在，计划经济时代，这些私欲受到"一大二公"的抑制而未泛滥成灾，而在从计划经济向市场经济转型的过程中，原有对私欲的控制机制失效，趋利的市场化改革又没有建立起新的约束机制，人的贪欲被释放出来，造成物欲横流、唯利是图、道德沦丧也就不足为怪了。人的本性中利己和利他两种倾向同时存在，是利己压倒利他，还是利他压倒利己，主要取决于社会制度的设计与创新。社会主义市场经济体制的要义在于，社会主义与市场经济二者既相互制衡又相辅相成，不可偏废。我们并不反对加强政府对市场和社会的监管，但这种监管应建立在社会主义市场经济的基础上，实现政府、市场与社会力量的"共治"和均衡发展，而不是回到全能型政府，将行政权力置于社会和市场之上。从学理上说，市场不是万能的，政府也不是万能的，市场失灵与政府规制失灵同样存在。以政府规制为例，政府规制追求公共利益目标，也有可能被特定利益集团"俘获"，其政策服务于特定利益集团。但政府与市场之间的关系并不是市场失灵了就加强政府规制，政府规制失灵了又放开市场发展，以至于陷入"水多了加面，面多了再加水"的悖论与困境。

渐进式改革最大的挑战是随着改革进入深水区可能出现"歧路徘徊"，错失转型良机，因此，当务之急是继续全面深化改革，政府与市场、社会需要协同进化。市场和社会需要治理，但政府职能同样需要调整和转变，以适应和满足社会主义市场经济发展的需求。党的十九大报告强调建设服务型政府，需要从全能型政府向服务型政府和法治政府转变，加强公益性服务，放宽经济性规制，提供社会博弈的基本规则。具体到传媒监管，应以公益性为导向，加强社会性监管，放松经济性规制，加强行为规制，放松结构性规制，以实现媒体与政府、市场、社会之间均衡发展、权责利对等，"公平"与"效率"兼顾的目标。有学者提出，互联网时代，政府角色应从从传播机构的管理者转变为社会传播生态的共建者。政府首先应为系统建立一套最基本的游戏规则，这套规则应该是底线性的、建设性的、保障性的，保障整个系统的稳定平衡运行；同时，参与协调搭建安全的、开放的公共平台，鼓励多种主体共同参与、贡献力量，平衡各方观点和利益，政

府不再是站在所有人之上的管制者,而是成为协调者、仲裁者,为系统内的多元主体处理纠纷、解决困难、提供公共服务,尤其是政策服务;最后,政府应相信公民的力量,通过不断的教育、培养、赋权,引导公民增强理性运用互联网的能力。①

(二)坚持党管媒体等"四个不变",构建差序化传媒体系

我国传播体制转型的重要特点是"党领导下的传媒市场化",传媒体制改革的基本前提是坚持党的领导,不管媒体怎么改革,党管媒体不变,媒体服务党和政府工作大局、服务人民和社会主义的方向不能变。在坚持这一基本原则的前提下,传播体制改革在文化体制改革的框架下沿着产业化事业化"两分开"的道路不断推进。党管媒体,不能说只管党直接掌握的媒体,而是把各级各类媒体都置于党的领导之下。对那些影响越来越大的网络平台和新媒体,也必须坚持党管媒体的原则。要把党管媒体原则贯彻到新媒体领域,所有从事新闻信息服务、具有媒体属性和舆论动员功能的传统媒体和新媒体都要纳入管理范围,所有新闻信息服务和相关业务从业人员都要实行准入管理。各级各类媒体及其从业人员应自觉增强"四个意识"、坚定"四个自信"、做到"两个维护",始终在思想上政治上行动上同以习近平同志为核心的党中央保持高度一致。

构建差序化传媒体系。所谓传媒体系的差序化,是指不同属性的传媒在现代传播系统中的功能与角色各有侧重,各司其职,协同发挥作用。英国学者詹姆斯·卡伦认为理想的媒介系统应该在实现自身效率的同时兼顾社会公平,并提出了"民主化的媒介系统"的构想。该系统以公共广播电视为核心,辅之以私有媒介区域、市民媒介区域(党派、社会运动组织、利益团体与亚文化团体为自己发声)、社会市场区域(国家支持的少数媒介或替代性媒介)、专业媒介区域(由新闻专业人士实施专业控制,以寻求真相为目标)。这个系统结构尤其关注对弱势群体、异见群体和少数派意见表达空间的保障。② 从新公共管理角度看,较为理想的媒介结构应是三种不同媒介类型并存的生态:国家媒介、公共媒介、商业媒介,不同类型的媒介承担不同的任务,实现不同的功能,从而满足不同利益主体的需求。国家媒介是由政府强力控制,宣传国家统治的意识形态工具,应通过相应的制度避免其陷入商业化和市场化的发展方向。商业媒介则侧重以商业营利为目标,以市场需求和受众喜好为根本导向。完全竞争的市场有利于促进产品的创新、服务质量的提高和生产效率的改进。公共媒介是非官方、非营利的媒介机构,其主要目标和任务是向社会公众提供公共信息服务,并作为公众共同参

---

① 喻国明、焦建、张鑫:《"平台型媒体"的缘起、理论与操作关键》,《中国人民大学学报》2015年第6期。

② [英]詹姆斯·卡伦:《媒体与权力》,史安斌、董关鹏译,清华大学出版社2006年版,第283页。

与的信息平台,表达公民意见,实现政府和社会监督,以期为社会公民中的大多数服务。其运作机制和保障主要来源于作为纳税人的社会公众,以及社会建构的社会公共服务体制。相应的媒介制度需要保护公共性媒介免受政治力量和经济力量的影响,使其始终以公众利益为核心,但同时也需要有相应的激励和约束机制,使公共性媒介保持创新的动力和压力。①

(三) 重建媒体公共服务体系

我国正处于激烈的社会转型期,过去存在的私人品的匮乏已逐渐转变为公共品的匮乏②。在我国,改革开放以来,在经济高速发展的同时,社会公共服务的发展相对缓慢,公共服务不足是中国经济社会转型期面临的突出问题,一些本属公益性的公共服务领域还被作为纯私人消费品领域来对待,被盲目市场化、过度商业化。文化领域的公共服务集中体现在群众基本文化权利的保障上。在计划经济年代,文化采取国家办、国家养的方式,一度有过辉煌。但在20世纪90年代以后的市场化转型过程中,由于财政投入跟不上以及旧有机制的制约,公益性文化事业在实质上被边缘化,既有的一点投入连养人的开支都不够,文化的公共服务功能严重缺失。传媒业也出现了同样的问题,公益性传播有所弱化,商业化、营利性传播成为实际上的支柱性业务。③ 曹晋、赵月枝在其主编的《传播政治经济学英文读本》一书的序言中阐述了对中国传媒体制改革的思考,她们认为,中国不应把建立有效率的商业媒体市场当作社会主义媒体改革的最佳结果,传媒政策必须限制媒体的垄断性经营与垄断性利润,对传媒市场体系进行必要的公共干预,从而纠正完全依赖市场所造成的失衡。有学者提出,各级政府应该增加公共资源的投入,实行媒体的多样化经营,如保留公营的电视台,相关出版政策定期给予高水准的本土学术图书出版资助、严格编校质量审查等,从而造就全面辐射并服务各阶层的多元化传媒景观。我国广播电视、新闻出版等长期坚持的"为人民服务"、服务社会公众的社会主义价值,在新时期的改革中似乎不应该轻易抛弃,而应该通过公共服务的途径和机构继续保持和发扬。④

二、规制目标保持多重利益的平衡

一般而言,传媒规制的目标是促进产业发展的同时保障政治文化安全。在西

---

① 参见蒋晓丽主编《媒介文化与媒介影响研究》(下),四川大学出版社2009年版,第211~212页;王润珏《媒介融合的制度安排与政策选择》,社会科学文献出版社2014年版,第178~179页。
② 参见张姗:《公共新闻:角色定位与话语权》,《青年记者》2006年第4期。
③ 参见邢建毅:《中国广电业整体转型:理论、路径与方法》,中国广播电视出版社2011年版,第123、135~136页。
④ 冯建三:《传媒公共性与市场》,华东师范大学出版社2015年版,第122页。

方，传媒规制的目的是优化资源配置，追求公共利益，其在政治上体现为民主政治，在经济上则表现为自由竞争机制或保障经济效率。我国传媒规制的目标有三：政治利益、公共利益和经济利益。融合规制不仅要考虑经济价值，更要重视社会文化价值，促使政治、经济和社会文化三重福利的实现。还有一个很重要的理念，就是保护和提升公民的发言权和接近受众权，这是不同于专业组织传播时代最为突出的理念，也是言论自由的新内涵。① 融合时代传媒规制的主体和对象更加多元，不同利益群体对媒介融合制度的诉求目标并不相同，对政府而言，媒介融合提供了许多社会管理和政治传播的新途径，扩大了媒介制度的约束范围，相应的制度需求也不断增加；对公众而言，媒介融合使媒介系统更深地嵌入人们衣食住行和社会生活的各个方面，人们对公共性媒介服务的需求也变得更加强烈；对企业而言，媒介融合带来了强烈的市场信号，孕育着巨大且仍不断增长的商业价值。② 因此，监管目标需要保持多重利益的平衡，既促进产业发展和市场竞争，又不损害社会利益和公众利益。

传媒规制实质上是包括政府在内的各种力量相互博弈的结果。美英等国在20世纪90年代率先进行了以"放松管制"为特征的制度设计和改革，有效地释放了传媒及信息行业的市场活力，成为许多国家参照和效仿的典型。然而，解除管制后，资本力量与政治力量迅速结合，媒介资源、信息资源的集中度，意识形态话语的单一性问题不减反增，不同阶层、利益群体所期待的公平性、多样性的媒介信息服务并未实现。全球范围内，发达国家借助超大型传媒集团、信息与通信技术公司的力量，利用宽松的政策环境，在全球媒介和信息资源生产、分配的新体系中占据主导位置，持续加强对他国政治、经济和文化发展的干预度。21世纪以来，对"放松管制"政策的反思和检讨不断增加，尤其是在经历"9.11""次贷危机""棱镜门"等涉及多个国家政治、经济、信息安全的重大事件后，"重回监管"的趋势也开始显现。③ 解除管制实际上是"重新"管制，它使资产与控制从公共领域转入私人手中，同时伴随民主责任与社会责任的消失。④ 约翰内斯·巴多尔认为简单地以市场替代政府的管制是幼稚的，现在所需要讨论的是

---

① 李继东：《复合规制：媒介融合时代的规制模式探微》，《国际新闻界》2013年第7期。
② 王润珏：《媒介融合的制度安排与政策选择》，社会科学文献出版社2014年版，第176～177页。
③ 胡正荣：《序》，载王润珏：《媒介融合的制度安排与政策选择》，社会科学文献出版社2014年版，第1页。
④ ［美］费斯克等编撰：《关键概念：传播与文化研究辞典》（第二版），李彬译，新华出版社2003年版，第73页。

如何更好地"再管制",而不是"去管制"。① 从放松管制到再监管(完善监管),反映了公共利益与商业利益主要是私人利益的博弈与再平衡。

三、从分业规制转向整合规制,构建融合规制主体

(一)从分业规制转向整合规制

媒介融合时代传媒规制框架变革的发展趋势是从纵向分业规制向横向分层规制转变。面对产业融合,伦敦城市大学传播政策研究项目主任彼得·埃斯菲迪斯2002年提出了"规制融合"的概念,即通过展开一系列媒介技术、市场和产业融合的媒介规制变革,建立一个能够适应所有融合领域的共通的规制框架,传媒规制应以纵向产业划分为核心的管制体系向以横向功能划分的竞争体系过渡,采用一种水平层级式的融合监管架构,在最高层设置一个统一的融合管理机构,下设内容服务、技术管理和基础设施三大职能部门,对媒介的内容服务与基础设施进行分离管制政策。② 在媒介融合进程中,传统传媒纵向的产业结构日益向横向的产业结构演变,与此相适应,世界各国传统传媒的纵向分业规制框架正向横向分层的规制框架转化。许多国家已经将内容与网络或者是网络与服务分离,这以欧盟在2002年搭建的"电子通信"框架最为典型,它将内容与网络分离规制,一方面,在网络环节建立了融合的规制框架,另一方面,各国的内容规制又保障了文化的多样性。欧盟模式对我国具有重要的借鉴意义。我国也可以探索将内容与网络分离规制的模式,在网络环节建立融合的规制框架,对内容的规制则重在维护意识形态的安全。③

(二)构建融合型规制主体

要解决"多头管理"的规制失灵等问题,必须建立独立融合性机构。欧美多个国家先后对相关的电信法、通信法进行修改,确立或建立了基于融合思想的统一监管机构,如美国的FCC、加拿大的CRTC(广播电视电信委员会)和英国的Ofcom等。在技术革新推动下,我国传媒业市场范围与业务领域不断扩大,单一规制机构针对原市场和业务范围内的规制无法满足产业发展的需要。建立独立的融合规制机构,既是我国媒介融合持续健康发展的实际需要,同时也是媒介融

---

① 转引自王润珏:《媒介融合的制度安排与政策选择》,社会科学文献出版社2014年版,第12页。
② P. Losifidis, "Digital Convergence: Challenges for European Regulation", *The Public*, 2002 (2).
③ 肖赞军:《媒介融合时代传媒规制的国际趋势及其启示》,《新闻与传播研究》2009年第5期。

合的重要组成部分。① 我国这方面的改革已有突破性进展。2018 年"两会"以后,党和国家机构进行了"系统性、整体性、重构性"的改革调整,其中对与传媒相关的宣传系统进行了大规模的调整,其趋势是加强党的管理,主要体现在两个方面:①加强中宣部集权以利于意识形态管理。将新闻出版、电影等管理职能直接划归中宣部,这是继撤销中央外宣办、将国务院新闻办划归中宣部后,又一个对新闻舆论集中管控的举措。改革之后,中宣部继续负责过去对意识形态的宏观指导,而且走到了直接管理具体业务的一线,成为绝对的新闻监管中枢。②广播电视系统的一分为二,同时组建国家广播电视总局、中央广播电视总台。虽然在名义上二者是作为国务院直属行政机构和直属事业单位,但其实同样是由中宣部直接领导。以往的广电总局,既负责管理全国所有广播电视机构,又直接领导中央电视台、中央人民广播电台、中国国际广播电台,相当于是政企(政事)合一的体制。改革之后,广电领域实现了政企分开,这对我国传媒业的格局将产生深刻影响。三家广电机构合组中央广播电视总台,升格为正部级,这一方面象征了电视媒体在整个官方宣传系统中地位的上升,另一方面也宣示了我国加大力量参与国际传媒竞争、争夺话语权的意图。

(三)对新旧媒体"一体化"监管

一般而言,传媒规制对传统媒体是逐渐放松管制,对新媒体从缺乏监管到逐渐收紧的趋势,媒介融合时代,出现对新旧媒体实行"一体化"监管的趋势。美国学者菲利普·迈克尔·拿波里认为,社交媒体的基本义务是服务于公共利益,人们对社交媒体的理解和治理应向新闻媒体看齐,社交媒体平台"不愿受制于传统媒体的行业规则和伦理规则"是"肤浅的"。② 互联网一开始处于"无监管"状态,一个重要原因是把互联网看作中立的渠道,但随着新媒体对社会影响力的日益增强,新媒体霸权崛起。社交媒体在美国总统选举、英国脱欧等事件中的影响和作用之大,说明互联网并非权力的禁区,这与社交媒体垄断平台的崛起息息相关。随着传统媒体与新媒体的合作意愿逐渐在主流社交媒体的集聚,脸书等社交媒体实现了在自身所具备的优势渠道与传统媒体优质内容的充分融合,主流社交媒体的垄断趋势愈加明显。新媒体需要监管,目前传媒规制主要采用延伸传统的传媒规制的方式,对新媒体的监管方式还在探索之中。有学者主张将新媒

---

① 吴婕:《媒介融合时代的传媒规制研究》,湖南师范大学硕士学位论文,2011 年,第 47 页。
② 王悠然:《提升社交媒体治理水平》,《中国社会科学报》2019 年 11 月 20 日第 3 版。

体收归国有,①《经济学人》杂志则认为"大部分对科技巨头的抵制都有失偏颇,政策制定者面临的棘手任务是既要约束它们,又要避免过度约束而扼杀创新"②。在我国,为加强网络治理,2018 年 3 月成立的中央网络安全和信息化委员会,负责相关领域重大工作的顶层设计、总体布局、统筹协调、整体推进、督促落实。

四、放松经济性规制,加强社会性规制

(一)实行公益性事业与经营性产业分类运行

按照事业与产业分离监管原则,实行公益性事业与经营性产业分类运行,前者是事业单位,归政府管理,后者归于市场,成为市场主体。③ 2017 年 5 月发布的《国家"十三五"时期文化发展改革规划纲要》提出,深化公益性文化事业单位改革,强化社会服务功能。推动国有文化企业加快完善文化生产经营机制,提高市场开发和营销能力。引导非公有资本有序进入、规范经营,鼓励社会各方面参与文化创业。

(二)实施特殊管理股制度

所谓特殊管理股,是指通过特殊股权的设计,使其所有者能拥有关于企业管理的最大决策权和控制权。④ 传媒体制改革从初步市场化走向产权多元化,如何把握传媒的公共属性与商业属性成为贯穿改革过程的主要矛盾,实施特殊管理股制度是深化文化体制改革的重要举措,属于受控制的商品化,旨在服务于国家"构建导向正确、协同高效的全媒体传播体系"的目标,并开始从国有文化企业覆盖到非国有文化企业。2013 年 11 月,中共十八届三中全会通过《中共中央关于全面深化改革若干重大问题的决定》,首次明确提出"对按规定转制的重要国有传媒企业探索实行特殊管理股制度"。2017 年 5 月 2 日国家网信办发布了《互联网新闻信息服务管理规定》,明确提出对"符合条件的互联网新闻信息服务提供者实行特殊管理股制度",正式为特殊管理股制度的实施提供了法律依据。从目前国内国家特殊管理制度试点来看,主要有两种路径:一种是国有媒体入股互联网媒体,以掌握内容审核权。如人民网入股铁血科技。另一种是互联网媒体引

---

① Nick Srnicek, "We need to nationalise Google, Facebook and Amazon. Here's why, The Guardian", https://www.theguardian.com/commentisfree/2017/aug/30/nationalise-google-facebook-amazon-data-monopoly-platform-public-interest. ,转引自 [英] 尼克·斯尔尼切克《〈卫报〉:平台资本主义正形成新的垄断,应将谷歌、脸谱网和亚马逊国有化》,李玥译,http://www.wyzxwk.com/Article/guoji/2017/10/384567.html。

② 转引自《文汇报》2018 年 1 月 25 日第 12 版。

③ 肖叶飞:《传媒产业融合与政府规制改革》,《国际新闻界》2011 年第 12 期。

④ 周正兵:《传媒企业中的特殊管理股:理论、应用及其启示:以纽约时报公司为例》,《编辑之友》2016 年第 3 期。

入国有资本,以获得新闻牌照。如"一点资讯""今日头条"等。其重要特点是国有企业对互联网信息服务平台进行信用背书,主要控制权体现在对内容的审核和监管上。① 特殊管理股制度作为西方国家规制体系中的成熟经验在我国传媒业的应用,具有加强社会性规制、放松经济性规制的功能,不仅有利于把控传媒业的内容方向和编辑方针,而且有利于激活传媒企业的市场竞争力,促进文化大发展,也是媒介融合需要规制融合的传媒业发展的大势所趋。从其实施的价值层面来看,特殊管理股制度当下需要完善相关的法律法规体系以及配套制度的建设,并防止特殊股权被过度使用。②

(三) 放松市场准入与结构规制,促进产业发展

20世纪90年代以来,伴随着可竞争市场理论逐渐被认可,各国纷纷开始对传媒业及电信业进行松绑,开放传媒业与电信业之间的市场交叉准入,并在所有权限制、许可证发放等经济规制领域实行普遍放松,减少规制机构对市场的干预,以促进竞争。③ 在媒介融合的背景下,传媒业的放松经济性规制,一方面,要"放松新闻出版、广播电视、电信产业与新媒体之间的进入壁垒等,特别是针对可经营性资产,通过并购重组建立跨媒体、跨行业、跨地区的融合传媒集团,共享信息、采编、渠道、销售与广告资源,形成具有可竞争性的市场结构和产业体系"④。产权规制在传媒规制中起着最为重要的作用,特别是在美国,产权规制是调节市场的首要手段。另一方面,要放松传媒业的进入规制,允许民营资本进入,实现所有权多元化。

(四) 加强内容监管,保障意识形态安全

内容规制是一种社会性规制,是一个国家基于社会文化价值取向、依据有关法律法规对传媒行业内容和服务进行规范,通常运行于民族国家范围内,其核心目标是保护和实现民主、社会和文化的需求,防止不良内容对国民的侵害。主要包括积极和消极两种类型,积极内容规制旨在促进内容接近性、保障质量和保护多样性,而消极内容规制重在限制某类内容的传播和对广告的管理。⑤ 各国针对新的产业发展形势,积极探索新的内容规制框架,主要着眼于以下几点:①在硬

---

① 刘颂杰、饶歌:《传媒机构特殊管理股制度实践的转向分析》,《新闻记者》2019年第31期。
② 葛明驷:《媒介融合要求规制融合:中国传媒业特殊管理股制度分析》,《科技与出版》2017年第8期。
③ 吴婕:《媒介融合时代的传媒规制研究》,湖南师范大学硕士学位论文,2011年,第40页。
④ 肖叶飞、刘祥平:《媒介融合与规制融合》,《现代传播》2015年第3期。
⑤ P. Iosifidis, *Global media and communication policy*, England: Palgrave Macmillan, 2011, p.214.

性系统与软件系统适当分离的基础上,分别建立针对两者的规制框架;②区分各类传输平台提供的内容服务,从一般法层面上强调对内容的普遍性约束,拓展通信法与广播电视法的适用范围,强化专门性约束;③针对地面数字电视、有线数字电视、卫星数字电视、互联网电视和移动电视的播出内容,建立相间平衡协调的规制框架;④以独立规制与社会监督、法律约束相结合的方式进行内容管制。① 融合时代,内容规制需要在保护隐私权、版权与言论自由权之间保持平衡②。在我国,内容规制最新的态势是加强对新媒体的意识形态管制,网上网下保持同样的监管尺度,以促进社会主义核心价值观的传播,保障主流意识形态的安全。2019 年 11 月,国家网信办对外发布了《网络生态治理规定(征求意见稿)》,是我国互联网内容监管从单向治理转向多向治理,从点到面、从内容本身到生态监管的重要举措。③

五、以多样化规制手段创新规制方式

融合时代的传媒规制是多元主体民主协商的过程,是一种规制主体与被规制组织的合作规范方式,需要创新规制方式,采取自律与他律相结合,法制、行政、行业自律与技术等多种规制手段相结合的方式进行。

(一) 构建融合型法律体系,建立健全相关法律

传媒规制的多元协商治理应以法治为基础。现代社会是法治社会,需要用法律手段调整政府的行政权限,规定参与规制的不同主体的权利和义务。融合性的法律体系是构建融合性规制体制的重要支撑。确立明确的法律规制体系,有利于明确传媒产品生产和受众在参与市场化运营中的权利和义务,有利于建立规制权力在法律上的至高地位。④ 欧洲大多数国家和美国、日本在传媒产业的规制方面都有较完备的法律规范体系,融合性的法律体系成为规制体系的前提,其中,日本的融合法律体系具有重要的借鉴意义。日本在产业分立时代、产业融合初期均颁布了完善的法律体系,并拟出台融合性的法律体系:"信息内容法""传输业务法""传输设备法"。在融合背景下,媒介发展相关法律的制定和健全需要包括以下几个方面的工作和内容:首先是加快制定重要的实体性法律,尤其是与信息生产、传播和传输相关的法律,如《新闻法》《电信法》《公共信息服务法》《隐私保护法》等。其次是对现行法律进行及时的修改和完善。最后是完善与法

---

① 国家广播电影电视总局发展研究中心:《国外广播影视体制比较研究》,中国国际广播出版社 2007 年版,第 15 页。
② 李继东:《复合规制:媒介融合时代的规制模式探微》,《国际新闻界》2013 年第 7 期。
③ 朱巍:《新时代网络内容治理的新思路》,《青年记者》2019 年第 31 期。
④ 卿柔:《媒介融合背景下中国媒介规制变革对传统广电媒体的转型发展价值》,《视听》2017 年第 11 期。

律配套的行政法规和司法解释。①

（二）进一步延续与完善媒介政策

目前，我国的媒介政策大致可分为以下几个层面：一是战略部署。如国民经济和社会发展的五年规划纲要、《文化产业振兴规划》（2009）、《"十二五"时期文化改革发展规划纲要》（2012）等。二是指导意见。如《中共中央关于加强社会主义精神文明建设若重要问题的决议》（1996）、《关于深化文化体制改革的若干意见》（2006）、《中共中央关于深化文化体制改革、推动社会主义文化大发展大繁荣若干重大问题的决定》（2011）等。三是步骤措施。如《关于深化新闻出版广播影视业改革的若干意见》（2001）、《关于进一步加强电视上星综合频道节目管理的意见》（2011）、《文化部"十二五"时期文化产业倍增计划》（2012）、《关于加快出版传媒集团改革发展的指导意见》（2012）、《国家"十三五"时期文化发展改革规划纲要》（2017）等。从这个政策结构来看，我国的媒介政策具有阶段性和工具性特征，通常是在一定时期内的针对特定目标制定，并依赖政府的科层制权威体系以自上而下的方式得以实施。在媒介融合的环境下，我国媒介发展仍然需要不同类型的政策作为指引和支撑。②

（三）加强行业自律体系的建设

加强传媒行业自律，发挥市场主体包括个人的作用，对于传媒规制的有效实施至关重要。21世纪以来，倡导自律成为欧美国家一种新规制浪潮，是一种在政府、国际组织和公民等多元主体协商和推动下的自我规约。比如，国际电信联盟的COP小组在成立之初就倡导和鼓励社交网络服务商在保护儿童免受不良内容侵害方面坚持自律；英国通信管制委员会也鼓励各种媒体强化自律、恪守业务守则，比如自觉对所传播的内容分级并明确标示等级等。之所以如此，是因为相较于政府规制和无规制，自律更为专业和更富有效率，在处理行业事务方面，业界人士比政府官员更专业，更富有技能和责任感、自豪感与忠诚度，也更能及时地了解和把握发展动态，获取相关信息的成本也要低得多，同时也降低了政府规制成本和行业规制负担。传媒规制的最终目标是促使企业等被规制对象高度自治，自觉维护公共利益和提高社会福祉。③

融合时代建设行业自律体系，首先要明确传媒业自律体系的约束主体，互联网时代传媒业自律体系的约束范围不仅应该包括专业的媒介传播机构、传媒行业

---

① 王润珏：《媒介融合的制度安排与政策选择》，社会科学文献出版社2014年版，第194～195页。

② 王润珏：《媒介融合的制度安排与政策选择》，社会科学文献出版社2014年版，第199页。

③ 李继东：《复合规制：媒介融合时代的规制模式探微》，《国际新闻界》2013年第7期。

的从业人员，还应包括使用各类媒介进行信息传播的用户。① 自媒体乱象的滋生，互联网平台企业负有不可推卸的责任。平台企业作为自媒体运营的服务提供者，必须履行好责任义务，依法运营，严格管理。在平台运营方面，针对信息传播的内容从业者的管理成为政府监督管理的重点内容，如《互联网群组信息服务管理规定》（2017 年 9 月）、《互联网新闻信息服务单位内容管理从业人员管理办法》（2017 年 10 月）等。《网络生态治理规定（征求意见稿）》首次将用户责任提升为网络内容安全主体责任层面。② 其次，需要建立专门的行业自律机构、自律公约和行为规范③。党的十八大以来，为了加强新闻队伍建设，解决新闻界存在的虚假新闻、有偿新闻、新闻敲诈等突出问题，中国记协和各省份记协都成立了新闻道德委员会，加强新闻职业道德监督机制建设。最后，行政部门需要适度放权。目前，与传媒业相关的指导、调查、执行和协调的权力都由政府的行政主管部门执行。一个健康而有效的自律体系离不开相应的法律和行政法规，只有获得一定的授权，自律机制才能具有约束力，才能发挥功能。④

（四）加强技术保障和技术治理

互联网时代传媒规制对技术依赖程度非常深，加强技术支持是必然要求。随着科技发展，各种各样的传播技术早已被纳入新闻工作的过程之中，但网络科技也带来了政府监控的可能性以及如黑客攻击等各式各样的安全威胁。2018 年 12 月，网络攻击导致包括《洛杉矶时报》在内的美国多家报媒的印刷和投递工作受到严重干扰，美国论坛出版公司旗下的《芝加哥论坛报》和《巴尔的摩太阳报》同样受到了影响。⑤ 网络监管最难在于技术，关键要靠相关部门集中力量攻克网络监管技术难关，通过先进完善的技术系统对网络空间进行全覆盖、不间断的监督，精准、动态掌握网络运行状态，对任何违反社会道德和法律法规的网络言行能在第一时间发现。⑥ 目前传媒规制的技术屏障主要有数据加密技术、访问控制技术、防火墙技术、漏洞扫描技术、网络协议、入侵检测技术、反病毒技术、数据完整性控制技术、网络容错技术、审计技术、过滤技术。"网络的趋势是走向控制——在早期因特网的代码层放置一些新技术，以便对运行在因特网上

---

① 王润珏：《媒介融合的制度安排与政策选择》，社会科学文献出版社 2014 年版，第 197 页。
② 朱巍：《新时代网络内容治理的新思路》，《青年记者》2019 年 11 月上。
③ 王润珏：《媒介融合的制度安排与政策选择》，社会科学文献出版社 2014 年版，第 197 页。
④ 王润珏：《媒介融合的制度安排与政策选择》，社会科学文献出版社 2014 年版，第 198 页。
⑤ 《美多家报纸遭网袭出版受阻》，《参考消息》2018 年 12 月 31 日第 8 版。
⑥ 伍果：《以法治和技术构建网络治理新体系》，《遵义日报》2018 年 4 月 27 日第 7 版。

的内容和应用程序进行区别对待并加以控制。对因特网的控制主要是通过法律、社会规范、市场或技术来实现的"①。

媒介融合与传媒转型是新闻传媒业与整个社会巨大的变革，前途光明，前景可期，但道路可能是曲折的。我们今天所作出的战略选择将产生意义深远的影响，可能形成新的路径依赖。随着媒介融合而来的社会媒介化的加深，以及传媒尤其是互联网寡占对社会、政治、经济、文化等各个领域的渗透和监控如水银泻地般无孔不入，是否会导致社会各个领域的自主性和控制权逐渐丧失即"被殖民化"？影响传媒的政府（政治）、资本（商业）和社会三大主要力量究竟谁主沉浮？在媒介融合与传媒转型过程中它们之间应如何博弈、相互制衡并找到适当的平衡点，才能保障传媒的公共性和专业性并避免我们陷入如好莱坞电影《楚门的世界》中被操控的命运？不同的战略选择意味着不同的道路以及由此带来的不同的影响，因此，任何抉择都不能不慎之又慎，如履薄冰，如临深渊。就让我们以美国诗人罗伯特·弗罗斯特的《未选择的路》这首脍炙人口的诗篇来作结吧：

未选择的路②

金色的树林里分出两条路，
可惜我不能同时去涉足，
我在那路口久久伫立，
我向着一条路极目望去，
直到它消失在丛林深处。

但我却选择了另外一条路。
它荒草萋萋，十分幽寂，
显得更诱人，更美丽；
虽然在这条小路上，
很少留下旅人的足迹。

那天清晨落叶满地，
两条路都未经脚印污染。
啊，留下一条路等改日再见！

---

① ［美］劳伦斯·莱斯格：《思想的未来》，李旭译，中信出版社2004年版，第166页。
② ［美］罗伯特·弗罗斯特：《弗罗斯特诗选》，顾子欣译，江苏文艺出版社2018年版，第39～40页。

但我知道，路径延绵无尽头，
恐怕我难以再回返。

也许多少年后在某个地方，
我将轻声叹息将往事回顾：
一片树林里分出两条路——
而我选择人迹更少的一条，
从此决定了我一生的道路。

参 考 书 目

[1] 中共中央宣传部新闻局. 中国媒体融合发展的实践与探索［M］. 北京：学习出版社，2015.

[2] ［美］卡琳·沃尔-乔根森，托马斯·哈尼奇. 当代新闻学核心［M］. 张小娅，译. 北京：清华大学出版社，2014.

[3] ［美］丹尼尔·C. 哈林，［意］保罗·曼奇尼. 比较媒介体制：媒介与政治的三种模式［M］. 陈娟，展江，译. 北京：中国人民大学出版社，2012.

[4] ［美］亨利·詹金斯，［日］伊藤瑞子，［美］丹娜·博伊德. 参与的胜利：网络时代的参与文化［M］. 高芳芳，译. 杭州：浙江大学出版社，2017.

[5] ［美］兰斯·班尼. 新闻：幻象的政治［M］. 杨晓红，王家全，译. 北京：中国人民大学出版社，2018.

[6] ［美］格兰·G. 斯帕克斯. 媒介效果研究概论［M］. 何朝阳，王希华，译. 北京：中国人民大学出版社，2013.

[7] ［美］丹·席勒. 信息资本主义的兴起与扩张：网络与尼克松时代［M］. 翟秀凤，译. 王维佳，校译. 北京：北京大学出版社，2018.

[8] ［美］爱德华·S. 赫尔曼，诺姆·乔姆斯基. 制造共识：大众传媒的政治经济学［M］. 邵红松，译. 北京：北京大学出版社，2011.

[9] ［美］盖伊·塔奇曼. 做新闻［M］. 麻争旗，刘笑盈，徐扬，译. 北京：华夏出版社，2008.

[10] ［美］约翰·费斯克，等. 关键概念：传播与文化研究辞典［M］. 李彬，译注. 北京：新华出版社，2004.

[11] ［美］彼得斯. 交流的无奈：传播思想史［M］. 何道宽，译. 北京：华夏出版社，2003.

[12] ［美］劳伦斯·莱斯格. 思想的未来：网络时代公共知识领域的警世喻言［M］. 李旭，译. 北京：中信出版社，2004.

[13] ［美］劳伦斯·莱斯格. 代码［M］. 李旭，等，译. 北京：中信出版社，2003.

[14] ［美］本尼迪克特·安德森. 想象的共同体：民族主义的起源与散布［M］. 吴睿，译. 上海：上海人民出版社，2003.

[15] ［美］查尔斯·沃尔夫. 市场，还是政府：市场、政府失灵真相［M］. 陆

俊,等,译. 重庆:重庆出版社,2009.

[16] [美] A. B. 索恩等. 报业管理艺术 [M]. 辜晓进,译. 北京:中国人民大学出版社,1991.

[17] [美] 雪莉·贝尔吉. 媒介与冲击 [M]. 赵敏松,译. 大连:东北财经大学出版社,2000.

[18] [美] 杰弗瑞·S. 威尔克森等. 融合新闻学原理 [M]. 郭媛媛,贺心颖,主译. 北京:中国时代经济出版社,2011.

[19] [美] 菲利普·迈耶. 正在消失的报纸:如何拯救信息时代的新闻业 [M]. 张卫平,译. 北京:新华出版社,2007.

[20] [美] 罗伯特·W. 麦克切斯尼. 富媒体穷民主:不确定时代的传播政治 [M]. 谢岳,译. 北京:新华出版社,2003.

[21] [美] 约瑟夫·熊彼特. 经济发展理论 [M]. 何畏,易家详,等,译. 北京:商务印书馆,1990.

[22] [美] 戴维·贝赞可,等. 公司战略经济学 [M]. 武亚军,总译校. 北京:北京大学出版社,1999.

[23] [美] 弗雷德·特纳. 数字乌托邦:从反主流文化到赛博文化 [M]. 张行舟,译. 北京:电子工业出版社,2013.

[24] [美] J. 赫伯特·阿特休尔. 权力的媒介 [M]. 黄煜,裘志康,译. 北京:华夏出版社,1989.

[25] [美] 约翰·费斯克. 理解大众文化 [M]. 王晓珏,宋佛杰,译. 北京:中央编译出版社,2001.

[26] [美] 罗伯特·基欧汗、约瑟夫·奈. 权力与相互依赖:第3版 [M]. 门洪华,译. 北京:北京大学出版社,2002.

[27] [美] 丹·席勒. 传播理论史:回归劳动. 冯建三,罗世宏,译. 北京:北京大学出版社,2012.

[28] [美] 詹姆斯·W. 凯瑞. 作为文化的传播:媒介与社会论文集 [M]. 丁未,译. 北京:华夏出版社,2005.

[29] [美] 林文刚. 媒介环境学:思想沿革与多维视野 [M]. 何道宽,译. 北京:北京大学出版社,2007.

[30] [美] 阿诺德·S. 戴比尔、约翰·C. 梅里尔. 全球新闻业:重大议题与传媒体制 [M]. 郭之恩,译. 北京:华夏出版社,2010.

[31] [美] 迈克尔·舒德森. 发掘新闻:美国报业的社会史 [M]. 陈昌凤,常江,译. 北京:北京大学出版社,2009.

[32] [美] 亨利·詹金斯. 融合文化:新媒体和旧媒体的冲突地带 [M]. 杜永明,译. 北京:商务印书馆,2012.

[33] [美] 坦尼·哈斯. 公共新闻研究:理论、实践与批评 [M]. 曹进,译.

北京：华夏出版社，2010.

[34] [美] 桑斯坦. 信息乌托邦：众人如何生产知识 [M]. 毕竞悦, 译. 北京：法律出版社，2008.

[35] [美] 尤查·本科勒. 企鹅与怪兽：互联网时代的合作、共享与创新模式 [M]. 简学, 译. 杭州：浙江人民出版社，2013.

[36] [美] 欧文·戈夫曼. 日常生活中的自我呈现 [M]. 冯钢, 译. 北京：北京大学出版社，2008.

[37] [美] 克里斯坦森. 创新者的窘境：第2版 [M]. 胡建桥, 译. 北京：中信出版社，2014.

[38] [美] 保罗·巴兰, 保罗·斯威齐. 垄断资本：论美国的经济和社会秩序 [M]. 南开大学政治经济学系, 译. 北京：商务印书馆，1977.

[39] [美] 拉里·博西迪, 拉姆·查兰, 查尔斯·伯克. 开启转型 [M]. 杨懿梅, 译. 北京：机械工业出版社，2014.

[40] [英] 詹姆斯·库兰, [美] 米切尔·古尔维奇. 大众媒介与社会. 杨击, 译. 北京：华夏出版社，2006.

[41] [英] 安德鲁·查德威克. 互联网政治学：国家、公民与新传播技术 [M]. 任孟山, 译. 北京：华夏出版社，2010.

[42] [英] 赫克托·麦克唐纳. 后真相时代 [M]. 刘清山, 译. 北京：民主与建设出版社，2019.

[43] [英] 西蒙·科特. 媒介组织与生产 [M]. 白莲, 齐锐凌, 译. 上海：复旦大学出版社，2014.

[44] [英] 诺曼·费尔克拉夫. 话语与社会变迁 [M]. 殷晓蓉, 译. 北京：华夏出版社，2003.

[45] [英] 乔纳森·比格内尔. 传媒符号学 [M]. 白冰, 黄立, 译. 成都：四川教育出版社，2012.

[46] [英] 约翰·斯特罗克. 结构主义以来：从列维-斯特劳斯到德里达 [M]. 渠东, 等, 译. 沈阳：辽宁教育出版社，1998.

[47] [英] 尼克·史蒂文森. 媒介的转型：全球化、道德和伦理 [M]. 顾宜凡, 等, 译. 北京：北京大学出版社，2006.

[48] [英] 尼克·库尔德利. 媒介、社会与世界：社会理论与数字媒介实践 [M]. 何道宽, 译. 上海：复旦大学出版社，2014.

[49] [英] 拉雷恩. 意识形态与文化身份：现代性和第三世界的在场 [M]. 戴从容, 译. 上海：上海教育出版社，2005.

[50] [英] 胡斯. 高科技无产阶级的形成：真实世界里的虚拟工作 [M]. 任海龙, 译. 北京：北京大学出版社，2011.

[51] [法] 多米尼克·吴尔敦. 信息不等于传播 [M]. 宋嘉宁, 译. 北京：中

国传媒大学出版社，2010 年.

[52] [法] 阿芒·马特拉. 全球传播的起源 [M]. 朱振明，译. 北京：清华大学出版社，2015.

[53] [法] 雷吉斯·德布雷. 媒介学引论 [M]. 刘文玲，译. 陈卫星，审译，北京：中国传媒大学出版社，2013.

[54] [法] 米歇尔·福柯. 规训与惩罚：监狱的诞生 [M]. 刘北成，杨远婴，译. 北京：生活·读书·新知三联书店，2003.

[55] [法] 罗兰·巴特. 神话：大众文化诠释 [M]. 许蔷蔷，许绮玲，译. 上海：上海人民出版社，1999.

[56] [加拿大] 唐·泰普斯科特，[英] 安东尼·威廉姆斯. 维基经济学 [M]. 何帆，林季红，译. 北京：中国青年出版社，2007.

[57] [加拿大] 哈罗德·伊尼斯. 帝国与传播：中文修订版 [M]. 北京：中国传媒大学出版社，2015.

[58] [加拿大] 罗伯特·洛根. 理解新媒介：延伸麦克卢汉 [M]. 何道宽，译. 上海：复旦大学出版社，2012.

[59] [加拿大] 马歇尔·麦克卢汉. 理解媒介：论人的延伸：增订评注本 [M]. 何道宽，译. 南京：译林出版社，2011.

[60] [加拿大] 文森特·莫斯可. 数字化崇拜：迷思、权力与赛博空间. 黄典林，译. 北京：北京大学出版社，2010.

[61] [德] 哈贝马斯. 公共领域的结构变化 [M]. 曹卫东，译. 北京：学林出版社，1999.

[62] [德] 哈贝马斯. 交往行动理论：第一卷 [M]. 洪佩郁，蔺青，译. 重庆：重庆出版社，1994.

[63] [丹麦] 克劳斯·布鲁恩·延森. 媒介融合：网络传播、大众传播和人际传播的三重维度 [M]. 刘君，译. 上海：复旦大学出版社，2015.

[64] [澳] 科特主编. 新闻、公共关系与权力 [M]. 李兆丰，石琳，译. 上海：复旦大学出版社，2007.

[65] [新加坡] 卓南生. 中国近代报业发展史（1815—1874）：新增订版 [M]. 北京：中国社会科学出版社，2015.

[66] [日] 桥元良明. 传媒学 [M]. 江晖，译. 南京：东南大学出版社，2013.

[67] [韩] W. 钱·金，[美] 勒妮·莫博涅. 蓝海战略：超越产业竞争开创全新市场 [M]. 吉宓，译. 北京：商务印书馆，2005.

[68] G. Doyle. Media ownership: The economics and politics of convergence and concentration in the UK and European. London: SAGE publications, 2002.

[69] John V. Palvik. Media in the Digital Age. New York: Columbia University Press, 2008.

[70] 曹晋, 赵月枝. 传播政治经济学英文读本: 上下册 [M]. 上海: 复旦大学出版社, 2007.

[71] 陈昌凤. 中国新闻传播史: 媒介社会学的视角 [M]. 北京: 北京大学出版社, 2007.

[72] 陈冠兰. 近代中国的租界与新闻传播 [M]. 北京: 中国书籍出版社, 2013.

[73] 陈龙. 在媒体与大众之间: 电视文化论 [M]. 上海: 学林出版社, 2001.

[74] 陈业勋. 中国新闻事业通史: 第3卷 [M]. 北京: 中国人民大学出版社, 1992.

[75] 陈学明, 吴松, 远东. 通向理解之路: 哈贝马斯论交往 [M]. 昆明: 云南人民出版社, 1998.

[76] 陈明. 新媒渠 [M]. 广州: 中山大学出版社, 2010.

[77] 丁柏铨. 新闻理论新探 [M]. 北京: 新华出版社, 1999.

[78] 丁和根. 中国传媒制度绩效研究 [M]. 广州: 南方日报出版社, 2007.

[79] 范东升. 拯救报纸 [M]. 广州: 南方日报出版社, 2011.

[80] 傅平. 传媒变革与实践: 新时期中国传媒集团的战略与转型 [M]. 上海: 上海交通大学出版社, 2013.

[81] 付晓光. 互联网思维下的媒体融合 [M]. 北京: 中国传媒大学出版社, 2017.

[82] 傅玉辉. 大媒体产业: 从媒体融合到产业融合 [M]. 北京: 中国广播电视出版社, 2008.

[83] 郭全中. 传媒大转型 [M]. 广州: 中山大学出版社, 2013.

[84] 景维民, 孙景宇. 转型经济学 [M]. 北京: 经济管理出版社, 2008.

[85] 金太军, 等. 政府职能梳理与重构 [M]. 广州: 广东人民出版社, 2002.

[86] 蒋晓丽, 等. 奇观与全景: 传媒文化新论 [M]. 北京: 中国社会科学出版社, 2010.

[87] 李良荣, 姚志明, 等. 中国传媒业的战略转型: 以沿海非省会城市平面媒体为例 [M]. 上海: 复旦大学出版社, 2008.

[88] 李春. 当代中国传媒史: 1978—2010: 上下册 [M]. 桂林: 漓江出版社, 2014.

[89] 刘晓红. 西方传播政治经济学研究 [M]. 上海: 上海人民出版社, 2007.

[90] 刘劲松. 嬗变与重构: 转型期都市类报纸发展路径研究 [M]. 北京: 中国传媒大学出版社, 2014.

[91] 黄旦. 传者图像: 新闻专业主义的建构与消解 [M]. 上海: 复旦大学出版社, 2005.

［92］黄典林. 公民权的话语建构：转型中国的新闻话语与农民工［M］. 北京：中国传媒大学出版社，2017.

［93］黄楚新. 媒介融合背景下的传媒创新［M］. 杭州：浙江大学出版社，2011.

［94］胡泳. 众声喧哗：网络时代的个人表达与公共讨论［M］. 桂林：广西师范大学出版社，2008.

［95］胡正荣. 媒介公共服务：理论与实践［M］. 北京：中国传媒大学出版社，2009.

［96］麦尚文. 全媒体融合模式研究［M］. 北京：中国人民大学出版社，2012.

［97］孟登迎. 意识形态与主体建构：阿尔都塞意识形态理论［M］. 北京：中国社会科学出版社，2002.

［98］冉华，张金海，等. 报业数字化生存与转型研究：基于产业发展的视角［M］. 武汉：武汉大学出版社，2010.

［99］陶东风. 粉丝文化读本［M］. 北京：北京大学出版社 2009.

［100］王菲. 媒介大融合：数字新媒体时代的媒介融合论［M］. 广州：南方日报出版社，2007.

［101］王润珏. 媒介融合的制度安排与政策选择［M］. 北京：社会科学文献出版社，2014.

［102］王维佳. 作为劳动的传播：中国新闻记者劳动状况研究［M］. 北京：中国传媒大学出版社，2011.

［103］吴飞. 新闻专业主义研究［M］. 北京：中国人民大学出版社，2009.

［104］伍刚. 传统媒体和新兴媒体融合发展的愿景与路径：以提升中国互联网国际传播力为例［M］. 北京：社会科学文献出版社，2014.

［105］韦路. 传播技术研究与传播理论的范式转移［M］. 杭州：浙江大学出版社，2010.

［106］肖频频. 媒介变革与社会转型［M］. 北京：学苑出版社，2015.

［107］肖赞军. 西方传媒业的融合、竞争与规制［M］. 北京：中国书籍出版社，2011.

［108］许颖. 媒介融合的轨迹［M］. 北京：中国人民大学出版社，2011.

［109］谢京辰. 企业价值创新的理论与实证研究［D］. 上海：同济大学硕士学位论文，2013.

［110］邢建毅. 中国广电业整体转型：理论、路径与方法［M］. 北京：中国广播电视出版社，2011.

［111］严威. 媒体转型［M］. 北京：中国广播电视出版社，2014.

［112］杨保军. 新闻真实论［M］. 北京：中国人民大学出版社，2006.

［113］于德山. 当代媒介文化导论［M］. 北京：中国广播电视出版社，2012.

[114] 喻国明. 传媒变革力：传媒转型的行动路线图［M］. 广州：南方日报出版社，2009.

[115] 喻国明，张小争. 传媒竞争力：产业价值链案例与模式［M］. 北京：华夏出版社，2005.

[116] 俞可平. 政治与政治学［M］. 北京：社会科学文献出版社，2003.

[117] 余文明. 从"相加"迈向"相融"：中国省报党报集团媒体融合发展报告［M］. 北京：团结出版社，2017.

[118] 尹良润. 中国报业产业转型与产业创新研究［D］. 武汉：武汉大学博士学位论文，2010.

[119] 赵月枝. 传播与社会：政治经济与文化分析［M］. 北京：中国传媒大学出版社，2011.

[120] 张宏源. 解析传播产业价值链与营运模式之转变：台湾数位汇流传播产业厂商之个案分析［M］. 台北：正中书店，2011.

后　记

　　金风送爽，丹桂飘香。中国渐渐走出新冠肺炎疫情的阴霾，恢复了往日的生机与活力，人们沉浸在欢度中秋和国庆佳节的喜悦氛围里，风景这边独好。当我在键盘上敲下书稿最后一行的时候，有一种如释重负的感觉。如果说著书是长途跋涉的旅行，那么，这本书的起点可以追溯到六年前我获得的上海市哲学社会科学一般课题"媒介融合时代传媒业经营模式的战略转型及路径研究"，但这仅仅是一个起点，因为研究传媒融合转型仅限于传媒业经营模式已远远不够。我对媒介融合研究一直有着浓厚的兴趣，这方面也有一定的基础和学术积累，于是我不自量力，决定将研究目标从新闻传播学拓展开来，从跨学科的角度对媒介融合与传媒转型现象予以系统而深入的考察与研究，其难度可想而知，从此开始了一场学术"苦旅"。

　　为了便于读者阅读和理解，有必要概述一下本书的思路与研究内容。第一章，在厘清核心概念的基础上，"正本清源"，重点探讨了传媒公共性、专业性与商品化以及三者之间的关系，为传媒融合转型研究提供理论依据和研究框架，这也是全书的立论基础。第二章，系统而深入地考察了国内外传媒融合转型研究与实践，在此基础上重新阐释了媒介融合的内涵与功能、媒介融合的特征和动因等，并从政治经济学角度探讨了传媒融合转型的实质，提出应建立以公共性为主导、以专业性和商品化为支撑的中国特色社会主义新闻事业价值体系和传播体制。第三章，从新闻生产方式方面探讨传媒融合转型，主要探讨融合新闻的理念与实践，对新闻机构的融合、传播方式的融合如数据新闻生产、新闻编辑部里的社会控制以及新闻生产中的外在社会压力、传媒融合新闻生产的创新路径等。第四章，从经济学角度主要是产业价值链和商业模式层面探讨传媒融合转型。第五章，从文化研究主要是媒介文化层面来探讨传媒融合转型。按照葛兰西的文化霸权理论，媒介融合与传媒转型是新闻传播领域社会主义文化领导权的再重构，其目标是"打通'两个舆论场'"，形成"网上网下同心圆"。融合时代媒介文化发生了怎样的转变以及如何重构文化领导权，是摆在主流意识形态及传媒面前的重大命题，也是本章讨论的主旨所在。第六章，从制度层面主要是传媒规制变革来探讨传媒融合转型。

　　在深入研究与写作的过程中，我发现文献资料的梳理工作难度之大超出想象，核心概念的厘清更是困难重重。现有文献资料普遍存在同一概念的内涵与范围各说各话、各表各理，这种情况甚至出现在同一篇文章里，自相矛盾，这样得出的结论自然站不住脚。记得已故复旦大学著名学者宁树藩先生曾说过，厘清概念是开展学术研究的基础,否则,所谓的论证就是建立在沙滩上;但要做到这一点谈何容易,特别是在许多概念的使用早已"习非成是"的情况下,要正本清源殊非易事,不亚于清扫"奥吉亚斯的牛圈"。本书作为原创性学术研究,其创新性并非体现在构建新的研究范式和理论上,而是应用型创新,即围绕传媒公共性、专业性与商品化之间关系的重大命题,在前人研究的基础上,突破既有研究局限于单一学科和单一视角的弊端,将多学科理论和方法应用于媒介融合与传媒转型研究,目的是抛砖引玉,"但开风气不为师"。我是搞新闻传播学的,对其他学科有所涉猎,但不敢说精通,因此,跨学科研究也有一定的风险。本书中采用新闻传播学以外的学科理论和方法,如有不当之处,以各专业领域专家的权威论述为准。由于水平所限,本书虽几易其稿,不妥之处仍在所难免,恳请学界同仁批评指正。

  我从事科研与教学工作迄今近 30 年,其间也走过了一些曲折的路,曾经有两次非教育单位的经历,但时间都不长,这短期的"跳槽"经历使我认识和明确了自己的定位:还是当教师合适,做老本行合适,做其他的并不合适。有朋友曾这样评价我:"你是做事的人,愿意干事,也能成事。"我有自知之明,一介书生而已。平生没有什么嗜好,唯好读书,能坐冷板凳。"暮春者,春服既成,冠者五六人,童子六七人,浴乎沂,风乎舞雩,咏而归。"这也是我的人生理想。我在新闻传播学领域的学习和研究是从复旦大学开始的,教学与科研上所取得的一些成绩和进步,都离不开复旦大学、上海师范大学等各位领导、各位老师的培育和指导。谨以此书向我的老师、领导、同事、同学、亲友做一个汇报,再次对中山大学出版社领导和本书责任编辑邹岚萍女士表示衷心的感谢!

著　者

2020 年 10 月识于上海浦东